Mongolei

Michael Walther
Peter Woeste

Reise-Handbuch

Inhalt

Wissenswertes über die Mongolei

Kühle, grüne Weite	12
Steckbrief Mongolei	14
Natur und Umwelt	16
Klima	16
Geologie	17
Flora	24
Wild lebende Tiere	28
Haustiere	34
Umwelt	37
Wirtschaft, Soziales und aktuelle Politik	42
Wirtschaft	42
Soziale Probleme	48
20 Jahre Demokratie	49
Die Mongolei und die Welt	50
Geschichte	54
Frühgeschichte	54
Nach der Zeitenwende	56
Mongolisches Weltreich	57
Mandschurische Herrschaft	64
Zwischen Russland und China	66
Mongolische Volksrepublik	68
Friedlicher Wandel	71
Zeittafel	72
Gesellschaft und Alltagskultur	76
Bevölkerung	76
Rolle der Frau	78
Sprache und Schrift	78
Nomadentum	80
Leben in der Jurte	80
Religion	81
Feste und Bräuche	90
Architektur und Kunst	95
Von der Jurte zum Musterhaus	95
Kunsthandwerk	99
Trachten · Bildende Kunst	101
Musik	103

Literatur	106
Film	106
Essen und Trinken	**110**
Gemüsefreie Zone	110
Tierische Produkte	110
Khorkhog – ein Festmahl	112
Gebäck	113
Getränke	113
Kulinarisches Lexikon	114

Wissenswertes für die Reise

Informationsquellen	118
Reise- und Routenplanung	122
Anreise und Verkehr	139
Unterkunft	144
Sport und Aktivurlaub	146
Einkaufen	148
Ausgehen	149
Gut zu wissen	150
Reisekasse und Reisebudget	156
Reisezeit und Reiseausrüstung	157
Gesundheit und Sicherheit	159
Kommunikation	162
Sprachführer	164

Unterwegs in der Mongolei

Kapitel 1 Ulaanbaatar und Umgebung

Auf einen Blick: Ulaanbaatar und Umgebung	**170**
Ulaanbaatar	**172**
Geografie	172
Klima	172
Stadtgeschichte	173
Sukhbaatar-Platz	175
Östlich des Sukhbaatar-Platzes	178
Südlich des Sukhbaatar-Platzes	180
Bogd-Khan-Museum	185

Inhalt

Aktiv unterwegs: Von Aussicht zu Aussicht –	
Khiimoryin Ovoo und Zaisan	188
Westlich des Sukhbaatar-Platzes	189
Nördlich des Sukhbaatar-Platzes	194
Die Umgebung von Ulaanbaatar	206
Östlich von Ulaanbaatar	206
Aktiv unterwegs: Auf dem Pferderücken	
zum Prinzessinnengrab	210
Südlich von Ulaanbaatar	213
Aktiv unterwegs: Wanderung durch den	
Bogd Uul zum Kloster Manzushir	215
Westlich von Ulaanbaatar	217

 **Kapitel 2 Zentrale und nördliche Mongolei**

Auf einen Blick: Zentrale und nördliche Mongolei	222
Khangai	224
Khogno Khan Uul	225
Aktiv unterwegs: Jeeptour zu den Dünen und Seen	
des Mongol Els	226
Von Kharkhorin zum Ugii Nuur	227
Von Ulaanbaatar zum Ugii Nuur	230
Vom Ugii Nuur nach Gol Mod	231
Tsetserleg	232
Von Tsetserleg zum Terkhiyn Tsagaan Nuur	235
Nationalpark Khorgo Terkhiyn Tsagaan Nuur	236
Aktiv unterwegs: Khorgo-Vulkanwanderung	238
Vulkane und Täler bis Noyon Khangai	239
Bulnai Fault und Khuvsgul	242
Von Tariat nach Murun	242
Murun	242
Aktiv unterwegs: Zum Bust Nuur und	
Sangiyn Dalai Nuur	243
Nationalpark Khuvsgul Nuur	245
Aktiv unterwegs: Östlich des Khuvsgul-Sees	250
Renchinlkhumbe und Tsagaan Nuur	253
Darkhad-Becken	253
Selenge-Orkhon-Bergland und West-Khentii	258
Von Murun nach Bulgan	258
Bulgan	259

Orkhon- und Selenge-Tal	259
Erdenet	261
Amarbayasgalant	263
Darkhan und Umgebung	265
Von Darkhan nach Norden	267
Aktiv unterwegs: West-Khentii-Gebirge	269

Kapitel 3 Süden und Ost-Khangai

Auf einen Blick: Süden und Ost-Khangai	274
Dalanzadgad und Gurvan Saikhan	276
Anreise nach Dalanzadgad	276
Aktiv unterwegs: Zagiyn Us	278
Dalanzadgad	279
Von Dalanzadgad nach Osten	280
Bayanzag	281
Nationalpark Gurvan Saikhan	283

Großer Gobi-Nationalpark und Steppe der Gobi-Seen	290
Großer Gobi-Nationalpark	290
Aktiv unterwegs: Auf den Spuren der Gobibären	292
Steppe der Gobi-Seen	296
Aktiv unterwegs: Wandern im Ikh Bogd Uul	299

Kharkhorin und Oberes Orkhon-Tal	302
Von Saikhan-Ovoo ins Obere Orkhon-Tal	302
Kharkhorin und Erdene Zuu	302
Oberes Orkhon-Tal	307

Kapitel 4 Westen und Altai-Gebirge

Auf einen Blick: Westen und Altai-Gebirge	316
Von Ulaanbaatar Richtung Westen	318
Arvaikheer	319
Bayankhongor und Umgebung	319
Altai	322
Von Altai Richtung Nordwesten	323
Aktiv unterwegs: Wanderung zum Munkh Khairkhan Uul	325

Khovd und der Hohe Altai	328
Khovd	328
Naturschutzgebiet Khar Us Nuur	331

Inhalt

Mongol Els	333
Von Khovd nach Ulgii	333
Ulgii	334
Tsengel Sum	340
Nationalpark Altai Tavan Bogd	340
Von Ulgii nach Ulaangom	344

Der Nordwesten 346
Ulaangom 346
Uvs Nuur 348
Naturschutzgebiet Turgen Kharkhiraa 350
Bayan Nuur 351
Vom Bayan Nuur nach Osten 351
Nationalpark Khyargas Nuur 351
Aktiv unterwegs: Mit dem Boot
　durch die Wüste 354
Bayan Nuur und Khar Nuur 354
Uliastai 355
Otgon Tenger Uul 356
Aktiv unterwegs: Wanderung
　zum Khukh Nuur 358
Otgony Amralt 359

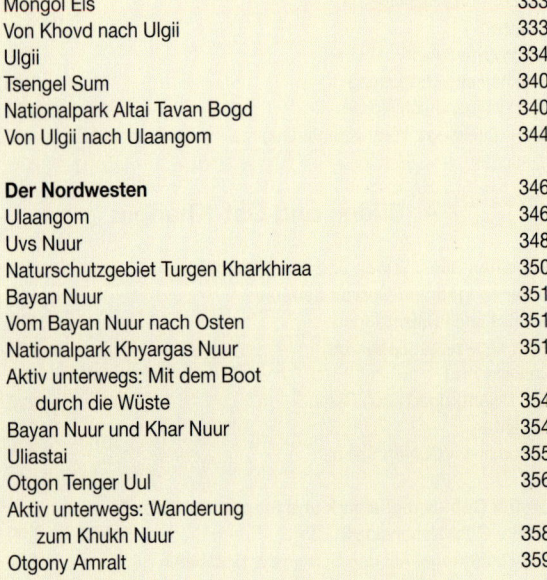

Kapitel 5 Osten und Steppen-Aimags

Auf einen Blick: Osten und Steppen-Aimags 362
Khentii-Gebirge 364
Khan Khentii Nuruu 365
Aktiv unterwegs: Reitexkursionen
　im nördlichen Khentii-Gebirge 368
Über Binder nach Dadal 369
Dadal und Umgebung 372
Von Dadal nach Undurkhaan 374
Delgerkhaan und das Knie des Kherlen 375
Zurück nach Ulaanbaatar 376

Die weiten Steppen des Ostens 379
Zuun Kherem 379
Undurkhaan 380
Von Undurkhaan nach Baruun-Urt 381
Baruun-Urt 381
Dariganga und Umgebung 382
Lkhachinvandad Uul 384
Dornod Mongolyn Tal 385

Von Undurkhaan nach Choibalsan	385
Choibalsan	385
Der Norden des Dornod Aimag	390
Von Choibalsan nach Osten	391
Der Südosten	394
Choir und Umgebung	394
Sainshand und Umgebung	394
Register	400
Abbildungsnachweis/Impressum	408

Themen

Katastrophenwinter – *dzuud*	18
Pest – Seuche des Mittelalters?	31
Deutschland und die Mongolei	52
Mongolisches Weltreich – aus dem Nichts zurück ins Nichts	58
Von Ungern-Sternberg – der verrückte Baron	67
Buddhismus	82
Tsagaan-sar – Neujahrsfest	88
Die großen Reiseerzähler	108
Maskentanz – die Rückkehr des Tanzes der Götter	182
Naadam – Bogenschießen, Ringen und Reiten	202
Reisen im Winter	248
Tsaatan – die Rentierzüchter	256
Mit dem Jeep durch Sumpf und Steppe	270
Dinosaurier – Faszination Urzeit	284
Das Projekt Przewalski-Pferd	294
Galsan Tschinag – ein Mongole dichtet auf Deutsch	338
Chingghis Khaan – Mythos, verfemt und glorifiziert	366
Suche nach dem Grab des großen Khaan	373
Die Mongolische Gazelle	386

Inhalt

Alle Karten auf einen Blick

Ulaanbaatar und Umgebung: Überblick	171
Ulaanbaatar, Cityplan	176
Ulaanbaatar-Zentrum, Cityplan	180
Bogd-Khan-Museum, Grundriss	186
Umgebung von Ulaanbaatar, Routenkarte	209
Bogd Uul, Wanderkarte	215
Zentrale und nördliche Mongolei: Überblick	223
Dünen und Seen des Mongol Els, Wanderkarte	226
Khorgo-Vulkanwanderung, Wanderkarte	238
Murun, Cityplan	244
Erdenet, Cityplan	262
Kloster Amarbayasgalant, Grundriss	263
Darkhan, Cityplan	266
Süden und Ost-Khangai: Überblick	275
Zagiyn Us, Routenkarte	278
Dalanzadgad, Cityplan	280
Ikh Bogd Uul, Wanderkarte	299
Oberes Orkhon-Tal, Routenkarte	308
Westen und Altai-Gebirge: Überblick	317
Munkh Khairkhan Uul, Wanderkarte	325
Khovd, Cityplan	330
Nationalpark Altai Tavan Bogd, Routenkarte	341
Khukh Nuur, Wanderkarte	358
Osten und Steppen-Aimags: Überblick	363
Nördliches Khentii-Gebirge, Routenkarte	368

▶ Dieses Symbol im Buch verweist auf die Extra-Reisekarte Mongolei

Mithilfe von Spendengeldern wurde das Kloster Shankh zwischen Kharkhorin und Khujirt instand gesetzt und dient heute wieder einigen Mönchen als Heimat

Perfekte Nutztiere: Kamele dienen den Nomaden nicht nur zum Transport von Hab und Gut, sondern liefern ihnen auch Wolle, Milch und Fleisch

Wissenswertes über die Mongolei

Kühle, grüne Weite

Goldgräberstimmung hat die sozialistische Vergangenheit abgelöst – der Wandel ist noch lange nicht abgeschlossen am entlegensten Flecken, der vom Fall der Berliner Mauer profitierte. Heute kommen jedes Jahr Hunderttausende Touristen ins Land, doch immer noch ist es eine Reise in eine fremde Welt. Vielleicht verkörpert die Mongolei derzeit das ideale Reiseziel für den abenteuerwilligen Individualtouristen.

»Der erste Blick wird ein Blick aus dem Flugzeug, vielleicht auch aus der Transmongolischen Eisenbahn sein. Endloses Grasland, weite, weiche Täler so weit das Auge reicht. Eine grüne Dünenlandschaft«, schrieben wir vor 15 Jahren zur ersten Ausgabe dieses Reiseführers. Diese Aussage gilt zum Glück auch heute noch. Weiterhin sind die kleinen struppigen Pferde die typischen Kennzeichen dafür, bei den Nachkommen Chingghis Khaans angekommen zu sein. Keine Zäune begrenzen die weidenden Viehherden, die Flüsse mäandrieren ungehindert zwischen den Hügeln. Vereinzelt sind Ansammlungen von weißen Rundzelten zu sehen, *ger,* die mongolischen Jurten.

1991, kurz nach der friedlichen Revolution in Ulaanbaatar, zogen Regina und Peter Woeste mit Sack und Pack in die Mongolei. Er wurde zweiter Mann der gerade erst eröffneten (gesamt)deutschen Botschaft. Damals war die Vorbereitung schwierig: Sieht man von den Reiseberichten ab, die nach dem Zweiten Weltkrieg von sozialistischen Autoren verfasst wurden, stammten die aktuellsten deutschsprachigen Werke damals aus den 1930er-Jahren. Doch vieles, was die Reisenden in der ersten Hälfte des Jahrhunderts beobachteten, hatte und hat weiterhin Gültigkeit.

Es war ein Glück, zu den ersten Ausländern in der Mongolei zu gehören, die ungehindert dieses riesige Land von Nord nach Süd und von Ost nach West durchstreifen, im russischen Baikalsee baden und neben chinesischen Grenzmarkierungen mit Soldaten für ein Foto posieren durften. Unter diesen Bedingungen entstand der erste Richtig-Reisen-Band über die Mongolei in den 1990er-Jahren. Mit erweiterten Grundlagen wagten wir uns 2010 an eine völlig überarbeitete Neuauflage als Reise-Handbuch. Co-Autor Michael Walther, der seit 1994 im Rahmen von geowissenschaftlichen Projekten in der Mongolei tätig ist und dort 2001 für den Deutschen Akademischen Austauschdienst mit Ehefrau Selengemurun Chuluun seinen Wohnsitz nahm, war mit dem Geländewagen, per Hubschrauber, Flugzeug, Eisenbahn und Pferd zur Recherche unterwegs.

Auf dem Land scheint sich das Leben in den vergangenen Jahrzehnten wenig verändert zu haben. Wichtige Transportmittel sind weiterhin Pferd und Kamel, das Nahrungsangebot beschränkt sich neben Mehlspeisen fast ausschließlich auf Fleisch- und Milchprodukte. Die Menschen sind in traditionelle *deel,* die mongolischen Mäntel, gehüllt. Erst auf den zweiten Blick fallen Solaranlagen auf, Fernseher und Radio in den *ger* und der quietschende Lkw, der auch die letzte Siedlung zumindest leidlich versorgt.

Selbst für ein Entwicklungsland sind die Unterschiede zwischen Ulaanbaatar, den wenigen anderen Städten und dem Rest des Landes krass. In Ulaanbaatar lebt fast die Hälfte der Bevölkerung. Ihr Alltag unterscheidet sich grundlegend von demjenigen der übrigen Mongolen. Die Städter haben den *deel* gegen einen Anzug und eine Baseballmütze ausgetauscht und in Bauwerken sozialistischen Stils haben internationale Edelmarken Filialen eröffnet. Plattenbauten, qualmende Fernheizwerke und mit Geländewagen verstopfte Straßen gehören zum alltäglichen Bild. Dabei dient rund einem Drittel der Stadtbevölkerung weiterhin eine *ger* als Heim und 35 % der Mongolen leben unterhalb der Armutsgrenze. Seit 15 Jahren hat sich diese Zahl kaum verändert.

Auch kulturell ist das Land gespalten. Ist die Mongolei asiatisch oder osteuropäisch, ist sie buddhistisch oder atheistisch? Natürlich gehört das Land geografisch zu Zentralasien. Seit den 1960er-Jahren waren alle Kontakte zu China für eine ganze Generation abgerissen, doch in der traditionellen Kunst finden sich deutliche Spuren des südlichen Nachbarn. Die junge Intelligenz ist bestrebt, möglichst europäisch zu wirken und zu handeln. Gleichzeitig erlebte der Buddhismus in seiner lamaistischen Prägung eine Renaissance. Die Suche nach einem Interessenausgleich, wenn selbst eine mit absoluter Mehrheit ausgestattete Regierungspartei auf die Opposition Rücksicht nimmt, der Gleichmut, mit dem das aus unserer Sicht ärmliche Leben ertragen wird, sind vielleicht hierauf zurückzuführen. Im Norden des Landes finden sich zudem vereinzelt noch schamanistische Traditionen.

Zwischen dem russischen Bären und dem chinesischen Drachen gelegen, pflegen die Mongolen die Beziehungen zu dritten Staaten. Deutschland, zu dem gute Kontakte bestehen, ist ein beliebter Partner. Deutsche Touristen werden mit offenen Armen in jeder Jurte aufgenommen. Doch Reisen ist nach wie vor beschwerlich. Will man sich nicht expeditonsmäßig vorbereiten, sollte man sich einem Reiseveranstalter anvertrauen. Außerhalb von Ulaanbaatar ist eine ausreichende Infrastruktur zwar vorhanden, doch selbst der durchschnittlich Abenteuerlustige wird einiges vermissen. Auf dem Land muss sich der Gast auch heute noch auf gelegentlich einfache Unterkünfte einstellen, in denen auf dem Nachttisch eine Kerze an häufige Stromausfälle erinnert. Wenige Asphaltstraßen, unregelmäßige Flug- und nur wenige Eisenbahnverbindungen erschweren es, das Land von riesiger Ausdehnung kennenzulernen. Doch wird der Gast mit einer Ursprünglichkeit belohnt, die nur noch an wenigen Orten zu finden ist. Für eine Reise in die Mongolei sollte man sich Zeit nehmen, um in den Rhythmus der nomadischen Kultur einzutauchen.

Der ›heilige Himmel‹ spannt sich über Steppe und Hügeln

Steckbrief Mongolei

Daten und Fakten
Name: Mongolei (mongolisch: Mongol Uls)

Fläche: 1 566 500 km²
Hauptstadt: Ulaanbaatar (Улаанбаатар)
Amtssprache: Khalkha-Mongolisch
Einwohner: 2,6–2,9 Mio. (geschätzt)
Bevölkerungswachstum: 1,4 %
Lebenserwartung: Frauen 69,6 Jahre, Männer 67,2 Jahre
Währung: Tugrik
Zeitzone: im Westen MEZ + 6 Std., im Zentrum (Hauptstadt) + 7 Std., im Osten + 8 Std.; während der dt. Sommerzeit 1 Std. weniger
Landesvorwahl: + 976
Internetkennung: .mn

Landesflagge: Vertikal in drei Streifen geteilt – rot, türkisblau, rot; mit Staatssymbol Soyombo im linken Feld; existiert in dieser Gliederung seit 1949. Das Blau, die Nationalfarbe, steht für den ›ewigen Himmel‹. 1992 wurde der sozialistische Stern, der an der Spitze des Soyombo stand, entfernt. Das Piktogramm des Soyombo wurde schon von Marco Polo im 13. Jh. beschrieben. Bedeutung der Elemente: dreizüngige Flamme – Vergangenheit, Gegenwart und Zukunft der Familie, hier des Volks; Sonne und Mondsichel stehen für die Herkunft der Mongolen (entsprechend vieler Sagen); Dreiecke kennzeichnen die Wehrhaftigkeit; Rechtecke stehen für Geradlinigkeit, Rechtschaffenheit und Ehre; zwei ineinander verschlungene Fische symbolisieren die Einheit von weiblichen und männlichen Elementen (da Fische nie die Augen schließen, stehen sie auch für Wachsamkeit); Begrenzungsblöcke gleichen Wällen oder Grenzmauern – Aufforderung zu starkem Zusammenhalt des Volkes.

Staatswappen: geflügeltes Pferd, in das in der Mitte das Soyombo eingearbeitet ist.

Geografie und Vegetation
Die Mongolei ist ein Hochland (tiefste Stelle bei 553 m), das von Steppe, Wüste und zwei Gebirgen geprägt ist. Taiga und Waldsteppe bestimmen den Norden, Wüste den Süden. Die Asiatische Wasserscheide zieht sich durch den Norden der Mongolei. Die größten Flüsse sind der Selenge, der Orkhon und der Kherlen. Das Altai-Gebirge (Huyten Uul 4374 m) zieht sich in mehreren Parallelketten über 3000 m hoch von Nordwesten in den Süden. Die Vegetation ist nur im äußersten Westen durch den Einfluss des Pazifiks ostasiatisch, ansonsten zentralasiatisch geprägt. Viele Tiere der Mongolei gehören zu den gefährdeten Arten, z. B. der Schneeleopard.

Geschichte
Schon immer war die Mongolei von Viehzucht treibenden Nomaden bewohnt. Chingghis Khaan gelang es 1206 die Stämme in einer Nation zusammenzuführen. Danach folgte die Machtausdehnung des Mongolenreichs vom Pazifik bis nach Osteuropa. Khublai

Khan, ein Nachfahre Chingghis Khaans, eroberte das chinesische Reich und gründete die Yuan-Dynastie (1271–1368). Bis 1634 bestand die Mongolei noch als eigenständiges Land, 1691 wurde dann die ganze Mongolei Teil der mandschurischen Qing-Herrschaft in China. Mit dem Sturz der Qing-Dynastie (1911) erfolgte die Gründung eines neuen Staats. 1921 wurde eine Provisorische Revolutionäre Regierung ausgerufen und 1924 die Mongolische Volksrepublik nach sowjetischem sozialistischen Vorbild gegründet. Nach dem Wandel zu Demokratie und Marktwirtschaft 1990 fanden 1992 erstmalig freie Wahlen statt.

Staat und Politik

Die Mongolei ist eine Republik mit parlamentarischer Demokratie und Mehrparteiensystem. Neben der ehemaligen kommunistischen Einheitspartei, Mongolische Volkspartei (MVP), hat die Demokratische Partei (DP) Einfluss. Beide Lager wechselten sich in der Vergangenheit an der Spitze des Staates ab, stehen aber seit der Parlamentswahl von 2004 in einer Großen Koalition, praktisch ohne Opposition, im Einkammerparlament, dem Großen Staats-Khural (76 Sitze). Im Vergleich zu allen anderen zentralasiatischen Staaten sind die demokratischen Prinzipien in der Mongolei am stabilsten. Das Parlament und der Staatspräsident werden für jeweils vier Jahre gewählt (seit 2009 Ts. Elbegdorj, DP). Regierungschef ist seit 2012 Norovyn Altankhuyag (DP).

Politisch bestimmende Faktoren sind die Lage des Landes zwischen den Großmächten Russland und China, das extreme Klima, die dünne Besiedlung und die fehlende Infrastruktur des Flächenstaats. Verwaltungstechnisch ist das Land in 21 Aimags (Provinzen) und die Hauptstadt Ulaanbaatar gegliedert, darunter existieren die Sum (Kreise) und Bag (Gemeinden).

Wirtschaft und Tourismus

Mit dem Zusammenbruch der Zentralverwaltungswirtschaft durchlief das Land zunächst eine dramatische Rezession, fing sich aber insbesondere dank steigender Rohstoffpreise und erlebt zurzeit einen Boom. Bergbau garantiert ein Drittel der Staatseinnahmen, Industrie existiert praktisch nicht und der Dienstleistungssektor boomt nur in der Hauptstadt. 40 % der Bevölkerung leben weiter als nomadisierende Viehzüchter unter extremen klimatischen Bedingungen. Ihr Anteil am Bruttoinlandsprodukt sinkt beständig.

War das Land noch vor 20 Jahren hermetisch abgeriegelt, besuchen heute ungefähr 450 000 Touristen jährlich die Mongolei, damit trägt der Tourismus mit 10 % zum Bruttosozialprodukt bei. Das Pro-Kopf-Einkommen verdoppelte sich von 2004 bis heute auf 1500 US-$ jährlich. Gleichwohl ist die Mongolei eines der ärmsten Länder der Welt. 35 % der Bevölkerung leben unter der Armutsgrenze und die Kindersterblichkeit ist hoch.

Bevölkerung, Sprache und Religion

Mehr als 80 % der Bevölkerung stellen die Khalkha-Mongolen, deren Dialekt die Amtssprache des Landes ist. Kleinere Gruppen sind die Burjaten, Kalmücken und Tuwiner. Die bedeutendste nicht-buddhistische Ethnie des Landes bilden die vorwiegend im äußersten Westen lebenden Kasachen (3 %). Seit dem 14. Jh. ist der Buddhismus in tibetischer Ausprägung, dem Lamaismus, die Hauptreligion. Auch schamanistische Traditionen und die Volksreligion existieren neben dem Buddhismus weiter.

Natur und Umwelt

Neun von zehn Mongoleitouristen suchen die ungestörte, noch weitgehend intakte Natur. Das belegen die Statistiken. Die Gegensätze zwischen hohen Bergen, trockener Wüste, ursprünglichen Wäldern, einem scheinbar ewig blauen Himmel, frischer Luft und klarem Wasser faszinieren immer aufs Neue. Keine Zäune, keine Hochspannungsmasten, keine Straßen stören das Bild.

Die Taiga mit großen zusammenhängenden Wäldern, eine Steppenlandschaft mit einer nicht enden wollenden Weite an Grasland und schließlich die Wüste in ihrer spröden Schönheit teilen das riesige Land in verschiedene Klima- und Vegetationszonen. Durch die Mongolei ziehen sich Gebirge, Flüsse und Seen und vergrößern den ungeheuren Reiz der Landschaft noch einmal mehr.

Doch auch dieses Paradies hat Schattenseiten: Industrialisierung, steigender Lebensstandard, verändertes Ökonomie- und Konsumverhalten oder grenzübergreifende Probleme wie Klimaerwärmung machen auch vor der Mongolei keinen Halt. So ist die noch intakte Natur mancherorts gefährdet durch wenig nachhaltiges Ressourcenmanagement, Bergbau, Wasser- und Abwasserprobleme, Müllentsorgung und Luftverschmutzung.

Klima

Lange Winter, kurze Sommer

Der **Winter** wird durch eine stabile sibirische Hochdruckwetterlage geprägt. Nur schwach weht der Wind aus Nord bis Ost. Faszinierend wolkenfrei und stahlblau zeigt sich der Himmel. Selbst in der Hauptstadt Ulaanbaatar fällt – wenn auch selten – in strengen Winternächten die Quecksilbersäule auf – 35 °C bis – 40 °C, jedoch werden dann moderate Tageswerte um – 14 °C bis – 18 °C gemessen.

Kälter wird es hingegen im Westen des Landes. So werden aus der Aimaghauptstadt Ulaangom im Uvs-Nuur-Becken fast regelmäßig Wintertemperaturen um – 48 °C und tiefer gemeldet. Erst mit dem Herannahen des Frühjahrs wird gelegentlich feuchte Luft aus dem Westen mit Schneefällen im März und April herangeführt. Die durchschnittlich 250 Sonnentage im Jahr fallen überwiegend in die kalte Jahreszeit. Ein besonderes winterliches Witterungsphänomen stellt der *dzuud* dar (s. Thema S. 18).

Frühjahrsstürme aus zumeist westlichen Richtungen kündigen im April und Mai eine Umstellung des gesamten Windsystems der Mongolei an. In der Steppe herrscht in den **Sommermonaten** fast immer ein erfrischender, leichter Wind. Im Süden wird in dieser Zeit warme Luft aus Südwesten herantransportiert, was gelegentlich zu heftigen Gewitterstürmen mit ergiebigen Niederschlägen in der Gobi führen kann. In der Umgebung der höheren Gebirge (Altai und Khangai) kommt es zu Föhn. Nachmittägliche Gewitter und damit verbundene, teilweise heftige Sturmböen aufgrund der Aufheizung des Landes sind ebenfalls häufig zu beobachten.

Die Nachttemperaturen fallen im Juli selten unter 0 °C, auch wenn lokale Besonderheiten zu Ausnahmen führen. Nachtfröste können im Norden und Westen noch im Juni und wieder im August regelmäßig vorkommen. Im Sommer werden die höchsten Temperaturen im Süden und Osten gemessen. Die Julimittelwerte liegen dort über 20 °C, mit Ausnahme der gebirgigen Landesteile.

Temperaturen und Niederschläge

Deutliche **Temperaturschwankungen** zwischen Sommer und Winter kennzeichnen das extrem kontinentale Klima der Mongolei. Zwischen dem wärmsten und dem kältesten Monat des Jahres haben die Durchschnittstemperaturen eine Differenz von 40 bis 45 °C. Nimmt man die Schwankung der örtlichen Jahresmaxima und -minima, so sind es bis zu 80 °C. Die Jahresmitteltemperatur liegt bei nur 3,9 °C im äußersten Süden und sinkt mit −6,6 °C im Norden unter den Gefrierpunkt.

Die größte jemals gemessene Temperaturschwankung innerhalb eines einzigen Tages wurde mit 42,4 °C am Orog Nuur gemessen. In den kurzen Jahreszeiten Frühjahr und Herbst sind diese Tagesschwankungen am größten, jedoch wird selten eine Differenz von über 30 °C überschritten.

Mit dem extrem kontinentalen Klima geht außerdem eine **geringe Luftfeuchtigkeit** einher. Dadurch sind sowohl Kälte im Winter als auch Hitze im Sommer relativ gut zu ertragen.

Die **Niederschlagsmengen** in der Mongolei fallen gering aus. In den sehr empfindlichen Ökosystemen verschieben sich heute die Trockenbereiche nach Norden. Wurden für Ulaanbaatar in den 1950er-Jahren jährlich 220 mm gemessen, sanken die Niederschläge in den 1990er-Jahren auf 175 mm und fielen teilweise bis auf 128 mm. Seit 2009 ist der Niederschlagstrend in Ulaanbaatar allerdings wieder positiv, allein im ersten Halbjahr 2012 wurden über 100 mm gemessen. Diese Tendenz gilt allerdings nicht für die gesamte Mongolei. Grundsätzlich stiegen die Niederschläge im Norden des Landes an, während im Süden die Niederschlagssummen rückläufig sind.

Geologie

Rund 40 % der Gesamtfläche der Mongolei liegen zwischen 1000 und 1500 m hoch und mehr als weitere 40 % sogar zwischen 1500 und 3000 m. Die Fläche unter 1000 m beträgt hingegen nur 15 %, über 3000 m liegen 5 %.

Gletscher, Wind, Wasser, Temperatur und lösungschemische Vorgänge sind in der Mongolei ebenso wie physikalische, auf den Frost zurückzuführende Phänomene und

Nachhaltig reisen

Die Umwelt schützen, die lokale Wirtschaft fördern, intensive Begegnungen ermöglichen, voneinander lernen – nachhaltiger Tourismus übernimmt Verantwortung für Umwelt und Gesellschaft. Die folgenden Webseiten geben Tipps, wie man seine Reise nachhaltig gestalten kann.

www.fairunterwegs.org: »Fair Reisen« anstatt nur verreisen – dafür wirbt der schweizerische Arbeitskreis für Tourismus und Entwicklung. Außerdem ausführliche Infos zu Reiseländern in der ganzen Welt.

www.sympathiemagazin.de: Länderhefte mit Informationen zu Alltagsleben, Politik, Kultur und Wirtschaft; Themenhefte zu den Weltregionen, zu Umwelt, Kinderrechten und Globalisierung.

www.zukunft-reisen.de: Das Portal des Vereins Ökologischer Tourismus in Europa erklärt, wie man ohne Verzicht umweltverträglich und sozial verantwortlich reisen kann.
Außerdem: www.forumandersreisen.de, www.verträglich-reisen.de, www.respect.at.
Mongolei »nachhaltig«: Natürliche Ressourcen werden in der Mongolei durch steigendes Wirtschaftswachstum gefährdet und die Industrie nimmt stellenweise wenig Rücksicht auf ›schöne‹ Landschaften. Noch erwartet den Reisenden eine weite zaunfreie, weitgehend unberührte Landschaft. Ohne nachhaltigen Schutz der Natur unter ausgewogener Wahrung wirtschaftlicher Interessen wird dieses Paradies bald nicht mehr anzutreffen sein. In Europa will der Reisende ankommen, in der Mongolei ist der Weg das Ziel.

Natur und Umwelt

Katastrophenwinter – *dzuud*

Ein Naturphänomen, das sich alle paar Jahre ereignet: Lang anhaltende, kräftige Schneefälle in Verbindung mit extremer Kälte, denen meist trockene Sommer vorangegangen sind, führen die Mongolei an den Rand der Katastrophe. Millionen von Tieren verenden, Viehzüchter verlieren ihr gesamtes Vermögen, internationale Hilfe wird erforderlich. Das Problem hat aber auch eine menschengemachte Komponente.

Diese winterliche Dürreperiode wird in der Mongolei dann besonders dramatisch, wenn sich negative Effekte der Ökonomie und der Ökologie überlagern. Ist der Viehbestand aus Gründen der Einkommensverbesserung zu stark angestiegen, wird damit der Weidegrund nicht ressourcenschonend genutzt, findet das Vieh nicht genügend Nahrung und geht damit geschwächt in den Winter. Folgt dann im Februar und März eine Periode mit hoher Schneelage (»weißer Dzuud«), kann das Vieh, das auch im Winter im Freien gehalten wird, die Grasnarbe nicht freischarren. Gibt es überhaupt keinen Schneefall (bei sehr tiefen Temperaturen) und ist es damit zu trocken (»schwarzer Dzuud«), fehlt es an der Grundlage für die Flüssigkeitsaufnahme. Eine spezielle Zwischenform stellt der »eiserne Dzuud« dar, der sich als eine Eisversiegelung der Oberfläche darstellt.

Zuletzt traf es die Mongolen im Winter 2009/2010. Seit 1969 war es nicht mehr so kalt gewesen in der Mongolei. Über Wochen verharrte die Quecksilbersäule bei unter −40 °C mit einem Rekordtief, das bei −57 °C gemessen wurde. Das waren über 20 °C kälter als der Durchschnitt der letzten Jahrzehnte. Über 6 Mio. Tiere verendeten und ca. 100 000 Menschen suchten Zuflucht in den wenigen Städten, in erster Linie in Ulaanbaatar. Viele werden nicht wieder aufs Land zurückkehren und so der Landflucht in der Mongolei einen weiteren Schub geben. Mit massiver humanitärer Hilfe versuchte die internationale Gemeinschaft die schlimmste Not zu lindern.

Auf drei Ursachen lässt sich der Dzuud des Winters 2009/10 zurückführen. Zum einen auf die extreme Kälte mit regelmäßigen Schneestürmen und einer dicken Schneedecke, die bis Mitte April hielt. Hinzu kam, dass die Niederschlagsmenge – die in der Mongolei ohnehin zwischen 50 und 500 mm zwischen dem Süden und Norden variiert – im letzten Sommer wenig ergiebig war. Zuletzt hat es im Jahr 2005 ein gutes Regenjahr gegeben. Gleichzeitig wuchs der Viehbestand überproportional. Dies führte zur dritten Ursache, der Überweidung. Schon seit 1990 hat sich der Viehbestand regelmäßig erhöht, auch wenn es dramatische Einbrüche in den *Dzuud*-Wintern 1999 und 2003 gab, mit jeweils etwa 10 % Verlust. Dennoch zählte das UNO-Entwicklungshilfeprogramm im Herbst 2009 etwa 47 Mio. Tiere, obwohl die Weide nur 25 bis 30 Mio. tragen kann. In sozialistischer Zeit war die Zahl der Tiere neben den kollektiven Herden pro Familie auf 75 begrenzt – und die Zahl der Hirtenfamilien wurde je nach Sum (Kreis) entsprechend der Fruchtbarkeit des Landes reguliert. Mit solch kleinen persönlichen Viehbeständen ließ sich aber nach der Privatisierung der Herden im Jahr 1991 das Überleben einer Familie nicht sichern. Dreimal so viele Tiere waren erforderlich.

Thema

Schon die letzten Dzuud haben nicht zu einem Umdenken geführt. So ist zu befürchten, dass die nächste Blase sich schon im Jahr nach der Winterkatastrophe neu bilden wird, bis sie wieder – und noch dramatischer – platzt. Die Marktkräfte fördern leider keine kleineren Herden. Große Herden fördern das Ansehen der Besitzer. Das Fleisch ist eher ein Beiprodukt. Milchprodukte werden allenfalls lokal vermarktet. Wolle und Häute für den Export nach China sind hingegen marktbestimmend. Mangels eigener Weiterverarbeitungskapazitäten in der Mongolei gilt es, billige Masse für die chinesische Industrie zu produzieren. Hierfür eignen sich im Besondern Schafe und Ziegen, die aber außergewöhnlich empfindlich auf den Dzuud reagieren und deren Nahrungsaufnahmegewohnheiten zudem die empfindliche Grasnarbe extrem belasten. Kamele wären besser geeignet und dominierten auch in der Zeit vor der Kollektivierung der Herden im Jahr 1959. Doch sie vermehren sich mit einer Tragezeit von 13 Monaten (gegenüber vier bei Schafen und Ziegen) nur langsam.

Schließlich liegt auch in der nomadischen Gesellschaftsstruktur ein Grund für die Belastung der Weiden: Ohne Eigentum ist auch das Gefühl von Verantwortung begrenzt. Weideland steht kostenlos und scheinbar unendlich zur Verfügung. Das bedeutet nicht, dass ein neuer, jetzt marktwirtschaftlicher Versuch gestartet werden müsste, aus den Hirten Bauern zu machen. Doch es bedarf regulierender Strukturen für die nomadische Viehzucht. Denn der nächste Dzuud kommt bestimmt.

Existenz vernichtet – viele verlieren im Dzuud ihr einziges Vermögen: die Herde

Natur und Umwelt

gravitative Prozesse von großer **landschaftsprägender Bedeutung**.

Das Relief des Landes wird vor allem durch das Gebirge bestimmt. Das extreme Klima, das hohe Alter und das Aufeinandertreffen kleiner tektonischer Platten haben Gipfel mit alpinem Aussehen geformt, aber auch runde Mittelgebirgskuppen und Berge, die scheinbar in ihrem eigenen Schutt versinken.

Die Entstehung der mongolischen Gebirge

Ein sehr langer geologischer Zeitraum von vielen Millionen Jahren war geprägt durch äußerst unterschiedliche Klimaabschnitte, die die Landschaft mitgestaltet haben. Die Spuren dieser vorzeitlichen Formungsprozesse kann man bis heute erkennen. **Erdkräfte** aus dem Inneren, sogenannte endogene Kräfte, schufen durch Anhebung oder auch Senkung eine Oberfläche, die durch die klimatischen Einflüsse, die exogenen Kräfte, wie z. B. Regenwasser, Sonneneinstrahlung und damit verbundene Temperaturschwankungen weiter geformt wurde.

Im Khangai, dem ältesten Gebirge der Mongolei, findet man einen recht komplizierten Aufbau unterschiedlich alter, allerdings überwiegend paläozoischer, vor 570 bis 225 Mio. Jahren entstandener Gesteinskomplexe aus Granit. Die ältesten Gesteinsserien, die älter als 570 Mio. Jahre sind (Präkambrium), befinden sich an der südlichen Grenze des Gebirgslandes nordwestlich und südöstlich von Bayankhongor. Diese Gesteine sind mehrfach aufgeschmolzen und wieder erstarrt. Es handelt sich dabei um Gesteine aus dem Prä-Neoproterozoikum (Ripheikum), einem sehr alten Zeitabschnitt der geologischen Geschichte. Damals drang weltweit intensiv Magma in die Erdkruste ein und die glutflüssige Gesteinsschmelze stieg bis dicht unter die Oberfläche der Weltmeere auf.

Neben dem Khangai gehört der Khentii zu den ältesten Gebirgen der Mongolei und wurde vor 320 bis 430 Mio. Jahren gebildet. Der nordwestliche Teil des Gebirges wurde im Ordovicium und frühen Silur angelegt, während die mittleren Gebirgslagen und der Osten aus dem Silur stammen und damit einige Jahrmillionen jünger sind.

Das heutige Landschaftsrelief stammt aus einer starken Umformung im Erdmittelalter, dem Mesozoikum (vor 65–225 Mio. Jahren). Dabei zerbrach das Gebirge in verschiedene Nordost-Südwest ausgerichtete Längsschollen. An den Berührungslinien dieser Schollen stieg glutflüssige Gesteinsschmelze bis dicht unter die Erdoberfläche auf, trat aber nicht zutage. Die erstarrten, meist runden oder ovalen Gesteinskomplexe (Granit) sind heute noch deutlich auf der geologischen Karte und auch in der Landschaft zu sehen.

Die unvergletscherten Hochgebirgsbereiche der Mongolei unterlagen während der Eiszeiten einem noch strengeren Frostklima als zu unserer Zeit. Die enormen Temperaturtages- und -jahresschwankungen bewirken auch noch heute eine Auflockerung der Gesteinsverbände und schließlich eine Aufsprengung in einzelne Blöcke. Dabei kann der Frostwechsel steilere Wandpartien intensiver angreifen als mehr oder weniger horizontale Reliefeinheiten. Dadurch kommt es im Resultat ebenfalls zu Terrassierungen in den heutigen Gipfelregionen des Khentii und auch des Khangai. In der Geomorphologie wurde hierfür der Namen Golec (russ.: Glatzkopf) gebildet.

Vulkanismus

Auch **Vulkanismus** ist zu beobachten. Am Südrand des Khangai bewegten sich einzelne Gebirgszüge aufeinander zu und schoben sich übereinander. Diese Bewegung kann bis in unsere heutige Zeit in der Umgebung von Bayankhongor registriert werden. In einer folgenden Phase entstand ein nach Osten geöffnetes Gebirgsmassiv, das sich nach Westen bis nach Uliastai und nach Norden bis Tosontsengel erstreckte. Im Zentralkhangai kam es dann wieder zu einem intensiver Aufstieg glutflüssiger Gesteinsschmelzen im Erdinneren. Als Ergebnis ist es heute noch möglich, die massigen Granitgesteinskörper abzugrenzen.

Der Korgo-Vulkan im Terkhiyn-Tsagaan-Nationalpark im Khangai gehört zu den be-

Geologie

liebtesten Zielen in der Mongolei. Wie sein Beispiel zeigt, gibt es sehr variantenreiche Übergänge zwischen den sogenannten Schicht- oder Stratovulkanen und den Aschenvulkanen. Erstere sind Vulkanbauten, die einen regelhaften Aufbau aus unterschiedlichen Ablagerungen wie Asche, Steine und Lava besitzen. Die Aschevulkane dagegen werden durch sandartige Asche und grobkörnige Auswürfe, weniger durch Lava charakterisiert.

Für die Mongolei sind bis heute Erdbeben- und Vulkantätigkeit in einem aktiven Zustand nachweisbar, auch wenn spektakuläre Vulkaneruptionen fehlen. Sie könnten sich jedoch jederzeit wieder ereignen. Für den Menschen deutlich bemerkbar werden die Bewegungen an der Erdoberfläche, wenn sich in Form von **Erdbeben** schlagartig Spannungen lösen. Die schwersten Erdbeben im Khangai und seiner Umgebung erfolgten 1905 an der Bulnay-Verwerfung nördlich des Idertales und 1958, 1967 und 1974 in der nordöstlichen Vorgebirgszone des Khangai in der Umgebung des Zusammenflusses von Hanuy und Hunuy. 1957 ereignete sich südlich des Khangai im Gobi-Altai zwischen dem Boon Tsagaan Nuur und dem Orog Nuur ebenfalls ein schweres Erdbeben.

Im Khangai selbst finden sich immer wieder Stellen mit **heißen Quellen.** Im Untergrund reicht Erdwärme bis dicht unter die Oberfläche. Bei den Quellen steigt durch die Hitze des Erdinneren aufgeheiztes Grundwasser an die Oberfläche. Mitunter sind im Wasser Schwefel, Bor, Kohlendioxid und andere chemische Bestandteile gelöst, die heilende Wirkung haben.

Frost

Temperaturschwankungen lassen den Boden in Weiten Teilen der Mongolei im Herbst gefrieren und im Frühjahr wieder auftauen. Drei Phasen sind dabei zu beobachten: Zunächst bewirkt das Gefrieren eine Volumenzunahme des Wassers im Boden. Die Oberfläche, aber auch der Bereich bis zu zwei Metern darunter, wird angehoben. Eine weitere Wirkung der Wasserausdehnung: Große Steine und Blöcke lockern sich aus dem Untergrund. Sinken die Temperaturen in einer zweiten Phase unter –7 °C, zieht sich das Eis wieder ein wenig zusammen. Es bilden sich Risse.

Schließlich folgt der Tauprozess im Frühjahr. Entweder verdunstet das Tauwasser schnell oder es kann auf der noch gefrorenen Oberfläche nicht versickern. Dann fließt es ab und bringt so bisweilen selbst große Gesteinsblöcke hangabwärts in Bewegung.

In einigen Regionen der Mongolei, zum Beipiel im Khuvsgul-Gebiet, ist der Sommer so kurz, dass auch in diesen Monaten der Boden nicht ganz auftaut. Man spricht von **Dauerfrostboden.** Eine Jahresmitteltemperatur von höchstens 0 °C kennzeichnet solche Areale. Dauerfrostbodenphänomene sind sehr deutlich in der Landschaft zu erkennen und vor allem dort anzutreffen, wo man ausreichend Grundwasser im Untergrund vorfindet (so z. B. in Flussniederungen oder der unmittelbaren Umgebung von Seen).

Gletscher

In den Gebirgen der Mongolei findet man nur auf den höchsten Bergrücken Gletscher bzw. Spuren ehemaliger Gletscher. Bei den gegenwärtigen klimatischen Bedingungen sind im **Khangai** nur an einer Stelle die Voraussetzungen für eine Gletscherexistenz gegeben: am Otgon Tenger Uul, dem mit 4021 m höchsten Gipfel des Gebirges. Im **Altai** finden sich heute noch mehrere Gletscherzentren: im Tavan Bogd mit dem höchsten Berg der Mongolei, am Khuiten Uul (4374 m), am Munkh Khairkhan (4204 m), am Tsambagarav Uul (4208 m) sowie am Turgen-Kharkhiraa-Massiv (4116 m).

Die Gletscher im **Khentii-Gebirge** sind bereits seit 10 000 Jahren verschwunden. Doch während eines Großteils der geologisch jüngsten Periode, dem quartären Eiszeitalter, in dem wir heute noch leben, war auch der Gebirgszug des Khentii vergletschert. Wir sehen dies in der Gegenwart vor allem noch an zwei Landschaftphänomenen: den Schotterterrassen in den Tälern des Kherlen, Onon, Tuul und Yuroo und den heute nicht mehr mit

Natur und Umwelt

Gletschern erfüllten trichterförmigen Eintiefungen in die Gebirgsrücken, die der Geomorphologe als Kar bezeichnet.

Dem aufmerksamen Beobachter sollte nicht entgehen, dass die Talböden der Khentii- wie auch der Khangai-Flüsse terrassiert sind. Zu Zeiten des intensiven Gletscherabschmelzens wurden von den Schmelzwässern so gewaltige Schottermassen in den Tälern abgelagert. Da das Klima der letzten 2 Mio. Jahre immer wieder zwischen Kalt- und Warmphasen schwankte, gab es auch Zeitabschnitte, in denen aufgrund der nachlassenden Transportkraft der Flüsse keine weiteren Schottermengen abgelagert werden konnten. Ganz allgemein kann man den verschieden hohen Terrassen immer eine Eiszeit zuordnen. Die Gletscher hatten ihren Ursprung in den erwähnten Karen – Sammelbecken für Schnee, der sich langsam zu Gletschereis umwandelte. Sie erreichten noch vor ca. 20 000 Jahren eine Höhe von knapp 2000 m. Im Gebiet des Hiydiyn Saridag Uul (Сарьдаг уул) erkennt man dies gut an den erhaltenen Moränen (seitliche und stirnseitige Ablagerungen von Gletschern im unteren Teil eines Gletschers).

Die einerseits abtragende wie auch andererseits ablagernde Eigenschaft eines Gletschers sind im **Otgon Tenger-Gebiet** und in den anderen Vereisungszentren auch für den Laien gut zu erkennen. Wurden die Täler von Eismassen durchflossen und dabei der Talboden und die Talhänge abgeschürft, so sind sie stark eingetieft. Es entstanden sogenannte Trogtäler mit einem U-förmigen Querprofil. Steine, Sand und Boden wurden meist an der vorderen Eisfront des Gletschers (Endmoräne) oder an seiner Seite (Seitenmoräne) abgelagert. Die Flüsse des Khangai, Khentii und Altai führten in der Eiszeit verstärkt Schmelzwässer von den Gletschern der hohen Gebirgskämme ab. Der Gletscherursprung befand sich häufig in einem Kar, was sich heute auf Karten und im Satellitenbild deutlich erkennen lässt. Die trichterförmigen Eintiefungen in einem höheren Gebirgskamm entstanden durch Abschürfungen des Eises und durch die erhebliche Abkühlung des angrenzenden Gesteins infolge von Frostsprengung. Gelegentlich findet man in diesen Karen kleinere Seen, die durch eine talabwärts gelegene Karschwelle ›aufgestaut‹ sind.

Wind

Je nach Windgeschwindigkeit werden gröberer Sand oder auch nur feine Staubpartikel transportiert und wieder abgelagert. Dies geschieht an Gebirgsketten oder Bergen, aber auch im Kleinen bei Gräsern, Büschen oder an feuchten Bodenstellen.

Die Auswirkungen und Formen von Windwirkungen im Khangai-Gebirge und seinen

Geologie

Einer der wenigen mongolischen Bergstöcke mit einem
Gletscher: der bis zu 4208 m hohe Tsambagarav Uul

Randzonen finden sich am Süd- und Westrand des Gebirges an der Grenze zur Gobi und im Zusammenhang mit den größeren Flusstälern (z. B. Ider Gol bei Tosentsengel). Der Sand wird dabei aus den trocken liegenden Sandbänken der Flüsse geweht und auf den Talrändern verteilt. Große zusammenhängende Sandfelder werden in der Mongolei als *els* bezeichnet.

An den Flussufern finden sich einerseits kleine Flugsanddecken mit einem Mikrorelief von Rippelmarken (asymmetrischen Oberflächenmustern auf der Sandoberfläche), andererseits Dünen. Man bezeichnet sie als Kupstendünen. Sie treten sehr häufig im Vorland des Khangai auf.

Wasser

Talformen, Flussterrassen und Fußflächen werden von Wasser gebildet. In Zeiten geringer Fließgeschwindigkeit werden die im Fluss transportierten Sande und Steine abgelagert. Schwillt die Wassermenge an, gräbt sich der Fluss tiefer in den Grund ein. Entlang der größeren Flüsse (z. B. Baidrag, Zavkhan, Orkhon, Ider) lassen sich immer wieder Flussterrassen, also Aufschüttungsterrassen, erkennen, die rechts und links des Flusslaufs auftreten.

Natur und Umwelt

Im Gebirgsvorland kommt es überwiegend zur Ablagerung, da hier die Transportkraft des Flusses nachlässt. Man kann dies sehr schön am Orkhon bei Kharkhorin studieren, wo der Fluss eine sehr breite Talaue im Vorland angelegt hat, während in dem Talabschnitt im Gebirge Flussterrassen in einem nur recht engen Tal zu beobachten sind.

Bäche oder kleine Flüsse, die in große Täler münden, haben dort oft Schwemmkegel ausgebildet. Sie sind genau wie die Flussterrassen Indikatoren für eine Veränderung des Klimas. Nimmt die Regenmenge zu und wird die Regenintensität stärker, dann sind die Bedingungen für den Aufbau von Schwemmfächern günstiger. Allerdings wird bei zu heftigen Regenfällen der Oberflächenabfluss so stark, dass bei entsprechenden Abflussgeschwindigkeiten das Relief wieder eingeschnitten wird.

Wird es im Vorland des Gebirges flacher, so nehmen die Ablagerungen, sogenannte Gebirgsfußflächen, zu, die oft über viele Kilometer reichen können. Fußflächen sind also ein typisches Landschaftselement des ariden und besonders des semiariden Raums (Niederschläge weniger als 200 mm pro Jahr). Sie stellen ein Produkt der flächenhaften Abtragung am Gebirgsrand und der flächenhaften Ablagerung weiter entfernt vom Gebirge dar.

Verwitterung

Die zum Teil extremen Klimaschwankungen in der Mongolei wirkten sich insbesondere bei der Verwitterung deutlich aus. Wir finden Formen, die auf ein tropisches, ein subtropisches, ein kühl-gemäßigtes und ein kalt-gemäßigtes Klima hinweisen.

Tropische Kimaverhältnisse in der Mongolei? Gerade im Khangai und an seinen Rändern zeigt sich, wie tropische Verwitterungsbildungen einen ganz entscheidenden Einfluss auf die noch heute deutlich sichtbare Gestalt der Erdoberfläche hatten. Bis zu 50 m hohe, aus der Umgebung herausragende Felsgruppen, die sich durch weiche Rundungen und ein ›wollsackartiges‹ Aussehen auszeichnen, finden sich oft in Kammlagen von Gebirgsrücken und an deren Hängen. Es sind die wohl ältesten Oberflächenformen der Mongolei. Sie weisen ein geschätztes Alter von 70 bis 100 Mio. Jahren auf und gehören damit in ihrer ursprünglichen Anlage in die ausgehende Kreidezeit (vor 136–65 Mio. Jahren), einen geologischen Zeitabschnitt, in dem es noch Saurier gab.

Als es kühler wurde, stoppte die chemische Verwitterung. In einem subtropischen und später kühl-gemäßigtem Klima setzte eine Abtragung dieser weichen Gebilde ein. Felsformationen, die vorher bedeckt waren, wurden freigelegt (Tertiärs und Übergang zu den Eiszeiten, vor ca. 26 bis 1,5 Mio. Jahren).

Im Zuge des sich weiter abkühlenden Klimas verwitterten die Felsburgen nun stark durch Frostsprengung. Sie lösten sich teilweise in einzelnen großen Blöcken und rutschten hangabwärts. Aufgetürmt zu Blockmeeren liegen sie heute in teilweise kilometerweiter Entfernung vom Ursprungsort entfernt. Außer im Khangai finden sich schöne Beispiele für Felsburgen in Terelj und im Bogd Uul, wo wir sehr gut den Zusammenhang zwischen Felsburgen und Blockmeeren erkennen können.

Flora

Die Vegetationsperiode und damit auch die Blühphase der meisten Pflanzen ist an die Periode der höchsten Niederschläge gebunden. Damit sind besonders im Frühjahr (Mai bis Juni) bunte Blütenteppiche und ein wogendes Meer aus Gräsern und prächtigen Blütentrauben in der Wiesensteppe anzutreffen. Aber auch in der Krautschicht der Wälder erwacht das Pflanzenleben und es sprießen die Storchschnäbel, Lilien, und der wilde Rhododendron taucht den Waldrand in ein zartes Rosa.

Insgesamt wurden in der Mongolei ungefähr 2500 Pflanzenarten gezählt, die sich auf die verschiedenen Vegetationsgürtel recht unterschiedlich verteilen. Sehr artenreich sind dabei natürlich die jeweiligen Übergangszonen zwischen Wald und Steppe auf eng be-

Flora

nachbarten Standorten unterschiedlicher Bodenfeuchte.

Von Nord nach Süd

Die **Vegetationszonen** in der Mongolei folgen den klimatischen Gegebenheiten und damit den Breitengraden. Lediglich die Gebirgsketten und Täler unterbrechen diese Regel. Die Klimakomponenten Niederschlag und Temperatur sind die wesentlichen Faktoren, die einen Wechsel zwischen den Zonen verursachen.

In der Nord-Mongolei, dem Gebiet mit den höchsten Niederschlägen, prägen die Ausläufer der südsibirischen **Taiga** die Landschaft. Der äußerste südliche Vorposten der Wälder liegt südlich der Hauptstadt Ulaanbaatar mit dem Bogd Uul, einem sehr alten und traditionsreichen Naturschutzgebiet (s. Aktiv unterwegs S. 215). In den Wäldern bestimmt die **Sibirische Lärche** *(Larix sibirica)* das Bild. Mit zunehmender Höhe wird sie von der **Kiefer** *(Pinus sibirica)* abgelöst. Die dritte waldbildende Baumart, die **Fichte** *(Picea sibirica)*, kommt an der Südgrenze der Taiga in den feuchten und kühlen Talauen der Gebirgstäler des Bogd Uul und des nördlichen Khentii vor.

Besonders in der birkenreichen Taiga, die über einen gut ›beleuchteten‹ Boden verfügt, entwickelt sich im Mai und Juni eine **kräuterreiche Vegetationsschicht** mit Orchideen (u. a. Frauenschuharten und Knabenkräuter), Storchschnabelarten, Glockenblumen und vielen Gräsern. In den parkartigen Waldsteppenarealen ist es um diese Zeit ein ganz besonderes Erlebnis, flächendeckend die Blüte der gelben und blauen Anemonen *(Pulsatilla flavescens* und *Pulsatilla bungeana)* zu erleben. Für deutsche Hobbybotaniker kommt dann noch ein großer Höhepunkt im Juli, wenn die waldnahen Steppenareale und höheren unbewaldeten Gebirgsteile sich mit dem Sibirischen Edelweiß *(Leotopodium ochroleucum)* und einigen Enzianarten *(Gentiana sp.)* füllen. Die Wiesensteppen tragen ebenfalls in dieser Zeit die zahllosen roten Tupfer der Feuerlilie *(Lilium pumila)*, die mongolisch »Rote Kartoffel« genannt wird.

Die geschlossenen Taigawälder gehen in eine **Gebirgswaldsteppe** oder Waldsteppe über, die sich in sehr variabler Breite südlich an die geschlossene Waldzone anschließt. Die geschlossenen Waldareale sind streng nach Norden ausgerichtet. Dort ist die Sonneneinstrahlung geringer und folglich verdunstet dort weniger Wasser als im Süden, Osten oder Westen. Dieses empfindliche Bodenwassergleichgewicht ist besonders für die jungen Bäume in ihrer Anwachsphase entscheidend, damit sie in den ersten 15 bis 20 Lebensjahren mit genügend Feuchtigkeit während der Vegetationszeit versorgt sind. Die absolute Südgrenze der Wälder ist also eine ›Wassermangelgrenze‹. Die Täler in der weiten mittleren Steppenregion der Mongolei sind bis in die Wüste Gobi mit **Auenwäldern** bestanden, die allerdings mit zunehmender Trockenheit mehr und mehr verschwinden. Hauptbaumart ist hier die **Ulme** *(Ulmus pumila)*.

In der Mongolei ist die **Steppenzone** sehr breit ausgebildet und die Südgrenze ist wie die Nordgrenze als Übergangszone ausgeprägt. Reist man durch die Steppe, so fallen einige Steppentypen besonders durch ihre Attraktivität auf. Die Federgrassteppe *(Stipa-*Steppe), benannt nach dem **Federgras** *(Stipa krylovii)*, gibt den Wogen der sanften Hügel besonders im Gegenlicht einen silbernen Glanz – ein immer wieder lockendes Fotomotiv. Sind die Böden nährstoffreicher und enthalten gröbere Bodenanteile (Schutt und Schotter), so findet man die **Wermutsteppe** *(Artemisia-*Steppe) und ihre besondere Ausprägung, die **Zwiebelsteppe** *(Allium-*Steppe). Die Steppen an der unteren Waldgrenze sind als **Wiesensteppen** in Waldnähe ausgebildet und präsentieren sich dem Reisenden als staudenreiche und hochwüchsige, satte Wiesen mit zahlreichen attraktiven Blumen und Gräsern. Neben der bereits erwähnten Lilien sind dann hier Flockenblumen *(Centaurea sp.)*, Akelei *(Aquilegia sp.)* und das blaue Blütenmeer mit Glockenblumen *(Campanula sp.)* anzutreffen. Sie werden im August und September von den Nomaden zur Heuernte genutzt.

Leben für den kurzen Sommer – auch die Jüngsten müssen beim Versorgen der Tiere helfen

Natur und Umwelt

Nach Süden schließt sich die **Wüste** an. Spektakulär sind die Sand- bzw. Dünenfelder, die grundsätzlich mit dem Begriff Wüste verbunden werden. In der Mongolei bilden diese Regionen immer einen Höhepunkt der Reise, z. B. Khongoryn Els (s. S. 287). Die Dünenfelder, *els*, sind überwiegend an ehemaligen, ausgetrockneten Seen oder an Flussläufen zu finden, an denen der Wind, der im Frühjahr besonders häufig und heftig aus überwiegend westlichen Richtungen weht, größere Sandmassen ablagert.

Auch in der Wüste finden sich verschiedene Pflanzenarten. In flachmuldigen Tälern, die besser mit Wasser versorgt werden, zieht sich die Vegetationsdecke zusammen und wird dichter. Eine Besonderheit stellen die **Trockenwälder** der Gobi dar. Hier trifft man auf den **Saxaulbaum** *(Haloxylon ammodendron),* der seine Lebenskraft aus einem tiefen und weitverzweigten Wurzelwerk zieht und von Bedeutung für die Eindämmung von Winderosion ist.

Von unten nach oben

Der Wandel der Vegetation von Nord nach Süd findet seine Entsprechung im Wandel der Vegetation in den Gebirgen bzw. mit der Höhe. Schon eine Wanderung im südlich der Hauptstadt gelegenen Bogd Uul zeigt deutlich, wie die Lärchenwälder im unteren Waldstockwerk mit zunehmender Höhe durch Kiefernwälder abgelöst werden. Diese erreichen dann im Khangai- und Khentii-Gebirge bei ca. 2300 m die natürliche obere **Waldgrenze.** Ab hier ist es für den Baumwuchs im Jahresmittel zu kalt bzw. die Vegetationsperiode zu kurz. Die untere Waldgrenze, die sich gegen die Steppen bzw. Waldsteppen hin ergibt, ist eine Trockengrenze, bei der nicht ausreichend Niederschlag fällt. Diese liegt in der Mongolei bei etwa 300 mm Jahresniederschlag.

Oberhalb der Waldgrenze leigen in den mongolischen Gebirgen die **Bergsteppe** und die alpinen, nahezu vegetationsfreien Wüsten. Die Bergsteppen – kräuterreiche Wiesen – sind in den westlichen Aimags bei den Nomaden im Sommer Weidegründe, die Ende August verlassen werden. In den noch höher gelegenen Bergregionen findet man nur noch ›Spezialisten‹ unter den Pflanzen wie **Moose** und **Flechten,** die an die klimatischen Verhältnisse wie Kälte und Schnee angepasst sind.

Wild lebende Tiere

Für Naturliebhaber sind die wild lebenden mongolischen Tiere, insbesondere die Säugetiere, interessant. Einige von ihnen, wie z. B. der Schneeleopard, das Große Wildschaf, der Gobibär oder die Mongoleigazelle sind aus unterschiedlichen Gründen stark in ihren Beständen gefährdet. Fallen die einen illegalen Jägern zum Opfer, kämpfen die anderen mit dem Klimawandel, der Zerstörung ihres Lebensraums oder mit Seuchen aufgrund eines minimalen genetischen Pools. Einige Bemühungen, die Arten zu schützen und zu bewahren, sind angedacht, andere zeigen inzwischen erste Erfolge (s. S. 293 und 386).

Säugetiere

Der **Schneeleopard** *(Unica unica,* mong.: *tsookhor irves)* gehört zu den Raubkatzen und weist eine Körperlänge von 110 bis 130 cm auf, zuzüglich des Schwanzes mit einer Länge von 92 bis 105 cm. Auf die Waage bringt er zwischen 20 und 40 kg. Das schöne Tier, dessen Fell von schwarzen Flecken gezeichnet ist, lebt in Mittelasien und Südsibirien und kommt in der Mongolei im Mongol-Altai, Gobi-Altai und einigen Gebirgszügen des Ömnögobi Aimag und den Bergen westlich vom Khuvsgul vor. Das Weibchen gebärt alle zwei Jahre. Von den weltweit ca. 3500 Schneeleoparden sollen allein in der Mongolei noch etwa 1000 bis 1200 leben. Die Bestände waren und sind teilweise stark gefährdet, haben sich aber besonders in der Altai-Region wieder etwas erholt, ebenso die des **Luchses** *(Felix lynx izabellina,* mong.: *shiluus)* und der **Wildkatze** *(Felis sylvestris, mong.: dserleg muur).*

Die **Mongoleigazelle** *(Procapra gutturosa,* mong.: *tsagaan zeer)* kommt in fast allen

Wild lebende Tiere

Steppenbereichen im Osten und dem Übergang zur Wüste vor. Die Gazellen wandern saisonal in Herden von Tausenden von Tieren. Eingriffe wie die eingezäunte Eisenbahnlinie unterbrechen ihre traditionellen Wanderwege und verhindern, dass sie bei kritischen Umweltbedingungen in bessere Weidegebiete ausweichen können. Entsprechend sind ihre Bestände westlich der Eisenbahnstrecke bis auf kleine Reste zusammengebrochen und sollen durch gezielten Import von Tieren aus der Ost-Mongolei auch genetisch aufgefrischt werden (s. Thema S. 386).

Die endemische **Mongolische Saiga-Antilope** (*Saiga tatarica ssp. mongolica,* mong.: *bokhon*) ist ein Relikt aus der Eiszeit. Im gesamten asiatischen Raum sind die Bestände in den letzten zehn Jahren zurückgegangen. Sie wird unter »gefährdet« auf der Roten Liste geführt. Einst war die Saiga im gesamten Westen der Mongolei heimisch. Heute liegt der Verbreitungsschwerpunkt im Süden des Gobi Altai Aimag und in den Steppenbereichen des Khovd und Zavkhan Aimag. Im Jahr 2000 wurden noch etwa 5200 Antilopen gezählt, doch nach dramatischen Wintern und heißen Sommern, aber auch infolge von Wilderei brach die Population massiv ein. Vier Jahre später wurde der Bestand nur noch auf etwa 750 Tiere geschätzt. Einen Anreiz zur Wilderei bietet der hohe Preis des Antilopengehörns auf dem Weltmarkt. Die Saiga-Antilopen laufen nach vorn gebeugt und wirken relativ kurzbeinig. Mit ihren riesigen, flexiblen Höckernasen sehen sie ungewöhnlich aus. Dieses Organ ist wichtig für das Überleben in dem extrem kalten Klima. Große Luftsäcke filtern die Feuchtigkeit aus der ausgeatmeten Luft – um den Verlust von Körperwärme zu vermindern – und wärmen die eingeatmete Luft auf. Die Saiga hat für das Ökosystem der Steppe eine Schlüsselrolle. Sie bewohnt die trockenen, salzhaltigen Gebiete und grast Pflanzen, die für Nutztiere unbrauchbar sind.

Die Heimat der **Argali** (*Ovis ammon,* Großes Wildschaf) sind vor allem Gebirgszonen wie die des Altai, die Gebirge in der Südgobi-Region sowie Berge des Khuvsgul Aimag. Die durchschnittliche Schneckenlänge der Hörner eines Widders beträgt 1,5 m. Ausgewachsen wiegen sie beachtliche 200 kg, das Drei- bis Vierfache eines Hausschafs, und haben eine Widerristhöhe von 120 cm. Sie können sich besonders auf ihren exzellenten Gehör- und Geruchssinn verlassen. Einmal im Jahr werden Lämmer geboren; in den letzten Jahren sank ihre Zahl jedoch ständig. Wurden 1975 noch 50 000 Wildschafe gezählt, waren es im Jahr 2003 nur noch 13 000 Tiere. Die Wildschafe sind stark von illegaler Jagd betroffen.

Wie der Name schon verrät, lebt der **Mazaalai bavgai** (*Ursus arctos gobiensis,* Gobibär) in der mongolischen Gobi, hauptsächlich in Segs Tsagaan Bogd, Altai-Gobi und Gobi Zakhui Zarman. Er ernährt sich von Gobirhabarber, dem Charmykstrauch, Nagetieren und Insekten. Mit der ersten winterlichen Kälte beginnt der Gobibär in den tiefen Schluchten oder in seinem Bau im Röhricht der Oasen den Winterschlaf. Die Weibchen gebären während dieser Zeit alle zwei Jahre ein bis zwei Bärenjunge. Der kleine Braunbär mit hellgrauem Fell und im Vergleich zu anderen Bären leichten 100 bis 120 kg ist eine Sensation: Kein anderer seiner Art hat die lebensfeindliche Wüstenlandschaft erobert. Doch sein extremer Lebensraum macht den Gobibären besonders anfällig für Klimaveränderungen und somit ein absehbares ›Klimaopfer‹. Naturwissenschaftler vermuten, dass dieser hochbeinige Braunbär Relikt einer fruchtbareren Epoche der Gobi ist und sich halbwegs an die veränderten Bedingungen anzupassen wusste. Doch seine Zeit scheint auch ohne menschliche Bedrohung abzulaufen. Die Zahl der Gobibären ist aufgrund zunehmender Dürreperioden stark rückläufig. Leider werden sie auch gewildert. In den letzten 20 Jahren schrumpfte die Zahl der Tiere von etwa 40 auf nur noch 16 (so eine Zählung von 2006).

Das auch Przewalski-Pferd genannte **Wildpferd** (*Equus przewalskii,* mong.: *takhi*) wird heute in drei Nationalparks streng geschützt (s. Thema S. 294). Langsam scheinen sich die Bestände zu erholen, wobei der genetische Pool minimal ist und das Überleben

Natur und Umwelt

der Tiere durch Seuchen jederzeit extrem gefährdet werden kann.

Der Wildesel ist in der Mongolei, in Iran, Kasachstan, Turkmenistan, Pakistan, China, Tibet und im Norden der Türkei und Arabien verbreitet. Weltweit gibt es sieben Wildeselarten, von denen der Wildesel in der Mongolei als Gobikhulan bezeichnet wird. Das Vorkommen des **Wildesels** (Equus hemionus hemionus, mong.: khulan) ist auf die Wüstensteppen und Halbwüsten vor allem der Trans-Gobi-Altai-Region im Grenzgebiet zu China beschränkt. Durch seine Widerristhöhe von 130 cm, sein Gewicht von 250 kg, größere Läufe und kürzere Ohren lässt er sich vom Esel unterscheiden. Die Tiere ähneln einem zierlichen Maultier, haben fahlgelbes Fell am Rücken und einen weißen Bauch. Ihre Mähne ist dunkelbraun. Hochflüchtige Tiere erreichen eine Geschwindigkeit von bis zu 70 km/h. Bis zu drei Tage kann der Esel ohne Wasser überleben und entfernt sich bis auf 15 km von einer Quelle bzw. Oase. Der Bestand des Gobikhulan ist rückläufig: 1986 wurden etwa 25 000 gezählt, im Jahr 2006 nur noch 18 000. Die Ursache liegt vor allem in der Wilderei.

Leider ist in diesem Lebensraum das zweihöckrige **Wildkamel** (Camelus bactrianus ferus; mong.: khavtgai temee) nur noch selten anzutreffen. Der flache Kopf gab ihm seinen mongolischen Namen, khavtgai bedeutet flach. Das Wildkamel kann beachtliche 30 bis 40 l Wasser auf einmal trinken und kommt dann einen Monat ohne Flüssigkeitsaufnahme aus. Kommen Wildkamele zur Tränke, sind sie sehr vorsichtig. Zunächst geht ein ›Kundschafter‹ zur Wasserstelle, der sich mehrfach plötzlich zurückzieht bzw. flüchtet. Verfolgt ihn kein Raubtier, weiß die Herde, dass es sicher ist, zur Tränke zu kommen.

Obgleich der **Maral Hirsch** (Cervus elaphus, mong.: bor goroos), der **Sibirische Steinbock** (Capra sibirica, mong.: yangir) und auch der sibirische **Rehbock** (Capreolus pygargus, mong.: gor) ihren Verwandten in Europa sehr nahe stehen, sind in der Mongolei doch weitaus kapitalere Exemplare anzutreffen. Die Jagd auf diese drei Tierarten ist sowohl bei der einheimischen Bevölkerung als auch im Jagdtourismusgeschäft sehr beliebt. Weltweit gibt es acht Arten von Bergziegen, wobei der auch Ibex genannte Steinbock in der Mongolei im Khangai-Gebirge und in den Felsen des Khuvsgul-Berglandes vorkommt.

Die Bestände des **Murmeltiers** (Marmota sibirica, mong.: tarvaga) haben sich nach einem jahrelangen Jagdverbot in der Mongolei allmählich erholt, sodass man auch außerhalb der Nationalparks schon wieder einmal so einen lustigen Burschen antrifft. Auch die Gefahr der Pestansteckung konnte die Murmeltierjäger jahrhundertelang nicht davon abhalten, dem Vegetarier wegen seines bei vielen Mongolen beliebten, fetten Fleischs nachzustellen. Doch erst als die Attraktivität der Felle und kapitalkräftige Aufkäufer aus dem Ausland ins Spiel kamen, waren die Bestände gefährdet. Ein ähnliches Schicksal erlitt der etwas größere Verwandte des Murmeltiers – der **Biber** (Castor fiber, mong.: bulga), dessen Bestand dank deutscher Wissenschaftler in einigen Flüssen bis in die Gobiregion wieder zugenommen hat. **Wildschweine** (Sus scrofa nigripes blanford, mong.: dserleg gakhai) in außerordentlicher Größe durchstreifen die undurchdringlichen Wälder des Khan Khentii. Hier ist auch der **Braunbär** (Ursus arctos; mong.: huren baabgai) zu Hause.

Der **Wolf** (Canis lupus, mong.: chono) und der **Rotfuchs** (Vulpes vulpes, mong.: uneg) kommen fast in der gesamten Mongolei vor. Noch immer gilt die Wolfsjagd als Ritual, das vor allem von der männlichen Großstadtbevölkerung gern ausgeübt wird, während der Nomade auf dem Lande das Tier jagt, um seine Herde zu schützen.

Rentier (Rangifer tarandus, mong.: tsaa buga) und **Elch** (Alces alces, mong.: khandgai) kommen in der Mongolei nur im Norden des Khuvsgul und Khentii nahe der russischen Grenze vor sowie im Numrug- und im Lkhachinvandad-Bergland in der Ost-Mongolei. Hier im Grenzgebiet zu China lebt eine Unterart des Elches, der **Ussuri-Elch** (Alces alces cameloide). Dieser kleinste aller Elche mit einem Durchschnittsgewicht von 200 kg,

Schwarzer Tod

Pest – Seuche des Mittelalters?

Thema

Jedes Jahr treten in der Mongolei Fälle von Lungen- und Beulenpest auf. Die Behörden reagieren schnell: Die betroffenen Landkreise werden unter Quarantäne gestellt, alle Straßen genauestens kontrolliert. So sind nur noch wenige Todesfälle – die es allerdings jedes Jahr gibt – zu beklagen.

Die Erben Chingghis Khaans brachten im Mittelalter nach Jahrhunderten, in denen Europa vom Schwarzen Tod nicht mehr heimgesucht worden war, die Pest zurück. Der Krankheitserreger nutzte die wieder etablierten Handelswege, um aus Zentralasien bis an die Krim zu gelangen. Seefahrer verbreiteten die Seuche weiter. Der Legende nach sollen Krieger der Goldenen Horde 1346 sogar Pesttote aus ihren Reihen als biologische Waffen eingesetzt und in die belagerte Stadt Caffa am Schwarzen Meer geworfen haben. Zwischen 1347 und 1350 streifte der schwarze Sensenmann durch Europa. Es wurde die größte Katastrophe der europäischen Geschichte. Jeder Zweite der damals 80 Mio. Europäer erlag der *Yersinia pestis*.

200 Jahre brauchte unser Kontinent, sich von der Pandemie, die das Bakterium verursachte, zu erholen. Heute gibt es die einst weltweit verbreitete Krankheit nur noch in den großen Bergwald- und Steppengebieten Nord- und Südamerikas, Südafrikas sowie Zentral- und Südostasiens und damit auch in der Mongolei, wo Wissenschaftler das Ursprungsgebiet der Krankheit vermuten.

Mongolische Murmeltierjäger sind von einem Pestbefall besonders bedroht. Die Millionen von Murmeltieren sind als Wirtstiere bei den Pestflöhen (*Oropsylla silantiewi*) besonders beliebt, und wenn ihnen das Fell über die Ohren gezogen wird, suchen sich die Flöhe einen neuen Wirt (entgegen der Ansicht vieler Hirten, ist der Verzehr des Fleisches allerdings nicht gefährlich). Die Region hat bittere Erfahrungen gesammelt: Noch 1947 starben in der Inneren Mongolei 23 000 Menschen an der Pest. 1910/11 waren es in der Mandschurei sogar 60 000 Menschen. Ausgangspunkt war jeweils die Mongolei. Vollkommen besiegen lässt sich die Krankheit nicht, man müsste schon die Murmeltiere ausrotten.

Die Inkubationszeit der Beulenpest beträgt wenige Stunden bis zu sieben Tage, gefolgt von Fieber und einem raschen Tod, bei der noch aggressiveren Lungenpest kann der Tod nach ein- bis zweitägiger Inkubationszeit sogar schon am zweiten Krankheitstag eintreten. Insbesondere die Lungenpest ist nur zu besiegen, wenn bereits beim leisesten Verdacht gehandelt wird. Da die Murmeltierjagd erst ab dem Spätsommer erlaubt ist, lässt allerdings ein früherer Ausbruch der Seuche mit ziemlicher Sicherheit auf Wilderei schließen. Deshalb meiden betroffene Familien häufig den Gang zum Arzt. Hierin dürfte einer der Gründe für die mit 40 % sehr hohe Mortalitätsrate in der Mongolei liegen, wie auch Untersuchungen der Fälle zwischen 1992 und 2001 belegen. Weltweit erliegen dagegen nur knapp 7 % der Infizierten der Krankheit.

Touristen brauchen jedoch – solange sie nicht auf Murmeltierjagd gehen – keine Sorge zu haben: die Gefahr, mit dem Krankheitserreger der Pest in Berührung zu kommen, ist extrem gering.

Natur und Umwelt

während andere Elcharten 300 bis 500 kg erreichen, trägt keine Schaufeln, sondern runde Geweihstangen. Seine Heimat ist die Amur-Region, die Mongolei und die Mandschurei. Elche sind Einzelgänger, wobei aber ein Alttier sein Kalb bis zum zweiten Lebensjahr bei sich behält. Ihr gefährlichster Feind ist der Wolf. Der Elch hält sich gern in der Nähe von Flüssen, Mooren und Seen auf und nimmt seine Nahrung auch beim Schwimmen auf. Die meisten Touristen werden aber auf einer Khuvsgul-Reise lediglich Rentiere zu Gesicht bekommen, die domestiziert zusammen mit dem Volksstamm der Tsaatan in der Darchad Depression westlich des Khuvsgul leben (s. Thema S. 256).

Das **Ziesel** (*Spermophilus sp.*; mong.: *zuram*) dagegen ist der ständige Begleiter der Reisenden in den weitläufigen Steppen und Waldsteppen. Weitere Kleinsäuger wie **Springmaus** (*Jaculus sp.*; mong.: *tsagaan ogotno*), verschiedene Arten von **Wühlmäusen** und **Schliefer** sind wichtige Bewohner der Steppen und Wüstensteppen. Sie bilden die Nahrungsgrundlage für viele Greifvögel.

Vögel

Die Artenvielfalt macht die Beobachtung von Vögeln *(bird watching)* in der Mongolei insbesondere bei Touristen immer beliebter. Am häufigsten werden unterwegs der Schwarze Milan, der Bussard, ein kleinwüchsiger Steppenadler und gelegentlich Falken gesichtet. Von den großen Geiern wird der Reisende am ehesten den **Bartgeier** (*Gyps fulvus,* mong.: *tas*) und den in Europa selten gewordenen **Lämmergeier** (*Gypaetus barbatus,* mong.: *yol*) zu sehen bekommen. In den steilen Felsen des Altai- und Khangai-Gebirges baut er sein Nest in schwindelnden Höhen zwischen 1500 und 3000 m. Die volle Spannbreite der Flügel liegt bei 2,5 bis 3 m. Man erkennt ihn an seinem hellblauen Rücken und dem hellgelben Bauch und Kopf. Hat das Tier ein Bärtchen mit glänzenden Haaren handelt es sich um ein männliches Exemplar. Bis zu 7500 m schwingt er sich in die Lüfte empor. Zwischen Mitte Dezember und Mitte Februar liegt die Paarungszeit und das Weibchen legt meistens zwei Eier, die es abwechselnd mit dem Männchen brütet. Mit etwas Glück entdeckt man auch Nachtgreife – wie die **Schneeeule** (*Bubo scandiacus,* mong.: *tsasni shar shuvuu*) und den **Uhu** (*Bubo bubo,* mong.: *shar shuvuu*).

Die Wasserstellen der Gobi und Seen im ganzen Land sind immer ein attraktiver Ort, um zahlreiche **Wasservögel** zu beobachten. Ob Taucher, Kormoran, Säger oder Enten und Gänse, Möwen und Seeschwalben, sie versammeln sich im Herbst und ziehen nach Süden in wärmere Regionen, dazu kommen Tausende von Kranichen, Störchen (Schwarzstorch), Watvögeln und Gänsen. Ihnen schließen sich außerdem Reiher und Löffler an den Wasserstellen an. Sogar Pelikane sind bisweilen beobachtet worden, allerdings ist ihr Erscheinen selten geworden.

Wild lebende Tiere

Krötenkopfagamen – flüchtige Begleiter in der Wüste Gobi

Von den **Hühnervögeln** verdienen das Auerhuhn, Birkhuhn und die Gobiflughühner besonderer Erwähnung. Gerade Letztere sieht man im September zu Hunderten in der kurzgrasigen Steppe der Gobi. Eine Besonderheit stellt die **Großtrappe** dar, die es bisweilen noch in der Gobi und den angrenzenden östlichen Steppen zu sehen gibt.

Fische

In den kristallklaren Flüssen und Seen, besonders denjenigen, die aus der Nord-Mongolei in den Baikalsee münden, tummeln sich **Salmoniden** (Edelfische) wie die sibirische Forelle (*Brachymystax lenok,* mong.: *lenock*), Äsche (*Thymallus arcticus, mong.: taimen*) und Taimen (*Hucho taimen,* mong.: *tuul*). Dabei gehört der Taimen als Vertreter einer arktischen Huchenart (ein Lachsverwandter) zu den stark gefährdeten Arten. Die Tiere zu fangen ist offiziell verboten. Die in Europa schon fast ausgestorbene Aalquappe (*Lota lota;* mong.: *soom*) – auch Rutte genannt – kommt noch in den klaren nährstoffarmen Seen vor.

Generell haben die Fischbestände stark abgenommen. Ehemals fantastische Fischreviere sind heute praktisch leergefischt. Neben den Hobbyanglern ist die Ursache hierfür in der professionellen Befischung mit Netzen in den Seen zu suchen. So hat sich der Fischbestand des Ugii Nuur und Terkhin Tsagaan Nuur in seiner Artenzusammensetzung und Altersstruktur in den letzten zehn Jahren sehr verändert. Zeiten, in denen hier 1,5 m lange Hechte schwammen, sind Vergangenheit. Im Gegenzug haben sich die Barschbestände stark vermehrt. Interessant sind die Fischvorkommen im Einzugsgebiet des mon-

Natur und Umwelt

Adlerjagd

Anfang des Sommers brechen viele Kasachen in die Berge auf, um nach Adlerhorsten zu suchen und Tiere zum Abrichten für die Jagd zu fangen. Wegen ihrer besonderen Kraft und Ausdauer werden weibliche Vögel bevorzugt. Sie wiegen etwa dreimal so viel wie männliche und werden 3,5 bis 6,5 kg schwer bei einer Spannweite der Flügel von 2,5 bis 3 m. Die jungen Steinadler werden mit wenigen Monaten aus dem Nest geholt, langsam an Handfütterung durch den Menschen gewöhnt und zur Jagd abgerichtet. Über die Artgerechte der Praxis, die Jungtiere in Fesseln zu halten und – sobald sie in die Mauser kommen – durch Nahrungsentzug gefügig zu machen, kann man sicher streiten. Doch ist es auch Tradition, die Tiere – die ein Alter von 50 Jahren erreichen können – nach zehn Jahren im Dienst des Jägers wieder freizulassen. Der Steinadler gleitet mit einer Geschwindigkeit von etwa 20 km/h durch die Luft, greift aber mit 100 bis 150 m/s auch größere Tiere an. Da rette sich, wer kann!

golischen Teils der Gobi oder der sogenannten Internen Entwässerung, die also nach Süden in Richtung des Altai gerichtet ist und damit keinen Anschluss an den Pazifik oder das Arktische Nordmeer hat. Hier gibt es den Osman *(Oreoleuciscus),* eine räuberisch lebende Weißfischart, die mit etwas über einem Meter beachtliche Größe erreichen kann.

Insekten und Reptilien

Schmetterlinge, viele Arten Mücken und Käfern sowie Spinnen sollte der Tourist nicht übersehen. Wahre Schmetterlingsparadiese entwickeln sich in den wenigen Sommermonaten.

Auf Spaziergängen oder Touren in der Gobi wird man häufig von **Agamen** begleitet, die sehr schnell über die Steine dahin huschen und rasch in einem Loch verschwinden. Hin und wieder trifft man dort auch auf große **Laufkäfer,** die eine Spur im feinen Sand der Dünen hinterlassen.

Haustiere

Kamel

Die meisten Kamele *(khavtgai)* auf unserem Globus leben in der Mongolei – ganze 260 000 Exemplare. 90 % der weltweit lebenden Tiere sind Dromedare, die restlichen 10 % sind zweihöckrige Kamele, die außer in der Mongolei auch in Kalmückien, Kasachstan, China und Usbekistan vorkommen. Im Gegensatz Dromedaren liefern sie auch Wolle. Die Tiere verlieren ihr Kamelhaar Ende Juni, dann schlabbert es ihnen in großen Fetzen am Körper. Man möchte ihnen am liebsten aus dem zotteligen Winterfell heraushelfen. Für den Rest des Sommers sind sie, abgesehen von einem dünnen Flaum, nahezu nackt. Ein Kamel wird 30 bis 40 Jahre alt. Da die Kamelstute das Fohlen 13 Monate lang austrägt, kann sie nur alle zwei Jahre trächtig werden. Nach der Geburt hat das Muttertier etwa sechs Monate lang Milch, an einem Tag 2 bis 4 l. Für Nomaden ist das Kamel, das zusätzlich zur Woll- und Milchproduktion ausdauernd mit bis zu 220 bis 240 kg Gepäck 30 bis 40 km am Tag zurücklegen kann, ein ideales Nutztier. Auf das Leben in der Wüste ist es bestens eingestellt: Bis zu 80 l Wasser auf einmal kann es trinken und zehn Tage ohne Flüssigkeit auskommen.

Pferd

Das mongolische Staatswappen zeigt deutlich, was im Mittelpunkt des Lebens der Mongolen steht: das Pferd *(möri).* Etwa 2,5 Mio. Pferde ziehen in großen Herden über die Steppe. Damit kommt fast auf jeden Mongolen ein Tier. Das Stockmaß der mongolischen Pferde reicht selten über 1,40 m, sie ähneln eher einem Islandpony. Die Tiere können auch im Winter draußen überleben und scharren unter der dünnen Schneeschicht die Grasnarbe frei. Im Sommer sieht man sie oft mit Hobbeln, die sie an zu weiten Ausflügen hindern. Werden nur die beiden Vorderläufe aneinander gefesselt, so heißt diese Methode

Auf mongolischen Holzsätteln zu reiten sollte man in jungen Jahren lernen

Natur und Umwelt

tuscha, wird noch ein Hinterlauf hinzugebunden, spricht man von *tschödör.* Pferde dienen nicht nur als Reittiere, sondern die Stutenmilch gehört zu den beliebtesten Getränken in der Mongolei und wird auch in immer mehr Jurten am Stadtrand von Ulaanbaatar ausgeschenkt. Eine trächtige Stute gebärt nach elf Monaten ein Fohlen. Vom Juli bis Oktober werden die Stuten täglich fünfmal gemolken, um jeweils etwa drei Liter Stutenmilch zu gewinnen. Beim Stutenmelken sind immer zwei Personen erforderlich. Während einer melkt, muss der Zweite das Fohlen festhalten.

Mit einem täglichen Wasserbedarf von 40 bis 90 l eignen sich Pferde allerdings nicht für die trockeneren Landesregionen.

Rind

Ebenso viele Rinder *(ucher)* wie Pferde leben in den mongolischen Steppen. Auch sie bleiben praktisch das ganze Jahr im Freien und die Viehzüchter halten meist nur sehr kleine Heuvorräte für die härteste Zeit des Winters. Die Rinder müssen die Grasnabe freischarren, sodass kräftiger Schneefall für den Bestand der Herden katastrophale Folgen haben kann. Andererseits regulieren strenge Winter auf natürliche Weise die oft zu großen Herden.

Das urtümlichste Nutztier ist zweifellos der **Yak,** das asiatische Hochgebirgsrind, von Sven Hedin auch Grunzochse genannt. Sein dichtes, langes Haarkleid bedeckt den ganzen Körper, berührt auf der Bauchseite fast den Boden. Damit überlebt der Yak Temperaturen von bis zu −50 °C. Etwa 20 % des Rinderbestandes der Mongolei entfällt auf Yaks (500 000 Tiere), wodurch die Mongolei nach China den zweiten Platz der Yak-Population weltweit einnimmt. Yaks leben außerdem in Russland, Indien, Bhutan und Nepal. Das Tier fühlt sich in Gebirgsregionen über 1800 m

Yak, nicht Khainag – der Unterschied ist am einfachsten im direkten Vergleich und für den gemeinen Touristen kaum zu erkennen

wohl und ist wie gemacht für das Hochgebirge. Seine Luftröhre ist auffallend dick und voluminös, die Schweißdrüsen sind schlecht ausgebildet, um Transpiration und den damit verbundenen Wärmeverlust weitgehend zu vermeiden. Die Hufe sind an den Außenseiten besonders hart, in der Mitte mit einer weichen Haut besetzt. Damit lässt sich ebenso gut klettern wie auch beim Abstieg die Wucht des Körpers abfangen. Ein Yakbulle bringt stolze 400 kg auf die Waage, fast das Gewicht eines Pferdes, das Doppelte einer Kuh. Gezüchtet werden die Rinder von den Bewohnern des Khuvsgul-Berglandes, Altai- und Khangai-Gebirges, wobei ca. 30 % des mongolischen Gesamtbestandes auf den Mongol-Altai entfällt. Das Tier ist als Transport- und Reittier für die Gebirgsregionen mit steilen Hängen sehr gut geeignet. Ein ausgewachsener Ochse kann mit etwa 60 kg Gepäck 25 km Strecke am Tag zurücklegen oder er wird zum Ziehen von Holzkarren genutzt. Auf einer Reise in der Khuvsgul-Region sieht man bisweilen Yaks holzbeladene Karren ohne Kutscher nach Hause ziehen. In ihrer Laktationsperiode gibt eine Yakkuh insgesamt 350 bis 400 l Milch, zwar weniger als ein Rind, aber dafür mit einem fast doppelt so hohen Fettgehalt.

Erfolgreich wurden Rind und Yakbulle gekreuzt. Der **Khainag** oder Sonnen-Khainag, der sich von dem unfruchtbaren Mond-Khainag, der umgekehrten Kreuzung unterscheidet, ist noch mächtiger als der Yak, erreicht oft ein Körpergewicht von über 500 kg und produziert auch mehr Milch. Khainagbullen werden oft kastriert und als Arbeits- und Transporttier genutzt.

Schaf

Mit ca. 17 Mio. Schafen hat die Mongolei weltweit die höchste Anzahl an Schafen *(khoni)* pro Kopf. Im Juni und Juli werden die Schafe geschoren, wobei pro Schaf ca. 1,5 kg Wolle gewonnen werden können. Aus der Wolle stellen die Nomaden Filz für Jurten und Matten her und fertigen Decken. Die fettreiche Schafsmilch melkt man zwischen Juni und August.

Ziege

In der Mongolei werden mit stark steigender Tendenz Ziegen *(jamaa)* gehalten (2007 18,4 Mio). Der Grund für das große Interesse der Nomaden an der Ziegenzucht liegt in der Produktion von Kaschmir, ein wertvolles Rohmaterial auf dem Weltmarkt (s. S. 44). Auch Ziegenmilch ist begehrt und in drei Sommermonaten liefert jede Ziege etwa 50 l.

Umwelt

Ressourcenausbeutung, intensive Viehwirtschaft, Wirtschaftswachstum und gestiegener Lebensstandard haben auch in der dünn besiedelten Mongolei Spuren hinterlassen. Das gilt für städtische wie ländliche Gebiete. Die Ökosysteme des Landes sind sehr empfindlich und reagieren auf kleinste Eingriffe. Einmal verursachte Schäden werden in dem extremen, kontinentalen Klima nicht so leicht ausgeglichen wie etwa in Europa.

Smog

Gab es vor 20 Jahren kaum Individualverkehr, so kennt **Ulaanbaatar** heute Verkehrsstaus mit entsprechender Luftbelastung. Der Zuzug vom Land ließ die Jurtensiedlungen mit ihren qualmenden Kanonenöfen ausufern. Die Luft in der Hauptstadt ist im Winter schwer zu atmen. Bronchialerkrankungen – besonders bei Kindern – häufen sich. In der Hauptstadt kommt erschwerend hinzu, dass die West-Ost-ausgerichtete Talstrecke des Tuul-Flusses, in der Ulaanbaatar liegt, im Winter nur schlecht ›belüftet‹ wird und ein Kaltluftsee in der Stadt liegt. Die darüber liegende warme Luft erschwert einen freien Luftaustausch, sodass es zu hohen Schadstoffkonzentrationen in bestimmten Stadtbereichen kommt.

Klimaerwärmung

Pessimistische Studien sagen bereits in zehn Jahren Engpässe in der Trinkwasserversorgung voraus. Auf dem Lande zwingt der **Wassermangel** schon heute die Nomaden zu weiten Wanderungen. Viele Brunnen und Quellen werden aufgrund der regional aus-

Natur und Umwelt

bleibenden Niederschläge besonders im südlichen Landesteil nicht mehr ausreichend mit Wasser versorgt und trocknen schlimmstenfalls ganz aus. Zwar hat der Niederschlag in den letzten 60 Jahren auf die gesamte Mongolei gesehen nicht abgenommen, doch die Jahresdurchschnittstemperatur stieg um 1,5 °C. Damit erhöhte sich die Verdunstung. Die Winter wurden deutlich wärmer, und die Übergangszeiten im Mai und September verkürzten sich stark. Weitere Umweltfolgen der Klimaerwärmung sind ein verstärkter Staubtransport bzw. die Zunahme von **Staub- und Sandstürmen,** die **Ausbreitung der Wüste** Gobi nach Norden und damit der Verlust von Weidegrund und eine **Veränderung von Insektenpopulationen** in den Wäldern. Letzteres führt zur Vergrößerung der Flächen mit abgestorbenen Bäumen, die wiederum leicht in Flammen aufgehen können. Die Häufigkeit von **Waldbränden** hat in den letzten Jahren erheblich zugenommen. Mehr und mehr schmelzen die wenigen mongolischen **Gletscher** im Altai, Turgen-Kharkhiraa und Khangai, ein weiteres deutliches Signal der Klimaerwärmung.

Alternative Energien

Die Mongolei verfügt über extrem hohe solare Einstrahlungswerte und lokal über gute Wasser- und Windkraftressourcen; kurz: Hier bietet sich eine **Chance für regenerative Energien.** Die nahezu immer scheinende Sonne erlaubt heute auch den Nomaden, über Solarpanels Strom für Licht, Fernsehen und Radio zu gewinnen. Deutschland übergab im Januar 2009 erste Modellhäuser einer geplanten »ECO-City«, energieeffiziente, gut isolierte Häuser, die alternative Energien nutzen. Umweltschutz einschließlich Energieeffizienz und erneuerbare Energien sind Schwerpunkte der deutsch-mongolischen Zusammenarbeit im Bereich der Entwicklungshilfe.

Umweltbelastungen

Zu diesem Klimaszenario kommen wirtschaftliche Faktoren, die die angeschlagenen Naturressourcen zusätzlich belasten. Ein großes Problem stellt die **Überweidung** dar. Betrug die Kopfzahl der Herden in der Mongolei zu sozialistischer Zeit noch ca. 28 Mio. Stück Vieh, so werden heute rund 40 Mio. Tiere gezählt. Durch diesen enormen Anstieg ist die ökologische Belastbarkeit des Weidegrunds bei Weitem überschritten und der Reisende wird im ganzen Land auf stark abgegraste Steppen treffen. Man wundert sich, wie hier Tiere überhaupt noch etwas zu fressen finden. Die mongolische Regierung hat zudem 2005 einen umstrittenen Erlass herausgegeben, die Ziegenzucht mit 3500 MNT pro Tier zu unterstützen, was zwangsläufig der Überweidung weiter Vorschub leistet. Der Grund hierfür liegt in der wirtschaftlichen Bedeutung der Kaschmirwolle. So leben die Mongolen mit den Widersprüchen der Konsumgesellschaft, die auch die Steppe erreicht haben. Sie kennen die Gefahr der Überweidung, streben aber individuell den Reichtum an, den eine möglichst große Herde an Schafen, Ziegen, Pferden, Rindern und Kamelen darstellt.

Ein weiterer Wirtschaftsfaktor vergrößert die Umweltproblematik: der stark wachsende **Bergbau.** Zwar werden gesetzlich Rekultivierungsmaßnahmen vorgeschrieben, allerdings unzureichend kontrolliert und bisweilen gar nicht eingehalten. Beim Goldbergbau werden ganze Flussauen durchpflügt, wertvolle Biotope für Pflanzen und Tiere zerstört und das Grundwassser kontaminiert. Der Wasserverbrauch im Bergbau steigt. Für eine Tonne abgebautes Kies- und Sandgemisch werden mindestens 3 bis 5 m³ Wasser zum Waschen benötigt. Oft ungereinigt abgelassen, ist das Wasser viele Kilometer flussabwärts noch getrübt und zerstört wertvolle Fischlebensräume (s. auch S. 33 und 42).

Deutschland unterstützte über die Bundesanstalt für Geowissenschaften und Rohstoffe seit 1992 die mongolische Regierung mit Projekten wie »Umweltschutz im Bergbau«. Mit Blick auf die beträchtlichen Deviseneinnahmen, die der mongolische Staat in Zukunft aus der Vergabe von Schürfrechten an internationale Investoren generieren dürfte, konzentriert sich die deutsche Entwicklungshilfe zwar weiterhin auch auf den

Umwelt

Die hohe Luftverschmutzung sorgt dafür, dass Ulaanbaatar immer häufiger unter einer Dunstglocke liegt

Bergbaubereich, doch die Exploration steht nicht mehr im Vordergrund. Vielmehr sind es Maßnahmen des unmittelbaren Umweltschutzes, bei denen die deutsch-mongolische Entwicklungspartnerschaft noch beträchtliches Potenzial hat, wie z. B. bei der Rekultivierung ehemaliger Abbaugebiete.

Die Bestände des Schneeleoparden, des Taimen, des Murmeltiers und des Moschus-Rinds, des Steinbocks und Wildschafs, des Wildesels, Wildkamels und anderer Tiere wurden durch **Wilderei** stark gefährdet. Der Profit aus der Jagd, der Verkauf von Fellen, Hörnern und anderen Teilen von Tieren, die einen großen Wert für die traditionelle chinesische Medizin haben, lösten in der Mongolei enorme illegale Jagdaktivitäten aus. Wer in wirtschaftliche Not geraten ist, für den sind die hier zu erzielenden Preise eine Menge Geld.

Illegales Abholzen von wertvollen Waldbeständen führt zur Vernichtung von Lebensräumen für Pflanzen und Tiere. Ein staatliches Forstbewirtschaftungssystem befindet sich erst im Aufbau. Es wird u. a. auch mit deutscher Hilfe unterstützt. Doch Aufforstungsmaßnahmen greifen natürlich nur langsam und scheitern zudem oft an der schwierigen und aufwendigen Nachbetreuung der Pflanzungen.

Der **Straßenbau** in der Mongolei ist wie in Europa ein großes Umweltproblem, allerdings aus anderen Gründen. Asphaltstraßen mit einem frostsicheren Unterbau sind selten. Kurz nach der Fertigstellung bilden sich die ersten Schlaglöcher, die Teerpiste wird rasch unbefahrbar. Die Fahrer suchen sich – wie seit Jahren gewohnt – eine Randpiste, mit der Folge, dass die Fahrspur breiter und breiter wird. Bei den häufigen Starkregen stellen sich sehr schnell Erosionsschäden ein. Weitere Pisten müssen gefunden werden, ein Teufelskreis entsteht.

Natur und Umwelt

Naturschutz und Nationalparks

Für die Nomaden ist es seit jeher von existenzieller Bedeutung, den Lebensraum zu bewahren und so ist es in ihrem Bewusstsein verankert, ressourcenschonend mit der Natur umzugehen. Sie verehren Berge, Pässe, Quellen und Bäume als besonders heilig. Dieser Respekt vor der Natur wird bis heute durch das *khadag* (blaues heiliges Tuch, s. S. 86) zum Ausdruck gebracht, das auf einem Pass, an einer Quelle, einem Ovoo oder einem Baum (besonders beliebt sind Bäume mit gegabeltem Stamm) befestigt wird. Naturschutz im Sinne von Artenschutz hat in der Mongolei eine lange Tradition. Schon früh sollte der ökologisch empfindliche Lebensraum geschützt werden. Seit den Zeiten Chingghis Khaans sind Jagd- und Schonzeiten für Tiere bekannt, Wasser durfte nicht verunreinigt werden und Pflanzen mussten vor dem Pflücken erst ihre Samen an den Boden abgegeben haben.

1778 wurde der Bogd Uul, das Gebirgsmassiv südlich von Ulaanbaatar, unter Naturschutz gestellt. **Moderne Artenschutzgesetze** gibt es seit den 1960er-Jahren. Sie betrafen am Anfang vor allem Teile der Gobi (Trans-Gobi-Altai), des Bulgan- und Khokh-Serkh-Gebirges, beschränkten sich aber insgesamt auf 4 % der Landesfläche. Umweltschützer ergriffen die Chance, die sich in den 1990er-Jahren – der Dekade der großen Umweltgipfeltreffen – durch die politische Wende ergaben. Deutsche Wissenschaftler, die schon aus DDR-Zeiten mit der Mongolei vertraut waren, berieten die junge Wenderegierung. Nie wieder würde sich so viel Bereitschaft finden lassen, weite Teile des Landes zu schützen, wie in einer Umbruchphase, wussten sie.

Mit internationaler Unterstützung, u. a. dem UNESCO-Programm Man and Biosphere, gelang es, den Anteil **geschützter Flächen** zu verdreifachen. Zur Zeit sind 84 604 km², d. h. 13 % der Landesfläche als Nationalparks ausgewiesen, weitere 108 947 km² als streng geschützte Gebiete, 19 378 km² als Naturreservate und 793 km² als Natur- und Geschichtsmonumente. Die Regierung strebt an, einen Flächenanteil von 30 % unter Schutz zu stellen. Um die streng geschützten Gebiete und Nationalparks gibt es zusätzlich Pufferzonen, in denen nur nach festgelegten Landnutzungsplänen geweidet werden darf. Um die Naturschutzgebiete betreten zu dürfen, muss man eine Gebühr sowohl für das Fahrzeug als auch pro Person entrichten (s. S. 123).

Umwelt

In Zukunft wird die Mongolei vor der großen Herausforderung stehen, wirtschaftlichen Fortschritt und Schutz des Naturraums in verträglicher Weise miteinander zu verbinden. Dabei wird es darauf ankommen, die in der Wirtschaft erzielten Einnahmen – hier besonders aus dem Bergbau – so nachhaltig und ressourcenschonend einzusetzen, dass eine irreparable Schädigung der Natur verhindert werden kann. Absehbar ist für die Fachleute bereits heute, dass besonders der Einhaltung und Anpassung von Gesetzen verstärkt Beachtung geschenkt werden muss.

Das gewaltige Tsambagarav-Gebirgsmassiv dominiert den gleichnamigen Nationalpark im Hohen Altai

Wirtschaft, Soziales und aktuelle Politik

Politisch gesehen erzählt die Mongolei in Zentralasien eine Erfolgsgeschichte. Als 1990 über Nacht die wirtschaftliche und politische Nabelschnur zur Sowjetunion gekappt wurde, erarbeiteten sich die Mongolen eine Demokratie mit Gewaltenteilung und der Achtung der Menschenrechte, stabilisiert durch ein zeitweise beachtliches Wirtschaftswachstum und Entwicklungshilfeleistungen.

Wirtschaft

Blickt man auf das imposante Wirtschaftswachstum, erscheint der totale Zusammenbruch der Mongolei Anfang der 1990er-Jahre wie ein ferner Albtraum. Nach zehn Jahren des Übergangs ging es im Schlepptau des aufsteigenden Nachbarn China mit bis zu zweistelligen Wachstumsraten bergauf, nur kurzzeitig unterbrochen von der Finanzkrise 2008, von der die Mongolei mit ihrer geringen internationalen Verflechtung allerdings nur wenig berührt wurde. Seit 2010 boomt die Wirtschaft wieder und erreichte 2011 sogar haussierende 17 %.

1500 US-$ jährlich beträgt das Pro-Kopf-Einkommen der Mongolen und hat sich damit seit 2004 verdoppelt. Doch das Wachstum ist mit einer hohen zweistelligen Inflation gepaart (2011 ca. 20 %), die vor allem die ärmeren Schichten und die Landbevölkerung trifft, deren Einkommensentwicklung zurückblieb. Rund 14 % der Bevölkerung leben mit weniger als 2 US-$ pro Tag und vor allem auf dem Land gilt jeder zweite Mongole als arm. Entsprechend dramatisch ist die **Landflucht**.

Aufgrund der beträchtlichen **Korruption** fließen die Gewinne oft nur in die Taschen weniger. Da die Gehälter von Regierungsangestellten noch äußerst gering sind und bei etwa 150 € im Monat liegen, ist die Bekämpfung der Bestechlichkeit schwierig. Hinzu kommt der traditionell enge Zusammenhalt der Familien. Eine gegenseitige und vorrangige Unterstützung des eigenen Clans ist üblich. Darunter litt auch die Privatisierung.

Weiterhin tragen **Viehwirtschaft** und **Bergbau** die mongolische Wirtschaft. Jahrzehntelang dominierte die Viehwirtschaft. Ihr Anteil an der Volkswirtschaft halbierte sich jedoch von über einem Drittel auf nur ein Sechstel, obwohl nach wie vor 40 % der Bevölkerung von der Kaschmirziegen-, Rinder-, Schaf- und Kamelzucht leben. Das allgemeine Wirtschaftswachstum kam bei ihnen nicht im vollen Umfang an. Umgekehrt verdoppelte sich der Anteil des Bergbaus am Bruttosozialprodukt und erreicht über 40 %. Immerhin trägt der **Tourismus** 10 % bei. Der immer noch weit verbreitete **Naturalhandel** entzieht sich der korrekten statistischen Erfassung.

Die Abhängigkeit von wenigen Produkten und Handelspartnern erschweren den Umbau der mongolischen Wirtschaft. Rat ist oft wohlfeil, die Umsetzung hingegen ein Herkulesjob. Weitere Probleme – **Klima, Entfernungen, fehlende Infrastruktur** – sind exorbitant. So war die stundenweise Stromversorgung auch entlegenster Siedlungen in sowjetischer Zeit bereits eine beeindruckende Leistung. Doch bis heute behindert der Strommangel die wirtschaftliche Entwicklung, insbesondere in den Ballungszentren. Die Kraftwerke arbeiten immer am Rande des Zusammenbruchs. Kritisch wird es v. a. im Winter, wenn zur Stromerzeugung auch noch die Fernwärme kommt.

Wirtschaft

Vergleicht man die Mongolei jedoch mit anderen Transformationsländern, so kann sich ihre Bilanz beim Kriterium **Marktwirtschaft** sehen lassen. Über drei Viertel aller Güter und Dienstleistungen werden privatwirtschaftlich erzeugt und die 2009 beschlossenen ausländischen Investitionsvorhaben dürften diesen Trend weiter stärken. Angesichts einer rohstoffhungrigen Welt und insbesondere mit einer der dynamischsten Volkswirtschaften der Welt als südlichem Nachbarn dürfte der mittelfristige Trend deutlich nach oben zeigen. Gleichzeitig begegnen wir einer weit verbreiteten **Subsistenzwirtschaft** mit der Gefahr, dass weite Teile der Bevölkerung vom Aufschwung abgehängt werden. Während nach offiziellen Statistiken nur etwa 3 % der Bevölkerung als arbeitslos gelten, geht die asiatische Entwicklungsbank von rund 25 % aus.

Intensiv fördert die internationale Gemeinschaft die Mongolei. Fast 3 Mrd. US-$ offizieller **Entwicklungshilfemittel** verzeichnet die Statistik der OECD für die zwei Jahrzehnte seit 1990. Dabei geben sich die Geber oft die Klinke in die Hand, koordinieren sich nicht ausreichend und die mongolischen Behörden entscheiden nur schleppend.

Nomadisierende Viehwirtschaft und Landwirtschaft

Statistisch gesehen hat die Bedeutung der **Viehwirtschaft** abgenommen, doch sie bildet weiterhin den Lebensnerv der Mongolei. Die Tierhaltung berührt die mongolische Seele. Mongolen sind Nomaden und Viehzüchter, die wenigsten hingegen Ackerbauern.

Einer von drei Mongolen betreibt wie Generationen seiner Vorfahren extensive, nomadisierende Viehwirtschaft. Die Verfassung des Landes trägt dem Rechnung, indem sie die Viehwirtschaft unter den Schutz des Staates stellt. Die Herden wurden nach der Wende privatisiert. Doch auch 20 Jahre danach fehlt ein modernes Landmanagement, das **Überweidung** verhindert, und eine **Vermarktungskette**, die mongolisches Fleisch auch in international konkurrenzfähiger Qualität auf die Weltmärkte bringen kann. Experten glauben, die empfindliche mongolische Grasnarbe könne etwa 25 Mio. Stück Vieh ernähren. Doch schließlich weideten bis zu 47 Mio. auf dem Land. Entsprechend dramatisch wirken sich die periodisch auftretenden Winterstürme, die gefürchteten Dzuud, aus. Millionen Tiere verendeten jedesmal dabei, sodass sich der Viehbestand vorübergehend regulierte, doch für viele gerade der kleineren Viehzüchterfamilien bedeutete dies den Ruin. Die Mongolei war nach jeder dieser extremen Kälteperioden auf internationale Hilfe angewiesen, letztmalig im Winter 2009/2010 (s. Thema S. 18).

Nur gut 90 Tage Vegetationszeit und gelegentliche Schneestürme bis in den Juni und bereits wieder ab September setzen schwierigste Rahmenbedingungen für die **Landwirtschaft.** Dennoch sind in einem Sektor deutliche Verbesserungen feststellbar. Der **Gartenanbau** nimmt von Jahr zu Jahr zu. Die Märkte in Ulaanbaatar bieten im Sommer ausreichend frisches Gemüse auch aus eigenem Anbau. Trotz des kurzen Sommers gedeiht Gemüse angesichts der intensiven Sonneneinstrahlung rasch. Dagegen wächst praktisch im ganzen Land kein Obst, sondern jeder Apfel muss teuer importiert werden. Auch für erfolgreichen Kartoffelanbau eignet sich das Klima kaum. Hatten die Sowjets mit frühen, allerdings im harten Winter schlecht lagerfähigen Sorten versucht, diese Lücke in der Ernährung der Mongolen zu schließen, so halbierte sich die Kartoffelproduktion nach dem politischen Wandel.

Nicht besser steht es um die **Getreideproduktion.** Der – ohnehin unter ökologischen Gesichtspunkten fragliche – Versuch durch 38 agrarwirtschaftliche Großkombinate sowjetischen Stils bis dahin praktisch unbekannten Ackerbau einzuführen, überlebte die Privatisierung Anfang der 1990er-Jahre nicht. In die Privatwirtschaft entlassen brach die spärliche landwirtschaftliche Produktion von 140 kg pro Einwohner auf nur 25 kg ein, erholte sich zuletzt auf 60 kg. Das sind weniger als 20 % der durchschnittlichen Weltproduktion, ganz zu schweigen vom 15-fachen in Europa. Diese Schwierigkeiten unterstreicht auch eine andere Zahl: Der Ertrag pro Hektar

Wirtschaft, Soziales und aktuelle Politik

liegt bei nur 7 % dessen, was ein deutscher Landwirt in die Scheuer fährt.

Aufgrund der Klimakatastrophe beginnt sich die Mongolei auch für **moderne Bewässerungsmethoden** zu interessieren, da vielfach die Sommerregen ausbleiben. In den letzten Jahren wurde den wenigen **lokalen Getreidesorten**, die wegen ihrer Ertragsschwäche lange vernachlässigt wurden, aber dem Klima angepasst sind, mehr Aufmerksamkeit gewidmet.

Kaschmir

Das Unterhaar der Kaschmirziege ist eine wertvolle und teure Wollfaser. Im Frühjahr wird der weiche Flausch aus dem Fell gekämmt. Von jedem Tier können bis zu 150 g Kaschmir gewonnen werden. Aus einem Gramm spinnt man 9 bis 11 m Faden, wobei man für ein Tuch in der Größe von 110 x 110 cm etwa 300 g Kaschmir benötigt. Je kälter und trockener, desto besser für die Tiere und die Qualität der Wolle. Die Gobi sowohl auf mongolischer als auch auf chinesischer Seite ist Schwerpunkt der Ziegenhaltung.

Auch hier kam es im Zuge der Privatisierung, dem Wegfall des sozialistischen Quotensystems und einer fragwürdigen staatlichen Subventionierung größerer Herden, zu unverantwortlichem Zuwachs. Die Züchter setzten auf **Masse statt auf Qualität.** Innerhalb von 17 Jahren stieg der Bestand von etwa 5 auf über 18 Mio. Tiere (2007), die rund 45 % des Gesamtviehbestandes stellten. Die

Je sauberer die Kaschmirwolle sortiert ist, desto höher ihr Preis auf dem Weltmarkt

Wirtschaft

Überweidung gefährdet das ohnehin fragile Ökosystem extrem. Der Produktionssteigerung – die Mongolei erzeugt mit 4000 t pro Jahr 30 % der Weltproduktion und liegt damit nach China auf Platz zwei – sind damit Grenzen gesetzt.

Paradox ist, dass trotz des Mengenzuwachses die wenigen inländischen Verarbeitungsbetriebe nur zu einem geringen Anteil ausgelastet sind. Ein Großteil der mongolischen Produktion gelangt auf dem Schwarzmarkt als Rohmaterial in die Hände chinesischer Händler, die bemüht sind, den Weltkaschmirpreis strategisch zu kontrollieren. 1 kg bringt offiziell rund 45 US-$; tatsächlich gezahlt wird den mongolischen Produzenten von chinesischen Zwischenhändlern aber maximal die Hälfte. So ist es der Mongolei bis heute nicht gelungen, eine nennenswerte **Weiterverarbeitung** der Kaschmirwolle aufzubauen. Nur 10 % der Kaschmirexporte beziehen sich deshalb auf Endprodukte, beim Konkurrenten China sind es 60 %. Während Peking zudem nur entgrannte Wolle (das längere, den Wert mindernde Deckhaar wird heraussortiert) exportiert, verkaufen die Mongolen jede zweite Ladung unsortiert als Rohkaschmir.

Rohstoffe

»Bettler auf dem goldenen Berg« nannte schon Anfang der 1990er-Jahre ein Fernsehjournalist seinen Beitrag über die Mongolei. Beim **Rohstoffreichtum** rangiert das dünn besiedelte Land unter den Top Ten der Welt. Nur ein Drittel der Mongolei wurde bislang geologisch erforscht. Unerschlossene Vorkommen von Kupfer, Molybdän, Kokskohle und Gold sind seit Jahrzehnten bekannt, doch Wasserarmut, extreme klimatische Verhältnisse und teuer zu errichtende Infrastruktur behindern bis heute die systematische Ausbeutung.

Aber die seit der Jahrtausendwende **stark gestiegenen Rohstoffpreise** änderten die Rahmenbedingungen, führten zu wildem, oft ungenehmigtem Tagebau. Der Rohstoffhunger des chinesischen Nachbarn beschleunigt die Entwicklung. Zwei Drittel aller Rohstoffexporte gehen nach China. Der größte Anteil der ausländischen Direktinvestitionen wird im Bergbausektor getätigt. Amerikanische, russische, kanadische und australische Firmen versuchen mit Druck auf die Regierung in Ulaanbaatar Schürfrechte zu bekommen. Im Hintergrund stehen chinesische Investoren bereit, in sich bietende Lücken einzusteigen.

2009 schlug das Parlament schließlich ein neues Kapitel in der Wirtschaftsgeschichte auf: Statt weiter chinesischen oder russischen Unternehmen das Feld zu überlassen, erhielten das kanadische Minenunternehmen Ivanhoe und die anglo-australische Rio-Tinto-Gruppe den Zuschlag, um in Oyu Tolgoi, nur 80 km nördlich der mongolisch-chinesischen Grenze, die vermutlich größte Kupfer-

Wirtschaft, Soziales und aktuelle Politik

Ninjas mit mobiler Vorrichtung zum Goldabbau am Sharyn Gol

und Goldmine der Welt zu erschließen, die mittelfristig ein Drittel des Bruttoinlandsprodukts erwirtschaften soll. Wie in der Außenpolitik sucht man auch in der Wirtschaft den ›dritten Nachbarn‹ (s. S. 51). Allerdings wurde 2011 festgelegt, dass kein fremder Staat mehr als ein Drittel der Investitionen bestreiten darf. Allein in der Aufbauphase der Mine werden mehrere Milliarden US-Dollar in die Mongolei fließen. 2013 soll der Betrieb aufgenommen werden. Direkter Abnehmer für das Kupfer ist China.

Die Mongolei könnte so mittelfristig eine Stelle an der **Spitze der großen Rohstoffexporteure** übernehmen. Viele Investoren missachten allerdings die Umweltauflagen. Multinationale Konzerne wie Ivanhoe/Rio Tinto versuchen zudem, den staatlichen Einfluss bei Investitionsvorhaben auszuschließen.

Bedenklich ist insbesondere der **Goldbergbau.** Hunderte kleiner Tagebaue wuchsen wie Pilze überall in der Mongolei aus dem Boden. Deren Betreiber, **Ninjas** genannt, sind verarmte Nomaden oder auch Städter, die illegal alte Goldlagerstätten und Halden durchgraben. Sie besitzen keine Infrastruktur und sind nicht organisiert. Seit Jahren ist die Regierung bemüht, dieses Tun zu legalisieren. Ein Ninja ergräbt unter lebensgefährlichen Arbeitsbedingungen durchschnittlich täglich ca. 40 US-$ an Gold. Auch dadurch wird der ohnehin angespannte Wasserhaushalt des Landes weiter gefährdet, ohne dass die Gesellschaft als Ganzes profitieren würde.

Unter den Rohstoffen steht **Kupfer** an erster Stelle. Ca. 10 % der Weltproduktion kommen allein aus dem Kupferbergwerk in Erdenet, das zu 51 % in mongolischer und zu 49 % in russischer Hand ist. Kupfer- und Goldexporte machen über 40 % der Ausfuhren aus. Leider wird Kupfer zwar abgebaut, aber die Möglichkeit der Weiterverarbeitung fehlt im Land, damit entgeht der Mongolei eine Profitsteigerung.

Die Mongolei besitzt auch reiche Vorkommen an **Kohle,** allerdings oft in geringer Qualität. Die Kohle wird in allen mongolischen Kraftwerken, aber auch in privaten Haushalten verbrannt, außerdem auch exportiert. Längst sollte eine neue Eisenbahnstrecke den Kohletransport nach China ermöglichen, doch zu Finanzierungsengpässen ist eine grundsätzliche Diskussion hinzugekommen, ob die damit verbundene Ausrichtung allein

Wirtschaft

auf China politisch geschickt ist. Anscheinend reichen die Kohlevorkommen von Tavan Tolgoi im Südosten der Mongolei aus, um China bei seinem heutigen Tagesbedarf 100 Jahre lang versorgen zu können. Im Land trägt die intensive Nutzung der Kohle zu einem großen Teil zur Luftverschmutzung insbesondere im Ballungsraum Ulaanbaatar bei.

Die vorhandenen **Erdölvorkommen** in der Mongolei warten noch mehr oder weniger auf Erschließung. Noch ist die Produktion minimal und es fehlt an modernen Transportkapazitäten. In Fässern auf Lastwagen gestapelt wird der Rohstoff ins Ausland gebracht – nach China.

Industrie

In der Mongolei gibt es so gut wie keine Industrie. Weiterverarbeitung ist kapitalintensiv, verlangt großes Know-how, eine globale Vernetzung, gut funktionierende Absatzwege und große Flexibilität, um zum Beispiel in der Textilindustrie schnell auf neue Trends und Moden reagieren zu können. Hier ist die Mongolei ein typisches Entwicklungsland, das diese komplexe Produktionskette mit seiner kleinen Bevölkerung und der zusätzlichen Belastung durch die extrem isolierte globale Lage nicht leisten kann. So sind die Woll- und Lederverarbeitung weitgehend bedeutungslos und tragen nur mit knapp 3 % zum Bruttosozialprodukt bei. Nur einige kleine Textilproduzenten profitieren von amerikanischen Importquoten. Welche Folgen das Nichtvorhandensein von weiterverarbeitender Industrie für den Profit hat, ist am Beispiel von Kaschmir oder auch Kupfer deutlich abzulesen.

Bei den **Direktinvestitionen** lag bislang China an erster Stelle. Je nach Quelle kam jeder zweite, mindestens aber jeder dritte Dollar vom südlichen Nachbarn, gefolgt von Kanada, Südkorea und Japan. Viele westliche Konzerne hielten die mongolischen Investitionsbedingungen, insbesondere die Steuerfrage, bislang für nicht attraktiv genug, um im größeren Maß Geld in der Mongolei anzulegen. Das hat sich unter dem Eindruck der Wirtschafts- und Finanzkrise seit 2010 dramatisch verändert.

Importabhängigkeit und Handel

Von jeher war die Mongolei auf Importe von **Nahrungsmitteln** angewiesen. Schon die chinesischen Kaiser berichteten, wie sie mit Getreidelieferungen den Nachbarn nördlich der Großen Mauer beschwichtigten. Mit der sehr kurzen Vegetationsperiode ist Ackerbau nur schwer möglich. 75 % des Mehl- und Getreidebedarfs müssen importiert werden. Die Importabhängigkeit gilt außerdem für 100 % der Treibstoffe, alle pharmazeutischen Erzeugnisse und nahezu alle Konsumartikel. Die Dominanz Russlands und Chinas ist erdrückend. Über 40 % der Importe kommen vom nördlichen, 80 % der Exporte gehen zum südlichen Nachbarn. Nach Deutschland wird v. a. Kaschmirbekleidung ausgeführt, umgekehrt kaufen Mongolen deutsche Autos und Maschinen.

Als kleines Land mit nur zwei Nachbarn ist die Mongolei ein **klassisches Händlerland.** Die Transitlage, die Nähe zum Billigproduzenten China und den Abnehmern vieler Billigwaren in den Staaten der ehemaligen Sowjetunion begünstigt die fliegenden Händler aus der Mongolei. Wie viele Angehörige kleiner Nationen, deren Muttersprache kein weites Verbreitungsgebiet hat, besitzen die Mongolen gute Fremdsprachenkenntnisse. Russisch ist fast flächendeckend verbreitet. Die 1800 km lange Bahnlinie zwischen China und Russland ist die wichtigste Lebensader des Landes. Auch die große Politik hat die Bedeutung des freien Welthandels für die Mongolei erkannt und das Land trat 1997 als erstes Transformationsland der Welthandelsorganisation bei.

Tourismus

Der Tourismus wuchs seit der politischen Wende zum **drittstärksten Wirtschaftszweig** der Mongolei heran. Vor 1990 gab es praktisch keine Urlauber. An jeder Ausfallstraße Ulaanbaatars befand sich ein Schlagbaum mit strenger Kontrolle der Reisegenehmigungen auch von Gästen aus den sozialistischen Bruderstaaten – nicht gerade einladend … Zehn Jahre später waren es knapp 30 000 Besucher. Seitdem hat sich der Touristenstrom vervielfacht, doch seit einigen Jahren stagniert die Zahl auf einem Zwischenhoch

Wirtschaft, Soziales und aktuelle Politik

von mehreren Hunderttausend Gästen pro Jahr, was bei weiterem Infrastrukturausbau noch deutlich Potenzial haben dürfte. Doch die Infrastruktur hält gerade außerhalb der Hauptstadt mit diesem Wachstum nicht Schritt. Alle anderen Siedlungen sind entweder Minenstädte oder dienen der Basisversorgung des ländlichen Umlands. Mit ihren zumeist einfachen Gebäuden dienen sie bestenfalls als Tankstopps, erlauben dank der guten Versorgung mit Lebensmitteln die Vorräte wieder aufzustocken und bieten immerhin zumeist mit kleinen Heimatmuseen einen Überblick über die Höhepunkte der Region.

Soziale Probleme

Wirtschaftlich profitiert zwar eine neue Mittelschicht in Ulaanbaatar von den Gewinnen aus dem Bergbau und dem Tourismus, doch die **Gesundheits- und Bildungsversorgung** für die nomadische Mehrheit des Landes hat bisher noch nicht wieder das Niveau der sozialistischen Jahre erreicht. Außerdem leben rund vier von zehn Mongolen unverändert unter der Armutsgrenze.

Entwicklungsziele

Die mongolische Regierung nimmt die internationalen Trends und Entwicklungen aufmerksam auf und richtet ihre Politik an den sogenannten Millenniums-Entwicklungszielen (MDG) aus, die im Jahr 2000 von Staats- und Regierungschefs unter dem Dach der Vereinten Nationen vereinbart wurden. **Armutsbekämpfung** steht im Vordergrund, gefolgt von Grundbildung und Gesundheitsversorgung. Durchaus stärkere Berücksichtigung könnte nach Ansicht einiger Beobachter das achte MDG finden, das u. a. »gute Regierungsführung« nennt – angesichts der grassierenden Korruption gibt es in diesem Bereich noch viel zu tun. Doch auch in anderen Punkten fallen die Ergebnisse ernüchternd aus: Das Armutsniveau stagniert auf erschreckenden 35 %, die Alphabetisierungsrate sank dramatisch auf 62 %. In der Sekundarstufe verlassen vor allem Jungen die Schule und trotz Schulpflicht besuchen viele Kinder nicht den Unterricht. Doch grundsätzlich besteht in der Bevölkerung – auch als Fortwirkung der sozialistischen Jahrzehnte – das Bewusstsein fort, wie notwendig gute **Schulbildung** ist. Positiv zu vermelden ist, dass die Mongolei bis 2015 das Millenniums-Entwicklungsziel einer flächendeckenden Primarschulbildung erreicht haben dürfte.

Eine kritische Entwicklung nimmt das **Gesundheitssystem,** das vor der Wende auf niedrigem Niveau, aber immerhin flächendeckend arbeitete. Erschreckend ist die Kindersterblichkeit. Die Zahlen sprechen für sich: 40 Kinder von 1000 Lebendgeburten sterben, im Vergleich dazu liegt die Zahl in Deutschland bei ca. 4 von 1000. Beunruhigend ist auch die hohe Müttersterblichkeit außerhalb der Städte. Doch lässt sich darüber streiten, ob die Entwicklung sich auf dem Weg zum Besseren oder zum Schlechteren befindet. Die Versorgungseinrichtungen werden ausgebaut, erreichen aber noch nicht die Absicherung der letzten sozialistischen Jahre, als Anreizsysteme gerade Schwangere motivierten, möglichst frühzeitig den beschwerlichen Weg in die nächste Klinik auf sich zu nehmen.

Der unregulierte Bergbau kontaminiert das Grundwassser und belastet zusätzlich die ohnehin kritische Versorgung mit sauberem Trinkwasser, zu dem schätzungsweise jeder dritte Mongole keinen Zugang hat. Viel zu selten wird – nicht nur in der Mongolei – im Zusammenhang mit entwicklungspolitischen Fragen dabei das Thema der **sanitären Grundversorgung** angesprochen. So fehlt den Jurtensiedlungen am Rand von Ulaanbaatar eine ausreichende Kanalisation.

Demografie und Arbeitsmarkt

Die demografische Struktur im Land ist schwierig. Wenige Einkommensverdiener müssen die Ausbildung der vielen Jugendlichen und Kinder finanzieren – ein Drittel der Bevölkerung ist heute unter 15 Jahren. Eine ausreichende Zahl an Arbeitsplätzen ist in dem kargen Land zwischen Taiga und Gobi nicht in Sicht, ganz im Gegenteil wurde nach dem Zusammenbruch des alten Systems

20 Jahre Demokratie

Stichjahr 2015 – bis dahin soll jedes mongolische Kind eine Primarschule besuchen

überall die verdeckte **Arbeitslosigkeit** deutlich. Immer noch lebt ein Drittel aller Mongolen als Nomaden, die in Kleinstverbänden von zwei oder drei Jurten nach einem festen Rhythmus über ihre Weidegründe ziehen.

Eine unrühmliche Bekanntheit erlangten die **Straßenkinder** von Ulaanbaatar, wo bis zu 10 000 Minderjährige im Winter in den Versorgungsschächten der Stadt vegetieren, um nicht zu erfrieren. Auf etwa 8000 wird die Zahl der Kinder geschätzt, die unter übelsten Bedingungen in den **Goldminen** schuften. Abgesehen von der schweren körperlichen Arbeit kommen sie mit Quecksilber, das zur Goldwäsche verwendet wird, in Kontakt und erleiden Atemwegserkrankungen und Nierenprobleme. Schwere Unfälle sind in den wenig gesicherten Gruben an der Tagesordnung.

20 Jahre Demokratie

Unter den 128 Entwicklungsländern, die vom **Bertelsmann Transformationsindex** geführt werden, rangiert die Mongolei, gemessen an ihrem Stand auf dem Weg zur Demokratie und Marktwirtschaft, auf dem 51. Platz. Ein Rang, bei dem gerne von einem halb vollen Glas geschwärmt oder über ein halb leeres Glas gelästert wird. In jedem Fall kein Platz, um sich auszuruhen. Doch genau diese Gefahr sehen manche Beobachter.

Heute bestehen in der Mongolei Versammlungs- und Vereinigungsfreiheit. Regelmäßig zeugen **Demonstrationen** davon, dass die Bevölkerung diese Rechte auch nutzt. Mehrere Zeitungen und eine Vielzahl von Radio- und Fernsehsendern haben sich etabliert, tausende von Nichtregierungsorganisationen sind registriert und die Unabhängigkeit der Gewerkschaften ist in der Verfassung garantiert.

Politischer Konsens

Seit über 20 Jahren beteiligen die Wähler die großen demokratischen Parteien gleichmäßig an der Macht, mal im Präsidentenamt, mal in der Regierung. Trotz einer Übermacht der Postkommunisten hat sich so eine sehr mongolische, auf Konsens ausgerichtete Rollenverteilung unter den Entscheidungsträgern eingespielt. Wahlen sind weitgehend fair und frei, auch wenn es 2008 erhebliche Demonstrationen der unterlegenen Demokraten gab.

Als die Mongolei 1996 wirtschaftlich immer noch am Boden lag, gaben die Wähler erstmals der **demokratischen Opposition**

Wirtschaft, Soziales und aktuelle Politik

eine Chance, die diese allerdings mit wechselnden Premierministern verspielte. Die Wähler, auf Ausgleich bedacht, riefen ein Jahr später einen MRVP-Kandidaten ins Präsidentenamt. Im Jahr 2000 erhielt die MRVP auch die Regierungsmacht und regierte seit 2004 mit den Demokraten in einer großen Koalition.

Beleg der Entwicklung zur stabilsten Demokratie Zentralasiens waren die Parlamentswahlen von 2012: Die Demokratische Partei (DP) löste die sich zuletzt auf eine absolute Mehrheit im 76-köpfigen Parlament, dem Großen Khural, stützende MVP (die erst 2010 das ›R‹ für ›Revolutionär‹ aus ihrem Parteinamen strich) als führende Regierungspartei ab. Neben dem Staatspräsidenten – seit 2009 Ts. Elebegdorj, einem der mutigen Oppsitionellen des Jahres 1990 – stellt die DP nun erstmals mit ihrem Parteichef Norovyn Altankhuyag auch das zweitwichtigste Staatsamt, den Premierminister.

Populismus

Echte Innovation bietet keine der beiden politischen Seiten, dafür viel Populismus. Im Wahlkampf 2008 überboten sich die Konkurrenten gegenseitig, wer den Bürgern im Falle der Wahl eine größere Bargeldsumme in die Hand drücken würde, 500 US-$ versprachen die Demokraten, 1000 US-$ mehr pro Kopf sagte die MRVP als »Gabe des Mutterlandes« zu und gewann die Wahl. In der Erfüllung der Wahlkampfversprechen unterscheiden sich die mongolischen Parteien nicht von ihren Schwesterparteien weltweit. Kein Mensch will von Barauszahlung gesprochen haben ...

Verblüffend ähnelt der **Staatshaushalt** in seiner Struktur demjenigen in alten sozialistischen Zeiten, auch wenn die Wertschöpfung heute zu 85 % in privaten Rechtsformen erfolgt. Die Transferzahlungen aus der Entwicklungshilfe decken wieder jenes Drittel, das einst der Wirtschaftshilfe der Sowjetunion entsprach und die Rohstoffeinnahmen stehen wieder für ein gutes weiteres Drittel. Hat sich die mongolische Politik, nachdem sie die Bewegung ›zurück in die Zukunft‹ abgeschlossen hat, erschöpft?

Die Mongolei und die Welt

Russland und China

War die Mongolei bis 1990 ein Verbündeter der Sowjetunion, so verfolgt sie nun eine strikte Neutralitätspolitik und erklärte sich 1992 zur nuklearfreien Zone. Äquidistanz zu beiden großen Nachbarn, heißt die Devise. Im Norden sitzt **Russland,** von wo aus zu sowjetischen Zeiten die formal souveräne Mongolei wie eine 16. Unionsrepublik gesteuert wurde. 100 000 sowjetische Soldaten waren bis zur Wende in der Mongolei stationiert. Russland, Anfang der 1990er-Jahre noch verhasster ehemaliger Kolonialherr, gilt vielen im Vergleich zu China unterdessen als das kleinere Übel. Von dort erfolgt kein Bevölkerungsdruck. Die stalinistischen Massaker liegen weit zurück, während die dank sowjetischer Entwicklungspolitik fast durchgängige Alphabetisierung, die flächendeckende Basisgesundheitsversorgung und die tierärztliche Betreuung der Herden eine große Bedeutung für das Wohl der Mongolen darstellte und bis heute nicht wieder erreicht wurden.

Bedrohlicher wirkt **China,** nicht nur weil dessen expansiven Ackerbauern schon die Innere Mongolei sinisierten, sodass die dort lebenden Mongolen eine Minderheit im eigenen Land wurden, sondern auch weil der größte Anteil aller Investitionen vom südlichen Nachbarn kommt. Khublai Khan, der Mongole auf dem Kaiserthron, wird von der chinesischen Geschichtsschreibung immer noch als Chinese bezeichnet. Das Schicksal Tibets und der Inneren Mongolei stehen weiterhin mahnend im Raum. Jedes Mal, wenn der Dalai Lama die Buddhisten in der Mongolei besucht, holt Peking die Knute raus, sei es, dass der Eisenbahnverkehr für einige Tage unterbrochen wird oder man mit anderen Strafen droht. Die Schnellstraße zur mongolischen Grenze, die auf mongolischer Seite in eine Steppenpiste übergeht, wurde zumindest in der Vergangenheit mehr als Drohung im Hinblick auf einen möglichen Aufmarsch denn als Verbesserung der Infrastruktur empfunden.

Die Mongolei und die Welt

Der ›dritte Nachbar‹

Seit mehr als 20 Jahren beschäftigt deshalb die Suche nach dem ›dritten Nachbarn‹ die mongolischen Politiker. Die USA, Japan, Südkorea, Indien und die **EU,** dort insbesondere **Deutschland,** stellen solche ›dritte Nachbarn‹ dar, die die Souveränität der Mongolei sichern sollen. Nach Tokio und Washington ist Berlin auf dem Gebiet der Entwicklungshilfe heute der drittgrößte bilaterale Geber. Was bewegt Deutschland, sich so intensiv in der Mongolei zu engagieren? Bis zur deutschen Einheit war das zentralasiatische Land ein weißer Flecken auf der westdeutschen politischen Landkarte, für die DDR hingegen ein Schwerpunktland. Schon damals waren die Ressourcen ein wichtiger Gesichtspunkt, zudem war die Mongolei ein treuer sozialistischer Anker in Zentralasien. Das politische Motiv hat sich gewendet. Jetzt sind die Mongolen die demokratischste Nation der Region, bieten die marktwirtschaftlichsten Strukturen. Die Affinität zu Deutschland übertrug sich von der DDR-Verbundenheit auf das gesamte Deutschland und erfreut sich großer Wechselseitigkeit. Das kleine Volk in der mongolischen Steppe weckt stets Neugier, nicht nur bei potenziellen Touristen, sondern auch in der Politik (s. auch Thema S. 52).

Mit **Japan** verbindet die Mongolei eine umfassende Partnerschaft. Tokio ist der wichtigste bilaterale Geber im Bereich der Entwicklungshilfe, umgekehrt besitzt Ulaanbaatar wichtige Rohstoffressourcen und bildet einen loyalen Brückenkopf in der asiatischen Staatengemeinschaft, die nicht immer nur freundlich gegenüber der industriellen Weltmacht vor ihren Küsten eingestellt ist.

Für die **Vereinigten Staaten** ist das Pufferland zwischen Russland und China von nicht zu unterschätzender geopolitischer Bedeutung. Seit 1987 pflegen die USA diplomatische Beziehungen zur Mongolei. Ein Besuch des US-Präsidenten George Bush 2004 unterstrich die strategische Bedeutung, die Washington der Mongolei beimisst. 2008 vereinbarten die beiden Staaten einen langfristigen Compact über fünf Jahre, in dessen Rahmen 285 Mio. US-$ in vier Schwerpunktentwicklungsziele investiert werden sollen: Eisenbahnnetz, Berufsbildung, Gesundheit, Eigentumsrechte.

Auf der internationalen Bühne

Aus der aktiven Mitgliedschaft in den **Vereinten Nationen** schöpft das Land eine Garantie seiner Eigenständigkeit. Entsprechend stark und gemessen an seiner Bevölkerungszahl weit überproportional engagiert es sich im multilateralen *Peacekeeping*. Die Beteiligung an **internationalen Friedensmissionen** ist für die Mongolei die einzige Möglichkeit, über seine beiden direkten Nachbarn hinweg operative militärische Kontakte mit Drittländern insbesondere in der **NATO** aufzubauen. Seit 2002 entsendet die Mongolei Truppen zu von den Vereinten Nationen mandatierten oder geführten Friedensmissionen. Die ersten mongolischen Truppen waren im Rahmen der UNO-Friedensmission im Kongo stationiert. Darauf folgten Einsätze u. a. im Sudan, und – unter polnischem Kommando – im Irak.

Insgesamt 3455 mongolische Soldaten dienten in Blauhelmmissionen und im Irak. Dies entspricht einem Drittel der mongolischen Streitkräfte, die über ca. 10 000 Soldaten verfügen. Die mongolischen **Blauhelme** haben sich einen hervorragenden Ruf erworben und das Profil ihres Landes in der UNO geschärft. Mit Unterstützung der USA werden seit mehreren Jahren alljährlich in der Mongolei die Khaan-Quest-Peacekeeping-Übungen mit internationaler Beteiligung durchgeführt, an denen in der Regel auch die Bundeswehr mit Beobachtern teilnimmt. Russland versucht mit bilateralen Friedenseinsatz-Übungen nachzuziehen und seinen schwindenden Einfluß im mongolischen Militär zurückzugewinnen, doch die Mongolei möchte das Verhältnis zur NATO weiter ausbauen.

Neuen regionalen Organisationen stehen die Mongolen hingegen skeptisch gegenüber, fürchten, missbraucht zu werden. Ein Beispiel ist die **Shanghai Organisation.** In diesem Fall widersteht sie dem Werben von China und Russland, wie ihre Nachbarn Kasachstan, Usbekistan, Kirgisistan und Tadschikistan, Mitglied zu werden.

Wirtschaft, Soziales und aktuelle Politik

Deutschland und die Mongolei

Neugierde ist die treibende Kraft. Für die Westdeutschen erschloss sich nach der politischen Wende ein bislang weißer Fleck auf der touristischen Landkarte. Für die Mongolen war Deutschland der nächste ›westliche‹ Nachbar – obgleich tausende Kilometer entfernt. Die Entfernung erlaubt, tolerant mit Unterschieden umzugehen. So besteht zwischen beiden Staaten eine interessierte Spannung mit langer Tradition.

»Du reist in die Mongolei!« Ich kann ein Flackern in den Augen meines Gegenübers beobachten. Die Mongolei löst bei Deutschen eine eigentümliche Faszination aus. Da schwingt ein wenig die Vorstellung von Tibet light mit bei den Jüngeren, bei den Älteren ein wenig Erinnerung an Sven Hedins »Durch Asiens Wüsten«, einen abenteuerlichen Reisebericht des ausgehenden 19. Jh. Die deutsch-mongolischen Beziehungen haben eine lange Geschichte.

Die Mongolei übt seit über 200 Jahren auf Deutsche einen unwiderstehlichen Reiz aus. Zahlreiche deutsche Ärzte und Ingenieure arbeiteten im sibirischen Kolonisationsgebiet an der russischen Grenze zur Mongolei und blickten voll Neugierde auf die mongolische Bevölkerung. Aufgrund des persönlichen Sammeleifers dieser Freizeitforscher kamen schon im 18. Jh. die ersten Berichte und mongolischen Fundstücke an deutsche Hochschulen, die so zu Zentren der Mongoleiforschung wurden. Nach Forschungsinstituten und Museen in Russland und vor der Königlichen Bibliothek in Kopenhagen beherbergen sie noch heute eine der größten Sammlungen mongolischer Schriften außerhalb der Mongolei. Schon in der zweiten Hälfte des 19. Jh. bot die Berliner Universität als erste Bildungseinrichtung in Deutschland einen mongolischen Sprachkurs an. Später begleiteten zahlreiche deutsche Forscher den schwedischen Geografen Sven Hedin auf seinen Asienreisen.

In den 1920er-Jahren, als die Annäherung zwischen dem Deutschen Reich und der jungen Sowjetunion der Mongolei Spielraum für vergleichbare Kontakte gab, errichtete die Revolutionsregierung eine Handelsmission in Berlin und sandte eine Gruppe von 35 mongolischen Schülern nach Deutschland. 1929 wurden die mongolischen Schüler kurzfristig zurückbeordert. Viele fielen Verfolgungen zum Opfer, anderen gelang es in der Mongolei, bedeutende Positionen in der Wissenschaft zu erreichen. Zu ihnen gehörte der Schriftsteller Natsagdordsh (s. S. 106). 1929 mussten auch die letzten deutschen Händler, die in Ulaanbaatar eine Niederlassung hatten, wegen angeblicher Spionage das Land verlassen.

Kontakte zu Deutschland wurden erst wieder nach dem Zweiten Weltkrieg aufgenommen. Für die entwicklungspolitische Zusammenarbeit der DDR bildete die Mongolei einen Schwerpunkt. Zahlreiche ostdeutsche Entwicklungshelfer, große Stäbe in der Botschaft und in mongolischen Behörden lebten zum Teil über viele Jahre in der Mongolei. Das Land gehörte für DDR-Bürger zu den exotischsten unter den erreichbaren Zielen.

Die Faszination beruhte auf Gegenseitigkeit: 1990 war Deutsch nach Russisch zweite Fremdsprache in der Mongolei; noch heute wird es von etwa 20 000 Menschen be-

Freundschaft mit Tradition

Thema

herrscht. Obwohl Deutsch unterdessen von Englisch überrundet wurde, hat sich die Begeisterung für Deutschland auf die heutige Jugend übertragen. Eine der mongolischen Schulen bezeichnet sich als Goethe Schule, eine andere als Mongolisch-Deutsche Schule. Beide räumen Deutsch die erste Priorität bei den Fremdsprachen ein. 1995 gründeten Mongolen die Gesellschaft der Freunde der Deutschen Sprache und die Mongolisch-Deutsche Brücke entstand als Selbsthilfeorganisation auf Initiative mongolischer Absolventen deutscher Universitäten. Trotz attraktiver Alternativen in Japan und den USA ist das Interesse der Studenten an Deutschland ungebrochen. 3000 mongolische Studenten sind zurzeit an deutschen Hochschulen immatrikuliert und die Zahlen steigen beständig.

Die Bundesregierung setzte die erfolgreiche Arbeit der DDR in der Mongolei fort, natürlich in modernem Gewand. So ist Deutschland heute mit Abstand der wichtigste europäische Partner der Mongolei im Bereich der Entwicklungszusammenarbeit. Mehr als 284 Mio. € sind seit Beginn der entwicklungspolitischen Zusammenarbeit im Jahr 1992 geflossen. Hinzu kommt der deutsche Anteil an der Entwicklungshilfe der EU.

91 deutsche Firmen halten privatwirtschaftliche Kontakte mit Niederlassungen in der Mongolei und seit 1995 gibt es auch einen Mongolian German Business Council, dem 50 Unternehmen angehören. Doch angesichts des guten historischen, politischen und sprachlich-kulturellen Umfelds überrascht, dass die Mongolei bei der deutschen Wirtschaft lange ein Schattendasein fristete. Erst in jüngster Zeit versucht sie aus der Exoten- und Spezialistennische herauszukommen und Anschluss zu finden an die großen anglo-amerikanischen Konzerne, die schon längst in der Bergbauindustrie tätig sind. Der Blick war durch den gewaltigen chinesischen Markt verstellt. 2011 summierte sich der deutsche Handel mit der Mongolei auf 150 Mio. Euro – weniger als 0,01 % des gesamten deutschen Außenhandels.

Beachtenswert ist auch die Zusammenarbeit im Bereich der Archäologie. Im Weltkulturerbegebiet des Orkhon-Tals arbeiten deutsche und mongolische Wissenschaftler an der Erforschung der Besiedlung dieser Region (s. S. 302). Bei Ausgrabungen in Karakorum und Erdene Zuu wurden bislang völlig unbekannte Straßenzüge der alten Hauptstadt freigelegt. Das Modell Karakorums im Nationalmuseum ist ein Geschenk des Auswärtigen Amts.

Weitsichtig entsandte der Deutsche Akademische Austauschdienst schon 1990 einen ersten Lektor an eine der Universitäten der mongolischen Hauptstadt und stockte angesichts des Bedarfs schnell weiter auf. Ein Goethe-Institut begann 2003 im Rahmen der auswärtigen Kulturpolitik in Ulaanbaatar seine Arbeit, ein weiterer Ausbau ist geplant. Sogar im Äther ist Deutschland präsent: Die Galsan-Tschinag-Stiftung strahlt – finanziert durch das Goethe-Institut – jeden Montag, Mittwoch und Freitag von 17 bis 18 Uhr auf der Frequenz 98.9 eine deutschsprachige Radiosendung in Ulaanbaatar aus. Aus dem Kreis der politischen Stiftungen ist die Konrad-Adenauer-Stiftung in der Mongolei aktiv.

Auch die Besuche hochrangiger deutscher Persönlichkeiten finden in immer kürzeren Abständen statt. Die Bundespräsidenten Herzog und Köhler fuhren in die Mongolei, 2011 kam Bundeskanzlerin Merkel, der mongolische Staatspräsident war 2012 in Berlin. Der Strom der Minister, die der Rohstoffreichtum nach Ulaanbaatar lockt, reißt nicht ab. Es herrscht Goldgräberstimmung.

Geschichte

Im Mittelalter tauchten die Mongolen plötzlich in der Weltgeschichte auf, versetzten ein Jahrhundert lang die Völker zwischen Pazifik und Ostsee in Angst und Schrecken und verschwanden wieder im Nichts. Danach wurde es vergleichsweise still um das Volk, dessen Geschichte zwei Supermächte an den Grenzen und die Bindung an den tibetischen Buddhismus prägen.

Frühgeschichte

Höhlenzeichnungen in Gurvan Tsenkher Agui im südlichen Altai-Gebirge (s. S. 327) mit Darstellungen heute ausgestorbener Elefantenarten, einem Strauß und anderen Tieren künden davon, dass die Mongolei schon früh besiedelt war. Die Urheber der Malereien müssen im Jungpaläolithikum gelebt haben, andere Funde belegen sogar die Gegenwart von Menschen in der **Altsteinzeit.** Zu Beginn der Bronzezeit, im 3. Jt. v. Chr., sind sowohl europide als auch frühmongolide Gruppen nachweisbar. Viele Felszeichnungen zeigen einachsige Streitwagen mit Kampf- und Jagdszenen.

Der Altai gilt vielen Forschern als eine der Wiegen der Zivilisation, zumindest als Ursprungsort der **indoeuropäischen Sprachen,** die heute von etwa 2,5 Mrd. Menschen gesprochen werden.

Eismumie

Die im Jahr 2006 an den südöstlichen Hängen des **Altai** gefundene Eismumie kam zur Untersuchung in die Göttinger Universitätsmedizin, dort schätzte man ihr Alter auf rund 2500 Jahre. In einer Höhe von 2500 m hatte der Dauerfrostboden nicht nur die tätowierte Mumie konserviert, sondern auch Kleidung, Waffen, Schmuck für die Pferde und andere Gebrauchsgegenstände aus Textilien, Holz, Leder und Reet.

Hinter der Eismumie soll sich ein für seine Zeit stattlicher Krieger verbergen: 1,61 m groß, rotblondes Haar, 65 Jahre alt, athletisch, Tätowierungen auf Armen, Rücken und Brust. Er stammte aus **wohlhabenden Verhältnissen** vermuten die Forscher, die aus der Analyse seiner Zähne auf einen wohlgenährten Fleischesser schließen, der schon an einer Wohlstandskrankheit gelitten habe: Parodontose. Gekleidet war der Mann mit einem Mantel, der innen mit einem Schaffell, außen mit Zobel besetzt war. Seinen Tod soll ein Pfeil ausgelöst haben, der sich unter dem rechten Auge in den Schädel gebohrt hatte.

Die bei ihm gefundenen Waffen, insbesondere Pfeile mit Widerhaken, wurden auch bei Ausgrabungen an Fundorten geborgen, die man den **Skythen** zurechnet. Unter diesem Terminus werden Reitervölker im eurasischen Steppengürtel aus der Zeit des 1. Jt. v. Chr. zusammengefasst. Mit der Zuschreibung der Eismumie aus dem 2. Jt. v. Chr. zum Kulturkreis der Skythen wird dieser Begriff zeitlich allerdings noch weiter strapaziert. Die Skythen hinterließen keine schriftlichen Aufzeichnungen und so sind wir bei ihrer Einordnung in erster Linie auf den antiken griechischen Geschichtsschreiber Herodot angewiesen. Danach waren sie das erste der Reitervölker, die wie ihr bekanntestes Nachfolgevolk, die Hunnen, im Rahmen der Völkerwanderungen den Westen und schließlich auch Europa erreichten.

Frühgeschichte

Malerei der Bronzezeit: die Petroglyphen bei Bichigt Had in der Wüste Gobi

Hirschsteine

Sind die Skythen rätselhaft, weil sie keine Spuren hinterließen, fehlt den Hirschsteinen, die in der **West-Mongolei** gefunden werden, ein dazugehöriges Volk. Es handelt sich um 3 bis 4 m hohe Obelisken, deren Seiten überwiegend mit Darstellungen fliegender Hirsche verziert sind. Etwa 550 dieser Steine wurden bis heute in der Mongolei und in China (Xinjiang) entdeckt.

Neuere Forschungen datieren die Hirschsteine auf die Bronzezeit zur Wende des 2. Jt. v. Chr. und ordnen sie den europiden Bewohnern der Mongolei zu, während man sie vorher der frühen Eisenzeit (7.–8. Jh. v. Chr.) zurechnete. Nach Forschungen der amerikanischen Smithsonian Institution scheint sich die Datierung der Steine über viele Jahrhunderte innerhalb des 1. Jt. v. Chr. zu erstrecken. Es liegt nahe, auch diese Monumente skythischen Reitervölkern zuzuordnen. Vieles spricht dabei für einen Begräbniskult, auch wenn ihre tatsächliche Bedeutung noch ungeklärt ist.

Xiongnu

Die ersten Arbeiten an der chinesischen Mauer fallen zusammen mit dem Auftauchen eines weiteren Reitervolks. Chinesische Quellen berichten von den Xiongnu, einer Föderation von Stämmen, die vom 4. Jh. v. Chr. bis zum 2. Jh. n. Chr. die Steppen beherrscht und immer wieder die Ackerbauern im Norden Chinas überfallen haben sollen. Schnell, genügsam und in der Weite der Steppe sich verlierend, waren sie für eine chinesische Armee nicht greifbar. Ihre Identität ist umstritten: Waren es Mongolen, Türken oder Perser?

In jedem Fall waren sie so gefährlich, dass China sich mit einem Abwehrwall zu schützen versuchte. Doch das immer mehr prosperierende China blieb als Beutegrund attraktiv. Weder für die Xiongnu noch irgendein anderes Reitervolk, das ihnen folgen sollte, war der Wall je ein ernsthaftes Hindernis. Zu attraktiv waren für die Nomaden aus kargen Steppen die fruchtbaren Äcker Nordchinas. Chinesische Herrscher erkauften sich mit Tributzahlungen Ruhe, doch Mitte des 2. Jh.

55

Geschichte

v. Chr. kontrollierten Xiongnu-Nomaden die Gebiete nördlich des Hueng He, des Gelben Flusses. Die Machtbalance änderte sich im 1. Jh. v. Chr. als es chinesischen Herrschern gelang, die Xiongnu-Gebiete zu spalten bzw. die nördlichen Stämme in Regionen nördlich der Gobi zu verdrängen. Als permanenter Grenzkrieg zogen sich diese Auseinandersetzungen mit z. T. beachtlichen Rückeroberungen der Xiongnu bis Mitte des 2. Jh. n. Chr. hin. Forscher verfolgen die These, dass das Auftauchen der Hunnen in Europa im 5. Jh. eine direkte Folge der allmählichen Verdrängung sein könnte, wenn es sich nicht sogar um die gleichen Völker handeln sollte.

Nach der Zeitenwende

Bis zu 300 Anlagen und Siedlungen haben Archäologen in der Mongolei nachgewiesen und damit widerlegt, dass es in einem Nomadenland keine befestigten Plätze gegeben habe. Vielmehr versuchten sich alle Völker, die das Gebiet der Mongolei bewohnten, vor kriegerischen Angriffen ihrer Nachbarn nach besten Kräften zu schützen.

Spuren der Geschichte

Deutschland ist seit dem Jahr 2000 an Ausgrabungen im Bereich der alten Hauptstadt Karakorum beteiligt. Weitere Spuren aus der Zeit Chingghis Khaans wurden bei Delgerkhaan entdeckt. Außerdem engagieren sich das Deutsche Archäologische Institut und die Universität Bonn maßgeblich im Orkhon-Tal, welches aufgrund seiner naturräumlichen Ausstattung (Wasser, fruchtbare Böden etc.) lange Zeit im Brennpunkt der Herrscherinteressen stand. Hier siedelten nacheinander Uiguren, Türken und Mongolen. Bei Grabungen des Deutschen Archäologischen Instituts unter Leitung des deutschen Archäologen Hermann Parzinger im Dreiländereck von China, Russland und der Mongolei wurde im Juli 2006 in einer intakten Grabkammer eine Eismumie geborgen (s. rechts).

Göktürken

Die Göktürken (auch Alttürken genannt), ein weiteres nomadisches Volk, das aus der Region des Altai stammte, beherrschten als Verbindung nomadischer Stämme weitreichende Steppenimperien von der Mongolei bis zur Ukraine. Die Herrschaft trug eine Kriegerklasse. Im 6. Jh. finden sich in chinesischen Quellen erstmals Bezeichnungen, die den Begriff Türk dokumentieren. Sie lebten unter der Herrschaft der altaischen Klanföderation der **Rouran,** gegen die sie 552 n. Chr. erfolgreich revoltierten und selbst eine neue Herrschaftsstruktur errichteten. Historisch werden zwei Staatsphasen unterschieden. Zusammengezählt bestanden türkische Reiche ab 552 n. Chr. für etwa zwei Jahrhunderte. Es war die einzige geschichtliche Phase der Vereinigung aller Turkvölker.

Uiguren

Schon die Xiongnu erwähnen Stämme, die später zu den Uiguren, einem Volk mit **turkstämmigen** und **mongoliden** Ursprüngen, gerechnet werden. In den Jahren 744–745 erhoben sie sich mit Unterstützung der chinesischen Tang-Dynastie gegen die Göktürken und errichteten eine neue Oberherrschaft auch über das Gebiet der heutigen Mongolei. Wie können wir uns diese frühen Herrschaftsformen vorstellen? Sicherlich nicht als geordnete Staatswesen. Es war eher die Oberherrschaft einer Gruppe von Völkern – chinesische Quellen nennen über ein Dutzend uigurische Stämme – über andere Ethnien mit Tributzahlungen und punktuellen befestigten Siedlungen, von denen aus die Macht ausgeübt wurde. Überreste ihrer Siedlungen sind noch am Ufer des Orkhon – die **Ruine Khar Balgas** (s. S. 227) – und am Selenge – die **Ruine Baibalyk** (s. S. 258) – zu erkennen. 840 wurden sie von den Kirgisen vernichtend geschlagen, ohne dass diese tatsächlich die Vorherrschaft an sich reißen konnten.

Die Uiguren wanderten ab. Die größte Gruppe bildete neue Kleinstaaten in den heute chinesischen Provinzen Xinjiang und Gansu, locker verbunden mit chinesischen

Herrschern. Später werden sie von den Mandschus unterworfen und in das chinesische Reich eingegliedert.

Kitan

Ab dem ausgehenden 9. Jh. nutzten die Kitan, eine ebenfalls ursprünglich nomadische Ethnie aus dem Nordosten des heutigen China, das Machtvakuum. Als sie ab dem 10. Jh. über größte Teile der Mandschurei, der Ost-Mongolei und über wesentliche Teile Chinas nördlich des Gelben Flusses herrschten, entstanden wieder klare Machtverhältnisse. Doch die Kitan unterlagen einer zunehmenden Sinisierung und wurden als **Liao-Dynastie** (916–1125) in die chinesische Geschichtsschreibung integriert. Sie verloren ihre nomadische Lebensform, betrieben Ackerbau, züchteten Vieh, waren sesshaft und lebten in festen Häusern. Am Kherlen bei Choibalsan existiert noch ein Turm der **Ruinen von Bars Khot** (s. S. 385). An der Straße von Bulgan nach Ulaanbaatar liegt **Khar Bukhyn Balgas** (s. S. 230).

Westlich und nordwestlich des Kitan-Gebietes finden wir eine Vielzahl nomadischer Stämme, die viele gemeinsame Charakteristika aufweisen und später als Mongolen zusammengeschlossen werden sollen. Aus dem Südosten übten, meist gemeinsam mit chinesischen Verbündeten, die verbliebenen Uiguren Druck aus. In einem siebenjährigen Krieg 1115–1122 wurden die Kitan schließlich von den **Dschurdschen**, den Vorgängern der Mandschu, gemeinsam mit chinesischen Kräften besiegt und auf einen Vasallenstatus reduziert. Es ist die Übergangszeit zum größten Umbruch in der mongolischen Geschichte, der Zeit des Ausnahmeherrschers Chingghis Khaan.

Mongolisches Weltreich

Anfänge

In den kommenden Jahrzehnten kommt es zu kriegerischen Auseinandersetzungen der Dschurdschen mit **mongolischen Stämmen,** die sich im 11. Jh. zwischen den Flüssen Onon und Kherlen aus Clanstrukturen heraus zu ersten größeren Gemeinschaften zusammengefunden hatten. Die chinesischen Herrscher beobachteten die Entwicklung bereits mit Argwohn.

Die Wirtschafts- und Sozialstrukturen des **Hirtennomadentums** bildeten eine ideale Grundlage für ein Kriegervolk: Extensive Viehhaltung ohne Heubevorratung, ohne Zucht, ohne Winterstallhaltung und die ständige Wanderschaft der Clans nach festgelegtem Rhythmus erhielten die Mobilität. Naturkatastrophen forderten zwar Opfer, doch man war in der Lage, sich mit wenigen Stück Vieh zu retten und die Herden neu aufzubauen. Wichtigstes Unterscheidungsmerkmal unter den Menschen war die Zugehörigkeit zu einer bestimmten Familie oder Sippe, also die **Abstammung,** während sprachliche oder territoriale Kriterien unbedeutend waren.

Chingghis Khaan

Die Kräfte zwischen den Familien waren ausbalanciert, bis eine außergewöhnliche Führungspersönlichkeit auftrat: **Temudschijn,** der sich später Chingghis Khaan nennen sollte (s. auch S. 302, S. 366 und S. 373). Mangels zeitgenössischer schriftlicher Quellen besitzen wir nur lückenhafte Kenntnisse seines Lebens, insbesondere seiner Jugend. Symbolik hat oft größere Bedeutung als die Fakten. Je nach Quelle soll er zwischen 1155 und 1167 in der Region des heutigen Ulaanbaatar als Sohn eines kleinen Adligen geboren worden sein. Mit neun Jahren wurde er mit der Absicht einer späteren Ehe mit Börtö in deren Familie gegeben. In diesen Lebensabschnitt fiel die Ermordung seines Vaters durch den verfeindeten Stamm der Tataren. Temudschijn vermochte es zunächst nicht, seinen Anspruch auf die Führung seines Stammes durchzusetzen und verlor sein Territorium. Mutter und Geschwister mussten fliehen und verbrachten die nächsten Jahre ohne den Schutz des Stammes in Armut. Mit 13 Jahren tötete Temudschijn einen Halbbruder und setzte sich als Familienoberhaupt durch. Drei Jahre später löste er das Ehe-

Geschichte

Mongolisches Weltreich – aus dem Nichts zurück ins Nichts

Historiker liefern sich bis heute Dispute zur Frage, wie es einem ausgestoßenen Kleinadligen gelingen konnte, in nur einer Generation ein Weltreich zu schaffen, das von Peking bis Tiflis reichte. Und warum hinterließen die Mongolen keine dauerhaften Spuren in der Weltgeschichte wie Ägypter, Perser, Griechen und Römer?

Klassisch entwickeln sich große Reiche über lange geschichtliche Perioden, mit Rückschlägen, Bündnissen und zunächst kleinen, später großen Eroberungskriegen. Ganz anders verlief die Geschichte des mongolischen Weltreichs. Plötzlich schienen die Mongolen sich zu einer großen Masse zusammengeballt zu haben. Nomaden, die bis dahin friedlich mit ihren Herden in der Weite der Steppe in kleine Familienverbände aufgeteilt lebten, überrannten etablierte Hochkulturen. Es gelang ihnen, die ihnen vollkommen fremden Kulturen sesshafter Völker zum Teil für mehrere Generationen zu beherrschen – um dann wieder kraftlos und oft kampflos das Feld zu räumen.

Doch warum durchbrach ein Clan schlagartig das Gleichgewicht, das bis dahin bestanden hatte? Was veranlasste Chinghis Khaan, verschiedene Stämme unter dem Kunstbegriff ›Mongolen‹ zu vereinen und mit ihnen Osten und Westen zu erobern? War es die Reaktion auf eine Klimakatastrophe? Wohl kaum, denn ein geschwächtes Volk wäre zu solchen Eroberungszügen kaum fähig gewesen. Auch hätte es die Hauptstadt des Weltreiches nicht mitten im alten Stammland, in Karakorum, angesiedelt. Die Antwort könnte stattdessen im Persönlichen zu finden sein.

Wir stehen vor einem genialen Militärführer, der, weil er außerhalb der eigenen Gesellschaftsstrukturen aufwachsen musste, quer zu denken und die alte Ordnung über Bord zu werfen vermochte. Als Mann des mittleren Adels war er gleichwohl für den einfachen Adel und dessen Gefolgschaft ein akzeptabler Anführer. Fürsorge und Loyalität wurden zu den Hauptprinzipien der Verbindung. Chinghis Khaan baute die Sozialordnung um, brach ererbte Strukturen auf. Die Clanzugehörigkeit wurde durch eine neue politisch-militärische Organisation, die Zehntausendschaft, überlagert. Mit der Führung wurden – neben wenigen, engsten Familienangehörigen – treue Gefolgsleute betraut, deren Loyalität wichtiger war als ihre Herkunft. Einzig sein eigener Familienclan, die Chingghisiden, blieb nach herkunftshierarchischen Gesichtspunkten gegliedert – ein Fehler, der den Zerfall des Reichs beschleunigte, da nicht Leistung, sondern Abstammung den Staatsführer bestimmte.

Gleichzeitig war Chinghis Khaan ein skrupelloser Anführer. Seine Richtlinien für Kampf und Beutezug sahen keine Gefangenen vor, entweder man war bereit für ihn zu kämpfen oder man wurde getötet. An der Beute wurden alle Krieger beteiligt, auch für den einfachen Soldaten war die Eroberung lukrativ. Wollte dieses Prinzip seine Attraktivität behalten, mussten die Eroberungen ununterbrochen fortgesetzt werden. In das Heer wurden mehr und mehr ethnische Gruppen eingegliedert und es wandelte sich zu einer Art Söldnertruppe. »Diese Gesellschaftsstruktur war geradezu auf die Aufnahme fremder Ethnien hin angelegt und musste mit ihren Aufstiegsmöglichkeiten für jedermann auf alle, die ihres Glü-

Aufstieg und Niedergang

ckes Schmied sein wollten, eine ungeheure Anziehungskraft ausüben«, schreibt Michael Weiers in seiner Darstellung über das Warum und Wie des Aufstiegs Chingghis Khaans.

Der Großkhan trat die Herrschaft zunächst nicht mit einem Welteroberungskonzept an. Seine Motivation war oft sehr persönlich. Zufälle, Gelegenheiten und Rachefeldzüge ergänzten sich und ermöglichten einem außergewöhnlichen Herrscher und vorzüglichen Feldherrn Eroberungen, die in seinen kühnsten Plänen nicht angedacht waren. Neben seiner Kriegsbegeisterung muss er aber auch viel diplomatisches Geschick besessen haben, denn viele Stämme schlossen sich ihm allein aufgrund von Verhandlungen an.

Die mongolischen Feldzüge blieben Raubfeldzüge und auch wenn die mittelalterliche Welt nicht unbedingt zimperlich in der Wahl ihrer Mittel war, so erreichte die Brutalität durch die planmäßige Auslöschung ganzer Völker doch eine neue Stufe. Viele Kulturen, die im Wege standen, wurden vernichtet oder für Jahrhunderte in ihrer Entwicklung zurückgeworfen. So erging es Persien, so wurde Kiew zerstört, so verschwanden ganze Städte für immer von der Landkarte.

Als Militäraristokratie beherrschten die Mongolen zwar die fremden Völker, durchdrangen aber nicht die jeweiligen Strukturen. Ohne eigenes Verwaltungssystem und mit nur einer kleinen mongolischen Bevölkerung konnten die Eroberer die gewonnenen Gebiete nicht sichern, mussten sie die Besiegten wieder in der Verwaltung einsetzen, das Reich hörte auf ›spezifisch mongolisch‹ zu sein. Anders als bei anderen Kolonialreichen konnten die Beherrschten aber nicht in die Kaste der Herrscher aufsteigen. Die Jassa, das von Chingghis Khaan eingeführte Gesetzbuch, galt zudem nicht für die unterworfenen Völker, diente vielmehr der Abgrenzung. Mit gesetzlichen Regelungen versuchten die Mongolen, die ethnische Vermischung zu unterbinden.

Neben einer ausreichenden institutionellen Basis fehlte den Mongolen eine Staatsideologie. Die flexible, reiternomadische Kultur, die Charisma und Fortüne belohnte und auf individueller Loyalität beruhte, fügte sich nicht in die zentralistische Verwaltungsstruktur der Perser, Araber, Uiguren und Chinesen ein, die eine Staatsloyalität kannten, analysiert die Mongolistin Veronika Veit. Das Reich diente nur dem Zweck, den Chingghisiden die Macht zu erhalten. »Der Weg zum Staatsvolk war für die Mongolen nicht geplant und nicht vorausgesehen«, schreibt der deutsche Mongolist Walther Heissig. Neben wieder aufbrechenden alten Familientraditionen und -zwisten führten diese Faktoren zum Untergang des mongolischen Weltreiches.

Warum war der Einfluss des mongolischen Weltreichs, das zeitweise etwa 100 Mio. Menschen umfasste und sich über China, Korea, Afghanistan und Iran, Georgien, Armenien, Russland, Ungarn, Persien und die dazwischen liegenden Länder erstreckte, nicht von historischer Dauer? Es ist nicht so sehr die Kürze der Periode, in der die Mongolen die Weltgeschichte beeinflussten. Immerhin bestand ihr Reich bzw. ihre Teilreiche von beachtlicher Größe über 270 Jahre – länger als heute seit der amerikanischen Unabhängigkeitserklärung vergangen ist. Doch sie hinterließen keine Nachfolgereiche, die auf der früheren Weltmacht beruhten. Vielmehr befreiten sich die unterworfenen Nationen im Laufe der Zeit, ohne dass ein kulturelles Erbe der ehemaligen Eroberer übernommen und bewahrt wurde. Die alten Grenzen entstanden erneut. So blieb die Form der Staatsbildung unter Chingghis Khaan ein singuläres Ereignis.

Geschichte

versprechen mit Börtö ein, die jedoch kurz darauf von den Merkiten, einem Stamm aus der Gegend des Baikalsees, entführt und in eine andere Ehe gegeben wurde. Temudschijn befreite sie und rächte sich blutig an den Merkiten. Nur die vier Söhne dieser Beziehung – Jochi (1185–1227), Chagatai (1187–1241), Ögedei (1189–1241) und Tolui (1190–1232) – sollten später nachfolgeberechtigt sein, auch wenn er noch viele weiterer Kinder mit anderen Frauen zeugte. Mit 21 geriet er in die Gefangenschaft eines ehemals mit seinem Vater verbündeten Stamms, wurde versklavt, konnte aber entkommen und gewann ob dieser Flucht erste Gefolgsleute, die ihm bis ans Lebensende als treue Kampfgefährten zur Seite standen.

Damit legte er den Grundstein für eine völlig neue, vom Clan unabhängige Herrschaftsform, ein sozialer Bruch, der auch die Integration fremder Stämme, ja, am Ende fremder Völker erlaubte. Jeder Krieger, der sich zukünftig Chingghis Khaan und seinem Heer anschloss, wurde zum Mongolen.

Chingghis Khaans Aufstieg wurde auch von **Rückschlägen** begleitet. Nach ersten militärischen Erfolgen fielen ihm einstige Verbündete in den Rücken, der 30-Jährige verschwand von der Bildfläche und zog sich vermutlich ins Ausland zurück. Erst zehn Jahre später unternahm er einen erneuten Anlauf und schaltete die alten Rivalen aus.

Der Nachbarclan der Tataren hatte den Vater vergiftet und wurde als Vergeltung niedergemetzelt. Die Kereit wurden besiegt und die Merkiten wurden in einem Rache- und Beutefeldzug ausgelöscht. »Sie rotteten sie aus bis auf Kind und Kindeskind, ... die übrigen Frauen und Kinder nahmen sie zum Beischlaf, soweit sie dazu passten.« Islamische Kaufleute, die Chingghis Khaan mit der Bitte um diplomatische Beziehungen auf die Reise in ihr südlich des Aralsees gelegenes Heimatland Choresmien geschickt hatte, wurden vom dort herrschenden Schah als Antwort ermordet. Es begann der Westfeldzug, der die Verfolger des fliehenden Schahs bis ans Kaspische Meer führte. Unvermittelt sahen sie sich mitten in den weiten russischen Steppen und Waldgebieten, stellten fest, dass sich kein merklicher Widerstand gegen sie regte, und stießen bis zum Dnjepr vor.

Chingghis Khaan wurde so ein großer, aber auch ein gerissener Feldherr. Es war nicht nur die leichte und bewegliche Reiterei, die den Gegnern überlegen war, sondern auch der Einfallsreichtum und die Verschlagenheit ihres Führers. Mal schickte er Trupps Gefangener in mongolischer Kleidung voraus, um ein größeres Heer vorzutäuschen, mal ließ er einen ganzen Fluss umleiten, um eine Stadt von der Wasserversorgung abzuschneiden, mal schickte er eine Gruppe ausgemergelter und abgerissener Krieger voraus, um eigene Schwäche vorzutäuschen.

Mongolisches Weltreich

Dem Begründer des mongolischen Weltreichs, Chingghis Khaan, wird an vielen Orten mit Denkmälern gedacht, wie hier in Zonjin Boldog

Und er schreckte auch nicht davor zurück, eine Kapitulationserklärung zu übermitteln, um dann den Gegner aus dem Hinterhalt bei seinem Siegesfest abzuschlachten.

1205 hatte er alle Stämme der Region bezwungen und wurde ein Jahr später – im Alter von rund 50 Jahren – bei einer Fürstenversammlung an der Onon-Quelle zum **Großkhan** proklamiert. Rasant war der nun folgende, nahezu zeitgleiche mongolische Siegeszug auf Fronten in Ost, West und Süd: Die Uiguren erkannten drei Jahre später die Mongolenherrschaft an, 1211 ging es gegen Nord-China und 1215 fiel Peking. 1217 begann der Feldzug gegen den Westen, und 1226 wurde Tiflis erobert. Chingghis Khaan, erst 1225 in sein Stammland zurückgekehrt, starb bereits zwei Jahre später.

Etwa zehn Jahre nach dem Tod Chingghis Khaans verfassten ein oder mehrere anonyme Autoren seine Lebensgeschichte. In 282 Abschnitten wird von seinem Leben und Werk berichtet, werden Passagen aus zeitgenössischen Hochzeits-, Lob- und Klageliedern wiedergegeben und historische Dokumente zitiert. Zweck des Buchs war, die Leistung des Ahnherrn für die Nachfahren der Dynastie festzuhalten. Für ein breites Publikum war das Werk nicht gedacht, daher auch der Name **»Geheime Geschichte«**.

Fast wäre die wichtigste Quelle über das Leben Chingghis Khaans verloren gegangen.

Geschichte

Das Buch gelangte mit Khublai Khaan nach Peking. Dort bestach im 19. Jh. der russische Gelehrte Kafarov (auch Archimandrit Palladius genannt), ein Vertreter der orthodoxen Kirche am mandschurischen Königspalast, einen Palastdiener und ließ sich mit dessen Hilfe das Buch aus der Palastbibliothek bringen. Dieses auf mongolisch in chinesischer Transkription geschriebene Werk kopierte er, sodass es als Geschichtsquelle der Mongolen erhalten blieb. Schließlich war es der französische Sinologe Paul Pelliot (1878–1945), der das Werk wiederfand. Die von Kafarov ins Russische übersetzte Version des Buchs erschien 1866. Ebenfalls im 19. Jh. übersetzte der mongolische Fürst Tsend Gun eine angeblich eigene geschichtliche Quelle ins Chinesische, die er in der mandschurischen Königsbibliothek gefunden hatte. Er wurde dafür zum Tode verurteilt. Dieses Manuskript gelangte an die Universität für Orientalistik im ehemaligen Leningrad.

Der Schriftsteller Tsendiyn Damdinsuren – ein mongolischer Dichter, Übersetzer und Historiker – verglich später den Text von Tsend Gun mit der russischen Quelle und übersetzte dies ins Mongolische. Zwischen 1946 und 1947 wurde dieser Text in alt-mongolischer Schrift veröffentlicht. Dem deutschen Mongolisten Erich Haenisch gelang als Erstem eine vollständige Rekonstruktion und 1941 eine Übersetzung ins Deutsche (»Das Buch vom Ursprung der Mongolen«). In den 1950er-Jahren erschienen Übersetzungen auf Englisch, Chinesisch und Japanisch.

Ögedei

Vier seiner Söhne hatte Chingghis Khaan als Erben anerkannt. Schon 1218 vor dem Westfeldzug hatte er mit ihnen die Vereinbarung getroffen, dass entgegen der Tradition, nach der dem jüngsten Sohn, Tolui, die Herrschaft zugestanden hätte, der zweitjüngste, Ögedei, seine **Nachfolge** antreten sollte. Je nach Geschichtsschreibung – mongolischer oder chinesischer – folgte Ögedeis Inthronisation zum Großkhan im Jahr 1228 oder 1229. Seine beiden Brüder – der älteste, Jochi, war bereits 1227 gestorben – wurden regionale Statthalter, womit die Grundlage für die spätere Spaltung des Weltreichs gelegt wurde, auch wenn die Brüder zunächst einvernehmlich an dessen Expansion mitwirkten.

Bereits um 1220 soll Chingghis Khaan den Befehl zur Errichtung von **Karakorum** (s. S. 304) als Zentrum mongolischer Macht gegeben haben. Unter Ögedei erfolgte der Auf- und Ausbau der Hauptstadt am oberen Orkhon, die nicht nur als Sitz der Reichsverwaltung diente, sondern sich auch zum Zentrum des Kunsthandwerks und Handels entwickelte.

Auch die Kriege wurden unter Ögedeis Herrschaft fortgesetzt. Binnen zehn Jahren besiegte das Mongolenheer die chinesischen Herrscher, verwüstete Georgien und griff Armenien an. 1238 fiel Moskau, 1240 Kiew, 1241 Ungarn. Der letzte Versuch durch ein deutsch-polnisches Heer, einen Einfall der Mongolen nach Westeuropa zu verhindern, scheiterte 1241. In der **Schlacht bei Liegnitz** wurde es vernichtend geschlagen. Doch als Ögedei im selben Jahr starb, wurden die Befehlshaber der Mongolen zur Wahl eines neuen Khan nach Karakorum zurückgerufen. Nie wieder drangen sie so weit nach Westen vor. Europa hatte Glück gehabt.

Ögedei war nicht nur Eroberer. Mit seiner Herrschaft sind wesentliche Infrastrukturleistungen verbunden, insbesondere Steuerverwaltung, Wasserversorgung und **Postwesen**. Bei Marco Polo finden wir eine Schilderung dieser beeindruckenden Nachrichtenverbindung, nach der auf jeder der großen Hauptstraßen alle 25 Meilen eine Poststation existierte, die Unterkunft bot, nicht nur Hunderte von Relaispferden zum Wechsel, sondern auch Ersatzreiter in speziell angelegten Siedlungen vorhielt, sodass mit bis zu sieben Pferdewechseln an einem einzigen Tag Eilnachrichten etwa 200 Meilen weit transportiert werden konnten.

Kuyuk und Möngke

Nach dem Tod Ögedeis wurde das riesige Reich als Lehen unter der Familie aufgeteilt. Der neue Großkhan, Ögedeis Sohn **Kuyuk**, blieb nur ein Interimsherrscher, ihm folgte

Mongolisches Weltreich

sein Cousin **Möngke**, ein Sohn Tolui's. Im Jahr 1251 – erst 24 Jahre waren seit dem Tod des großen Ahnherrn vergangen – begann die Herkunftshierarchie, die auf allen Ebenen bis auf der des Herrscherhauses abgeschafft worden war, ihr zerstörerisches Werk. Möngke konnte einer ersten Verschwörung unterlegener Familienzweige nur durch gewalttätige ›Säuberungen‹ in Familie und Spitzen von Verwaltung und Truppe begegnen. Noch einmal vereinte er so das Erbe. Er beherrschte die Welt von Syrien bis zum Chinesischen Meer, vom Fuß des Himalaya bis zur arktischen Tundra.

In Anlehnung an die *pax romana* beschreiben westliche Historiker diese Zeit eines einheitlichen Herrschaftsgebiets vom Pazifik bis zur polnischen Grenze als ***pax mongolica.*** Die mongolische Expansion hatte sich exakt entlang der **Seidenstraße** vollzogen, umfasste Peking, Karakorum in der Mongolei, Samarkand, Täbriz im Iran, Astrakhan an der Wolga, Solkhat auf der Krim, Kazan in Russland und Erzurum in Anatolien. Die Handelswege auf den 10 000 km der traditionellen Karawanenstraße waren nun wieder offen, erstmals einer wirtschaftlichen und politischen Einheit zugehörig, Karawanen zogen unbehelligt durch ganz Asien, europäische Gesandte erschienen am Hof der Khane.

Doch den europäischen Herrschern, an erster Stelle dem französischen König und dem Papst, blieb trotz ihrer Gesandtschaften unverständlich, welch revolutionäre Vorgänge sich in Zentralasien ereigneten. Die Mongolen erhoben schlicht den Anspruch auf **Weltherrschaft**. Die Gefahr war real und lediglich die Zentrifugalkräfte des riesigen Reichs, der Zerfall der von Möngke noch ein letztes Mal brutal zusammengeschweißten Familienbande, verhinderten, dass sie diesen Anspruch auch durchsetzten.

Ein Mongole auf dem Drachenthron

Als Möngke im Jahr 1259 starb, riss sein Bruder **Khublai**, der mongolische Statthalter in Nord-China, die Macht an sich, ohne die von Chingghis Khaan festgelegte Generalversammlung aller Heerführer und Gouverneure abzuwarten. Er ließ sich zum neuen Khan und kurz darauf zum Kaiser von China und Sohn des Himmels proklamieren. Damit trat er die Nachfolge der Dynastien aus drei Jahrtausenden an. Mit dieser Usurpation war der Niedergang der Macht der Khane eingeleitet, und der Familienzwist bereitete dem Weltreich schließlich ein Ende. Weitgehend unabhängige Teilreiche entstanden. Khublai verlegte seinen Regierungssitz in das heutige Peking, und Karakorum wurde das bedeutungslose Zentrum eines Randstaats. Das Interesse Khublai Khans richtete sich nach Süden und er scheiterte erst vor Java. Gleichzeitig wurde die Verwaltung verfeinert, der Handel verbessert. Der Herrscher gründete die Yuan-Dynastie und nahm den Buddhismus als Religion an. Seine Dynastie und ihre Gefolgschaft, deren Garnisonstruppen abgeschottet von der chinesischen Bevölkerung als Besatzer im Reich der Mitte lebten, konnten sich nach ihrer Vertreibung aus Peking in die nördlichen Stammlande zurückziehen.

Schillernd sind die Schilderungen vom Luxus, den der absolute Herrscher sich gönnte: Da ist die Rede von Postreitern, die ihm Südfrüchte in Eilritten brachten und Jagdausflügen, bei denen er mit Elefanten und Jagdleoparden dem Wild nachstellte. Zweimal jährlich ermittelten Schönheitswettbewerbe je 30 junge Frauen, um dem Khan in kleinen Gruppen zur Verfügung zu stehen.

Mongolische Teilreiche

Doch Khublais Herrschaftsgebiet war nur ein Teil der von den Mongolen beherrschten Regionen: Die **Ilkhane in Persien** gingen ab dem späten 13. Jh. in der Politik des Nahen Ostens auf und waren spätestens Anfang des 14. Jh. nicht länger mongolisch. Das **Khanat Tschagatai** besaß die abgelegenen Steppen Zentralasiens, verschwand aber bereits im 14. Jh. bzw. war dem mongolischen Ursprungsland nicht länger verbunden. Als letztes mongolisches Teilreich bestand die **Goldene Horde** in Südrussland, bis sich 1480 Zar Iwan III. von der Tributpflicht befreite.

63

Geschichte

Mandschurische Herrschaft

Im mongolischen Kernland fehlte eine starke zentrale Führung. Im Durchschnitt hielten sich die Nachfolger Chingghis Khaans nur elf Jahre an der Macht, 13 von ihnen starben durch Mord. Nur wenigen Mitgliedern der Dynastie gelang es, ihre Herrschaft gegen die Provinzfürsten durchzusetzen. Die Folgen dieser feudalen Zersplitterungen sollten sich zeigen, als die östlichen Nachbarn, das Reitervolk der Mandschu, expandierten.

Aufstieg zur Macht

Die südlichen Stämme beherrschte Anfang des 17. Jh. Ligdan Khan, der als Nachkomme des jüngsten Sohns Chingghis Khaans, Tolui, die Großkhanwürde geerbt hatte. Ligdan musste politisch zwischen den Ming-Kaisern in Peking und den aufstrebenden Mandschu balancieren. Das gelang ihm bis 1618, als die Mandschu dem chinesischen Kaiser den Krieg erklärten. Ligdan blieb nicht neutral, sondern versuchte, auch einen Teil des chinesischen Kuchens abzubekommen, übernahm sich, geriet mit den Mandschus in Konflikt und verlor schließlich alles. Als er 1634 starb, ging mit ihm der Großkhantitel unter.

1636 gründeten die Mandschus die Qing-Dynastie, der sich die Stämme der heutigen Inneren Mongolei unterwarfen. Die unter den weiter nördlich siedelnden Stämme der Äußeren Mongolei vorherrschenden Khalkha-Mongolen mussten die Niederlage durch die schon seit langer Zeit expandierenden Oiraten, ebenfalls eine mongolische Volksgruppe, fürchten. Deshalb erkannten auch sie 1691 mehr oder weniger freiwillig die Qing-Oberherrschaft an, als Gegenleistung erhielten sie chinesische Unterstützung in der späteren Schlacht bei Zuunmod (1696) in der Nähe des heutigen Ulaanbaatar. Nur eine gewisse Autonomie konnte ausgehandelt werden.

102 Stupas, Symbol des Buddhismus, zieren die Mauer des Klosters Erdene Zuu

Mandschurische Herrschaft

Lamaismus

Die führenden mongolischen Fürstenfamilien förderten die Einführung des buddhistischen Lamaismus (s. S. 81) und sicherten sich innenpolitische Macht, indem sie dafür sorgten, dass die Wiedergeburt des Dalai Lama jeweils in ihren Familien gefunden wurde. Kontrolliert durch China wurde die Mongolei eine Semi-Theokratie.

Als Erster erkannte Fürst **Altan Khan** (geb. 1506), der Herrscher des Tümed-Stammes in der Süd-Mongolei, selbst ein Nachfolger von Chinghis Khaan, die politischen Möglichkeiten, die sich dadurch eröffneten. Er lud das Oberhaupt der Gelbmützenschule (s. S. 81) in die Mongolei ein und verlieh ihm den Ehrentitel Dalai Lama. Rückwirkend wurden auch seine beiden Vorgänger mit dem Titel bedacht. Als er starb, achtete man darauf, dass die Wiedergeburt, der vierte Dalai Lama, innerhalb der Fürstenfamilie gefunden wurde.

Auch die Nord-Mongolei suchte Anschluss an die neue Religion. Fürst **Abatai Khan**, ein Herrscher im Gebiet der Khalkha, begann ab 1586 das Kloster Erdene Zuu zu bauen, dessen Mauern er bewusst in der Nähe der Ruinen der alten Hauptstadt Karakorum errrichtete. Die großen Klöster wie **Erdene Zuu** repräsentieren bis heute die Zeit mongolischer Feudalherrschaft ab dem 16. und 17. Jh., die mit der Lamaisierung des Landes einherging. Einen Eindruck geben auch die Ruinen des **Tsogt Taij** und das **Tsagaan Baishin** (s. S. 230), beide im Bulgan Aimag.

1650 erfolgte der nächste Schritt: Ein Sohn von Abatai Khan, Gombodordsh, erklärte seinen 15 Jahre alten Sohn und damit einen Enkel Abatais zum geistigen Oberhaupt der Mongolei, ein Schritt, den der Dalai Lama bestätigte. Damit wurde er der erste ›heilige ehrwürdige Herr‹ (tibet.: *Dshebdsundumba Khutukhtu*; auch *Bogd Khan, Bogd Gegeen* oder *Öndör Gegeen*). Unter dem Namen **Zanabazar** wird er noch heute hoch verehrt. Als Residenz entstand unter seinem Nachfolger die Siedlung **Örgöö**, von europäischen Besuchern Urga – heute Ulaanbaatar – genannt (Mongolen verwirrt diese Bezeichnung, da das Wort *urga* für das mongolische Stangenlasso zum Pferdefang steht).

Die **mandschurischen Herrscher** in Peking achteten aus Gründen der Staatsraison darauf, dass – nachdem der zweite Bogd Khan verdächtig früh im Alter von 36 Jahren verstorben war – ab der dritten Wiedergeburt alle weiteren nicht in der Mongolei, sondern in Tibet – und damit außerhalb des mongolischen Adels oder gar der Familie Chinghis Khaans – gefunden wurden. Gleichzeitig förderten sie die Verbreitung des Buddhismus durch Klosterbauten und finanzierten umfangreiche Übersetzungsarbeiten. Die Herrscher auf dem Drachenthron trugen dafür Sorge, dass die Leitung der Gelben Kirche nicht direkt aus Tibet erfolgte, sondern der Patriarch in Peking an der Spitze stand. Die nächsten zweieinhalb Jahrhunderte verwaltete Peking auch die mongolischen Territorien ›außerhalb‹ der Großen Mauer, ohne das Gebiet direkt dem chinesischen anzugliedern.

Geschichte
Zwischen Russland und China

Gleichzeitig mit dem Erstarken des östlichen Nachbarn war auch das zaristische Russland im Norden und Westen auf Expansionskurs. Die Russen eroberten Sibirien, erreichten 1618 den Jenissei, zehn Jahre später die Lena, standen 1644 am Amur und gründeten bereits 1651 Irkutsk am Baikalsee. Die Burjaten, der nördlichste mongolische Stamm, wurden entsprechend einer Vereinbarung zwischen Russland und Peking Untertanen des Zaren. Und auch wirtschaftlich strebten die russischen Geschäftsleute nach Süden, bald waren sie aus dem Stadtbild von Urga, Ulaanbaatar, nicht mehr wegzudenken. Die Fertigstellung der Transsibirischen Eisenbahn im Jahr 1905 fiel mit dem verstärkten russischen Interesse am mongolischen Territorium zusammen.

Mongolische Autonomie

Erst 1911, als Sun Yat-sen der **Sturz der Qing-Dynastie** (Mandschu) gelang, war China so geschwächt, dass es der Autonomie der Mongolei zustimmen musste, ohne jedoch den Anspruch auf das Land abzugeben. Aus mongolischer Sicht waren Tibet und die Mongolei nur mit Verträgen an das chinesische Herrscherhaus gebunden, mit seinem Sturz dementsprechend frei. Am 16. Dezember 1911 proklamierte der achte Bogd Khan einen selbstständigen neuen Staat, dessen Grenzen keineswegs auf die Äußere Mongolei beschränkt sein sollten. Er wurde als Staatsoberhaupt inthronisiert.

Gleichzeitig mussten sich die Mongolen nach einem Bundesgenossen umsehen, der ihre Unabhängigkeit gegen China verteidigen konnte. So unterbreiteten ihre Unterhändler der zaristischen Regierung in St. Petersburg das Angebot, die Mongolei als Protektorat anzunehmen. Doch die gewaltigen Aufgaben, die ein so unerschlossenes Gebiet mit sich bringen würde, ließen den Zarenhof Zurückhaltung üben. Außenminister Sasonov war gegen Annexionen, »umso mehr, als Russland schon mit seinem jetzigen sibirischen Gebiet nicht fertig werden kann. All dies würde einen abenteuerlichen Charakter haben, uns mit China entzweien, enorme Ausgaben nach sich ziehen und endlich unsere Stellung in Europa schwächen«. Die endgültige Lösung der mongolischen Frage wurde hinausgeschoben, aber Russland garantierte die Autonomie, wenn auch nicht die Unabhängigkeit. Das bedeutet: Die Mongolei sollte rechtlich ein Bestandteil Chinas bleiben, chinesische Kolonisation aber verboten und eine militärische Präsenz untersagt werden. 1915 schloss man den dreiseitigen **Vertrag von Kjachta**, in dem China und Russland sich darauf einigten, dass die Mongolen keine eigenständige Außenpolitik ohne Genehmigung aus Peking machen durften, China aber zunächst mit dem Zaren eine Abstimmung suchen musste. Die Perspektive ist aber bereits an der Sprache der russischen Diplomatie zu erkennen: »Die Mongolei wird keinen einzigen Schritt vornehmen, ohne ihre Augen auf ihren großen Nachbarn zu richten, den sie als ihren einzigen Freund, Bruder und Beschützer ansieht.«

Auch wenn die neue Regierung mit großen Hoffnungen erste, sinnvolle Reformen in Angriff nahm, war die kurze Phase der mongolischen Autonomie von 1911 bis 1921 im Inneren im Grunde genommen nur eine Fortsetzung der bisherigen mongolischen Gesellschaftsordnung. Das Mittelalter reichte in der Mongolei bis in die 1920er-Jahre: eine strikt geordnete Feudalgesellschaft mit Lehnsherren, Kirchenadel, Bauern, Hörigen und Sklaven. Innerhalb dieses Rahmens wurden mit russischer Hilfe erste Elemente einer Finanzverwaltung gelegt, die Landwirtschaft und die ersten Kohleminen nahmen ihre Arbeit auf. Mit russischen Instruktoren begann der Aufbau einer modernen Armee. Sukhbaatar, der spätere Revolutionsführer, bekam hier seinen Schliff.

Revolutionäre Wirren

Ende des Ersten Weltkriegs wurde Urga wieder von chinesischen Truppen besetzt, die die Autonomie des Landes beseitigten. China nutzte so die revolutionären Wirren in Russland 1919, um sich das gesamte Territorium der Mongolei einzuverleiben. Die Eröffnung

Wiedergeburt Chingghis Khaans

Von Ungern-Sternberg – der verrückte Baron — Thema

Der Kampf um Unabhängigkeit bestimmte das Jahrzehnt von 1911 bis 1921 und führte die Mongolei mitten hinein in die Auseinandersetzung zwischen Kommunisten und Weißgardisten, zwischen Japan, China und Russland. In erster Linie waren die Mongolen Opfer, Spielstein auf einem gewaltigen Spielbrett. Tiefpunkt des chaotischen Jahrzehnts war die 130-tägige Herrschaft des Barons von Ungern-Sternberg, eines extremen Warlords am Beginn eines extremen Zeitalters.

Roman Feodorovich von Ungern-Sternberg, ein zaristischer Offizier baltischer Herkunft, schloss sich im russischen Bürgerkrieg der widerständischen, weißgardistischen Bewegung an. Auf der Flucht vor der Roten Armee schlug er sich in die Mongolei durch, ein zu dieser Zeit vom Bandenkrieg der schlimmsten Art überzogenes Land. Chinesische, weiß- und rotgardistische russische Soldaten, Nomaden und Kosaken mordeten einander. China hatte im Jahr 1919 die revolutionären Wirren in Russland genutzt, um sich das gesamte Territorium der Mongolei einzuverleiben.

Ende 1920 verfügte von Ungern-Sternberg über etwa 1000 ihm treu oder aus Furcht ergebene Soldaten. Während seine Horde mit der Zusage auf dreitägige Plünderungen über die mongolische Grenze galoppierten, war der Baron, selber Buddhist, davon überzeugt, eine Reinkarnation Chingghis Khaans zu sein. Ein panasiatischer Staat von Tibet bis in die Mandschurei schwebte ihm vor. Von dort aus sollte Russland zurückerobert werden.

Im Februar 1921 wurde Urga erobert. Es folgte ein grauenvolles Schlachten mit Massenvergewaltigungen und in den Selbstmord getriebenen Frauen – ein dreitägiges Blutbad, in dem die meisten der chinesischen Kaufleute und große Teile der russisch-jüdischen Kolonie dahingemetzelt wurden.

Offiziell wurden der Bogd Khan und die autonome Regierung wiedereingesetzt, von Ungern-Sternberg wurde Kriegsminister und als »Inkarnation der zornigen Schutzgottheit Jamsarang« betitelt. De facto schwang er sich für einige Monate zum Gewaltherrscher auf. Zudem ging er an den Neuaufbau der Verwaltung, eröffnete Schulen, förderte die kommunale Infrastruktur, ließ Geld drucken. Als Befreier von den Chinesen wurde der Balte kurzfristig gefeiert, doch blieb er ein Tyrann.

Im Mai wollte er die Bolschewiken in Sibirien angreifen. Es folgten Niederlagen, aber auch einzelne Siege. Letztendlich löste sich seine Truppe auf und die Rote Armee schlug – unterstützt von mongolischen Partisanen – von Ungern-Sternbergs Restkräfte und nahm Urga ein. Der Tag der Befreiung von der Herrschaft von Ungern-Sternbergs, der 11. Juli 1921, ist seitdem der mongolische Nationalfeiertag.

Schließlich ließen seine eigenen Soldaten, den Baron gefesselt in der Steppe zurück – nicht wagend, den Wiedergeborenen zu töten –, sodass ihn eine bolschewikische Patrouille fand. Am 15. September 1921 wurde er in Nowosibirsk von einem Kriegsgericht für verrückt erklärt, zum Tode verurteilt und exekutiert. In Urga hielt der Bogd Khan eine Gedenkfeier für das Heil der Wiedergeburt Chingghis Khaans. Die moderne Geschichtsschreibung sieht in dem Baron weniger einen verrückten Einzeltäter als einen typischen Vorboten der Tyrannen des 20. Jh.

Geschichte

eines Büros des chinesischen Kolonialisierungsamtes in Urga war ein deutliches Zeichen, dass die bis dahin verbotene chinesische Immigration gefördert werden sollte. Die chinesische Politik hatte jetzt Eroberungscharakter, unterschied sich qualitativ von der früheren Mandschu-Oberherrschaft, die wenig mehr als eine Tributpflicht bedeutete. Entsprechend verhasst waren die Kolonialherren. In Urga, dem alten Ulaanbaatar, hatten die Chinesen, die dort 12 000 Mann stationiert hatten, alle russischen Kaufleute in enge Tierkäfige gepfercht.

1921 folgte dann die kurze Episode rund um den weißrussischen General und zwielichtigen Abenteurer, den baltischen **Baron Roman von Ungern-Sternberg** (s. Thema S. 67), der in die Mongolei eindrang, nach kurzer Gewaltherrschaft aber von der Roten Armee, unterstützt von einer Handvoll mongolischer Revolutionäre unter dem Anführer **Damdiny Sukhbaatar** (1893–1923) vertrieben wurde. Dieser kommunistische Militärführer hatte zur Gruppe der 26 Mongolen gehört, die im Jahr 1920 russische Unterstützung gesucht und unter Einfluss der Comintern-Agenten sich die Bezeichnung Mongolische Revolutionäre Volkspartei gegeben hatten. Sukhbaatar, seit 1911 in der mongolischen Armee, hatte 1912 eine russische Militärausbildung erhalten. In der revolutionären Regierung, die am 11. Juli 1921 eingesetzt wurde, erhielt er den Posten des Kriegsministers. Sein plötzlicher Tod nur zwei Jahre später, im Alter von 30 Jahren, wird immer wieder mit einem Giftattentat in Verbindung gebracht.

Mongolische Volksrepublik

Offiziell war der Bogd Khan zunächst als Monarch in Amt und Würden geblieben, doch nach seinem Tod 1924 wurde die Theokratie abgeschafft und die Suche nach einer Wiedergeburt dieses »Lebenden Buddhas« untersagt. Die Nachfolger Sukhbaatars riefen 1924 die **Mongolische Volksrepublik** aus und der Große Khural, die Nationalversammlung, beschloss, dass Sowjetrussland »der einzige Freund und Alliierte« der Mongolei sei.

Damit band sich die Mongolei endgültig an den neuen Schutzherrn im Norden, wenn sie auch formal weiterhin zu China gehörte. Noch 1924 erkannten die neuen Herrscher im Kreml in einem chinesisch-sowjetischen Vertrag ausdrücklich die **chinesische Souveränität** über die Mongolei an, bestimmten aber allein deren Innenpolitik. Mongolische Politik war fortan identisch mit sowjetischer, jeder Schwenk wurde gehorsamst nachvollzogen, oft war der Musterschüler sogar übereifrig. Viele der innenpolitischen Wirren gingen auf unmittelbare Direktiven des Ostbüros der Komintern zurück.

Kulturrevolution

Ab 1936 begann in der Mongolei im Vorfeld des sich in Asien bereits ankündigenden Zweiten Weltkriegs eine Verfolgungswelle Andersdenkender, vergleichbar den zeitgleichen stalinistischen ›Säuberungen‹ in der Sowjetunion oder der späteren chinesischen Kulturrevolution. Auf persönliche Weisung des Innenministers und späteren Ministerpräsidenten **Choibalsan** (1895–1952) wurden Massenmorde verübt. Choibalsan gehörte zur ersten Generation der mongolischen sozialistischen Revolutionäre und hatte gemeinsam mit Sukhbaatar die Mongolische Revolutionären Volkspartei gegründet. Der ›mongolische Stalin‹, war schon 1921 in der ersten sozialistischen Regierung mit der Position eines stellvertretenden Kriegsministers betraut und nach Moskau geschickt worden, um eine stabsmilitärische Ausbildung zu erhalten, die ihn zum Oberkommandierenden der Armee machte. In den Folgejahren wuchs er zur dominierendsten politischen Figur der Mongolei auf. 1936 wurde er Innenminister, 1939 Regierungschef.

Die skrupellosen Lama-, Adels- und Intellektuellenverfolgungen der 1920er- und 30er-Jahre sind ihm zuzurechnen, auch wenn zumindest ab 1937 der sowjetische Geheimdienst, NKWD, praktisch direkt die Innenpolitik der Mongolei diktierte. Als Profiteur der Parteisäuberungen herrschte er spätestens

Mongolische Volksrepublik

ab 1939 bis zu seinem Tode uneingeschränkt als Diktator. Geschichtsklitterer möchten die wirtschaftliche und gesellschaftliche Modernisierung der Mongolei unter seiner Knute positiv anrechnen. Doch solche Beschönigungen verbieten sich bei dem Diktator und Massenmörder ebenso wie bei seinen Gesinnungsgenossen des 20. Jh.

Ihren Höhepunkt erreichten die **Massaker** 1937/38. Klöster wurden zerstört, die Bewohner getötet, Parteimitglieder, die nicht linienkonform erschienen, ereilte dasselbe Schicksal ebenso wie viele Intellektuelle und die, die im nicht-sowjetischen Ausland studiert hatten. Viele Lamas wurden einer Gehirnwäsche unterzogen. Fotos aus dem Jahr 1936 zeigen die Klosteranlage von Erdene Zuu noch intakt, zwei Jahre später glich sie einer Ruinenlandschaft. Große Zeugnisse mongolischer Architektur, Bildhauerei, Goldschmiedekunst und Malerei wurden unwiederbringlich zerstört, die Kultur der Mongolei für immer verändert.

Wie diese Gewalttaktionen durchgeführt wurden, ist bis heute nicht genau geklärt. Fest steht, dass die Armee eine entscheidende Rolle spielte. Konservative Schätzungen gehen davon aus, dass 3 bis 4 % der Bevölkerung ermordet wurden, andere Forscher sprechen von einem Mehrfachen. Als man 1991 bei Mörön an der Grenze zu Russland ein Massengrab entdeckte, kamen die Überreste von etwa 5000 menschlichen Skeletten mit Einschusslöchern in den Schädeln ans Licht. 2003 wurde ein weiteres Massengrab bei Ulaanbaatar gefunden. Überlebende erinnern sich in einem BBC-Film an die Nacht, als die Geheimpolizei kam: »Sie erzählten mir, mein Bruder sei verhaftet. Die Soldaten befahlen ihm, mit ihnen zu gehen. Er küsste mich und sagte mir Lebewohl, ich weinte, als er ging – und seitdem habe ich nie wieder etwas von ihm gehört.«

Internationale Anerkennung

Die Außenpolitik der Mongolischen Volksrepublik reflektierte die sowjetischen Interessen. Bis zum Zweiten Weltkrieg blieb das Land isoliert. Erst infolge der **Jalta-Konferenz** erlangte sie internationale Anerkennung. 1946 gab Peking offiziell seinen Anspruch auf Oberhoheit auf und erkannte die Unabhängigkeit der Mongolei an, Taiwan – ganz dem traditionellen chinesischen Geschichtsdenken verpflichtet – folgte erst 2003. Nach vier gescheiterten Anträgen war es 1961 dann endlich soweit: Die Mongolei wurde Mitglied der Vereinten Nationen, die Souveränität des Landes war damit anerkannt.

Grenzstreitigkeiten mit Japan

Das japanische Ausgreifen nach Zentralasien fand in der Schlacht am **Khalkhyn Gol** (s. S. 393) ein entscheidendes Ende. Bis zu 30 000 Soldaten sollen in den Kämpfen zwischen Mai und September 1939 gefallen sein. Die japanische Kwantung-Armee des »Kaiserreichs Mandschukuo« unterlag schließlich den sowjetisch-mongolischen Kräften unter General Jukov. Kriegsgegenstand war eine 70 km lange Grenze. War der Khalkhyn Gol die Grenze oder lag sie 15 km weiter östlich an der Ortschaft Nomonkan? Die Breitspur-Stichbahn, mit der die Stadt Choibalsan an die Transibirische Eisenbahn angeschlossen wurde, diente dem militärischen Aufmarsch. Im Sommer 1939 war die Bahn betriebsbereit: eine gewaltige logistische Leistung an einem verlassenen Ende der Welt, in die auch die sowjetische Luftwaffe einbezogen wurde. Am Ende standen sich etwa 167 000 Soldaten gegenüber. Am 20. August holte Schukow, später international bekannt als Sieger der Schlacht um Berlin, präventiv aus. Nach drei Tagen schlossen die siegreichen sowjetisch-mongolischen Kräfte in einer Zangenbewegung um Nomonkan die japanischen Truppen ein.

Doch sie marschierten nicht über die von ihnen beanspruchte Grenzlinie in die Mandschurei. Warum? In Europa hatten Stalin und Hitler am 23. August einen Nichtangriffspakt geschlossen, der Einmarsch nach Polen war in Moskau beschlossene Sache. Eine zweite Front konnte der Kreml-Führer nicht gebrauchen. In einem Neutralitätsabkommen sagte Japan zu, die territoriale Integrität der Mongolei zu achten. In Tokio setzte

Geschichte

Das Zaisan-Kriegerdenkmal in Ulaanbaatar gedenkt der im Zweiten Weltkrieg gefallenen sowjetischen Soldaten

sich die von der Marine gestützte pazifische Denkschule gegen die kontinentale, die Sibirien wegen seiner Ressourcen bis zum Baikalsee erobern wollte, durch. Die Infanterieschwäche war nicht zu leugnen und Japan wollte Feldschlachten im kommenden Weltkrieg vermeiden. Am Khalkhyn Gol wurden entscheidende Weichen für den Verlauf des Zweiten Weltkriegs gestellt.

Der Besuch des Schukow-Museums in Ulaanbaatar (s. S. 179) ist lohnenswert, auch wenn die Darstellungen einer objektiven Geschichtsbetrachtung nicht Stand halten. Eines der Mosaike in dem Zaisan-Kriegerdenkmal in Ulaanbaatar gedenkt dem mongolisch-sowjetischen Sieg über die japanische Armee. Die japanische Kriegsflagge wird in den Staub getreten.

Die Republik unter Tsedenbal

Nachfolger Choibalsans wurde 1952 Tsedenbal, der die systematische **Übernahme des Sowjetsystems** vollzog und bis zu seiner Absetzung 1984 als treuer Gefolgsmann Moskaus sein Amt ausübte. Innenpolitisch begann mit dem neuen Mann an der Spitze des Landes eine Zeit, die viele Mongolen in guter Erinnerung haben. In vielerlei Hinsicht verbesserte sich die Situation im Land. Genannt seien die flächendeckende **gesundheitliche Versorgung** von Mensch und Tier verbunden mit einer **Landreform** und der **Kollektivierung der Herden** sowie eine **Schulreform**. Im Gesundheitswesen ersetzte nun die moderne Medizin bisweilen obskure magische Praktiken. Anfang der 1960er-Jahre gründete man erste Betriebe, die die gewonnenen Rohstoffe weiterverarbeiten sollten.

Die vom sowjetischen Regierungschef Gorbatschow ausgelöste Reformwelle schwappte im Herbst 1989 auch auf die Mongolei über. Tausende von sowjetischen Experten saßen als Counterparts in mongolischen Büros, organisierten die Wirtschaft und kontrollierten die Regierung. Entsprechend euphorisch war der Start in die neue demokratische Ordnung. Und obwohl die Mongolen nicht auf eine demokratische Tradition zurückblicken konnten, verwirklichten sie mit der politischen Wende mehr Demokratie als irgendeiner ihrer Nachbarn.

Friedlicher Wandel

Von der Diktatur zur Demokratie

Ende der 1980er-Jahre stand der Staat kurz vor dem Bankrott. Es bedurfte nur weniger **Massendemonstrationen** und eines Hungerstreiks von Anhängern der Demokratie, um das sozialistische System 1990 friedlich zu stürzen. Neue Parteien wurden erlaubt. Das Stalin-Denkmal auf dem Hauptplatz in Ulaanbaatar verschwand, später – 2005 – sollte auch das Mausoleum für die Staatsgründer Sukhbaatar und Diktator Choibalsan folgen. Die Mongolische Revolutionäre Volkspartei (MRVP) machte einen Regierungskritiker, den charismatischen Byambasuren, zum Premierminister einer Allparteienkoalition. Erste Reformen folgten. Doch die alten Strukturen blieben erhalten, insbesondere in den Behörden und auf dem Land. 1992, in den ersten freien Parlamentswahlen, entschieden sich die Mongolen für Altbekanntes und vermeintlich Bewährtes. Die Postkommunisten der MRVP blieben siegreich und setzten diesmal einen Planwirtschaftler, Puntsagiin Dschasrai, an die Regierungsspitze.

In den Präsidentschaftswahlen ein Jahr später gewann erstmals ein Demokrat, Otchirbat. Eine **neue demokratische Verfassung** wurde – nach maßgeblicher Beratung durch deutsche Verfassungsrechtler – verabschiedet, über deren Einhaltung unabhängige Richter wachen. Neben dem Staatspräsidenten, dessen Rechte zwischen denen eines deutschen Bundespräsidenten und eines französischen Präsidenten anzusiedeln sind, steht ein Premierminister mit seinem Kabinett, dessen Mitglieder jeweils einzeln vom Parlament ernannt werden müssen. Die 21 Aimags besitzen nur ein begrenztes Selbstverwaltungsrecht und sind am ehesten mit französischen Departements vergleichbar.

Wirtschaftliche Probleme

In der Hauptstadt gaben sich unterdessen nur wenige Monate nach der friedlichen Revolution in der Mongolei die **neoliberalen Berater** der Weltbank und des Internationalen Währungsfonds die Klinke in die Hand. Der Wechselkurs des Tugrik wurde frei konvertierbar – und sank ins Bodenlose. Die Importzölle wurden aufgehoben – und der Markt wurde mit billiger Ware aus China überschwemmt. Gleichzeitig hatte sich der RGW (das östliche Gegenstück zur EWG), ein sicherer Absatzmarkt für mongolisches Kupfer und Kaschmir, aufgelöst und die Käufer sahen sich lieber in anderen Weltregionen um. 95 % des Außenhandels wurden vor 1990 mit den Staaten des RGW abgewickelt. Neue Partner, die an die Stelle der Sowjetunion und ihrer Verbündeten treten sollten, mussten erst noch gewonnen werden.

Die Wirtschaftskraft der Mongolei bewegte sich in der Nähe der Nulllinie. In Ulaanbaatar gab es praktisch nichts mehr zu kaufen, kein Brot, kein Mehl, keine Eier. Das Land stand knapp vor einer Hungerkatastrophe. Mit Naturalhandel und dank des familiären Netzwerks zu Verwandten auf dem Land überlebten die Mongolen.

Zügig wurde die Überführung des Staatseigentums an Unternehmen und landwirtschaftlichen Nutztieren an die eigenen Staatsbürger umgesetzt. Schwieriger waren zwei andere mit der **Privatisierung** verbundenen Fragen: Durften Ausländer Eigentum erwerben und wie sollte mit Grund und Boden umgegangen werden? Viele fürchteten einen Ausverkauf ihres Landes, wollten den Vorrang des Staates vor der Privatwirtschaft sichern. Privateigentum an Grund und Boden, für viele Marktliberale eine Grundvoraussetzung, war den Nomaden schon vor der sozialistischen Revolution von 1921 unbekannt. Doch bald konnten Mongolen in den Städten ihre Wohnungen als Eigentum erwerben. 2003 wurde erstmals beschränkter privater Grunderwerb zugelassen.

Zeittafel

ab 500 000 v. Chr.	Spuren altsteinzeitlicher Besiedlung in der Wüste Gobi.
3000–1500 v. Chr.	Archäologische Nachweise menschlicher Siedlungen, in denen bereits Haustiere gehalten wurden.
um 1000 v. Chr.	Beginn der Bronzezeit in der Mongolei; unter dem Begriff Skythen werden die damaligen Reitervölker zusammengefasst.
ab 300 v. Chr.	Nachweis von Eisenwaffen. Das Reitervolk der Xiongnu etabliert ein erstes Territorialreich und fällt wiederholt in Nordchina ein. Als Reaktion treiben die chinesischen Dynastien der Qin (221–207 v. Chr.) und Han (206 v. Chr.–5 n. Chr.) den Bau der Großen Mauer voran. 250 n. Chr. werden die Xiongnu endgültig zum Altai zurückgedrängt.
6.–8. Jh. n. Chr.	Die Göktürken herrschen von der Mongolei bis zur Ukraine.
8./9. Jh.	Die Uiguren erobern das göktürkische Reich (744/745). Ein Jahrhundert später werden sie von den Kirgisen geschlagen (840).
10.–12. Jh.	Die Kitan errichten feste Städte, züchten Vieh und betreiben Ackerbau. Ihr Reich wird von den Dschurdschen erobert, die anschließend die Herrschaft über die Steppe übernehmen.
um 1160	Geburt Temudschijns, der ab 1206 Chingghis Khaan genannt wird.
1196–1206	Einigung der mongolischen Völker.
1207–1227	Umfangreiche Eroberungszüge (1215 Peking, 1223 Zerstörung von Bukhara und Samarkand). 1227 stirbt Chingghis Khaan.
1229–1241	Chingghis Khaans Sohn Ögedei wird zum Großkhan gewählt und macht Karakorum zur Hauptstadt. Fortsetzung der Eroberungspolitik, u. a. Eroberung Russlands (1236–1240).
1241	Vernichtung des deutsch-polnischen Ritterheers bei Liegnitz, damit ist die weiteste Westausdehnung des Reichs erreicht. Tod Ögedeis. Polen, Ungarn und Balkanländer werden bis zum Folgejahr erobert.
1246–1259	Nach dem Übergangsherrscher Kuyuk (1246–1248) setzte sich ab 1251 Möngke, ein Enkel Chingghis Khaans, als neuer Großkhan durch. Weitere Expansion des Reichs in Persien.

Khublai Khan, ein Bruder Möngkes, reißt die Macht an sich, verlegt 1264 den Regierungssitz von Karakorum nach Peking, einigt durch weitere Eroberungen China und nimmt den Buddhismus an.	**ab 1260**
Khublai Khan proklamiert die Yuan-Dynastie auf dem chinesischen Thron (bis 1368). Durch fortschreitende Sinisierung, wird der Zusammenhalt mit dem mongolischen Restreich lockerer.	**1271**
Versuche, Japan zu erobern, scheitern. Die mongolische Expansion erreicht ihren Höhepunkt und ihr Ende.	**1274/1281**
Praktisch vier unabhängige Nachfolgereiche: China inkl. der mongolischen Stammlande, Goldene Horde (Südrussland), Ilkhane (Persien) und Tschagatai (Zentralasien).	**ab 14. Jh.**
Zerfall der mongolischen Einzelreiche im Iran, in China und Russland; Periode der feudalen Zersplitterung in der Mongolei beginnt.	**ab Mitte 14. Jh.**
In China löst die Ming-Dynastie die Yuan-Dynastie ab.	**1368**
Chinesische Truppen zerstören Karakorum.	**1388**
Zar Iwan III. befreit sein Land von der Tributherrschaft der Goldenen Horde.	**1480**
Fürst Altan Khan verleiht dem tibetischen Führer der Gelben Schule den Titel Dalai Lama; Beginn der buddhistischen Mission.	**1578**
Unterwerfung der mongolischen Fürstentümer der Inneren Mongolei durch die Mandschu.	**1634**
Herrschaft der Qing-Dynastie über China (bis 1911/12).	**ab 1644**
Die Mongolen werden gegenüber der Qing-Dynastie tributpflichtig.	**1691**
Der erste Vertrag von Kyakhta zwischen China und Russland regelt u. a. Handelsbeziehungen sowie die nördliche Grenze der Mongolei.	**1728**
Der Bogd Uul wird unter Naturschutz gestellt.	**1778**
Gründung des Gandan Klosters in der Mongolei.	**1838**

Zeittafel

1911	Einseitige Loslösung von China unter dem Oberhaupt des mongolischen Lamaismus, dem Bogd Khan; später erneut chinesische Besetzung. Russland und China treffen Vereinbarungen, ohne den formellen Status der Mongolei als Bestandteil Chinas zu berühren.
1920	Baron von Ungern-Sternberg marschiert mit seiner Truppe in die Mongolei ein.
Juli 1921	Einmarsch bolschewistischer Truppen unter Beteiligung mongolischer Partisanen; Gründung einer Provisorischen Revolutionären Regierung; der Bogd Khan bleibt im Amt.
November 1924	Gründung der Mongolischen Volksrepublik als – nach der Sowjetunion – zweitem sozialistischem Staat mit der Mongolischen Revolutionären Volkspartei (MRVP) als Einheitspartei. Der chinesisch-sowjetische Vertrag erkennt die Hoheit Chinas über die Mongolei an.
1932	Aufstände gegen die Kollektivierung in der Landwirtschaft werden mithilfe sowjetischer Truppen blutig unterdrückt.
1936–1938	Stalinistische ›Säuberungen‹ unter Choibalsan. Liquidierung der alten – meist nationalistischen, aber nicht kommunistischen – Revolutionäre als Parteifeinde und Agenten der Japaner. Zerstörung fast aller Klöster und Ermordung von ca. 70 % der lamaistischen Geistlichkeit und damit der Intelligenz.
1939	Schlacht am Khalkhyn Gol: Sowjetische Streitkräfte, unterstützt von mongolischen Truppen, besiegen unter Marschall Shukow die von der Mandschurei aus eingedrungenen Japaner.
August 1945	Die Mongolei erklärt Japan den Krieg.
1946	Die Volksrepublik China erkennt die Unabhängigkeit der Mongolei an. Freundschaftsvertrag mit der Sowjetunion.
Ab 1950	Diplomatische Beziehungen mit der DDR: Botschaft in Ulaanbaatar.
1952	Tsedenbal wird nach Choibalsans Tod neuer Premierminister: Systematische Übernahme des Sowjetsystems. Durchführung einer Land- und Schulreform und deutliche Verbesserung der Lebenssituation der Mongolen.

Die Mongolei wird Mitglied der Vereinten Nationen; ein Jahr später Mitglied im Comecon/RGW; Ende der Zusammenarbeit mit China.	**1961**
Bewaffnete Zwischenfälle an der Grenze mit China.	**1969–1973**
Erste wirtschaftliche und politische Liberalisierungen; Aufnahme diplomatischer Beziehungen mit den USA. Ein mongolisch-chinesisches Protokoll legt die Grenze fest.	**1987**
Truppenabzug der Sowjetunion, abgeschlossen 1992.	**1989**
Demonstrationen und Hungerstreiks führen zum friedlichen Wandel: Aufhebung der Einparteienherrschaft, Demokratisierung, Wende zur Marktwirtschaft; Öffnung zu nicht-sozialistischen Staaten. Eröffnung der Deutschen Botschaft.	**1990**
Neue, demokratische Verfassung, Wahlen bestätigen die MRVP als Regierungspartei; neuer Landesname: Mongolei (Mongol Uls). 1993 folgen erste Direktwahlen für das Amt des Staatspräsidenten, es gewinnt der Oppositionspolitiker Otchirbat.	**1992/93**
Die Demokratische Partei (DP) gewinnt die Parlamentswahlen, friedliche Ablösung der seit 1924 regierenden MRVP, die jedoch ein Jahr später die Position des Präsidenten gewinnt.	**1996**
Die MRVP erringt wieder die Mehrheit im Parlament.	**2000**
Die Wahlen 2004 führen zu großer Koalition aus MRVP und DP. 2008 Wiederauflage der Koalition unter Einschluss fast aller Parteien.	**2004–2008**
Sukhbaatar Batbold (MRVP) wird Regierungschef. Ts. Elbegdorj (DP) gewinnt die Präsidentschaftswahlen. Mongolische Truppenstellung in Afghanistan.	**2009**
Investitionsabkommen mit internationalen Minengesellschaften zur Erschließung der voraussichtlich größten Kupfer- und Goldmine der Welt an der mongolisch-chinesischen Grenze.	**2010**
Bei den Parlamentswahlen bestätigt sich die Mongolei als demokratische Insel in Zentralasien, die Demokratische Partei (DP) gewinnt auch das Amt des Premierministers, Norovyn Altankhuyag.	**2012**

Gesellschaft und Alltagskultur

Gebetsmühlen, Mönche in orangeroten Gewändern, schamanistische Traditionen, bei denen die Zukunft aus Gelenkknöcheln von Wölfen gelesen wird, sind in der Mongolei ebenso lebendig wie ein wild gefeierter Frauentag und studentische Kneipen mit heißer Rockmusik. Die Mongolen, ein ethnisch weitgehend homogenes Volk, verbinden Tradition und Moderne auf undogmatische Weise.

Bevölkerung

Die vergleichsweise große Homogenität der Bevölkerung unterscheidet die Mongolei von ihren Nachbarn. Ein Pluspunkt ist, dass Krisen nicht in ethnische Konflikte umschlagen. Die **geringe Bevölkerungsdichte** ist ein weiteres Alleinstellungsmerkmal des Landes. Etwa 2,9 Mio. Einwohner bevölkern die weiten Flächen. Doch die Statistik, die nur 1,7 Menschen pro km² verzeichnet, trügt. Denn über die Hälfte aller Mongolen lebt in den Städten, wobei fast jeder zweite Mongole in Ulaanbaatar seinen Wohnsitz hat, andere Städte folgen erst mit weitem Abstand. Erdenet und Darkhan haben je 75 000 Einwohner, Choibalsan kommt auf 44 000, Murun auf 28 000. Insgesamt gibt es nur 29 städtische Siedlungen mit mehr als 7500 Einwohnern.

In nur 15 Jahren stieg die **Einwohnerzahl** des Landes um ein Drittel, allerdings weniger rasant als noch vor einer halben Generation befürchtet. Zwar ist die Mongolei immer noch ein Land der Jugend mit einem Drittel der Bevölkerung unter 15 Jahren, doch das Wachstum hat sich von 2,6 % auf nur 1,4 % drastisch reduziert.

Mongolen

Weltweit gibt es etwa 8 Mio. Mongolen. Nur ein Drittel davon lebt in der Mongolei. Dort gehören etwa 90 % der Bewohner den unterschiedlichen mongolischen Stämmen an: Die größte Gruppe bilden mit 80 % die **Khalkha-Mongolen,** deren Dialekt zur Amtssprache wurde. Trotz eines Anteils von nur 1,4 % der Bevölkerung stellen die Burjat-Mongolen überproportional viele Führungskräfte. Andere Gruppen sind etwa die Westmongolen (7 %) und Dariganga (1,1 %).

Der Volksstamm der **Dariganga** umfasst derzeit 31 900 Menschen, die in vielen Sums des Sukhbaatar Aimag leben. Im Jahr 1697 wurde der Stamm der Dariganga auf Beschluss des mandschurischen Königs in Khoshuu Sum angesiedelt. Sie bildeten sich aus den Volksgruppen der Khalkha, Oiraten und Bewohnern der Inneren Mongolei. Die Dariganga sprechen einen eigenen Dialekt. Anfangs sollten sie nur die Pferdeherden des mandschurischen Königs hüten, wozu später dann die Kamel- und Schafherden hinzukamen. Im Dariganga-Gebiet wurden Tiere und Abgaben der mongolischen Fürsten zusammengeführt, womit für fast 300 Jahre die Dariganga in dieser Gegend betraut waren. Der Name Dariganga entstand aus dem Bergnamen Dari und dem Seenamen Ganga. Der Volksstamm ist in der Mongolei berühmt wegen seiner Schmiedekunst (s. S. 101).

In **China** leben Mongolen in Xinjiang entlang der Grenze zu Kasachstan und der Mongolei und vor allem in der Inneren Mongolei (ca. 3,8 Mio.), wo sie seit über 100 Jahren starker Sinisierung ausgesetzt sind und zur Minderheit im eigenen Land wurden. Der

Bevölkerung

Adel und die Klöster – beide in Geldnöten – verpfändeten das Land an chinesische Händler, die wiederum chinesische Bauern in die Innere Mongolei holten. Bewusst förderte auch das kommunistische China in der Autonomen Region Innere Mongolei die Ansiedlung von Han-Chinesen. Die Folge: Chinesische Ackerbauern verdrängten die Mongolen von ihren Weiden.

Auch in **Russland** siedeln mongolische Minderheiten, zum Teil besitzen sie Selbstverwaltungsrechte. Die bedeutendste Gruppe sind die **Burjaten** (ca. 260 000), deren Siedlungsgebiet über den Nordostzipfel der Äußeren Mongolei auch in die chinesische Innere Mongolei reicht. Doch sogar in der Autonomen Republik Burjatien mit ihrer Hauptstadt Ulan Ude (›Rotes Tor‹) sowie in den Autonomen Bezirken Ust-Ordinsk und Aginskoje stellen sie heute nur noch eine Minderheit unter der überwiegend russischen Bevölkerung.

Die burjatische Minderheit umfasst in der Mongolei etwa 40 000 Menschen. Selbst für den Laien ist die ethnische Grenze zwischen den burjatischen und den anderen mongolischen Stämmen erkennbar. In den burjatischen Sum der Mongolei, überwiegend im Norden des Khentii, und entlang der Grenze zu Russland ersetzen Blockhäuser die Jurten, werden Gärten und Äcker angelegt, weicht die Steppe weiten Wäldern. Die Burjaten sind sesshaft. Auch die Küche unterscheidet sich von derjenigen ihrer nomadisierenden Vettern durch größere Vielfalt, die Verwendung von viel Gemüse und Fisch.

Weit entfernt von den traditionellen Siedlungsgebieten leben an der Wolga schließlich noch die **Kalmücken.** Auch andere mongolische Randgruppen sind zumeist Strandgut des Weltreichs unter Chingghis Khaan im 13. Jh. In Nordwest-Afghanistan gehören einige Tausend **sunnitische Muslime** zu einer mongolischen Minderheit und auch die schiitischen **Hazara** in Zentral-Afghanistan sind mongolischen Ursprungs. Ebenso in China: Bis in den äußersten Südwesten, in die Provinz Yunnan, finden sich autonome, geschlossene mongolische Siedlungsgebiete. Gelegentlich handelt es sich nur um kleine Städte oder Dörfer, die aber eindeutig den Mongolen zuzurechnen sind.

Tuwiner

An der Nordgrenze der Mongolei liegt im Hochgebirge das kleine **Tuwa,** heute eine Autonome Republik innerhalb der Russischen Föderation. Wie die Mongolei wurde auch Tuwa bis 1911 von China regiert und die Tuwiner nutzten gleichfalls den Sturz des letzten Kaisers in Peking, um mit russischer Unterstützung ihre Unabhängigkeit zu erklären. Stalin annektierte das Land – immerhin von der doppelten Größe der Schweiz – im Jahr 1944. Heute leben hier 190 000 russifizierte Tuwiner, die eine Turksprache sprechen, aber große Affinitäten zur mongolischen Kultur und Religion haben. Als kleine Minderheit sind sie auch in der mongolischen Grenzregion, überwiegend im Uws Aimag, vertreten. Dieser Gruppe entstammt einer der bedeutendsten Förderer der deutschen Sprache in der Mongolei, der Dichter Galsan Tschinag (s. Thema S. 338). Er dichtet auf Deutsch, wurde mit bedeutenden Literaturpreisen geehrt und seine Stiftung gestaltet das deutschsprachige Radioprogramm in Ulaanbaatar.

Kasachen – Muslime in der Mongolei

Größte ethnische Minorität mit etwa 3 % sind die Kasachen, die überwiegend in den westlichen Landesteilen siedeln und ebenso wie die Tuwiner und die Khotonen zu den Turkvölkern gehören. Mit ihren oft blauen Augen wirken die Kasachen westlicher als die Mongolen. Etwa 60 000 bis 80 000 Kasachen leben heute in der Mongolei.

Um 1840 kamen die ersten Kasachen in die Region um Bajan-Ulgui im Westen der Mongolei. Zunächst waren sie nur während des Sommers auf die mongolischen Weiden gezogen, ihre Heimat blieben Kasachstan oder das chinesische Xinjiang. Auch nach der Revolution von 1921 und der erfolgten Grenzziehung zwischen China, der Sowjetunion und der Mongolei behielten die Kasachen ihre nomadischen Traditionen bei. Erst

Gesellschaft und Alltagskultur

in den 1930er-Jahren wurden die Wanderzüge unterbunden. Bis zur Wende 1990 wuchs ihre Zahl in der Mongolei auf 95 000, sodass sie fast allein die nur 100 000 Köpfe zählende Bevölkerung der entlegenen Westprovinz stellten. Ihre Sprache ist hier als Verwaltungssprache anerkannt. In den Jahren nach 1991, nach dem Entstehen eines unabhängigen Kasachstan jenseits der Grenze, strömten sie zu Tausenden heim in das Land ihrer Väter, ohne dass diese Rückwanderung jedoch statistisch genau erfasst wurde.

Für die Wirtschaft der Mongolei sind die Kasachen in einigen Bereichen, insbesondere im Bergbau, fast unersetzlich. Auch ihr Kunsthandwerk unterscheidet sich deutlich von mongolischen Traditionen, insbesondere beherrschen sie die Teppichknüpfkunst. Die fast ausschließlich islamischen Kasachen errichteten 1992 nach den Jahren des Sozialismus in Ulgii wieder ihre erste **Moschee** (s. S. 334). Kein einziges Gotteshaus hatte Choibalsans Verfolgungen und Zerstörungen überstanden.

Rolle der Frau

Positiv hervorzuheben ist, dass in der Mongolei die **Gleichberechtigung** der Frau, auch als Nachwirkung der vielen Jahrzehnte unter einer sozialistischen Gesellschaftsordnung, nicht nur Lippenbekenntnis, sondern eher als in anderen Entwicklungsländern gelebte Realität ist. An den Universitäten überwiegt die Zahl der weiblichen Studenten. Zwar sind die Führungspositionen noch mit Männern besetzt, jedoch wird Frauen auch hier vermehrt eine höhere Stellung eingeräumt. Auch bei ausländischen Arbeitgebern sind weibliche Mitarbeiter gern gesehen: Sie erweisen sich häufig als zuverlässiger und besser ausgebildet, zudem trinken sie nicht (oder zumindest weniger). Nachholbedarf haben Frauen vor allem in der Politik, wo sie bislang kaum in Erscheinung treten.

Traditionell hat in der Familie die Frau das Heft in der Hand. Oft trägt sie nach sehr früher Eheschließung allein die Verantwortung für die Kinder, nachdem ihr Mann sie verlassen hat. Immer häufiger bringen aber auch Frauen den Mut auf, sich von ihrem Mann zu trennen. Dies belegen die steigenden Scheidungsraten.

Sprache und Schrift

Das **Khalkha-Mongolisch**, das in der Mongolei überwiegend gesprochen wird, ist ein zentraler Zweig der kleinen mongolischen Sprachfamilie und gehört wie die Turksprachen zu den altaischen Sprachen. Es kennt keine Artikel, dafür verschiedene Endungen, die aus einem immer gleichbleibenden Wortstamm einen ganzen Fächer unterschiedlicher Wörter formen können. Jedes dieser **Suffixe** drückt eine besondere – und zwar nur eine spezifische – grammatische Bedeutung aus. Es können mehrere Suffixe an einen Wortstamm angehängt werden, sodass zum Beispiel die deutsche Formulierung »nachdem er geschickt hatte« auf mongolisch mit nur einem einzigen Wort ausgedrückt wird. Im europäischen Raum gehört das Finnische zu den Suffixsprachen, sodass der Leser selbst einschätzen mag, welche Chancen er hat, sich dem Mongolischen auch nur auf der Ebene eines Survival-Mongolisch zu nähern.

Grammatik

Für Europäer wird die mongolische Grammatik weiter verkompliziert durch die **acht Fälle** des Mongolischen: Neben die uns bekannten – Nominativ, Genitiv, Dativ und Akkusativ – treten noch Ablativ, Instrumental, Komitativ und Allativ. Schließlich kennen die Mongolen noch das Gesetz der **Vokalharmonie**. Sieben Grundvokale und weitere sechs Hilfsvokale werden in vordere, hintere oder neutrale einsortiert. In einem Wort dürfen – mit Ausnahmen – nur Vokale der einen oder anderen Gruppe kombiniert werden. Eine Verdopplung eines Vokals – und damit eine Verlängerung bei der Aussprache – verändert die Wortbedeutung. Verlängert man z. B. beim mongolischen Wort für Wand (in Lautschrift »chan«) den Vokal zu »chaan«, ergibt sich das Fragewort wo.

Sprache und Schrift

Gebetbücher des tibetischen Buddhismus erscheinen auch auf Mongolisch

Eine Sprache, viele Schriften

Wie im Brennglas spiegelt die mongolische Schrift die Geschichte dieser kleinen Nation wieder. Es war Chingghis Khaan, der die Notwendigkeit erkannte, dass er ohne eine Schrift aus dem Nomadenvolk kein Großreich formen könne. Er beauftragte einen gefangen genommenen Uiguren, eine mongolische Schrift zu entwickeln. Aus dieser Zeit stammt die **klassisch-mongolische vertikale Silbenschrift.** Ihre Verwandtschaft zu arabischen Schriften ist unverkennbar, auch wenn sie als einzige vertikale Schrift auf der Buchseite links oben beginnt. Sie überlebte bis heute und wurde oft parallel neben anderen Schriften verwendet.

Khublai Khan, der die Yuan-Dynastie begründete, benötigte in Zeiten einer Sinisierung der Verwaltung dagegen eine Schrift, die sowohl Mongolisch als auch Chinesisch darstellen konnte. Es entstand eine sogenannte **Quadratschrift,** die sich auch für das chinesische Lautverständnis eignete, allerdings das Ende der Yuan-Dynastie nicht überlebte. Einen anderen Zweck musste die Schrift des 17. Jh. erfüllen. Religiöse Texte aus Tibet und Indien sollten im Zuge der Lamaisierung des Landes übersetzt werden. Es entstand die **Soyombo-Schrift,** ideal zur Transkription entsprechender Texte, weil damit auch tibetische und indische Laute dargestellt werden konnten.

Unterdessen gewann das nach Sibirien expandierende Russland an Bedeutung. Doch erst 25 Jahre nach der sozialistischen Machtübernahme erfolgte die Einführung eines modifizierten **kyrillischen Alphabets,** das auch heute noch verwendet wird. Zuvor war einige Jahre lang mit lateinischen Buchstaben experimentiert worden. Nach der Revolution von 1990 hatte die Regierung die Rückkehr zur klassischen mongolischen Schrift propagiert. So harmonisch und einzigartig die Schrift auch ist, sie hätte die junge Generation von der Literatur in ihren Bibliotheken ausgeschlossen. So bleibt es heute in den Schulen bei Pflicht-

Gesellschaft und Alltagskultur

kursen in klassischer Schrift. Ohne eine Modernisierung oder Rechtschreibreform kommt diese allerdings nicht über den Stand einer Schmuckschrift hinaus, auch wenn sie in der Inneren Mongolei eine breitere Verwendung findet. Die Schrift ist aber weiterhin ein Diskussionsthema. Wäre es im Computerzeitalter nicht sinnvoller, zu lateinischen Buchstaben zu wechseln? Zumal westliche Staaten neue wichtige Bezugspunkte bilden.

Nomadentum

Viehzucht

Laien erwarten von Nomaden oft Wanderungen, die einer Völkerwanderung gleichkommen. Doch zu so waghalsigen Zügen ins Ungewisse brachen die Völker Zentralasiens nur in Krisenzeiten auf, in der Regel blieben sie ihren Gebieten treu. Kein Viehzüchter aus dem Altai wird jemals an Ulaanbaatars Stadttoren rütteln und kein Kamelhirte aus der Gobi nach Ulan Ude aufbrechen. Wichtiges Kriterium des Nomadentums ist, dass die mongolischen Hirten mit ihrem gesamten Hab und Gut umziehen und sich damit entscheidend von einem Schweizer Bauern unterscheiden, der nur vorübergehend seine Bleibe auf einer Alm aufschlägt. Im Norden des Landes verlegt heute jeder Hirte seine Jurte im Sommer etwa viermal und zieht mit seiner Familie im Schnitt jedes Mal bis zu 20 km auf einer seit Generationen gleichen Route weiter. Nur in den Gobi-Regionen wurden bis zu 40 Ortswechsel im Jahr gezählt, und die Menschen legten in dieser Zeit oft mehrere hundert Kilometer zurück.

Die meisten Hirten sind Selbstversorger. Ihre Produktion reicht für die eigene Familie – und zum Glück meist auch für die Verwandten in der Stadt.

Jagd

Klassisch für die Mongolei sind neben der Viehwirtschaft der Nomaden die **Pelztierjagd und -zucht,** die sich in die traditionelle Lebensweise der Bevölkerung gut einfügen. Jagd hat bei der männlichen Landbevölkerung einen außerordentlich hohen Stellenwert. Es ist eine der wenigen Freizeitbeschäftigungen und hat den Nimbus der Männlichkeit. Geradezu ritualisiert ist die Wolfsjagd. Die Viehzüchter sehen in den Wölfen einen traditionellen Feind, ja bedauern, dass nicht länger – wie in sozialistischer Zeit – per Hubschrauber und mit Maschinengewehr auf die Jagd nach den scheuen Tieren gegangen werden darf. Hohes Ansehen genießen Wolfsrufer, die bei klirrender Kälte von einer Bergkuppe aus ein langes Wolfsgeheul erschallen lassen und mit den Tieren, die ihnen antworten, zu kommunizieren scheinen. So naturgemäß eine gewisse Jagdpraxis für die Nomaden sein mag, so bedauerlich ist es, dass oft das Gefühl für Nachhaltigkeit und den Schutz bedrohter Tierarten fehlt.

Leben in der Jurte

Eine Jurte wird immer so aufgestellt, dass die Tür nach Süden zeigt. Aus dieser Richtung nähert man sich ihr auch, d. h. so, dass der Hausherr den Reisenden schon von Weitem sehen kann. In der Jurte ist die **Sitzordnung** streng geregelt. Der Hausherr, der immer in der Mitte gegenüber dem Eingang sitzt, wird den ranghöchsten Gast an seine Seite bitten. Oft steht dort eine Truhe als Sitzgelegenheit, gepolstert mit einem Teppich. Darüber befindet sich auch oft ein **Hausaltar** mit einem Bild des Dalai Lama. Hier ist die Ehrenseite jeder *ger*. Neben der Truhe stehen auf beiden Seiten kleine Vitrinen mit einer Sammlung von Familienfotos hinter Glas. Besondere Freude bereitet es immer, wenn der Gast die Sammlung dank einer Sofortbildkamera ergänzen kann. Man wird es immer wieder erleben, dass die ganze Familie darauf besteht, den Festtags-*deel* anzuziehen, um sich dann vor der Jurte, den Pferden oder – am liebsten – vor dem Geländewagen fotografieren zu lassen. Auf der linken Seite des Hausherren – im Osten, unter dem Schutz der Sonne – sitzen traditionell die Frauen, die westliche, rechte Seite – unter dem Schutz Tenggers, des Gottes des ewigen Himmels – ist den Männern vorbehalten. Die Trennung in Frauen- und Männerseite wird heute allerdings meist nicht mehr dogmatisch gesehen. Nur in seltenen Fällen begeht man noch eine Protokollverletzung, wenn man sich an eine andere Stelle als die traditionell übliche begibt.

An der östlichen und der westlichen Seite stehen die beiden Betten, im Osten das der Hausfrau, gegenüber das des Hausherrn. Die Kinder schlafen auf dem Boden oder bei den Eltern im Bett. Direkt neben dem Eingang auf der Frauenseite liegt der Küchenteil, gegenüber ist der Platz für Sattel und Zaumzeug, für den Behälter mit Stutenmilch und bisweilen auch für einen kleinen Holzverschlag für zu frühgeborene Zicklein oder Lämmer.

Jede Jurte steht Besuchern offen, allerdings sollte man bereits von Ferne sein Kommen durch Rufen anmelden, denn die mongolischen Hütehunde, wegen ihrer Flecken unter den Augen auch als Vier-Augen-Hunde bekannt, sind über die Riten der **Gastfreundschaft** keineswegs immer informiert. Man sollte es auch vermeiden, beim Betreten der Jurte auf die Schwelle zu treten, da die Schutzgeister dadurch aufgeschreckt werden und böse Dämonen das Innere der Jurte erreichen könnten. Kein Besuch bei einer Hirtenfamilie ist denkbar, ohne dass *buuz,* mit Hackfleisch gefüllte Teigtaschen, in großer Menge auf dem Ofen zubereitet werden, eine Nudelsuppe oder zumindest der traditionelle Milchtee gereicht wird.

Religion

Lamaismus

Namensgebend war der *lama,* ›Lehrer‹, dem die Verehrung gilt und der in einem noch stärkeren Maße als der indische *guru* spiritueller Meister und Helfer ist. Die lamaistische Ausprägung des Buddhismus bedeutet vor allem eine intensivere Hinwendung zum Ritual und zu geheimen – esoterischen – Praktiken. Die Vorstellung von bewusster Wiedergeburt wurde sehr detailliert zu einem ganzen System weiterentwickelt.

Heute gibt es vier große Schulen des tibetischen Buddhismus, wobei die im 14. Jh. von Tsongkhapa begründete Schule der *gelugpa* (›Tugendhaften‹, auch **Gelbmützen** genannt wegen ihrer im Unterschied zu den anderen Schulen nicht roten, sondern gelben Hüte) im 16. Jh. die Institution des **Dalai Lama** hervorbrachte (s. S. 82).

Der Lamaismus war als Form des tibetischen Buddhismus mit seiner Verschmelzung der traditionellen Lehre Buddhas mit schamanistischen Traditionen ideal für die mongolische Kultur: einfache Rituale und Fortführung alter Gewohnheiten für die Laien (Gebetsmühlen, Umwandern von Heiligtümern), hohe Lehre für die Eingeweihten. Der Sprach - und Kulturwissenschaftler Walther Heissig beschreibt die Phase der **Etablierung** dieser Religion in der Mongolei als plötzliche, alles vereinnahmende Welle:»Die bis dahin nur dem Diesseitigen hingegebenen Nomaden und Krieger wandten sich innerlichen Dingen zu – oder wurden zumindest von den Heilsversprechungen der neuen Religion angezogen. Wie ein Fieber ergriff in diesen Jahren die neue Lehre die Mongolen. Lamaistische Missionare wurden wie Heilige verehrt. Rückhaltlos gab man Altes auf. Die Mongolen versuchten durch Begeisterung wettzumachen, was sie an dem philosophischen Lehrsystem des Buddhismus nicht verstanden.«

Ende des 19. Jh. sollen bis zu 40 % der männlichen Bevölkerung Lamas gewesen sein. Es war Tradition, dass zumindest ein männlicher Nachkomme jeder Familie in ein Kloster ging. Nach sozialistischer Lehre führte der Gang mindestens eines männlichen Familienmitglieds ins Kloster zu einer unerträglichen Belastung für die arbeitende Bevölkerung, die für den Unterhalt der Mönche aufkommen musste. Man warf den Lamas ihre angebliche Unproduktivität vor. Doch verkannt wurde, dass Lamaismus sich drastisch von christlichen, aber auch von anderen buddhistischen Strömungen unterscheidet. Während Buddhismus Eigenverantwortlichkeit in Bezug auf Heilserwartungen bedeutet, kann im Lamaismus der Lama

Gesellschaft und Alltagskultur

Buddhismus

Mit über 2500 Jahren eine der ältesten großen Weltreligionen, setzt der Buddhismus auf individuelle Erlösung von Leid und Unvollkommenheit. Anders als Islam und Christentum fehlt dem Buddhismus das missionarische Element – er erhebt keinen Anspruch, alleingültige Wahrheiten zu vermitteln. Gleichwohl erfolgte die Einführung des Buddhismus in der Mongolei in erster Linie aus politischen Gründen.

Reichtum und Luxus sind keine Grundlage für Glück, erkannte der Fürstensohn Siddharta Gautama, der als historischer Buddha gilt. Er sollte zum Begründer einer neuen philosophischen Lehre werden, des Buddhismus. Zwischen 550 und 450 v. Chr. soll er im heutigen Nordindien geboren worden sein. Es heißt, der spätere Buddha Shakyamuni habe mit 29 Jahren Heimat und Familie verlassen und sei sich in Askese übend sechs Jahre durch das Land gezogen. Meditation schließlich brachte ihm das, was zum Ziel eines jeden Buddhisten werden sollte: die Erleuchtung und damit die Möglichkeit, den Kreislauf der Wiedergeburten zu verlassen. So wurde er zu einem *buddha* (Sanskrit: ein Erwachter).

Im zu Lebzeiten Siddhartas vorherrschenden Hinduismus bildet der Kreislauf der Wiedergeburten *(samsara)* den Kern der Lehre: Schicksalhaft, den Gesetzen des *karma* unterworfen kehrt ein jedes Wesen immer wieder auf die Erde zurück – in ein schlechteres oder besseres Dasein als zuvor, abhängig davon, wie es sein letztes Leben geführt hat. Diese Lehre ist eng verknüpft mit dem indischen Kastenwesen. Anders die Lehre des Shakyamuni, des ›Weisen aus dem Hause der Shakya‹. Sie lehnt das hierarchische Kastensystem ab und unterscheidet nicht nach sozialen Schichten.

Der Buddhismus steht allen Menschen unabhängig von ihrem Stand offen. Ausgangspunkt der buddhistischen Lehre ist die Erkenntnis, dass jedes materielle und körperliche Begehren in Leiden endet. »Mitgefühl entwickelt sich aus der Kenntnis der Leidhaftigkeit der Welt. Dieses Leiden muss jeder Übende zuerst in Bezug auf seine eigene Person erkennen«, schreibt der Dalai Lama.

Durch die Begierde sind die Menschen emotional und unwissend, sie gelangen nicht zu einem klaren Verständnis der Welt. Illusion *(maya)* ist einer der Schlüsselbegriffe des Buddhismus: Die Welt ist nicht, wie sie scheint und nichts ist von Dauer. Unverständnis und Verwirrung müssen durchbrochen werden, um die Befreiung vom Leiden, das Verlassen des Kreislaufs der Wiedergeburten zu erlangen. Ziel ist es, dem ersten Buddha durch ethisches Verhalten, Meditation und tiefe Einsicht nahezukommen und das *nirvana* (Verwehen oder Verlöschen) zu erreichen.

Der Buddhismus kennt keine individuelle Seele im westlichen Sinne. Insofern ist die Vorstellung einer Wiedergeburt keine Seelenwanderung, sondern lässt sich am ehesten als Energietransfer bezeichnen. Um ein Bild zu wählen: wie eine Kerze eine weitere anzündet. Es gibt verschiedene philosophische Schulen, die sich seit Jahrtausenden intensiv mit dieser Frage auseinandersetzen.

Die Urform des Buddhismus ist als *hinayana*, Kleines Fahrzeug, bekannt. Seine Anhänger halten es für möglich, sich aus eige-

Wege zur Erleuchtung

Thema

ner Kraft aus dem Kreislauf der Wiedergeburten zu befreien. Später bildete sich das Große Fahrzeug *(mahayana)* heraus, das die Lehre philosophisch erneuerte: Buddhaschaft ist die Erkenntnis der Wirklichkeit und daraus resultiert ein grenzenloses Mitleid mit allen Lebewesen. Hierin liegt die Wurzel des vielleicht charakteristischsten Elements des *mahayana* – die Existenz von Erleuchtungswesen *(bodhisattva):* Diejenigen, die bereits die Erleuchtung erlangt haben, verzichten aus Mitleid auf den Eintritt ins Nirvana, um anderen auf dem Weg dorthin zu helfen. Der Bodhisattva verweilt im Kreislauf der Wiedergeburten.

Unter dem Einfluss des indischen Tantrismus, einer mystisch ausgeprägten esoterischen Erkenntnislehre, entstand aus dem Mahayana im 4. Jh. n. Chr. die dritte heute bedeutende Richtung des Buddhismus, die auch Grundlage des Lamaismus ist: das Diamant-Fahrzeug *(vajrayana* oder *tantrayana)*. Geheime Rituale und Praktiken werden wichtig und bedürfen der Rolle des Priesters, des Lamas.

Regionale Traditionen flossen in die Lehre ein, so die Ritualmusik, das Darbringen von Rauchopfern und lokale Gottheiten. Während im Mahayana-Buddhismus die Erleuchtung Männern vorbehalten ist, können im Vajrayana-Fahrzeug ebenso Frauen ins Nirvana gelangen, auffallend allerdings auch hier, dass die meisten Buddhas Männer sind. In Tibet, Nepal, Bhutan, Indien, unter den Kalmücken, den Burjaten und schließlich in der Mongolei verbreitete sich diese Form des Buddhismus. Alle Fahrzeuge gehören zusammen und sind keine alleinstehenden Lehren, betont der Dalai Lama, der protokollarisch ranghöchste Vertreter dieser Ausrichtung des Buddhismus.

Es gab mehrere Phasen, in denen der Buddhismus versuchte, in der Mongolei Fuß zu fassen. Schon am Hofe Chingghis Khaans wird von Buddhisten berichtet. Mit der Eroberung Tibets unter seinem Enkel werden die Kontakte enger. Die neuen Herrscher holen immer mehr tibetische Lamas als Berater an den Pekinger Hof. Doch der Buddhismus bleibt eine Religion der herrschenden Kaste und Klostergründungen erfolgen nur in wenigen festen Siedlungen in der Mongolei. Gleichwohl wird hier bereits die Basis für ein gegenseitiges Verständnis von Staat und Religion gelegt, an das 300 Jahre später angeknüpft werden sollte.

Mitte des 16. Jh. erfolgt die zweite Bekehrung der Mongolei, initiiert allein aus Gründen der Staatsraison. Fürst Altan Khan lädt den tibetischen Kirchenfürsten und Vorsteher der Gelbbmützen in die Mongolei ein, verleiht ihm (und posthum seinen beiden Vorgängern) den Titel Dalai Lama und sorgt auch dafür, dass nach dessen Tod (1588) die Wiedergeburt in der Familie Altan Khans gefunden wird. Als »politisches Meisterstück«, bezeichnet der deutsche Mongolist Walther Heissig diesen Schachzug.

Der Dalai Lama wird von allen Schulen als höchste Autorität anerkannt und gilt als Reinkarnation des Bodhisattva Avalokiteshvara. Dieser Ausdruck bedeutet »Priester, dessen Mitleid so umfassend ist wie das Meer«, ein Titel, der noch heute vom religiösen und weltlichen Oberhaupt Tibets geführt wird (der jetzt in Indien im Exil lebende Dalai Lama ist der 14. Träger dieses Titels).

Auch die nördliche Mongolei sucht Anschluss an die neue Religion und schon 1586 erfolgt die Klostergründung von Erdene Zuu – nicht ohne politische Bedeutung genau an der Stelle des alten Karakorum. Der neue Lamaismus übrrollte die Mongolei, erreichte auch das breite Volk. Wissenschaftler vermuten, dass er in ein religiöses Vakuum stieß.

83

Gesellschaft und Alltagskultur

In den Klöstern werden schon Kinder im Lamaismus unterrichtet

die **religiösen Pflichten zum Heil der anderen** auf seine Schultern nehmen. Der Lama entbindet einen Großteil der Bevölkerung von selbst auszuführenden Pflichten und befreit sie daher für ein weltliches Leben. Im Gegenzug versorgen die Familien den Sohn – ebenso wie seine Mitbrüder – mit allem Notwendigen. Und schließlich hat diese spirituelle Tradition einen nicht zu unterschätzenden Stellenwert für das Wohlbefinden der Bevölkerung. Trotzdem war um 1900 die Religion in der Mongolei im Niedergang begriffen. Resignierende Klagelieder von Lamas geißeln den Verfall von Bildung und Moral, verurteilen die Zustände ihrer Kirche.

Mit dem Sturz des letzten Kaisers von China, Pu Yi, und damit dem Ende der mandschurischen Herrschaft über China und die Mongolei im Jahr 1911 fiel dem ›heiligen ehrwürdigen Herrn‹ in Urga auch die **weltliche Macht** zu, und die Mongolei blieb bis zu seinem Tod 1924, trotz der sozialistischen Revolution drei Jahre zuvor, eine Monarchie. Der Lamaismus in der Mongolei war immer auch Politik (s. auch S. 65).

In der Mongolischen Volksrepublik folgte eine **60-jähriger Phase der Unterdrückung.** Doch der lamaistische Buddhismus, tief verwurzelt in der Bevölkerung, hat diese schwierige Zeit überstanden und ist wieder zu neuem Leben erwacht. Die Wunden, die die ›Kulturrevolution‹ in den 1930er-Jahren hinterlassen hat, sind aber tief (s. auch S. 68). Noch immer kämpft der Lamaismus mit den Folgen jener Zeit. Es fehlt an erfahrenen geistigen Vorbildern, die Vorsteher des Gandan-Klosters mussten zudem über Jahrzehnte einen engen Kontakt zum atheistischen Staat suchen, ein Vorgang, der nicht jeden der Lamas unberührt ließ. Entwicklungshilfe leisten Mönche aus Nepal und Indien. Der Dalai Lama fand schon 1991 bei einem Besuch in

Religion

der Mongolei deutliche Worte: »Der Buddhismus steckt tief in den Menschen, ist identisch mit der Nation. Die Zerstörung des Buddhismus war die Zerstörung der eigenen Kultur, der eigenen Nation.«

Jeder zweite Mongole bekennt sich heute zum alten traditionellen Glauben. Für die jüngere Generation dient der **Glaube wieder als nationale Identifikation.** Im Gandan-Kloster in Ulaanbaatar (s. S. 189) kann heute jeder Besucher Zeuge werden, wenn junge Mütter ihre Neugeborenen dem Lama zum Segnen entgegenhalten und Gläubige niederknien, um sich anschließend in Verehrung auf den Boden werfen, wenn Alt und Jung die zum Teil riesigen Gebetsmühlen drehen und ihre Bitten vervielfältigen. *Om-mani-padme-hum* ist die Anrufungsformel an den Bodhisattva des Grenzenlosen Mitleids, die die Lamas murmeln. Der monotone Gesang wird nur unterbrochen von Gongschlägen und tief dröhnenden Hörnern, die Schweizer Alphörnern ähneln und den Tempel erzittern lassen.

Auch wenn **Kulturschätze** unmessbaren Wertes vernichtet wurden oder ohne Wiederkehr verschwanden, konnte doch vieles gerettet und im Zuge der politischen Wende nach Jahrzehnten aus Verstecken hervorgeholt werden. Jetzt schmücken wieder viele Kostbarkeiten die neu entstandenen kleinen Klöster überall auf dem Land. Bei den **Klosterneugründungen** der letzten 20 Jahre handelt es sich um Gemeinschaften, die in einfachen, kleinen Gebäuden leben.

Einen **Eindruck vergangener Pracht** kann eine Fahrt zu dem einsam gelegenen Amarbayasgalant (s. S. 263) im Selenge Aimag bieten, wo sich heute noch nachvollziehen lässt, wie eine plötzlich am Horizont auftauchende Klosterstadt auf den Reisenden, der seit Hunderten von Kilometern nur einsame Steppe gesehen hat, wirken musste. Der amerikanische Forscher Chapman-Andrews ließ sich in den 1930er-Jahren von einem vergleichbaren Anblick begeistern: »Mein erster Anblick des Klosters hinterließ bei mir den Eindruck von einer der eindrucksvollsten Ansammlungen menschlicher Siedlungen, die ich je gesehen habe. Wenn man plötzlich auf sie stößt, aus dem leeren Nichts der endlosen Weiten kommend, wird die Atmosphäre mittelalterlicher Fremdheit und des Mysteriums verstärkt.«

Auch den **höchsten Lama des Landes** gibt es wieder. Die Inkarnation des 1924 verstorbenen Führers Dshebdsundumba Khutukhtu, des Bogd Gegeen, der bis zu seinem Tod gleichzeitig Staatsoberhaupt und religiöser Führer der Mongolen war, wurde wie bei den meisten seiner Vorgänger in Tibet gefunden. Früher wurde damit eine Inkarnation in mongolischen Adelskreisen ausgeschlossen. Schon 1936 identifizierte die tibetische Geistlichkeit in Lhasa in Jampei Namdron Choye Gyaltsen, einem damals vierjährigen Jungen, diese Wiedergeburt. Der Erwählte durchlief die Ausbildung zum Lama. Doch man hielt die Entscheidung aus politischen Gründen bis 1990 geheim. Erst 1991 und 1992 folgten die Inthronisationszeremonien, zunächst im indischen Exil und schließlich 1999 (ausgestattet mit einem Touristenvisum) im Gandan-Kloster in Ulaanbaatar. Der ›Lebende Buddha von Urga‹, lebt bis heute außerhalb der Mongolei. Eine dauerhafte Verlegung seines Wohnsitzes nach Ulaanbaatar wäre angesichts der chinesischen Widerstände, die schon jeder Besuch des Dalai Lama in der Mongolei verursacht, nicht ohne politische Brisanz.

Der **Dalai Lama** besuchte bereits neun Mal die Mongolei, zuletzt im November 2011. Jeder seiner Besuche wird von Protesten Chinas begleitet und die mongolische Regierung vollbringt diplomatische Meisterleistungen, um die Reisen jeweils als ›rein privat‹ zu charakterisieren, ohne jedoch vor der Weltmacht einzuknicken. Im tibetischen Buddhismus der Gelbmützen-Ausprägung bildet der ranghöchste mongolische Lama protokollarisch die Nummer drei nach dem Dalai Lama und dem Pantschen Lama. Eine Mitsprache Pekings bei der Identifikation der Wiedergeburten dieser beiden Lamas war immer üblich. Doch der Dalai Lama und der Pantschen Lama üben die jeweils entscheidende Stimme aus und sind damit außerordentlich bedeutende politische Figuren. Zurzeit hat der Dalai Lama allerdings einen anderen Lama als

Gesellschaft und Alltagskultur

> **Seidentuch**
>
> Der **khadag,** meist in der Farbe des »ewigen Himmels« blau gehalten, schmückt als **Ehrenbekundung** die Übergabe wichtiger Geschenke, unterstreicht ein besonderes Willkommen und viele Zeremonien. So symbolisiert der seidene Schal auch den Respekt vor der Natur oder schmückt die Schere beim Ritus des Haareschneidens. In der Regel wird der Schenker ihn auf den ausgestreckten Armen über die beiden Handgelenke gelegt haben. Als Gast ergreift man die Unterarme des Gegenübers von unten, stützt so den Gastgeber und übernimmt mit dem Gastgeschenk auch den Schal. Es kann auch sein, dass das Tuch dem Gast um den Hals gelegt wird. In jedem Fall handelt es sich um eine immer mit großem Ernst vollzogene, sehr klassische Geste. Einen geschenkten Khadag wird man immer in Ehren aufbewahren.

11. Pantschen Lama anerkannt als die Regierung in Peking.

Schamanentum

Der Schamane ist ein Mittler zwischen unserer Welt und der Welt der Geister und Dämonen. Er kann Heiler, Wahrsager oder Priester sein, lebt in der Regel aber ein normales Leben als Hirte und setzt seine schamanistischen Fähigkeiten nur auf besonderen Wunsch ein. Ein institutionalisiertes Glaubensgebäude ist dem Schamanentum fremd. Einziger Grundsatz ist die Annahme, dass es parallel **mehrere Welten** gibt, die sich gegenseitig beeinflussen und in deren Beziehung der Schamane einzugreifen versucht.

Schamanen, die sowohl Männer als auch Frauen sein können, werden zu ihrer Aufgabe durch die Geister berufen, ein Vorgang, der meist als Bürde empfunden wird. In **Trance** oder Extase gelingt es dem Schamanen, sich ins Jenseits zu begeben. Für diese Reise in eine andere Welt, benötigt er die Unterstützung hilfreicher Geister, da Dämonen sein Vorhaben bedrohen. Fellstreifen, Federn oder Häute an seiner Tracht reflektieren die jenseitigen Wesen. Spiegel werden am Gürtel befestigt, um die Dämonen wie ein Schutzschild abzuhalten, und dienen gleichzeitig auch als Fenster in eine andere Welt. Im Jenseits, beispielsweise in der Unterwelt, wird der Schamane versuchen, Geister, die Krankheiten gebracht haben, zu bekämpfen.

Der Übergang zwischen den Geistern des Schamanentums, den traditionellen Gottheiten – der »Ewige blaue Himmel«, »Herd-Mutter« – und dem Pantheon des Buddhismus ist fließend und oft verwirrend. Diese Integration der vielfältigen Götterwelt war eine Ursache für die rasche und erfolgreiche Lamaisierung der Mongolei im 16. Jh.

Am Rande der buddhistischen Gesellschaft lebte das Schamanentum in der Mongolei weiter und war ebenfalls der kommunistischen Verfolgung ausgesetzt. Heute gibt es wieder vermehrt Schamanen und man findet Anhänger vor allem im Nordwesten des Landes, insbesondere rund um den **Khuvsgul-See.** Aber auch junge städtische Mongolen besinnen sich in immer größerer Zahl dieser ältesten mongolischen Religion.

Die **Wahrsagerei** ist bis heute tief in der mongolischen Kultur verwurzelt. In erster Linie bedienen sich religiöse Spezialisten des Schafschulterknochenorakels. Gefragt wird meist nach dem Ausgang einer Reise bzw. nach günstigen oder ungünstigen Tagen für allerlei Unternehmungen. Hierfür wird das Schulterblatt eines Schafes im Feuer erhitzt, bis der Knochen Risse bildet. Je nach Richtung und Beschaffenheit der Risse wird auf den guten oder schlechten Ausgang eines Vorhabens geschlossen.

Obwohl die Kunst der Wahrsagerei ursprünglich aus dem Schamanentum und der mongolischen Volksreligion stammt, haben auch die buddhistischen Mönche Aufgaben des Wahrsagers übernommen. Ob es um einen günstigen Reisetermin oder die richtige Namenswahl für ein Kind geht, der Lama ist die maßgebliche Instanz.

›Reiseausrüstung‹ im Schamanentum: Trommeln dienen als Medium zur Kommunikation mit Parallelwelten

Gesellschaft und Alltagskultur

Tsagaan-sar – Neujahrsfest

Es ist Februar, die Winterlandschaft ist mit einer dünnen Schneeschicht überdeckt, die Flüsse sind metertief gefroren, das Eis spiegelt den stahlblauen Himmel. Die Quecksilbersäule zeigt auch mitten am Tag minus 25 °C an. Doch die Mongolen feiern den Frühlingsanfang und damit den Beginn des neuen Jahres: Es ist Tsagaan-sar.

Wörtlich übersetzt heißt *tsagaan sar* ›Weißer Mond‹, auch ›Weißer Monat‹. Das Wort weiß kann dabei auf die weißen Speisen, die Milchprodukte hindeuten, die an diesem Festtag besonders gern und viel gegessen werden. Andere Erklärungsversuche verweisen darauf, dass Weiß die Farbe des Glücks und der Reinheit sei und so bedeute *tsagaan sar* ›Der Glückliche Monat‹. Vielleicht wird auch nur auf den Schnee Bezug genommen.

Bis in die Zeit des 4. Jh. v. Chr. lässt sich das Fest zurückverfolgen. Wie viele orientalische Völker richteten sich die Mongolen nach dem Mond-, nicht dem Sonnenkalender. Oft fällt das mongolische Neujahr mit dem chinesischen zusammen, auch wenn der kulturelle Bezug eher im Tibetischen, beim neujährlichen Losar-Fest zu suchen ist. In der Regel wird Neujahr am zweiten Neumond nach der Wintersonnenwende begangen.

Mehrere Wochen beschäftigen sich Lamas mit der genauen Berechnung des Jahresbeginns. Die geografische Lage der Mongolei ist zu berücksichtigen, deshalb weicht der mongolische Mondkalender vom indischen oder chinesischen um einige Tage ab. Doch Zählweise und Zuordnung der Tierkreiszeichen etc. entsprechen der chinesischen Astrologie (s. S. 90). Ausgangspunkt ist der Neujahrstag des Jahres 1207, das Jahr des Hasen.

Für die Mönche beginnen die Feierlichkeiten schon Monate zuvor. Neben dem Frühjahrsputz in den Klöstern wird der letzte Wintermonat zum Backen neuer *balin* genutzt, kleiner, heiliger Kuchen. In der letzten Woche vor dem Neujahrsfest wird alles geschmückt und ein Segnungsritual, *adislaga*, vollzogen. Die letzten fünf Tage des Jahres sind nahezu durchgehend mit Gottesdiensten gefüllt. Vier Tage wird ohne Unterbrechung aus alten Schriften rezitiert. Am Abend des letzten Tages des Jahres beginnen die Lamas gegen elf Uhr mit einer Feier für die Gottheit Tserelcham, die Glück und Wohlstand im neuen Jahr bringen soll. Sie dauert bis in die frühen Morgen, um dann von der *mandal*-Zeremonie abgelöst zu werden, die sich an den Gott Otschirdar, den Beschützer der Mongolei, wendet.

Wochen zuvor starten auch die Vorbereitungen im ganzen Land: In jeder Familie wird gekocht, um eine auch noch so große Zahl von Gästen bewirten zu können. Und gegessen wird reichlich. Es gilt als Garantie für ein glückliches Leben im neuen Jahr, während der Festtage den Bauch bis an die äußerste Grenze gefüllt zu haben, und auch die Trinkfestigkeit wird immer wieder getestet. Nicht anders als häufig unsere Weihnachtsessen, bedeutet Tsagaan-sar Völlerei.

Überall steht gekochter Hammelrücken bereit, die dicke Schwarte glänzt, am unteren Ende seines schweren, fetten Schwanzes bilden sich Fetttröpfchen, die von einem kleinen Tellerchen aufgefangen werden. Der Hammelkopf liegt abgetrennt und blickt in die dem Ausgang der Jurte entgegengesetzte Rich-

Gesundheit und Glück

Thema

tung, also nach Norden, auf den Hausaltar. Ebenso steht in jeder Jurte ein Berg von Neujahrsbroten, aufgetürmt zu einem kleinen Turm, verziert mit Milchprodukten, Weichkäse und geronnenem Schmand. Bunte Bonbons und Würfelzuckerstücke schmücken das Ensemble. Die Zahl der Brotschichten ist immer ungerade, das soll Glück bringen.

Den Auftakt für das mehrtägige Fest bildet der Neujahrsabend, *bituun*. Er wird mit einem Essen im familiären Kreis gefeiert. Dabei schneidet traditionell das älteste männliche Mitglied der Familie den Hammel an und überreicht jedem ein Stück. Am Neujahrstag, *schinijn negen*, versammelt sich die Familie mit den ersten Sonnenstrahlen vor der Jurte, um mit offenen Armen das neue Jahr zu begrüßen. Danach wird dem Clanältesten Respekt bezeugt. Ihm wird der *khadag*, ein blaues Seidentuch, überreicht und ihm als Erster das jüngste Familienmitglied wird ihm als Erster »Gesundheit und Glück« wünschen. Diese *zolgokh* genannte Grußformel kann man – vergleichbar unseren Wünschen für das neue Jahr – noch bis Ende des Monats statt des sonst üblichen »Wie geht es Ihnen?« verwenden. Mit geöffneten, nach vorne gehaltenen Händen schreitet man dabei von Anwesendem zu Anwesendem, der Jüngere greift mit nach oben gerichteten Handflächen unter die Arme des Älteren, um ihn zu stützen, man neigt sich vor wie zum Bruderkuss. Doch statt herzhafter Schmatzlaute wird die Luft durch die Nase gezogen, man ›beschnüffelt‹ sein Gegenüber. Zolgokh ist eine Geste, die unterstreichen soll, dass die Älteren den Jüngeren vertrauen können.

An den drei Tagen des Neujahrsfestes versammeln sich viele Menschen in den Klöstern und suchen den Segen der Lamas, wobei ein ständiges Kommen und Gehen herrscht. Außerdem reist man innerhalb der gesamten ersten Woche des neuen Jahres von Jurte zu Jurte, um die gesamte Familie und möglichst viele Freunde und Nachbarn zu besuchen. Der Gast erhält zuerst eine kleine Scheibe vom fetten Hammelrücken, je dicker die Fettschicht, desto größer die Ehrerbietung. Dazu wird eine Tasse gesalzenen Buttertees gereicht.

Niemals bleibt ein Glas leer, immer wieder ergreift einer der Anwesenden das Wort, um einen Toast auf den Ehrengast, auf den überstandenen Winter oder die Familie auszubringen. Und immer wieder – meist nach einer ohnehin schon langen Rede – beginnt jemand zu singen, die anderen fallen sofort ein. Melancholischer Gesang erfüllt das Rund der Jurte. Die vollen Stimmen der Mongolen beeindrucken immer wieder, das Liedgut ist umfangreich und beschwört die Liebe zur Mutter, zur Heimat und zum Vaterland. Auch vom Gast wird ein Liedbeitrag erwartet: glücklich, wer ein Volkslied aus seiner Heimat beherrscht.

Als klassische Zeremonie wiederholt sich besonders an Tsagaan-Sar die Würdigung des Schnupftabaks. Die Männer, an diesem Tag wie die Frauen fast alle im traditionellen *deel*, zücken ihre gestickte Seidentasche mit der Tabakflasche und überreichen sie halb offen dem Nachbarn. Auch an ihr wird wieder mit Würde gerochen, um sie dann im geöffneten Zustand an den Besitzer zurückzugeben. Wie die nie verschlossene Tür der Jurte, so zeigt auch die Tabakflasche, dass der Fremde willkommen ist und Glück mitbringt: Wer freigebig gibt, dessen Glück wird sich vermehren.

Als »Tag der Viehzüchter« hatte im Sinne der marxistisch-leninistischen Ideologie die Staatsführung einst versucht, das Fest auf die Landbevölkerung zu beschränken. Doch längst hat die Tradition von Tsagaan-sar als höchster Feiertag im Jahr wieder einen festen Platz im ganzen Land.

Gesellschaft und Alltagskultur

Astrologische Jahreszyklen
In der Mongolei zählt man mit einem Zyklus von zwölf Jahren, wobei jedes Jahr einen besonderen Namen und ein eigenes Symbol bzw. eine besondere Eigenschaft hat. Die Kombination der fünf Elemente (Feuer, Wasser, Erde, Eisen, Luft) mit den zwölf Tierarten (Ratte, Rind, Tiger, Hase, Drache, Schlange, Pferd, Schaf, Affe, Huhn, Hund, Schwein) ergibt einen Zyklus von 60 Jahren. Das entspricht der chinesischen Konzeption, die allerdings Holz und nicht Luft als Element kennt. Kompliziert wird das System durch die Zuordnung weiblicher oder männlicher Jahre und durch die Ergänzung mit den Farben Weiß, Gelb, Rot, Blau und Schwarz.

Volksreligion

Im Olymp der Mongolei steht der Ewig Blaue Himmel, auch Vater Himmel genannt, eine Schöpfer- und Schicksalsgottheit, an erster Stelle. Ihm folgt ein Pantheon aus Schutz-, Kriegs-, Erd- und Berggottheiten. Verehrt werden sie – wie in Tibet – durch Steinsetzungen, die *ovoo*, die darüber hinaus als Wohnsitz von **Schutzgottheiten** gelten. Man errichtet sie bevorzugt an Wegkreuzungen oder auf Pässen. Hier finden auch Opferhandlungen statt, bei denen Getränke- und Speiseopfer dargebracht werden, das können auch einmal Pferdeschädel, ein zerfetzter Reifen, leere Wodkaflaschen oder die Reste eines Kotflügels sein. Die mongolischen Gottheiten sind in keiner Weise weltfern. Die Tradition gebietet es, dreimal im Uhrzeigersinn um den *owoo* herumzuwandern und einen weiteren Stein hinzuzulegen, um damit eine gute Reise zu erbitten – und somit zum jahrzehntelangen Wachstum der *owoo* ein kleines Stück beizutragen.

Die Geister und Schutzgottheiten werden auch in der Jurte bei jeder Teezeremonie bedacht. Kleine Spritzer werden gen Himmel geschnipst. Und bevor man eine Flasche Wodka an den Mund setzt, sollte man die Götter mit ein paar Tropfen, die man mit dem Ringfinger der rechten Hand verspritzt, wohlgesonnen stimmen. Die Achtung vor dem Feuergott gebietet es, keinen Abfall in das Herdfeuer einer Jurte zu werfen oder sich gar die Fußsohlen am Feuer zu wärmen. Die Sicherheit des Feuers könnte es hingegen stärken, ein ausgesuchtes Stückchen Fleisch zu opfern.

Es war ein kluger Schachzug der Vertreter des Lamaismus, die einheimische Volksreligion nicht zu verdammen, sondern geschickt in die neue Richtung einzubinden – ihre Gottheiten und Dämonen zu ›dienstbaren Geistern‹ des neuen Glaubenskonzepts zu machen. So kennt der Lamaismus eine ganze Reihe von Gottheiten. Schon die hinduistischen Götter hatten Eingang in den Buddhismus gefunden und später kamen auch tibetische hinzu.

Christen, Moslems und Atheisten

Vor allem amerikanische Missionskirchen agitieren aggressiv, haben bislang aber nur geringen Erfolg. Sie vollziehen öffentliche Taufen häufig in Sichtweite heiliger buddhistischer Stätten, da kann man sich schon fragen: Muss das sein? Angeblich sollen sich 4 % der Bevölkerung zu christlichen Kirchen bekennen. Eine moslemische Minderheit vergleichbarer Größenordnung bildet die Gruppe der Kasachen. Schließlich haben die 60 Jahre kommunistischer Diktatur ihre Spuren hinterlassen. Die Zahl der Atheisten wird auf ein gutes Drittel der Bevölkerung geschätzt.

Feste und Bräuche

Tsagaan-sar und Naadam

Zwei Feste begeistern alle Mongolen schon Wochen, bevor die Feierlichkeiten beginnen, und zählen zu den Höhepunkten des Jahres. **Tsagaan-sar, das Neujahrsfest** (s. Thema S. 88) wird im frostigen Winter (zwischen Mitte Januar und Ende Februar) gefeiert und liegt damit für die meisten Touristen außerhalb der Reisesaison. Das mehrtägige Fest beginnt am Vorabend des neuen Jahres mit einem Essen im Kreis der Familie. Am Morgen danach wird das neue Jahr begrüßt, indem man sich vor der Jurte versammelt. Ein Besuch im Kloster,

Feste und Bräuche

bei Verwandten, Freunden und Nachbarn steht ebenfalls auf dem Programm. Und nicht anders als zur Begrüßung des neuen Jahres in unseren Breitengraden wird viel gegessen und viel getrunken.

Naadam, das Sport- und Nationalfest (s. Thema S. 202) in Ulaanbaatar bildet für die Mongolen das Highlight des kurzen Sommers. Wenn sich die Nation in ihren favorisierten Sportarten – Ringen, Reiten und Bogenschießen – misst, sind alle auf den Beinen, um das Spektakel mitzuerleben. Kleinere Naadam-Feste gibt es während des gesamten Sommers überall im Land. Hier kann man unmittelbar am Ring stehen und erhält oft einen besseren Eindruck von diesem von allen Mongolen geliebten und gelebten Volksfest als bei der Großveranstaltung in der Hauptstadt.

Neben dem Tsagaan-sar begeht vor allem die städtische Jugend auch das **Silvesterfest** nach dem Gregorianischen Kalender. Und auf dem Sukhbaatar-Platz in Ulaanbaatar steht um die Jahreswende ein Tannenbaum. Weitere wichtige Feiertage sind der **Frauentag** und der **Unabhängigkeitstag**. Hinzu kommen **Kindertag, Tag des Militärs** und Feiertage einzelner Berufsgruppen, denn die Mongolen lassen kaum einen Grund zu feiern aus.

Nauriz – das kasachische Nationalfest

Auch die anderen Bevölkerungsgruppen haben natürlich ihre Feste. Nauriz heißt das Nationalfest der Kasachen, das traditionell alljährlich am 22. März als nicht-religiöse **Feier der Tag- und Nachtgleiche** zum Frühlingsbeginns begangen wird. Das Wort *nauriz* kommt aus dem Persischen und bedeutet »das neue Jahr, der neue Tag und das Frühlingsfest«. Gefeiert wird es bei den Muslimen Zentralasiens und im Großen und Ganzen ist es mit Tsagaan-sar der Mongolen vergleichbar, mit dem Unterschied, das keine Geschenke überreicht werden.

Am Feiertag decken die Kasachen ihren Tisch reichlich und kochen für ihre Gäste eine Spezialität: *koje*, eine Joghurt-Reissuppe, die ohne Löffel und Stäbchen geschlürft wird. Koje ist ein gehört ebenso zur kasachischen Küche wie *uuts* (Hammelrücken) oder *buuz* (mit Fleisch gefüllte, gedämpfte Teigtaschen) auf mongolische Kochstellen.

Der Feiertag wird mit einem Ritus begonnen, bei dem die Sonne begrüßt wird. Traditionell bewegen Frauen einige Steine im Bachbett, um die ›Augen‹ der Quelle zu öffnen. Männer pflanzen Bäume an, in der Erwartung, dass sie die Natur trösten und dadurch die warme Zeit einladen. Die ältere Generation hat ebenfalls eine aktive Rolle. Großmütter mit weißen Kopftüchern werfen die fünf Köstlichkeiten (die Innereien eines Schafs: das Herz, die Niere, die Lunge, die Leber und die Milz) zusammen mit Süßigkeiten in die Luft, um so die besten Teile des Tieres den Göttern anzubieten. Wie beim Tsagaan-sar sollen an diesem Tag Streitigkeiten des vergangenen Jahrs begraben werden. Zu den Zeremonien dieses Festes gehört auch der Kampf um die blaue Ziege. Das ist ein waghalsiges Kräftemessen der Männer, bei dem zwei Reiter einen dunklen Lederbeutel aus Ziegenhaut oder auch die Läufe einer tote Ziege festhalten und damit versuchen den Konkurrenten aus dem Sattel zu ziehen. Besonderes Glück soll es bringen, am Nationalfest eine Hochzeit oder die Geburt eines Kindes zu feiern.

Live erleben – Naadam

Arrangieren Sie mit Ihrem Reiseveranstalter den Besuch eines kleinen **Naadam auf dem Land**. Auch eine längere Anreise lohnt sich. Sie sind unmittelbar am Ring, im Zentrum des Geschehens.

Beim großen **Naadam in der Hauptstadt** mieten Sie sich unbedingt einen Fahrer, der Sie auf der Pferderennstrecke näher an den Startpunkt bringt. Er sollte auch den entsprechenden Erlaubnisschein besorgen, mit dem die Zahl der Privatfahrzeuge reduziert werden soll. Im Ziel, nach 15 km, ist das Feld der Reiter so weit auseinandergezogen, dass der dramatische Eindruck – einschließlich guter Fotogelegenheiten – verloren geht.

Wichtiger Bestandteil der Feierlichkeiten zu Tsagaan-sar: ein kreisrunder Turm aus Neujahrsbroten, Milchprodukten und Bonbons

Gesellschaft und Alltagskultur

Der Ritus des Haareschneidens

Ist das kleine Kind ein Junge oder ein Mädchen? Leicht vertut man sich, beide haben in ihren ersten Lebensjahren lange Haare, mit bunten Schleifen zu kleinen Rattenschwänzen gehalten. Erst die Fünf- oder Sechsjährigen tragen Jungen- oder Mädchenfrisuren.

Der Ritus des Haareschneidens ist Anlass für ein **großes Familienfest.** Die Kinder sehen der Prozedur, die mit einer Totaltonsur verbunden ist, mit eher gemischten Gefühlen entgegen, auch wenn zahlreiche Geschenke das Ereignis versüßen und auf dem Lande Aussicht besteht, jetzt endlich Reiten zu dürfen. In der Regel wird ein Lama den günstigsten Zeitpunkt für den Haarschnitt bestimmen. Die Familie feiert, dass das Kind die ersten anfälligen Lebensjahre überstanden hat. Ethnologen wissen die Herkunft der Tradition noch genauer zu erläutern: Das Kind hört auf, ein Wesen zwischen zwei Welten zu sein, es gehört jetzt zur Gesellschaft. Nach dem Volksglauben ist es bösen Geistern und Dämonen bis zu diesem Tag nicht möglich, das Kind zu finden. Der richtige Zeitpunkt für den Ritus ist, wenn das Kind sich verständlich ausdrücken kann, nicht mehr scheinbar grundlos schreit und es zumindest gewisse Fingerfertigkeiten besitzt. Der älteste anwesende Mann beginnt eine Locke abzutrennen, die Schere sorgsam mit einem blauen Schal, einem *khadag,* verziert. Dann reicht er das Kind und die Schafschere weiter, immer begleitet von Segenssprüchen. Die Haarlocken werden als Andenken und magisches Zeichen aufbewahrt. Nicht anders als bei großen Familienfesten in Westeuropa stehen außerdem Essen und Trinken im Mittelpunkt des Geschehens, zumal die Gastgeber es sich nicht nehmen lassen, ein besonders gutes Schaf für diesen Tag zu schlachten.

Altan-Ovoo-Fest

Alle drei Jahre wird Ende Juli in Dariganga (s. S. 384) im Sukhbaatar Aimag das **Altan-Ovoo-Fest** gefeiert. Auf einem Vulkankegel über der Ortschaft steht ein goldgelb gestrichener, 10 m hoher gemauerter *ovoo,* der größte seiner Art im Osten. Dieser Dari-Ovoo, den nur Männer besteigen dürfen, liegt 1354 m hoch. Die Frauen haben einen eigenen, niedriger gelegenen Versammlungsort.

Mit den ersten Sonnenstrahlen begeben sich die Männer der Region auf den Berg, opfern reichlich Milch- und Fettprodukte, sodass der *ovoo* nach einigen Tagen einen leicht säuerlichen Geruch verbreitet. Währenddessen umwandern die Frauen, denen der Zugang zum Gipfel verwehrt ist, singend den Berg. Wie bei allen mongolischen Festen begleiten die Naadam-Sportarten (Reiten, Bogenschießen, Ringen) die Feiertage, für Touristen eine hervorragende Gelegenheit, nah und unmittelbar bei den traditionellen Wettkämpfen zuschauen zu können.

Winterfest und Kamelfest

Vor einigen Jahren begann man damit, drei Feste unter dem Namen **Winterfest** zeitlich dicht hintereinander (um das Neujahrfest Tsagaan-sar zwischen Mitte Januar und Ende Februar) zu organisieren, um den Tourismus zu beleben. Dazu zählen: das **Kamelfest** in Umnugobi, das **Eisfest** auf dem Khuvsgul und das **Adlerfest** in Terelj bei Ulaanbaatar. Das Kamelfest wird von den Bewohnern des Umnugobi Aimag seit 1997 gefeiert. Während des Kamelfestes findet ein Kamelpolowettbewerb und eine Kamelparade statt. Zusätzlich wird ein Kamelrennen über 15 km Länge veranstaltet. Die zweijährigen Kamele gehen über eine Distanz von 7 km.

Feste und Feiertage

8. März: Frauentag
18. März: Tag der Armee (Männertag)
1. Juni: Kinder- und Muttertag
11./12. Juli: Naadam
26. Nov.: Unabhängigkeitstag (Ausrufung der Volksrepublik 1924)
31. Dezember: Silvester

Bewegliche Feiertage
Zwischen Mitte Januar und Ende Februar: Tsagaan-sar (zwei Tage frei)

Architektur und Kunst

Nomaden reisen mit leichtem Gepäck. Entsprechend mobil ist selbst die Architektur – über Jahrhunderte wurde die Jurte perfektioniert, schnell auf- und abbaubar. Aufwendig werden kleine Haushaltsgegenstände gearbeitet: auf Wurzelholz getriebene Silberschalen, prunkvolle Messer, die am Gürtel baumeln, und feinste Schnupftabakflaschen, die jeder mongolische Mann aus den Tiefen seines *deel* fischen kann.

Von der Jurte zum Musterhaus

Zeugnisse der Vergangenheit

Die wenigsten Bauten sind so gut erhalten, dass auch der Laie Gewinn von einem Besuch haben würde, und nur einige Fundstätten wurden wissenschaftlich erforscht. Noch manche Siedlung harrt derweil unter der Graslandschaft der Entdeckung. Traditionell lebten die Mongolen meist nicht in festen Bauwerken, auch das ein Grund für die eher spärliche Zahl an Monumenten. Dennoch seien die interessantesten Stätten an dieser Stelle genannt.

Die historischen Stätten in **Karakorum** (s. S. 304) im Orkhon-Tal, wo deutsche Archäologen gemeinsam mit mongolischen Kollegen Fundamente der mongolischen Hauptstadt aus dem 13. Jh. ausgraben, sind ein Muss jeder Reise. Ebenso die gleichfalls dort zu bestaunende Mauer aus über 100 Stupas des Klosters Erdene Zuu (s. S. 306).

Chingghis Khaan hatte den Aufbau der Hauptstadt Karakorum angeordnet, doch erst unter seinem Sohn und Nachfolger Ögedei wurde 1235 der erste Wall errichtet. Schon 20 Jahre später berichtet der Franziskanermönch Wilhelm von Rubruk von einer kosmopolitischen Siedlung mit Europäern, Chinesen und Muslimen verschiedenster Herkunft. Die Archäologen gruben bis zu 5 m tief, legten antike, mit unregelmäßig behauenen Kalksteinplatten gepflasterte Straßen sowie Grundmauern eines ehemaligen Handwerkerviertels frei. Hier soll man sich das Leben so vorstellen, dass die Handwerker parallel neben der Straße ihre Werkstätten hatten. Nur gut 100 Jahre scheint die Siedlung bestanden zu haben. Funde unvollendeter Handwerksarbeiten legen nahe, dass eine kriegerische Niederlage gegen chinesische Truppen die Anwohner veranlasste, fluchtartig die Stadt zu verlassen. Erst im 19. Jh. errichteten die Mongolen mit Urga, dem späteren Ulaanbaatar, wieder eine feste Siedlung.

Nur 17 km nordöstlich von Karakorum findet sich ebenfalls im Orkhon-Tal die Ausgrabungsstätte von **Khar Balgas**. Nur die Wälle dieser ehemaligen Uigurenhauptstadt aus dem 8. Jh. sind in der grünen Hügellandschaft zu erkennen. Das gesamte Orkhon-Tal, wegen seiner Fruchtbarkeit seit Jahrhunderten ein bevorzugtes Siedlungsgebiet, ist heute als UNESCO-Weltkulturerbe anerkannt.

Die Jurte

Schon Wilhelm von Rubruk berichtet in seinen Schilderungen über »Reisen in die östlichen Länder« im 13. Jh. fasziniert von der Zweckmäßigkeit der mongolischen Jurte: »Die Jurte, in der sie schlafen, errichten sie auf einer kreisförmigen Scheibe aus Rutenflechtwerk. Das Quergestänge besteht ebenfalls aus Ruten, die nach oben in eine ganz kleine Rundscheibe zusammenlaufen, und

Architektur und Kunst

Die Tür einer Jurte zeigt immer nach Süden

von dieser erhebt sich schornsteingleich ein halsförmiger Aufsatz. Dieses (Holzgerüst) bekleiden sie mit weißem Filz, den sie öfters auch mit Kalk oder weißer Erde und Knochenmehl tränken, damit er weißer glänzt.«

Im Wesentlichen hat die Jurte *(ger)* bis heute ihre **traditionelle Form** beibehalten. Der erste optische Eindruck ist derselbe wie vor Jahrhunderten, auch wenn man das 200 bis 300 kg schwere Zelt heute zum Transport bequem zusammenlegen kann. Rubruk berichtete noch, dass »sie ihre Häuser auf Räder stellen. An einem Wagen zählte ich 22 Ochsen, die eine solche Jurte zogen«. Selbst in Ulaanbaatar lebt noch immer jeder dritte Bewohner in **Jurtensiedlungen** am Stadtrand. Allerdings fehlt den traditionellen Behausungen hier der Charme, den die weißen Zelte in der Steppe ausstrahlen.

Einen entscheidenden technischen Fortschritt stellte die Entwicklung des **Scherengitters** dar, das von Ferne an einen deutschen Jägerzaun erinnert. Damit wurde die Jurte schnell zerlegbar. Das Holzgitter bildet auseinandergezogen und zu einem Kreis zusammengefasst das Wandgerüst. Vier Scherengitter ergeben eine Ger normaler Größe, großzügiger sind Jurten aus fünf oder sechs. Fächerförmig aneinandergelegte Holzstangen formen die **Dachkuppel**. Die Stangen sind meist in Rottönen bemalt. Auf das Holzgerüst werden **Filzbahnen** gelegt, je nach Außentemperatur oft mehrere Schichten übereinander. Das weiße Leinentuch, das über den Filz gespannt wird, schützt die Dämmung vor Feuchtigkeit und gibt der Jurte ihr charakteristisches Aussehen. Ein solches Zelt bietet optimale Raumnutzung bei minimalem Volumen, was für die Beheizung während des extrem kalten Winters von größter Wichtigkeit ist. Stabilität verleiht ihr Eigengewicht – allein der Filz wiegt 150 bis 200 kg.

Im Sommer werden die untersten 20 cm der Abdeckung nach oben gewickelt, um die Luftzirkulation im Inneren zu verstärken. Alle Gegenstände haben ihren festen Platz, so dass alle Jurten einander ähneln. Die bunt bemalte Eingangstür ist immer nach Süden

Von der Jurte zum Musterhaus

ausgerichtet. Kleine, niedrige Holzhocker gruppieren sich um den bullernden **Kanonenofen,** der in der Ger auch im tiefsten Winter schnell eine Saunaatmosphäre schafft. Damit das Filzdach nicht zu brennen beginnt, ist ein größeres rundes Loch an der höchsten Stelle des Zeltes erforderlich, durch das sich das eiserne Ofenrohr gut einen Meter in den Himmel schiebt. Durch diese Öffnung entschwindet die Hitze nun schnell wieder, wenn der getrocknete Kuhdung im Ofen verglüht ist; zudem kann es hier auch reinregnen.

Die Jurte steht normalerweise direkt auf der Steppe, ohne dass ein separater **Boden** benutzt wird. Jedoch sind gelegentlich auch Holzböden in Gebrauch, die dann genau dem Durchmesser der Jurte angepasst sind. Selten finden sich PVC Böden.

Kasachische Jurten sind höher und ihre Dächer runden sich leicht in der Höhe des Scherengitters. Regenwasser und Schnee können so besser abfließen als bei einer mongolischen Jurte. Auch die Inneneinrichtung weicht von der mongolischen ab: Im Gegensatz zu Schemeln bevorzugen die Kasachen höhere Stühle und Tische. Farbenfroh sind die aufwendig geknüpften Teppiche. Ihre **Winterquartiere** bestehen oft aus festen Bauten und Lehmhäusern.

Feste Gebäude

Mobilität ist ein entscheidendes Kriterium im Leben der Nomaden. Daher ist es nicht weiter verwunderlich, dass man nur wenige feste Bauwerke aus den letzten Jahrhunderten zu sehen bekommt. So dienten Jurten auch als erste Tempel. Als weitläufigere Räumlichkeiten nötig wurden und größere **Klöster** entstanden, baute man ›feste Jurten‹ mit Wänden aus Holz. Auch für solche Bauten gabe es in der Mongolei einen klassischen Stil, der den klimatischen Notwendigkeiten und den örtlichen Baumaterialien entgegenkam. So lassen sich Zeugnisse der **Lehmarchitektur,** insbesondere im Klosterbau, mindestens bis in das 15. Jh. zurückverfolgen. Die dabei angewandten Techniken reichen von der Stampflehmbauweise über fachwerkähnlichen Flechtlehm bis hin zum Ziegelmauerwerk.

Mongolische, tibetische und chinesische Einflüsse prägen die wenigen klassischen festen Gebäude in der Mongolei. Später kamen über die Sowjetunion europäische neobarocke Bauten, dann russischer Zuckerbäckerstil und schließlich als Tiefpunkt die Plattenbauten hinzu.

Unter fremdem Einfluss

Ab dem 17. und 18. Jh. prägen **sino-tibetische Einflüsse** die Architektur: Die tibetischen Klöster, zwei- oder dreigeschossige Gebäude, kennzeichnet eine quadratische, festungsartige Bauweise, mit weiß gestrichenen Ziegelwänden und kleinen Fenstern. Auf die wuchtigen Mauern wurde als Dach eine leichte, geschwungene Holzkonstruktion, oft mit mongolischen oder chinesischen Stilelementen, gesetzt. Ein Beispiel für den tibetischen Einfluss auf den mongolischen Klosterbau ist der Lawran-Tempel in Erdene Zuu (s. S. 306).

Aus Tibet und Indien wurde auch die Form der **Stupas** übernommen, die traditionell um mongolische Klöster herum errichtet wurden. Bekannt ist heute noch die Umfriedungsmauer von Erdene Zuu mit 102 Stupas. Fotos dokumentieren auch Gebäude, bei denen ein tibetisches Grundgerüst von einer jurtendachähnlichen Konstruktion geschlossen wurde, die dem Ganzen aber eher den Charakter einer ›Festung mit Regenschirm‹ gab. Den Charakter einer Burg haben hingegen der Bogd-Khan-Palast (s. S. 185) und das Choijin-Lama-Kloster (s. S. 181) in Ulaanbaatar verloren, sie wirken leichter, besser proportioniert. Auch das Kloster Amarbayasgalant (s. S. 263) mit Tempeln, die statt dicker Mauern filigrane Säulenkonstruktionen aufweisen, gehört in eine späte Phase der mongolischen Sakralbaukunst, die stark chinesisch beeinflusst war.

Im Norden zur Grenze nach Russland hin überwiegen **sibirische Blockhäuser,** lang gestreckte Bauten, oft mit zwei kleinen Eingangsveranden an den beiden Schmalseiten. Immer gehört ein kleines Vordach dazu. In Ulaanbaatar sind nur noch vereinzelt Beispiele aus früherer Zeit zu finden.

Architektur und Kunst

Die stalinistischen ›Säuberungen‹ der ersten Jahrzehnte unter sozialistischem Vorzeichen hinterließen auch in der Architektur ihre zerstörerische Spur, insbesondere durch Schleifung der meisten Klosteranlagen. **Sozialistische Bauten** in Ulaanbaatar kennzeichnet ein neuer Klassizismus (Außenministerium, Parlamentsgebäude) mit mächtigen Säulen und strengen Fassaden, gelegentlich gepaart mit mongolischen Stilelementen wie beim Dramatheater, dessen vierseitige Dachkonstruktion mit dem doppelten Dachaufbau auf mongolischen Einfluss zurückzuführen ist. Daneben sieht man auch Gebäude im sowjetischen **Zuckerbäckerstil** wie das Gästehaus des Präsidenten im Regierungstal jenseits des Flusses.

Plattenbau

Die letzte Phase unter sowjetischer Oberherrschaft ab den 1960er-Jahren ist durch den Plattenbau gekennzeichnet. Von der Jurte zum Plattenbau, das scheint eine eher betrübliche Entwicklung zu sein, doch allzu leicht idealisieren wir Europäer eine Wohnform, in der keiner von uns dauerhaft seine Bleibe finden möchte. Das mongolische Zelt hat zweifellos Atmosphäre, während die Plattenbausiedlung seelenlos und oft ausgesprochen verkommen ausschaut, Fenster nicht schließen und der Putz abblättert, bevor die Farbe fest ist. Gleichwohl betrachtet das Gros der Bewohner von Ulaanbaatar den Einzug in eine **Mietwohnung als sozialen Aufstieg**. Es gibt meistens Strom und fließend Wasser, im Winter sorgt Fernwärme für einen gewissen Komfort. Und auch in der kleinsten Wohnung ist das Raumangebot größer als in einem Ein-Raum-Zelt, in dem die ganze Familie zusammen leben muss, ohne das es einen Rückzugsort gäbe.

Es ist nicht der Abschied von der Jurte, der stört, sondern die Rücksichtslosigkeit der sozialistischen Architektur, mit der sie die örtlichen kulturellen und klimatischen Bedingungen ignoriert. In einem Land, das nahezu grenzenlos Platz hat, wären zweigeschossige Häuser vielleicht angemessener gewesen.

Die Jurten im Zentrum dienen meist nicht als Wohnstatt, sondern als Platzhalter für Immobilienspekulanten – nach der Devise: Da, wo mein Hut liegt, das gehört mir

Plattenbausiedlungen verschandeln nicht nur Ulaanbaatar. Viel schlimmer noch wirken Städte, die nicht die bevorzugte Behandlung der Hauptstadt erhielten. In Altanbulag und Sukhbaatar an der russischen Grenze ragen ebenso wie in den erst in sozialistischer Zeit gegründeten Städten Darkhan, Erdenet und Baganuur die Betonplatten – oft mit leeren Fensterhöhlen – direkt aus dem Grün der Wiesen in den Himmel, ohne irgendeine Andeutung eines alten Zentrums. Nicht anders sehen viele Aimagzentren und erst recht die zahllosen verlassenen sowjetischen Garnisonsstädte aus. Da spendet es nur wenig Trost, wenn man die Bestrebungen der Stadtplaner erkennt, die Städte familiengerecht zu gestalten, mit Kinderspielplätzen und Wohngebieten, die – wie in Darkhan und Erdenet – durch einen Gebirgszug von der Industrie getrennt waren. Doch der aktuelle Blick auf Ulaanbaatar belegt, dass es Zwischenschritte auf dem Weg zur Trabantenstadt gab, die menschlicher, wohnlicher wirken.

Bauen nach der Wende

Der demokratische Aufbruch zeigte sich auch in einer **neuen Phase mongolischer Architektur**. Klöster entstehen wieder, nur zum kleinen Teil als Rekonstruktion, überwiegend als Neubauten. Das rote Chingghis Khaan Hotel mit seinen vielen Glaselementen wurde zwar schon zu sozialistischer Zeit begonnen, ist im Grunde aber ein Zeugnis für einen neuen Baustil. Neue Gebäude im »Dubai-Stil« sind in den vergangenen vier Jahren rund um den Sukhbaatar-Platz entstanden. Avantgardistisch reckt sich hier ein neues Gebäude in Form eines mächtigen Segelboots in den blauen Himmel, das aber auch für das zunehmende Auseinanderklaffen von Arm und Reich in der Mongolei steht.

Mehr Realismus und neue Wege werden gemeinsam mit mongolischen Architekten im Rahmen der deutschen Entwicklungszusammenarbeit beim Bau von Energiesparhäusern angestrebt. Anleihen am traditionellen Baustil fehlen dabei allerdings. Deshalb muss sich erst zeigen, ob jenseits einiger Musterhäuser das Konzept eine breitere Akzeptanz finden wird. Geplant ist eine **ECO-City** mit dem Ziel, energieeffiziente Häuser zu bauen, die mit guter Isolierung dem Winter trotzen und mit Solarpanels die gerade während der kalten Jahreszeit hohe Anzahl der Sonnenstunden nutzen. Je nach Monat bedeutet das für Ulaanbaatar zwischen 5 und 10 Stunden Sonne pro Tag. Im Vergleich dazu kommt das sonnenverwöhnte Freiburg nur auf 1 bis 8 Stunden.

Kunsthandwerk

Wer seine Einrichtung alle paar Wochen komplett zusammenpackt, um zu einem neuen Weidegrund zu ziehen, muss sich beschränken. Die traditionelle Kunst der Mongolen ist daher in erster Linie auf nützlichen Hausrat beschränkt. Kunstsinn und Prestigebedürfnis richteten sich schon immer auf **Reit- und Zaumzeug, Waffen** und **Frauenschmuck.** Hinzu kommen abgesteppte **Filze, Applikationen, silberne Essbestecke** und **Messerscheiden** sowie **Rollbilder** *(thangka)* mit Motiven aus dem Buddhismus.

Die mongolische Kunst nahm während ihres Entwicklungsprozesses Elemente aus Zentral- und Ostasien, Indien und Nepal auf. Mit der nomadischen Lebensweise ging eine Geringschätzung der Handwerker einher. **Chinesische Wanderarbeiter** (Silberschmiede, Bronzegießer, Metalltreiber, Schreiner, Gerber, Weber etc.) waren daher die Hauptträger des klassischen Kunsthandwerks, und der Einfluss aus China war entsprechend stark, wie sich insbesondere in der Holzbearbeitung und -dekoration zeigt. Hinzu kamen tibetische und europäische Künstler. Die Liebe zu kontrastreichen, reinen Farbkombinationen und zu einem klaren Ornament lassen mongolisches Kunsthandwerk überraschend modern und gefällig erscheinen.

Traditionelle Kunstwerke sind selten bestimmten **Künstlern** zuzuordnen. Und selbst, wenn einzelne Personen genannt werden, ist Vorsicht geboten. So soll **Zanabazar,** der erste Bogd Khan (s. S. 65), ein überragender Architekt, Maler, Bildhauer, Goldschmied und

Architektur und Kunst

Bronzegießer gewesen sein. Die ihm zugeschriebenen Arbeiten weisen tibetische, chinesische und indische Stilmerkmale auf, sodass sich die Frage stellt, ob ein einzelner Mann tatsächlich so vielfältig und begnadet gewesen sein kann.

Filz

Teppiche haben die Mongolen nie geknüpft, sondern **Filzmatten** bestickt oder mit Applikationen versehen. Alle heute in der Mongolei angebotenen Teppiche sind Maschinenware, zum Teil noch aus von der DDR gebauten Fabriken. Eine Ausnahme bilden kasachische Teppiche. Sie zeichnen sich durch ein farbenfrohes, teilweise an Kitsch grenzendes Spiel aus verschlungenen Schlangenmustern und Quadraten aus, die auf einen einfachen Stoffuntergrund gestickt sind. Oft sind in den Kasachenteppichen, die immer Wandteppiche sind, das Datum des Beginns und der Fertigstellung eingestickt.

Die abgesteppten **Filzteppiche,** deren Ränder oft mit bunten Stoffbändern eingefasst werden, bilden ein unvergleichliches Wärmepolster. Die Filze isolieren die Wände der Jurte und angesichts des extrem trockenen Klimas in den kalten Wintermonaten werden sie nicht feucht. Man belässt sie in ihrer grauen Naturfarbe und ornamentiert sie durch Steppnähte. Die Nähte festigen den Filz und verhindern, dass er zerfasert. Als Umkettelung für wertvollere Stücke dienen Baumwollstreifen in Rot, der bevorzugten Farbe jeder Jurteneinrichtung. Die Muster der Filzteppiche in der Inneren und der Ost-Mongolei sind geometrisch und stark chinesisch beeinflusst. In der West-Mongolei werden sie von kasachischen und kirgisischen Mustern geprägt. Neben Teppichen werden auch **Wandbehänge, Kissen** und **Decken** aus Filz hergestellt.

Seidenbilder

Die Applikationstechnik erreicht ihren Höhepunkt bei der Herstellung von *thangkas*, großformatigen **Seidenbildern** mit Darstellungen von Gottheiten. Diese Rollbilder kamen mit dem Lamaismus in die Mongolei und wurden fast ausschließlich in den Klöstern hergestellt. Der mongolische Name für die Technik, in der sie gefertigt werden, *tseegt namal,* beschreibt sie recht genau:»das, was mit genähten Rändern beklebt ist«. Neben Kriegs- und Berggottheiten werden besonders gerne die Schutzgottheit Mahakala, der Todesgott und Richter der Toten Yama, der Medizin-Buddha, Buddha Shakyamuni, der zukünftige Buddha Maitreya (Maidari), der Gott des Reichtums Kubera, Avalokiteshvara, die Grüne Tara (Göttin der Gnade) und schließlich Tsongkhapa, der Begründer der Gelben Schule, abgebildet. Die Farben haben feste Bedeutungen, Weiß symbolisiert den Himmel, Blau Wasser, Rot Blut. Die mongolischen Götter sind zumeist furchterregende Erscheinungen mit unverkennbar weltlichen Gelüsten. Das Auge sollte eine Weile auf diesen Darstellungen verweilen, denn die Bilder erzählen eine Vielzahl von Geschichten.

Schnupftabakflaschen

In einem Seidenbeutel trägt fast jeder Mongole ein Fläschchen in der Tasche, mancher Hirte verbirgt sogar handtellergroße Exemplare in den Weiten seines *deel*. Die Tradition der Flaschen als Aufbewahrungsort für Schnupftabak kommt aus China. Während in Europa schmale Schachteln üblich waren, nutzten Chinesen bevorzugt Flaschen, wie Forscher meinen, weil die seinerzeit modischen zentimeterlangen Fingernägel beim Handhaben einer Schachtel hinderlich waren, während man mit dem kleinen Löffel immer noch Tabak aus dem Fläschchen holen konnte.

Es gibt sie aus nahezu jedem Material, doch während in China Modelle aus Porzellan und Glas beliebt sind, ziehen die Mongolen Arbeiten aus **Schmucksteinen** vor, nutzen aber auch **Holz und Horn.** Die Herstellung eines solchen Behälters dauert mit modernen Maschinen immer noch zwischen 40 und 50 Stunden. Zunächst erhält der Stein die äußere Form, dann wird der Innenraum hohl geschliffen. Je dünner die Wand, desto gelungener und aufwendiger die Arbeit. In ihrer gut 300-jährigen Geschichte entstand eine nahezu unendliche Vielfalt an liebevoll gefertigten Schnupftabakflaschen.

Schmiedearbeiten

Besonders beeindruckend sind für viele Besucher der Mongolei die Schmiedearbeiten, die überwiegend von chinesischen Wanderarbeitern gefertigt wurden. Zum Teil entdeckt man wunderbar gearbeitete Exemplare. Die meisten Produkte, die heute zu sehen sind, stammen aus der Zeit der Wende zum 20. Jh. Die Zerstörung der Klöster und privater Strukturen sowie die Vertreibung der chinesischen Handwerker erstickten auch das Kunsthandwerk, sodass kaum Stücke vorhanden sind, die nicht mindestens 60 bis 70 Jahre alt sind.

Die in jüngerer Zeit hergestellten Schmuckwaren lassen sich – wegen des Silbermangels – an ihrer niedrigeren Legierung leicht erkennen. Aber wie auch früher scheint Ziselieren immer noch die beliebteste Dekorationstechnik zu sein. An erster Stelle stehen **Beschläge** für **Sättel** und **Zaumzeug,** verzierte **Steigbügel, ziselierte Silber- oder Bronzeplatten am Sattelknauf.** Die Pfeife für den kleingeschnittenen Tabak, der aus Kasachstan bezogen wird, hat meist einen kupferbelegten Stahlkopf. **Messer** und **Feuerzeug** sind oft aus besonders schweren Silberteilen gearbeitet.

Verbreitet sind auch feine silberne **Armbänder,** in die Korallen und Schmucksteine eingearbeitet wurden. **Ohrschmuck, Ringe** und **Ketten** sowie **Haar- und Zopfspangen** sind sehr beliebt. Klassisch unter den Haushaltsgegenständen sind mit ziseliertem Silber beschlagene **Wurzelholzschalen,** zumeist in mittlerer Größe für *airag* aber auch kleine, die für Schnaps gedacht sind, oder große Prunkschalen. Bei der Vielfalt der Trinkschalen gleicht keine der anderen. Einige Motive sind darauf besonders beliebt: zunächst die zwölf Tierkreiszeichen, der Ewige Knoten und die übrigen sieben der insgesamt acht Glückszeichen des Buddhismus (Rad der Lehre, Muschel, Schirm, Banner, Lotosblüte, Vase, Fische), die beiden ineinander verschlungenen Ringe als Eheringe (eckige Variante für den Mann, runde für die Frau) und das Widderhornmotiv.

Trachten

Bis heute wird man selbst im Stadtbild von Ulaanbaatar – besonders zu Tsagaan-sar – immer wieder Menschen begegnen, die den langen traditionellen Mantel, den ***deel*** tragen. Er zeichnet sich durch überlange Ärmel aus, die zugleich im Winter den Händen Schutz vor Kälte bieten. Winterdeels sind oft mit Schafsfell gefüttert, andere Felle werden seltener für Futterzwecke genutzt. Die Knopfleiste ist asymmetrisch auf der rechten Seite angebracht. Die Farben der Stoffe sind sehr vielfältig. Neuerdings werden gerne stark gemusterte Deels getragen, die den traditionell einfarbigen in Rot- und Blautönen gehaltenen weichen müssen. Es gibt keine Taschen. Alles, was man in die Taschen stecken könnte, wird im Deel selbst aufbewahrt und liegt eng am Körper oberhalb des tuchartigen Gürtels. Auch breite Ledergürtel mit aufwendig gepunzter Silberschnalle werden gerne getragen. Zum Deel gehört ein Paar Lederstiefel, die eine typische mongolische, hochgezogene Spitze aufweisen. Diese Spitzen sollen verhindern, dass die Erde verletzt wird, die den Mongolen heilig ist und nicht verletzt werden darf. Eine Bemerkung sei erlaubt: Betrachtet man den chaotischen Kleinbergbau, so stößt sich hier das Ideal der kulturellen Überlieferung mit der realen Profitgier.

Als Glücksbringer stecken die **Kasachen** eine Uhufeder an ihren Hut. Die Männer binden sich ein weißes Tuch um den Kopf oder tragen sogenannte *kelesh,* eine traditionelle, runde Kappe.

Bildende Kunst

Die **traditionellen Gemälde** *(zurag)* erzählen Geschichten. Es handelt sich meist um kleine Bilder mit feinen Tuschestrichen und zarten Farben, die fast wie Comiczeichnungen oder naive Malerei wirken. Ursprünglich dominier-

Architektur und Kunst

ten religiöse Motive, bevor der Alltag der Nomaden in den Vordergrund rückte. Auch Legenden und Märchen spiegeln sich in diesen Bildern wieder. Der bekannteste Maler der *Zurag*-Schule ist **B. Sharav** (1869–1939), dessen Werk »Ein Tag in der Mongolei« besonders bekannt wurde. Lange kann man vor diesem Bild, das im Zanabazar-Museum hängt, verweilen und man wird immer wieder neue Facetten des Jurtenlebens in der Vielzahl der handelnden Personen entdecken. Auch wenn sehr viele seiner Arbeiten noch traditionell gehalten sind, gelang Sharav doch mit seinen comichaften Aquarellzeichnungen ein neuer Malstil, der ihn zum Vater der modernen mongolischen Malerei machte.

Bunte Masken aus Papiermaschee, sogenannte *tsam*-Masken, zeigen einen sehr mongolischen Stil. Mönche trugen sie bei rituellen Tänzen, eine Tradition, die in der Mongolei wieder auflebt (s. Thema S. 182). Die wenigen alten Museumsstücke und Dekorationsexemplare in Klöstern bilden eine wertvolle Vorlage. Die Augenbrauen der Masken lodern feurig, die Mäuler sind gierig aufgerissen, die Farbwahl ist aggressiv. Oft wurden sie aufwendig mit Korallen geschmückt. Heute fertigt man sie meist kleiner, und so eignen sie sich als ausgefallenes Souvenir.

Auch für die Kunstwelt war die Revolution von 1921 und die folgende Zerstörung der Klöster eine Zäsur. Das traditionelle Kunstschaffen brach fast völlig zusammen.

Sozialistischer Realismus

An die Stelle des alten Kunsthandwerks trat die neue ›engagierte‹ Kunstauffassung, der Sozialistische Realismus. So stehen in Ulaanbaatar und in jedem Aimagzentrum mächtige **Denkmäler**, in Beton und Bronze gegossene Helden der Revolution, oft erinnern sie an »die immerwährende Freundschaft mit der Sowjetunion«. Jenseits des Flusses in Ulaanbaatar steht das Zaisan-Ehrenmal, zum Gedenken der gefallenen sowjetischen Soldaten im Zweiten Weltkrieg mit typischer, sozialistischer Heldenmalerei. Und auch in den **Gemälden** lässt sich der sowjetische Einfluss nicht verkennen: Neben Revolutionshelden dominieren Landschaftsdarstellungen in Öl oder Aquarell. Die Darstellungsweise verflachte zunehmend.

Neue Entwicklungen

Schon kurz nach der friedlichen Revolution von 1990 präsentierten die ersten jungen mongolischen Künstler moderne Malerei, die sich radikal vom sozialistischen Realismus unterschied. Anleihen an Sharavs Konzept der humorvollen Kleindarstellung waren und sind unverkennbar. Typische Vertreter sind Chimeddorj und Otgonbayar. Gegenüber dem Dramatiktheater wird in einer privaten Galerie, der Mongolian Artists' Exhibition Hall moderne Kunst in wechselnden Ausstellungen präsentiert und auch zum Kauf angeboten.

Musik

Im Kloster Erdene Zuu ist dieser Darstellung eines Jurtenumzugs zu sehen

Musik

Kehlkopfgesang

Ist hinter der Bühne noch ein zweiter Sänger versteckt? Mongolischer **Kehlkopfgesang** ist einzigartig und wird meist nur von turkstämmigen Völkern wie den Tuwinern rund um das Altai-Gebirge beherrscht, auch wenn ähnliche Gesangsentwicklungen rund um den Globus bei einzelnen Völkern zu finden sind. Ein einziger Sänger produziert gleichzeitig zwei Töne, einen tiefen, langen Grundton, über den hohe Obertöne moduliert werden, während der Grundton ununterbrochen weiter klingt. *Khöömij* nennen die Mongolen diese auch als **Langton- oder Obertongesang** bekannte Gesangsform, bei der parallel zwei Luftströme gebildet werden, um eine zweite Stimme erklingen zu lassen, die über dem Basiston zu schweben scheint. Nur der männliche Rachen und Kehlkopf erlaubt anatomisch die notwendige Resonanzverstärkung im Mund-und Rachenraum, damit die Obertöne lauter werden als der Grundton.

Die Experten unterscheiden den mongolischen Kehlkopfgesang von Varianten, die in den letzten Jahrzehnten als Obertongesang auch in westliche, experimentelle Musik Eingang fanden. Doch die Geheimnisse der wahren Meister dieser Kunst, der Mongolen, haben sie noch nicht abschließend entschlüsselt. Formen die mongolischen Sänger spezielle Taschenfalten, um einen eigenen Resonanzraum im Kehlkopf zu bilden? Nase,

Architektur und Kunst

Lippen, die Form der Mundöffnung, Zungenlage und selbst die Zahnstellung scheinen einen wesentlichen Einfluss zu haben. Auch haben die mongolischen Sänger unterschiedliche Techniken entwickelt, je nachdem welcher Basiston benötigt wird. Mal ist die Brustmuskulatur wichtiger, mal sind es die Bauchmuskeln, als hätte man einen singenden Bauchredner vor sich. Dabei scheint ein guter Khöömij-Sänger die Lippen nicht zu bewegen. Doch die Kontraktion der Halsmuskulatur, die Spannung unter der das Zwerchfell steht, zeigen, welch gewaltige körperliche Anstrengung der Kehlkopfgesang für den Sänger und seine Stimmbänder bedeuten.

Wer nach einer ersten Begegnung mit dem Gesang das Staunen und Rätseln über die Gesangstechnik überwunden hat, sollte sich der für ein europäisches Ohr fremden Musik hingeben, um zu spüren, wie die endlose Weite der Steppe, das Singen der Dünen, das Schweigen eines sibirischen Winters, geradezu greifbar werden. Tiefe, guttturale Schluchzer und Schnörkel mit langen, melodischen Linien im langsamen Tempi kennzeichnen die Lieder. Die Töne können plötzlich von der Hals- zur Falsettlage wechseln.

Typisch mongolische Instrumente

Begleitet werden Langton-Sänger oft von Musikern auf der **Pferdekopfgeige** *(morin khuur)*. Der Hals des zweisaitigen Streichinstruments, das im Klang einem Cello nahekommt, ist in Form eines Pferdekopfes geschnitzt. Der Resonanzkörper ist entweder rechteckig oder schwach trapezförmig und wird beim Spielen zwischen oder auf den Knien positioniert. Die zwei Saiten sowie der Bogen bestehen aus Pferdehaaren, wobei die Strähnen vom Schweif des Pferdes nicht gesponnen sind. Die tiefere Saite enthält 130 und die höhere 100 Haare. Da das Instrument nicht über ein Griffbett verfügt, werden die Töne durch Abklemmen zwischen den Fingern erzeugt. 2003 wurde die Musik dieses Nationalsymbols der Mongolen von der UNESCO in die Liste des immateriellen Weltkulturerbes aufgenommen.

Neuerdings hat China allerdings bei der UNESCO einen Vorstoß unternommen, die Pferdekopfgeige für sich in die Liste des Weltkulturerbes eintragen zu lassen.

Oft begegnet man auch der **Maultrommel** *(hel khuur)*. In den Klöstern erinnern **Metalltrompeten** *(bishgüür)* an Tibet. Einen anderen kulturellen Hintergrund haben **Schamanenrasseln** *(shigshuur)*, **Schamanentrommeln** oder **Schamanenglöckchen,** mit denen der Schamane die Götter weckt.

Klassische und moderne Musik

Man würde der mongolischen Musikszene aber nicht gerecht, ohne auch einen Blick jenseits der Volksmusik geworfen zu haben. Mit der sowjetischen Herrschaft zogen auch europäische **Oper und Klassik** in der Mongolei ein. Im Jahr 1942 wurde das Opernhaus in Ulaanbaatar gebaut.

Kaum war 1990 der Eiserne Vorhang gefallen, revolutionierten zunächst Raubkopien westlicher Bands auf dem Schwarzmarkt die Musikszene. Kurz danach brachten die ersten Satellitenschüsseln amerikanische Musiksender wie MTV auch in entfernte Jurten. Doch wer eine Amerikanisierung der mongolischen Musik fürchtete, sah sich getäuscht. Mongolische Musikgruppen übten sich an den neuen Klängen und kombinierten bald experimentell e-Gitarre und Pferdekopfgeige. Heute konkurrieren in Ulaanbaatar zwei lokale Fernsehkanäle ausschließlich mit Musikvideos um die Aufmerksamkeit des Publikums. In den Bars und Nachtclubs der Hauptstadt findet sich die ganze Vielfalt dieser **lebendigen Musikszene,** die zwar im Westen wenig Beachtung findet, aber regional zur Avantgarde zählt, über die Innere Mongolei nach China wirkt und in Korea und Japan beachtlichen Zulauf erfährt.

Das traditionelle Instrument der Kasachen – die Dombor

Rennpferde und Musik sind die zwei Leidenschaften der Kasachen. Ohne die Dombor

Das mongolische Nationalinstrument: die Pferdekopfgeige

Architektur und Kunst

(Dombira), das nationale Saiteninstrument, das in jeder kasachischen Familie zu finden ist, kann man sich die Kasachen nicht vorstellen. Jung und Alt können dieses Instrument hervorragend spielen.

Die Kasachen erzählen sich eine **Legende:** Einst verschwand ein Prinz auf der Jagd spurlos. Der König schickte seine Diener in alle Himmelsrichtungen aus, doch vergeblich. Verzweifelt drohte er: »Wer eine schlechte Botschaft von meinem Sohn bringt, dem wird heißes Blei in den Hals gegossen.« Als die Diener den Sohn schließlich tot auffanden, hatte niemand von ihnen den Mut, die Nachricht ihrem König zu überbringen. Aber es gab einen Jungen, der durch sein Talent und seine Weisheit beliebt war. Er ging zum Königspalast und spielte singend auf der Dombor die traurige Geschichte des Königssohns. Der König und die Anwesenden erfuhren so die Wahrheit durch ein Lied. Auf Befehl des Königs wurde der Hals der Dombor mit Blei ausgegossen.

Von Weitem betrachtet, glaubt man, eine große hölzerne Schöpfkelle vor sich zu haben. Die Dombor besteht aus vier Hauptteilen, Schöpfkelle, Vorderseite, Stiel und Ohr. Man schnitzt sie schüsselförmig aus einem Stück trockenen Kiefernholz. Über den Schüsselboden wird ein Brett geleimt und zwei aus Ziegendünndärmen gefertigte Saiten werden an dem Stiel befestigt. Fertig ist das Traditionsinstrument!

Die klassische Dombor hatte zwei oder drei Saiten, doch in der Mongolei hat sich allein die zweisaitige Variante durchgesetzt, während im angrenzenden Kasachstan noch dreisaitige Dombor gespielt werden. Das Instrument eignet sich besonders als Begleitung ausdrucksstarker Lieder über die Heimat, die Berge und die Flüsse. Könner lassen Vögel zwitschern oder imitieren die Geräusche einer ganzen Viehherde.

Heute stellt die Dombor ein wichtiges Geschenk für Ehrengäste dar. Auf dem Markt der Stadt Ulgii gibt es das Instrument in allen Größen zu kaufen. Je nach Fertigungsart schwankt der Preis zwischen 10 000 oder 25 000 MNT.

Literatur

Das früheste literarische Werk der Mongolei stammt aus dem 13. Jh.: Es handelt sich um die »**Geheime Geschichte«,** in der die Taten des Chingghis Khaan und seiner Söhne erzählt werden (s. S. 61). Ihr Verfasser ist unbekannt.

Als Vater der modernen mongolischen Dichtung gilt **Natsagdorsh** (1906–1937). Im Alter von sieben Jahren gelangte er auf Betreiben seiner Eltern an einen örtlichen Adelshof, wo er lesen und schreiben lernte, um im Alter von elf Jahren als Angestellter im Kriegsministerium des Bogd Khan zu arbeiten. Die junge Revolutionsregierung entsandte den begabten Mann mit einer Gruppe von 20 Studenten zunächst an die Militärakademie von Leningrad, später zum Studium nach Leipzig. Seinen Studienaufenthalt verarbeitete er in dem Werk »Von Ulan Bator nach Berlin«. Am bekanntesten ist sein Gedicht »Mein Heimatland« und die Opernbühne in Ulaanbaatar beginnt und endet ihre Spielsaison traditionell mit der von ihm verfassten Liebesgeschichte »Die drei traurigen Hügel«. Als Anhänger der kommunistischen Revolution verfasste er auch Propagandaschriften, fiel gleichwohl in Ungnade, wurde 1932 vorübergehend verhaftet und starb im Alter von nur 31 Jahren im Jahr 1937. Gerüchte, der Geheimdienst hätte ihn ermordet, sind nie verstummt.

International bekannt ist der mongolische Schriftsteller **Galsan Tschinag,** der u. a. auf Deutsch publiziert (s. Thema S. 338).

Film

Seit der politischen Wende haben sich Filmproduktionen aus und über die Mongolei einen Platz auf der Bühne des internationalen Filmbusiness erobert.

1991 transportierte »**Urga«** von Nikita Michalkow erstmals die mongolische Nomadenwelt in westliche Kinos. Allerdings spielt der Film über einen russischen Lkw-Fahrer, der bei einer mongolischen Hirtenfamilie

Film

strandet, in China, in der Inneren Mongolei. Der Stadt-Land-Konflikt bestimmt diesen Streifen, dessen grandiose Landschaftsaufnahmen mehr als die Handlung faszinieren.

Einem internationalen Publikum bekannt wurde auch der Film »**Die Geschichte vom weinenden Kamel**« von Davaa Byambasuren und Luigi Falorni aus dem Jahr 2003. Der poetische deutsch-mongolische Dokumentarfilm erlangte sogar eine Oscar-Nominierung. Seine Stärke liegt in den wunderbaren Bildern und der Art und Weise, wie er den Zuschauer in das Nomadenleben mitnimmt. Die Handlung spielt in der Gobi und im Mittelpunkt steht ein von seiner Mutter verstoßenes, weißes Kamelfohlen. Um das Fohlen zu retten, senden Nomaden zwei Jungen aus, einen Musiker zur Hilfe zu holen, der die Kameldame mit der Musik der Pferdekopfgeige besänftigen soll ... Zwei Jahre später kam mit »**Die Höhle des gelben Hundes**« ein weiterer Film unter der Regie von Davaa Byambasuren in die Kinos. In ihrem neuesten Film »**Das Lied von den zwei Pferden**« (2009) schildert sie die wundersame Reise einer Sängerin, die ihrer Großmutter den letzten Wunsch erfüllen will und sich auf die Suche nach den Strophen eines alten Liedes macht.

Auch die mongolisch-schwedisch-deutsche Koproduktion »**Die Stimme des Adlers**« von Rene Bo Hansen (2008) lebt davon, mit der Kamera in den Alltag einer Nomadenfamilie einzutauchen. Sie entführt den Betrachter in den mongolischen Altai und erzählt in atemberaubenden Panoramen vom ungewöhnlichen Erwachsenwerden des 12-jährigen Bazarbai. Während er davon träumt, nach Ulaanbaatar zu ziehen, möchte sein Vater ihn traditionell erziehen, damit er die uralte Kunst der Jagd mit dem Adler erlernt und fortsetzt.

Zuletzt sei noch der chinesische Film »**Tuyas Hochzeit**« aus dem Jahr 2006 genannt. Die Produktion unter der Regie von Wang Quan'an, die von der Lebensweise und Kultur der Hirten in der Inneren Mongolei erzählt, erhielt 2007 in Berlin den Goldenen Bären. Im Mittelpunkt der Handlung steht Tuya. Unter schwersten ökonomischen Bedingungen meistert sie ihr Leben.

Szene aus dem Film »Urga«, der die archaische mongolische Nomadenkultur erstmals in westliche Kinos gebracht hat

Architektur und Kunst

Die großen Reiseerzähler

Ihre Namen lassen Abenteuerromane lebendig werden, stehen für Reiseberichte, mit denen sie Generationen prägten. Einige reisten bereits vor über 700 Jahren an die Mongolenhöfe und formten mit ihren einzigartigen Reisebeschreibungen für Jahrhunderte unser Bild vom reichen, fernen Orient.

Greifen wir einige dieser Abenteurer heraus: Die Christenheit schien in höchster Gefahr, die mongolischen Heere hatten gerade (1241) ein deutsch-polnisches Heer bei Liegnitz vernichtet. Da entschloss sich der französische König Ludwig IX. der Heilige, den Franziskanermönch Wilhelm von Rubruk (1210–ca. 1270) zum mongolischen Befehlshaber zu schicken. Er sollte dort – wie eine Reihe anderer Missionare und Diplomaten im Auftrag verschiedener europäischer Fürstenhäuser – erkunden, ob man die wilden Mongolen nicht bekehren und auf die eigene Seite ziehen könnte. Weil sich keiner der mongolischen Statthalter zuständig fühlte, wurde Rubruk immer weiter gereicht und landete schließlich in Karakorum.

Seine von 1253 bis 1255 andauernde Reise hat er in einem farbigen Bericht geschildert. Erstmals erfährt das Abendland, das die Mongolen nur als Barbaren kannte, von mongolischem Recht und religiöser Toleranz. Die Antwort Möngke Khans auf Rubruks Missionierungsversuche dürfte ihn überrascht haben: »Aber so wie Gott der Hand verschiedene Finger gab, so gab er auch den Menschen verschiedene Wege, die Seligkeit zu erlangen. Euch gab Gott die Heilige Schrift, aber ihr Christen richtet euch nicht danach ... Uns aber gab er Weissager. Wir richten uns danach, was sie sagen, und leben in Frieden.«

Giovanni Plano de Carpini (ca. 1182–ca. 1252) hatte wenige Jahre zuvor eine vergleichbare Reise unternommen, ein erster Versuch einer interkontinentalen Beziehung, die von Anfang an zum Scheitern verurteilt war. 1245 war der Franziskanermönch, begleitet von Benedikt von Polen, als Abgesandter von Papst Innozenz IV. nach Karakorum aufgebrochen und beobachtete die Wahl des Ögedei-Nachfolgers Kuyuk. Die Forderungen des Papstes, zum einen »an Jesus Christus zu glauben und seinen Namen zu verehren«, zum anderen die Verwüstung christlicher Gebiete einzustellen, fasste Kuyuk als Angebot der Unterwerfung dieses fernen Herrschers auf. »Komm persönlich, großer Papst ... und huldige uns. Wir werden Dich dann die Gebote der Jassa lehren.« Das mongolische Gesetzbuch, das Chingghis Khan in Auftrag gegeben hatte, formulierte drakonische Strafen für ein Vielzahl von Verbrechen. Allein bei 13 der 36 Paragrafen war die Todesstrafe vorgesehen. Carpini hatte genügend Eindrücke gesammelt, um die Macht des mongolischen Herrschers richtig einschätzen zu können. Nur ein verbündeter Kontinent werde in der Lage sein, den »asiatischen Horden« erfolgreich Widerstand zu leisten, prophezeite er.

In nur vier Monaten legte Carpini eine Strecke von 5000 km durch mongolisches Territorium sicher zurück. Nicht umsonst wird der von den Mongolen organisierte Frieden mit dem römischen Reichsfrieden verglichen. *Pax mongolica*, der mongolische Frieden, sicherte in der Zeit nach den stürmischen Eroberungen Chinggis Khans und seiner Nachfolger

Marco Polo & Co.

Thema

den Handel auf dem Landweg zwischen dem Abendland und China. Geschäftskontakte wurden möglich. Auch der Informationsaustausch wurde besser: Neun europäische Gesandtschaften an den Mongolenhof und 15 Gegengesandtschaften der Khane sind für das 14. Jh. nachweisbar.

Es ist das Verdienst von Nicolò und Maffeo Polo, um 1270 die erste direkte Verbindung von Venedig nach Peking aufgebaut zu haben. Die Händler kamen zurück mit einer Botschaft für den Papst von Khublai Khan, der die Hauptstadt von Karakorum nach Peking verlegt hatte und als weitsichtiger und weltoffener Herrscher regierte. Marco Polo (1254 bis 1324) begleitete seinen Vater und seinen Onkel auf der nächsten Reise, lebte von 1275 bis 1295 am Hof des Khublai Khan und erlangte dort die Position eines Beraters. Er berichtete dem Abendland als Erster ausführlich von diesem Herrscher und seinem Reich – und erntete Spott und Hohn, da man seine Erzählungen für Übertreibungen hielt. Die Welt, von der er berichtete, mit Geld aus Papier, Steinen – nämlich Kohle – die man statt Holz zum Heizen verwende, weißen Bären und gelbweißgestreiften Löwen, Schiffen mit bis zu 300 Mann Besatzung und Ladungen von Tausenden Körben Pfeffer und anderen Gewürzen, Städten, deren Vorstädte größer als Venedig seien, musste nach Ansicht seiner Zeitgenossen der Fantasie entsprungen sein.

Die Nachfolger dieser mittelalterlichen Reiseerzähler ließen mehr als vier Jahrhunderte auf sich warten. Anfang des 18. Jh. gelangten Skandinavier als Kriegsgefangene in die sibirisch-mongolische Region und brachten erstmals genaue Karten mit. 100 Jahre später begann die systematische Erforschung: Der polnische Adlige Nikolai Michailowitsch Przewalski (1839–1888), Offizier der russischen Armee, wurde durch die Entdeckung der letzten Wildpferde (s. S. 294) berühmt. Der Österreicher Hans Leder (1843–1921) sollte im Auftrag der Russischen Geographischen Gesellschaft 1891 in der Mongolei Insekten sammeln. Seine Leidenschaft wurde jedoch das Kloster Erdene Zuu, wo er nach eigenen Angaben 20 000 einzelne Stücke erstand und damit die größte mongolische Sammlung in Europa aufbaute, die in den Lederschen Sammlungen über verschiedene Museen in Europa verteilt ist. Weitere bekannte Mongolei-Forscher sind Roy Chapman Andrews (1884–1960), der auf der Suche nach den Spuren der ersten Menschen auf Dinosaurierversteinerungen und -nester stieß, und Owen Lattimore (1900–1989), der Mongolist, der viele Jahre unter Mongolen lebte.

Doch mit keinem anderen Namen ist die Erforschung Zentralasiens so eng verbunden wie mit Sven Hedin (1865–1952), dem Schweden, der durch Asiens Wüsten reiste. Der Geograf, der in Halle promovierte, hatte seit Ende des 19. Jh. mehrfach Asien besucht. 1926 hatte er genügend Sponsoren zusammen, eine große sino-schwedische Expedition auszurüsten. Erstes Ziel war es, den Lamaismus erschöpfend zu erforschen. Erst neun Jahre später kehrte Hedin zurück.

Der deutsche Mongolist Erich Haenisch (1880–1960) bereiste die Mongolei 1928. Sein Ruhm bleibt mit der erstmaligen Übersetzung der »Geheimen Geschichte« verbunden (s. S. 61). Den Schweizer Journalisten, Geschäftsmann und Abenteurer Walter Bosshard (1892–1975) trieb es auf seinen Reisen in den 1930er-Jahren immer wieder in die Mongolei. Es ist ein untergegangenes Bild der Inneren Mongolei, das er vermittelt: Karawanenstädte, Fürstenhäuser, Klosterleben. Sein bekanntestes Werk ist »Kühles Grasland Mongolei«.

Essen und Trinken

Um es vorwegzunehmen: Die mongolische Küche ist nichts für Vegetarier. Hammelfleisch ist der Eckpfeiler dieser Diät, die keine Scheu vor Fett hat. Als Absacker wird gerne ein Milchschnaps hinuntergespült. Fleischgefüllte Teigtaschen kommen in allen Variationen auf den Tisch. In Ulaanbaatar beginnt die junge Generation Pizza und Pasta zu bevorzugen. Doch Achtung: Auch Spaghetti Bolognese haben oft einen kräftigen Hammelgeschmack …

Wer sich mit einem Mongolischen Feuertopf auf die Reise in die Mongolei vorbereiten möchte, der liegt falsch. Das Gericht ist in der Mongolei ebenso unbekannt wie ein Mongolisches Barbecue. Was stimmt, ist, dass in der Kultur der Viehzüchter **Fleisch,** vor allem Hammel und Ziege, sowie **Milchprodukte** im Vordergrund stehen. Doch Tiere sind wertvoll und Milch gibt es nur im Sommer. Die Nomadenküche ist folglich darauf bedacht, sparsam mit Ressourcen umzugehen, insbesondere in der kalten Jahreszeit. Jede Kalorie ist wertvoll und sollte nicht zischend ins Feuer tropfen. So wird gekocht und gedünstet, aber selten gebraten. Zubereitet werden bevorzugt fettige Gerichte. Für den westlichen Gaumen ebenfalls ungewöhnlich: Gewürze und Soßen sind in der traditionellen Küche so gut wie unbekannt.

Die **kasachische Küche** unterscheidet sich von der mongolischen durch die Verwendung von Pferdefleisch.

letzten 20 Jahren eine große Revolution in Sachen Ernährung statt. Vor 15 Jahren fanden wir in der ganzen Stadt keine fünf Restaurants, die es verdient hätten, in den Richtig-Reisen-Band aufgenommen zu werden. Jenseits des aus der sowjetischen Hauptstadt übernommenen Kohlsalats gab es keinerlei Gemüse. Die Fleischkost war einheitlich miserabel.

Heute wissen wir die Restaurantempfehlungen kaum einzugrenzen, auch wenn bislang keine wahre Spitzenküche in Sicht ist. Die **Globalisierung** ist bis in die mongolischen Küchen vorgedrungen: Junge Stadt-Mongolen lieben zum Entsetzen ihrer Eltern rotgebratenes Fleisch sowie scharfe indische Gerichte und stehen dem fetten Hammel zu Tsagaan-sar eher mit Respekt als mit Begeisterung gegenüber. Gemüse jeder Art wird angeboten. Diese rasante Entwicklung sollte man berücksichtigen, wenn man sein vegetarisches Gericht unter Hammelfleischsoße freischaufeln muss. Es war nur gut gemeint …

Gemüsefreie Zone

Nomaden bauen kein Gemüse an. Vegetarier auf Reisen könnten daher kaum ein schlechteres Ziel wählen als die Mongolei, denn kurz hinter Ulaanbaatar beginnt die gemüsefreie Zone. Dennoch muss niemand in Panik geraten: Zumindest in der Hauptstadt fand in den

Tierische Produkte

Buuz & Co.

Auf ein Gericht können sich alle – junge und alte Mongolen, Touristen wie Zugewanderte –

Khushuur-Vorbereitung im Ger

Essen und Trinken

einigen: gefüllte Teigtaschen, **buuz**. Sie erinnern an chinesische Dim sum, sind aber fleischhaltiger. Buuz werden aus einem Nudelteig hergestellt und gedämpft. Sie müssen frisch gegessen werden. Doch man sollte vorsichtig sein. Oft ist der Inhalt noch kochend heiß und enthält reichlich Flüssigkeit.

In einer kleineren Version – **bansh** genannt – kommen die Teigtaschen in die Suppe. Auf der Grundlage desselben Teigs werden auch **khushuur** zubereitet, hierbei fallen die Teigtaschen etwas größer aus und werden in der Mitte gefaltet, sodass nicht ein Säckchen, sondern ein flaches Paket entsteht. Anschließend werden sie in Fett ausgebacken.

> **Buuz – ein mongolisches Rezept**
>
> Für vier Personen benötigt man für den Nudelteig 250 g Mehl und 150 ml Wasser, für die Füllung eine Zwiebel, Salz und Pfeffer, 300 g Hackfleisch. Traditionell würden Mongolen fettes Hammelfleisch verwenden, doch auch Rindfleisch eignet sich bestens für Buuz. Weitere Gewürze und eine Knoblauchzehe ziehen allmählich in die moderne Küche ein und können den Buuz verfeinern.
>
> Die Zwiebel muss man hacken und die Füllung unter Zugabe kleiner Mengen Wasser kneten, um eine einheitliche Masse zu erhalten. Ebenso wird der Teig aus Mehl, einer Prise Salz und Wasser geknetet. Anschließend sollen die Teigkugeln eine Viertelstunde ruhen. Dann schneidet man sie in 2 cm breite Streifen und rollt diese zu einer länglichen Wurst. Von dieser Teigwurst schneidet man etwa 3 cm lange Stücke ab, die rund ausgerollt werden, so dass sie etwa 6 cm im Durchmesser haben. Die Kunst ist es, die Teigtasche so dünn wie möglich zu formen, aber gleichzeitig sicher zu stellen, dass die brodelnde Fleischmasse im Innern auch dort bleibt. In die Mitte des Teigplättchens wird ein Esslöffel Fleischmasse gegeben. Anschließend wird das Teigsäckchen geschlossen. Nun muss es etwa eine Viertelstunde über dampfendem Wasser garen. Dazu eignen sich besonders chinesische Dampfkörbchen.

Uuts

Uuts ist gekochter, kalter Rücken des Fettsteißhammels, der besonders zu Tsagaansar oder anderen hohen Feierlichkeiten wie z. B. einer Hochzeit in jeder Familie den zentralen Festschmaus bildet. Jedem Gast wird der Hausherr eine Scheibe – bevorzugt vom fettigen Schwanz – anbieten.

Aruul

Auf dem Jurtendach wird man oft kleine weiße Scheiben sehen, die dort zum Trocknen ausliegen. *Aruul* ist getrockneter Quark, der oft so hart – und damit lagerungsfähig – wird, dass man sich eine gute Zahnversicherung wünscht. Man lutscht eher an den leicht säuerlichen Stücken, als dass man sie kaut.

Khorkhog – ein Festmahl

Es bedarf eines besonderen Anlasses, wenn ein *khorkhog* zubereitet wird, ein Fleischtopf mit heißen Steinen. Man schätzt das Festmahl auf einer Landpartie am offenen Feuer. Aber Vorsicht: Wer hier pingelig ist, wird nicht glücklich. Doch auch derjenige, dem der Appetit vergeht, wird zumindest in kultureller Hinsicht von der Zubereitung fasziniert sein. Für den Khorkhog muss eine **Ziege** oder ein **Schaf** geschlachtet werden. Möglichst schnell soll die Tötung des Tieres erfolgen, möglichst schmerzfrei. Dafür wird das Tier auf den Rücken geworfen und blitzschnell ein kurzer Schnitt in die Bauchdecke gesetzt. Es folgt ein rascher Griff in den Tierkörper zur Hauptschlagader, um sie zu durchtrennen oder abzureißen. Das Tier verliert sofort das Bewusstsein und stirbt rasch und ohne Todesangst. Geschickt schlagen die Nomaden das Tier aus dem Fell, das als Unterlage für die Innereien dient, die säuberlich gestapelt werden. Nichts bleibt ungenutzt. Wer bedenkt, wie in der Massengesellschaft das Schlachten aus dem Alltag verdrängt worden ist, kann sich der geradezu rituellen Atmosphäre einer solchen Schlachtung nur schwer entziehen.

Während das Tier noch ausgenommen wird, heizt man im offenen Feuer große

Getränke

Ein häufiger Anblick: zum Trocknen ausgelegter Käse

Steine längere Zeit auf. Anschließend werden Fleisch und Steine in einer **Milchkanne** geschichtet. Selten werden noch Kräuter hinzu gegeben. Die Tiere haben beim Weiden genügend Kräuter aufgenommen, sodass das Fleisch ohnehin würzig schmeckt, ist die einhellige Meinung. Man gibt noch ein wenig Wasser hinzu und verschließt die Kanne, in der das Fleisch jetzt im eigenen Saft gart.

Gibt es keine Milchkanne, so kann man das Tier auch **im eigenen Balg** garen, *bodog* heißt diese Methode, bei der dem Tier der Kopf abgetrennt wird, um dann die Innereien zu entfernt und durch Steine zu ersetzen. Das Prinzip dieser Urküche hat sich seit Jahrhunderten nicht verändert. An einem kalten Abend kreisen die vom Fett speckig glänzenden Steine nach dem Garen noch als Handwärmer, während das Fleisch in der Regel mit bloßen Händen gegessen wird.

Gebäck

Boortsog ist ein bis zu 5 cm langes, süßes Teigstück, das in erster Linie aus Butter, Mehl und Wasser geknetet und in Fett (traditionell Hammelfett) ausgebacken wird. Heute findet zunehmend auch Pflanzenöl zum Ausbacken Verwendung.

Getränke

Beliebteste Getränke bei Jung und Alt sind Folgende: Da wäre zunächst gesalzener **Milchtee** *(suutei tsai)*, der besonders im Winter gefragt ist, aber mit seinem Salzgehalt auch in schweißtreibender Hitze wohltuend schmeckt. Oft wird – gerade im Winter – wie in Tibet noch ein Klecks Butter hineingerührt.

Airag ist **vergorene Stutenmilch,** die es nur im Sommer gibt. Das Nationalgetränk der Mongolen ist auch unter dem Begriff *kumys* bekannt. Während Stutenmilch roh leicht Durchfall verursacht, ist sie als Airag mit etwa 2 % Vol. Alkohol ein frisch prickelndes, leicht säuerliches Getränk. Manch einer wird sich vielleicht an Federweißen erinnert fühlen. Wie der junge Wein bekommt auch Airag von Tag zu Tag einen stärkeren und am Ende störenden Hefegeschmack. Interessant ist auch die Zubereitung des Getränks. Durch Umrühren der Stutenmilch in einem großen Behälter, der meist im Sommer neben der Jurtentür steht, wird der Gärungsprozess zwischen Milchsäurebakterien und Hefepilzen angeregt. Jeder Gast ist eingeladen, kurz den Airag zu rühren.

Aus Airag lässt sich auch 10%iger **Milchschnaps** *(nermel arkhi)* brennen, an den sich wegen des käsigen, ranzigen Geschmacks aber nur echte Enthusiasten wagen sollten …

Kulinarisches Lexikon

Im Restaurant

Die Speisekarte, bitte.	Menu awii.
Weinkarte	winonii menu
Kann ich bestellen?	Dshakhialag ugii?
Die Rechnung, bitte.	Toozoo awii.
Wo sind die Toiletten?	Ariun zewriin uruu haan we?
Frühstück	ogloonii zai
Mittagessen	odriin hool
Abendessen	oroin hool
Vorspeise	dshuusch
Suppe	schol
Hauptgericht	hoyordugaar hool
Nachspeise	dessert
Beilagen	hatschir
Gedeck	halbag seree
Serviette	amnii zaas, salfetka
Messer	hutag
Gabel	seree
Löffel	halbag
Glas	ayga
Flasche	lonh
Schüssel	tumpen
Salz	daws
Pfeffer	perz
Zucker	tschikher
Mehl	guril
Pflanzenöl	urgamalyn tos
Kellner/Kellnerin	dshuugtsch
Trinkgeld	zainii mong
Suppen	schultei hool
Meeresfrüchte	dalain amtan
Fisch	dshagas
Fleisch	makh
Geflügel	schuwuunii makh
Gemüse	nogoo
Beilagen	hatschir
Obst	dschims
Käse	byaslag
Nachspeise	dessert
Gebäck	byaluu
Getränke	undaa

Frühstück

hart gekochtes Ei	tschansan ondog
Spiegeleier	nudeldsch scharsan ondog
Rührei	hutgadsch scharsan ondog
Speck	mah alaglasan utsan gahain uuh
Marmelade	warien
Brot	talh
Butter	maslo
Joghurt	tarag
getrockneter Quark	hataasan eezgii

Zubereitung

gebacken	dschigensen
gekocht	tschansan
gegrillt	grilldsen
frittiert/gebraten	scharsan
blutig	schuurkhii
medium	dund sereg
durch	guizet scharsan
gedämpft	dschigensen
gefüllt	makhaar duurgesen

Suppen

Fischsuppe	dshagasnii schul
Gemüsesuppe	nogootoi schul
Geflügelsuppe	takhianii makhtai schul

Fisch/Meeresfrüchte

Weißer Edelfisch	tsagaan dshagas
Lachs	yargai dshagas
Hecht	zurkhai
Lennock-Forelle	lennock
Fischsuppe	dshagasnii schul
Krebs/Krabbe	sam horkhoi

Fleisch/Geflügel

Schinken	utsanmakh
Rindfleisch	ukhriin makh

Kalbfleisch	tugalyn makh
Hähnchen	takhianii makh
Hähnchenkeule	takhianii guya
Rinderhackfleisch	ukhriin tatsan makh
Hackbraten	bifschteks
Schweinekotelett	gakhain makhan kotlet
Steak	steak
Würstchen	dshaidas
Rippchen	hawirag
Schwein	gakhai
Hammel	honi
Ziege	yamaa
Kamel	temee
Pferd	aduu
gedämpfte Teigtaschen mit Fleisch	buuz
frittierte Teigtaschen mit Fleisch	huushuur

Gemüse/Beilagen

Bohne	schosch
Kohl	baizaa
Karotte	luuwan
Blumenkohl	zezegt baizaa
Weißkohl	baitsaa
Gurke	orgost hemh
Aubergine	hasch
Knoblauch	sarmis
Pilz	moog
Paprikaschote	amtat tschindschuu
Tomate	ulaan lool
Erbsen	wandui
Kürbis	huluu
Mais	erden schisch
Zwiebel	songin
Essiggurke	darschilsan orgost hemh
Kartoffel	toms
Bratkartoffeln	geriin argaar scharsan toms
Pommes frites	scharsan toms
Nudeln	goimon
Reis	budaa

Obst

Apfel	alim
Aprikose	tschangaanz
Blaubeere	ners
Kirsche	intoor
Weintraube	usan udshem
Zitrone	nimbeg
Wassermelone	tarwas
Orange	dschurdsch
Pfirsich	toor
Birne	liir
Ananas	khan borogzoi
Pflaume	tschawag
Himbeere	booroldshgon
Rhabarber	gischuuneg
Erdbeere	gudsheeldshgen

Milchprodukte

Quark	aarz

Nachspeisen/Gebäck

Schokoplätzchen	schokoladtai bayaluu
Toast in Ei	ondogtoi scharsan talkh
Eisbecher	dshairmag
Waffel	wafil
Schlagsahne	zozgii

Getränke

Kaffee	kofe
Milch	suu
Tee	tsai
gekühlter Tee	huiten tsai
Eistee	mostei tsai
Milchtee	suutei tsai
Limonade	undaa
Saft	schuus
Mineralwasser	zewer us
Spirituosen	arhinii torliin undaa
Bier (vom Fass)	dshadgai schar airag
alkoholarmes Bier	alkoholgui schar airag
Wein	wino
Rot-/Weißwein	ulaan/zagaan dars
Eiswürfel	mos

Am Khuvsgul-See findet man Entspannung und Ruhe in großartiger Natur

Wissenswertes für die Reise

Informationsquellen

Die Mongolei im Internet

www.mongolei.de: Die bekannteste Internetplattform in Deutschland. Hier findet man sowohl Aktuelles aus Politik und Gesellschaft als auch Tratsch und Klatsch aus der Mongolei. Infos zur Kultur fehlen ebensowenig wie Lese- und Videotipps oder ein Einblick ins mongolische Rechtssystem.
http://ubpost.mongolnews.mn: Die Internetplattform der englischsprachigen Wochenzeitung UB Post berichtet über Politik, Kultur und aktuelle Ereignisse in der Mongolei.

Diplomatische Vertretungen

... in Deutschland
Botschaft der Mongolei
Dietzgenstr. 31
13156 Berlin
Tel. +49 30 474 80 60
www.botschaft-mongolei.de

Russische Botschaft (Berlin) und Generalkonsulate (Hamburg, Leipzig, München und Bonn): Die Zuständigkeit für die Visaerteilung für deutsche Staatsangehörige hängt vom Wohnsitz ab.
www.russisches-konsulat.de

Chinesische Botschaft Berlin
www.china-botschaft.de

... in Österreich
Botschaft der Mongolei
Fasangartengasse 45
1130 Wien
Tel. +43 15 35 28 07-13
(Konsularabteilung)
www.embassymon.at

Russische Botschaft Wien
www.rusemb.at

Chinesische Botschaft Wien
www.chinaembassy.at/det/qz

... in der Schweiz
Botschaft der Mongolei
4, Chemin des Mollies
1293 Bellevue (Genf)
Tel. +41 22 774 19 74
Fax +41 22 774 32 01
mongolie@bluewin.ch

Russische Botschaft Bern
bern.rusembassy.org

Chinesische Botschaft Bern
http://www.china-embassy.ch

... in der Mongolei
Deutsche Botschaft
Baga Toiruu–2
Negdsen Undestnii Gudamj
Ulaanbaatar
Tel. +976 11 32 33 25, +976 11 32 39 15, +976 11 32 09 08
Notfall-Tel. (mobil) +976 99 11 46 65
info@ulan.diplo.de
www.ulan-bator.diplo.de (mit den aktuellen Öffnungs- und Sprechzeiten)

Österreichisches Honorarkonsulat
Enkhtaivany Urgun Chuluu 7
Ulaanbaatar
Tel./Fax +976 11 32 48 04
hk_at_ub@magicnet.mn
Mo–Fr 9–13 und 14–15 Uhr

Schweizer Kooperationsbüro
Tengeriin Tsag Centre
Olympic Str. 12, Khoroo 1
Sukhbaatar Distrikt, Ulaanbaatar
P. O. Box 37, Ulaanbaatar 210 648
Tel. +976 11 331 422-0
Fax +976 11 331 420
chacmn@sdc.net
www.swissconsulate.mn

Russische Botschaft
Enktaivan Gudamij
P. O. Box 661, Ulaanbaatar
Tel. +976 11 32 68 36, +976 11 32 60 37, +976 11 32 70 71

Chinesische Botschaft
Zaluuchudyn Urgun Chuluu 5
Konsularabteilung: Baga Toiruu
P. O. Box 672
Ulaanbaatar 13
Tel. +976 11 32 09 55, +976 11 32 39 40

Karten

Gutes Kartenmaterial gibt es in Form von topografischen (allerdings veralteten) Karten, die in den Maßstäben 1 : 100 000, 1 : 200 000, 1 : 500 000 und 1 : 1 000 000 zur Verfügung stehen. Man bekommt sie im Kartenshop in Ulaanbaatar (s. S. 198) oder auch im Internet (www.poehali.ru) zum Herunterladen. Ein guter Straßenatlas im Maßstab 1 : 1 000 000 ist auch im Buchhandel auf Englisch erhältlich. Für Wanderungen sollte man sich allerdings zusätzlich die entsprechenden Ausschnitte der Zielgebiete in genaueren Maßstäben besorgen.

Im **Touristeninformationszentrum** am Hauptpostamt auf dem Sukhbaatar-Platz (Төв шууданд байрлах Жуулчдад мэдээлэл өгөх төв, Enkh Taivan Str., Mo–Fr 9–21, Sa/So 9–20, Fei 9–16 Uhr, Tel. +976 11 31 14 09, Fax +976 11 31 14 21, info@touristinfo.mn) gibt es folgende Karten zu kaufen: **Road Atlas**, Admon, Ulan Bator, 2008; **Tourist Map of Mongolia**, Ulan Bator, 2007; **Tourist Map of Ulaanbaatar City**, Ulan Bator, 2008.

Ein **Kartenwerk** vom **Admon Verlag** im Maßstab 1 : 200 000 ist seit 2010 flächendeckend für die gesamte Mongolei in Ulaanbaatar in mongolischer Sprache verfügbar (erhältlich im Bookshop des Admon Verlags, s. S. 198).

Lesetipps

Sprachführer/Landeskunde

Günther, Arno: Mongolisch für Globetrotter (Kauderwelsch Band 68). Bielefeld, 1993.
Thiel, Erich: Die Mongolei. Land, Volk und Wirtschaft der mongolischen Volksrepublik. München, 1958. Nach wie vor die ›neuste‹ zusammenfassende Landeskunde der Mongolei. Nach der naturräumlichen Gliederung, die auf Mursaew zurückgeht, teilt man noch heute die Landschaften auf.

Reiseberichte

Angus, Colin: Lost In Mongolia. Kanada, 2003 (Englisch). Zur Einstimmung für Wildwasserfahrer – der kanadische Abenteurer befuhr als Erster die Strecke vom Westen der Mongolei bis zum Eismeer.
Consten, Hermann: Weideplätze der Mongolen. Hamburg, 1919. Der Abenteurer und Schriftsteller lebte vor 1914 viele Jahre in der Mongolei und zeichnet ein umfassendes Bild des damaligen Lebens.
Mühlenweg, Fritz: Mongolische Heimlichkeiten. Lengwil, 2002. In drei Büchern schildert der Drogist aus Konstanz seine drei Reisen in die Innere Mongolei zwischen 1927 und 1932. Er beobachtete, lernte die Sprache und war ganz nahe am Leben der Nomaden. Alle drei Bände wurden neu aufgelegt.
Ebd.: In geheimer Mission durch die Wüste Gobi. Lengwil, 2002.
Ebd.: Fremde auf dem Pfad der Nachdenklichkeit. Lengwil, 2005.
Von Plano Carpini, Johannes: Kunde von den Mongolen, 1245–1247. Sigmaringen 1997. Von Papst Innozenz IV. in den Osten gesandt, schildert Plano die Lebensweise der Mongolen, ihre Sitten und Gebräuche.
Rohrbach, Carmen: Mongolei. Zu Pferd durch das Land der Winde. München, 2006. Die deutsche Autorin durchstreift die endlosen Weiten der Mongolei. Auf ihren oft waghalsigen Touren erlebt sie einzigartige Natur-

schauspiele und sucht die Nähe der Menschen, die das wahre Wesen des Landes ausmachen.

Geschichte/Landeskunde

Anonym.: Geheime Geschichte der Mongolen. München, 2005. Die älteste Quelle über das Leben Chingghis Khaans.

Barkmann, U. B.: Geschichte der Mongolei oder ›Die mongolische Frage‹. Bonn, 1999. Die Mongolei zwischen den Machtinteressen Russlands, Chinas und Japans.

Dschingis Khan und seine Erben. Das Weltreich der Mongolen. Katalog der Kunst- und Ausstellungshalle Bonn, Bonn/München 2005/2006. Unter anderem mit Beiträgen zur Frühgeschichte, über das mongolische Großreich und die Mongolei nach dem Sturz der Yuan-Dynastie bis in die Gegenwart.

Weiers, Michael: Die Mongolen. Beiträge zu ihrer Geschichte und Kultur. Darmstadt, 1986. Wissenschaftliche Beiträge zur Geschichte, Sprache, Literatur, Religion und Kunst.

Ziegler, Gudrun/Hogh, Alexander (Hrsg.): Die Mongolen. Im Reich des Dschingis Khan, 2005. Das Begleitbuch zur ZDF-Dokumentation beleuchtet Geschichte und Kultur, die Autoren berichten von aktuellen archäologischen Forschungen in der Mongolei und befassen sich mit den Gründen für den raschen und dramatischen Zerfall des Steppenreiches.

Belletristik

Davaa, Byambasuren und Reich, Lisa: Die Höhle des gelben Hundes. München, 2005. Buch zum gleichnamigen Film.

Schenk, Amelie und Tschinag, Galsan: Im Land der zornigen Winde. Zürich, 1999. Klar und packend geschrieben, vermittelt Insiderwissen.

Tschinag, Galsan: Die neun Träume des Dschingis Khan. Frankfurt am Main, 2007. Eines der jüngeren Werke des mongolisch-tuwinischen Autors, der auf Deutsch schreibt (s. Thema S. 338).

Filme

»Die Geschichte vom weinenden Kamel« (Davaa Byambasuren u. Luigi Falomi, 2003): Der poetische Film, der 2005 als bester Dokumentarfilm für den Oscar nominiert wurde, spielt in der Wüste Gobi und handelt von einem von seiner Mutter verstoßenen weißen Kamelfohlen. Die Stärke des Films liegt darin, den Betrachter in das Nomadenleben eintauchen zu lassen.

»Die Höhle des gelben Hundes« (Davaa Byambasuren, 2005): Feinfühlig begleitet die Kamera in langen Sequenzen das Leben einer

Schafzüchterfamilie während eines ganzen Sommers.

»**Die zwei Pferde des Dschingis Khaan**« (Davaa Byambasuren, 2009): Erzählt wird die Geschichte von Urna, die ihrer Großmutter vor deren Tod versprochen hat, eine alte Pferdekopfgeige restaurieren zu lassen.

»**Die Stimme des Adlers**« (Rene Bo Hansen, 2008): Auch diese mongolisch-schwedisch-deutsche Koproduktion lebt davon, mit der Kamera in den Alltag einer Nomadenfamilie einzutauchen. Sie entführt den Betrachter in den mongolischen Altai und erzählt in atemberaubenden Panoramen vom ungewöhnlichen Erwachsenwerden des zwölfjährigen Bazarbai. Der Konflikt Stadt-Land wird in diesem Jugendfilm thematisiert.

»**Urga**« (Nikita Michalkow, 1991): Kurz nach der politischen Wende brachte dieser Film erstmals die mongolische Nomadenwelt in westliche Kinos. Allerdings spielt der Film in der chinesischen Inneren Mongolei. Ein russischer Lkw-Fahrer strandet bei einer mongolischen Hirtenfamilie. Der Stadt-Land-Konflikt und grandiose Landschaftsaufnahmen bestimmen diesen Film.

Filmszene aus »Die Höhle des gelben Hundes«

Reise- und Routenplanung

Die Mongolei als Reiseland

Es sind Faszination, Abenteuer, Natur, die den in der Regel reiseerfahrenen und -interessierten Mitteleuropäer in die Mongolei ziehen. Auch die unbekannte Religion – ein wenig Tibet light – und ein Leben in der Natur zusammen mit den Tierherden und den endlos weiten Steppen sind weit verbreitete Assoziationen. Vom Typus sind die Besucher Individualisten, die sich nur ungern in eine Gruppe zwängen lassen und die den mangelnden Komfort und die Einschränkungen bei der Verpflegung, den auch die gehobenen Touren nicht vollständig überspielen können, auf der Suche nach dem Besonderen zu verschmerzen wissen.

Doch ohne fachkundige Begleitung erschließt sich einem die Mongolei nur schwer. Zwar werden viele Erwartungen auch erfüllt, doch das Bild ist unvollständig und vor allem ein eurozentristisches. Genährt wird es durch zahlreiche romantisierende und bisweilen sogar mystifizierende Fernsehberichte europäischer Sendeanstalten, deren Fernsehteams sich oft nur kurz in der Mongolei aufhalten. Gerne ergänzen Geschichtenerzähler diese Mongolei-Soaps und befriedigen die Erwartungshaltung von den von der Zivilisation noch ›unverdorbenen Wilden‹.

Tatsächlich ist die heutige Mongolei eine stolze, aufwärtsstrebende Nation zwischen den beiden Blöcken China und Russland, die bemüht ist, ihren Weg in die Demokratie weiter zu festigen und dem wachsenden Demokratieverständnis seiner Bürgerinnen und Bürger Rechnung zu tragen. Trotz moderner Technik finden sich in der Gesellschaft archaische Strukturen, die durch das jahrtausendealte Nomadenleben im Herzen der Einwohner verankert sind, nicht nur auf dem Land, sondern auch in den Städten. Der Kurzbesucher muss aufmerksam zuschauen und zuhören, um die komplizierte Webstruktur aus Tradition, Werten und Normen dieses Volkes zu verstehen. Die Mongolen versuchen, den Schritt in die Moderne ohne den Bruch mit der Vergangenheit zu meistern.

Die Mongolei zu bereisen, heißt zugleich, sich auf die Menschen einzulassen und sie zumindest zu versuchen zu verstehen. Die Sprache – das Mongolische – hat nichts mit dem Russischen und nichts mit dem Chinesischen zu tun. Ohne Dolmetscher bleibt man völlig an der Oberfläche, denn auf dem Land sind Fremdsprachenkenntnisse (Russisch, Englisch, Deutsch) nur wenig verbreitet. Kriterium Nummer eins ist damit ein sprachkundiger Begleiter, sei es, dass das Portemonnaie einen persönlichen Dolmetscher erlaubt oder dass man ihn als Teilnehmer einer Gruppe findet.

Neben dem Sprach- kommt ein logistisches Problem hinzu. Die Natur ist extrem und das Land nur ansatzweise mit Infrastruktur erschlossen. Das Unberührte reizt, ist gleichzeitig aber auch ein Problem. Es mangelt an Straßen, ja schon an Wegweisern. Die Mongolen brauchen das kaum, kennen sich aus. Des Weiteren benötigt man als Autofahrer unbedingt einen Mechaniker (Spezialtouren zu Jagd, Reiten o. Ä. wird man ohnehin über einen Veranstalter buchen), sei es bei einer individuellen Tour oder in der Geborgenheit einer kleinen Gruppe.

Neun von zehn Reisenden vertrauen sich Gruppenreisen an. Es lohnt sich, nach der Gruppengröße zu fragen. Je mehr man investiert, um das Erlebnis mit möglichst wenigen Mitreisenden teilen zu müssen – und vor allem im Auto nicht tagelang gequetscht zu sitzen –, desto eher erfüllt sich die Erwartung in eine Reise, von der man wahrscheinlich noch Jahre sprechen wird.

Hauptreiseziele

Der **Westen** der Mongolei bietet hochalpine Landschaft, große Salzseen, und wer die Tour mit dem Wagen unternimmt, gewinnt einen guten Querschnitt der mongolischen Landschaftsformen. Man muss allerdings viel Zeit einplanen.

Das **Khangai-Bergland** hat gerade hier seine Vorteile. Es liegt vor den Toren von Ulaanbaatar. Wer wandern, reiten, in einer Nomadenfamilie leben und ein wenig Geschichte schnuppern möchte, muss nicht weiter fahren.

Im Gegenteil dazu bietet das **Khuvsgul-Bergland** Extremreisenden einen Einblick in eine der extremsten Seiten des Landes: rau, unwirtlich, sehr sibirisch, absolut unberührt, wenn es in der Mongolei hierfür noch eine Steigerungsmöglichkeit gibt.

Der Klassiker ist die **Gobi**. Investiert man nicht in eine expeditionsmäßige Reise, kann man nur den Rand der Wüste kennenlernen, bekommt aber eine Ahnung von den Härten, denen die Bevölkerung, die ihr das Leben abtrotzt, ausgesetzt ist.

Reisen auf eigene Faust

Als Individualreisender hat man die Möglichkeit, mit öffentlichen Verkehrsmitteln zu reisen oder sich in Ulaanbaatar ein Auto mit Fahrer zu mieten. Allerdings sprechen die Fahrer selten gut Englisch, sodass dann oft auch noch ein Dolmetscher hinzukommen muss.

Auch Veranstalter in Ulaanbaatar bieten individuell angepasste Reisen an. Abgesehen davon, dass man damit einem jungen Mongolen oder zumeist einer jungen Mongolin zu einem Nebenverdienst verhilft, eröffnen sich auf einer solchen Reise ganz andere Erlebnisse und Perspektiven. Man bekommt besser Zugang zu Familien auf dem Land und erfährt viel mehr über Land und Leute. Allerdings ist der Ausbildungsstand dieser Reiseleiter sehr unterschiedlich. Die Übernahme von Kost und Logis wird zusätzlich zum vereinbarten Honorar erwartet.

Auto- und Benzinpreise: Ein russischer, geländegängiger Kleinbus *(furgon)* mit Fahrer kostet pro Tag etwa 60 000–90 000 MNT, zuzüglich Benzin und Öl. Anfallende Reparaturkosten gehen zulasten des Fahrers. Für Benzin bezahlt man derzeit 1600–1700 MNT/l, das Gleiche gilt für Dieselkraftstoff. Die Preise für Kraftstoffe erhöhen sich meist im Sommer.

Die Preise für **Reiseleitung** und **Dolmetschen** lagen 2012 bei 50 000–70 000 MNT pro Tag. Allerdings sollte man in diesem Punkt nicht sparen, gute Reiseleiter kosten eben etwas mehr.

Für die **Verpflegung** ist je nach Anspruch mit einem Tagessatz für Selbstversorger pro Person von ca. 20 000–30 000 MNT zu rechnen. Bei Zeltreisen entfällt der Übernachtungspreis. Unangemeldete Gäste in Touristencamps müssen mit einem Preis von etwa 20 000–40 000 MNT pro Person in einem Dreibett-Ger rechnen.

Für Eintritte in **Schutzgebiete und Nationalparks** muss man pro Tag und pro Person 3000 MNT einkalkulieren, pro Fahrzeug werden einmalig 5000 MNT berechnet. In allen Nationalparks kann man sich frei und auch ohne Führer bewegen.

GPS und Wegpunkte

Zur Orientierung ist ein GPS-Gerät sehr empfehlenswert, dessen Handhabung allerdings vorher geübt sein will. Da moderne Streetpilots mit Straßennavigation sinnlos sind, muss die geplante Reiseroute vor Antritt der Reise ins Gerät übertragen werden. Abweichungen werden sich mit ziemicher Sicherheit immer wieder durch unvorhersehbare Umstände ergeben.

Die im Folgenden beschriebenen, am häufigsten befahrenen Routen in der Mongolei wurden mit **Wegpunktlisten** ausgestattet, in denen die bekannten Orte mit den Koordinaten im Format DD°MM,MMM' versehen wurden. Es ist ein beruhigendes Gefühl, mitten in der Wüste Gobi auf mindestens 5 m genau zu wissen, wo man sich gerade befindet – auch wenn garantiert kein Automobilclub zu Hilfe kommt, um das Auto wieder flottzumachen,

Wegpunktliste zur Grünen Route

Nr.	Name	Teilstrecke	Entfernung/Luftlinie	Kurs
1	Sukhbaatar Platz UB	0,0 km	0 km	0°
2	Kreuzung Darchan	19,5 km	19,5 km	263°
3	Lun Sum	105,0 km	125 km	269°
4	Erdenesant Sum	82,2 km	207 km	224°
5	Khogno Khan	58,0 km	265 km	282°
6	Kharkhorin	75,2 km	340 km	249°
7	Khotont Sum	31,4 km	371 km	306°
8	Tsenkher Sum	55,4 km	427 km	279°
9	Tsetserleg	23,0 km	450 km	278°
10	Tamir-Brücke	21,8 km	472 km	305°
11	Chuluut-Brücke	87,8 km	559 km	311°
12	Lärche	5,7 km	565 km	323°
13	Tariat Sum	29,1 km	594 km	275°
14	Solongot-Pass	70,5 km	665 km	283°
15	Ider-Brücke Tosontsengel	71,6 km	736 km	315°
16	Kreuzung Murun	27,0 km	763 km	287°
17	Khalzan-Pass	21,6 km	785 km	4°
18	Bulnai Fault	17,0 km	802 km	11°
19	Tsagaan Uul Sum	71,7 km	874 km	46°
20	Murun	105,0 km	979 km	87°
21	Erkhel-See	34,2 km	1013 km	342°
22	Khatgal Sum	58,5 km	1072 km	11°
23	Murun	90,0 km	1162 km	180°
24	Tosontsengel (Khuvsgul)	55,9 km	1218 km	108°
25	Selenge-Brücke Khutag	142,0 km	1359 km	95°

Variante A vom nächsten Punkt »Fähre«:

| 26 | Selenge-Fähre bei Tosontsengel | 124 km | 1483 km | 272° |

nach »Asgat« und dann weiter folgen auf die Millennium Road nach Lun Sum:
(schnellste Strecke von Murun aus)

27	Asgat	36,1 km	1520 km	141°
28	Khairkhan	68,5 km	1588 km	147°
29	Ulziit-Orkhon-Brücke	73,6 km	1662 km	141°

Variante B vom nächsten Punkt »Fähre«:

| 26 | Selenge-Fähre bei Tosontsengel | 124 km | 1483 km | 272° |

nach Khanui-Brücke und dann Richtung Bulgan:

| 30 | Khanui-Brücke | 101 km | 1762 km | 342° |

Variante C:

31	Bulgan	104 km	1866 km	98°
32	Erdenet	44,8 km	1910 km	57°
1	Sukhbaatar-Platz, UB	436 km	2346 km	84°

Breitengrad	Längengrad
N 47°55,109'	O 106°55,021'
N 47°53,846'	O 106°39,467'
N 47°52,057'	O 105°15,206'
N 47°20,133'	O 104°29,644'
N 47°26,397'	O 103°44,526'
N 47°11,887'	O 102°48,825'
N 47°21,783'	O 102°28,572'
N 47°26,433'	O 101°45,093'
N 47°28,236'	O 101°26,995'
N 47°35,006'	O 101°12,837'
N 48°5,583'	O 100°19,083'
N 48°8,039'	O 100°16,343'
N 48°9,29'	O 99°52,978'
N 48°17,409'	O 98°57,369'
N 48°44,654'	O 98°16,108'
N 48°48,81'	O 97°54,977'
N 49°0,423 '	O 97°56,193'
N 49°9,43'	O 97°58,909'
N 49°36,055'	O 98°41,914'
N 49°38,192'	O 100°9,398'
N 49°55,726'	O 100°0,617'
N 50°26,717'	O 100°10,035'
N 49°38,192'	O 100°9,398'
N 49°28,536'	O 100°53,331'
N 49°21,451'	O 102°49,983'
N 49°22,71'	O 101°7,401'
N 49°7,537'	O 101°26,111'
N 48°36,453'	O 101°56,337'
N 48°5,539'	O 102°33,678'
N 49°22,71'	O 101°7,401'
N 48°57,118'	O 102°8,367'
N 48°48,866'	O 103°32,178'
N 49°1,79'	O 104°3,131'
N 47°55,109'	O 106°55,021'

sollte man technische Probleme haben (zum verfügbaren Kartenmaterial s. S. 119).

Allgemeiner Hinweis zur Benutzung der Wegpunkttabellen: Bei den Entfernungsangaben handelt es sich um die Luftlinie zwischen Einzelpunkten, zu der in der Mongolei ca. 10–20 % an Strecke addiert werden muss.

Vorschläge für Rundreisen

Grüne Route: Khangai, Khuvsgul-Bergland und West-Khentii

Diese Route führt in die Wälder und Gebirge des Khangai- und Khuvsgul-Berglands. Ausgangspunkt ist **Ulaanbaatar.** Zunächst passiert man auf der Hauptstraße nach Westen die Grenze des Hustain-Nationalparks, überquert den Tuul-Fluss, der in den Baikalsee mündet, und erreicht nach einem knappen Tag Fahrzeit **Kharkhorin.** Allerdings könnte man auch schon kurz vorher im **Naturreservat Khogno Khan** Station machen.

Von Kharkhorin aus ergeben sich Möglichkeiten für Ein- oder Mehrtagestouren in den Ost-Khangai oder zum Ugii Nuur. **Tsetserleg,** das Aimagzentrum des Arkhangai Aimag, erreicht man am nächsten Tag. Hier wurde mit deutscher finanzieller Unterstützung ein kleines Museum renoviert. Vielleicht ergibt sich vor dem Besuch von Tsetserleg die Gelegenheit, noch einen Abstecher zu den **heißen Quellen von Tsenkher** zu unternehmen.

Die Fahrtroute nach Nordwesten hält sich nun immer auf der Nordostseite des Gebirgshauptkamms des Khangai-Berglands, dessen höchste Erhebungen zwischen 3500 und 4000 m über dem Meeresspiegel liegen. Hinter Tsetserleg überquert man den **Tamir-Fluss,** nicht ohne vorher einen Abstecher zum **Tamir Chuluu** gemacht oder auch dort übernachtet zu haben.

Am folgenden Tag erreicht man das **Vulkangebiet um den Terkhiyn Tsagaan Nuur**

(Weißer See). Die Nächte können hier auch im Hochsommer in einem Touristen-Ger auf 2000 m Höhe empfindlich kalt werden. Der Chuluut-Fluss hat sich auf viele Kilometer tief in eine Lavabasaltdecke eingefressen.

Im Sumzentrum **Tariat** betritt man den **Nationalpark,** der sich durch den jungen **Khorgo-Vulkan** und den **Terkhiyn Tsagaan Nuur** auszeichnet. Der Vulkan kann von seinen Dimensionen her nicht mit großen europäischen oder asiatischen Vulkanen mithalten, aber seine prägnante Kegelform kommt gerade wegen der eher bescheidenen Ausmaße sehr deutlich zum Ausdruck. Wer ihn besteigt, wird neben den Einblicken in einen Vulkanaufbau mit einem faszinierenden Rundblick bis hin zum Terkhiyn Tsagaan Nuur belohnt. Der See selbst ist ein natürlicher Stausee, dessen Damm während des jüngsten Ausbruchs vor ca. 7000 Jahren aus Lava gebildet wurde.

Im weiteren Verlauf der Route erreicht man auf dem **Solongt Davaa** (Regenbogen-Pass) in 2600 m Höhe die höchste Stelle der Gesamtstrecke. Hier befindet man sich über der oberen Waldgrenze und die Vegetation mit Zwergsträuchern und feuchten Wiesen erinnert sehr an die Alpen. Man folgt der gut ausgebauten Straße ins **Ider-Tal,** wo der Lärchenwald stellenweise bis in den Talboden reicht. **Tosontsengel** ist wieder ein Ort mit Hotels, einem Markt und Geschäften, in denen man sich versorgen kann.

Die Route führt von hier aus nach Norden über den **Chaclan Solootyn Davaa** – einen Pass in den Bulnai-Bergen – nach **Murun.** Allerdings kann man von hier aus auch Mehrtagesabstecher zum **Telmen Nuur** – einem Salzsee in der Trockensteppe –, zum **Bust Nuur** – einem Süßwassersee in einer fantastischen Waldsteppenlandschaft –, oder zum **See Sangiyn Dalai** machen.

Wenn man auf der Nordseite der Bulnai-Berge auf relativ gut ausgebauter Piste hinabfährt, überquert man eine der aktivsten Erdbebenzonen der Mongolei. Die sich über Hunderte von Kilometern erstreckende Erdspalte ist im Gelände deutlich sichtbar. Nur an wenigen Orten der Erde kann man mit einem Bein auf der einen und dem zweiten auf der anderen Seite einer solchen Schwächezone der Erdkruste stehen.

Murun (Khuvsgul Aimag) ist mit ca. 37 000 Einwohnern eines der größeren Aimagzentren. Von hier aus hat man die Möglichkeit, nach Ulaanbaatar zurückzufliegen oder die Fahrt zum **Khuvsgul** und in das **Darkhad-Becken** fortzusetzen.

Zurück in Murun, kann man für den Rückweg nach Ulaanbaatar mit dem Auto zwischen mehreren Routen wählen. Die kürzeste und schnellste Strecke – mit Bleifuß brauchen manche Fahrer nur 14 Stunden – führt von Murun aus über den **Selenge-Fluss** (via Fähre oder Ponton-Brücke) nach **Rhashant, Khairkhan** und **Olzyt.** In **Lun** erreicht man die Asphaltstraße nach Ulaanbaatar. Die zweite Möglichkeit ist, die alte Hauptstraße über die große Selenge-Brücke bei **Hutag Ondor** nach **Bulgan** zu nehmen und dort auf die gut ausgebaute Asphaltstraße nach **Erdenet** und **Darkhan** zu fahren. Hierbei hat man noch die Möglichkeit, das **Kloster Amarbayasgalant** zwischen Erdenet und Darkhan zu besuchen oder den **Uran Togoo Uul** (einen Vulkankegel) nordwestlich von Bulgan zu besteigen.

Blaue Route: Gobi und Ost-Khangai

Eine der am häufigsten angebotenen Routen durch die Mongolei führt von Ulaanbaatar aus durch die Gobi in das östliche Khangai-Bergland und dann zurück nach Ulaanbaatar. Unterwegs bekommt man einen guten Eindruck von der mongolischen Landschaft mit ihren Steppen, Wüsten, Waldsteppen und Wäldern. Verlässt man Ulaanbaatar nach Süden, so erreicht man in einer Tagesetappe ein Gebiet mit schönen Felsburgen, **Baga Gazaryn**

Besser als jeder Film: die faszinierenden Licht- und Schattenspiele in der Mongolei

Chuluu, und sollte vorher ein Picknick am **Ulaan Khairkhan Uuul** (dem Roten Heiligen Berg) machen.

Im Aimagzentrum **Mandalgovi** kann Proviant eingekauft oder aufgestockt werden, bevor man die weiten Wüstensteppen zwischen Mandalgovi und Dalanzadgad durchfährt. Ein Aufenthalt oder eine Zwischenübernachtung an dem **Weißen und Roten Stupa** (Tsagaan und Ulaan Suvarga), Felsformationen aus Kalkstein, sorgen für Abwechslung auf dieser Teilstrecke.

Dalanzadgad ist das Aimagzentrum des Omnogovi Aimag mit Hotels, einem wichtigen Flugplatz und Geschäften sowie einem kleinen Markt. Die Stadt entwickelt sich mehr und mehr zu einem Bergbauzentrum, denn südlich und südöstlich davon werden mächtige Kohlenlagerstätten ausgebeutet. Empfehlenswert ist als Reisealternative, bis Dalanzadgad zu fliegen und die Tour erst hier beginnen zu lassen. Versierte Fahrer können zwar in ca. 11 Stunden die Strecke Ulaanbaatar–Dalanzadgad bewältigen, dies aber nicht immer zum Vergnügen der Passagiere.

Westlich von Dalanzadgad liegen zahlreiche Touristen-Ger-Camps, die in Ausstattung und Service unterschiedlich sind, sodass eine persönliche Inaugenscheinnahme lohnt.

Als nächsten Punkt wird man von Dalanzadgad aus die **Geierschlucht** (Yolyn Am) im **Gurvan-Saikhan-Gebirge** besuchen. Sie ist nach dem Gänsegeier (mong. *yol*) benannt, der hier auch wirklich zuverlässig zu beobachten ist. Oft gesellt sich sein etwas größerer Bruder, der Bartgeier, hinzu.

Nachdem man das Gebirge in einer engen Schlucht durchquert hat, erreicht man über die weit gespannten Fußflächen des Gebirges das **Dünenfeld Khongoryn Els.** Diesem folgt man auf der Nordseite über ca. 80 km nach Westen und sieht, wie die Dünenhöhe

Wegpunktliste zur Blauen Route

Nr.	Name	Teilstrecke	Entfernung	Kurs
1	Kreuzung Flughafen, UB	0 km	0 km	0°
2	Baga Gazaryn Chuluu	192 km	192 km	197°
3	Delgertsogt	27,1 km	19 km	110°
4	Ikh Gazaryn Chuluu	69,4 km	288 km	113°
5	Mandalgobi	72,9 km	361 km	260°
6	Tsogt Ovoo	167 km	529 km	207°
7	Dalanzadgad	119 km	647 km	217°
8	Yolyn Am	30,0 km	677 km	245°
9	Bayan Dalai	47,1 km	724 km	272°
10	Brigade Khongoryn Els	65,0 km	789 km	294°
11	Bulgan Sum	74,9 km	864 km	54°
12	Mandal Ovoo	74,9 km	939 km	34°
13	Saikhan Ovoo Ongiyn	90,8 km	1030 km	352°
14	Kreuzung Arvaikheer	113 km	1143 km	336°
15	Khujirt	68,9 km	1212 km	325°
16	Kharkhorin	33,9 km	1246 km	7°

Variante A für die Rückfahrt nach Ulaanbaatar über Ugii Nuur:

Nr.	Name	Teilstrecke	Entfernung	Kurs
17	Khoshoo Tsaidam	40,6 km	1287 km	0°
18	Ugii-Nuur-Seemitte	23,9 km	1311 km	347°
19	Khar Bukh	85,0 km	1396 km	81°
20	Dashinchilen	11,5 km	1407 km	105°
21	Bayan Nuur	29,2 km	1436 km	95°
22	Tuul-Brücke bei Lun Som	57,4 km	1494 km	86°

Oberes Orkhon-Tal:

Nr.	Name	Teilstrecke	Entfernung	Kurs
1	Kharkhorin	0 km	0 km	0°
2	Furt Orkhon Gol	9,4 km	9,43 km	196°
3	Zwischenpunkt 03	16,1 km	25,6 km	222°
4	WP0004	19,7 km	45,3 km	240°
5	Brücke Orkhon Gol	18,3 km	63,5 km	254°
6	Ulaan-Gol-Wasserfall	20,7 km	84,2 km	242°
7	WP0007	8,2 km	92,4 km	222°
8	Vulkane	9,99 km	102 km	213°
9	WP0009	6,94 km	109 km	190°
10	Naiman Nuur	5,40 km	115 km	163°
11	Bat Olzij	44,7 km	159 km	47°
12	Einfahrt NP	15,5 km	175 km	59°
13	Khujirt	27,9 km	203 km	88°
14	Shankh	21,5 km	224 km	38°

Breitengrad	Längengrad
N 47°51,436'	O 106°47,257'
N 46°12,469'	O 106°2,919'
N 46°7,432'	O 106°22,687'
N 45°52,739'	O 107°12,123'
N 45°46,001'	O 106°16,694'
N 44°25,249'	O 105°19,236'
N 43°34,122'	O 104°25,784'
N 43°27,295'	O 104°5,603'
N 43°27,94'	O 103°30,712'
N 43°42,326'	O 102°46,681'
N 44°5,664'	O 103°32,356'
N 44°39,035'	O 104°4,274'
N 45°27,562'	O 103°54,324'
N 46°23,377'	O 103°18,506'
N 46°53,617'	O 102°47,072'
N 47°11,766'	O 102°50,471'
N 47°33,684'	O 102°50,751'
N 47°46,252'	O 102°46,45'
N 47°52,713'	O 103°53,851'
N 47°51,148'	O 104°2,795'
N 47°49,84'	O 104°26,102'
N 47°51,777'	O 105°12,06'
N 47°11,958'	O 102°49,126'
N 47°7,075'	O 102°47,011'
N 47°0,603'	O 102°38,491'
N 46°55,2'	O 102°25,124'
N 46°52,408'	O 102°11,322'
N 46°47,083'	O 101°57,015'
N 46°43,792'	O 101°52,732'
N 46°39,265'	O 101°48,479'
N 46°35,582'	O 101°47,496'
N 46°32,793'	O 101°48,725'
N 46°49,122'	O 102°14,575'
N 46°53,417'	O 102°25,021'
N 46°53,887'	O 102°46,957'
N 47°2,971'	O 102°57,534'

mehr und mehr zunimmt. Am Westende des Dünenzugs wird man, besonders in den Morgenstunden bei aufgehender Sonne, mit einem herrlichen Schattenspiel zwischen den weißen Sanddünen und dem Grün der davor liegenden Wiesen für die harte Autofahrt entschädigt.

Bayanzag ist die nächste Station der Route. Hier begegnet man nicht nur einem erdgeschichtlich wichtigen Ort, sondern kann bei untergehender Sonne die Farbe Rot in allen Abstufungen erleben. Dies brachte den Felsen den Namen Flammende Kliffs ein. Hier wurden die ersten Saurierfunde gemacht. Wer jedoch glaubt, die oft zu sichtenden kugelförmigen, harten Gebilde seien Saueiereier, der irrt. Es handelt sich vielmehr um Gesteine, die in Hohlräumen entstanden.

Ein seltener **Sauxalwald** sollte noch besucht werden, bevor man diese Gegend in Richtung Norden, dem Flusslauf des Ongi Gol folgend, verlässt. Der **Ongi Gol** mündete noch vor 30 Jahren in den See Ulaan Nuur, der jetzt wegen der abnehmenden Niederschläge im Khangai-Gebirge und einer übermäßigen Wassernutzung völlig ausgetrocknet ist. Das **Ongi-Kloster** ist, wie häufig in der Mongolei, weitgehend eine Ruine, die allerdings sehr malerisch am Rand der grünen Talaue des Ongi Gol liegt. Einige Ger Camps bieten Unterkunft und Verpflegung.

Auf der nächsten Tagesetappe verlässt man die Steppen und gelangt in den Bereich der Waldsteppe und Wälder des Khangai-Gebirges. **Kharkhorin** und **Karakorum** mit dem **Kloster Erdene Zuu** stellen zweifellos den kulturellen Höhepunkt dieser Route dar. Von Kharkhorin aus kann man über eine gute Asphaltstraße in einem Tag zurück nach Ulaanbaatar gelangen. Oder man nimmt sich die Zeit für einen Zweitagesausflug zum **Wasserfall im Oberen Orkhon-Tal** und für einen Besuch des **Klosters Tuvkhun**.

Auch eine Stranderholung am **Steppensee Ugii Nuur** ist von hier aus bequem mög-

Wegpunktliste zur Gelben Route

Nr.	Name	Teilstrecke	Entfernung	Kurs
1	Ulaanbaatar	0 km	0 km	0°
2	Mandalgov	247 km	247 km	190°
3	Tsogt Ovoo	168 km	414 km	207°
4	Dalanzadgad	118 km	533 km	218°
5	Red Cliffs	76,3 km	609 km	315°
6	Bulgan Sum	18,7 km	628 km	284°
7	Camps Khongor Els	105 km	732 km	251°
8	Bayan Dalai	104 km	837 km	109°
9	Zwischenpunkt 1	52,4 km	889 km	246°
10	Gurvantes	152 km	1041 km	269°
11	Schluchten	29,3 km	1070 km	2°
12	Naran Daats	49,9 km	1120 km	266°
13	Zulganai Oase	42,6 km	1163 km	292°
14	Khermen Tsav	18,1 km	1181 km	216°
15	Ekhin Gol	72,1 km	1253 km	248°
16	Oase	41,8 km	1295 km	303°
17	Tsagaan Burgasniin Bulag	55,1 km	1350 km	248°
18	Shar Hulsniin Bula	14,4 km	1365 km	294°
19	Zuun Shagiin Bulag	39,9 km	1404 km	294°
20	Baruun Sgargiin Bulag	6,8 km	1411 km	281°
21	Bayantooroi	168 km	1579 km	346°
22	Eij Khairkhan Uul	42,3 km	1622 km	270°
23	Zaram	90,9 km	1713 km	98°
24	Boon Tsagaan Nuur	166 km	1878 km	58°
25	Adgiin Tsagaan Nuur	67,3 km	1945 km	90°
26	Orog Nuur	75,9 km	2021 km	138°
27	Ikh Bogd Uul	34,7 km	2056 km	259°
28	Baruun Bayan Ulaan	96,5 km	2152 km	78°
29	Guchiin Us	84,0 km	2237 km	67°
30	Arweichir	92,6 km	2329 km	17°

lich, wobei zusätzlich die historischen türkischen Siedlungsanlagen **Khoshoo Tsaidam** besucht werden können. Auf der Rückreise bietet sich darüber hinaus ein Aufenthalt im **Naturreservat Khogno Khan** an, wo man Wanderungen oder auch Tagestouren per Geländewagen unternehmen kann.

Der **Hustain-Nationalpark**, 80 km vor den Toren Ulaanbaatars, mit seinen Wildpferden und vielen anderen seltenen Tierarten sowie einer noch intakten, nicht beweideten Steppe bildet oft den Abschluss dieser Route.

Gelbe Route: Transaltai und Südgobi

Diese Route führt in die einsamen Weiten der Gobi. Man wird unterwegs sehr wenig Menschen treffen, auf sich allein angewiesen sein und muss sich daher entsprechend ausrüsten! **Treibstoff- und Wasservorräte** sind **überlebenswichtig,** denn es gilt, Strecken von bis zu 500 km ohne Versorgungsmöglichkeit zu überwinden. Vorher muss auf jeden Fall bei der mongolischen Grenzbehörde in Ulaanbaatar ein **Passierschein** für das

Breitengrad	Längengrad
N 47°57,266'	O 106°49,472'
N 45°45,914'	O 106°16,605'
N 44°25,06'	O 105°19,344'
N 43°34,307'	O 104°25,695'
N 44°3,236'	O 103°45,181'
N 44°5,635'	O 103°31,599'
N 43°46,905'	O 102°17,718'
N 43°27,881'	O 103°30,723'
N 43°16,162'	O 102°55,428'
N 43°14,145'	O 101°3,218'
N 43°29,981'	O 101°3,822'
N 43°27,888'	O 100°26,911'
N 43°36,52'	O 99°57,586'
N 43°28,602'	O 99°49,657'
N 43°13,929'	O 99°0,265'
N 43°26,22'	O 98°34,29'
N 43°14,827'	O 97°56,586'
N 43°18,003'	O 97°46,861'
N 43°26,767'	O 97°19,911'
N 43°27,48'	O 97°14,936'
N 44°55,652'	O 96°44,701'
N 44°55,664'	O 96°12,832'
N 44°48,465'	O 97°21,081'
N 45°34,468'	O 99°9,532'
N 45°34,093'	O 100°1,223'
N 45°3,538'	O 100°39,874'
N 44°59,822'	O 100°14.001'
N 45°10,483'	O 101°26,009'
N 45°28,169'	O 102°25,236'
N 46°15,889'	O 102°46,621'

Grenzgebiet beantragt werden, denn die Strecke nähert sich manchmal bis auf 20 km der Staatsgrenze zu China.

Mindestens zwei geländegängige Fahrzeuge sind aus Sicherheitsgründen dringend anzuraten, denn jedwede Hilfe ist in dieser Region weit entfernt. Die Orientierung per GPS ist selbstverständlich. Größere Gruppen von Touristen wird man auf diesen Strecken nicht treffen. Ger Camps sind nicht vorhanden, sodass man auf die eigene Ausrüstung angewiesen ist.

Das zu bereisende Gebiet ist so weitläufig, dass hier nur einige alternative Routen angeführt werden können, die von den Verfassern bereist worden sind. Einen guten Start in die Region Trans Gobi Altai bietet entweder **Dalanzadgad** oder der **Boon Tsagaan Nuur**.

Vom Boon Tsagaan Nuur aus erreicht man die **Oase Ekhiyn Gol** in zwei Tagen, jedoch erwartet die Reisenden hier außer Schatten spendenden Bäumen, einigen Gärten der Einwohner und kühlem Wasser keine Versorgungsmöglichkeit. Von Ekhiyn Gol aus kann man nach Westen über **Bayantooroi,** der **Oase Zahuy** und der **Sharga-Depression** auf die Straße nach Khovd gelangen. Oder man wendet sich nach Osten und fährt über **Gurvantes** (Versorgungszentrum) auf mehreren Alternativstrecken nach **Dalanzadgad**. Von Khovd oder Dalanzadgad bieten kleine Flughäfen die Möglichkeit, nach Ulaanbaatar zu fliegen.

Weiße Route: West-Mongolei und Hoher Altai

Für diese Route durch die West-Mongolei empfiehlt es sich, möglichst viel Zeit mitzubringen. Allein die Anreise mit dem Auto nach Khovd dauert mindestens drei Tage, für die Rückreise von Ulaangom nach Ulaanbaatar müssen vier bis fünf Tage gerechnet werden. Diese Strecken können allerdings auch durch Flüge ersetzt werden.

Khovd, das Aimagzentrum des Khovd Aimag, ist ein idealer Ausgangspunkt für Touren im Hohen Altai, ganz im Westen der Mongolei. Zweifellos stellen dabei die Bergwanderungen in einer unberührten alpinen Hochgebirgslandschaft die Höhepunkte dar. Alpin ausgerüstete Bergsteiger kommen hier voll auf ihre Kosten. Der **Monkh Khairkhan,** der **Huyten Uul** im **Tavan-Bogd-Massiv** – mit 4374 m der höchste Berg der Mongolei –, der **Tsambagarav,** das **Turgen-Kharkhiraa-Massiv** und der **Otgon Tenger** im West-Khangai bieten alpinistische Herausforderun-

Wegpunktliste zur Weißen Route

Nr.	Name	Teilstrecke	Entfernung	Kurs
1	Ulaanbaatar	0 km	0 km	0°
2	Tuul-Brücke	128 km	128 km	268°
3	Brücke bei Khogno Khan	132 km	260 km	243°
4	Ongiyn-Gol-Brücke	120 km	380 km	212°
5	Arvaikheer	14,8 km	395 km	193°
6	Nariinteel	108 km	503 km	253°
7	Bayankhongor	62,2 km	565 km	294°
8	Baidrag-Brücke	112 km	677 km	270°
9	Delger Sum	148 km	825 km	278°
10	Altai	87,1 km	912 km	273°
11	Darvi Sum	209 km	1122 km	288°
12	Zereg Sum	62,0 km	1184 km	289°
13	Khovd	135 km	1319 km	318°
14	Khashaatyn-Pass	87,2 km	1406 km	309°
15	Buraatyn-Pass	20,2 km	1426 km	259°
16	Ulaan Hotel	9,8 km	1436 km	249°
17	Tolbo Nuur	19,8 km	1456 km	311°
18	Ulgii	47,6 km	1503 km	348°
19	Shine-Pass	41,1 km	1544 km	342°
20	Tsagaan Nuur	24,2 km	1569 km	352°
21	Ogotor-Khamar-Pass	83,6 km	1652 km	47°
22	Uureg Nuur	24,0 km	1676 km	77°
23	Zuukhyn Hutul	18,8 km	1695 km	89°
24	Ulaangom	60,2 km	1755 km	99°
25	Kreuzung Khovd	78,7 km	1834 km	150°
26	Abzweig Airag Nuur	21,0 km	1855 km	100°
27	Khyargas Nuur	26,6 km	1882 km	98°
28	Khyargas Nuur Ost	45,4 km	1927 km	107°
29	Tudevtei Sum	199 km	2126 km	96°
30	Numrug Sum	33,2 km	2160 km	110°
31	Telmen Nuur Nord	30,8 km	2190 km	84°
32	Abzweig Tosontsengel	13,6 km	2204 km	126°
33	Kreuzung Murun	11,6 km	2216 km	111°
34	Telmen Sum	17,1 km	2233 km	196°
35	Zagastain-Pass	71,3 km	2304 km	207°
36	Uliastai	43,1 km	2347 km	213°
37	Gantsiin-Pass	14,7 km	2362 km	161°
38	Tsagaan Khairkhan Sum	16,2 km	2378 km	212°
39	Daagatyn-Pass	12,3 km	2390 km	185°
40	Taishir Sum	77,5 km	2468 km	195°

Fortsetzung S. 134

Breitengrad	Längengrad
N 47°54,972'	O 106°54,901'
N 47°51,725'	O 105°12,033'
N 47°18,544'	O 103°38,885'
N 46°23,266'	O 102°49,803'
N 46°15,493'	O 102°47,205'
N 45°57,586'	O 101°27,514'
N 46°11,035'	O 100°43,298'
N 46°10,733'	O 99°16,07'
N 46°21,338'	O 97°22,042'
N 46°23,179'	O 96°14,189'
N 46°55,819'	O 93°37,055'
N 47°6,359'	O 92°50,605'
N 48°0,191'	O 91°38,128'
N 48°29,456'	O 90°42,98'
N 48°27,368'	O 90°26,912'
N 48°25,465'	O 90°19,526'
N 48°32,471'	O 90°7,407'
N 48°57,549'	O 89°59,024'
N 49°18,684'	O 89°48,719'
N 49°31,632'	O 89°45,88'
N 50°2,045'	O 90°37,265'
N 50°4,928'	O 90°56,905'
N 50°5,04'	O 91°12,697'
N 49°59,898'	O 92°2,485'
N 49°22,951'	O 92°34,756'
N 49°20,953'	O 92°51,842'
N 49°18,976'	O 93°13,625'
N 49°11,596'	O 93°49,299'
N 48°58,595'	O 96°31,853'
N 48°52,304'	O 96°57,346'
N 48°53,887'	O 97°22,437'
N 48°49,573'	O 97°31,45'
N 48°47,333'	O 97°40,34'
N 48°38,486'	O 97°36,447'
N 48°4,314'	O 97°9,96'
N 47°44,697'	O 96°51,406'
N 47°37,186'	O 96°55,145'
N 47°29,772'	O 96°48,35'
N 47°23,142'	O 96°47,533'
N 46°42,761'	O 96°31,622'

gen. Jedoch sind auch die weniger hohen Altai-Gipfel landschaftlich sehr reizvoll.

Als Anfahrt von Khovd aus wählt man die Strecke nach **Ulgii**, das Aimagzentrum des Bayan-Ulgii-Aimag, und überquert dabei bereits recht hohe Altai-Pässe zwischen **Tsambagarav** und **Sayr Uul**. Von Ulgii aus erreicht man dann in einem Tag den Ausgangspunkt für eine Besteigung des **Huyten Uul**, für die man sich mehrere Tage Zeit lassen sollte. Die Wetterbedingungen sind nicht jeden Tag geeignet, den höchsten Berg der Mongolei im Dreiländereck zwischen Russland und China zu besteigen.

Wendet man sich von Khovd aus nach Süden in den Altai hinein, so erreicht man an einem Tag **Khairkhan Sum**, den Ausgangspunkt für eine Besteigung des **Monkh Khairkhan**, der dem Huyten Uul mit 4204 m Höhe Konkurrenz macht. Eine Weiterreise in die **Flussoase Bulgan** an der mongolisch-chinesischen Grenze ist sehr lohnend.

Von Ulgii aus führt dann die Rundreise zunächst nach Norden zum **Uureg Nuur**, einem hochgelegenen, abflusslosen See, bevor man in das **Uvs-Nuur-Becken** hinabfährt und die Aimagzentrale **Ulaangom** mit dem größten See der Mongolei, dem **Uvs Nuur,** besucht. Der Uvs Nuur ist etwa fünfmal größer als der Bodensee, weist aber nur eine verhältnismäßig geringe Wassertiefe von 26 m auf. Tagestouren von Ulaangom aus Richtung See sind lohnende Abstecher, um Vögel zu beobachten oder ein erfrischendes Bad zu nehmen. Hat man die Möglichkeit, mit einem Boot auf den See zu fahren, so sind die Ufer mit der Lido-Lagunen-Küste in der Süd- und Westumrahmung des Uvs Nuur ein lohnendes Ziel. Im Osten überflutet der See die **Dünen des Boorig Deliin Els,** dem nördlichsten Dünengürtel der Mongolei. Hier liegt auch der Süßwassersee **Bayan Nuur** – inmitten des Dünengürtels.

Entweder man entscheidet sich nun für einen Rückflug von Ulaangom nach Ulaanbaa-

Fortsetzung Wegpunktliste zur Weißen Route
Abstecher Munkh Khairkhan – Bulgan 431:

Nr.	Name	Teilstrecke	Entfernung	Kurs
1	Khovd	0 km	0 km	0°
2	Uliyn-Pass	27,0 km	27,0 km	219°
3	Shiveriyn Hutul	22,7 km	49,7 km	171°
4	Duut Sum	15,0 km	64,7 km	129°
5	Khushuut-Pass	27,4 km	92,1 km	150°
6	Munkhhayrkhan Sum	30,8 km	123 km	174°
7	Tsagaan Hutul	34,7 km	158 km	147°
8	Kreuzung 1	18,7 km	176 km	150°
9	Ikh-Uul-Pass	6,6 km	183 km	229°
10	Bulgan	72,4 km	255 km	220°
11	Ulaankhus	72,7 km	328 km	347°
12	Bulgan 2	29,0 km	357 km	320°
13	Ovootyn Hutul	27,6 km	385 km	65°
14	Mashiyn-Pass	24,4 km	409 km	354°
15	Ulaan-Pass	21,9 km	431 km	323°

Wegpunktliste zur Roten Route

Nr.	Name	Teilstrecke	Entfernung	Kurs
1	Ulaanbaatar	0 km	0 km	0°
2	Baganuur	110 km	110 km	97°
3	Mongonmorit	48,8 km	159 km	9°
4	Kukh Nuur	46,0 km	205 km	114°
5	Bereven	34,6 km	239 km	60°
6	Batshireet	78,2 km	317 km	45°
7	Binder	32,6 km	350 km	105°
8	Dadal	85,9 km	436 km	59°
9	Norovlin	45,6 km	481 km	143°
10	Choybalsan	196 km	678 km	108°
11	Zwischenpunkt 1	108 km	786 km	120°
12	Zwischenpunkt 2	132 km	919 km	92°
13	Buir Nuur	35,7 km	954 km	48°
14	Khalkgol	58,5 km	1013 km	108°
15	Nomrog	89,2 km	1102 km	141°
16	Baruun Urt	464 km	1566 km	268°
17	Shiliin Bogd	168 km	1734 km	143°
18	Dariganga	61,0 km	1795 km	252°
19	Saynshand	295 km	2091 km	263°
20	Choir	215 km	2306 km	320°
21	Delgerkhan	110 km	2416 km	37°
22	Ondorkhaan	113 km	2529 km	81°

Breitengrad	Längengrad
N 47°59,882'	O 91°38,634'
N 47°48,489'	O 91°25,082'
N 47°36,413'	O 91°27,979'
N 47°31,275'	O 91°37,259'
N 47°18,464'	O 91°48,12'
N 47°1,895'	O 91°50,46'
N 46°46,095'	O 92°5,173'
N 46°37,353'	O 92°12,492'
N 46°34,988'	O 92°8,607'
N 46°4,8'	O 91°32,752'
N 46°42,957'	O 91°19,516'
N 46°54,876'	O 91°4,739'
N 47°1,141'	O 91°24,522'
N 47°14,234'	O 91°22,67'
N 47°23,645'	O 91°12,202'

Breitengrad	Längengrad
N 47°91,653'	O 106°91,517'
N 47°47,004'	O 108 22,113'
N 48°13,032'	O 108°28,165'
N 48°2,855'	O 109°1,983'
N 48°12,07'	O 109°26,191'
N 48°41,9'	O 110°11,008'
N 48°37,17'	O 110°36,622'
N 49°0,532 '	O 111°37,255'
N 48°40,776'	O 111°59,428'
N 48°6,157'	O 114°29,678'
N 47°36,897'	O 115°44,908'
N 47°33,938'	O 117°30,513'
N 47°46,707'	O 117°51,883'
N 47°36,895'	O 118°36,365'
N 46°59,52'	O 119°20,96'
N 46°40,894'	O 113°16,652'
N 45°28,452'	O 114°35,162'
N 45°18,321'	O 113°50,657'
N 44°55,686'	O 110°7,694'
N 46°23,236'	O 108°19,159'
N 47°10,82'	O 109°11,115'
N 47°19,501'	O 110°39,659'

tar oder man wählt für die Weiterreise die Piste entlang dem 180 km langen Dünenfeld Boorig Delin Els nach **Tes** oder durch das **Gebirge des Khan Khoriyn Nuruu** nach **Zuunkhangai** und **Songin Sum**. Alternativ dazu kann man von Ulaangom aus am Nordufer des großen **Khirgas Nuur** nach Osten fahren und trifft dann wieder in Songin Sum auf den zuvor genannten Weg nach Osten am **Telmen Nuur**. In **Tosontsengel** erreicht man die Route durch den Khangai oder nach Norden in Richtung Khuvsgul und Murun (s. S. 126).

Auch die Strecke nach Süden, entweder nach Uliastai oder quer durch den Zavkhan Aimag Richtung Khovd, kommen infrage. Fährt man nach **Uliastai**, so ist der **Otgon Tenger** – mit 4021 m der höchste Berg im Khangai – leicht zu erreichen. Eine Besteigung sollte mit den ortsansässigen Naturschutzbehörden abgesprochen werden. Ein Abstecher zum **Khar Nuur** ist von Uliastai ebenfalls zu empfehlen. Hier ›wandern‹ von Süden her Dünen in den ca. 50 m tiefen See. Auch der **Bayan Nuur** im Zavkhan Aimag ist einen Umweg wert. Dieser Süßwassersee wurde vom Dünengürtel des Mongol Els aufgestaut. Heute sickert das Wasser langsam durch den Dünensand, um im Süden in einem Quellsaum nach ca. 16 km Laufstrecke wieder auszutreten.

Man kann diese Rundtour im Westen der Mongolei in Khovd mit einer Durchquerung des Zavkhan Aimags oder in Altai beenden und von dort den Rückflug nach Ulaanbaatar antreten. Alternativ befährt man den Landweg auf den oben schon beschriebenen Hauptpisten.

Rote Route: Ost-Mongolei

Der Osten der Mongolei bietet noch heute viel Steppe und an der Ostabdachung des Khentii-Gebirges sowie in der Nähe der mongolisch-russischen Grenze unberührte Waldlandschaften. Von Touristen wird dieser Teil der Mongolei wenig besucht.

Eine Rundtour von Ulaanbaatar aus folgt zunächst den **Spuren der Geburtsstätte des Chingghis Khaan**. In eine wilde und unberührte Naturlandschaft führt dabei die Piste nach Nordosten in die Grenznähe zu Russland an den **Onon Gol**. Alternativ kann man auch weit in den Osten vordringen und das **Kherlen-Tal** abwärts bis **Choibalsan** fahren. Entlang der mongolisch-chinesischen Grenze führt dann die Piste durch die mandschurische Steppe weiter nach Osten zum **Buir Nuur**, einem fischreichen mongolisch-chinesischen Grenzsee.

Das **Nomrog-Bergland** ist der östlichste Zipfel der Mongolei mit einer unberührten Naturlandschaft. Über die **Vulkanlandschaft von Dariganga** kann man über **Baruun-Urt** und **Undurkhaan** zurück nach Ulaanbaatar gelangen.

Reiseveranstalter

Die lokalen Reiseagenturen sind nur in Ulaanbaatar ansässig und qualitativ sehr unterschiedlich einzuordnen. Es gibt über 300 Touristikunternehmen, vom Einmannbetrieb, der seine Kundschaft teilweise schon am Flughafen abfängt, bis hin zu professionell geführten Unternehmen mit solidem und funktionierendem Internetauftritt.

Deutsche Mongoleireise-Anbieter arbeiten mit den größten mongolischen Unternehmen zusammen. Empfehlenswert sind u. a. die deutschsprachigen mongolischen Touristikunternehmen: Nomads Tours and Expedition, Tsolmon Travel, Steppenfuchs, Mongolian Adventure Tours, Nature Tours, Explore Mongolia und Mongol Tours.

In der Mongolei

Folgende Reiseunternehmen unter deutsch- und englischsprachiger Leitung bieten Pauschaltouren wie auch individuell gestaltete Reisen in entlegene Gebiete der Mongolei an:

Explore Mongolia
Tel. +976 11 31 80 99, 99, +976 11 17 37 19
Fax +976 11 31 80 99
info@explore.in.mn
www.reisen.mn

Extra Tour
Tel. +976 11 31 88 32
Mobil +976 9916 98 34
www.extratour-mongolei.com

Gobitours
Tel. +976 11 32 23 39
Mobil +976 99 82 15 98
www.gobitours.com

Juulchin
Tel. +976 11 32 84 28
Mobil +976 99 11 09 21
www.juulchin.com

Juulchin World Tours
Tel. +976 11 31 94 01
Mobil +976 99 05 31 87
www.juulchinworld.com

Mongolia Canoeing
Tel. +976 11 68 55 03
Mobil +976 9982 68 83
www.mongoliacanoeing.com

Mongolia Expeditions
Tel. +976 11 32 92 79
Mobil +976 99 08 69 29
www.mongolia-expeditions.com

Nature Tours
Tel. +976 11 31 23 92,
+976 11 31 18 01
www.naturetours.mn

Nomads Tour & Expeditions
Tel. +976 11 32 81 46
Mobil +976 99 11 93 65
www.nomadstours.com

Off the Map Tours
Mobil +976 99 75 43 87
www.mongolia.co.uk

Steppenfuchs Reisen
Tel. +976 70 11 13 23
Mobil +976 99 65 13 24
www.steppenfuchs.com

Tour Mongolia
Tel. +976 11 35 46 62
Mobil +976 99 08 85 67
www.tourmongolia.com

Tseren Tours
Tel. +976 11 32 70 83
Mobil +976 99 11 18 32
www.tserentours.com

Tsolmon Travel
Tel. +976 11 32 28 70
Mobil +976 99 11 49 13
www.tsolmontravel.com

In Deutschland, Österreich und der Schweiz
Auf und Davon Reisen
Tel. +49 2261 501 99-0
www.auf-und-davon-reisen.de

Mongolei-Reise
Tel.: +49 30 46 60 49 24
www.mongolei-reise.de

Lernidee Erlebnisreisen
Tel. +49 30 786 00 00, www.lernidee.de

Olympia Reisen
Tel. D +49 228-400030
Tel. A +43 1 596 46 45
www.olympia-reisen.com

One World Reisen mit Sinnen
Tel. +49 231 58 97 92-0
www.reisenmitsinnen.de

Rotel Tours
Tel. +49 8504 404-0
www.rotel.de

RW Tours (Angelreisen)
Tel. +41 056 450 08 50
www.angelreisen.com

Studiosus Reisen
Tel: +49 89 500 60-0
www.studiosus.de

Wikinger Reisen
Tel. +49 2131 90 48 04
www.wikinger.de

Wildberry Tours
Tel. D +49 228 242 17 10
Tel. CH +41 32 511 96 12
www.wildberrytours.com

Speziell für Ausgrabungen
Nomadic Expeditions
www.nomadicexpeditions.com
United States Office: 1095 Cranbury-South River Road, Suite 20A, Monroe Twp., New Jersey 08831, Tel. (+1609) 860 90 08, 998 66 34, info@NomadicExpeditions.com
Mongolia Office: Building 76, Suite 28, +140 000, Peace Avenue, Chingeltei District, Ulaanbaatar, Tel. +976 11 31 33 96, +976 11 32 57 86, mongolia@NomadicExpeditions.com.
Bietet zeitweise Touren zu Ausgrabungen mit wissenschaftlicher Begleitung an.

Reisen mit Kindern

Die Mongolei ist für Kleinkinder ein eher weniger geeignetes Reiseziel, da die Übernachtungsorte oft gewechselt werden und die medizinische Versorgung sehr eingeschränkt gewährleistet ist. Hingegen kann eine Mongoleireise für ältere Kinder im ›Entdeckungsalter‹ ein Erlebnis besonderer Art werden. Man sollte allerdings eine Tour wählen, die nicht allzu lange Fahrstrecken erfordert. Natur, Pferde und andere Haustiere, Geländewagenfahrten, Angeln – das sind nur einige Aspekte, die auch Kinder faszinieren können. Hinsichtlich europäischer Hygienevorstellungen muss man definitiv Abstriche machen.

Reisen mit Handicap

Grundsätzlich ist die mongolische Infrastruktur auf Personen mit körperlichen Behinderungen wenig eingestellt. Zu berücksichtigen ist, dass meist schon Nichtbehinderte vor große physische Herausforderungen gestellt sind.

Ein fester Bestandteil fast jeder organisierten Mongoleireise: die Felsburgen von Baga Gazaryn Chuluu

Anreise und Verkehr

Einreise- und Zollbestimmungen

Visum

Für die Einreise benötigt man ein Visum und einen Reisepass, der mindestens sechs Monate über die Aufenthaltsdauer hinaus gültig sein muss. Kinder brauchen unabhängig vom Alter ein eigenes Reisedokument. Das 30-tägige Touristenvisum erteilen problemlos die Botschaften (s. S. 118). Bei einer längeren Aufenthaltsdauer muss man von einem mongolischen Gastgeber eingeladen werden, der von der Mongolei aus über die Ausländerbehörde und das Außenministerium einen Antrag stellt. Dieser wird an die mongolische Botschaft in dem Land, in dem man seinen Wohnsitz hat, weitergeleitet. Hier muss man dann vorsprechen. Wer mit einem 30-Tage-Touristenvisum einreist und länger bleiben möchte (max. 60 Tage), muss sich innerhalb der ersten fünf Tage seines Aufenthalts in Ulaanbaatar bei der Ausländerbehörde melden und eine Visumsverlängerung beantragen. Bei Arbeitsaufenthalten in der Mongolei gelten besondere Bestimmungen. (Wer die bürokratischen Verfahren beklagt, sollte einmal nachfragen, was Mongolen für eine Einreise nach Deutschland vorlegen müssen.)

Zollbestimmungen

Die Ausfuhr von Antiquitäten muss vom Händler zertifiziert sein. Selbst bei auf dem Schwarzmarkt erworbener Billig-Massenware, die nur so aussieht, als sei sie alt, könnte es Probleme geben. Die Ware wird schlimmstenfalls konfisziert.

Anreise

... mit dem Flugzeug

Die mongolische Fluggesellschaft **MIAT** (Mongolian International Air Transport) verkehrt während der Sommersaison dreimal wöchentlich von Berlin aus, während der Hauptsaison einmal pro Woche sogar mit einem Direktflug von Berlin-Tegel ohne Zwischenlandung in Moskau. Nach Peking fliegt im Sommer die **MIAT** (www.miat.com) dreimal wöchentlich, während nach Tokio einmal und nach Seoul zweimal pro Woche geflogen wird. In der Wintersaison wird die Häufigkeit der Flüge reduziert.

Die russische Fluglinie **Aeroflot** (www.aeroflot.de) fliegt mit Umsteigen in Moskau im Sommer fünfmal pro Woche von und nach Ulaanbaatar. Das Umsteigen bei Aeroflotflügen findet auf dem modernen Flughafen Tscherimetivo 3 statt. Bei Drucklegung werden Frankfurt, Berlin, Wien, Zürich und Düsseldorf von Aeroflot angeflogen.

Während der Sommersaison fliegt **Korean Airlines** täglich zwischen Ulaanbaatar und Seoul, im Winter in reduzierter Frequenz mit nur drei Flügen pro Woche.

Zwischen Mai und Oktober fliegt die Gesellschaft **Air China** täglich von und nach Peking. Auch bei dieser Gesellschaft wird im Winter weniger oft geflogen.

Auf der Website www.airnetwork.mn kann man Flugtickets für alle Ulaanbaatar anfliegenden, internationalen Fluggesellschaften buchen.

Sofern man nicht vom Reiseveranstalter abgeholt wird, bieten Dutzende von Fahrern ihre Dienste an, um den Neuankömmling nach Ulaanbaatar zu bringen. Die Strecke kostet etwa 20 000 MNT.

... mit der Bahn

Mit dem Zug in die Mongolei reisen zu wollen, kommt einer mehrfachen Marathonstrecke gleich. Züge fahren in der Regel mehrfach pro Woche ab Moskau und brauchen zwischen 100 und 120 Fahrstunden für die 6266 km, um Ulaanbaatar nach meist fünf Tagen zu erreichen. Die Hauptstadt liegt an der Bahnstrecke von Irkutsk nach Peking, einem Abstecher der Transsibirischen Bahnlinie, die Moskau mit Wladiwostok verbindet. Tickets kann man in deutschen Reisebüros buchen. Wer auch die Strecke nach Moskau per Bahn zurücklegen möchte, muss neben dem russischen und mongolischen auch an ein weißrussisches Transitvisum denken. Wer dann auch noch weiter nach Peking reist, braucht auch ein chinesisches Visum. Für eine solche Reise sind mehrmonatige Vorausplanungen notwendig. Umfassende Informationen finden Sie unter: www.go-east.de.

Die Tour ist auch auf der Ostroute ab Peking in 36 Stunden bis Ulaanbaatar möglich. Allerdings ist sie weniger attraktiv, da weite Teile der Strecke in der Nacht zurückgelegt werden. Tickets kann man sich in Peking (China) im **International Hotel Beijing, No. 9 Jiangguo Mennei Str., Dongcheng District** besorgen.

Wer nur die Weiterreise ab Ulaanbaatar plant, kann auch ein Ticket beim **Internationalen Ticket Büro** erwerben. Hier muss man persönlich, möglichst mit einem mongolischen Begleiter vorsprechen. Lage des Büros: nördlich des Bahnhofs in Ulaanbaatar an der ersten Kreuzung der nach Norden führenden Straße; an dieser Kreuzung geht man nach Westen weiter in die kleinere Seitenstraße.

Fahrt durch die Einsamkeit: mit der Transmongolischen Eisenbahn durch die Wüste Gobi

Der **Bahnhof in Ulaanbaatar** liegt südwestlich des Zentrums. In seiner Umgebung befinden sich mehrere relativ gute Hotels der mittleren und gehobenen Preisklassen. Für eine Taxifahrt ins Zentrum sollten Sie nicht mehr als 5000 MNT zahlen.

Unterwegs in der Mongolei

... mit dem Reiseveranstalter

Die wenigsten Sorgen haben Mongoleireisende, wenn sie sich wie in ca. 80 % aller Fälle einem Reiseveranstalter anvertrauen. Dieser hat in der Regel alles nach besten Möglichkeiten organisiert und der Reisegruppe stehen je nach Gruppengröße ein oder mehrere Fahrzeuge (koreanischer oder japanischer Bauart, immer seltener die sehr geländegängigen, russischen UAZ-Busse) mit Fahrern und einem Reiseleiter zur Verfügung. Reiseleiter sind häufig mongolische Frauen, ganz selten Männer, die über die entsprechenden Sprachkenntnisse der Reisegruppe verfügen und diesen Job im Sommer als Nebenverdienst ausüben. Wirkliche Reiseleiter mit Fachkenntnissen über Land und Leute trifft man selten. Die Tourguides sind stark auf ein Extratrinkgeld angewiesen.

... mit dem eigenen Auto

Wer viel in kurzer Zeit sehen will, braucht in diesem riesigen Land ein Auto. Es gibt abenteuerfreudige Reisende, die mit ihrem eigenen Fahrzeug quer durch Russland einreisen. Die jeweils gültigen Zollbestimmungen sollten vor Abreise geprüft werden, ein *Carnet de passage* erhalten Sie über die Automobilclubs. Der Aufwand ist groß, aber machbar. Alternativ kann man sich sein eigenes Fahrzeug durch einen Spediteur über die Transsib auch nach Ulaanbaatar bringen lassen.

... mit dem Mietwagen

Avis, Europcar, Hertz u. a. m. gibt es nicht in der Mongolei. Nur die Firma Sixt besitzt eine Filiale, bei der man für einen überzogenen Preis Autos mieten kann. Allerdings können auch die Reiseveranstalter einen Geländewagen mit Fahrer vermitteln. Anzuraten ist, auf jeden Fall einen Wagen mit Fahrer (meist auch sein eigener Monteur) zu mieten, wobei immer die Verpflegungs- und Übernachtungskosten für den Fahrer zzgl. eines Tagegelds sowie Benzin für das Fahrzeug zulasten des Mieters gehen.

Unter Jeep wird oft der russische UAZ 469 verstanden, ein ungemein robustes Auto, das auch ebenso unbequem ist. Mit mehr als vier Personen (inkl. Fahrer) sitzt man sehr gequetscht und sollte beim Reiseveranstalter auf eine entsprechend kleine Gruppe bestehen, auch wenn das den Preis verteuert. Den Vorzug sollte ein moderner Geländewagen aus westlicher Produktion erhalten. Für Gruppenreisen werden meist Minibusse asiatischer Baureihen oder ein ähnliches russisches Modell verwendet.

... mit dem Bus

Für Einzelreisende kommen in der Mongolei auch Linien- und Minibusse als Transportmittel infrage. Die meisten Einheimischen nutzen die völlig überfüllten **Minibusse** – zumeist koreanischer oder japanischer Bauart –, um für relativ wenig Geld von A nach B zu kommen. Es sei ausdrücklich hervorgehoben, dass dabei Verkehrssicherheit keine große Rolle spielt!

Anders verhält es sich mit den **Linienbussen**, die von Ulaanbaatar aus in die Aimagzentren und größeren Städte fahren. Hier sollte man einen eigenen Sitzplatz haben, was aber niemand so recht garantieren kann. Busstationen sind oft schwer zu finden und die Busse halten meist an dem Platz, an dem sich die meisten Menschen aufhalten.

... mit dem Flugzeug

Die innermongolischen Flüge der Fluggesellschaften **EZNIS**, **Aero Mongolia** und **MIAT** unterliegen internationalen Sicherheitsstandards und werden von erfahrenen und gut ausgebildeten Piloten durchgeführt (Adressen s. S. 204). Da die Flugpläne sich kurzfristig ändern können, sollte man sich direkt bei den Fluggesellschaften oder per Internet über den aktuellen Stand informieren.

... mit dem Zug

Vom **Hauptbahnhof in Ulaanbaatar** aus (s. S. 205) kann man innerhalb der Mongolei nach Choir und Sainshand, nach Baganuur, nach Darkhan und nach Erdenet reisen. Im internationalen Zugverkehr geht es ins nördliche, russische Irkutsk oder nach Süden nach Peking. Diese Hauptlinie wird von mongolischen, russischen und chinesischen Zügen befahren.

... mit dem Taxi

In Ulaanbaatar sowie in den Aimagzentren gibt es offizielle und private, gelbe oder weiße Taxen. Sie haben in der Regel einen Taxameter und sehen ein wenig professioneller aus. Der Kilometerpreis liegt derzeit in Ulaanbaatar bei 500 MNT (ca. 0,25 €), die Entfernungen sind jedoch in der Regel kurz (3–5 km).

Preislich gibt es zwei Ausnahmen vom Kilometerpreis: Zum einen die längere Fahrt zum/vom Flughafen, die etwa 20 000 MNT kostet, und zum anderen eine Fahrt zum Schwarzmarkt, die von der Stadtmitte aus bei ca. 6000 MNT liegt. Höhere Geldforderungen der Taxifahrer kommen insbesondere Touristen gegenüber vor und in Taxis ohne Taxameter sollte man den Preis vor Fahrtantritt aushandeln.

Das Straßennetz

Angesichts des mongolischen Straßennetzes ist es sinnvoll, ein Fahrzeug mit Fahrer zu mieten. Die Asphaltstraßen nehmen zwar stetig und unaufhaltsam zu, doch bei touristischen Reisen muss man oft Hunderte von Kilometern auf staubigen und sandigen Pisten zurückzulegen. Bisweilen verwandeln sich diese befestigen Wegstrecken nach Regenfällen in Rutschbahnen, die besondere Aufmerksamkeit beim Fahren erfordern. Ein Schnitt von 35 km/h auf Pisten ist schon eine beachtliche Streckenleistung und kann nur auf Kosten der Sicherheit beim Fahren überboten werden.

Derzeit sind die Strecken von Ulaanbaatar nach Darkhan und von dort nach Erdenet bzw. Altanbulag (an der russischen Grenze), von Ulaanbaatar nach Choir Richtung chinesischer Grenze, von Ulaanbaatar nach Choibalsan in den Osten des Landes und von Ulaanbaatar nach Arweichir in Richtung Westen **asphaltiert**. Nur an einigen Straßenabschnitten wird bei den genannten Verbindungen noch gearbeitet. In der Nähe der Aimagzentren sind oft auch kurze Strecken mit einer **Schwarzdecke** versehen.

Der immer noch übliche Belag ist die **Kies-Sand-Piste,** die aber bisweilen mit weniger Schlaglöchern durchsetzt ist als die zerfahrenen Asphaltstraßen. Wenn die Pisten enden, dann wird auch schon mal **querfeldein** gefahren, was mongolische Fahrer aber nicht gern machen. Sie suchen beständig nach der Fahrspur eines Vorgängers.

Sind in Ulaanbaatar auf den Straßen die modernsten Autos wie europäischer, japanischer oder amerikanischer Produktion zu sehen, so ändert sich dieses Bild auch heutzutage noch schlagartig, sobald man aufs Land fährt. Hier sind der russische (UAZ-)Jeep oder sein großer Bruder, der Furgon, gefragt. Diese außerordentlich geländetüchtigen, einfachen Fahrzeuge können von jedem Fahrer – notfalls mit ein paar Hammerschlägen – repariert werden. Meist gibt es hierfür auch reichlich Gelegenheit. Technische Kenntnisse sind dringend notwendig, um ein Getriebe im Sandsturm zu zerlegen oder mal eben eine Steckachse zu wechseln. Zur unverzichtbaren **Ausrüstung für Jeeptouren** gehören dementsprechend: mehrere Reservereifen, Sandbleche, Schaufel, Axt, Abschleppseile und Bergegurte.

Es schadet nicht, vor Fahrtantritt mit dem Fahrer zumindest nach den wichtigsten Bestandteilen einer solchen Ausrüstung zu schauen. In entlegenen Gebieten sollte man reichlich Ersatzbenzin/-diesel mitführen, besonders wenn der Motor eine hohe Oktanzahl braucht. Auch Winde oder Greifzug (den man an jeder Seite des Fahrzeugs ansetzen kann) sind durchaus nützlich. Gab es in den 1990er-Jahren noch hier und dort in entlegenen Gebieten Treibstoffprobleme, so gehört dies heute der Vergangenheit an. Das heißt allerdings nicht, dass man überall Benzin in entsprechender Qualität (Oktanzahl) oder Diesel bekommt. Die Technik hat ihre Tücken, denn manchmal fehlt der Strom für die Pumpen (wenn man Glück hat, kann man dann noch mit der Hand kurbeln) oder die Treibstofftanks werden in der Sommerhitze so stark aufgeheizt, dass das Benzin auf dem Weg in den Autotank verdampft.

Die steigende Anzahl an Dieselfahrzeugen hat dazu geführt, dass Diesel auch in entlegenen Gebieten zu bekommen ist. Ungewohnt für westliche Fahrer ist, dass die russischen Lastwagen meist mit Benzin fahren – dementsprechend die allgemeine Erwartung zumindest Lkw-Diesel überall vorfinden zu können, hier nicht gilt.

Trotzdem sollten **Einzelreisende** immer einen entsprechenden **Sicherheitsvorrat an Treibstoff** mit sich führen. Besonders in der Gobi sind Strecken bis zu 500 km ohne Tankstelle zu überbrücken.

Verkehrsregeln

In der Mongolei gelten die international üblichen Verkehrsregeln, allerdings sollte man immer vorsichtig fahren. Für Autofahrer gilt die 0-Promille-Grenze, was auch gerne bei ausländischen Fahrzeugführern überprüft wird. Der Verdacht auf Alkohol reicht, um zur Blutprobe auf die Wache mitgenommen zu werden.

Auf relativ neu erbauten Asphaltstraßen wird bisweilen eine Straßenbenutzungsgebühr von 500 MNT erhoben. Bei organisierten Touren ist diese Gebühr im Pauschalpreis bereits berücksichtigt. Fähren gibt es nur über die Selenge; pro Fahrzeug werden ca. 3000 MNT erhoben.

Unterkunft

Hotels

Die Hotels in Ulaanbaatar verfügen über einen guten Standard. Nur in den größeren Städten wie Darkhan und Erdenet ist noch mit einer akzeptablen Ausstattung in den Unterkünften zu rechnen.

Je nach gebuchter Preiskategorie kann man einfach und sauber oder auch luxuriös wohnen. Die Preise liegen zwischen 34 400 und 247 500 MNT, manchmal auch höher. Oft werden in den Hotels Frühstücksbuffets angeboten, die eine Auswahl nach europäischem Geschmack bieten.

Völlig anders verhält es sich bei Hotels auf dem Land: Die Unterkünfte in den Aimagzentren weisen einen vergleichsweise niedrigen Standard auf. Man sollte immer nach den sogenannten Luxuszimmer fragen – hier haben die Hoteliers nämlich in den letzten Jahren renoviert und ein privates Bad eingebaut. Ansonsten ist die Versorgung mit Warmwasser oft sehr unterschiedlich. Wenn bei Hotels eine Empfehlung abgegeben wird, so ist die immer im Vergleich zum sonstigen Angebot zu sehen und nicht an internationalen Standards zu messen.

Gästehäuser

Gästehäuser gibt es in Ulaanbaatar. Ihre qualitative Spannbreite ist sehr groß. Für eine Übersicht über die Lage und Kontaktmöglichkeit s. S. 196.

Ger Camps

Hotels vorzuziehen sind die Ger Camps, in denen viele Touristen übernachten. Sie sind authentisch, leider oft auch uniform. Daher haben wir darauf verzichtet, jedes Ger Camp individuell zu beschreiben und allenfalls – sofern hervorhebenswert – die Lage in der Landschaft näher geschildert. Meist stehen 10 bis 20 der mongolischen Jurten stramm in Zweierreihen angeordnet nebeneinander. In den Zentren touristischen Interesses gibt es meist zahlreiche Ger Camps. Die einzelnen Jurten sind mit zwei bis vier Betten und oft traditionellem Mobiliar ausgestattet. Häufig gibt es noch ein festes Gebäude für die sanitären Einrichtungen (Toiletten und Duschmöglichkeit), das im Winter manchmal auch zur Beherbergung von Gästen dient. Als ›Restaurant‹ haben die Betreiber meist eine spezielle Restaurant-Jurte eingerichtet. Die Küche ist einfach und umfasst die wenigen mongolischen Basisgerichte (s. S. 110). Wer zum Frühstück gerne Zerealien isst, sollte dies mitbringen.

Die Ausstattung der Ger Camps und der Service sind sehr unterschiedlich und geben gelegentlich Anlass zur Kritik. Geben Sie dem Reiserveranstalter eine Rückmeldung, denn sonst hat er keinen Anlass und kein Argument, auf Verbesserungen zu drängen. Problematisch ist meist die Stromversorgung, denn 24 Stunden Elektrizität gibt es nur in unmittelbarer Nähe der Sum- oder Aimagzentren. Bei fernab gelegenen Camps in oft landschaftlich schöner Lage muss man mit der stundenweisen Versorgung über einen Generator zufrieden sein. Es reicht zumeist, um die Batterien für die Digitalkamera zu laden, jedoch kaum, um das abendliche Bier wirklich gekühlt zu genießen.

Camping

Die Mongolei ist das Land der Jurten. Wo sonst wäre man mit dem Zelt so willkommen, wie hier. Man darf überall (außer auf klar erkennbaren Privatgrundstücken in der Nähe von Siedlungen) sein Zelt aufstellen, sollte allerdings, sofern eine Nomadenfamilie in der Nähe ihr Ger aufgebaut hat, trotzdem höflich um Erlaubnis fragen. Wahrscheinlich findet man sofort Anschluss. Feste Campingplätze gibt es nicht. Es sollte selbstverständlich sein, den Müll mitzunehmen und in der nächsten Ortschaft gezielt zu entsorgen. Leider wird das nicht immer befolgt. Große Flaschen- und Müllberge verunstalten an manchen Stellen die Landschaft.

Preise

Die in diesem Buch angegebenen Preise beziehen sich, wenn nicht anders vermerkt, immer auf die Übernachtungskosten für eine Person ohne Frühstück oder andersartige Verpflegung.

Übernachten auf Mongolisch: Ger Camp im Orkhon-Tal bei Kharkhorin

Sport und Aktivurlaub

Baden
In den wunderbaren mongolischen Seen ein Bad zu nehmen, das ist sicherlich sehr verlockend. Allerdings findet man nicht immer einen guten Zugang zum See oder im Sommer plagen die Mücken!

Bergsteigen und Klettern
Obgleich es für Sportkletterer hervorragende Möglichkeiten gibt, sieht man bislang selten Gipfelstürmer an den Granitwänden. Bergsteigen ist hingegen schon hier und dort bekannt. So bieten der Altai mit seinen vergletscherten Gipfeln, das Turgen-Kharkhiraa-Massiv und der Otgon Tenger gute Möglichkeiten zum Bergsteigen. Die Firma **Nomads Tours & Expeditions** organisiert Bergbesteigungen (www.nomadstours.com). Die Ausrüstung kann in Ulaanbaatar in zwei Spezialgeschäften gekauft werden (s. S. 198), aber man ist besser beraten, sie selbst mitzubringen.

Golf
In den letzten Jahren sind im Terelj-Nationalpark, ca. 60 km nordöstlich von Ulaanbaatar, zwei Golfplätze entstanden. Eine Golfanlage gehört unmittelbar zum UB-2-Hotel (s. S. 200). Die zweite Anlage liegt direkt östlich der durch den Park führenden Asphaltstraße. Eine Driving Range befindet sich in Ulaanbaatar an der Straße Richtung Ikh Tenger.

Jagen und Angeln
Die Einfuhr von eigenen Jagdwaffen und Munition ist bei Vorlage der entsprechenden Dokumente problemlos. Es gibt spezielle Jagdreiseveranstalter, die auf der mongolischen Seite die notwendigen Vorbereitungen treffen. Die europäischen Veranstalter kooperieren dabei mit mongolischen Jagdleitern. Jagdlizenzen müssen vorher vom mongolischen Reiseveranstalter bei den mongolischen Behörden beschafft bzw. gekauft werden. Beliebt ist die Jagd auf Ibex (Altai-Steinbock), Argali (Wildschaf), sibirischen Rehbock, Wildschwein, Wolf und Gazelle. Angeln ist nach dem Erwerb der entsprechenden Fischereierlaubnis auf Lenock-Forelle, Hecht, Barsch, Quappe und Äsche möglich. Angelausrüstungen können an verschiedenen Stellen in Ulaanbaatar erworben werden. Zum Fliegenfischen sollte man allerdings seine eigene Ausrüstung mitbringen.

Kanufahren
Die Mongolei ist eigentlich ein Land, das sich sehr für Kanufahren auch auf Seen und Flüssen eignet. Für längere Unternehmungen bringt man sich die eigene Ausrüstung besser mit. Weitere Informationen über Kanutouren und Bootsverleiher findet man unter www.kanutouren-mongolei.de. Spezielle Reiseveranstalter in Ulaanbaatar bieten Kanutouren auf den unberührten Flüssen an. Sicher kann in der Mongolei auch noch die eine oder andere Erstbefahrung gemacht werden. Wassersport ist trotz der guten Möglichkeiten, z. B. auch für Surfer, in der Mongolei sehr unterentwickelt, weil es vor allem an der Ausrüstung mangelt.

Motorradreisen
Erstmals durchquerte eine deutsche Motorradfahrergruppe 1992 auf eigene Faust die Mongolei. Bis heute handelt es sich um eine Herausforderung, die gute Cross-Country-Fähigkeiten einschließlich entsprechender Reparaturkenntnisse verlangt, dafür aber mit einem unglaublichen Fahrerlebnis oft abseits der Piste quer durch die Steppe entschädigt.

Der Vorteil organisierter Touren ist, die Motorräder gestellt zu bekommen und meist ein Begleitfahrzeug dabeizuhaben. Bei der Ausrüstung ist auf regenfeste Kleidung und auch auf Schuhwerk zu achten, das Wasserdurchquerungen standhält. Vom T-Shirt bis zur Fleecejacke braucht man die ganze Kleidungspalette. Als Motorrad sollte man keine zu schwere Enduro mit grobstolligen Crosspneus wählen. Bei den Kofferträgern ist auf äußerst solide verarbeitete Schweißnähte zu achten. Für weitere Informationen empfehlen wir www.mongolei.com.

Radfahren

In den Sommermonaten sieht man immer wieder Tourenradfahrer, die eine Mongoleidurchquerung von Osten nach Westen oder von Norden nach Süden unternehmen. Die komplette Ausrüstung muss selbst mitgeführt werden, da es in Ulaanbaatar kein Fachgeschäft für Ersatzteile gibt. Fahrräder von weniger guter Qualität kann man in Ulaanbaatar auf dem Schwarzmarkt erwerben. Allerdings wird es schon bei den Packtaschen problematisch. Immer ist mit Speichenbrüchen zu rechnen und die Pisten sind oft nur mit viel Mühe befahrbar.

Wer Zeit und Abenteuerlust hat, kann eine Radtour auf eigene Faust unternehmen, sorgfältige Planung vorausgesetzt. Man sollte aber ein absolutes Qualitätsrad selbst mitbringen. Nirgendwo im Land ist es schwierig, nachts sein Zelt aufzustellen, sodass man bei den Tagesetappen flexibel sein kann. Das Gelände ist anspruchsvoll und erfordert optimal trainierte Radsportler. Organisierte Fahrradtouren bieten u. a. www.cycling-unlimited.de und www.alpintravel.ch an. Zurzeit entdecken die Mongolen in der Hauptstadt die Fortbewegung auf dem Drahtesel. Der Autoverkehr nimmt aber auf Fahrradfahrer wenig Rücksicht.

Reiten

Reiten ist bei Touristen sehr beliebt und eröffnet der Landbevölkerung eine willkommene direkte Einnahmequelle. Reitmöglichkeiten bieten sich überall im Land, wobei es an touristischen Brennpunkten besonders viele Angebote gibt. Allerdings sei an dieser Stelle warnend darauf hingewiesen, dass die meisten mongolischen Pferde ganzjährig frei herumlaufen und nur gelegentlich für einen Ritt eingefangen werden. Die harten mongolischen Holzsättel sind gewöhnungsbedürftig, und wer eine Reittour gebucht hat, sollte unbedingt nach Ledersätteln verlangen.

Wandern

Aufgrund der klaren, frischen Luft und einer landschaftlich abwechslungsreichen Gegend sind Wanderungen sehr beliebt, vor allem im Altai, Khangai oder Khentii. Allerdings ist man immer auf den eigenen Proviant angewiesen.

Veranstalter, die mehrtägige Wandertouren im europäischen Sinn anbieten, gibt es recht wenige (s. S. 136). Einige bieten Wanderreisen an, jedoch entpuppt sich dann bei genauerem Hinsehen das Programm als ein Normal-Reise-Programm, denn viele Punkte in der Mongolei, die auch in diesem Reiseführer beschrieben werden, erreicht man zunächst einmal nur zu Fuß (z. B. Khorgo-Vulkan, Geierschlucht, Bayanzag, Khongoriyn Els etc.). Man sollte die Angebote deutscher Reiseveranstalter für Wanderreisen also daraufhin genau prüfen.

Mit etwas Orientierungsvermögen und einer angepassten Ausrüstung kann man auch jederzeit eigenständig auf Entdeckungsreise gehen. Für mehrtägige Trekkingtouren sollte dann ein mongolischer Reisebegleiter gewonnen werden, der auf Anfrage über die mongolischen Agenturen vermittelt werden kann.

Vogelbeobachtung

Birdwatching ist in der Mongolei in den letzten Jahren immer beliebter geworden. Die speziell angebotenen Reisen lassen aber auch erkennen, dass wenig Zeit zum eigentlichen Zweck der Reise bleibt und es sich eher um eine normale Mongoleirundreise handelt. Einen Überblick gibt www.mongolianbirdstour.com. Regelmäßig finden organisierte Reisen zu den herbstlichen Rastplätzen der Zugvögel statt. Es ist ein unvergessliches, großartiges Erlebnis, wenn sich Tausende von Gänsen oder Kranichen versammeln, um dann in großen Wolken ihren Weg Richtung Süden aufzunehmen.

Einkaufen

Reiseproviant

Die Einkaufssituation von Lebensmitteln hat sich seit den 1990er-Jahren ständig verbessert, allerdings gibt es zwischen der Hauptstadt und dem Rest des Landes einen krassen Unterschied: In Ulaanbaatar bekommt man die meisten westlichen Konsumgüter, auf dem Land nur ein Lebensmittel-Basissortiment. Straßenhändler bestimmen das Bild. Der in der Mongolei als **Schwarzmarkt** bezeichnete Handel ist heute ein legaler Verkauf, oft auch aus Containern mit Wochenmarktcharakter, doch der Begriff stammt noch aus sozialistischer Zeit, als jedes Privatgeschäft illegal war. Der Besuch dieser kleinen lokalen Märkte mit ihrem bunten Treiben in den Containern lohnt immer.

Ein guter erster Anlaufpunkt ist in Ulaanbaatar das **Kaufhaus Ikh Delguur** (s. S. 198), auch wenn die Preise nicht die günstigsten in der Stadt sind, oder die **Markthalle Mercury** (s. S. 198). Lebensmittel bekommt man in einer Reihe von Supermärkten (u. a. Metro Mall, Skye Shopping Centre, Nomin-Märkte, alle S. 198), aber auch im Straßenhandel.

Schon in Ulaanbaatar sollte man sich für eine längere Reise mit weniger üblichen Lebensmitteln wie beispielsweise Müsli eindecken, weil diese selbst in den Aimagzentren später nicht mehr nachzukaufen sind. Gemüse, besonders Kartoffeln, Kohl, Zwiebeln, Möhren und Knoblauch, bekommt man hingegen auch auf dem Land. Bei Obst ist die Versorgung schon schwieriger. Zu den in der Mongolei produzierten und nicht aus China eingeführten Produkten gehören Melonen, Kartoffeln, Zwiebeln und Tomaten.

Die gut sortierten Geschäfte in Ulaanbaatar sind zwischen 10 und 20 Uhr geöffnet. Die Märkte schließen hingegen bereits um 18 oder 19 Uhr. Sonntag ist Ruhetag, allerdings nicht für den Straßenhandel. Geschäfte und Märkte auf dem Land sind alle grundsätzlich täglich geöffnet.

Souvenirs

Was kann man aus der Mongolei als landestypische Geschenke mitbringen? Besonders beliebt sind **Kaschmir- und Filzprodukte.** Es gibt dem europäischen Geschmack entsprechende Pullover, Schals und lange Jacken in guter Qualität. Auf S. 198 finden Sie einige Hinweise auf Geschäfte und auch Outlet-Fabrik-Verkaufsstellen. Originell sind ferner **burjatische Birkenrindengefäße.**

Technik- und Elektronikartikel liegen auf einem ähnlichen Preisniveau wie in Deutschland. Kleidung (auch Outdoorkleidung) und Schuhe kommen aus China auf den mongolischen Markt und werden hier recht günstig angeboten. Allerdings ist die Qualität geringer einzuschätzen als die der bewährten Markenhersteller aus Europa. So sind die Nähte manchmal zu knapp gefasst oder der Reißverschluss funktioniert bei der Goretex- oder Fließjacke bald nicht mehr.

Eine gute Übersicht über viele weitere Angebote an Geschenken bekommt man im 5. Stock des großen **Kaufhauses Ikh Delguur** (Achtung: in der Mongolei beginnt die Zählung der Geschosse im Parterre mit 1). Dort findet man auch eine reiche Auswahl an traditionellen mongolischen Kleidungsstücken bis hin zur Fellmütze.

Vorsicht ist bei **Antiquitäten und Mineralien** geboten, da deren Ausfuhr ohne offizielle Zertifizierung verboten ist und der Zoll am Flughafen gezielt danach sucht. Selbst auf alt getrimmte, auf dem Schwarzmarkt erworbene Gegenstände können den Unmut erwecken. Da hilft dann nur noch ein Zertifikat des Verkäufers weiter.

Souvenirgeschäfte sind im Sommer oft täglich bis 22 Uhr geöffnet. Übrigens sind die Preise Festpreise und ein Handeln wie in anderen asiatischen Staaten ist kaum möglich. Die einzige Ausnahme bilden die Schwarzmärkte, wo man bisweilen auch feilschen kann.

Ausgehen

Nachtbars und Diskotheken

In Ulaanbaatar aber auch in den Aimagzentren gibt es Nachtbars, Karaokebars und Diskotheken. Für Ulaanbaatar findet man eine Auswahl an Diskotheken, in denen sich Ausländer unbehelligt aufhalten können (s. S. 198). Vorsicht ist bei angeblichen Geheimtipps geboten! Die Kontaktaufnahme mit jungen mongolischen Frauen sollte möglichst vermieden werden, da es mit den männlichen Begleitpersonen ›Missverständnisse‹ geben kann. In Begleitung von mongolischen Bekannten oder von Reiseleitern wird das Risiko minimiert. Für alle abend- oder nächtlichen Barbesuche gilt: Es ist sicherer, ein selbst eingekauftes Bier im Hotelzimmer zu genießen.

Grundsätzlich sind die Diskotheken in Ulaanbaatar durchaus einen Besuch wert. Die Mongolen tanzen gern und stehen keineswegs bis weit nach Mitternacht schüchtern herum. Dabei ist es völlig unerheblich, ob man sich mit einem Partner oder solo auf die Tanzfläche wagt.

Restaurants

In Ulaanbaatar gibt es inzwischen sehr viele Mittelklasserestaurants und Lokale von gehobenem Standard. Spitzenküche findet man nicht, und der wirklich wahre Gourmettempel fehlt bislang noch in der Hauptstadt. Die internationale Küche ist mit chinesischen, ukrainischen, mexikanischen, indischen, italienischen Gerichten ausreichend vertreten. Aber auch Mongolisches wie *khuushuur*, *buuz* oder *zuivan* findet man auf den Speiseplänen.

Auf der Reise durchs Land ist man alternativlos auf die Restaurants in den Ger Camps oder die Feldküche angewiesen. Bei Pauschalreisen legt der mongolische Reiseveranstalter fest, wo eingekehrt wird, da die Mahlzeiten im Preis inbegriffen sind.

Die meisten Restaurants in Ulaanbaatar haben durchgehend 11–24 Uhr geöffnet, zu reservieren braucht man nicht. In den Aimagzentren und auf dem Land schließt man auch schon früher, wenn kein Gast mehr kommt. Begleitete Touristengruppen haben das Abendessen bereits mitgebucht. Im Allgemeinen sollte man keine preußische Pünktlichkeit erwarten! Das Rauchen ist übrigens in fast allen Gaststätten gestattet.

Theater und Oper

Im **Dramatiktheater** von Ulaanbaatar (s. S. 200) finden ganzjährig Aufführungen statt, die allerdings während der Reisesaison mehr auf touristische Bedürfnisse abgestellt sind. Jeden Abend kann man Aufführungen des National Dance and Song Ensemble bestaunen. Im Winter stehen mongolische Komödien und Theaterdramen auf dem Programm. Am Theater gibt es eine Vorverkaufsstelle, wo man sich Karten kaufen kann. Die kleineren Spielstätten in den Aimagzentren bieten Aufführungen recht unterschiedlicher Qualität. Sie haben auch kein regelmäßiges Programm.

Das **Opernhaus** von Ulaanbaatar (s. S. 200) bietet während der gesamten Wintersaison, wenn auch nicht immer täglich, Aufführungen an. Das Spektrum reicht von Ballett über Operette bis hin zu Oper und Konzerten. Ein Besuch ist durchaus lohnend. Die Vorstellungen beginnen oft schon um 17 Uhr. Auch hier kann man Karten an der Vorverkaufskasse erwerben.

Man reist wahrscheinlich nicht wegen des Musikgenusses in die Mongolei, doch die Atmosphäre, der keineswegs elitäre Kunstgenuss, bei dem auch Zuschauer während der Aufführung kommen und gehen oder die Handys klingeln, ist ein Erlebnis der eigenen Art! Auch wegen der bemerkenswerten Architektur ist ein Besuch von Theater und Oper in der Hauptstadt zu empfehlen.

Gut zu wissen

Alkohol und Drogen

Harte Drogen sind in der Mongolei wenig verbreitet, es gibt daher auch wenig Beschaffungskriminalität. Drogenbesitz, -handel und -konsum werden in der Mongolei wie in allen anderen asiatischen Ländern schwer bestraft. Allerdings ist die Szene sehr abgeschirmt und für Touristen kaum zu bemerken.

Die am häufigsten anzutreffende Droge ist Alkohol (vor allem Wodka), der dann allerdings auch in bisweilen unvorstellbaren Mengen zu sich konsumiert wird. Die Qualität beim Wodka ist recht unterschiedlich. Es gibt für den europäischen Geschmack durchaus sehr gute Marken, die allerdings auch im oberen Preissegment liegen. Auf dem Land wird ab Mitte bis Ende Juli gegorene Stutenmilch *(airag)* produziert, die ebenfalls in großen Mengen getrunken wird, allerdings wegen des geringeren Alkoholgehalts (bis zu 2 %) weit weniger Schaden anrichtet. Wird der gegorene Ansatz destilliert, erhält man *arkhi* (Milchschnaps), der dann deutlich höherprozentig ist (ca. 10 %).

Getrunken wird in der Mongolei heftig und oft im Übermaß. Gewarnt sei vor billigem Fusel, nicht selten aus lebensgefährlichem Methylalkohol gemischt. Die lokale Produktion liegt bei 26 l Alkohol pro Einwohner im Jahr. Körperverletzungen unter Alkoholeinfluss sind nicht selten, und wer in einem ländlichen Hotel – gemeint sind nicht die Touristencamps – absteigen muss, sollte sich vergewissern, die Zimmertür verschließen oder versperren zu können, um ungebetene Besucher, die spät nachts von der Bar kommen, abzuhalten.

Bettler und Straßenkinder

Die Schere zwischen Reich und Arm geht in der Mongolei immer weiter auseinander. Wie in vielen anderen asiatischen Ländern auch, erhoffen sich Bettler und besonders Straßenkinder von Touristen Geld, was aber letztendlich sicher nicht hilft, das Leid der Betreffenden zu mindern. Oft wird das Erbettelte sofort in Alkohol umgesetzt, die Kinder müssen es abliefern. Besser ist es da, mit Spenden internationale Organisationen zu unterstützten, die gezielt Projekte zur Armutsbekämpfung durchführen.

Elektrizität

220 Volt stehen überall in den Hotels in Ulaanbaatar zur Verfügung. Stromausfälle treten gelegentlich auf, werden aber oft mit Notstromaggregaten ausgeglichen. Nur in den Ger Camps, die in der Nähe einer Ortschaft liegen, gibt es bisweilen 24 Stunden Strom. Ansonsten wird bei Einbruch der Dunkelheit ein Generator zur Stromerzeugung gestartet, der dann gegen 23 Uhr wieder abgestellt wird. Für die ordentliche Kühlung von Getränken reicht dies zumeist nicht.

Ein weiteres Problem sind die Steckdosen, die nicht einer Norm unterliegen. Vorher erworbene Weltreisestecker können helfen, doch die Vielfalt der Systeme überfordert auch sie gelegentlich. In Ulaanbaatar kann man in einschlägigen Geschäften (z. B. Kaufhaus Nomin, Passage beim Merkuri u. a. m., s. S. 198) Adapterstecker erwerben.

Fotografieren

Das Fotografieren von militärischen und strategisch bedeutsamen Anlagen ist, wie in vielen anderen Ländern auch, in der Mongolei verboten. Die Menschen lassen sich grundsätzlich gern fotografieren, besonders wenn sie sich selbst auf dem Display der Digitalkamera direkt sehen können. Man sollte bei Frontaufnahmen jedoch vorher um Erlaubnis fragen. Auf dem Schwarzmarkt oder anderen Märkten auf dem Land sollte man nach Möglichkeit auf das Fotografieren verzichten. Hier gibt es öfter Probleme, die in einer unfreundlichen Auseinandersetzung enden können.

Konventionelles Filmmaterial gibt es an vielen Stellen, auch in größeren Ortschaften auf dem Land, zu kaufen. Ein kleines Problem bei Digitalkameras stellt manchmal das Laden des Akkus dar. Zum einen sollte man immer einen geladenen Ersatzakku mitführen, zum anderen jede Lademöglichkeit, z. B. abends im Ger Camp, nutzen. Batterien (AA und AAA) sind ebenfalls erhältlich, wenn auch manchmal das Verfallsdatum überschritten ist. Zuverlässige Adressen sind das Skye Shopping Center und das Kaufhaus Ikh Delguur in Ulaanbaatar (s. S. 198).

Frauen allein unterwegs

Allein reisende Frauen, die sich auch in der Stadt ohne Begleitung aufhalten, bleiben normalerweise unbehelligt und können sich völlig normal bewegen. Dabei sollte man einschränkend darauf hinweisen, dass sie Gruppen von (meist angetrunkenen) Männern besser aus dem Weg gehen sollten. In Gaststätten oder Bars gilt diese Regel als besondere Vorsichtsmaßnahme. Es ist daher besser, sich in Begleitung von Mongolen aufzuhalten. Blickkontakte können sehr schnell falsch gedeutet werden und sind besser zu vermeiden.

Gelassenheit

Besucht man die Mongolei, sollte man Hektik und Pünktlichkeitsansprüche zu Hause lassen. Auf unvorhersehbare, aber auch vorher sich schon abzeichnende, problematische Situationen reagieren Mongolen erst dann, wenn der Fall eingetreten ist. Europäer begegnen dieser Gelassenheit dann oft mit Verärgerung und Unmut. Allerdings finden Mongolen, hier insbesondere die Fahrer, immer einen Ausweg. Schlussendlich wird alles klappen und die Lage sich zur Zufriedenheit aller entspannen.

Geschenke

Die Zeiten, in denen man Kugelschreiber, Spiegel und Taschenmesser verschenkte, sind auch in der Mongolei endgültig vorbei. Heute werden oft besonders die Kinder auf dem Land mit Süßigkeiten beschenkt. Daher sollte man sich bereits in Ulaanbaatar mit einer großen Tüte Bonbons eindecken, die auch für europäische Gaumen ein Genuss sein können. Ist man längere Zeit mit Einheimischen zusammen (z. B. Fahrer und Reiseleitung), besteht die Möglichkeit, am Ende der Reise außer dem Trinkgeld Geschenke zu überreichen. Hier kann man auch im Land selbst Erworbenes verschenken, ohne dass man schlecht dasteht. Bei Frauen sind Kaschmirtextilien beliebt (Schal, Handschuhe), während Männer (v. a. Fahrer) sich z. B. über ein Kombinationswerkzeug mit Zange freuen.

Öffnungszeiten

Die offiziell genannten Öffnungszeiten stimmen mit der Realität nicht unbedingt überein. Sonntag ist Ruhetag, aber nicht für den Straßenhandel oder für Geschäfte auf dem Land.
Behörden: 9–18 Uhr, mit einer Mittagspause von 13–14 Uhr
Banken: Mo–Sa 10–18 Uhr
Post und Internetcafés: Mo–Sa Kernzeit 9–18 Uhr
Telekombüros: tgl. 0–24 Uhr
Geschäfte: Mo–Sa 10–20 oder oft auch bis 22 Uhr durchgehend
Märkte: Mo–Sa 10–18/19 Uhr
Falls nicht anders angegeben, gelten diese Öffnungszeiten für die im Buch genannten Adressen.

Personennamen

In der Mongolei sind Familiennamen wenig gebräuchlich und bekannt. Der Vorname ist der eigentliche Hauptname und wird im Sprachgebrauch sowohl in der Du-Form als auch in der Sie-Form benutzt. Der zweite Name ist der Vatersname. Er hat allerdings keine Funkton im täglichen Sprachgebrauch, sondern wird hauptsächlich für Auslandskontakte verwendet (z. B. im Pass), um die mongolischen Traditionen nicht jedem erläutern zu müssen.

Bei der Eheschließung behält die Frau ihren kompletten Namen. Heißt eine Frau z. B. Selengemurun Chuluun, so heißt ihr Vater Chuluun. Sie wird in der Höflichkeitsform mit Frau Selengemurun angesprochen oder in der Du-Form mit Selenge.

Es gibt darüber hinaus noch Kurznamen, die allerdings der Familie und dem engeren Freundeskreis vorbehalten bleiben. So nennt sich Selengemurun Seegi, aus Tschimegsaikhan wird Tschimgee und aus Oyuntuya entweder Tuya oder Oyuna. Diese Kurznamen haben amtlich keine Bedeutung.

Prostitution

Prostitution ist zwar offiziell in der Mongolei verboten, exisitiert aber trotzdem. Gerade in manchen auch von Ausländern besuchten Gaststätten dürfte ein auffallendes Augenzwinkern attraktiver junger Frauen Männern nicht entgehen. Geht man darauf ein, sollten einem die möglichen gesundheitlichen und pekuniären Folgen bewusst sein.

Service

Eine langjährige Beobachtung ist, dass besonders vom Bedienungspersonal in Kaufhäusern, aber auch in Gaststätten dem Kunden bisweilen der Eindruck vermittelt wird, er störe gerade. Der Service-Leitsatz »Der Kunde ist König« hat sich in der Mongolei noch nicht 100%ig herumgesprochen. Zumeist hilft ein direktes Ansprechen, dem dann widerwillig Folge geleistet wird.

Toiletten

Auf dem Land ist die klassische ›sibirische Toilette‹ mit zwei Stöcken (einer zum Abstützen, einer zum Abwehren der Wölfe) sicherlich die hygienischste Form, die Notdurft zu verrichten. Ansonsten gilt: Frauen rechts, Männer links.

Trinkgeld

In Restaurants wird man immer das exakte Wechselgeld zurückbekommen, selbst wenn man sagt: »Stimmt so«. Jedoch freuen sich die Kellner, wenn in der Mappe anschließend noch ein Scheinchen zu finden ist. Reiseleiter und Fahrer freuen sich nach einer erfolgreichen und schönen gemeinsamen Reise über ein Trinkgeld von der Reisegruppe.

Es gelten die üblichen Regeln, abhängig vom Ort, vom Service etc. Man kann hier aber weder die 10%-Regel der USA angeben noch so kluge Kommentare wie »1 Dollar pro Koffer«, denn das sprengt in der Gobi sicher jede Preisrelation. Grundsätzlich wird Wechselgeld (ausgenommen beim Taxifahren) immer genau wieder herausgegeben.

Verhaltensregeln

Vortritt lassen

Hierarchisches Denken ist in der Mongolei wie in vielen anderen asiatischen Staaten an der Tagesordnung. Kennt man sich nicht untereinander, sollte man immer dem vermeintlich Älteren den Vortritt lassen. Berufliche Stellungen können dieses Schema allerdings modifizieren.

Besuch in einer Jurte

Über die Schwelle des kaiserlichen Zelts zu stolpern, war ein todeswürdiges Vergehen, berichtet Wilhelm von Rubruk in seinen Reiseschilderungen, die ihn 1253 bis ins Lager von Möngke Khan nach Karakorum führten. Zwar sind die Strafen heute nicht mehr so drakonisch, doch noch immer gilt es als Zeichen von Unglück, auf eine Schwelle zu treten oder gar über sie zu stolpern. Gar nicht unhöflich ist es hingegen, den Hut beim Betreten der Jurte aufzubehalten, ihn lediglich leicht zu lupfen als Zeichen des Grußes. Händeschütteln zur Begrüßung ist unüblich, jedoch nickt man sich mit der Hand auf dem Herzen zu. Es gilt nicht als unhöflich, sich gleich hinzusetzen. Im Gegenteil: Der Gastgeber würde sich unwohl fühlen, wenn Sie mitten in seiner Behausung stehen blieben. Beim Betreten der Jurte (mong. *ger*) sollte man es auch vermeiden, den Türrahmen mit dem Kopf zu berühren, da dadurch die Geister geweckt werden könnten.

Danach begibt man sich in den linken Teil der Jurte und wird vom Gastgeber einen Platz zugewiesen bekommen. Besucht man eine mongolische Familie, bekommen die Gäste (vom älteren zum jüngeren und zuerst die Männer) Ehrenplätze gegenüber der Tür zugewiesen, die man dann auch einnehmen sollte. Das Betreten des Raums zwischen den Pfosten des Dachrades ist unbedingt zu vermeiden. Die angebotenen, niedrigen Hocker lassen kaum ein ausgestrecktes, entspanntes Sitzen zu, was auch unhöflich wäre. Oft werden Milchtee und weiße Speisen gereicht, die man annehmen muss (wenn auch nur symbolisch). Frauen sitzen im Ger auf der rechten Seite, wo sich auch die Ofenklappe befindet. Frauen als Gäste gehören aber auch auf die linke Gastseite.

Eine besondere Ehre wird dem Gast zuteil, wenn der Gastgeber seine Schnupftabakflasche (oft sehr kostbar aus Achat gearbeitet und ein Erbstück der Familie) zückt, selbst zunächst eine Prise nimmt und die Flasche dann dem Gast in die Hand legt. Dies darf man auf keinen Fall ablehnen. Zum Zeremoniell gehört, den oft roten Verschluss aus Koralle ein wenig herauszuziehen und laut und vernehmlich durch die Nase einzuatmen, auch wenn man nicht zum Kreis der Schnupfer zählt. Es kommt gut an, die Schönheit und den Wert der Flasche zu loben. Danach gibt man mit flacher Hand die Flasche zurück an den Hausherrn.

Kommt dann der *arkhi* (Milchschnaps) in einer mehr oder weniger prächtigen Silberschale, so ist auch dieser anzunehmen: Mit dem Ringfinger stippt man in das Getränk und schnippst einige Tropfen in die Luft als Opfergabe für die Gottheiten. Man muss nicht austrinken, kann einen Schluck nehmen oder auch nur symbolisch das Gefäß an die Lippen führen. Wie jedes Geschenk nimmt man die Schale mit beiden Händen entgegen oder kann mit der linken Hand den eigenen Ellenbogen oder Unterarm stützen. In jedem Fall wird dann die Schale dem ›Geber‹ zurückgegeben, der wieder nachschenkt und sie dem nächsten Gast reicht.

Beide Hände nimmt man auch, wenn einem die größte Ehrbezeugung widerfährt, die Übergabe eines *khadag,* des blauen mongolischen Seidenschals. Der Empfänger hält die offenen Handflächen nach oben. Kulturell perfekt wird es, wenn man dabei mit seinen nach oben gerichteten Händen die Unterarme des Gegenübers stützt.

Reden werden gern und oft gehalten. Meist beginnt der Gastgeber oder Älteste damit. Danach ist der älteste Gast mit einer Erwiderung an der Reihe. Themen sind immer gute Wünsche für die Reise, eine glückliche, gesunde Familie, die Gesundheit der Tiere und gutes Wetter für reichlich Futter. Wenn der Alkohol-

pegel steigt, werden häufig zu Ehren des Gastes Lieder gesungen. Viele Mongolen können gut singen und haben auch keinerlei Scheu, dies gegenüber Fremden zu tun. Erwartet wird allerdings auch ein Lied von den Gästen, was bei manchen leichte Panik auslöst. Es schadet also nicht, vorbereitet zu sein. Gespräche während des Singens sollte man vermeiden.

Besondere Regeln gibt es für den Umgang mit Feuer, sei es in der Jurte oder am Lagerfeuer. Weder löscht man ein Lagerfeuer durch Austreten noch streckt man die Schuhsohlen in Richtung Feuerstelle. Beides würde die Götter erzürnen.

Nicht immer einfach ist es, das mongolische Essen angemessen zu würdigen. Die Tradition, eher einen alten Hammel als ein junges Lamm zu schlachten, verstärkt den charakteristischen Geschmack des Fleisches. Die Zubereitung ist sicherlich zweckmäßig für eine Bevölkerung, die heute noch um jede Kalorie kämpft und dem Speck vor dem Muskelfleisch den Vorzug gibt. Doch hier gilt wie bei jeder Essenseinladung weltweit: Verletzen Sie die Gefühle der Köchin nicht, kosten Sie, seien Sie offen. Gegessen wird in der Jurte mit dem Messer, auch wenn gelegentlich dem europäischen Gast eine Gabel oder ein Löffel gereicht wird. Doch Fleisch darf man mit den Fingern von den Knochen zupfen und die meist ebenfalls servierte Brühe wird geschlürft. Teigtaschen sind wie gemacht für Fingerfood.

Gastgeschenke überreicht man kurz bevor man geht. Verabschiedet man sich von dem Gerbesuch, so kommen oft die Gastgeber mit vor die Tür und winken dem davonfahrenden Fahrzeug hinterher. Wenn ein familiäres Verhältnis besteht und Verwandte für längere Zeit verreisen, so wird die Hausfrau das Auto mit einem Holzlöffel mit Milch symbolisch segnen und hinter dem davonfahrenden Auto Milch in die Luft schleudern.

Das Zentrum einer jeden Jurte bildet der Ofen, Heizung und Herd in einem

Reisekasse und Reisebudget

Währung

Der Tugrik wurde 1925 als nationale Währung der Mongolei eingeführt und entsprach seinerzeit im Wert einem russischen Rubel. Ursprünglich gab es auch Münzen, doch angesichts der Tatsache, dass 10 Tugrik nur dem Wert von etwa 0,5 Eurocent entsprechen, haben sie heute nur noch als Souvenirobjekte für Touristen Bedeutung.

Im Umlauf sind Banknoten mit den Nominalwerten von 10, 20, 50, 100, 500, 1000, 5000, 10 000 und 20 000 Tugrik, die entweder den Revolutionsführer Sukhbaatar (10–100-Tugrikscheine) oder Chingghis Khaan zeigen. Der Tugrik ist frei konvertierbar. Es gibt keinen Schwarzmarktkurs.

Wechselkurs (Sept. 2012): 1 € = 1716 MNT, 1 CHF = 1429 MNT, Infos: www.oanda.com.

Geldtausch

Es empfiehlt sich, Bargeld mitzunehmen und in Ulaanbaatar in den offiziellen Wechselstuben zu tauschen. Diese bieten einen günstigeren Kurs als Banken (Öffnungszeiten tgl. 10–18 Uhr). Sie akzeptieren auch Visa- und Mastercard sowie EC-Karten.

Geldautomaten gibt es bei den größeren Banken. Sie haben ein Limit von 800 000 MNT. Bargeld kann bei größeren Banken auch am Schalter abgehoben werden. Euros werden gern genommen und unterliegen nicht einer Umtauschbeschränkung wie etwa der Dollar. Dem Gesetz zur Verhinderung von Geldwäsche hat sich auch die Mongolei verpflichtet; demzufolge müssen Summen, die 10 000 € übersteigen, angemeldet werden.

Auch für eine Tour über Land würden wir empfehlen, das Geld bereits in Ulaanbaatar umzutauschen, denn nur in den größeren Zentren gibt es Automaten.

Kreditkarten

In Ulaanbaatar kann man in vielen Hotels und Restaurants mit den gängigen Kreditkarten (Visa, Mastercard) bezahlen, muss aber mit einem Aufschlag von rund 3 % rechnen, mit dem die Geschäftsinhaber die Umsatzbeteiligung der Kreditkartengesellschaft ausgleichen wollen. Die Sicherheit gegenüber Bargeld sollte einem das wert sein. Außerhalb der Stadt gilt: Nur Bares ist Wahres!

Sperrung von EC- und Kreditkarten bei Verlust oder Diebstahl*:

0049 116 116

oder +49 30 40 50 40 50
(* Gilt nur, wenn das ausstellende Geldinstitut angeschlossen ist, Übersicht: www.sperr-notruf.de)
Weitere Sperrnummern:
– MasterCard: +49-69-79 33 19 10
– VISA: +49-69-79 33 19 10
– American Express: +49-69-97 97 20 00
– Diners Club: +49-69-66 16 61 23
Bitte halten Sie Ihre Kreditkartennummer, Kontonummer und Bankleitzahl bereit!

Preisniveau

Landestypische Essen und Übernachtungen auf dem Land kosten umgerechnet meist nur wenige Euro, sind aber auch nicht mit europäischem Standard vergleichbar. Wer in Ulaanbaatar eine Pizza essen möchte, sollte von europäischen Preisen nicht überrascht sein. Dies gilt auch für Lebensmittel. Deutsche Produkte sind durchaus im Handel (z. B. Extra-Markt-Geschäft) allerdings sind die Preise immer mit einem Transportkostenzuschlag zu verstehen, sodass das Preisniveau höher als in Deutschland ist.

Reisezeit und Reiseausrüstung

Reisezeit

Reisesaison ist, wie nicht anders zu erwarten, im Sommer von Ende Mai bis Anfang Oktober mit einem deutlichen Spitzenwert im Juli und August. In diesen beiden Monaten sind die Hotels und Ger Camps an bestimmten Tagen oft ausgebucht. In dieser Hauptreisezeit fällt auch der meiste Niederschlag.

Klima

Die Mongolei ist ein Land mit extremen Temperaturen. Zwischen den Tageszeiten, den Jahreszeiten und den Regionen herrschen enorme Temperaturschwankungen.

Die Pessimisten unter den Mongolen sagen, der Sommer dauere zwei Monate, während die Optimisten von vier Monaten sprechen. Nachtfröste Ende August sind in Höhen ab 2000 m der Normalfall, mitunter kann es auch schon in der letzten Augustwoche zu sporadischen Schneestürmen im Westen der Mongolei kommen. Andererseits herrschen in der Wüste Gobi im Hochsommer bis zu 40 °C, dennoch kann es dort nachts frisch werden.

Meteorologisch sind die Monate Juli und August landesweit die wärmsten und auch niederschlagsreichsten Monate, wobei die Niederschläge von Norden nach Süden kontinuierlich abnehmen. So werden im Norden mit 500 bis 600 mm europäische Niederschlagserträge erzielt, die in den Gebirgslagen vereinzelt sogar noch höher ausfallen können. Am Khuvsgul ist mit frischen Nächten, mitunter heftigen nachmittäglichen Gewittern und auch mehrtägigem Dauerregen zu rechnen. Gewitter und Regenfälle kommen im Hochsommer in Gebirgsnähe des Khangai durch die tagsüber aufgeheizte Luft regelmäßig vor. Im trockenen Südteil der Mongolei, der Gobi, ist eher mit jährlichen Niederschlagsmengen zwischen 50 und 100 mm zu rechnen. Dennoch muss man auch in der Gobi auf Regen eingestellt sein. Heftige Gewitter und Starkregenereignisse können innerhalb kurzer Zeit die Trockentäler in eine Wasser-Schlamm-Wüste verwandeln, sodass ein Weiterkommen nur unter hohem Risiko für Auto, Ausrüstung und Leben möglich ist. Sollte man einen Starkregen in der Gobi erleben, so gehört dies sicher zu den eindrücklichsten Erlebnissen einer Reise.

Aufgrund der Höhenlage ist man in der Mongolei überall und während des ganzen Jahres hoher Sonnenstrahlung ausgesetzt.

Kleidung

Es empfiehlt sich, die Kleidung nach dem Zwiebelschalen-Prinzip auszuwählen, um für alle Temperaturen gewappnet zu sein. Auf keinen Fall sollten auch im Juli und August Handschuhe und eine wärmende Kopfbedeckung fehlen – gegen Ende August fallen die Nachttemperaturen in Höhen ab 2000 m schnell unter den Gefrierpunkt. Für eine sommerliche Tour durch die Gobi hingegen benötigt man angesichts Temperaturen von bis zu 40 °C, bisweilen begleitet von einem heißen Wind, entsprechend leichte Kleidung.

Denken Sie auch an ausreichenden Regenschutz. Die Monate Juli und August sind landesweit die niederschlagsreichsten Monate, und in den gebirgigen Teilen wie Altai, Khuvsgul und Khangai ist immer mit Regen und Gewittern zu rechnen.

Wegen der hohen Sonnenstrahlung gehört neben Sonnenschutz in Form von Sonnenmilch und -cremes unbedingt eine Kopfbedeckung ins Gepäck. Lange Hosen und langärmelige Hemden helfen gegen manchmal lästige Mücken.

Der Winter kommt früh, ab September und weicht erst im Mai. Dementsprechend sollte man auch an Fleecejacken, Handschuhe und warme Unterwäsche denken. Warme Stiefel sind im Winter unentbehrlich – und man sollte für europäische Schuhgrößen nicht auf einen Einkauf vor Ort setzen.

Ausrüstung

Organisierte Touren

Der Tourismus wird zu einem Großteil durch Reiseveranstalter abgedeckt (s. S. 136). Auf diesen organisierten Trips bekommt man im Allgemeinen die gesamte Ausrüstung zur Verfügung gestellt. Im Zweifelsfall sollte man nachfragen. Zumeist wird in Ger Camps übernachtet, für Unterkunft und Verpflegung ist also gesorgt. Ein eigener Schlafsack erhöht aber in jeder Lage den Wärme- und Hygienekomfort. Eine sehr sinnvolle individuelle Ergänzung der Reiseausrüstung, auch in den Ger Camps, sind Mückennetze. In aller Ruhe kann man es dann nachts summen lassen, und sie schützen, ordentlich unter der Matratze gesichert, auch vor den kleinen schwarzen Käfern, die in den letzten Jahren zunehmend zu einer Plage wurden.

Reisen auf eigene Faust

Touristen, die selbstständig reisen und ihre Reiseroute alleine planen, müssen natürlich auch ihre eigene Ausrüstung mitbringen. Dabei ist ein gutes sturmsicheres Zelt genauso wichtig wie ein warmer Schlafsack und eine gute Liegeunterlage. Der Kocher und die Küchenausrüstung sollten ebenfalls nicht fehlen. Benzinkocher haben sich am besten bewährt, weil der Brennstoff leicht zu beschaffen ist. Besonders wichtig ist natürlich die Ausrüstung rund ums Auto (s. S. 141).

Sollte doch etwas zu Hause vergessen worden sein, kann man in Ulaanbaatar nachrüsten. Es gibt derzeit zwei Geschäfte, die ein angemessenes Sortiment an Ausrüstungsgegenständen anbieten: **Seven Summit Shop** und **Aynchin Outfitter** (beide s. S. 198).

Bereist man die Mongolei mit dem Auto oder dem Motorrad, so ist eine Tageskilometerleistung von 300 bis 400 km kaum zu überbieten. Ausnahmen davon kann man lediglich auf den wenigen Asphaltpisten erzielen. Für Reisende mit dem Fahrrad sind 60 bis 80 km am Tag sicher eine respektable Leistung.

Klimadaten Ulaanbaatar

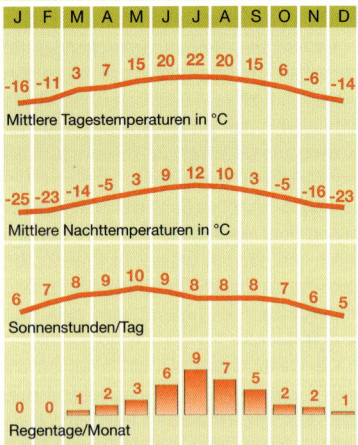

Klimadaten Khatgal

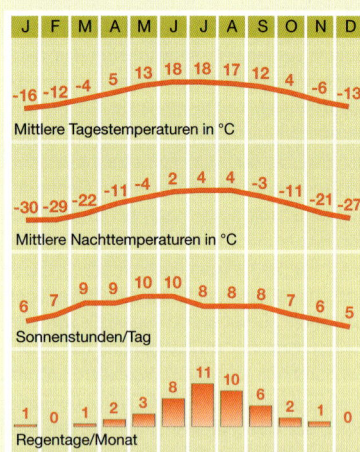

Gesundheit und Sicherheit

Reisebeschwerden

Der Magen-Darm-Trakt leidet bei einer Mongoleireise besonders häufig (schon allein durch die ungewohnte Kost, immer seltener aus hygienischen Ursachen). Gerade am Abschiedsabend sollte man Risiken vermeiden, will man nicht die enge Flugzeugtoilette blockieren. Ein Mittel gegen Durchfall gehört auf jeden Fall in die Reiseapotheke.

Die zweite Touristenplage ist der Sonnenbrand. Sonnenschutz in Form von Cremes, Hut und langen Hosen sind gerade in den ersten Tagen auf dem Lande ratsam. Die sehr trockene Luft führt zum Austrocknen der Schleimhäute in Nase und Mund. Trinken Sie deshalb viel.

In den Waldgebieten der Mongolei fühlen sich Zecken zu Hause, die Borreliose auslösen können. Eine juckende Bissstelle und ein sich bildender rot-weißer Ring um diese sind oft erste, sichere Anzeichen einer Infektion. Kommen niedriges, aber ständiges Fieber und Gliederschmerzen hinzu, sollte man einen Arzt konsultieren.

Seuchen

In der Mongolei tritt mit abnehmender Häufigkeit gerade in den Spätsommermonaten regional streng begrenzt immer noch die **Pest** auf (s. Thema S. 31). Sie wird von Flöhen übertragen, die gern Nagetiere (vor allem Murmeltiere) als Wirte benutzen. Eine Ansteckungsgefahr besteht jedoch nur, wenn man ein erlegtes krankes Nagetier oder ein daraus hergestelltes unverarbeitetes Produkt berührt oder von infizierten Flöhen gestochen wird. Die Gefahr ist also äußerst gering, wenn man nicht gerade auf Murmeltierjagd geht.

Aids soll – so zumindest die offiziellen Stellen – in der Mongolei wenig verbreitet sein. Ein Narr, wer angesichts weit verbreiteter Prostitution und Promiskuität darauf vertraut, auch wenn mithilfe internationaler Unterstützung in den letzten Jahren auf diesem Gebiet viel Aufklärungsarbeit betrieben wurde.

Impfungen

Als Schutzimpfung wird eine Hepatitis-B-Impfung dringend empfohlen. Ansonsten gelten nur die üblichen Impfempfehlungen (wie z. B. Tetanus und Polio). Wer nicht nur für einen Urlaub in die Mongolei reist, sondern länger dort bleiben will, sollte sich bezüglich des Impfschutzes von einem Arzt beraten lassen.

Apotheken

Es gibt durchaus reichlich Apotheken, die alle ohne Rezept auch Medikamente verkaufen, die in Deutschland nur gegen Rezept erhältlich sind (z. B. Antibiotika oder Antibabypille). Dabei ist der Preis recht günstig und die Qualität gut, sodass man sich eine umfassende Reiseapotheke zusammenstellen kann. Allerdings sind nicht alle Apotheken gleich gut sortiert. Neben einigen Privatapotheken gibt es die Monos-Apotheken-Kette in Ulaanbaatar, die ein umfangreiches Sortiment führt. In den Aimag- und größeren Sumzentren gibt es auch Apotheken.

Ärztliche Versorgung

Zur ärztlichen Versorgung ist allgemein zu sagen, dass man besser gesund bleibt. Obgleich viele Ärzte auch im Ausland ausgebildet wurden und bisweilen hochmoderne Medizintechnik zum Einsatz kommt, sind solide Diagnosen in etwas anspruchsvolleren Fällen immer noch eher zu hinterfragen. Generell hat sich jedoch auch auf diesem Gebiet in den letzten Jahren vieles zum Guten entwickelt.

Arztpraxen

Reflex-Praxis (Рефлекс хувийн эмнэлэг): Khan-Uul-Bezirk, 1. Khoroo, Naran khotkhon, 21. Haus, Türnr. 3, Tel. 11 34 14 21, Notfalltel. 99 09 12 27. Neurologische Praxis Frau Dr. Sarangerel, deutschsprachig.

Hands of Light Clinic (Гэрэлт гар хувийн эмнэлэг): südlich der Enkh Taivan Avenue im TG Tuv/rot-weißes sechsgeschossiges Gebäude, neben der 1. Geburtsklinik, Tel. 99 85 12 36 joergizoll_1999@yahoo.com. Dr. Jörgi Zoll, orientalische Medizin und Akupunktur, deutschsprachig.

Zahnarztpraxen

Khatagtai Hospital (Хатагтай эмнэлэг): Sukhbaatar-Bezirk, 8. Khoroo Sodnom Str. in Ost-Churee, Tel. 11 35 37 80. Zahnarztpraxis Frau Dr. Oyuntuya, deutschsprachig.

Dental Group (Дентал Групп шудний эмнэлэг): Sukhbaatar-Bezirk, Enkh taivany Urgun Chuluu,1. Khoroo 12-A bair, Tel. 11 33 13 13, 99 16 29 30, degfin@yahoo.com. Zahnarztpraxis Mrs. Dr. Baigalmaa, englischsprachig.

Krankenhäuser und Sanitätsstationen

Die ärztliche Versorgung in den Krankenhäusern (Эмнэлэг) von Ulaanbaatar ist den Umständen und Verhältnissen in der Mongolei entsprechend zufriedenstellend. Bei Diagnosen sollte man allerdings immer den Rat eines weiteren Arztes einholen, auch wenn sich seit 1990 im Gesundheitsbereich sehr viel Positives getan hat.

... in Ulaanbaatar

SOS Medica Mongolia UB International Clinic (Сос мэдика Монгол): Bayanzurkh-Bezirk, Ikh Toiruu, in Sansar am östlichen äußeren Stadtring, Tel. 11 46 43 25, Notfalltel. 91 91 31 22, www.sosmedica.mn. Frau Dr. Bettina Clayton Greeni, Notfallaufnahme, englischsprachig.

Songdo Koreanisches Krankenhaus (Сонгдо-Солонгосын-Эмнэлэг): direkt gegenüber dem 1. Krankenhaus (1-р эмнэлэг) im Sukhbaatar-Bezirk südlich der Enkh Taivan Avenue, nahe Ulaanbaatar-Hotel.

Yonsei-Klinik (Рефлекс хувийн эмнэлэг): Enkh Taivan Avenue, kurz vor der Selbe-Brücke, Tel. 11 31 09 45.

... außerhalb von Ulaanbaatar

In den Aimag- und größeren Sumzentren gibt es Krankenhäuser und Sanitätsstationen, die jeder kennt. Allerdings sind englischsprachige Ärzte eher selten anzutreffen und man sollte in einer Notsituation immer einen Dolmetscher bemühen.

Sicherheit

Notrufnummern

Feuerwehr: 101
Polizei: 102
Medizinischer Notruf: 103 (in den Aimagzentren immer mit der jeweiligen Vorwahl davorsetzen)

Taschendiebstahl

Taschendiebe sind wie überall auf der Welt auch in der Mongolei aktiv. Meiden Sie Gedränge und Menschenansammlungen. Oft sind provozierte Rempeleien unter Beteiligung mehrerer männlicher Personen der Beginn des Diebstahls. Unmittelbare Gefahr besteht, wenn plötzlich jemand vor Ihnen stehen bleibt und von hinten gedrängelt wird oder wenn plötzlich eine Person die Richtung wechselt und Sie dabei wie aus Versehen anrempelt. Dann ist allerdings zumeist die Geldbörse schon weg. Bevorzugte Orte sind die großen Kaufhäuser, besonders im Eingangsbereich, das Gandan-Kloster und der Schwarzmarkt.

Obdachlose Kinder: Den kleinen Jungen griff die Polizei in einem Abwasserkanal auf

Wenn Anfang September viele Studenten nach Ulaanbaatar kommen, wechselt vor den Universitäten so manches Mobiltelefon und manche Geldbörse den Besitzer. Durch den Einsatz und die Präsenz von Sicherheitspersonal an den meisten dieser Orte soll der Trickdiebstahl eingedämmt werden. Ist die Brieftasche erst einmal weg, so sind die Diebe zumeist nur an Bargeld interessiert; es lohnt sich also, später in der Nähe des Tatorts in den Grünanlagen und im Gebüsch nach den übrigen Dokumenten zu suchen oder die Diplomatische Vertretung zu informieren, wo sich gelegentlich Kreditkarten und Ausweise einfinden. Auf jeden Fall sollten Sie sofort die Kreditkarten sperren lassen.

Die beste Vorsorge gegen Taschendiebstahl ist die sichere Aufbewahrung von Geld in mit einem Reißverschluss verschlossenen Fronthosentaschen. Schon seitlich aufgesetzte Beintaschen sind gefährdet. Handys sollte man gar nicht erst mitnehmen.

Überfälle und Gewalt

Gewalt kommt zum Glück recht selten vor. Wenn Touristen davon betroffen sind, dann geschieht dies zumeist im Zusammenhang mit Taxifahrten oder im Kontakt mit angetrunkenen Menschen, denen man besser aus dem Weg geht. In jeden Fall sollte die Deutsche Botschaft über Überfälle informiert werden. Details wie Autonummern etc. sind immer hilfreich. In Streitereien zwischen Mongolen und Mongolinnen mischt man sich besser nicht ein, auch wenn es dem Gerechtigkeitsempfinden äußerst widerstrebt, zuzusehen, wie brutal manchmal gegen vermeintlich Schwächere vorgegangen wird.

Kommunikation

Internetcafés

In der Innenstadt von Ulaanbaatar gibt es zahlreiche Internetcafés. Bei schnellen Leitungen kostet eine Stunde zwischen 500 und 800 MNT. Auf dem Land findet man solche Kommunikationstempel nur in den Aimagzentren. Oft sind die Internetcafés von 10–22 Uhr geöffnet.

In vielen hauptsächlich von Ausländern besuchten Restaurants und Cafés gibt es inzwischen auch freigeschaltete WLAN-Hotspots, die das Benutzen des eigenen Notebooks erlauben.

Post

Postkarten in reicher Auswahl und die dazugehörigen Briefmarken kann man in Ulaanbataar direkt im Hauptpostamt an der großen Hauptkreuzung in der Stadtmitte erwerben und dort auch in einen internationalen Briefkasten stecken. Die Laufzeit der Post beträgt bis zu zwei Wochen, sodass man oft schon wieder nach Hause zurückgekehrt ist, bis sie ankommt.

Verzichten Sie lieber darauf, außerhalb von Ulaanbaatar eine Postkarte abzusenden, die mit größter Wahrscheinlichkeit nicht ihren Bestimmungsort erreichen wird. Es sei denn, Sie schicken ab und zu auch eine Flaschenpost an die Lieben daheim – Zufallstreffer gibt es immer mal wieder!

Radio und Fernsehen

Nach 1990 entstanden neben der staatlichen Radio- und Fernsehanstalten MN TV noch zahlreiche Privatsender. Auf das private Deutsche Radio Ulan Bator sei besonders hingewiesen. Die Deutsche Welle empfängt man neben zahlreichen anderen internationalen Kanälen über Kabel.

Telefonieren

Das Telefonieren in der Mongolei ist meistens problemlos. Viele Sumzentren auf dem Land sind inzwischen auch an das Handynetz angeschlossen. Trotz der Vielzahl von Anbietern gibt es jedoch gelegentlich Lücken. Die Mongolen lieben ihr Handy über alles, und besonders junge Menschen sind schon von klein auf an diese Technik gewöhnt. Allerdings wird ohne Rücksicht auf andere überall telefoniert. Wenn im Opernhaus der Tenor zur Arie ansetzt, kann es sein, dass neben Ihnen das Handy klingelt und der Besitzer den Anruf ohne Zögern annimmt. Sitzungen, Vorlesungen oder Restaurants bilden da keine Ausnahme.

Ins Roaming eingeschlossen sind inzwischen das D1- und D2-Netz. Bleibt man etwas länger im Land oder telefoniert öfter, lohnt die Anschaffung einer Prepaidkarte mit eigener Nummer von einem mongolischen Telekommunikationsanbieter (z. B. Mobicom, G-Mobile oder Micom).

Für den internationalen Telefonverkehr (z. B. für Europa) werden Telefonkarten auf der Hauptpost verkauft, die man auch vom normalen Handy abtelefonieren oder an öffentlichen Fernsprechern einsetzen kann. Preiswert wird das Telefonieren über Telefonkarten mit gesonderten Einwahlnummern, die man auch für internationale Gespräche benutzen kann. Aber Achtung: Oft berechnet der heimische Handybetreiber für die Einwahl in die Billignummer eine hohe Gebühr, gelegentlich sogar pro Minute, sodass man doppelt zahlt, wenn man nicht eine mongolische SIM-Karte benutzt, deren Erwerb aber ebenfalls geprüft werden sollte. Ansonsten funktionieren die großen, gängigen europäischen Telefonnetze (D1, D2), allerdings ist mit erheblichen Roaming-Gebühren zu rechnen.

Bei **Festnetzgesprächen vom Ausland in die Mongolei** wählt man die internationale Vorwahl, dann die Ortsvorwahl ohne die Null und im Anschluss die Rufnummer. Bei Gesprächen von Festnetz zu Festnetz **innerhalb der Mongolei** wird bei der Ortsvorwahl die Null mitgewählt. Die Nummern sind acht- oder neunstellig.

Handynummern beginnen meist mit 99, inzwischen aber auch mit anderen Ziffern. Sie benötigen keine Vorwahl. Wählt man mit dem Handy das Festnetz an, muss die 0 der jeweiligen Ortsvorwahl mitgewählt werden.

Telefonvorwahlen:
In die Mongolei: +976
Nach Deutschland: +49
In die Schweiz: +41
Nach Österreich: +43

Zeitungen

Internationale Zeitungen sind in der Mongolei nicht erhältlich. Es gibt derzeit lediglich zwei englischsprachige mongolische Wochenzeitungen: UB Post und Mongol Messenger.

Auch bei der Jugend in Ulaanbaatar geht nichts ohne Handy

Sprachführer

Allgemeines

guten Morgen	ogloonii mend
guten Tag	sain bain uu
guten Abend	oroin mend
auf Wiedersehen	bayartai
Entschuldigung	uutschlaarai
hallo/grüß dich	sain uu
bitte	dsa, dsugeer
danke	bayrlaa
ja/nein	tiim/ugui
Wie bitte?	Yu genee?
Wann?	Hedshee?
Wie?	Yaj?

Unterwegs

Haltestelle	buudal
Bus	awtobus
Auto	maschin
Ausfahrt/-gang	garz
Tankstelle	kolonk
Benzin	benzin
rechts	baruun
links	dshuun
geradeaus	tschigeeree
Auskunft	lawlakh
Telefon	utas
Postamt	schuudan
Bahnhof	wokdshal
Flughafen	ongoznii buudal
Stadtplan	hotiin gadshriin dshurag
alle Richtungen	bukh tschiglel
Einbahnstraße	neg ursgaltai dsham
Eingang	haalag
geöffnet	neelttei
geschlossen	haalttai
Kirche	sum
Museum	mudshei
Brücke	guur
Platz	talbai

Zeit

3 Uhr (morgens)	schoniin 3 zag
15 Uhr (nachmittags)	udees hoisch 3 zag
Stunde	zag
Tag/Woche	odor/doloo honog
Monat	sar
Jahr	dschil
heute	onoodor
gestern	ochigdor
morgen	margaasch
morgens	ogloo
mittags	odor
abends	oroi
früh	ert
spät	oroi
Montag	neg dekh
Dienstag	hoyor dakh
Mittwoch	guraw dakh
Donnerstag	dorow dekh
Freitag	taw dakh
Samstag	hagas sain
Sonntag	buten sain
Feiertag	bayriin odor
Winter	owol
Frühling	hawar
Sommer	dshun
Herbst	namar

Notfall

Hilfe!	Tuslaarai!
Polizei	zagdaa
Arzt	emtsch
Zahnarzt	schudnii emtsch
Apotheke	emiin san/aptek
Krankenhaus	emenleg
Unfall	osol
Schmerzen	owtschin
Panne	dugui hagarsan/ maschin ewdersen
Rettungswagen	ambulance
Notfall	turgenii tereg

Übernachten

Hotel	dshotschid buudal
Pension	amraltiin gazar
Einzelzimmer	neg hunii uruu
Doppelzimmer	hoyor hunii uruu
mit/ohne Bad	wannii uruutei/ uruugui

mit WC	noiliin oroo		
Toilette	toilet		
Dusche	schurschuur		
mit Frühstück	ogloonii zai		
Halbpension	ogloonii zai, odriin hooltoi		
Gepäck	atschaa		
Rechnung	toozoo		

Zahlen

1	neg	20	hor
2	hoyor	21	horin neg
3	guraw	30	gutsch
4	dorow	40	dutsch
5	taw	50	tawi
6	dshurgaa	60	dschar
7	doloo	70	dal
8	naim	80	nay
9	yus	90	yer
10	araw	100	dshuu
11	arwan neg	150	dshuun tawi
12	arwan hoyor	200	hoyor dshuu
13	arwan guraw	300	gurwan dshuu
14	arwan dorow	400	durwun dshuu
15	arwan taw	500	tawan dshuu
16	arwan dshurgaa	1000	myang
17	arwan doloo	5000	tawan myang
18	arwan naim	10 000	arwan myang
19	arwan yus	100 000	neg dshuun myang

Einkaufen

Kreditkarte	tolboriin kart
Geld	mong
Geldautomat	mongnii awtomat
Geschäft/Markt	delguur/dschakh
Bäckerei	nariin boownii gadshar
Lebensmittel	huns
teuer	untei
Größe	hemdschee
bezahlen	tolokh

Die wichtigsten Sätze

Allgemeines

Sprechen Sie Deutsch?	Ta germanaar yaridguu?
Ich verstehe nicht.	Bi oilgokhgui bain.
Ich spreche kein Englisch.	Bi angliar yaridgui.
Ich heiße …	Namaig … gedeg.
Wie heißt Du/ … heißen Sie?	Tschamaig hen gedeg we/ taniig hen gedeg we?
Wie geht's?	Yu bain?
Danke, gut.	Taiwan saihan.
Wie viel Uhr ist es?	Heden zag bolj bain?
Bis bald (später).	Bayartai.

Unterwegs

Wie komme ich zu/nach …?	Bi yaj … ruu otschikh we?
Wo ist bitte …	… haan baidag we?
Könnten Sie mir bitte … zeigen?	Ta nadad dshaa-gaad uguutsch?

Notfall

Können Sie mir bitte helfen?	Ta nadad tusaldsch tschadakh uu?
Ich brauche einen Arzt.	Nadad emtsch heregtei bain.
Hier tut es weh.	End owdodsch bain.

Übernachten

Haben Sie ein freies Zimmer?	Tanaid sul oroo bainuu?
Wie viel kostet das Zimmer pro Nacht?	Oroo yamar untei we?
Ich habe ein Zimmer bestellt.	Bi neg oroo zakhialsan ym.

Einkaufen

Wie viel kostet …?	… yamar untei we?
Ich brauche …	Nadad … heretgtei bain.
Wann öffnet/schließt …?	… hedshee ongoidog/ hezee haadag we?

Der Stolz aller Familien: die Teilnahme ihrer Kinder bei den Pferderennen zum Naadam-Festival

Unterwegs in der Mongolei

Ulaanbaatar zählt gut 1 Mio. Einwohner, d. h. rund ein Drittel der Bevölkerung des ganzen Landes

Kapitel 1

Ulaanbaatar und Umgebung

Ulaanbaatar – seit 1924 trägt die ehemalige Klosterstadt Urga den Namen ›Roter Held‹. Sie sollte Aushängeschild des Fortschritts sein, Symbol für die neue, bessere Welt. Breite Straßen, mächtige Regierungsbauten im stalinistischen Stil, Plattenbausiedlungen und Fernheizwerke sind geblieben und mischen sich heute mit Hochhäusern im Dubaistil, modernen Mehrfamilienhaussiedlungen und Kaufhäusern westlicher Prägung. Bemüht sich Ulaanbaatar, eine moderne Industrie- und Verwaltungsstadt zu sein, so fühlt man sich nur wenige Kilometer außerhalb noch immer weit in die Vergangenheit zurückversetzt.

Ulaanbaatar liegt in den Ausläufern des Khentii-Gebirges auf etwa 1400 m Höhe. Schon die nähere Umgebung der Hauptstadt bietet den eilig Durchreisenden einige typisch mongolische Aspekte. Da die Landschaft in der Mongolei das eigentliche Reiseziel ist, kann man von Ulaanbaatar aus abwechslungsreiche Tages- und Mehrtagesausflüge in die Umgebung machen.

Im Westen befindet sich in 80 km Entfernung von Ulaanbaatar der Hustai-Nationalpark mit einer reichen Fauna und Flora. Archäologisch interessante Stätten aus der Türkenzeit (ca. 1200 Jahre alt) liegen in der direkten Nachbarschaft des Parks im Tuul-Tal. Im Süden erstrecken sich zahlreiche landschaftlich attraktive Gegenden wie das Granitmassiv von Baga Gazaryn Chuluu und der direkt südlich an den Stadtrand angrenzende Bogd Uul. Auch das Kloster Manzushir ca. 6 km nördlich des Aimagzentrums Zuunmod lockt mit seiner exklusiven Lage an einer Felswand und herrlichem Blick.

Im Osten befindet sich der Gorkhi-Terelj-Nationalpark mit seinen bizarren Felsburgen und einer malerischen Landschaft. Nordöstlich von Ulaanbaatar findet man die ungestörte Flusslandschaft der Flüsse Terelj und Tuul im Übergang von Steppe zur Waldsteppe – mit ca. 140 Mio. Jahren eine der ältesten Landschaften der Mongolei.

Auf einen Blick
Ulaanbaatar und Umgebung

Sehenswert

1 Ulaanbaatar: Beim Besuch der mongolischen Metropole dürfen auf der Besichtigungsliste folgende Highlights nicht fehlen – das Gandan-Kloster, in dem jahrzehntelang nur unter strenger Aufsicht der Staatssicherheit der lamaistische Buddhismus praktiziert werden konnte, sowie das **Naturkundemuseum** mit Dinosaurierfunden aus fernen Zeiten (s. S. 172).

2 Die Felsburgen südlich von Eej Khad: Inmitten einer flachen Steppe ragen die eigenwilligen Granitkomplexe von Baga Gazaryn Chuluu und Ikh Gazaryn Chuluu wie stolze Burgen in den Himmel (s. S. 216).

Schöne Routen

Rundfahrt im oberen Tuul-Tal: Auf einer eintägigen Rundfahrt gewinnt man schöne Eindrücke der nordöstlichen Umgebung von Ulaanbaatar. Die Route führt durch die Vorberge des Khan-Khentii-Gebirges ins liebliche obere Tuul-Tal, das zu einem Picknick im Freien am Flussufer einlädt (s. S. 207).

Jeeptour zum Asralt Khairkhan Uul: Bei normalem oder, besser noch, eher niedrigem Wasserstand des Terelj-Flusses ist diese Fahrt mit einer kombinierten Wanderung zum Asralt Khairkhan Uul ein echtes Erlebnis. Sie bleibt allerdings nur Reisenden mit geländetüchtigen Autos vorbehalten (s. S. 212).

Unsere Tipps

Intelligenzmuseum: Auf der Ostseite der Stadt können Sie Ihre Intelligenz und Fingerfertigkeit unter Beweis stellen. Ein Sammler hat hier alles zusammengetragen, was mit Tüftelei und Nachdenken zu tun hat (s. S. 179).

Die Gerviertel: Im Norden von Ulaanbaatar ziehen sich an den Hängen und in den Tälern Gerviertel entlang, für deren Besuch man sich allerdings unbedingt einem einheimischen Führer anvertrauen sollte (s. S. 193).

Monet Restaurant: Dinner über der Stadt. Haben Sie schon einmal bei einem herrlichen Sonnenuntergang in 50 m über der Stadt ein schönes Mehrgangmenü bei einem guten Glas Rotwein genossen? Im 17. Stock des City Point Tower direkt neben dem Opernhaus kann man sich kulinarisch verwöhnen lassen (s. S. 197).

aktiv unterwegs

Von Aussicht zu Aussicht – Khiimoryin Ovoo und Zaisan: Ulaanbaatar von oben genießt man bei der Wanderung auf die beiden Hügel Khiimoryin Ovoo und Zaisan (s. S. 188).

Auf dem Pferderücken zum Prinzessinnengrab: Bei der Reittour zum einsam gelegenen Gunjiyn Sum, um dessen Entstehung sich eine alte Sage rankt, steht das Naturerlebnis im Vordergrund (s. S. 210).

Wanderung durch den Bogd Uul zum Kloster Manzushir: Man wandert durch das älteste Schutzgebiet der Mongolei zu einem geschichtsträchtigen und schön gelegenen Kloster (s. S. 215).

1 Ulaanbaatar ▶ P 5/6

Ulan-Bator oder Ulaanbaatar, wie die Einheimischen die korrekte Schreibweise und Aussprache treffender wiedergeben, wird für die meisten Besucher das Eingangstor zur Mongolei sein. Die Hauptstadt, in der fast jeder zweite Einwohner der Mongolei lebt, teilt das Land in zwei unterschiedliche Welten: extrem die gegensätzliche Wohnsituation und Versorgungslage, extrem die verschiedenen Bildungs- und Freizeitangebote.

Geografie

Geografisch ist die Hauptstadt der Mongolei Teil des südlichen Khentii-Gebirges, dessen Ausläufer bis an die Stadtgrenzen heranreichen und dessen schneebedeckte Berge im Winter klar aus dem Dunst der städtischen Abgase herausragen. Ulaanbaatar liegt genau am südwestlichen Zipfel der Berglandschaft, und ein kleines Gebirgsmassiv, das Bogd-Uul-Gebirge südlich der Tuul (Tuul ist übrigens ein Frauenname), gehört noch zum Stadtgebiet. Vom Zaisan am Bogd Uul, einer Aussichtsplattform auf dem Denkmal für die sowjetischen Soldaten, das auf einem kleinen nördlichen Vorsprung des Bergmassivs steht, ist deutlich zu sehen, wie die mongolische Hauptstadt bei einer mittleren Meereshöhe von 1367 m eine bis zu 7 km flache Talweitung nördlich der Tuul ausfüllt.

Die neueren Stadtteile haben sich in die Täler nach Norden bis zu 8 km ausgedehnt, während der Fluss mit seinen weit mäandrierenden Armen im Süden eine klare Grenze bildet. Auch hier sind moderne Wohnhochhäuser und Eigentumsheime entstanden. Von West nach Ost umfasst die Stadtfläche inzwischen 24 km. Auf terrassenförmigen Plateaus liegen einige Plattenbausied- lungen, aber auch die einzigen noch erhaltenen Siedlungsformen des alten Urga, die sich westlich an die Stadtmitte anschließen und rings um das Gandan-Kloster gruppieren. Von seinem Hügel aus überragt das Kloster das Zentrum mit den Regierungsbauten und dem Sukhbaatar-Platz.

Klima

Das Klima der kältesten Hauptstadt der Welt ist hart und erreicht im Januar eine Durchschnittstemperatur von –27 °C mit Extremwerten von bis zu –47,9 °C. Im Juli entsprechen Temperaturen von durchschnittlich 17 °C hingegen durchaus Kölner Werten, es kann aber auch bis zu 35 °C warm werden. Die Niederschläge fallen, wie überall in der Mongolei, in den Sommermonaten, insbesondere im Juli und August. Zwar sind durchschnittlich 200 mm pro Jahr relativ wenig, doch 180 mm davon fallen zwischen Mai und September. Schneien kann es auch bis Anfang Juni, ansonsten sind die Winter eher schneearm, wobei Behinderungen immer durch Schneeverwehungen und nicht durch Massen der weißen Pracht entstehen. Da auf den Straßen nicht gestreut wird (bestenfalls in Kreuzungsbereichen), wird es im Winter bisweilen glatt.

Die Hauptreisezeit beschränkt sich durch diese Witterungsbedingungen also auf die Sommermonate, in denen dann auch mit Regen zu rechnen ist.

Stadtgeschichte

Die frühen Reisenden, wie der russische Forscher Nikolai Przewalski oder der deutsche Abenteurer und Schriftsteller Hermann Consten, nannten die mongolische Hauptstadt »Urga«. Der Name geht auf den Begriff *uguu* (Palastjurte) zurück, der Namensbestandteil eines 1639 vom Großfürsten Gombodorj, dem Vater des ersten Bogd Khan, errichteten Klosters war.

Nomadenstadt und Hauptkloster

Über 140 Jahre blieb die Siedlung eine Nomadenstadt, deren Standort sich etwa 20 Mal verschob. Erst 1778, versehen mit einer Genehmigung des chinesischen Qianlong-Kaisers, wurde Urgas Stellung als Ort des mongolischen Hauptklosters gefestigt, und die Siedlung begann auf dem heutigen Stadtgebiet zu wachsen.

Bedeutung erlangte Urga als Sitz des Bogd Khan, des Oberhaupts der lamaistischen Kirche der Mongolei. Die Namen der Siedlung wechselten: Ab 1706 hieß sie offiziell Ich Khuree (Großes Ringkloster), weitere Namen waren Da Khuree, Bogdyn Khuree und Niislel Khuree, doch die Ausländer blieben bei Urga.

19. Jahrhundert

Im 19. Jh. wandelte sich Urga zu einem der bedeutendsten religiösen Zentren des Landes und avancierte zum administrativen und wirtschaftlichen Mittelpunkt. Hier war der Umschlagplatz für die Karawanen auf dem Weg von Khiagt nach Kalgan (heute Zhangjiakou, China, kurz vor der Grenze zum Autonomen Gebiet Innere Mongolei).

Es gab über 100 Tempel, 360 Handwerksbetriebe und 600 Läden sowie zahlreiche Märkte. Viele kleinere Tempel, so der russische Forscher Przewalski, waren »nur in einfachen Filzzelten untergebracht, an die nur ein Holzverschlag für den Altar angebaut wurde«. Die meisten Einwohner lebten in Jurten, die mit einem Holzzaun von den engen und staubigen Straßen und Gassen abgeschirmt waren. Noch heute vermittelt die Jurtensiedlung um das Gandan-Kloster einen Eindruck von dieser Epoche. Doch es gab auch Kontraste. Die goldbedeckten Dächer der wichtigeren Klöster glänzten in der Sonne, und der Bogd Khan ließ sich außerhalb der Stadtgrenze ein modernes Landhaus in europäischem Stil bauen.

Einige Kilometer im Osten lagen die chinesische Händlerstadt Maimaachin, eine planmäßig angelegte Siedlung mit festen Lehmgebäuden, gepflasterten Straßen und Höfen, sowie ein Russenquartier mit dem Konsulatsviertel. Die Häuser im russischen Stadtteil sollen im sibirischen Stil aus Holz gewesen sein. Lediglich das Haus des russischen Konsuls, das gegen Ende des Jahrhunderts errichtet wurde, war zweigeschossig. 1860 hatte der Vertreter des Zaren seine Geschäfte in Urga aufgenommen. Schätzungsweise 30 000 Menschen, darunter fast 20 000 Lamas, lebten damals in der Stadt. Es sei noch einmal der russische Forscher Przewalski zitiert: »Der von den Mongolen bewohnte Teil von Urga ist entsetzlich schmutzig. Aller Abfall wird auf die Straßen geworfen. Hinzu kommt, dass Gruppen von sterbenden Bettlern auf dem Marktplatz versammelt sind, von denen einige, überwiegend ältere arme Frauen, diesen zu ihrer letzten Ruhestätte machen.«

Monarchie und der Einfluss Chinas

Mit dem Sturz des letzten Kaisers von China, Pu Yi, und damit dem Ende der mandschurischen Herrschaft über China und die Mongolei im Jahr 1911, fiel dem »heiligen ehrwürdigen Herrn« in Urga auch die weltliche Macht zu. Die Mongolei verstand sich als Monarchie mit dem achten Bogd Khan als Oberhaupt. Trotz der sozialistischen Eroberung 1921 blieb die monarchistische Staatsform bis zum Tod des Bogd Khan im Jahr 1924 unangetastet. In Urga wohnten jetzt etwa 50 000 Menschen.

Erst 1924 taufte man Urga in Ulaanbaatar um. In den 1930er-Jahren gab es erstmals Bebauungspläne, und einige Neubauten ent-

Ulaanbaatar

Klassik kontra Moderne: Neben dem Opernhaus ragt der Center Point Tower in die Höh

standen, z. B. mehrere Regierungsgebäude, das Kraftwerk etc. Doch erst nach Ende des Zweiten Weltkriegs erfolgte die planmäßige Umgestaltung von Ulaanbaatar.

Im Stadtkern entstanden riesige Regierungsgebäude, Kinder- und Jugendpaläste, Dramatheater und Oper, Parteizentrale (das Weiße Haus) und Kulturpalast – oft überdimensionierte Bauten, deren Unterhalt vom klammen Staatshaushalt nicht gewährleistet werden kann. Japanische Kriegsgefangene errichteten nach 1945 die ersten modernen Häuser, unterstützt von Chinesen, die auf Geheiß Mao Zedongs dem nördlichen Nachbarn, der keine qualifizierten Bauarbeiter hatte, helfen mussten. Aus dieser Zeit stammt die heutige Deutsche Botschaft. Das Gebäude bauten japanische Gefangene zunächst als Außenministerium. Später beherbergte es die chinesische und die ostdeutsche Mission.

Zu den neuen Regierungsbauten kamen überwiegend zwei- und dreigeschossige Wohnhäuser hinzu, teilweise in architektonisch beachtenswerten Zusammenstellungen mit großräumigen Grünflächen. Auch die Straßenzüge der Hauptstadt legten die Städteplaner großzügig an – breite Straßen, die vom geringen Verkehr jahrzehntelang nicht ausgefüllt wurden. Auf die Besucher muss Ulaanbaatar in den 1950er-Jahren einen gefälligen Eindruck gemacht haben. In der Stadt lebten nur etwa 100 000 Menschen und die meisten Häuser waren weiß gekalkt. So zeigt ein Farbfoto aus dem Jahr 1956 das Regierungsgebäude in leuchtendem Weiß, und der Blick auf die dahinterliegenden Berge war noch nicht durch Plattenbauten versperrt.

Chinesischer Rückzug und sowjetischer Schulterschluss

Der sowjetisch-chinesische Bruch, der mit der Entstalinisierung durch Chruschtschow Ende 1950 begonnen hatte und 1962 in der sowjetischen Kritik am Indisch-Chinesischen

Sukhbaatar-Platz

Krieg und der chinesischen Kritik an Moskau während der Kubakrise seinen Höhepunkt fand, führte auch zum Ende des chinesischen Engagements in der Mongolei. Das Land musste sich von nun an eindeutig an Moskaus Schulter anlehnen. Ende der 1960er-Jahre verließen die Chinesen Ulaanbaatar und vieles blieb für fast zehn Jahre Bauruine, bis die sowjetische Hilfe einsetzte, eine Situation, die sich beim Zusammenbruch Anfang der 1990er-Jahre und dem Ausbleiben der sowjetischen Gelder wiederholte (s. S. 50).

Seit den 1970er-Jahren schossen Siedlungen in immer sparsamerer Ausführung am Stadtrand in die Höhe. Von Hochhausgeneration zu Hochhausgeneration wurden die Stahlbetonplatten dünner, sodass sie gegen das bitterkalte Winterklima keinen ausreichenden Schutz bieten. Auch die städtischen Fernheizwerke vermögen heute die Wohnungen in diesen Bezirken oft nur auf Temperaturen von 8 bis 12 °C zu erwärmen. Beispiel dafür ist das sogenannte Breschnew-Viertel, ein Geschenk aus Anlass eines Besuchs des ehemaligen Kremlchefs.

Modernes Ulaanbaatar

Auch heute ragen unzählige Baukräne über der Stadt empor und bauen Hochhäuser für Firmen, Banken und Versicherungen im Dubaistil. So sind in den letzten Jahren am Sukhbaatar-Platz neben dem Opernhaus sowie auf der Westseite hinter Rathaus und Golomt-Bank hohe Gebäude mit moderner Architektur entstanden.

Die Plattenbausiedlungen reflektieren das sprunghafte Bevölkerungswachstum und die gewaltige Landflucht: Waren es zur Zeit der Revolution nur 5 % der Bevölkerung, so repräsentierten die 164 000 Einwohner zu Beginn der 1960er-Jahre schon etwa 17 % und die 1,2 Mio. von heute schon fast die Hälfte der Gesamtbevölkerung.

Ulaanbaatar ist in erster Linie eine Industrie- und Verwaltungsstadt, die etwa 50 % der mongolischen Industrieprodukte herstellt und in der die Bürokratie ihren festen Platz hat. Sechs staatliche und mehr als 300 private Universitäten und höhere Schulen sowie die Institute der Mongolischen Akademie der Wissenschaften sind hier angesiedelt. Die Mongolische Universität für Wissenschaft und Technologie und die Nationale Universität der Mongolei sind neben der Pädagogischen und der Medizinischen Universität die größten des Landes, weil sie den höchsten Anteil an Studenten haben. Die Ministerien verteilen sich rund um das Parlamentshaus in separaten Regierungsgebäuden.

Sukhbaatar-Platz

Cityplan: S. 180

Die Orientierung ist am einfachsten, wenn man die Stadterkundung vom größten Platz der Stadt aus angeht, dem **Sukhbaatar-Platz** (Саатарын талй). Hier begann 1990 der demokratische Aufbruch mit Hungerstreiks, die zum Zusammenbruch des Regimes beitrugen.

Sehenswert

- **1** – **13** s. Karte S. 180
- **14** Stadtmuseum
- **15** s. Karte S. 180
- **16** Marschall-Jukow-Museum
- **17** Mongolisches Militärmuseum
- **18** – **20** s. Karte S. 180
- **21** Eisenbahnmuseum
- **22** Bogd-Khan-Museum
- **23** Khiimoryin Ovoo
- **24** Zaisan-Denkmal
- **25** Gandan-Kloster
- **26** Maidari-Tempel
- **27** Jurtensiedlungen
- **28** – **30** s. Karte S. 180
- **31** Dashchoilin-Kloster

Börse, Post und Rathaus

Auf der Westseite des Sukhbaatar-Platzes ist die **Börse** **1** (Хөрөнгийн бирж) erwähnenswert; in dem Gebäude war früher die Spielstätte des Kindertheaters untergebracht.

Südlich der Börse, bereits an der Enkh Taivan Avenue, befindet sich die **Hauptpost** **2** (Төв шуудан). Die Stadtverwaltung Ulaanbaatars hat hinter dem alten **Rathaus** **3** (Хотын захиргаа) einen Hochhausbau errichtet.

Nationalmuseum der Mongolei **4**

An der Nordwestecke, gegenüber der Westfront des Parlamentsgebäudes, liegt das **Nationalmuseum der Mongolei** (Монголын үндэсний музей). Von der Ur- und Frühgeschichte über Chinggis Khaan und seine Erben bis hin zur jüngsten Vergangenheit der Mongolei beherbergt das Museum viele beachtenswerte Exponate. Zusammen mit dem Museum für Naturgeschichte (s. S. 193) und

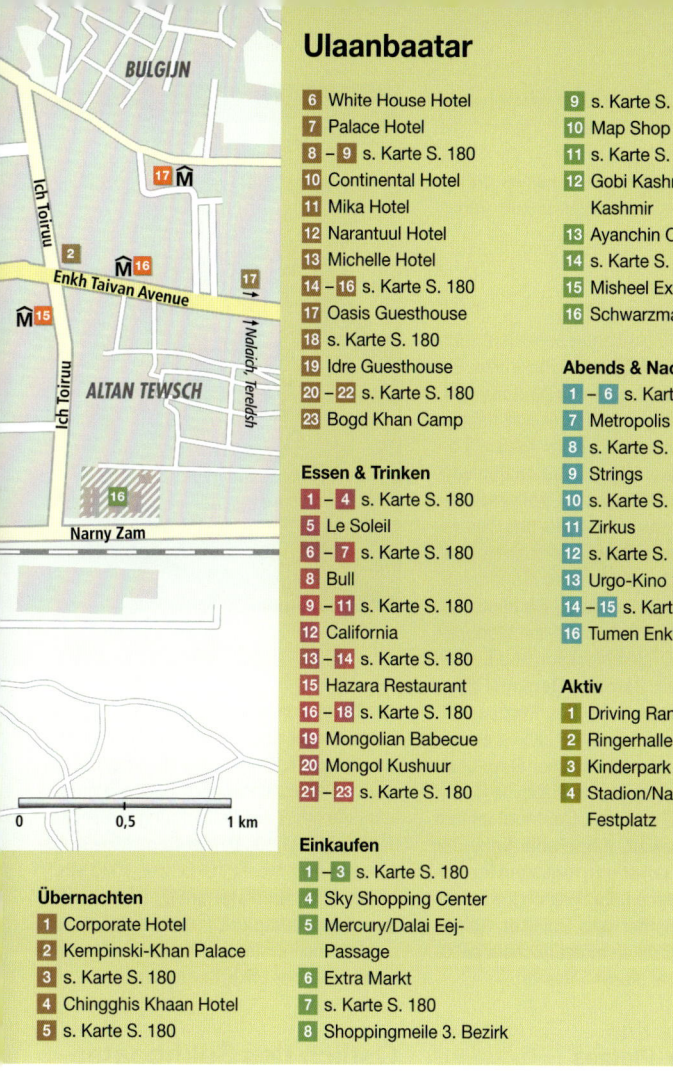

Ulaanbaatar

Übernachten
1. Corporate Hotel
2. Kempinski-Khan Palace
3. s. Karte S. 180
4. Chingghis Khaan Hotel
5. s. Karte S. 180
6. White House Hotel
7. Palace Hotel
8 – 9 s. Karte S. 180
10. Continental Hotel
11. Mika Hotel
12. Narantuul Hotel
13. Michelle Hotel
14 – 16 s. Karte S. 180
17. Oasis Guesthouse
18. s. Karte S. 180
19. Idre Guesthouse
20 – 22 s. Karte S. 180
23. Bogd Khan Camp

Essen & Trinken
1 – 4 s. Karte S. 180
5. Le Soleil
6 – 7 s. Karte S. 180
8. Bull
9 – 11 s. Karte S. 180
12. California
13 – 14 s. Karte S. 180
15. Hazara Restaurant
16 – 18 s. Karte S. 180
19. Mongolian Babecue
20. Mongol Kushuur
21 – 23 s. Karte S. 180

Einkaufen
1 – 3 s. Karte S. 180
4. Sky Shopping Center
5. Mercury/Dalai Eej-Passage
6. Extra Markt
7. s. Karte S. 180
8. Shoppingmeile 3. Bezirk
9. s. Karte S. 180
10. Map Shop
11. s. Karte S. 180
12. Gobi Kashmir/Goyo Kashmir
13. Ayanchin Outfitter
14. s. Karte S. 180
15. Misheel Expo Centre
16. Schwarzmarkt

Abends & Nachts
1 – 6 s. Karte S. 180
7. Metropolis
8. s. Karte S. 180
9. Strings
10. s. Karte S. 180
11. Zirkus
12. s. Karte S. 180
13. Urgo-Kino 1
14 – 15 s. Karte S. 180
16. Tumen Enkh

Aktiv
1. Driving Range
2. Ringerhalle
3. Kinderpark
4. Stadion/Naadam Festplatz

dem Zanabazar-Museum (s. S. 192) zählt es zu den bedeutendsten Museen der Stadt. Hier wird neben einer ethnografischen Ausstellung auch das mit deutscher Unterstützung geschaffene Modell der alten Chingghis-Khaan-Metropole Karakorum gezeigt, die von vielen Touristen besucht wird (Juulchin/Ecke Sukhbaatar-Straße, Tel. 011 70 11 09 11, Mai–Sept. tgl. 9–16.30, Okt.–April Di–Sa 10–16.30 Uhr, 2500 MNT, Foto 10 000 MNT, Video 15 000 MNT).

Regierungs- und Parlamentsgebäude 5

Das Parade- und Aufmarschfeld, errichtet auf dem Gelände des ehemaligen Hauptklosters, wird von dem **Regierungs- und Parlamentsgebäude** (Засгийн газар, Парламентын ордон) dominiert, das die gesamte Nordflanke des Platzes einnimmt. Davor stand von 1954 bis 2005 eine kleine Kopie des Moskauer Lenin-Mausoleums, in dem sich die Urnen des 1942 verstorbenen Dikta-

Ulaanbaatar

tors Choibalsan und von Sukhbaatar befanden. Heute stehen vor dem Parlament die Statuen von Chingghis Khaan in der Mitte, rechts und links jeweils die seines dritten Sohnes Uguudei und die des Enkels seines vierten Sohnes Kublai.

Denkmäler und Nationaluniversität

Revolutionsheld Sukhbaatar schmückt auch das **Reiterdenkmal** 6 in der Platzmitte. Ein **Denkmal für Choibalsan** 7 (Чойбалсан), dessen blutrünstigen Verfolgungen nahezu jeder zehnte Mongole zum Opfer fiel, steht direkt vor der 1942 eröffneten **Nationaluniversität** 8 (Монгол Улсын Их Сургууль), gegenüber der nordöstlichen Ecke des Platzes.

Die wechselvolle Geschichte der Mongolei spiegeln auch zwei weitere Monumente wider: An den Kommunisten Sambuu, der 1954 bis 1972 als Präsident der Mongolei sämtliche Wendungen Moskaus treu begleitete, erinnert das **Sambuu-Denkmal** 9 in der nordwestlichen Ecke des Platzes. Für den 1998 im Alter von nur 36 Jahren ermordeten Führer der demokratischen Revolution wurde im Südwesten die nach ihm benannte **Zorig-Statue** 10 errichtet. Der Mord an ihm wurde nie aufgeklärt, führte aber Ende der 1990er-Jahre kurzfristig zu militanten Protesten. Der auf Deutsch publizierende tuwinisch-mongolische Dichter und Politiker Galsan Tschinag (s. S. 338) vermutet höchste politische Kreise hinter diesem Attentat.

Die Ostseite des Sukhbaatar-Platzes

Das **Opernhaus** 12 (Батболдын Гудамж), überragt vom architektonisch interessanten Turm der **Akademie der Wissenschaften** 11, beherrscht die Ostseite des großen Platzes. Ein vielgeschossiges Büro- und Geschäftshochhaus der MCS-Group wurde 2004 direkt rechts neben das Opernhaus gebaut und dominiert zusammen mit dem Blue-Sky-Hochhaus auf der Südseite die Skyline des Sukhbaatar-Platzes.

Hinter dem Opernhaus befindet sich innerhalb des Gebäudes des **Kulturpalastes**

das **Theatermuseum** 12 (Театрын Музей). Es ist liebevoll eingerichtet und zeigt viele Exponate aus der Opern- und Theatergeschichte. Auch eine umfassende Puppensammlung lohnt die genauere Betrachtung (Amar-Straße, Tel. 011 31 13 20, Mai–Sept. Mo–So 10–17, Okt.–April Mo–Fr 10–17 Uhr, 1000 MNT).

Das **Außenministerium** 13 (Монгол Улсын Гадаадхарилцааны яам) liegt am südöstlichen Ende des Platzes, auf der anderen Seite der Enkh Taivan Avenue.

Östlich des Sukhbaatar-Platzes

Citypläne: S. 176, 180

Am östlichen Abschnitt der **Enkh Taivan Avenue,** der zentralen Straße der Hauptstadt, liegen einige Ministerien und ausländische Vertretungen.

Stadtmuseum 14

Geht man die Enkh Taivan Avenue in östlicher Richtung entlang, entdeckt man in einem der beiden noch verbliebenen **Blockhäuser**

Östlich des Sukhbaatar-Platzes

Demonstration kommunistischer Macht: der zentrale Sukhbaatar-Platz

(Улаанбаатар хотын түүх) des alten Urga, links vor dem Ringerpalast, die ehemalige Kommandozentrale von Sukhbaatar, die heute das **Stadtmuseum** (шинэчлэн байгуулалтын музей) beherbergt. Hier vermittelt eine Fotosammlung einen guten Eindruck vom Ulaanbaatar früherer Tage (Enkh Taivan Avenue, Tel. 011 45 09 60, Mo–Sa 9–18 Uhr, 1500 MNT).

Intelligenzmuseum

Folgt man der Enkh Taivan Avenue nach Osten bis an die große Kreuzung mit der Ikh Toiruu, so trifft man nahe dem East Centre auf ein Museum der besonderen Art. Der mongolische Künstler Tumen-Ulzii trug in seinem **Intelligenzmuseum** 15 (Олон ул-сын оюун ухааны музей) mongolisches und internationales Spielzeug zum Nachdenken und Knobeln zusammmen. So kann man sein dreidimensionales Vorstellungsvermögen an kniffligen Holzpuzzles testen, mit denen sich mancher lange Jurtenabend spielend verbringen lässt (Enkh Taivan Avenue 10, Tel. 011 46 14 70, www.iqmuseum.mn, Mo–Sa 10–18 Uhr, 3000 MNT, Fotografieverbot!).

Schukow- und Militärmuseum

Noch etwas weiter die Enkh Taivan Avenue stadtauswärts befindet sich das **Museum zu Ehren von Marschall Schukow** 16 (Жуковын музей), des späteren Eroberers von Berlin, der den japanischen Übergriff im Jahr 1939 zurückschlug (Enkh Taivan Avenue, Tel. 011 45 37 81, Mo–Fr 10–17 Uhr, 2000 MNT, Foto 5000 MNT).

Nur wenig weiter nördlich stellt das **Mongolische Militärmuseum** 17 (Цэргийн Музей) Exponate der Militärgeschichte und auf einem Freigelände militärische Großgeräte aus (B.-Dorj-Straße, Tel. 011 51 26 17 82, Mo–Sa 10–17 Uhr, 2000 MNT, Foto 5000 MNT).

Schwarzmarkt 16

Der noch von alters her als **Schwarzmarkt** (Нарантуул Зах) bezeichnete Markt mit seinen großen Hallen befindet sich an der Eisenbahnlinie im Osten der Stadt. Hier kaufen die preisbewussten Mongolen ein, und es macht Spaß, dem Treiben der Händler und Käufer zuzuschauen. Von Lebensmitteln und Fleisch über Jurtenbedarf und ganze Jurten, mongolisches Kunsthandwerk, Artikel des

täglichen Bedarfs, traditionelle und moderne Kleidung, Haushaltseinrichtungen bis hin zu Elektrogeräten – hier wird einfach alles angeboten und auch gekauft.

Wenn es nicht um preisgebundene Konsumgüter geht, wird der Preis ausgehandelt. Bei Schmuck und Antiquitäten sollte man allerdings aus Gründen der Echtheit und des bestehenden Ausfuhrverbots von Antiquitäten Vorsicht walten lassen (s. S. 139, 148).

Ausdrücklich muss an dieser Stelle auf die Gefahr von Taschendiebstahl hingewiesen werden! Enge Stellen in den Gassen, in denen geschoben und gerempelt wird, sind genau die Passagen, wo das Portemonnaie verschwindet oder das Handy den Besitzer wechselt. Es gilt: Geld am Körper oder in einer fest verschlossenen Fronthosentasche, Kamera und Handy sollten im Hotel bleiben. Rucksäcke gehören auf die Brust (s. S. 160)!

Südlich des Sukhbaatar-Platzes

Citypläne: S. 176, 180

Dramatiktheater und Staatsbibliothek

Folgt man der Chingghis Avenue vom Sukhbaatar-Platz ein Stückchen nach Süden, so liegt rechter Hand das **Dramatiktheater**

Ulaanbaatar-Zentrum

Sehenswert
1. Börse
2. Hauptpost
3. Rathaus
4. Nationalmuseum der Mongolei
5. Regierungs- und Parlamentsgebäude
6. Reiterdenkmal für Sukhbaatar
7. Denkmal für Choibalsan
8. Nationaluniversität
9. Denkmal für Sambuu
10. Statue für Zorig
11. Akademie der Wissenschaften
12. Theatermuseum
13. Außenministerium
14. s. Karte S. 176
15. Intelligenzmuseum
16. – 17. s. Karte S. 176
18. Staatsbibliothek
19. Kloster des Choijin Lama
20. Hochzeitspalast
21. – 27. s. Karte S. 176
28. Zanabazar-Museum der Schönen Künste
29. Blockhäuser
30. Museum für Naturgeschichte
31. s. Karte S. 176

Übernachten
1. – 2. s. Karte S. 176
3. Ulanbator Hotel
4. s. Karte S. 176
5. Puma Imperial Hotel
6. – 7. s. Karte S. 176
8. Tuushin Hotel
9. Bayangol Hotel
10. – 13. s. Karte S. 176
14. Zaluuchuud Hotel
15. Mandukhai Hotel
16. Marco Polo Hotel
17. s. Karte S. 176
18. Nature Guesthouse
19. s. Karte S. 176
20. UB Guesthouse
21. Chingghis Guesthouse
22. Guesthouse Khongor
23. s. Karte S. 176

Essen & Trinken
1. Monet Restaurant
2. Ivy Restaurant
3. Aer Club
4. Le Bistro Français
5. s. Karte S. 176
6. Modern Nomads I
7. Modern Nomads II
8. s. Karte S. 176
9. Romance
10. Silk Road and Veranda
11. Brauhaus
12. s. Karte S. 176
13. Ikh Tenger Restaurant
14. Los Bandidos
15. s. Karte S. 176
16. Marco Polo
17. Thai Restaurant
18. Milies Café
19. – 20. s. Karte S. 176
21. Café Amsterdam
22. Nayra Café
23. Sachers Café

Einkaufen
1. Ikh Delguur
2. Metro Mall
3. UB Mart
4. – 6. s. Karte S. 176
7. Exhibition Hall
8. s. Karte S. 176
9. Internom/ADMON-Verlag
10. s. Karte S. 176
11. Cashmere House
12. – 13. s. Karte S. 176
14. Seven Summits
15. – 16. s. Karte S. 176

Abends & Nachts
1. Chingghis Club
2. First Irish Pub
3. Grand Khan Irish Pub
4. Ikh Mongol
5. Irish House
6. Face Club
7. s. Karte S. 176
8. River Sounds
9. s. Karte S. 176
10. Dramatiktheater
11. s. Karte S. 176
12. Opernhaus
13. s. Karte S. 176
14. Urgo-Kino 2
15. Tenggis-Kino
16. s. Karte S. 176

Aktiv
1. – 4. s. Karte S. 176

10 (Төмөр замын), gut erkennbar an der rötlichen Farbe seiner Mauern, und linker Hand die **Staatsbibliothek** 18 (музей хүрэх замд), vor der bis vor wenigen Jahren noch eine Stalin-Statue stand.

Kloster des Choijin Lama 19

Das Areal hinter der Staatsbibliothek birgt eine der bedeutenderen Sehenswürdigkeiten von Ulaanbaatar, das **Kloster des Choijin Lama** (Чойжин Ламын сум музей), den Sitz des Staatsorakels. Früher vergewisserte sich hier das Staatsoberhaupt, wann für bedeutende Vorhaben der glücklichste Moment sei. Leider fungiert die Anlage heute nur noch als Museum.

Choibalsan hatte 1938 die Mönche unter dem Vorwurf, eine Konterrevolution zu planen, verjagt und wohl auch ermordet. Das Kloster wurde zwischen 1904 und 1908 für

Ulaanbaatar

Maskentanz – die Rückkehr des Tanzes der Götter

Gewaltig wirken die überdimensionierten Masken, wie eine karnevalistische Maskerade. Doch beim Tsam-Tanz handelt es sich um ein kompliziertes Ritual, in dem sich tantrische und schamanistische Traditionen vereinen. Nach politischen Verfolgungen Mitte des 20. Jh. erlebt der Tanz der Götter heute eine Wiedergeburt.

Er ist die Leitfigur im Tsam-Tanz, dem Maskentanz, der ›Weiße, alte Mann‹. Er ist Gestalt gewordener irdischer Geist, der Herrscher des Landes, der Flüsse und der Berge, er beeinflusst Fruchtbarkeit und langes Leben. Die Figur aus schamanistischer, vorbuddhistischer Vergangenheit ging als Vermittler zwischen Himmel und Erde schnell in das buddhistische Pantheon als heiliger Eremit ein.

Die Ursprünge des Tsam-Tanzes stammen aus dem indischen Tempeltanz und erreichten über Tibet erst spät die Mongolei, den Süden im 18. Jh., in der nördlichen Region sind sie erst am Ende des 19. Jh. nachweisbar. Hier in der Mongolei wurde dieser Kulttanz an der Schnittstelle zwischen Religion und Theater dann zur Vollendung entwickelt.

Auch heute stellt er keine bloße Folklore dar, selbst wenn manche Aufführungen für Touristen zum Bedauern der Puristen dazu verkommen sind – doch ohne Tourismus wäre es vielleicht nicht zu einem Wiederaufleben dieser Tradition gekommen. Stalinistische Verfolgungen in der Mongolei und Maos Kulturrevolution in China schienen sie vom Erdboden getilgt zu haben. Die Wiedergeburt war voller Hindernisse. Zwar gab es noch die Masken hinter Museumsvitrinen, doch es mangelte an schriftlichen Überlieferungen, geschweige denn an Überlebenden, die aus eigener Anschauung von Tsam-Tänzen aus der Zeit vor 1938 berichten konnten. Umfangreiche Forschungen einschließlich Reisen nach Tibet waren erforderlich, um sich dem Original wieder anzunähern. Zunächst gab es die ersten Tanzvorführungen 1999 als Folkloreveranstaltungen auf Initiative der mongolischen Tourismusorganisation, doch 2002 fand erstmals der Tsam-Tanz als religiöse Zeremonie im Kloster Amarbayasgalant statt.

Tsam-Tänzer waren meist buddhistische Mönche, die in die geheimen Rituale in einer langen Lehrzeit eingeweiht worden waren. Eingebettet in umfangreiche, oft mehrtägige religiöse Zeremonien mit Rezitationen und Opfergaben soll der Tanz eine aktive Meditation sein, die eine bestimmte Stimmung oder Schwingung erzeugt und ein Gebet darstellt.

Üblicherweise kämpfen die Gottheiten in der Form eines Mysterienspiels mit dem Bösen. Ein kegelförmiges Teiggebilde steht meist in der Mitte der Aufführung. Hier vollzieht der Todesgott ein symbolisches Menschenopfer und zerhackt mit Schwertern die Teigfigur. Beim Mehlopfer *sor* werden die aus Mehl gemachten Opfergaben ins Feuer gegeben, um die Feinde der Menschen und der Religion zu beseitigen.

Der ›Alte Weiße‹ lehrte Buddha, ein würdiges Leben zu führen. In der Legende wird er Lhachintserin (Der Lang-Lebende des Himmels) genannt. In seinem Gesicht mit langen, weißen, über die Augen herabhängenden Augenbrauen und grauem Bart spiegeln sich Tugend und Mildtätigkeit. So könnte er auch mit einem Weihnachtsmann verwechselt werden. Gelegentlich wirkt er leicht komisch, doch

Maskentanz

Thema

auch die Heiterkeit hat Bedeutung. Die Natur ist im Gleichgewicht. Man kann zum Beispiel beruhigt zu einer Jagd oder einer Bergtour aufbrechen. Reagiert er hingegen zornig, so kündigt sich Unglück an.

Neben der Leitfigur finden sich noch eine Fülle weiterer Charaktere. Die Masken stellen Gottheiten des lamaistischen Pantheons dar, freundliche, grausame und zornige, aber auch Tiere mit den ihnen zugeschriebenen Eigenschaften. Insbesondere die fünf mystischen Tiere tauchen auf: Stier, Hirsch, Affe, Tiger und der Vogeldämon Garuda, ursprünglich eine hinduistische Gottheit, die vom Buddhismus übernommen wurde. Er soll einer der Diener des Todesgottes sein, ist durch grüne Gesichtsfarbe, ein adlerhaftes Gesicht, einen langen, gebogenen Geierschnabel und gelegentlich durch ein drittes Auge auf der Stirn gekennzeichnet – das Auge der Weisheit. Erkennbar ist die Figur auch an der Schlange, die sie in Händen hält. Nicht alle Figuren haben rituelle Bedeutung. So wurde die Löwenmaske vom chinesischen Neujahrsfest beeinflusst. Andere Masken entstammen der mongolischen Sagenwelt.

Die farbigen Masken werden abweichend vom tibetischen Original nicht aus Holz geschnitzt, sondern aus Pappmaschee gefertigt. Die bedeutendste Maskensammlung ist im Choijin-Lama-Kloster in Ulaanbaatar (s. S. 181) zu bewundern. Zu sehen bekommt man Tsam-Tänze beispielsweise Anfang September im Daschchoilin-Kloster in Ulaanbaatar (s. S. 194), das 1990 im Gebäude des ehemaligen Staatszirkus wieder seinen religiösen Betrieb aufnahm und damit an die Tradition des früheren Hauptklosters von Urga anknüpft.

Hinter Masken verborgene Götter kämpfen beim Tsam-Tanz gegen das Böse

Ulaanbaatar

Choijin-Lama-Kloster: Früher orakelte man hier zum Wohl des Staates, heute beherbergt die Anlage im Herzen der Stadt ein faszinierendes Museum

den Bruder des VIII. Bogd Khan errichtet und ist das jüngste große Zeugnis klassischer Architektur in der Mongolei. Dessen Bruder Luwsankhaidaw war im Volk als Choijin Lama bekannt. Der Vorgängerbau des heutigen Klosters ist einem Brand zum Opfer gefallen.

Doppelstöckige, grüne Dächer schwingen sich chinesischen Pagoden vergleichbar über den fünf Tempeln des Klosterbezirks in den Himmel. Fünf Tore ergänzen das Ensemble, das von einer blauen Mauer umgeben ist. Die Hauptbaumaterialien für die gesamte Anlage sind Stein, Holz, dunkle Backsteine und Keramik. Das Tempeldach verzieren die Tierdarstellungen eines Einhorns, eines Drachens sowie eines Löwes.

1941 wurde das Kloster unter Denkmalschutz gestellt und 1942 als Museum wiedereröffnet. Der Reiz der gesamten Anlage besteht darin, dass die Kunstgegenstände nicht sortiert hinter Glas stehen, sondern so angeordnet sind, wie sie früher im klösterlichen Alltagsbetrieb wahrscheinlich auch genutzt wurden. Zur Rechten des Buddhas im Haupttempel befindet sich eine Statue des Choijin Lama.

Im **Haupttempel** werden neben vielen Thangkas zahlreiche Tanzmasken aufbewahrt, die ursprünglich für die rituellen Tänze (tibet.: *tsam*) von Urga verwendet wurden (s. S. 182). Von 1811 bis 1937 fanden einmal pro Jahr jeweils am letzten Tag des letzten Sonnenmondes (Juli) Tanzdarbietungen statt.

Im Vorraum des **Makharaji-Tempels** befinden sich die **Religionsschutzgötter,** die die vier Himmelsrichtungen symbolisieren und beherrschen. Man verehrte sie als die vier Makharaji oder die vier großen Könige mit den Bedeutungen: Freude bereiten, Mitleid haben, Almosen geben und Menschen bzw. Religion beschützen.

Dem **Tempel der Begnadigung** wurde im Jahr 1906 vom mandschurischen König der Name Kloster der Begnadigung verliehen.

Hier fanden auch Gottesdienste zu besonderen Anlässen statt, wozu Lamas und Mönche aus anderen Klöstern anreisten.

Im **Zanchan** oder auch **Kloster für die geheime Beschwörungsformel** verehrte Choijin Lama Luwsankhaidaw den Schutzgott Choijin und rief ihn zu bestimmten Tagen an. *Choijin* bedeutet Beschützer der Religion. Wie man mit den Feinden der Religion umzugehen pflegte, ist an den Decken und Wänden des Tempels eindrucksvoll und einprägsam dargestellt: Man sieht die ausgebreitete Haut von Menschen, erblickt Lungen, Nieren und Herzen, die mit Dünndärmen zusammengebunden sind. Diese Darstellungen sollten die gewaltige Macht des Choijins veranschaulichen, aber gleichzeitig auch verdeutlichen, dass jedes menschliche Leben endlich ist. Belehrend sollten die Bilder auch auf Ungläubige und Sünder angesichts der sie erwartenden Hölle wirken.

Der **Tempel der Ewigen Stille** oder **Opfertempel** war für die Götter bestimmt, die Ruhe und Frieden ausstrahlen. Sie nehmen Menschen die Sorgen und symbolisieren das langjährige glückliche Leben ohne Kampf und Gewalt. Beachtenswert ist die Skulpturengruppe der 21 Taras im Tempel der Ewigen Stille, die von Zanabazar geschaffen wurde.

Der **Yiddam-Tempel** war speziell der Ort, der dem Choijin Lama für besondere, tantrische Beschwörungsformeln diente, mit denen er die Götter anrief – die sogenannten *tarni*. Sie waren nur eingeweihten Lamas vorbehalten. Deshalb ließ man ihn etwas abseits der anderen Tempel errichten und rundherum mit einer Mauer abtrennen. Pilger und gewöhnlichen Menschen war der Zutritt verwehrt.

Der **Tempel Zuu** wurde für Shagjamuni, auch Gautama Buddha, den Begründer der buddhistischen Religion erbaut. Man sieht die 16 Schüler des Buddha, die in einer Felsenhöhle als Asketen sitzen. Sie wurden gedankenversunken und mit sehnsuchtsvollem Gesichtsausdruck dargestellt (Tel. 011 32 47 88, Mai–Sept. tgl. 9–18.30, Okt.–April 10–16 Uhr, 2500 MNT, Foto 5500 MNT, Video 12 000 MNT).

Hochzeitspalast und Eisenbahnmuseum

Auf dem Weg vom Choijin-Lama-Museum in Richtung Eisenbahnmuseum kommt man am **Hochzeitspalast** [20] (Төмөр замын) vorbei, der in Anlehnung an ost- und zentralasiatische Baustile erbaut wurde. Wem Las Vegas zu profan ist, der kann sich auch hier das Ja-Wort geben.

Folgt man nun der Chingghis Avenue über die Enkh Taivan Gur (Enkh-Taivan-Brücke), so liegt am nördlichen Beginn des Brückenkopfes nahe der Eisenbahnstrecke nach Peking das Freigelände des **Eisenbahnmuseums** [21] (музей хурэх замд). Es ist schon von Weitem an den ausgestellten Originallokomotiven zu erkennen. Sie bieten von der stark befahrenen Narny Zam einen schönen Anblick und können von dort aus auch jederzeit besucht werden (Narny Zam, Tel. 11 21 24 44 93, Mo–Fr 9–12 und 13–16 Uhr; man kann außerhalb des Zauns gebührenfrei fotografieren und die Lokomotiven besichtigen). Das eigentliche Museum zum Freigelände liegt ca. 400 m nordöstlich des Bahnhofs (Octoberyn Gudamj, Tel. 011 21 24 44 93, tgl. 9–17 Uhr, ca. 3000 MNT).

Bogd-Khan-Museum [22]

Grundriss: S. 186; **Cityplan:** S. 176

Über die Enkh-Taivan-Brücke, die die Eisenbahnlinie nach Peking und einen kleinen Bach überwindet, gelangt man an einen Kreisverkehr, an dessen Südseite der **Winterpalast des Bogd Khan** (Богд Хааны Ордон Музей) liegt. Er entstand ab 1893 in seiner heutigen Form. Die Residenz des achten und letzten Bogd Khan besteht aus sieben Haupt- und Nebengebäuden, 20 Toren unterschiedlicher Größe sowie kleinen Gärten. Eine Mauer aus blau glasierten Ziegeln umgibt den gesamten Komplex. Die Bauten errichtete man überwiegend in chinesischem Stil, worauf mehrgeschossige Dächer aus glasierten Ziegeln mit zipfelig aufgebogenen Enden hinweisen. Der gesamte Komplex ist seit 1961 als Museum gestaltet (Dschinggis Avenue,

Bogd-Khan-Museum

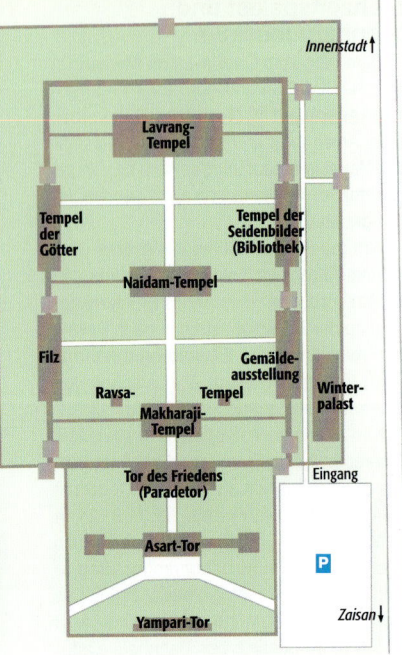

Tel. 011 34 21 95, Mai–Sept. tgl. 9–17.30, Okt.–April Mi–So 9.30–16.30 Uhr, Erw. 2500 MNT, Foto 13 000 MNT, Video 20 000 MNT).

Tore

Das sogenannte **Yampai-Tor** ist eigentlich eine Wand, die den Tempel vor nicht vorhersehbarem Unglück und überraschender Not schützen soll. Das Wort *yampai* bedeutet auf Tibetisch »das geschlossene Tor«. Das Gemälde auf der Wand zeigt zwei Drachen, den Berg Sumbru und einen See. In diesen See sollen die schlechten und bösen Vorzeichen fallen und ertrinken.

Durch das **Asart-Tor** (*asart* = offenes Tor mit Dach) durften nur der Bogd Khan, seine Königin und deren Verwandte hinein- und herausgehen. Links und rechts schließen sich kleinere Tore für die Verteidigungssoldaten, Staatsfürsten, Musiker, Boten und Gäste des Bogd Khan an.

Auf der Südseite des Tempelkomplexes befindet sich, reich in sattem Rot gehalten, das von acht Säulen getragene große **Paradetor**. Es wurde 1912 bis 1919 aus Anlass des Sturzes der mandschurischen Qing-Dynastie in China und des Beginns der Theokratie des Bogd Khan erbaut.

Das mongolische Volk, das 220 Jahre lang unter der Herrschaft der Mandschurei lebte, erklärte seine Unabhängigkeit im Jahr 1911. In dieser Zeit verehrte man den VIII. Bogd Khan als König, der als weltlicher und religiöser Herrscher mit unbeschränkter Befugnis ausgestattet war. Aus Anlass der Unabhängigkeit wurde das **Tor des Friedens** errichtet. Ein siebengeschossiges Dach ruht auf acht Säulen. Die gesamte Konstruktion wird ohne Nägel und mit 108 Riegeln zusammengehalten.

Tempel

Im **Makharaji-Tempel** erwarten den Besucher die aus Lehm und Papier gefertigten Standbilder der Beschützer der vier Himmelsrichtungen. Jede wird von einer anderen Farbe symbolisiert.

Der **Ravsa-Tempel** (oder auch **Maharajas-Tempel**) bewahrt Musikinstrumente für die Zeremonien der Mönche auf. Außerdem beherbergt er religiöse Bilder, *thangkas* (buddhistische Rollbilder), Filzapplikationen und Schmuckgegenstände. Zwei kleinere Tempel sind mit Gemälden mongolischer Künstler aus dem 19. und frühen 20. Jh. ausgestattet.

Der **Tempel der Seidenbilder** (Bibliothek) war der Lesesaal des Bogd Khan, in dem sich viele buddhistische und historische Bücher befanden. Nach dem Tod des Bogd Khan wurden sie im Jahr 1924 der Staatlichen Zentralbibliothek übergeben. Jetzt schmücken Seidenbilder diesen Tempel, die von seinerzeit bekannten Künstlern und Handwerkern geschaffen wurden.

Der **Naidan-Tempel** war der Versammlungsort der 16 wichtigsten Lamas der Hauptstadt. Hier wurde Bogd Gegeen verehrt. Heute sind hier die sogenannten »Tigerstöcke« zu sehen, die als Vorläufer des Polizeischlagstocks gelten können: Sie wurden eingesetzt, um bei öffentlichen Ver-

Bogd-Khan-Museum

sammlungen Ordnung um den Bogd Khan herum herzustellen. Auch das heilige Seil wird hier aufbewahrt, dessen rituelle Berührung durch die Gläubigen eine wichtige Zeremonie darstellte.

Im **Tempel der Götter** befinden sich die Götterstatuen, die von den besten Handwerkern der Mongolei geschaffen wurden.

Der **Lavrang-Tempel** (privater Gebetsraum des Bogd Gegeen) präsentiert heute ein Selbstporträt von Zanabazar und Götterskulpturen.

Winterpalast

Das zweistöckige Haus im europäischen Stil der Wende zum 20. Jh. diente als Wohnhaus. Es wurde im Jahr 1903 nach dem Entwurf eines russischen Architekten erbaut, fand allerdings keinen Gefallen bei dem mandschurischen König. Deshalb hat man die Fensterrahmen und das Dach im tibetischen Baustil verändert.

In diesem Winterpalast verbrachte der in Tibet geborene Bogd Khan mit seiner Königin Dondogdulam zusammen 20 Jahre lang den Winter.

Im **Erdgeschoss** des Wohnhauses bewahrte der Hausherr eine einzigartige Sammlung ausgestopfter Tiere aus aller Herren Ländern auf. Der Privatzoo reicht vom Schnabeltier bis zu einer Giraffe, der allerdings ein Stück Hals amputiert werden musste, damit

Bogd-Khan-Museum: Am Eingang werden Besucher von Schutzgeistern empfangen

Ulaanbaatar

aktiv unterwegs

Von Aussicht zu Aussicht – Khiimoryin Ovoo und Zaisan

Tour-Infos
Start: Tuul-Brücke an der Flughafenstraße
Länge: 9 km
Dauer: 2 Std.
Schwierigkeitsgrad: leicht, mit Berganstieg auf den Ovoo
Wichtige Hinweise: Diese Route kann man auch in umgekehrter Richtung wandern.

Auf der südlichen Tuul-Seite liegt ein spannender Aussichtspunkt. Am besten erreicht man ihn von der Flughafenbrücke, indem man direkt hinter der Brücke auf dem südlichen Flussufer der Schotterpiste ca. 2 km folgt und dann in einer Straßenbucht nach Süden die Piste verlässt. Man sieht bereits von unten den **Khiimoryin Ovoo** 23 (Хийморийн Овоо) und die vielen Fußwege und Fahrspuren, die bis an den Waldrand führen.

Die Besteigung bis in den Sattel zwischen dem Ovoo und dem sich fortsetzenden Bergrücken zum Bogd Uul hin ist für die Öffentlichkeit frei zugänglich. In den Wochen vor Naadam allerdings ist der Ovoo für Frauen tabu, weil dort die Ringer Kraft und Mut für die bevorstehenden Wettbewerbe finden.

Der Blick von hier oben ist gewaltig: Das gesamte Häusermeer Ulaanbaatars liegt den Wanderern zu Füßen – zusammen mit den Kraftwerken und der nördlichen Begrenzung der Gerviertel. Dieser Ovoo ist zu Tsagaan Sar ein sehr beliebter Ort, den man zu Sonnenaufgang am ersten Feiertag besucht.

Der Abstieg ins Tuul-Tal erfolgt im Wald auf demselben Fußweg wie der Aufstieg, nur hält man sich am Waldrand in das östlichere Tal, das inzwischen teilweise mit neuen Häusern bebaut wurde. Auf dem Fahrweg gelangt man dann zur Agrarwissenschaftlichen Universität und dem **Zaisan-Hügel** 24.

Zweifellos ist er jenseits des Tuul-Flusses am leichtesten erreichbar – vom Bogd-Khan-Museum aus in rund 20 Min. Fußweg. Hat man die Tuul-Brücke überquert und das jenseitige Ufer ca. 300 m auf der Asphaltstraße passiert, so liegt rechter Hand die Universität und linker Hand der Buddha-Park mit einer goldenen, 16 m hohen Buddha-Statue von Shakyamuni.

Zum **Aussichtspunkt Zaisan** selbst gelangt man dann links vom Buddha-Park über den Parkplatz am **Panzer-Denkmal** (der T 34 soll sogar in Berlin gewesen sein) an die Treppe hinauf zum Denkmal. Die Anlage ist ein Geschenk Russlands zur Erinnerung an die unbekannten Soldaten und Helden der vergangenen Kriege.

sie in das Zimmer passt – eine kuriose Sehenswürdigkeit!

Im ersten Saal des Obergeschosses sind Trinkschalen für Stutenmilch *(kumys)* ausgestellt. Wenn sich die Palastgäste verspäteten, so wurden sie damit bestraft, dass sie *kumys* trinken mussten. Konnte man keine guten Gründe für die Verspätung anführen, musste man aus einer größeren Schale 10 l Stutenmilch trinken. Legte man triftige Gründe für die Verspätung vor, kam man mit 5 l aus einer kleineren Schale davon.

Im **zweiten Saal** dokumentieren Fotos die Elefanten, die mongolische Aristokraten im Jahr 1913 während eines Besuchs in Russland kauften, um sie dem Bogd Khan als Geschenk zu überbringen. Sie wurden per Eisenbahn bis an die Grenze transportiert und mussten dann zu Fuß nach Ulaanbaatar laufen. Die Elefanten waren in einem Haus untergebracht, das an der nordwestlichen Seite der Sommerpalastmauer liegt. Drei Mönche wurden als Wärter eingeteilt. Die Elefanten starben nur zwei Monate nach dem Tod des Bogd Khan 1924.

Westlich des Sukhbaatar-Platzes

Auch am Zaisan-Denkmal ist ein Ovoo mit blauen Tuchstreifen aufgetürmt – dreimaliges Umrunden soll Glück für den Reiseweg bringen

Westlich des Sukhbaatar-Platzes

Citypläne: S. 176, 180

Gandan-Kloster 25

Das kulturelle Highlight Ulaanbaatars liegt am westlichen Stadtrand: das **Gandan-Kloster** (Гандан-Хийд). Sein tibetischer Name bedeutet ›das Freudvolle‹. 1838 wurde es als religiöses Zentrum auf dem Dalkha-Hügel gegründet und wuchs mit seiner Schule für buddhistische Lehre und den Zentren für Astrologie und Medizin zur bedeutendsten Stätte des lamaistischen Buddhismus in der Mongolei. Die Initiative zum Bau des ersten Tempels geht auf den V. Bogd Khan, Chultem Jigmed Dambiijantsan, im Jahr 1809 zurück.

Der Komplex besteht aus vier Gebäuden, den Tempeln Gandan, Dendenpovaran, Vajra

Ulaanbaatar

und Zuu. Während der erste Tempel, **Gandan,** 1838 noch ausschließlich aus Holz und Lehm errichtet wurde, wählte man 1840/41 für den **Vajra-Tempel** bereits die Ziegelbauweise. Der **Hauptaltar** des Tempels mit der Statue der Tara soll 1683 von Zanabazar geschaffen worden sein. Manchmal sind Laien oder Ausländer hier unerwünscht, meistens aber darf man gemeinsam mit den Gläubigen im Uhrzeigersinn die Tempelhalle an der Wand entlang im Inneren umschreiten. Kleine Geldgaben an der einen oder anderen Buddha-Statue sind angebracht und dienen dem Unterhalt des Klosters.

Der zweistöckige **Dendenpovaran** birgt die wertvolle Bibliothek des Gandan-Klosters mit etwa 50 000 Bänden und Handschriften. Es handelt sich zumeist um Werke in tibetischer Sprache – Stapel länglicher, ungebundener Blätter, die beim Lesen nach oben weggeklappt und als kleine Blöcke in Seidentücher verpackt gelagert werden.

Außerhalb der Gebäude stehen **Gebetsmühlen.** Die kleinsten der zylindrischen Trommeln sind nur 10 cm groß, die größten messen bis zu 2 m. In jeder von ihnen befinden sich auf Papier gedruckte Gebete, jede Drehung der Mühle entspricht dem einmaligen Aussprechen des Gebets, schwunghaftes Drehen vervielfacht also die Wirkung. Dieser Bereich des Klosters steht jederzeit auch Laien und Touristen offen.

Bedeutend ist die **Klosterschule** von Gandan, die als einzige Ausbildungsstätte des Lamaismus in der Mongolei auch während der kommunistischen Herrschaft zugelassen war, um der Weltöffentlichkeit vordergründig Religionsfreiheit zu demonstrieren. Allerdings sollen auf einen Lama zwei Geheimdienstagenten gekommen sein (Undur Gegeen Zanabazaryn Gudamj, 9–20, Gottesdienst Mi–Mo bis 12 Uhr, 2500 MNT, Foto 5000 MNT).

Maidari-Tempel 26

Direkt neben dem Gandan-Kloster steht mit 42 m die höchste Tempel der Stadt, der **Maidari-Tempel.** Er ist Maitreya *(maidari),* dem zukünftigen Buddha und großem, kommenden Weltlehrer geweiht, der – je nach Quelle – in

einigen Tausend oder Zehntausend Jahren nach dem historischen Buddha erwartet wird.

1912 nach Ausrufung der Republik im sino-tibetischen Stil erbaut, soll er an die Befreiung von der chinesisch-mandschurischen Oberherrschaft erinnern. Das Hauptgebäude weist alle Charakteristika der tibetischen Architektur auf: Es ist massiv, fast quadratisch mit Mauern aus Ziegeln gebaut, weiß gekalkt und hat Fenster, die so schmal wie Schießscharten sind. Darüber türmt sich eine zweigeschossige, chinesische Dachkonstruktion. Hier stand die 25 m hohe, größte buddhistische Skulptur der Mongolei, eine Darstellung des Bodhisattva Janraisig (Sanskrit: Avalokiteshvara). Er ist der Schirmherr des lamaistischen Buddhismus und Schutzherr Tibets

Westlich des Sukhbaatar-Platzes

Die Klosterschule von Gandan ist eine angesehene Ausbildungsstätte für Lamas

und verkörpert sich im Dalai Lama. Die Skulptur wurde von der Roten Armee in die Sowjetunion gebracht, wo sie spurlos verschwunden ist.

Beistand und Befreiung, Unterstützung für alle Lebewesen, die leiden, soll schon das Leben des historischen Prinzen Bodhisattva Avalokiteshvara bestimmt haben. Verfolgt vom endlosen Leid der Geschöpfe und der Unerfüllbarkeit seiner Aufgabe soll es ihn der Legende nach im wahrsten Sinne des Wortes zerrissen haben, worauf der Buddha Amitabha ihn wieder zusammensetzte, aber ihm zur Erfüllung seiner vielfältigen Aufgaben mit vielen Köpfen und bis zu 1000 Armen versah.

Die buddhistische Gemeinde ließ nach 1990 mit umgerechnet 5 Mio. US-$ Spenden eine neue vergoldete Janraisig-Statue errichten. Für den Dalai Lama, das eigentliche Oberhaupt des Klosters, wurde ein Thronsessel neu erbaut. Am 26. November 1994, dem Tag, an dem der Ausrufung der Volksrepublik gedacht wird – heute als Verfassungstag oder Tag der Republik bezeichnet –, wurde der Tempel wieder eröffnet. Im Sommer 1995 wohnte der Dalai Lama, der bei einem früheren Besuch bereits Reliquien überbracht hatte, der Tempelweihe bei.

Ein weiteres kleines Kloster hat inzwischen direkt neben dem Maidari-Tempel eröffnet. Es gehört zum Gandan-Klosterbezirk. In dem zum Gandan-Kloster gehörenden Shop kann man lamaistisch-buddhistische Devotionalien erwerben. Gebetsfahnen, Gebetsmühlen

Ulaanbaatar

Selbst in Ulaanbaatar wohnen viele Mongolen noch in einer Jurte, die den Holzhäusern und Billigwohnungen klimatisch erheblich überlegen ist

und weitere religiöse Gegenstände gibt es in Geschäften in der Nachbarschaft.

Zanabazar-Museum der Schönen Künste 28

Fährt man vom Gandan-Kloster nach Osten, so zweigt die Juulchin-Straße von der Ikh-Toiruu-Straße zum Sukhbaatar-Platz ab. An ihr liegt auf der Ostseite des rechteckigen Barilgachidyn-Platzes das **Zanabazar-Museum der Schönen Künste** (Занабазарын нэрэ-мжит дүрслэх урлагийн музей), das – neben dem Museum für Naturgeschichte – eines der besuchenswertesten Museen von Ulaanbaatar ist. Neben einer umfangreichen Gemäldegalerie findet sich in seiner oberen Etage eine Sammlung traditioneller mongolischer Kunst (Silberarbeiten, Thangkas etc.) mit ausgesuchten Exponaten.

Zanabazar (1635–1723) war als erster Bogd Gegeen gleichzeitig oberster geistlicher und weltlicher Herrscher der Mongolei (s. S. 65 und 99). Ihm wird die Wiedergeburt der Mongolei nach Jahrhunderten der Wirren, die dem Untergang des mongolischen Weltreichs gefolgt waren, zugeschrieben. Seine Fähigkeiten sollen sich auf nahezu jedes Lebensgebiet, von Malerei, über Theologie und Astronomie bis Medizin, erstreckt haben, während er gleichzeitig ein tatkräftiger Herrscher war. Realistischer dürfte sein, dass er entsprechende Schulen inspirierte, deren Werke dem genialen Herrscher zugeschrieben wurden (Barilgachidyn-Platz, Tel. 011 32 68 37,

Westlich des Sukhbaatar-Platzes

Tipp: Die Gerviertel – eine Stadt wächst in die Berge

Rings um die heiligen Stätten des Gandan-Klosters erstrecken sich die letzten Teile des alten Urga. Ein Ausflug der ganz besonderen Art führt in die **Gerviertel** [27], die sich nördlich der Hauptstadt an den Hängen des Tuul-Tals bis auf die höheren Niveaus und Bergvorsprünge hinaufziehen. Die kleinen Grundstücke und einfachen Holzhäuser werden von Palisadenwällen, *hashaas*, eingezäunt. Rinder suchen frei nach einigen Grasbüscheln, Hunde streunen umher. Frauen im traditionellen *deel* schleppen Kannen mit Wasser nach Hause, struppige Pferde tragen ihre Reiter, immer leicht schief im Sattel hängend, den Hang hinauf. Aus den Rauchabzügen steigt allenthalben dunkler Qualm auf, und Kinder spielen auf den schlammigen Pfaden zwischen den Jurten. Im Hintergrund ragen die Plattenbausiedlungen in ihrer monotonen Einsamkeit in den Himmel.

Allerdings wohnen hier nicht nur die armen Bevölkerungsschichten, sondern auch der Mittelstand. Verwundert sieht man hin, wenn plötzlich gut gekleidete Menschen aus diesem Viertel spazieren kommen, weil man als unbedarfter Beobachter eher an die Armenviertel anderer großer Städte erinnert wird.

Die Landkarte verrät, dass Ulaanbaatar auf einem sehr großen Schwemmfächer des Selbe-Baches entstanden ist, der in den nördlichen Ausläufern des Khentii-Gebirges entspringt. In den Gerviertel wird die Trinkwasserversorgung von zentralen Brunnen bzw. Wasserverteilungsstellen geregelt. Sanitäre Einrichtungen und Heizung sind der individuellen Gestaltung überlassen. So geht ein erheblicher Teil der winterlichen Luftbelastung auf das Konto Tausender Einzelbrandstellen.

Wenn man die verwinkelten Straßen hinaufkurvt, ergeben sich von einigen Bergkuppen, die noch nicht mit *hashaas* besetzt sind, interessante Ausblicke von Norden aus auf die Stadt. Für diesen Ausflug sollte man allerdings stets in mongolischer Begleitung sein. Lassen Sie beim Fotografieren Diskretion und Abstand walten, denn das Fotografieren könnte schnell als aufdringlich verstanden werden.

Mai–Sept. tgl. 9–18, Okt.–April Mo–Fr 10–16 Uhr, 2500 MNT).

Blockhaus [29]

An der nördlicheren Parallelstraße (Sambuu-Straße) stößt man an einen rechteckigen Platz auf das andere der beiden verbliebenen **Blockhäuser** des alten Urga: Es steht hinter dem ehemaligen Lenin-Museum nahe dem Tenggis-Kino, wurde 1905 als Handelsposten errichtet und diente später als Parteizentrale.

Museum für Naturgeschichte [30]

Wer kann schon behaupten, einmal ein echtes Dinosaurierei gesehen zu haben? Die Saurierexponate im **Museum für Naturgeschichte** (Байгалийн түүхийн музей) sind jedenfalls touristisch und wissenschaftlich gesehen ein echter Hit! Aber auch über Wildtier- und Pflanzenarten in der Mongolei informiert dieses sehenswerte Museum, es sollte auf jedem Besuchsplan stehen.

Die wissenschaftlich herausragenden Exponate sind die seltenen Saurierfunde aus der Gobi, die teilweise in der wissenschaftlichen Öffentlichkeit allerhöchste Beachtung gefunden haben. Prunkstück des Museums ist der berühmte Fund der zwei kämpfenden Dinosaurier (s. auch Thema S. 284). Der Protoceratops steht über dem Velociraptor mit einer Klaue seines Opfers im Maul. Gigantisch mutet das Skelett eines Entenschnabeldinosauriers an, eines Pflanzenfressers, der gleichfalls in der Wüste Gobi ausgegraben wurde.

Ansonsten informiert das Museum über Flora und Fauna sowie in seinen Abteilungen Natur, Geschichte und Ethnografie über die Natur- und Landesgeschichte der Mongolei.

Ulaanbaatar

Die Schaukästen, in denen die Wildtiere ausgestopft sind und in möglichst typischem Habitat dargestellt werden, sind durchaus interessant und liebevoll gestaltet (Sukhbaatar/Ecke Sambuu-Str., Tel. 011 70 11 01 83, Mai–Sept. tgl. 10–17.30, Okt.–April Mi–So 10–16.30 Uhr, 2500 MNT, Foto 5000 MNT, Video 10 000 MNT; in zwei Hallen mit Sauriern ist Fotografieren generell verboten).

Das **paläontologische Institut** der **Akademie der Wissenschaften** (Монгол Улсын Шинжлэх ухааны Академи) im Nachbarhaus ist ebenfalls weit über die Grenzen der Mongolei hinaus bekannt, und es bestehen Kooperationen mit vielen Ländern.

Einkaufsmeile und Zirkus

Folgt man der Enkh Taivan Avenue vom Sukhbaatar-Platz nach Westen, reihen sich zahlreiche **Geschäfte** aneinander und auch das derzeit größte Kaufhaus der Stadt, **Ikh Delguur** 1 (Улсын Их Дзгүр), befindet sich hier. Plattenbauten aus der Zeit der russischen Bauphase mischen sich mit konventionell gemauerten Wohnhäusern, die in die chinesische Periode der Bebauung Ulaanbaatars fallen.

Genau südlich des Ikh Delguur liegt in Sichtweite verbunden mit einer doppelzügigen Straße der **Zirkus** 11 (Улсын Цирк), ein runder großer Kuppelbau mit blauem Dach. Ein Besuch der Aufführung des Mongolischen Staatszirkus oder auch einer Gastveranstaltung ist sicher eine außergewöhnliche Abwechslung im Besuchsprogramm (s. S. 200).

Nördlich des Sukhbaatar-Platzes

Citypläne: S. 176, 180

Wenig Beachtung auf dem touristischen Besichtigungsprogramm findet das **Dashchoilin-Kloster** 31 (талбайгаас хойд згт), ein noch aktives Kloster im Ost-Khuree-Bezirk nördlich des Baga Toiruu. Dieses sehr große, 1890 erbaute Kloster wurde Ende der 1930er-Jahre zerstört. Am Beginn der 1990er-Jahre benutzte man dann die ehemaligen Gebäude des Staatszirkus für die Neugründung (Akademich Sodnomyn Gudamj, Tel. 011 35 00 47, tgl. 8–19 Uhr, Eintritt frei).

Infos

Touristeninfocenter/Hauptpost (Төв шуудaнд байрлах Жуулчдад мэдээлэл өгөх төв): Enkh Taivan Ave. nahe Sukhbaatar-Platz, Tel. 011 31 14 09, Fax 011 31 14 21, info@touristinfo.mn, Mo–Fr 9–21, Sa/So 9–20, Fei 9–16 Uhr. Landkarten und Broschüren über die Mongolei. Beratung auch in Fremdsprachen.

Grenzbehörde (Хил хамгаалах ерөнхий газар): B.-Dorj-Str., im Gebäude des Verteidigungsministeriums. Bei Reisen ins russische oder chinesische Grenzgebiet muss hier eine Genehmigung eingeholt werden.

Polizeistation Sukhbaatar-Bezirk (Сухбаатар дүүргийн цагдаагийн газар): Negdsen-Undestniy-Straße, nahe der Deutschen Botschaft (s. S. 118).

Stadtpolizeibehörde (Нийслэлийн цагдаагийн ерөнхий газар): Sambuu-Str., nahe dem Museum für Naturkunde (s. S. 193).

Ausländerbehörde (Гадаадын иргэн харъяатын алба): direkt am Flughafen. Wichtig für Verlängerung von Visa. Achtung: Wer mit einem 30-Tage-Touristvisum einreist, jedoch weiß, dass er länger als 30 Tage bleiben will/muss, muss sich innerhalb der ersten fünf Tage seines Aufenthalts bei der Ausländerbehörde anmelden und eine Verlängerung in der gewünschten Dauer beantragen!

Adressen zu **Krankenhäusern**, **Ärzten** und **Zahnärzten** finden Sie unter Wissenswertes für die Reise, S. 160.

Übernachten

Alle Hotels bieten Übernachtungsmöglichkeiten, die mehr oder weniger sauber sind, haben WLAN-Anschluss und TV.

Designhotel ▶ Corporate Hotel 1 (Корпорейт зочид буудал): Sukhbaatar-Bezirk, Chingghisiyn Ave. 9–2 (Сухбаатар дүүрэг, Чингисийн өргөн чөлөө), Tel. 011 33 44 11, www.corporatehotel.mn. Ein sehr gut geführtes, gehobenes Businesshotel, das in

Nördlich des Sukhbaatar-Platzes

den letzten Jahren errichtet wurde. DZ ab 500 000 MNT.

Eine gute Wahl ▶ Kempinski-Khan Palace 2 (Кемпински - Хаан палас): Bayanzurkh-Bezirk, Ikh toiruu Zuun durvun zam (Баянзүрх дүүрэг, Их тойруу, Зүүн дөрвөн зам), Tel. 011 46 34 63, www.khanpalace.com. Gehört zu den Tophotels in Ulaanbaatar und wird von Geschäftsleuten und Staatsgästen besucht. Es liegt am äußeren östlichen Stadtring. Taxibenutzung in die Innenstadt ist erforderlich. DZ ab 300 000, Luxuszimmer ab 450 000 MNT.

Sozialistischer Traditionspalast ▶ Ulanbator Hotel 3 (Улаанбаатар зочид буудал): Sukhbaatar-Bezirk, Sukhbaataryn Talbai-14 (Сүхбаатар дүүрэг, Сүхбаатарын талбай 14), Tel. 011 32 06 20, http://welcome.to/ubhotel. Altes, traditionelles Staatsgästehotel in neuem Look. Vor 1990 bekannt als größtes und bestes Hotel der Stadt bietet es heute nach einer grundlegenden Renovierung viel Komfort in zentraler Lage. DZ ab 260 000 MNT.

Das erste Hotel nach der Wende ▶ Chingghis Khaan Hotel 4 (Чингис Хаан Зочид буудал): Tokyo-Str. 10, Ulaanbaatar 49, Bayanzurkh-Bezirk (Баянз Рх дрэг), Tel. 011 31 33 80, Fax 011 31 27 88, reservation@chinggis-hotel.com. Immer noch eines der besseren Businesshotels der gehobenen Mittelklasse am östlichen Innenstadtrand. DZ ab 250 000 MNT.

Zentral ▶ Puma Imperial Hotel 5 (Пума Империал зочид буудал): Sukhbaatar-Bezirk, 8. Khoroo, Universitäts- Str. (Сүхбаатар дүүрэг, 8-р хороо, Их сургуулийн гудамж), Tel. 011 31 30 43, www.pumaimperial.mn. Mitten in der Innenstadt in ruhiger Lage nahe dem Parlament am Sukhbaatar-Platz gelegen. DZ ab 200 000 MNT.

Vor den Toren der Stadt ▶ White House Hotel 6 (зочид буудал): Bayangol-Bezirk, 18. Khoroo, 4. Viertel, Amarsanaa-Str. (Баянгол дүүрэг, 18-р хороо, 4-р хороолол, Амарсанаагийн гудамж), Tel. 011 36 99 67, www.whitehousehotel.mn. Dieses Hotel der gehobenen Mittelklasse liegt relativ weit im Westen der Stadt. Eine Taxibenutzung für einen Innenstadtbesuch (ca. 3000 MNT zum Sukhbaatar-Platz) ist unumgänglich. DZ ab 200 000 MNT.

Modern und weltoffen ▶ Palace Hotel 7 (Палас зочид буудал): Khan-Uul-Bezirk, Chingghisiyn Ave., Haus 25A (Хан-Уул дүүрэг, Чингисийн өргөн чөлөө, 25А байр), Tel. 011 34 35 65, www.palace.mn. Dieses Hotel der gehobenen Mittelklasse liegt südlich der Stadt auf der Südseite der Enkh-Taivan-Brücke. DZ ab 160 000 MNT.

Solide mit modernem Design ▶ Tuushin Hotel 8 (Туушин зочид буудал): Sukhbaatar-Bezirk, 9. Khoroo, Amaryn-Str., hinter dem Kulturzentrum (Сүхбаатар дүүрэг, 9-р хороо, Амар сайдын гудамж, Соёлын төв өргөөний ард), Tel. 011 32 31 62, www.tuushinhotel.mn. DZ ab 160 000 MNT.

Bei Touristen beliebt ▶ Bayangol Hotel 9 (Баянгол зочид буудал): Sukhbaatar-Bezirk, 2. Khoroo, Chingghisiyn Ave., (Сүхбаатар дүүрэг, 2-р хороо, Чингисийн өргөн чөлөө), Tel. 011 31 22 55, www.bayangolhotel.mn. Hier übernachten die meisten Touristen. Es liegt am südlichen Innenstadtrand und man kann Ulaanbaatar von hier aus wunderbar zu Fuß erkunden. DZ ab 150 000, Luxuszimmer ab 320 000 MNT.

Nostalgischer Charme ▶ Continental Hotel 10 (Континентал зочид буудал): Sukhbaatar-Bezirk, 1. Khoroo, Olympic-Str. (Сүхбаатар дүүрэг, 1-р хороо, Олимпийн гудамж), Tel. 011 32 38 29, www.continentalhotel.ulaanbaatar.com. Ein Hotel der gehobenen Mittelklasse in ruhiger Lage am südlichen Innenstadtrand. DZ ab 150 000 MNT.

Ruhige Alternative ▶ Mika Hotel 11 (Мика зочид буудал): Sukhbaatar-Bezirk, 1. Khoroo, Olympic-Str. (Сүхбаатар дүүрэг, 1-р хороо, Олимпийн гудамж), Tel. 011 31 09 03, www.mika.mn. Dieses Mittelklassehotel liegt am südlichen Rand der Innenstadt in ruhiger Lage. DZ 150 000 MNT.

Solide ▶ Narantuul Hotel 12 (Нарантуул зочид буудал): Chingeltei-Bezirk, 2. Khoroo, Baruun durvun zam (Чингэлтэй дүүрэг, 2-р хороо, Баруун дөрвөн зам), Tel. 011 33 05 65, www.narantuulhotel.com. Hotel der gehobenen Mittelklasse an der west-

Ulaanbaatar

lichen großen Kreuzung des Stadtrings. DZ ab 150 000 MNT.

Einfach und sauber ▶ Michelle Hotel 13 (Мишелле зочид буудал): Sukhbaatar-Bezirk, Zaluuchuud-Str. 13–2 (Сүхбаатар дүүрэг, Залуучуудын гудамж, 13-2), Tel. 011 32 55 25. Kleines, zentral gelegenes Hotel mit ruhigen Zimmern zur Hofseite. DZ ab 60 000 MNT.

Funktional ▶ Zaluuchuud Hotel 14 (Залуучууд зочид буудал): Sukhbaatar-Bezirk, 6. Khoroo, Baga Toiruu 43 (Сүхбаатар дүүрэг, 6–р хороо, Бага тойруу 43), Tel. 011 32 55 44, 011 32 45 94, www.zh.mn. Ein Hotel der Mittelklasse mit ruhigen Zimmern zur Hofseite am inneren Innenstadtring. DZ ab 60 000 MNT.

Chinesischer Charme und mongolische Schlichtheit ▶ Mandukhai Hotel 15 (Мандухай зочид буудал): Chingeltei-Bezirk, 3. Khoroo, Enkh Taivan Ave. (Чингэлтэй дүүрэг, 3–р хороо, Энх тайваны өргөн чөлөө), Tel. 011 32 22 04, Fax 011 32 15 78. Ruhig und zentral. DZ ab 50 000 MNT.

Geheimtipp ▶ Marco Polo Hotel 16 (Марко Поло зочид буудал): Sukhbaatar-Bezirk, 7. Khoroo, Irkutsk-Str., 11. Viertel (Сүхбаатар дүүрэг, 7–р хороо, Эрхүү-гийн гудамж, 11–р хороолол), Tel. 011 31 08 03, 011 31 07 83. Preiswertes und sauberes Hotel in ruhiger Lage an der nordöstlichen Peripherie der Innenstadt. DZ ab 50 000 MNT.

Deutsch-österreichisches Joint Venture ▶ Oasis Guesthouse 17 (Оазис дэн буудал): Bayanzurkh-Bezirk, Enkh Taivan Ave. (Баянзүрх дүүрэг, Энх тайваны өргөн чөлөө), Tel. 011 46 36 93, 99 14 66 01, www.intergam-oasis.com. Ab 39 000 MNT.

Praktisch ▶ Nature Guesthouse 18 (Натур дэн буудал): Chingeltei-Bezirk, hinter dem ehemaligen Ard-Kino (Чингэлтэй дүүрэг, хуучаар Ард–кино театрын ард), Tel. 011 32 40 90, 99 11 00 67, erdenee6170@yahoo.com. Übernachtung im Hotel im 1. Stock 34 000–55 000 MNT, im Gästehaus 8500–14 000 MNT.

Backpacker-Treffpunkt ▶ Idre Guesthouse 19 (Идрээ дэн буудал): Sukhbaatar-Bezirk, 23. Haus, Teeveriyn tovchoo (Сүхбаатар дүүрэг, Тээврийн товчооны дэргэд, 23–р байр), Tel. 011 32 52 41, 99 11 25 75, www.idretour.com. Ab 33 000 MNT.

Mehrbettzimmer ▶ UB Guesthouse 20 (УБ дэн буудал): Chingeltei-Bezirk, Tserendorj-Str., 40 myangat (Чингэлтэй дүүрэг, Цэрэндоржийн гудамж, 40 мянгат), Tel. 011 31 10 37, www.ubguest.com. Ab 25 000 MNT.

Für die Jugend ▶ Chingghis Guesthouse 21 (Чингис дэн буудал): Sukhbaatar-Bezirk, 1. Khoroo, 33. Haus, Türnr. 67 (Сүхбаатар дүүрэг, 1–р хороо, 33–р байр, 67 тоот), Tel. 011 32 59 41, 99 27 18 43, www.Chinggisguest.com. 1-Bett-Zimmer ab 21 000 MNT, DZ ab 14 000 MNT.

Rucksackreisende willkommen ▶ Guesthouse Khongor 22 (Хонгор дэн буудал): Chingeltei-Bezirk, 50 Myangat, 15. Haus (Чинг–элтэй дүүрэг, 50 мянгат, 15–р байр), Tel. 011 31 64 15, 99 25 25 99, http://get.to/ khongor. Ab 20 000 MNT.

Ger Camp ▶ Bogd Khan Camp 23 (Богд Хан жуулчны бааз): 4 km entfernt von Zaisan-Denkmal (Зайсан толг–ойгоос 4км.н зайд), Tel. 011 30 03 01, 99 91 91 29. Stadtnähe und doch ruhig. Ab 45 000 MNT.

Essen & Trinken

Anspruchsvoll dinieren ▶ Ivy Restaurant 2: Seoul-Str., westlich vom Zirkus, tgl. 11–24 Uhr. Exzellente, internationale Küche auf hohem Preisniveau, derzeit eines der gepflegtesten Restaurants der Hauptstadt. Pizza für 12 000, Filetsteak für 25 000 MNT.

Man geht mit einem guten Gefühl ▶ Aer Club 3: Ikh-Surguul-Str. 3b, tgl. 11–22 Uhr. Internationale und deutsche Küche, z. B. Bayerische Schweinshaxe für 23 000 MNT.

Spezialitäten aus Frankreich ▶ Le Bistro Français 4: Ikh-Surguul-Str., tgl. 11–24 Uhr. Französische und internationale Küche. Sehr gute Qualität für viel Geld. Empfehlung: Chateaubriand für 21 000 MNT.

Schöne Aussichten ▶ Le Soleil 5: Enkh Taivan Ave., tgl. 11–24 Uhr. Gute internationale Küche mit unvergesslicher Aussicht auf die Stadt, besonders bei Sonnenuntergang. Filetsteak 12 000 MNT.

Adressen

Essen wie Chingghis Khaan ▶ Modern Nomads I 6 **und II** 7: Baga Toiruu sowie Amar-Str., tgl. 11–24 Uhr. Touristenrestaurant, das mongolische und internationale Küche auftischt. Pferdefleisch(-filet) 12 000 MNT.

Modernes Szenerestaurant ▶ Bull 8: Seoul-Str., tgl. 11–24 Uhr. Die Gäste bereiten sich in einem Fonduetopf das Essen selbst am Tisch zu; gehobenes Preisniveau. Pferdefleischvarianten ab 10 000 MNT.

Geheimtipp ▶ Romance 9: Ikh-Surguul-Str. nördlich des Parlaments, tgl. 11–23 Uhr. Internationale und mongolische Küche, gepflegtes Restaurant mit offener Sommerterrasse. Romance-Menü zum Sattwerden für 10 000 MNT.

Ein bisschen dolce vita ▶ Silk Road and Veranda 10: direkt westlich vom Choijin-Lama-Kloster, tgl. 11–24 Uhr. Restaurant im 2. Stock mit guter Aussicht auf das Choijin-Lama-Kloster. Empfehlung: Pfeffersteak für 13 000 MNT.

Deutsche Gemütlichkeit ▶ Brauhaus 11: Seoul-Str., tgl. 11–24 Uhr. Brauereigaststätte des Khan-Bräu mit internationaler Küche und Biergarten. Gehobenes Preisniveau. Fränkische Bratwurst mit Kraut 10 000 MNT.

Amerika lässt grüßen ▶ California 12: Seoul-Str., tgl. 9–24 Uhr. Gute internationale und vor allen Dingen amerikanische Küche, höheres Preisniveau, Biergarten. Riesen-Hamburger mit Pommes 10 000 MNT.

Deutsche Küche ▶ Ikh Tenger Restaurant 13: gegenüber der Nordwestecke des Parlamentsgebäudes oder Rückseite des Nationalmuseums, tgl. 11–23 Uhr. Mongolisch-deutsche Küche mit gutem Preis-Leistungs-Verhältnis. Schnitzel für 7000 MNT.

Gute Mischung ▶ Los Bandidos 14: Baga-Toiruu-Str., tgl. 11–24 Uhr. Gute mexikanische und indische Küche, kleiner Biergarten. *Fatijas* für 7000 MNT.

Bestes aus Indien ▶ Hazara Restaurant 15: Bayanzurkh-Bezirk, Avenue hinter dem Ringerpalast, tgl. 11–23 Uhr. Sehr gute, authentische indische Küche. Hohes Preisniveau, mittlere Preislage bei 6000 MNT.

›Mafiatorte‹ und Pasta ▶ Marco Polo 16: Seoul-Str., tgl. 11–24 Uhr. Italienische Küche mit Biergarten und Grillstation im Sommer. Einfache Pizza für 6000 MNT.

Die andere Küche ▶ Thai Restaurant 17: Enkh Taivan Ave., südlich an der großen Kreuzung der Hauptpost, tgl. 11–23 Uhr. Sehr gute Thai-Küche. Suppen ab 6000 MNT.

Etwas Karibik, etwas Amerika ▶ Millies Café 18: direkt westlich vom Choijin-Lama-Kloster, Mo–Fr 10–21 Uhr, So Ruhetag. Mittagstisch, zu loben sind die Hamburger und der Lemon Pie für 3000 MNT.

All you can eat ▶ Mongolian Barbecue 19 (bd's Монгол Barbecue): Seoul-Str. westlich vom Zirkus, tgl. 11–24 Uhr. Touristenrestaurant, das internationale Küche unter dem Motto »so viel essen, wie man kann« anbietet. Am Büffet kann man sich nach eigenem Gusto zusammenstellen, was dann von den Köchen in der großen Bratpfanne zerkleinert und gebraten wird.

Mongolische Hausmannskost ▶ Mongol Khushuur 20 (Монгол хуушуур): Irkutsk-Str./Sambuu-Str., tgl. 11–23 Uhr. Saubere und schmackhafte Buuz- bzw. Khuushuur-Küche. Khuushuur 500 MNT.

Touristen-Treffpunkt ▶ Café Amsterdam 21: Enkh Taivan Ave., nahe dem Department Store, tgl. 9–23 Uhr. Hier gibt's z. B. Apfelkuchen für 2500 MNT.

Mach mal Pause ▶ Nayra Café 22: Juulchin-Str., nahe dem Zanabazar-Museum. Gemütliches Café im 2. Stock. Kaffee und Kuchen für 5000 MNT.

Tipp: Monet Restaurant 1

Haben Sie schon einmal bei einem herrlichen Sonnenuntergang in 50 m Höhe ein schönes Menü bei einem guten Glas Rotwein genossen? Im 17. Stock des **Center Point Tower,** der sich unmittelbar neben dem Opernhaus in den Hauptstadthimmel streckt, gebettet in den Luxus von Luis Vuitton, Armani & Co., kann man sich tgl. 11–24 Uhr verwöhnen lassen. Geboten werden neben exquisiter internationaler Küche auch gute Weine; das Menü bekommt man für 50 000 MNT.

Ulaanbaatar

Everybody's darling ▶ Sachers Café 23: Baga Toiruu, nahe dem Zanabazar-Museum, tgl. 8–20 Uhr. Gemütliches Café zum Frühstücken und für die Rast am Nachmittag, mit kleinem Garten. Der einzige Ort in Ulaanbaatar, an dem man schon morgens um 8 Uhr frische Brötchen und Baguette bekommt! Kaffee ab 2500 MNT.

Einkaufen

Kaufhäuser ▶ Ikh Delguur – Department Store 1 (Улсын Их Дэлгүүр): Enkh Taivan Ave., Mo–Sa 10–20 Uhr. Elektronik, Kleidung, Lebensmittel und vieles mehr. Es gibt auch ein breit gefächertes Angebot an Souvenirs. Staatskaufhaus im westlichen Stil. **Metro Mall 2:** Sukhbaatar-Str./Ecke Baga Toiruu, Mo–Sa 10–20 Uhr. Gute Markenartikel bei Oberbekleidung und Schuhen; Optiker. Die Qualität treibt aber auch die Preise in die Höhe. **UB Mart 3:** Sukhbaatar- Bezirk, 2. Khoroo, direkt östlich der Exhibition Hall, gegenüber vom Bayangol-Hotel, Mo–Sa 10–20 Uhr. Kaufhaus mit Kleidung und Lebensmitteln der mittleren Preisklasse. **Sky Shopping Center 4:** auf der Westseite des Gebäudes des Chingghis-Khaan-Hotels, Mo–Sa 10–20 Uhr. Lebensmittel, Haushaltswaren, Kleidung und Elektronik der mittleren Preiskategorie.

Lebensmittel ▶ Mercury/Dalai Eej-Passage 5 (Меркури, Далай ээж хүнсний зах, Пассаж худалдааны төв): westlich vom Zirkus, Mo–Sa 10–18/19 Uhr. Lebensmittel, Fleisch, Obst, Gemüse und was man sonst noch für die Reise braucht. Eine Verkaufsstelle mit deutschen Wurst- und Fleischwaren befindet sich in der südlichen Nebenhalle (Passage). **Extra Markt 6:** nahe Mercury, unter dem Brauhaus, Mo–Sa 10–20 Uhr. Lebensmittelmarkt mit überwiegend deutschen Produkten und guter Bäckerei.

Kleidung und Schuhe ▶ Exhibition Hall 7: Sukhbaatar-Bezirk, 2. Khoroo, Chingghis Ave., gegenüber vom Bayangol-Hotel, Mo–Sa 10–20 Uhr. Qualität der unteren bis mittleren Preiskategorie.

Shoppingmeile ▶ 3. Bezirk 8 (3 дугаар хороолол): westlich vom Gandan-Kloster, Hier shoppt die Stadt! Viele Kaufhäuser.

Bücher und Karten ▶ Internom beim ADMON-Verlag 9 (Админ хэвлэлийн газрын дэргэдэх Интерном номын дэлгүүр): Baga Toiruu, Mo–Sa 10–20 Uhr. Reiseliteratur, Landkarten, wissenschaftliche Literatur. **Map Shop 10** (Газрын зургийн дэлгүүр): westlicher Abschnitt der Ikh Toiruu, Mo–Sa 10–20 Uhr. Die Welt der Landkarten in allen verfügbaren Maßstäben.

Kaschmirprodukte ▶ Cashmere House 11: Enkh Taivan Ave., östlich des Department Store (Энх тайвны өргөн чөлөө, Улсын Их Дэлгүүрээс зүүн тийш), Mo–Sa 10–20 Uhr. Große Auswahl verschiedener mongolischer Kashmirproduzenten. **Gobi Kashmir und Goyo Kashmir 12** (Говь, Гөеө ноолуурын компанийн үйлдвэрийн дэргэдэх нэрийн бараанын дэлгүүр – 19 дүгээр хороолол): im südwestlichen Industriegebiet der Stadt, Mo–Sa 10–20 Uhr.

Outdoor-Ausrüstung ▶ Ayanchin Outfitter 13 (Аянчин аяны хэрэгслийн дэлгүүр): westl. Abschnitt der Seoul-Str. sowie in der Chingghis Ave. (Flughafenstr.), beide Mo–Sa 10–20 Uhr. Outdoor-Ausrüstung, GPS, Zelte, Schlafsäcke, Liegematten – alles was das Outdoor-Herz begehrt. **Seven Summits 14:** gegenüber der Hauptpost, Mo–Sa 10–20 Uhr. Outdoor-Ausrüstung, GPS, Zelte, Schlafsäcke, Liegematten.

Baumarkt ▶ Misheel Expo Centre 15 (Мишээл Экспо төв): Chingghis Ave./Flughafenstr. Mo–Sa 10–20 Uhr. Werkzeug und Möbel.

Schwarzmarkt ▶ 16 (Нарантуул зах): Narny Zam/Ecke Ikh Toiruu, Mi–Mo 10–18 Uhr, 50 MNT. Hier findet man alles, was in China und auf dem einheimischen Markt vom Handwerk produziert wird, sowie Kleidung, Taschen, Rucksäcke, Schuhe; untere Preiskategorie. Spannend, aber die Sicherheitshinweise beachten (s. S. 160, 180)!

Abends & Nachts

Wirtshaus-Feeling ▶ Chingghis Club 1: Sukhbaatar-Str., gegenüber dem Kaufhaus Metro Mall, tgl. 10–24 Uhr. Brauereigaststätte von Chingghis-Bier, dem wohl schmackhaftesten Bier der Stadt. Dazu wird internatio-

Adressen

Von Souvenirs bis zu Feinkost – im Ikh-Delguur-Kaufhaus wird man fündig

nale und mongolische Küche serviert. Schnitzel Gunter 12 000 MNT.

Gemütliche Alternative ▶ First Irish Pub »Dublin« 2: Seoul-Str., nahe Zirkus, tgl. 10–24 Uhr. Internationale Küche; gehobenes Preisniveau.

Modern und weltoffen ▶ Grand Khan Irish Pub 3: Seoul-Str., neben dem Dramatiktheater, 9–24 Uhr. Internationale Küche, großer Biergarten. Brathähnchen 10 000 MNT.

Hofbräuhaus à la Mongolia ▶ Ikh Mongol 4: Seoul-Str., direkt am Zirkus, 10–24 Uhr. Internationale Küche und ein großer Biergarten. Drei Sorten Bratwurst mit Kartoffelsalat 10 500 MNT.

Klein, aber fein ▶ Irish House 5: Ikh-Surguul-Str., 11–24 Uhr. Gut geführte, internationale und mongolische Küche. Cordon Bleu 12 000 MNT.

Die Jugend hat das Wort ▶ Face Club 6: Khudaldaany-Str., 20–3 Uhr, 5000 MNT. Disco in der Innenstadt nahe der TD-Bank. Publikum um die 20 Jahre.

Manche mögen's laut ▶ Metropolis 7: Zaluuchuud Ave., im Gebäude des Chingghis-Khaan-Hotels neben dem Sky Shopping Center, 20–3 Uhr, 5000 MNT. Hier läuft v. a. Heavy Metal und Trance – Disco für ein Publikum bis 25.

Ü-30 ▶ River Sounds 8: Jamyan-Str. auf der Rückseite des Außenministeriums, ab 23 Uhr, 5000 MNT. Solide Bar und Disco mit Livemusik für die ›reifere Jugend‹.

Trenddisco ▶ Strings 9: Amarsanaa-Str. im Westen der Stadt neben dem White-House-Hotel, 20–3 Uhr, 5000 MNT. Bekannter und beliebter Disco-Club mit Livemusik einer Philippino-Band.

Ulaanbaatar

Theater ▶ Dramatiktheater 10 (Төмөр замын): Seoul-Str./Ecke Chinggis Ave., Tel. 011 32 46 21, 99 08 11 78. Hier werden überwiegend mongolische Vorstellungen gezeigt, vom Drama bis zur Komödie. Während der Touristensaison gastiert das National Song and Dance Ensemble. Der Vorverkauf findet an der normalen Kasse statt (10–19 Uhr). Allerdings sind die Veranstaltungen nur selten ausverkauft.

Zirkus ▶ 11 (Улсын Цирк): Usny-Str. südlich des Ikh Delguur, Tel. 011 32 07 95. Aufführungen des Mongolischen Nationalzirkus finden nur während der Winterzeit statt.

Oper, Ballett ▶ Opernhaus 12 (Батболдын Гудамж): Ostseite des Sukhbaatar-Platzes, Tel. 011 32 28 54, 99 19 45 70. Das Opernhaus hat offiziell eine recht lange Sommerpause und es werden nur selten während der Touristensaison Aufführungen gezeigt. Die Vorverkaufsstelle befindet sich im Opernhaus selbst. Die Vorstellungen werden in einem Aushang neben dem Eingang angekündigt.

Kinos ▶ Derzeit gibt es drei gut ausgestattete Kinos, das **Urgo-Kino 1** 13 im 3. Wohnbezirk, das **Urgo-Kino 2** 14 gegenüber der Technischen Universität im Zentrum und das **Tenggis-Kino** 15. In den Urgo-Kinos zeigt man gelegentlich Filme in englischer Originalsprache wie z. B. »Avatar« oder »Twilight«. Überwiegend stammen die Filme aber aus mongolischer Produktion und sind natürlich auf Mongolisch. Karten kann man auch im Vorverkauf an den Kinokassen erstehen.

Maskentänze ▶ Tumen Enkh 16: im Gebäude von Tumen Enkh, Westseite des Kinderparks neben dem Seoul-Restaurant. Hier werden in der Sommersaison regelmäßig Maskentanz-Aufführungen für Touristen gegeben. An der Vorverkaufskasse kann man als Individualreisender Tickets erwerben (etwa 10 000 MNT). Bei organisierten Reisen ist der Besuch der Vorstellung meist im Programm enthalten.

Aktiv

Stadtführungen ▶ Diese werden nicht als anmeldefähige Führungen für Individualreisende angeboten. Die meisten Besucher bekommen über den Reiseveranstalter eine Stadtführung organisiert.

Sport ▶ Es gibt kaum Sportmöglichkeiten für Touristen. Eine **Driving Range** 1 für Golfer befindet sich am westlichen Ende der Olympic-Str. Bisweilen gibt es in der **Ringerhalle** 2, östl. Ende der Enkhtaivan Ave., meist im Winter, Veranstaltungen (z. B. zu Tsaagan Sar).

Für Kinder ▶ Die ursprünglich als **Kinderpark** 3 bebaute Fläche zwischen Olympic-Str. und Chinggis Ave. wird umgestaltet.

Adressen

Veranstaltungen ▶ Stadion 4: Hier findet u. a. jedes Jahr im Rahmen des Naadam-Festes (s. u.) das Ringen und Bogenschießen statt. Die Pferderennen werden ca. 25 km westlich von Ulaanbaatar an der Ausfallstraße Richtung Lun und Hustain-Nationalpark ausgetragen.

Termine

Zweifellos ist **Naadam** vom 11.–13. Juli das zentrale Sommerfest. Rund um das Stadion (s. l.) finden abgesehen von Pferderennen die sportlichen Festveranstaltungen statt. Hierbei stellt die Eröffnungsfeier mit der politischen Prominenz den Höhepunkt dar (s. S. 90 und Thema S. 202).

Gelegentlich finden darüber hinaus auf dem **Sukhbaatar-Platz Veranstaltungen** wie Rockkonzerte oder auch Paraden statt. Letztere allerdings nur im Zusammenhang mit dem Besuch von Staatsgästen oder am Tag der Armee (18. März).

Ulaanbaatar: auf dem Talboden das ›moderne‹ Zentrum, an den Hängen im Norden wild wuchernde Gerviertel

Ulaanbaatar

Naadam – Bogenschießen, Ringen und Reiten

Bei der bloßen Erwähnung des Ereignisses zieht ein Leuchten über das Gesicht jedes Mongolen. Naadam muss man miterlebt haben, beschwören einen die Einheimischen. Hier messen sich die Besten im Ringen, im Bogenschießen und beim Pferderennen. Chingghis Khaan scheint wieder lebendig zu werden.

Naadam bedeutet Spiel, Wettspiel, Vergnügung und Fest. Seit Jahrhunderten wird der Wettstreit in den drei liebsten Sportarten der Mongolen bei großen privaten und öffentlichen Anlässen veranstaltet. Er markiert bedeutende Ereignisse und Gedenktage, von Hochzeiten bis zu religiösen Festen. Mit Naadam ist heute aber vor allem das große Spektakel gemeint, das jedes Jahr vom 11. bis 13. Juli in Ulaanbaatar zelebriert wird. Historischer Anlass für dieses Datum ist der kommunistische Sieg am 11. Juli 1921, auch wenn das Fest heute zum Gedenktag zu Ehren des ersten mongolischen Staats unter Chingghis Khaan vor über 800 Jahren deklariert wird. Daneben gibt es viele kleine Naadam in den Dörfern und Provinzzentren.

Am Nachmittag des 11. Juli eröffnet der Staatspräsident in einer feierlichen Zeremonie das Fest im Naadam-Stadion von Ulaanbaatar. Die erste der drei »männlichen Sportarten« ist der Ringkampf, an dem üblicherweise 512 Sportler teilnehmen. Die traditionelle Kleidung der Teilnehmer geht auf die Khalkha-Tracht zurück: wadenhohe Stiefel mit nach oben gekehrten Zehenspitzen, ein kleines Stück Seide als Slip, der die kräftigen Körperformen meist kaum verhüllt, und ein Jäckchen, das Arme und Rücken bedeckt, die Brust aber frei lässt. Der Sage nach wurde die Brustfreiheit des Oberteils eingeführt, nachdem in grauer Vorzeit eine Frau den Sieg im Ringen davongetragen hatte! Das Kostüm dient den Wettkämpfern als Ansatzpunkt für ihre Griffe.

In Gruppen treten zunächst immer bis zu 20 Ringerpaare gleichzeitig in das Wettkampfrund. Mit ausgestreckten Armen und wiegenden Schritten, wobei der Körper auf und ab bewegt wird, umkreisen sie ein Podest mit den Bannern des Chingghis Khaan. Bei dörflichen Naadam steht hier die Nationalflagge. Die Bewegungen sollen den Flug des Adlers darstellen: So unbezwingbar wie der Adler werde auch der Kämpfer sein. Bei jedem Ringerpaar stehen zwei Sekundanten, die gleichzeitig Richter sind. In neun Runden wird nach dem K.-o.-System der Sieger ermittelt. Dabei darf jedes Körperteil angefasst werden. Verloren hat, wer mit Kopf, Knie oder Ellbogen den Boden berührt. Der Besiegte läuft unter dem ausgestreckten Arm des Siegers hindurch, der Stärkere nimmt den Schwächeren unter seine »Fittiche« und vollführt danach am Podest nochmals den Adlertanz.

Wer beim nationalen Naadam fünf Gegner besiegt hat, erlangt den Titel eines »Falken« *(natschin)*, zwei weitere Siege und man darf sich »Elefant« *(zaan)* nennen. Der Sieger des Turniers erhält den Ehrentitel eines »Löwen« *(arslan)*. Und wem es zum wiederholten Male gelingt, beim Naadam den Sieg davonzutragen, wird »Riese« *(avraga)*. Mit weiteren Siegen wird dieser Titel noch durch Adjektive wie »mächtiger« oder »unbesiegbarer« ergänzt. Berühmt wurde Bajanmunch, der zehn Mal den Titel des »Riesen« errang und dessen offizieller Titel »Der das Auge erfreuende, landesweit berühmte, mächtige, unbesiegbare

Thema

Riese« lautet. Ihn übertrumpfte Baterdene, der zwischen 1988 und 1999 elf Mal siegreich war. Sein Ansehen als »Bei allen bekannter, über die Ozeane berühmter, die Menschen glücklich machender, ewiger Titan« führte ihn 2004 als Abgeordneter bis ins Nationalparlament.

Vom Ringerstadion sind es wenige hundert Meter bis zur Arena der Bogenschützen. Wenn auch alle Mongolen von den drei »männlichen Sportarten« sprechen, so ist doch nur der Ringkampf ausschließlich den Männern vorbehalten. Schützen jeden Alters stehen mit angespannten Gesichtern in einer Reihe. Der erste Schuss wird immer von einem Mann abgegeben, der in einem Jahr des Tigers geboren wurde. Männer aus dem Jahr der Ratte sammeln die Pfeile ein, die Treffer registriert jemand, der im Jahr des Affen geboren wurde, und den Lobgesang stimmt ein Unparteiischer aus dem Jahr des Drachen an. Gezielt wird auf kleine Dosen oder mit Filz umwickelte Bälle, die auf dem Boden aufgereiht sind und aus einer Entfernung von etwa 75 m getroffen werden müssen. Alle Teilnehmer haben die Chance, den Siegertitel »Der Treffsichere« *(mergen)* verliehen zu bekommen, sie kämpfen nicht gegeneinander. Zeremonielle und symbolische Handlungen zeigen auch beim Bogenschießen, dass der Leistungswettstreit nicht im Mittelpunkt steht.

Anfang Juli herrscht Volksfeststimmung auf den grünen Hügeln an der westlichen Ausfallstraße in Richtung Lun oder Hustain Park. Das Pferderennen ist der Sport der Kinder. Zwischen fünf und 13 Jahre alt sind die Jockeys, die mit ihren Pferden – oft ohne Sattel – verwachsen zu sein scheinen. Ein Rennen über 35 km ist den Hengsten vorbehalten, die anderen Pferde messen sich je nach Alter über Strecken von über 15 km durch die freie Steppe.

Schon der Auftakt zeigt, dass Teilnehmen alles, Siegen nur ein zusätzliches Bonbon ist. Hunderte von Pferden werden von hupenden Autos in Richtung Startpunkt gedrängt. Viele der kleinen Reiter, die meisten in eine bunte Uniform gekleidet, werden von mitreitenden Eltern begleitet. Fürsorglich ergreift ein älterer Bruder, selbst kaum schulreif, die Zügel und führt die kleine Schwester oder den kleinen Bruder aus dem ärgsten Getümmel. Auf halber Strecke zum Ausgangspunkt umrunden die Reiter mehrfach einen *owoo*, während sie mit hoher Stimme das traditionelle *ging-go* singen.

Plötzlich bricht die Horde los, im wilden Galopp geht es die Strecke zurück, das Rennen ist eröffnet. Die kleinen Reiter schreien auf ihre Pferde ein. Die Stockpeitschen lassen sie wie die Großen in einer Hand kreisen, pfeifend rauschen sie am Kopf der Pferde vorbei. Die Spreu trennt sich schnell vom Weizen, und das Feld zieht sich bald über mehrere Kilometer hin. Immer wieder kommt ein abgeschlagener, aber begeisterter Teilnehmer an den Zuschauern vorbei.

Mit strahlenden Gesichtern erreichen die jungen Jockeys das Ziel, wo jeder Ankömmling begeistert gefeiert wird. Die Siegerehrung verläuft traditionell: Ein erfahrener Pferdezüchter, hoch zu Ross, eine *Airag*-Schale in der Hand, lässt es sich nicht nehmen, ein Loblied anzustimmen. Dann erhält der kleine Reiter einen Schluck der gegorenen Stutenmilch, der Rest wird über die Kruppe des Siegerpferdes gegossen. Stolz werden überall Kinder, inmitten ihrer Familie beim Vater auf dem Sattel sitzend, nach Hause geleitet. In den entfernten, einsamen Jurtensiedlungen wird das Rennen noch Gesprächsstoff für den ganzen langen Winter bieten …

Ulaanbaatar

Profiringer beim Training fürs Naadam-Fest: Die Brustfreiheit des traditionellen Jäckchens soll garantieren, dass nur Männer am Wettkampf teilnehmen

Verkehr

Flüge: Dschinggis Khaan International Airport, ca. 20 km südwestlich von Ulaanbaatar. Am Flughafen befindet sich auch eine Bank. Eine Taxifahrt nach Ulaanbaatar etwa 15 000–20 000 MNT. Flugtickets kann man bei den nachfolgend genannten Büros der einzelnen Airlines bekommen: MIAT (МИАТ компаний билетийн касс), Dschingis Ave., neben dem Hotel Bayan Gol, Tel. 011 32 26 10, www.miat.com, Mo–Fr 9–18, Sa/So 10–15 Uhr; Aeroflot (Аэрофлот компаний билетийн касс), Seoul-Str. 15, westlich vom Zirkus, Tel. 011 32 07 20, www.aeroflot.ru, Mo–Fr 9–18 Uhr; EZNIS (Изнис Эйрвэйс компаний билетийн касс): Seoul-Str., Tel. 011 33 33 11, www.eznis.com, Mo–Fr 9–19, Sa/So 10–18 Uhr; Air China (Эйр Чайна компаний билетийн касс), Ikh Toiruu, Haus 47, Tel. 011 45 25 48, www.fly-airchina.com, Mo–Fr 8.30–12, 14–17, Sa 8.30–16, So 8.30– 12.30 Uhr; Korean Air (Кореан Эйр компаний билетийн касс), Tokyo-Str. 10, Chingghis-Khaan-Hotel, 2. Stock, Tel. 011 31 71 00, www.koreanair.com, Mo–Fr 9–18 Uhr; Aero Mongolia (Аэро Монголиа компаний билетийн касс), Za-

Adressen

luuchuud gudamj, hinter dem Parlamentsgebäude, Tel. 011 33 03 73, www.aeromongolia.mn, Mo–Fr 9–18 Uhr.
Züge: Ulaanbaatar liegt an der Bahnstrecke von Irkutsk nach Peking. 3 x wöchentl. verkehrt der Zug zwischen Ulaanbaatar und Peking. Zwischen Ulaanbaatar und Irkutsk fährt ein Zug bis zu 4 x wöchentl. Bahnfahrkarten und Liegewagenreservierungen sind im Internationalen Ticket Office der Mongolischen Staatsbahnen zu kaufen (Pass nicht vergessen!). Dieses befindet sich nördlich des Bahnhofs an der ersten Kreuzung links. Es bestehen Regionalverbindungen nach Choir, Sainshand, Baganuur, Darkhan und Erdenet.
Mietwagen: Einige Tipps und Hinweise erhalten Sie auf S. 141,143. Nur die international arbeitende Firma Sixt bietet eine Automietmöglichkeit (www.sixt.de/mietwagen/ulaanbaatar/). Ansonsten werden durch die Reiseveranstalter Fahrzeuge russischer, japanischer oder koreanischer Fabrikation für die Reise bereitgestellt. Im Folgenden eine Adressauswahl für Autowerkstätten: Mercedes Benz/MSM Mongolian Star Melchers, Chingghis Ave., nahe der Tuul-Brücke an der Straße zum Flughafen, tgl. 9–18 Uhr; Nissan (Monnis), Narny Zam, nahe der Enkh-Taivan-Brücke, tgl. 9–18 Uhr; Toyota, Vertragswerkstatt außerhalb der Stadt an der Ausfallstraße nach Westen, tgl. 9–18 Uhr; VW (Tavan Bogd), Chingghis Ave./Flughafenstraße, tgl. 9–18 Uhr.
Busse: Der zentrale Omnibusbahnhof befindet sich nördlich des Bahnhofs. Mit Linienbussen kann man in beinahe alle Landesteile fahren. Bei den weiter entfernt liegenden Aimagzentren muss man sich über Umsteigemöglichkeiten informieren. Die Abfahrtszeiten sind auf keinen Fall genau zu nehmen, da die Fahrer oft darauf warten, dass ihr Fahrzeug voll besetzt ist. Die Minibusse sind dabei meistens überfüllt. Tickets bekommt man bei den Fahrern, die oft ihre Fahrten auch privat anbieten. Zum Reisen mit dem Bus lesen Sie bitte auch die Infos auf S. 142.

Fortbewegung in der Stadt

Da in Ulaanbaatar im Umkreis von maximal 5 km alles wesentliche zu Fuß erreichbar ist, wird es kaum notwendig sein, einen der meist völlig überfüllten Busse oder gar Minibusse zu benutzen. Unter Beachtung gewisser Vorsichtsmaßnahmen (besonders nachts), kann man aber auch ein Taxi nehmen. Empfehlung: Immer ein Taxi aus dem fließenden Verkehr anhalten und niemals einsteigen, wenn schon eine Person im Auto sitzt! Taxis, die vor den Touristenrestaurants stehen, sind auf jeden Fall zu vermeiden. Das Fahrrad als Fortbewegungsmittel befindet sich in der Mongolei erst am Anfang des Aufschwungs.

Die Umgebung von Ulaanbaatar

Ulaanbaatar wird vom Tuv Aimag umgeben. Die Tuul trennt den Aimag von Osten nach Westen in landschaftlich völlig unterschiedliche Nord- und Südhälften: Im Norden das Kentii-Gebirge, dessen Gipfel die 2000-Meter-Marke deutlich überschreiten, im Süden die weiten und weichen Hügel der Steppe, die bis zum Horizont dahinrollen.

Östlich von Ulaanbaatar

Karte: S. 208/209

Gachuurt ▶ P 5

Verlässt man Ulaanbaatar auf der Ausfallstraße nach Osten, so passiert man am Stadtrand die Kreuzung nach **Gachuurt** 1 (Гачуурт), ca. 20 km östlich der Hauptstadt. Diese Ansiedlung ist inzwischen zu einer Villen- und Ferienhaussiedlung reicher Mongolen geworden. Von hier aus kann man über eine passreiche Jeepstrecke in den Nationalpark Gorkhi-Terelj gelangen.

Übernachten

Verwöhnlage ▶ **Tuul Riverside Logde** (Туул Риверсайд): am Tuul-Ufer unweit von Gachuurt, zu buchen über Nomads Tours & Expeditions, Tel. 011 32 81 46, 99 11 93 65, Fax 011 32 81 46, www.nomadstour.com. Es erwarten Sie Übernachtungsgers in einer schönen Flussuferlage. Ab 100 000 MNT.

Chinesischer Einfluss ▶ **Hotel Mongolia** (Монгол шилтгээн зочид буудал): Gachuurt, Tel. 011 31 55 13, www.hotel-mongolia.com. Wegen der besonderen Architektur im chinesischen Stil lohnt ein Besuch auch des Restaurants; im Sommer existieren ein Bus-Pendelverkehr ins Zentrum. Gerübernachtung. Ab 100 000 MNT.

Ger Camp ▶ **Shine Mongol** (Шинэ Монгол жуулчны бааз): Gachuurt, Khar Usan tokhoy (Гачууртын Хар усан тохойд), Tel. 011 45 96 66, 99 19 06 13, shinemongol@mongol.net. Ab 40 000 MNT.

Nalaikh und Umgebung ▶ P/Q 6

In der Nähe von **Nalaikh** 2 (Налайх), etwa 50 km östlich von Ulaanbaatar, befindet sich eine **Gedenkstätte für Tonyukuk** 3 (Тоньюкукийн Гэрэлт Хш), einen türkischen Herrscher. Der Weg zur Gedenkstätte aus dem 7. Jh. ist nicht ganz einfach zu finden: In Nalaikh fährt man zum ehemaligen Bergwerk am Ende der Teerstraße, wendet sich hier nach Osten und fährt etwa 19 km quer über die Steppe. Die Route führt an einem Militärflugplatz entlang und das Ziel liegt einige Kilometer dahinter in Richtung Landebahn.

Bei Ausgrabungen fanden sich trotz der sarkophagähnlichen Platten keine Spuren menschlicher Überreste, sodass sich die Wissenschaft mit der Bezeichnung Gedenkstätte begnügt. Die gesamte Anlage ist zum Sonnenaufgang hin ausgerichtet. Vier große steinerne Platten bilden eine Art Sarkophag am Westende der Anlage. Auch blieben einige Steinfiguren – allerdings ohne Köpfe – erhalten. Die Inschriften auf zwei Obelisken in alten türkischen Schriftzeichen berichten von den Kämpfen und Heldentaten der Türken, d. h. der Kitan, Kirgisen, Oguzen und anderer. Die Archäologie geht davon aus, dass die Steine, die den Pfad nach Osten säumen, die im Kampf getöteten Feinde symbolisieren. Sie werden *babal* genannt. Zur Anlage müssen auch Tempelgebäude gehört haben.

Östlich von Ulaanbaatar

Terelj-Nationalpark: Überall fallen interessante Granitverwitterungen ins Auge

Südlich und nördlich befinden sich noch zwei kleinere, weniger bedeutende **alttürkische Gedächtnisstätten** 4, die aber nur mit ortskundigen Einheimischen gefunden werden können. Seit Mitte des 6. Jh. n. Chr. wurde das Gebiet der heutigen Mongolei für etwa 200 Jahre von türkischen Herrschern aus dem Altai-Gebiet regiert. Zeitgenössische Berichte geben Informationen über Siedlungen, den Aufbau eines Straßensystems und sogar über die Existenz von Poststationen (s. S. 62). Sie benutzten eine phonetische Schrift, sodass die Entschlüsselung der Steinmonumente möglich war. Zur Zeit des Tonyukuk, also zu Beginn des 7. Jh., hatten die türkischen Khane ihre Unabhängigkeit an chinesische Herrscher verloren. Ein Aufstand, geführt von dem türkischen Adeligen Kutulug und seinem Bundesgenossen Tonyukuk beendete damals die 50-jährige Phase chinesischer Oberhoheit. Kutulug wurde der Titel eines »Einigers der Völker« verliehen. Doch unter seinen Nachfolgern führte eine Revolte uigurischer Stämme schon im Jahr 745 zum erneuten Ende der türkischen Herrschaft.

An der Asphaltstraße nach **Baganuur** (▶ Q 6, Багануур, Kleiner See) steht eine monumentale **Chingghis-Khaan-Statue** 5 (Цонжин болдог дахьчингис Хааны гэрэлт хш). In Edelstahl und 25 m hoch sitzt der Feldherr auf seinem Pferd und schaut mit fast schon grimmiger Miene nach Osten. Hier soll in den nächsten Jahren ein Erlebnispark für Geschichte entstehen. Es scheint allerdings fraglich, ob der Eintrittspreis von 13 800 MNT in die begehbare Statue die Aussicht von oben wirklich wert ist.

Nationalpark Gorkhi-Terelj
▶ P/Q 5/6

In der gleichen Fahrtrichtung aus Ulaanbaatar heraus liegt auch das beliebteste Ausflugsziel der Städter: der **Nationalpark Gorkhi-Terelj** 6 (Горхи - Тэрэлж байгалийн цогцолбор газар) mit seinen interessanten Granitverwitterungen und einer malerischen Landschaft. Die Region gehört

Die Umgebung von Ulaanbaatar

bereits zum Khentii-Gebirge und der Nationalpark setzt sich nach Nordosten bis an die russische Grenze als **Khan-Khentii-Schutzgebiet** fort. Der **Parkeingang** liegt kurz vor der Tuul-Brücke (N 47°49,592' O 107°19,368'). Hier entrichtet man den Eintritt für den Nationalpark (1000 MNT, Auto 3000 MNT).

Die mit Auenwald bestandenen Flussufer des Tuul- und Terelj-Flusses werden zur Sommerzeit gern von den Mongolen am Wochenende als Ausflugsziel gewählt. Beide Täler bieten eine unberührte Flusslandschaft, wie man sie heute in ganz Europa nicht mehr findet. Die Flüsse dienten während der Eiszeit und letztmalig vor ca. 10 000 Jahren als Abflussbahn gewaltiger Schmelzwassermengen von den Gletschern des Khentii-Gebirges.

Die Felsburgen im weiteren Verlauf der Asphaltstraße ins Terelj-Tal zeugen von einer tropischen Verwitterung bzw. Bodenbildung, die vor ca. 100 Mio. Jahren in der Kreidezeit in der Mongolei herrschte. Inzwischen ist die bis zu 100 m mächtige Verwitterungsschicht längst abgetragen und die kalten, durch häufige Frostwechsel charakterisierten Klimaschwankungen haben den Felsburgen schwer zugesetzt bzw. diese in Einzelblöcke aufgelöst.

Immer wieder sieht man im Fußbereich der Felsburgen große, tonnenschwere, abgestürzte Granitblöcke, die sich bisweilen zu einem wahren Blockmeer formiert haben. Ihre unterschiedlichen Ausformungen haben schon früh die Fantasie der Menschen angeregt. Es entstanden Namen wie die **Schildkröte** oder **Lesender Mönch.**

Verfolgt man, nachdem man die Schildkröte passiert hat, den Weg weiter talaufwärts bis zum Talschluss, so gelangt man zu einem kleinen **Kloster,** das sich malerisch in die Landschaft fügt.

Auch die Weiterfahrt auf der Asphaltstraße lohnt sich. Am Ende erreicht man das UB-2 und das Terelj-Hotel. Mutige können dann bei geeignetem Wasserstand den Terelj-Fluss durchqueren und weiter in den Nationalpark vordringen.

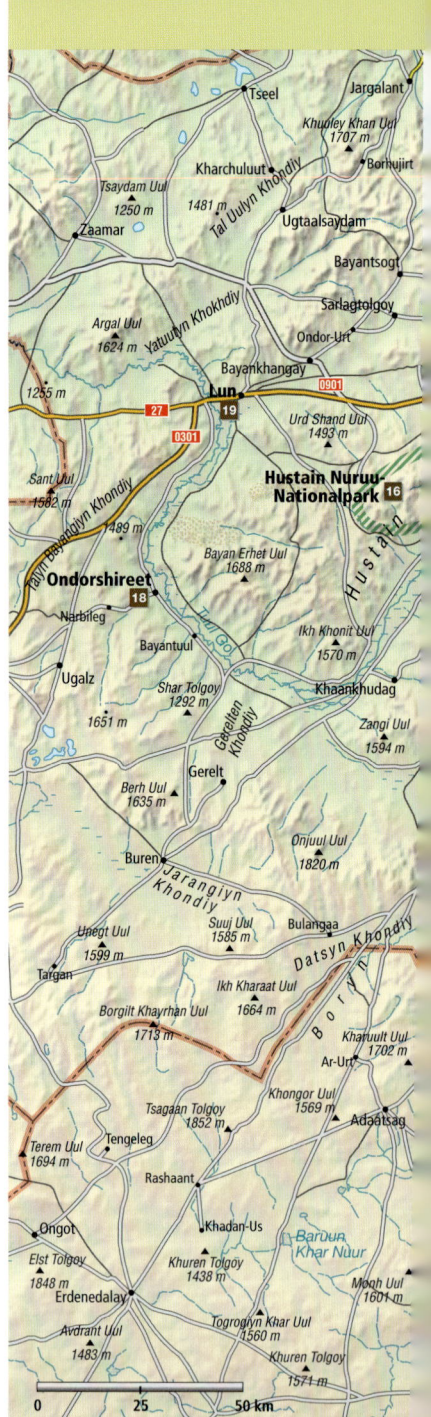

Umgebung von Ulaanbaatar

Die Umgebung von Ulaanbaatar

aktiv unterwegs

Auf dem Pferderücken zum Prinzessinnengrab

Tour-Infos
Start: eines der Ger Camps im Terelj-Nationalpark zum dortigen Anmieten von Pferden oder Fahrzeugen und Führern (s. S. 211)
Länge: 78 km
Dauer: 2 Tage (Übernachtung im Ger Camp)
Schwierigkeitsgrad: für fortgeschrittene Reiter (oder man benutzt den Geländewagen)
Karte: S. 208/209

Eine Offroad-, Reit- oder auch Wandertour führt zum Prinzessinnengrab **Gunjiyn Sum** 7 (Гүнжийн сүм, N 48° 11,621' O 107° 33,402'). Das einsame Ziel befindet sich im Oberlauf eines nordwestlichen Seitentals (Bayan Baruun Gol) des Tuul-Tals. Doch man sollte die Tour nicht aus historischen Gründen unternehmen, sondern wegen des Naturerlebnisses. Wer auf beeindruckende Ruinen der Grabanlage wartet, wird enttäuscht werden. Auf dem Weg dorthin erreicht man das **Ger Camp Princess** (s. S. 212), kann die Tour aber auch von hier aus als Reittrip buchen oder sich bequem auf einem typischen Karren, der von einem Yak gezogen wird, kutschieren lassen.

Im Zuge der Anerkennung der Oberherrschaft durch die Mandschus (1691) wurde dieses Arrengement im Jahr 1699 durch eine Ehe einer Mandschu-Prinzessin mit einem Khalkha-Fürsten bestätigt – eine Politik, die auch in den kommenden Jahrhunderten fortgesetzt wurde. Die nach dem Tod der Prinzessin (1740) errichtete **Grabanlage,** von der allerdings nur noch Ruinen zu sehen sind, ist eines der Ziele dieser mehrtägigen Abenteuertour.

Der Sage nach errichteten über 100 chinesische Bauleute Anfang des 18. Jh. die Grabanlage. Sie wurden allerdings nach Beendigung der Arbeiten getötet, um das Grabkammersystem geheimzuhalten, und in einem Hügel zur Linken der Ruine verscharrt. Die Grabanlage bestand ihrerzeit aus insgesamt sechs Gebäuden: einer Gedenkstätte, einem Schutzbau über dem Grab, dem Bogd-Tor, einer Steinmauer, einem heiligen Distrikt und dem Grab selbst. Das Grab der Prinzessin lag im heiligen Distrikt. Ein umfangreiches unterirdisches Gang- und Grabkammersystem unterkellerte einst die Grabstätte.

Bis zur Revolution in den 1920er-Jahren wurde die Gedenkstätte ständig bewacht, aber die Kulturrevolution der 1930er-Jahre überstand auch sie nicht. Zu sehen sind heute nur noch die Außenmauer, der überdachte Eingangsbereich, die eingestürzte Grabanlage in Verlängerung des Eingangs und Ziegelbrennöfen außerhalb der Außenmauer, die relativ gut erhalten sind. Die **Granitsteinschildkröte** von ca. 2 m Länge rechts vor dem Eingang weist nach Süden. Als Panzer trägt sie eine beschriftete Steinplatte mit folgender mandschurisch-chinesischen Inschrift: »… für das Fest des Staates Mandsch-Tschin wurde dieser Gedenkstein aufgestellt …«.

Die Ruinen der Grabanlage für die mandschurische Prinzessin lassen sich auch in ei-

---

In Terelj kann man einige Tage in einem der zahlreichen Touristen-Ger-Camps verbringen oder zu Pferd die Umgebung, z. B. das obere Tuul- oder Terelj-Tal erkunden. Entscheidet man sich für eine mehrtägige Reittour mit Packpferden, so muss die eigene Ausrüstung mitgenommen werden, oder die Reisenden nutzen die Möglichkeiten der Ger-To-Ger-Initiative. Hierbei bieten die hier lebenden Nomaden die Möglichkeit, zu übernachten und nomadisches Leben kennenzulernen.

Übernachten
Ger to Ger ▶ **Nomad Centered Cultural Eco Tourism NGO:** Arizona-Gebäude, Chingeltei-Bezirk, Ulaanbaatar, Tel. 011 31 33 36,

ne mehrtägige Tour einbauen, die zum **Khagiyn Khar Nuur** (Schwarzer See) führt und z. B. ab der Princess Lodge angeboten wird (s. S. 212). Das Naturerlebnis ist intensiver und bietet als Höhepunkt am Ziel einen pittoresken, kleinen See, wo man am Sandstrand die Zelte aufschlägt und auch angeln kann. Das kristallklare, kühle Wasser werden allerdings nur ganz Hartgesottene zum Schwimmen nutzen. Wir selbst haben hier vor unserem Zelt am Morgen Bärenspuren identifiziert und bei einem plötzlich im Juni einsetzenden Schneesturm die Schutzhütte am See zu schätzen gewusst. Gleichwohl ein unvergessliches Erlebnis von Natur und Einsamkeit direkt vor den Toren Ulaanbaatars.

Im Terelj-Nationalpark findet man nicht nur das Prinzessinnengrab, sondern auch Menschensteine, vermutlich Hinweise auf frühzeitliche Grabstätten

99 04 41 14 oder 99 11 15 28. Hier kann man Unterkünfte buchen.

Funktional ▶ **UB 2 Hotel:** das früher einzige Hotel am Ende der Asphaltstraße, bereits im Terelj-Tal, Tel. 99 77 41 25. 48 Zi., 15 Gers, mongolische und europäische Küche. Lange Wartezeiten für ein einfaches Mittagessen. Im Ger 25 500 MNT, Hotel ab 60 000 MNT.

Ger Camps ▶ **Tiara Resort** (Тиара аялал, амралтын цогцолбор): im Terelj-Nationalpark, Tel. 011 31 92 04, www.tiararesort.com. Eine Mischung aus Gers und Festbauten, verfügt über eine Schwimmhalle und wird das ganze Jahr betrieben. Übernachtung in einem Vier-Bett-Ger 17 500, Doppelzimmer ab 80 000 MNT. **Ayanchin** (Аянчин жуулчны

Die Umgebung von Ulaanbaatar

бааз): im Terelj-Nationalpark, Tel. 011 31 92 11, 99 11 26 11. Gut ausgestattetes und geführtes Camp mit Übernachtungsmöglichkeiten im Ger oder im Blockhaus. Übernachtung ab 70 000 MNT. **Princess** (Гүнж жуулчны бааз): Tuv Aimag, Erdene Sum, 30 km entfernt vom Terelj-Nationalpark (Төв аймаг, Эрдэнэ сум, Тэрэлж байгалийн цогцолбор газраас 30 км.н зайд), zu buchen auch in Ulaanbaatar/Juulchin-Str. 23–33, Tel. 011 32 93 48, 99 00 64 20, 99 00 64 21, Fax 011 31 24 26, www.mongolian-princess.com. Etwas abseits gelegen und damit idyllischer als manche anderen Ger Camps; der Ger-Camp-Betreiber bietet auch eine Vielzahl von Touren an. Übernachtung ab 50 000 MNT. **Mongol Khaan Ger Camp** (Монгол Хаан жуулчны бааз): in der Nähe vom Princess, Tel. 011 32 93 48, www.mongolkhaan.mn. Übernachtung ab 50 000 MNT. **Ecotourism:** ein Ger Camp auf der nördlichen Seite des Terelj-Flusses, den man durchfahren oder durchwaten muss, in der Talaue gelegen, Tel. 99 73 47 10. Der holländische Eigentümer produziert Käse selbst und betreibt etwas Gartenbau. Übernachtung ab 50 000 MNT. **Buveit Ger Camp** (Бүүвэйт жуулчны бааз): zu buchen über Tsolmon Travel, Tel. 011 32 28 70, Fax 011 31 03 23, 011 31 21 23, 99 11 49 13, www.tsolmontravel.com. Eines der am

Blick ins Heiligste des Manzushir-Khiid-Tempels südlich von Ulaanbaatar

Tipp: Jeeptour zum Asralt Khairkhan Uul ▶ P 5

Nur bei Normal- oder Niedrigwasserstand des Terelj-Flusses kann man mit dem Geländewagen oder auf dem Pferderücken – und selbstverständlich nur unter fachkundiger Führung – eine Erkundung der entlegenen Wälder am **Asralt Khairkhan Uul** 9 (Асралт Хайрхан Уул, N 48°27,937' O 107°24,685') im Oberlauf der Terelj wagen, der mehrfach gequert werden muss. Der 2800 m hohe Berg gilt als heilig und befindet sich im Quellgebiet des Terelj-Flusses.

Auffallend sind die mit Verwitterungsschutt bedeckten Golez-Terrassen (russ. *golez*, Glatze) auf den gerundeten Berggipfeln, die im Dreieck zwischen Tuul und Terelj liegen. Hier erlebt man die Wirkung des kalten Klimas und seiner gesteinszerlegenden Wirkung hautnah. Der an den steilen Kliffs abgesprengte Schutt wandert durch den Wechsel zwischen Gefrieren und Auftauen im Frühjahr und Herbst sogar schon bei Hangneigungen von nur 2° hangabwärts.

Hunderte kleiner *ovoo* überraschen den Wanderer auf dem Berggipfelplateau, das bereits beim Aufstieg durch seine Schutthänge und scheinbar künstlichen Wälle, die als ehemalige Moränenwälle aus der Eiszeit gedeutet werden müssen, auffällt. Jeder Besucher schichtet seinen eigenen Steinhaufen an dieser heiligen Stätte auf. Frauen dürfen den Gipfel traditionell nicht betreten, sodass ihnen die grandiose Aussicht entgeht.

---

schönsten und ruhigsten gelegenen Camps im Nationalpark. Ganzjähriger Betrieb, geschmackvolle Einrichtung, 70 Betten sowie im Winter 16 Betten in einem festen Gebäude. Es können Übernachtungsgers und Blockhäuser gemietet werden. Übernachtung ab 40 000 MNT.

Khagiyn Khar Nuur ▶ Q 5

Geradezu ein Kleinod ist der etwa 3 km² große **Khagiyn Khar Nuur** 8 (Хагийн Хар Нуур, Schwarzer Steinflechtensee, N 48°24,704' O 107°54,626'), ein Moränensee in 1700 m Höhe, 70 km von Terelj entfernt. Dicht bewaldete Berge ziehen sich bis an seine Ufer, auf freien Lichtungen wachsen Enzian und Rentierflechten. Nirgendwo sonst ist die Nadelwaldtundra weiter südlich anzutreffen. Wer keine Zeit hat, bis zum Khuvsgul-See im Norden der Mongolei zu reisen (s. S. 245), trifft hier auf eine ähnliche Landschaft, die Bildern aus Kanada gleicht.

Die Anreise ist anfangs identisch mit der Tour zur Ruine Gunjyin Sum (s. S. 210), nur folgt man dem rechten Tuul-Ufer weiter flussaufwärts, bis die Steppenpiste aufhört. Jetzt bleiben noch etwa 30 km durch schwieriges, sumpfiges Gelände, die nur auf dem Pferderücken zurückgelegt werden können.

Südlich von Ulaanbaatar

Karte: S. 208/209

Bogd Uul ▶ P 6

Nur wenige Kilometer südlich von Ulaanbaatar befindet sich das südlichste zusammenhängende Taigawaldrevier der Mongolei, der **Bogd Uul** 10. Höchster Gipfel ist der 2256 m hohe **Tsetsee Gun**. Das gesamte Gebiet ist als heilige Stätte seit 1788 geschützt und somit das älteste Schutzgebiet der Mongolei. Trotz der Stadtnähe finden die Besucher eine weitgehend unberührte Flora und Fauna vor.

Der Bergfuß ist bis zur Höhe von 1500 bis 1600 m von Wiesensteppe bedeckt. In 1800 bis 1900 m Höhe vollzieht sich der Übergang zur Gebirgstaiga mit Lärchen, zu denen sich dann zunehmend sibirische Kiefern gesellen. In der Gipfelregion fallen viele markante Felsburgen aus Granit auf, die an den Hängen zu Block- und Felsmeeren übergehen. Schon ein halber Tag in dieser ›Wildnis‹ zeigt die Abgeschiedenheit von der nicht weit entfernten Hauptstadt.

Übernachten

Idyllisch ▶ **Nukht Resort** (Нухт амралт): auf der Flughafenstraße am ehemaligen Ziel-

Die Umgebung von Ulaanbaatar

gebiet des Naadam-Pferderennens vorbei, Tel. 011 32 54 17, 011 31 04 21. In einem kleinen Tal idyllisch gelegen und vor allem vom Smog Ulaanbaatars geschützt bietet die Anlage auch Räumlichkeiten für Seminare. Übernachtung ab 50 000 MNT.

Ger Camps ▶ **Chingghis Khan Khuree Camp** (Чингис Хаан хүрээ жуулчны бааз): am westlichen Parkeingang, Zufahrt von der Straße nach Zuunmod aus, links vor der Kontrollstelle abbiegen, Tel. 011 37 99 23, 011 31 17 83. Ab 50 000 MNT. **NarMon** (Нар Мон жуулчны бааз): an der Südseite des Bogd Uul (Богд Уулын урд өвөрт), Tel. 011 45 65 55, 99 18 12 25. Ab 30 000 MNT.

Kloster Manzushir ▶ P 6

In einem schönen Tal liegt die große Klosteranlage von **Manzushir** 11 (Манзушир, N 47° 45,520' O 106°59,675'), von der nach der Kulturrevolution der 1930er-Jahre nur noch Ruinen übrig geblieben sind.

1733 wurde unter der Leitung von Luwsanjambaldanzan, der die erste Wiedergeburt von Manzushir Lama war, mit dem Bau begonnen. Ende des 18. Jh. baute man den Haupttempel (Konzil). Davor wurde ein See angelegt, der mit Quellwasser vom Berg Bogd Uul gespeist wurde. 1760 folgte der Badam-Tempel und weitere zehn Jahre später der Bogda-Palast, der auch als »Das gelbe Kloster« bezeichnet wird.

Die gesamte Klosteranlage ist harmonisch in die Bergnatur des Bogd Khan Uul eingebettet. Anfang des 20. Jh. lebten in diesem einflussreichen Kloster über 500 Schüler, denen als höchster akademischer Titel der *Gawj* verliehen wurde. Nur wer alle Gebiete der buddhistischen Philosophie erfolgreich studiert hatte, durfte sich mit diesem Titel schmücken. Mehr als 200 Jahre lang hielt man hier religiöse Zeremonien ab und unterrichtete die Lehre Buddhas. 1937 wurde die gesamte Klosteranlage mit ihren insgesamt 21 Gebäuden zerstört. Die Klosterruine und die großen Götterbilder in den Felswänden sind seltene Werke der Kultur- und Kunstgeschichte. Im Jahr 1998 wurde die **Klosterruine** unter Denkmalschutz gestellt.

Ein **Klostermuseum** zeigt die üblichen Exponate zur Religion, aber auch zur Natur der Umgebung. Auf der linken Seite des Museums steht ein großer Kessel, den man eingedenk seiner Größe und Schwere jedoch sicherlich nur zu hohen Fest- und Feiertagen nutzte. Der von den Gebrüdern Jalbuu angefertigte Kessel wiegt 2 t und hat ein Fassungsvermögen von 1800 l. Sein Durchmesser beträgt 215 cm und die Tiefe 140 cm. In diesem Kessel konnten gleichzeitig zwei Ochsen oder zehn Schafe gekocht werden.

Nach dem Neuaufbau wurde das Kloster im Sommer 1994 wiedereröffnet (Tel. 0127 27 64, tgl. 9–18 Uhr, 5000 MNT für Museum und Nationalpark).

Übernachten

Ger Camps ▶ **Ovoony Enger** (Овооны энгэр гэр амралт): an der Straße von Manzushir nach Zuunmod, Tel. 96 66 99 64, 99 30 92 16. Ab 25 000 MNT. **Manzushir** (Манзушир гэр амралт): direkt am Kloster Manzushir, Tel. 0127 22 25 35, 91 92 44 64. Ab 15 000 MNT.

Zuunmod ▶ P 6

Von Ulaanbaatar aus führt eine Teerpiste nach **Zuunmod** 12 (14 600 Einwohner, Зуунмод), der Hauptstadt des Zentralaimag. Aus deutscher Sicht ist der Schaukasten, der eine Partnerschaft mit Karl-Marx-Stadt hervorhebt, die nicht ins moderne Chemnitz hinübergerettet wurde, interessant. Der Ort selbst liegt touristisch gesehen im Schatten Ulaanbaatars und wird meistens als Tagesausflugsziel besucht.

Das **Aimagmuseum** zeigt eine Ausstellung zur Geschichte und Natur des Aimags. Ein Schwerpunkt liegt auf der Geschichte des nahen Klosters Manzushir (Tel. 0127 22 36 19, 9–13, 14–18 Uhr, 1000 MNT).

Das **Dashchoinkhorlon-Kloster** ist noch aktiv (Gottesdienste um 11 Uhr).

Übernachten

Gewöhnlich ▶ **Regierungshotel:** an der Durchgangsstraße, Tel. 0127 22 21 84. Ab 10 000 MNT.

Südlich von Ulaanbaatar

aktiv unterwegs

Wanderung durch den Bogd Uul zum Kloster Manzushir

Tour-Infos
Start: Zaisan-Tal auf der südlichen Tuul-Seite
Länge: 15 km
Dauer: ca. 6 Std.
Wichtige Hinweise: leichte, aber lange Tour, die auch mal querfeldein durch den Wald führt

Drei Punkte sprechen für diese Wanderung: Die Strecke ist stadtnah, sie führt durch eines der ältesten Naturschutzgebiete der Erde und endet an einem idyllisch gelegenen Kloster, das die Tradition einer alten, zerstörten Klosteranlage wieder aufgenommen hat. Gleichzeitig sind die an dem steilen Berghang gelegenen Ruinen, an den Restaurierungsarbeiten laufen, attraktiv. Hier stimmen der Weg und das Ziel.

Die Wege im Bogd Uul sind durchweg nicht markiert. Die Orientierung ist allein am Gelände möglich. In Ulaanbaatar beginnt man die Strecke im Zaisan-Tal, an dessen Öffnung zur Stadt das sowjetische Ehrenmal steht (s. S. 188). Man wandert aufwärts, bis man die **Kammregion** erreicht hat. Der höchste unbewaldete Gipfel – der **Tsetsee Gun** (N 47° 48,506' O 107°00,165') – liegt östlich der Wanderer.

Um nach Manzushir zu gelangen, muss man sich zunächst an seiner westlichen Bergflanke nach Süden bewegen, um dann in das nach Süden ziehende **Tal von Manzushir** mit der gleichnamigen Klosteranlage vorzustoßen.

Für den **Rückweg** ist es empfehlenswert, sich von Manzushir aus eine Transportmöglichkeit (Bus, Taxi) zurück zur Unterkunft zu organisieren.

Wir empfehlen Ortsunkundigen nicht, die Wanderung in der umgekehrten Richtung zu unternehmen. Nimmt man aus Versehen ein nicht ausreichend westlich gelegenes Tal für den Abstieg, so kann man sich leicht in das **Regierungstal des Ikh Tenger** mit seinen Gästehäusern und dem Präsidentenwohnsitz verirren, dessen Betreten aus Sicherheitsgründen untersagt ist. Die Sicherheitsbeamten zeigen wenig Verständnis und verstehen keinen Spaß.

Die Umgebung von Ulaanbaatar

Verkehr

Es fahren **unregelmäßig Kleinbusse** zwischen Ulaanbaatar und Zuunmod. Besser nimmt man ein **Taxi** oder mietet ein **Auto**.

Eej Khad ▶P6

60 km südlich von Zuunmod findet sich **Eej Khad** 13 (Ээж Хад, Mutterfels, N 47°18,367' O 106°58,990'). In einem Halbrund türmen sich dort von Gläubigen geopferte Teeziegel mannshoch zu einer soliden Mauer. In der Mitte ist ein Felsen über und über mit Seidenschals bedeckt. Auf sämtlichen kleineren Felsen im Tal türmen sich Steinhaufen. Die Entstehungsgeschichte dieses heiligen Orts ist ungeklärt. Mongolen betrachten die Stätte mit gemischten Gefühlen, den Göttern mitgeteilte Wünsche sollen in Erfüllung gehen, nicht gehaltene Gelöbnisse aber auch deren Rache nach sich ziehen.

2 ▼ Felsburgen südlich von Eej Khad ▶O–Q 7/8

Von Zuunmod aus ca. 160 km südwestlich liegt ein weiteres lohnendes Ziel – der **Ulaan Khairkhan Uul** 14 (Улаан Хайрхан Уул, N 46°37,786' O 105°46,511'). Es ist, so wie das von dort weitere ca. 60 km südlich liegende Felsmassiv des **Baga Gazaryn Chuluu** (Бага Газарын Чулуу, N 46° 11,629' O 105°59,072'), ein Granitgebirge mit sehr schönen Granitverwitterungen (Felsburgen). Umgeben von der flachen Steppe ragen sie auf ca. 300 km² Fläche in Höhen von 1768 m über dem Meeresspiegel empor. Beide erheben sich weithin sichtbar aus der hier schon beginnenden Trockensteppe der südlichen Mongolei.

Mitten in den Felsburgen von Baga Gazaryn Chuluu kann man die Ruine eines alten **Klosters** (N 46°09,621' O 105°45,590') besichtigen, dessen Ursprung in die Mitte des 16. Jh. datiert wird. Die angrenzenden Felsen nutzte man beim Bau als Teile der Wände. Seit der Zerstörung bei den Krawallen unter Führung von Galdan Boshigt, bei denen Mitte des 18. Jh. viele buddhistische Klosteranlagen dem Erdboden gleichgemacht wurden, liegt das Kloster in Ruinen.

Galdan Boshigt war der Sohn eines Oiratfürsten und machte mit dem ersten Bogd Undur Gegeen Zanabazar in Tibet eine Ausbildung im lamaistischen Buddhismus. Als er während seines Aufenthalts in Tibet eine Botschaft von der mandschurischen Unterwerfung der Mongolei bekam, die auf Erklärung von dem in die Enge getriebenen Zanabazar erfolgte, kehrte er in die Mongolei zurück und organisierte eine Demonstration für die Unabhängigkeit der Mongolei.

Sehr bekannt ist ein weiteres Granitmassiv: 30 km lang und 20 km breit erstreckt sich der **Ikh Gazaryn Chuluu** (Их Газарын Чулуу, N 45°52,636' O 107° 12,172') rund 70 km östlich von Mandalgobi, dem Aimagzentrum des Dundgobi Aimag. Die Region, die ein wenig an das Monument Valley in den

Tipp: Kloster Khukh Burd ▶O 8

Etwa 22 km westlich des Schutzgebiets Baga Gazaryn Chuluu liegt auf einer Insel in einem kleinen See mit demselben Namen das **Kloster Khukh Burd** 15 (Хх Брд См, N 46°9484' O 105°45,664') im Adaatsag Sum. Die gesamte Anlage wurde 1998 unter Denkmalschutz gestellt. Der See ist heute weitgehend ausgetrocknet, sodass man trockenen Fußes auf die ehemalige Insel gelangen kann.

Das Kloster soll im 16. Jh. vom Sohn eines tibetischen Fürsten gebaut worden sein. Es bestand aus vier großen Gebäuden und war von einer 1,5 m dicken Mauer umgeben. Die heutige ist 8 m hoch, 10 m breit und 25 m lang. Der Erbauer wurde noch vor dem Ende der Bauarbeiten verhaftet und nach Hause zurückgeschickt. Erst später stellte man den Bau fertig und musste das Dach mehrfach nach Blitzeinschlägen erneuern. Kamele transportierten das Baumaterial über 200 km von Süden heran. Der Mörtel wurde vor Ort aus den feinkörnigen Seeablagerungen hergestellt. Die gesamte Anlage steht seit 1998 unter Denkmalschutz.

USA erinnert, steht unter Naturschutz, wie auch die schon zuvor erwähnten Granitkomplexe. Für Besucher, die lange in der Mongolei sind und noch ein neues Ziel für einen Wochenendausflug suchen, lohnt die Anreise aus Ulaanbaatar.

Übernachten

In den drei genannten Gebieten befinden sich gut ausgestattete **Touristen-Ger-Camps,** die während der Reisezeit auch oft von organisierten Touren angefahren werden. Sie liegen alle auf einem Fleck. Leider sind nur wenige Camps telefonisch erreichbar.

Ger Camps Baga Gazaryn Chuluu ▶ **Bayan Bulag** (Баян Булаг): innerhalb des Schutzgebiets, Tel. 998 98 33. Schön gelegen. Ab 50 000 MNT. **Sum Khukh Burd** (Сүм хөх бүрд): innerhalb des Schutzgebiets, Tel. 99 11 46 84. Ab 40 000 MNT. **Gobi Pearl** (Говийн сувд), **Erdene Ukhaa** (Эрдэнэ Ухаа) und **Gobi** (Говь), alle außerhalb des Schutzgebiets. Ab 40 000 MNT.

Ger Camps Ikh Gazaryn Chuluu ▶ **Bayan-Tov Borjigon** (Төв Боржигон): innerhalb des Schutzgebiets, Tel. 99 16 51 20. Ab 40 000 MNT. **Ikh Gazaryn Chuluu** (Их Газрын Чулуу), **Khur Khartsaga** (Хур Харцага): am Eingang zum Schutzgebiet. Jeweils ab 40 000 MNT.

Verkehr

Um nach Baga Gazaryn Chuluu oder Ikh Gazaryn Chuluu zu kommen, ist man darauf angewiesen, sich ein **Auto mit Fahrer** zu organisieren. Allerdings ist der Besuch einer der beiden Gegenden in fast jedem Reiseprogramm vorgesehen.

Westlich von Ulaanbaatar

Karte: S. 208/209

Nationalpark Hustain Nuruu
▶ O/P 6

Die Anfahrt zum **Hustain Nuruu National Park** 16 (Хустайн Нуруу байгалийн цог-цолбор газар) kann man auf verschiedenen Routen gestalten. Zweifellos ist die inzwischen bis **Lun** ausgebaute Straße der schnellste Weg. Allerdings lohnt es sich auch, von Ulaanbaatar aus über den Flughafen und Altanbulag zu fahren und dann mehrere Flussarme der Tuul und eine Holzbrücke zu passieren. Dann folgt man der Piste auf der rechten Tuul-Seite auf ca. 60 km, bis man von Süden aus in den Park fahren kann.

Der Hustain-Nationalpark ist das einzige Schutzgebiet in der Mongolei, das von einer Nichtregierungsorganisation (NGO), dem Hustai National Park Trust, verwaltet wird. Die Verhaltensregeln und Kontrollen der Ranger sind streng und vernünftig, so wie Reisende dies auch aus anderen Schutzgebieten der Erde kennen. Der Park wird wissenschaftlich und organisatorisch vom Trust verwaltet und bietet zahlreiche Erholungsmöglichkeiten für Touristen.

Die nicht nur hügelige, sondern auch mit Birken (mong.: *khus*) bewaldete Landschaft, die auf der Südseite des Parks vom Tuul-Tal begrenzt wird, bietet naturbegeisterten Touristen viele Attraktionen, für deren Erkundung man allerdings etwas Zeit mitbringen muss. Berühmt ist der Park durch das Auswilderungsprogramm der Ur-Wildpferde (mong. *takhi*), die als Przewalski-Pferde vor etwa 50 Jahren fast ausgerottet worden wären. Nachzuchten bzw. Rückkreuzungen in europäischen Zoos gestatteten seit dem Beginn der 1990er-Jahre die behutsame Wiedereinbürgerung des Wildpferds in drei Gebieten der Mongolei: dem Great-Gobi-Schutzgebiet *(takhiin tal)* im für Touristen nur expeditionsmäßig zu erreichenden äußersten Südwesten der Gobi (s. S. 293), im Hustain-Nuruu-Nationalpark sowie in der *Khomiin-tal*-Steppe am Khar-Us-Nuur-Nationalpark in der Westmongolei (s. S. 331).

Die Wildpferde sind im Sommer, also während der Touristensaison, relativ zuverlässig in der weiteren Umgebung der Forschungsstation (N 47°41,712' O 105°56,354') mitten im Park zu beobachten. Sie halten sich zudem auch oft genug in Pistennähe auf. Man sollte aber die Straße nicht verlassen, um sich den Wildpferden zu nähern.

Die Umgebung von Ulaanbaatar

Weiden- und Birkenwälder charakterisieren die unberührte Flusslandschaft des Tuul, des drittlängsten Flusses der Mongolei

Seltener hingegen begegnet man dem großen Maralhirsch, dessen Bestände sehr wechseln. Mongolische Gazellen und Argali-Wildschafe halten sich vorwiegend im südlichen Parkteil gegen das Tuul-Tal und die nördlichen Bergeinfassungen hin auf. Dagegen ist das Murmeltier häufig zu beobachten, das hervorragende Versteckmöglichkeiten in der sehr hoch stehenden Steppe hat.

Wenn man den Park von Norden aus betritt, so fällt sofort die von hohen Gräsern bestandene Steppe auf, die nur sehr einge-

Westlich von Ulaanbaatar

lights für Ornithologen, die hier ihren Beobachtungen und Studien nachgehen wollen.

Infos
Nationalparkverwaltung Hustai National Park Trust: CPO 1160, Ulaanbaatar 13, Mongolia, Tel. 011 81 10 31, takhi@hustai.mn, www.hustai.mn.

Übernachten
Ger Camps ▶ **Molt Camp** (Молт жуулчны бааз): im Park gelegen, zu organisieren über die Nationalparkverwaltung (s. o.). Ab 25 000 MNT. **Camp Wunaba** (Вунаба жуулчны бааз): nördlich außerhalb des Nationalparks. Ab 25 000 MNT. **Hustai Tourist Camp** (Хустай жуулчны бааз): direkt am Nordeingang des Parks gelegen, mit einen angeschlossenen Restaurant und der Nationalparkverwaltung des Hustai National Park Trust, Tel. 011 21 24 50 87, www.hustai.mn. Ab 20 000 MNT.

Verkehr
Auch hier gilt: Man muss sich ein **Auto mit Fahrer** organisieren, um auf eigene Faust den Nationalpark zu bereisen, dessen Besuch aber auch von den meisten Reiseveranstaltern angeboten wird.

Nach Lun und durch das Tuul-Tal ▶ O–Q 6
Eine alternative Fortsetzung der Weiterreise nach Westen führt über die Tuul-Tal-Piste nach Lun Sum (Лун сум). Historische Stätten und auch mit Glück die Begegnung mit Gazellen und Schwarzstörchen sorgen für eine willkommene Abwechslung.

Auf diesem Weg passiert man eine der berühmtesten Grabanlagen, die **Ongot grave** 17, die vor 1200 bis 1400 Jahren von türkischen Völkern angelegt wurden (N 47°33, 215' O 105°50,985'). Nach 50 km erreicht man die Tuul-Brücke (N 47°1832' O 105°1687') bei **Ondorshireet** 18 (Өндөрширээт), wo man in einem Ger Camp übernachten kann, das allerdings nicht telefonisch erreichbar ist. Über **Lun** 19 führt der Weg wieder nach Ulaanbaatar zurück.

schränkt beweidet werden darf, worauf die Parkverwaltung auch großen Wert legt. Unter den 217 gezählten Vogelarten sind verschiedene Greifvogelarten wie der rare Mönchsgeier, der Steinadler oder auch seltene Falkenarten, Trappen und Schwarzstörche High-

Amarbayasgalant Khiid ist eine der eindrucksvollsten Klosteranlagen der Mongolei

Kapitel 2
Zentrale und nördliche Mongolei

In der zentralen Mongolei findet man neben weiten, grünen Talauen mit fruchtbaren Böden auch die weichen und abgerundeten Kuppen der Gebirge, die eher an eine deutsche Mittelgebirgslandschaft erinnern. Dazwischen liegen die flachwelligen, golfplatzgleichen Vorgebirgszonen. Die Berge erreichen Höhen von knapp 4000 m. Das Khangai-Bergland selbst liegt direkt im Zentrum des Landes. Noch heute führen die Hauptpisten südlich oder nördlich am Gebirge vorbei.

Die einzige Piste, die das Gebirge durchquert, führt über einige Pässe und Wasserscheiden, bis man im nördlichen Ider-Tal schließlich die Nordgrenze des Khangai erreicht hat. Die Wälder, die parkartigen Bergsteppen und jene oberhalb der Waldgrenze stellen zusammen mit den mal engen, mal breiten Tälern ein faszinierendes Naturensemble im Khangai-Bergland dar.

An der Grenze zu Russland prägen das zweitgrößte Gewässer der Mongolei, der Khuvsgul-See, und die Darkhad-Senke westlich des Khuvsgul diese nördliche Region des Landes, die bereits an die sibirische Taiga denken lässt. Das auch als ›Eiskeller‹ bezeichnete Gebiet ist erst ab Mitte Juni wirklich eisfrei und das größte Trinkwasserreservoir der Mongolei. Sogar im Sommer muss man hier noch mit Schnee rechnen und es gibt eine Garantie auf dramatische Wolkenformationen.

Zwischen diesen beiden Regionen und auch noch weiter nach Osten bis an die Abhänge des Khan-Khentii-Gebirges erstreckt sich die fruchtbarste Gegend der Mongolei – das Orkhon-Selenge-Hügelland. Riesige Ackerflächen zeugen von ihrer einstigen Funktion als Kornkammer der Mongolei. Die Selenge selbst mäandriert in einem breiten Flussbett und die parkartige Auenlandschaft vermittelt fast mediterrane Aspekte.

Die beste Reisezeit für die zentrale und nördliche Mongolei sind die beiden Sommermonate Juli und August, allerdings sollte man die Regenjacke nicht vergessen, denn dann fällt auch der meiste Niederschlag.

Auf einen Blick
Zentrale und nördliche Mongolei

Sehenswert

3 Nationalpark Khorgo Terkhiyn Tsagaan Nuur: Glasklare, fischreiche Seen, Edelweiß und Kräuter auf saftigen Wiesen und die Besteigung des Khorgo-Vulkans machen einen Besuch zu einem unvergesslichen Erlebnis (s. S. 236).

4 Nationalpark Khuvsgul Nuur: ›Die dunkle, blaue Perle‹ ist der größte und tiefste See der Mongolei und wird als Kleiner Baikalsee bezeichnet (s. S. 245).

5 Amarbayasgalant: Die beeindruckendste Klosteranlage der Mongolei liegt auf 2000 m Höhe. 1936 wurden ihre Mauern dem Erdboden gleichgemacht und alle Mönche ermordet. 1990 begann der Wiederaufbau – heute leben hier wieder mehr als 60 Lamas (s. S. 263).

Schöne Routen

Von Tsetserleg zum Terkhiyn Tsagaan Nuur: Auf 155 km führt die Hauptpiste durch den Khangai. Man nimmt sich einen ganzen Tag Zeit dafür, denn es werden die Täler des Urd und Hovd Tamir, des Hanuy und des Chuluut gequert. Das Schutzgebiet am Terkhiyn Tsagaan Nuur ist dann einen mehrtägigen Aufenthalt wert (s. S. 235).

Von Sant Sum zum Kloster Amarbayasgalant: Von der fruchtbaren Flussaue des Orkhon legt man eine 35 km lange Strecke zum Kloster Amarbayasgalant durch ein malerisches, teilweise mit Bäumen bestandenes Tal zurück. Das Kloster selbst liegt vor der Kulisse von saftig grünen Wiesen (s. S. 263).

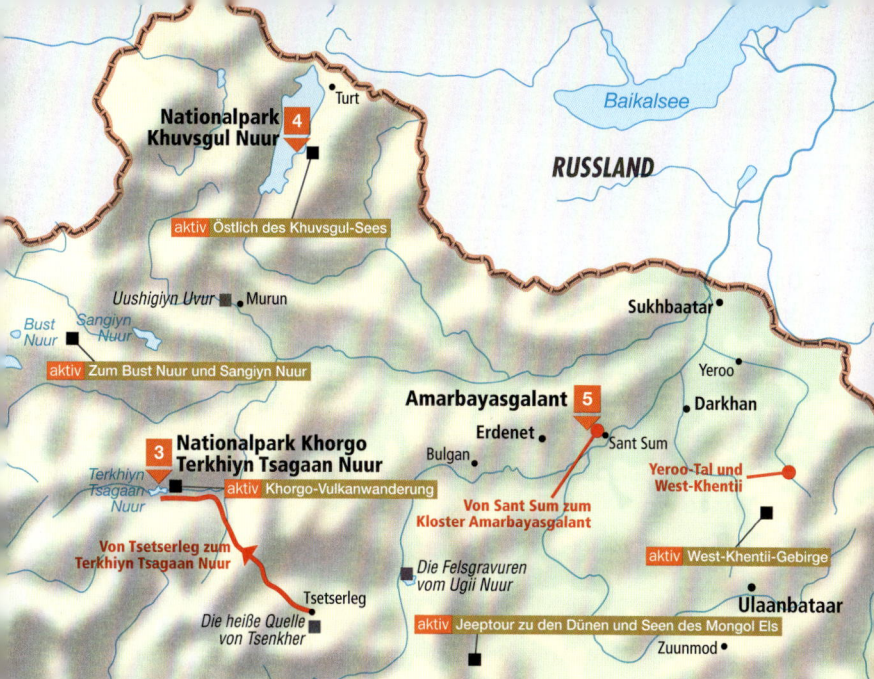

Unsere Tipps

Die Felsgravuren vom Ugii Nuur: Am Nordwestende des Ugii Nuur befindet sich ein mit Ovoos geschmückter Berg, der sicher schon immer eine kulturelle Bedeutung in dieser Region hatte. Hier kann man wie in einem Suchspiel vorzeitliche Steingravuren entdecken (s. S. 230).

Die heiße Quelle von Tsenkher: Besucher finden hier ein schönes Beispiel hydrothermalen Wasserausstoßes. Der moderate Schwefelgeruch erinnert an den Ursprung des Wassers aus der Tiefe der Gesteine (s. S. 233).

Uushigiyn Uvur: Diese Gegend mit Hirschsteinen westlich von Murun kann für einen Kurzbesuch, z. B. während der Wartezeit auf das Flugzeug, genutzt werden. Die Steine sind sehr gut erhalten und die Anlage wird bewacht und gepflegt (s. S. 245).

aktiv unterwegs

Jeeptour zu den Dünen und Seen des Mongol Els: Die spannende Mischung aus Sand und Wasser bietet für Tiere und Pflanzen einen interessanten Lebensraum (s. S. 226).

Khorgo-Vulkanwanderung: Seine Umrundung führt die vulkanische Gewalt der erdinneren Kräfte vor Augen (s. S. 238).

Zum Bust Nuur und Sangiyn Nuur: Jeeptour zu zwei Süßwasserseen in einer parkartigen Waldsteppenlandschaft an einer Erdbebenlinie der Mongolei (s. S. 243).

Östlich des Khuvsgul-Sees: Mit dem Geländewagen durch Lärchenwälder und blütenreiche Wiesen (s. S. 250).

West-Khentii-Gebirge: Mit dem Geländewagen auf eigene Faust in die südsibirischen Taigawälder (s. S. 269).

Khangai

Das Khangai-Gebirge ruht als mächtiger Block in der Mitte der Mongolei. Die Komposition aus hohen Bergen, Seen, tief eingeschnittenen Tälern und Vulkanen wird von ausgedehnten Lärchen- und Kiefernwäldern, weitgespannten Steppenarealen und saftig grünen Wiesen- und Bergsteppen eingekleidet. In dieser Landschaft wurden die bekannten Przewalski-Pferde wieder ausgewildert und das Ufer des Orkhon im Süden des Gebirges ist eines der ältesten Siedlungsgebiete der Mongolei.

Schon immer führen die Verkehrswege über seine Flanken und überqueren nur selten auf Passstrecken die Kammlagen des Gebirges bei 2500 bis 3000 m. Der höchste Berg im Khangai und der einzige, der ewigen Schnee und einen Gletscherrest aufweist, ist mit 4021 m der Otgon Tenger Uul (›Jüngster Sohn des Himmels‹, s. S. 356). Die anderen Teile des Gebirges mit durchschnittlich 3500 m hohen Gebirgsketten erinnern eher an ein Mittelgebirge. Der Hauptkamm des überwiegend aus Graniten und anderem kristallinen Gestein aufgebauten Gebirges erhebt sich in weiteren drei Zentren weit über die obere Waldgrenze (auf ca. 2400 m) hinaus.

Die Schneegrenze wird unter den heutigen klimatischen Verhältnissen bei ca. 3950 m anzunehmen sein. Als Reisender beobachtet man die bisweilen glatt geschliffenen Wände der Trogtäler, die kleinen Zungenbeckenseen, die trichterförmig in den Hauptkamm eingelassen Kare, wo in der letzten Eiszeit die Gletscher gebildet wurden und ihren Ausgang nahmen, und die wallartigen Moränen. Eiszeitlicher Vulkanismus, der an wenigen Stellen des Khangai noch bis in die Gegenwart gut zu beobachten ist, hinterließ Vulkankegel und Lavabasaltdecken. Zahlreiche heiße Quellen und Mineralquellen legen Zeugnis von der immer noch dicht unter der Erdoberfläche befindlichen Hitze des Erdinneren ab (s. S. 20 und 233).

Oberhalb der Waldgrenze findet man, z. B. beim Überqueren des Solongot Davaa auf 2600 m, alpine Zwergstrauchmatten und Gras- und Flechtenfluren. In den Wäldern wachsen überwiegend Sibirische Lärchen und in den oberen Waldabschnitten bisweilen auch Sibirische Kiefern. Im Khangai beobachtet man weiterhin das Phänomen der ausschließlich nach Norden ausgerichteten Wald- bzw. Gebirgswaldsteppe (s. S. 25). In den Talauen haben sich aufgrund des recht hohen Grundwasserstandes bisweilen wunderschöne alte Ulmen- und Pappelwälder erhalten. In den unteren Gebirgslagen trägt die Federgrassteppe gerade im Juni und Juli durch die langen Grannen des Federgrases einen silbernen Schleier – im Gegenlicht ergeben sich herrliche Fotomotive.

Blumenreiche Wiesensteppen mit Lilien und Weidenröschen sind an die Gebiete mit etwas höheren Niederschlägen gebunden. Nehmen hingegen Richtung Süden die Niederschläge ab, so gesellt sich zu den Federgrassteppen auf eher felsigem und schuttreicherem Untergrund die Beifußsteppe *(Artemisia pancicii)* hinzu, die oft einen würzigen, typischen Geruch nach Kamille und manchmal auch nach Zwiebel aussendet.

Ob Wanderung oder Rundfahrt: Khogno Khan bietet ein wunderbares Naturerlebnis

Khogno Khan Uul ▶ M/N 6

Für viele Besucher ist das Naturschutzgebiet **Khogno Khan** (Хөгнө Хаан уул) in der Mongolei die erste Übernachtungsstelle auf dem Land oder die letzte am Ende einer Rundreise, bevor man von hier aus wieder nach Ulaanbaatar kommt. Der besondere Reiz liegt in den Felsburgen, die allgegenwärtig das Landschaftsbild von Khogno Khan prägen. Sie gehören zu den ältesten Landschaften der Mongolei und verdanken ihre ursprüngliche Entstehung einer tropischen Tiefenverwitterung (s. S. 20).

Eine Attraktion in Khogno Khan ist das Kloster **Erdene Khamba,** das im ausgehenden 17. Jh. von den Gelbmützen gegründet wurde. In den 1930er-Jahren fiel es so wie die meisten Klöster in der Mongolei einer ›Säuberungsaktion‹ zum Opfer (s. S. 68). Seit 1990 wird verstärkt der Wiederaufbau vorangetrieben.

Wanderung zum alten Kloster Uvgun Khiid

Im Naturschutzgebiet Khogno Khan kann man sehr beeindruckende Kurzwanderungen und auch Rundfahrten mit dem Auto unternehmen und dabei typisch mongolische Eindrücke sammeln, ohne dafür viele Tagesreisen unternehmen zu müssen.

So ist eine Wanderung von einstündiger Dauer zu dem alten im 14. Jh. gegründeten Kloster **Uvgun khiid** (Өвгөн хийд, N 47° 26,286' O 103°42,833') sehr lohnend. Die Ruinen zu Füßen des neuen Klosters, dessen

Khangai

aktiv unterwegs

Jeeptour zu den Dünen und Seen des Mongol Els ▶ M/N 6

Tour-Infos
Start: Dünensee am östlichen Dünenrand (N 47°20,918' O 103°41,617')
Länge: 45 km zum Krönungsplatz-Denkmal
Dauer: Tagestour
Wichtige Hinweise: Aus Sicherheitsgründen sollten immer zwei Fahrzeuge fahren.

Einen Tagesausflug besonderer Art kann man entlang dem Dünengürtel **Mongol Els** (Elsen Tasarkhai) machen. Zunächst befindet man sich auf der Ostseite dieser sich teilweise noch aktiv bewegenden Dünen. Jedoch hat die Vegetation aus Kamelstrauch, Gräsern und Wachholder sowie auch Ulmen die meisten Dünen befestigt. Durchquert man mit dem Auto den Dünengürtel auf der Asphaltstraße nach Westen und biegt dann nach ca. 4 km hinter dem Abzweig nach Kharkhorin am westlichen Talrand des Tarnain Gol nach Süden, so kann man über 30 km den Dünen folgen und diese auch teilweise queren.

Etwa nach 24 km sollte man einer Fahrspur in den hier mit Wachholder bewachsenen Dünengürtel nach Südosten folgen und am sehr malerisch gelegenen **Krönungsplatz Zanabazars** haltmachen. Ein Gedenkstein mit Inschriften erinnert an die Krönung von Zanabazar in dieser beeindruckenden Umgebung aus Dünen und mit Schilf umgürteten Seen.

Von dort aus muss man allerdings erst wieder 5 km zurück, um dann den Weg nach Süden um den Dünengürtel herum nach Osten abbiegend fortzusetzen. Die Rückfahrt nach Khogno Khan kann auf der östlichen Seite des Dünengürtels zum **Touristencamp Bayan Gobi** erfolgen.

Die Frage nach der Herkunft des Sandes kann auf dieser Tour anschaulich beantwortet werden: Der Sand stammt aus den oft trockengefallenen Seebecken und breit angelegten Flussauen. Dabei wird am Beispiel Mongol Els deutlich, dass es weitgehend westliche Winde sind, die vorwiegend im Frühjahr und Frühsommer die Sandmassen transportieren können, sofern sie nicht durch die bodendeckende Vegetation festgehalten werden.

Birdwatching wird immer attraktiver in der Mongolei. Hier an diesen Grund- und Regenwasser gespeisten Seen auf der Ostseite des schmalen Dünengürtels Mongol Els (N 47°20,918' O 103°41,617') sind im Sommer außer Enten und Gänsen auch Reiher und einige Greifvogelarten (u. a. Schwarzer Milan, Bussarde) zu beobachten. Ein Besuch lohnt sich besonders in den Abendstunden, wenn sich in den zum Teil bewachsenen Dünen Leben zu regen beginnt.

Aufbau 1992 begann, sind nicht der Zerstörung unter kommunistischer Herrschaft zuzuschreiben, sondern einer Auseinandersetzung zwischen Zanabazar, dem obersten Lama der Gelbmützen, und den innermongolischen Rivalen der oirat-mongolischen Stämme. Ihr Führer, Galdan Bochigtu, vermutete, Zanabazar verstecke sich in dem Kloster und eroberte und zerstörte die Anlage im Jahr 1660.

Der Aufstieg zum alten Kloster beginnt durch das nach Nordosten vom heutigem Kloster ausgehende Tal auf einem gut sichtbaren Weg durch einen teilweise abgestorbenen Birkenwald. Im oberen, sich nochmals verzweigenden Talboden finden sich dann die aus Lehm und Natursteinen gemauerten Ruinen des alten Klosters Uvgun. Allein seine Lage ist die Mühe des Aufstiegs wert. Im Anschluss kann man die Wanderung dann noch für etwa 30 Min. fortsetzen und von einem direkt in der Verlängerung des Aufstiegstal liegenden Sattel auf die andere Gebirgsseite sehen. Der Abstieg erfolgt auf dem gleichen Weg.

Rundtour um das Gebirge von Khogno Khan

Für eine Rundtour um das Gebirge kann man einen halben Tag veranschlagen, um ausreichend Zeit für ein Picknick und für Fotostopps zu haben. Auch ein Abstecher ins Gebirge hinein ist sehr lohnend und kann variantenreich gestaltet werden.

Man sollte bei einer solchen Rundtour zunächst um die Ostseite des Gebirges fahren, damit man das westlich gelegene Dünenfeld des Mongol Els wegen der tief stehenden Sonne und dem besseren Licht am späten Nachmittag erreicht. Immer wieder bieten sich Möglichkeiten, in einsame Täler abzubiegen, allerdings enden die Pisten dann zumeist an einem Winterstall oder an einer steilen Wand.

Übernachten

Einige Ger Camps befinden sich direkt am Fuß des Gebirges oder auch in der weiteren Umgebung von Khogno Khan.

Von Kharkhorin zum Ugii Nuur

Ger Camps ▶ **Bayan Gobi:** am Dünengürtel des Mongol Els (Elsen Tasarkhai) gelegen, Tel. 011 32 84 28, 011 32 02 46, 99 19 31 85. Ab 46 000 MNT. **Nature Tour:** direkt an den Felsen der Berge von Khogno Khan gelegen, Tel. 011 31 23 92, 011 31 18 01, munkhnaran @nature-tours.mn. Wirklich empfehlenswert. Ab 25 000 MNT.

Von Kharkhorin zum Ugii Nuur

Kharkhorin/Karakorum ▶ M 6

Im östlichen Khangai-Gebirge begegnen wir auf Schritt und Tritt historisch bedeutsamen Stätten der mongolischen Nation. **Karakorum** oder **Kharkhorin** (*Char Chorin*, Хархорин), wie man diesen Namen international üblich transkribiert, von 1235 bis 1380 die Hauptstadt der Mongolen-Khane, liegt mitten auf dem fruchtbaren Schwemmkegel des Orkhon, genau an der Stelle, wo der Fluss das Khangai-Gebirge verlässt und damit eine breite Talaue aufgebaut hat. Eine detaillierte Beschreibung von Kharkhorin und seiner Umgebung findet sich ab S. 302, weil für viele Touristen hier das Ende ihrer Mongoleireise erreicht ist und der Rückweg nach Ulaanbaatar angetreten wird.

Khar Balgas ▶ M 6

Nur 30 km flussabwärts von Kharkhorin, in Sichtweite der Siedlung **Khotont** in Richtung Nordosten, liegen die Ruinen der Uiguren-Hauptstadt Bailiklik, heute bekannt unter dem Namen **Khar Balgas** (›Schwarze Stadt‹, Хар балгас, N 47°25,965' O 102°39,469'). 754 war Khar Balgas das Verwaltungszentrum des Uigurischen Imperiums und Brücke zwischen den Handel treibenden Ländern. 1949 fanden hier Grabungen statt, die Einblicke in den Aufbau von Stadt, Tempel und Burg gewährten.

Das Wallsystem wies Türme von bis zu 16 m Höhe auf. Die Burg selbst war von einer 12 m hohen Mauer umgeben. Schließt man von der Größe der Anlage auf die mutmaßliche Zahl ihrer Bewohner, so lässt sich

Khangai

die Stadt mit den großen Zentren des frühmittelalterlichen Orients vergleichen. Die Uiguren, ein Turkvolk, besiegten die alttürkischen Herrscher und herrschten für etwas mehr als ein Jahrhundert (744–840 n. Chr.) über eine Region, die nicht nur mongolisches Gebiet umfasste, sondern bis nach Turkestan reichte. Schon im Jahr 840 wurden sie von den Jenissei-Kirgisen abgelöst. Was geblieben ist, ist ihre Schrift, die Chingghis Khaan als Vorbild für das mongolische Alphabet diente.

Im Jahr 1996 hat die UNESCO Khar Balgas als Weltkulturerbe anerkannt. Die Mongolei selbst stellte die Ausgrabungen erst 2002 unter Denkmalschutz. Seit 2008 bildet die Schwarze Stadt den neuen Mittelpunkt von Forschungsarbeiten des Deutschen Archäologischen Instituts, das seine Prospektionsarbeiten für die nun nachfolgenden Ausgrabungen 2009 abgeschlossen hat.

Khoshoo Tsaidam ▶ M 6

Von Kharkhorin aus lassen sich flussabwärts gen Norden weitere historische Stätten besuchen. Der Orkhon mäandriert in unzähligen Schleifen mit breiten Sandbänken durch ein bis zu 40 km breites Steppental. Die fruchtbare und verkehrsgünstige Region am Rand des Khangai-Gebirges lockte bereits lange vor Chingghis Khaan Siedler an.

Auf dem Weg zum Ugii Nuur verlässt man Kharkhorin auf der von der türkischen Regierung finanzierten und 2008 fertiggestellten Straße nach Khoshoo Tsaidam. 40 km flussabwärts, inmitten der feuchten Flussaue, entdeckte 1889 der russische Forscher N. M. Jadrinzev im Sum **Khashaat** (Arkhangai Aimag) zwei bedeutende alttürkische Gedenkstätten aus dem 8. Jh., **Khoshoo Tsaidam** (Хөшөө Цайдам, N 47°34,129' O 102°50,692'). Sie stehen eng mit der Tonyukuk-Gedenkstätte bei Nalaikh in der Nähe von Ulaanbaatar (s. S. 206) in Zusammenhang. Ein von der türkischen Regierung unterstütztes archäologisches Projekt hat hier inzwischen ein modernes Museum aufgebaut, das ganz in der Nähe der Ausgrabungsflächen gelegen ist.

Gefunden wurde eine steinerne Schildkröte mit einer Inschriftentafel auf dem Rücken. Fast 200 Jahre zentralasiatischer Geschichte sind darauf zusammengefasst. Die Grabmale sind außergewöhnliche Zeugen türkischer Kunst und Kultur aus der mongolischen Steppe. Die größere der beiden Anlagen erinnert an Kul-Tegin (684–731), der unter seinem Bruder Bilge Khan (683–734), dessen letzte Ruhestätte nur 500 m südlich liegt, Oberbefehlshaber des türkischen Heeres war. Bilge Khan war der letzte König des Türkenstaats und regierte sein Land 19 Jahre lang.

Der von Kul-Tegin angelegte Gesamtkomplex misst 67 x 29 m und wird von einer mit Ziegeln verkleideten, dicken Stampflehmmauer umschlossen, um die sich wiederum ein über 6 m breiter Wassergraben zog. Im Zentrum befindet sich eine quadratische Plattform mit einer Seitenlänge von 13 m. Auf diesem Lehmfundament fanden sich Relikte eines kleinen Palastbaus oder eines Opfertempels, dessen Dach vermutlich schon vor 1000 Jahren einstürzte.

Die beiden Statuen in der Mitte des Tempels stellen wahrscheinlich Kul-Tegin und seine Gemahlin dar. Kul-Tegin erkennt man an seinem hohen Kopfschmuck in Gestalt einer Krone mit einem Vogel, der die Flügel ausgebreitet hat. Diese Tierdarstellung ist charakteristisch für die Kunst der frühen Türkenzeit. In die große Stele ist eine zweisprachige (chinesisch und alttürkisch) Inschrift mit folgendem Datum eingemeißelt: 27. Tag, 7. Monat, männlicher, schwarzer Wasser-Affe – also 732 n. Chr., ein Jahr nach dem Tod von Kul-Tegin.

Zahlreiche Ahnenstandbilder *(babal)* stehen außerhalb des Tempelhofs. Eine mit steinernen Bildnissen von Fürsten und Heerführern gesäumte Allee erstreckte sich damals vom Tempel nach Osten. Mit Ausnahme gut erhaltener Skulpturen aus grauem Marmor ist dieser feierliche Wachzug zu einer formlosen Trümmermasse verfallen. Die kräftigen, originellen, aus Stein gehauenen Krieger sind meist in traditioneller Pose dargestellt, aufrecht, mit einem Kelch in der rechten Hand und einem von links nach rechts übereinan-

Von Kharkhorin zum Ugii Nuur

dergeschlagenen Mantelrock. Man erkennt deutlich Kleidung, Haarstil, Ohrringe und die Gurte, an denen Waffen hängen. Die Mandelaugen stehen sehr nahe beieinander, die Nase ist lang, und über dem kleinen Mund befindet sich ein Schnurrbart. Diese Statuen waren die stummen Zeugen von Bestattungsfeierlichkeiten und Totenmahlen, die in nach Osten gerichteten Gebäuden abgehalten wurden.

Vor dem Bildnis jedes tapferen Kämpfers wies eine Reihe grober Steine auf die Zahl der von ihm getöteten Feinde hin. Der wertvollste Fund dieses Ortes war eine goldene Königskrone, die bei der Ausgrabung im Jahr 2001 gefunden wurde. Der Komplex wurde 1961 von der mongolischen Regierung unter Denkmalschutz gestellt und 1996 durch die UNESCO als Weltkulturerbe anerkannt.

Ugii Nuur ▶ M 6

Von Khoshoo Tsaidam ist es nur noch ca. 1 Std. Autofahrt auf einer normalen Piste, bis der **Ugii Nuur** (Өгий нуур) ins Bild rückt. Nähert man sich dem See von Süden, so hat man einen guten Gesamteindruck über seine Lage mitten in der Steppe. Vegetationsgeschichtliche Untersuchungen an den Ablagerungen vom Seegrund zeigten, dass sich vor ca. 5000 Jahren hier noch Bäume zu einem Wald formierten und dass er bis vor 2200 Jahren größere Ausmaße besaß als heute.

Der Ugii Nuur liegt auf einer tektonischen Verwerfung, die den Unterlauf des Tamir Gol im Westen und die erloschenen Vulkane im Osten bestimmte. Er ist heute bis zu 15 m tief und wird streckenweise besonders auf der östlichen Südseite von Steilufern begrenzt, die sich mit flachen Kies- und Sandstränden abwechseln. Sein einstiger Fischreichtum hat sich seit den 1990er-Jahren durch die starke, teilweise auch kommerzielle Befischung verringert. Die Zeiten, in denen man hier einen 1,5 m langen Hecht fangen konnte, sind wie am Terkhiyn Tsagaan Nuur im Khangai vorbei.

Auf dem Weg zurück nach Kharkhorin überquert man den Orkhon auf einer modernen Betonbrücke ca. 8 km westlich des Ugii Nuur, nachdem man nicht versäumt haben sollte, die **alte Orkhon-Brücke** ca. 5 km unterhalb dieser neuen Brücke besucht zu haben. Dieses Bauwerk ist eine der letzten erhaltenen Holzbrücken in der Mongolei, die es verdient, unter technischen Denkmalschutz gestellt zu werden. Statiker und Brückenbaumeister haben ihre wahre Freude, Stützpfeiler und Bögen genau zu studieren. Sie wird heute noch eingeschränkt benutzt.

Folgt man von der Betonbrücke über den Orkhon am Ugii Nuur weiter der Piste nach Tsetserleg, so muss man wenige Kilometer nördlich des Ugii Nuur, einem Süßwassersee von etwa 7 km Länge, 5 km Breite und 15 m Tiefe, den Fluss Orkhon überqueren. Die Ufer des Sees im Süden und Norden sind hügelig, und im Westen schließt sich die Flussniederungen des Orkhon und Tamir an.

Besonders im Frühjahr, wenn im Mai die Eisdecke aufbricht, ist der Ugii Nuur eine beliebte Raststation für Zugvögel. Westlich des Sees fließen die Süd- und die Nord-Tamir in den Orkhon. Während es sich im Oberlauf um schnell fließende Gebirgsflüsse handelt, sind ihre Unterläufe geruhsam und haben, weit mäandrierend, viel Sand und Kies abgelagert. Der Ugii Nuur gehört zu den tektonisch angelegten Seen in der Mongolei, die ihre Entstehung den sich immer noch bewegenden Erdplatten zu verdanken haben. Davon zeugen auch einige Vulkane östlich des Ugii Nuur, an denen man auf Sichtweite vorbeifährt, wenn man sich von Osten her dem See nähert.

Der See ist ein geruhsamer Ort, an dem man auch in einem der inzwischen zahlreichen Ger Camps eine Ruhepause einlegen kann. Ein Ausflug auf einen der nördlichen mit Steppe bedeckten Berge lohnt sich besonders am Abend und bei tiefem Sonnenstand.

Übernachten

Einige Ger Camps am Ugii Nuur bieten inzwischen einen recht hohen Übernachtungskomfort.

Ger Camps ▶ **Ugii Tour Tourist Camp:** auf der Nordseite, an einer keilförmigen Nehrung gelegen, Tel. 011 45 11 45, 99 11 05 06, tseegii0711@yahoo.com. Ab 25 000 MNT.

Khangai

Tipp: Die Felsgravuren vom Ugii Nuur ▶ M 6

Felszeichnungen sind in den Berghängen (N 47°47,878' O 102°42,556') nördlich der kleinen Fischersiedlung am Westende des Sees zu entdecken. Stilisierte Steinböcke, Hirsche und einfache Menschendarstellungen wurden hier in die schwarze Patina der Gesteinsoberfläche geritzt. Wenn Natur- und Reptilienfreunde Glück haben, begegnen sie gelegentlich auch der Halys-Schlange, einer giftigen Verwandten der bekannteren Klapperschlange.

Khatan Ugii: auf der Südseite, khatan@Ugii tour.mn. Ab 24 000 MNT.

Von Ulaanbaatar zum Ugii Nuur ▶ M–P 6

Von Ulaanbaatar kommend erreicht man den Ugii Nuur über Lun und die direkt nach Westen führende, bereits 80 km lang asphaltierte Straße über **Dashinchilen** (Bulgan Aimag). Bei der Gelegenheit kann man den historischen Stätten Tsagaan Baishin und Khar Bukhyn Balgas einen Besuch abstatten.

Tsagaan Baishin

7 km hinter Dashinchilen stößt man auf eine Brücke über die Tuul. Auf der anderen Uferseite, bereits auf dem Gebiet des Bulgan Aimag, erhebt sich die Burgruine **Tsagaan Baishin** (Цагаан байшин, ›Weißes Haus‹, N 48°01,422' O 104° 21,091'). Die Mutter des Mongolenprinzen Tsogt Taij ließ die große Burg errichten, deren Relikte noch heute unser landläufiges Bild von der nomadischen Bevölkerung der Mongolei zu korrigieren vermögen. Allein das Steueraufkommen, das notwendig war, um die Anlage zu unterhalten, muss bedeutend gewesen sein.

Das Haus ist im architektonischen Stil wie ein Tempel gebaut, sein Dach mit halbrunden Dachziegeln gedeckt. Der Treppenaufgang war zum Fluss ausgerichtet, wenige glasierte Ziegel künden noch von der Pracht, die hier geherrscht haben muss. Eine Miniaturrekonstruktion ist im Zentralmuseum in Ulaanbaatar zu sehen (s. S. 178). Der Gedenkstein etwas oberhalb auf der Bergkuppe erinnert in mongolischen und tibetischen Schriftzeichen daran, dass Tsogts Mutter die Gebäude in der Zeit vom Weißen Eisen-Rind-Jahr (1601) bis zum Roten Feuer-Schlangen-Jahr (1617) errichtete und dass Tsogt in seinem kleinen Verwaltungszentrum auch buddhistische Tempel und Schulen bauen ließ.

Im Jahr 1581 als Nachkomme des Chingghis Khaan geboren gehörte Tsogt zu den wenigen mongolischen Fürsten, die aus der Reihe ihrer adeligen Standesgenossen herausragten und eine eigene Vision eines größeren Gemeinwesens besaßen. Als gebildeter Mann widmete er sich den schönen Künsten als Übersetzer und Dichter. Doch er starb 1637, ohne nachhaltige Spuren hinterlassen zu können – ein Schicksal, dass die mongolische Elite immer wieder ereilte. In die mongolische Geschichtsschreibung ist er vor allem als Freiheitsheld im Kampf gegen die beginnende Herrschaft der Mandschuren eingegangen.

Die Häuser des Gebäudekomplexes wurden zwischen 1627 und 1630 während aufständischer Unruhen mehrmals betroffen und zerstört. Seitdem wurden sie nicht wieder aufgebaut. 1971 stellte die Mongolische Regierung den Komplex unter Denkmalschutz.

Khar Bukhyn Balgas

15 km westlich von Dashinchilen liegt **Khar Bukhyn Balgas** (Хар Бухын балгас, ›Stadt des Schwarzen Bullen‹, N 47°25,965' O 102° 39,469'), eine Burgruine, die auch als Burg des Tsogt Taij (*Taij* ist ein Titel aus der Zeit der mandschurischen Herrschaft) bekannt ist. Die Einheimischen nennen sie die Ruine von Khuntaij oder die Ruine von Khadaasan.

Der Taij ließ diese Festung im 17. Jh. auf den Fundamenten einer alten Kitansiedlung aus dem 10. bis 12. Jh. errichten. Man fand mit Kitanschrift verzierte Dachziegelsteine aus dem 9. bis 10. Jh. Auf die Kitan weist nur noch ein bis zu 5 m hoher Wall hin, der deren rechteckige Siedlung umfasste. Im Inneren der alten Stadt legte Prinz Tsogt seine Residenz an, gemauert aus Schieferplatten – aber auch davon sind heute nurmehr Ruinen vorhanden. Seit 1998 steht die Ruine Khar Bukhyn Balgas unter Denkmalsschutz.

Vom Ugii Nuur nach Gol Mod ▶ L 5–M 6

Möchte man einmal so richtig in eine liebliche Märchenlandschaft aus Lärchenwäldern und weiten, von Seen durchsetzten Steppen eintauchen, so ist vom Ugii Nuur aus Gol Mod etwa 27 km südlich von Khairkhan Sum (Хайрхан сум) im Arkhangai Aimag ein lohnendes Ziel. Man erreicht Gol Mod auf einer recht guten Piste für Geländefahrzeuge in ca. 5 Std. reiner Fahrzeit.

Am besten man wählt von **Battsengel Sum** (Батцэнгэл сум, N 47°47,467' O 101° 58,207'), am Tamir Gol gelegen, die Piste über die dortige Brücke nach Norden über den **Khavtsgaityn Davaa** (Хавцгайтын даваа). Man durchquert dabei die Hügelketten des Ost-Khangai mit seinen Wiesensteppen. Dem **Tal des Hunui** (nicht zu verwechseln mit dem parallel verlaufenden Hanui) folgt man noch ca. 18 km nach Norden und quert dabei einige flachgründige Flugsandfelder, ehe man auf der östlichen Talseite Gol Mod erreicht.

Gol Mod (Гол Мод, N 48°22,035' O 101° 56,088') ist viele Jahre lang Brennpunkt französischer archäologischer Wissenschaft ge-

Abends wird es am Ugii Nuur lebendig, zumindest am Himmel

Khangai

wesen. Hier wurden etwa 400 Grabanlagen von der Bronzezeit bis zur Zeit der türkischen Herrschaft kartiert. Die Archäologen legten bei den Grabungen Grabkammern frei, die sich bis zu 17 m unter der Oberfläche befanden. Die großen Grabanlagen charakterisieren Rampen und mächtige Wälle. Das gesamte Gräberfeld umfasst eine Fläche von 400 ha.

Für eine eventuelle Rückreise von hier aus nach Ulaanbaatar sollte man vielleicht die Strecke über **Khairkhan Sum** (Хайрхан сум, N 48°36,478' O 101°56,49') und den Bulgan Aimag wählen (s. S. 259).

Tsetserleg ▶ L 6

Die Hauptstadt des Arkhangai Aimag – **Tsetserleg** (›Blumengarten‹, Цэцэрлэг, N 47° 28,531' O 101°27,136') – liegt sehr schön in einer Ausbuchtung eines Gebirgszugs auf 1695 m. Trotz der Höhe herrscht ein günstiges Klima. In der gut durchlüfteten Hanglage wird es im Januar durchschnittlich nur –16 °C, maximal aber –37 °C kalt, obwohl die Stadt über 400 m höher liegt als Ulaanbaatar. Allerdings ist bis ins letzte Maidrittel mit Frosttagen zu rechnen, und es wird im Sommer auch nur mäßig warm. In dieser Jahreszeit fallen zwei Drittel aller Niederschläge, die im Gesamtjahresdurchschnitt mit fast 350 mm relativ hoch sind. Die Häuser der 17 900 Einwohner – viele sind farbig gestrichen – ziehen sich die Hänge hinauf und die Berge bieten eine entsprechend großartige Kulisse.

Zayaiyn Khuree

Die Besiedlung von Tsetserleg begann mit der Gründung des Klosters **Zayaiyn Khuree**

Der ganze Stolz von Tsetserleg: das Aimagmuseum im Kloster Zayaiyn Khuree

Tsetserleg

im Jahr 1586. Der bedeutendste Ausbau mit der Errichtung von drei Tempeln erfolgte Anfang der 1680er-Jahre: der **Guden-Süm-Tempel** sowie der **Winter-** und der **Sommer-Semchin-Tempel** (Letzterer existiert nicht mehr). Seine auf das Erdgeschoss beschränkten Säulen unterscheiden den Guden-Süm-Tempel deutlich vom gedrungeneren Winter-Semchin-Tempel, dessen Säulen sich in die erste Etage fortsetzen. Der Klosterausbau wird einem Zeitgenossen Zanabazars zugeschrieben, dem ersten Zaja Pandita.

Anfang des 20. Jh. sollen in dem Kloster über 1000 Mönche gelebt haben, womit es eine der bedeutendsten religiösen Stätten der Mongolei war. Noch für das Jahr 1932 wird von *tsam*-Tänzen berichtet. Im gleichen Jahr erfolgte die kulturelle Barbarei mit der Ermordung des Klostervorstehers, des sechsten Zaja Pandita, und der meisten Mönche, der Schleifung aller eingeschossigen Lehmhäuser des Klostergeländes, der Umfriedung von zwei der fünf Tempelanlagen. Von den verbliebenen drei Tempeln wurde der älteste in ein **Museum** mit vielen alten Kunstgegenständen umgewandelt, ein anderer überlebte als Feuerwehrhaus.

Vor den Ruinen findet man einen **Stupa** aus dem Jahr 2001, der an die kommunistische Repression erinnert. Interessant der Bedeutungswechsel: Kündeten früher die – jetzt entfernten – Inschriften von den ›reaktionären Aufständen‹ der Lamas gegen Ende der 1930er-Jahre, so bezieht sich das Mahnmal heute auf die unter kommunistischer Verantwortung begangenen Morde und Zerstörungen. Das Gebäude von 1631 wurde unterdessen wieder religiösen Zeremonien zugeführt. Auch einen siebten Zaja Pandita gibt es heute. Allerdings lebt er in Ulaanbaatar und besucht ›sein‹ Kloster nur sporadisch (Aimagmuseum: im Klosterbezirk Zayaiyn Gegeeniy Sum, Tel. 01332 222 81, 9–18 Uhr, 2500 MNT, Foto 2000 MNT für außen, 5000 MNT für innen).

Auf der **Felswand** des Bulgan Uul hinter dem Kloster sind auf rotem Grund zwei große Darstellungen eines weiß gekleideten, alten Mannes im *deel* zu sehen. Es handelt sich um die Figur eines Wohltäters, die auch in traditionellen tibetischen *tsam*-Tänzen verehrt wird. Man nennt sie Weißer Alter. Ihre Bilder wurden so tief in den Felsen eingemeißelt und mit Farben ausgemalt, dass trotz mehrfacher Versuche der kommunistischen Machthaber deren Entfernung nicht gelang. Nach jedem Regen seien die weißen Gesichter der Figuren erneut erschienen, berichten die Einheimischen.

Infos

Büro der Naturschutzverwaltung: östliche Hauptstraße, Tel. 01332 211 79, 9–18 Uhr. Verantwortlich für die Schutzgebiete im Khangai. Auskünfte über Angelerlaubnisse,

Tipp: Die heiße Quelle von Tsenkher ▶ L 6

Zur heißen Quelle von **Tsenkher** (Цэнхэрийн халуун рашаан, N 47°11,911' O 101°47, 261') kann man entweder von Tsetserleg aus das Tal des Tamir querend auf einer ca. 25 km langen Piste nach Südosten gelangen oder von Tsenkher Sum (N 47°27,064' O 101° 44, 835') aus direkt nach Süden einer Piste auf 23 km folgen.

Die Quelle ist eines der besten Beispiele dafür, dass Vulkanismus in der Mongolei noch eine Rolle spielt. Das mit über 50 °C aus der Erde sprudelnde schwefelhaltige Wasser wird in Becken geleitet, die von Natursteinen eingefasst sind. In den vier Ger Camps unterhalb der heißen Quelle findet man angenehme Übernachtungs- und Bademöglichkeiten. Frau Otgon vom Altan Nutag Camp spricht auch Deutsch und Englisch und verwöhnt ihre Gäste mit gutem Essen (s. S. 234).

Thermal- und auch Mineralquellen sind im Khangai öfter anzutreffen. Sie sind immer an tektonische Störungslinien gebunden, an denen Wasser relativ leicht aufsteigen kann. Auch die Erdwärme dringt hier bis dicht unter die Erdoberfläche und heizt dabei das Grundwasser auf.

Khangai

Der Baum der 100 Zweige: Die unzähligen blauen Gebetsfahnen sind Zeugen der religiösen Bedeutung des Orts

Eintrittsgebühren und sehenswerte Gebiete. Die deutsche Entwicklungszusammenarbeit ist Partner der Verwaltung.
Internet und **Telecom:** im Mittelabschnitt der westlichen Hauptstraße, tgl. 0–24 Uhr.

Übernachten

Östlich ▶ **Hotel Naran:** an der östlichen Hauptstraße, Tel. 01332 228 69, 99 33 29 00. Ab 20 000 MNT.

Mit Snackbar ▶ **Hotel Sundur:** nördlich des Marktes, Tel. 01332 223 59. Ab 15 000 MNT.
Beliebtes Ökohotel ▶ **Hotel Fairfield:** an der östlichen Hauptstraße, Tel. 01332 210 36. Im Hotel gibt's auch ein Café (Mo–Sa 9–18 Uhr). Ab 12 000 MNT.

Ger Camps ▶ **Altan Nutag:** das Camp, das den heißen Quellen von Tsenkher (s. S. 233) am nächsten liegt – talaufwärts rechts an den anderen Ger Camps vorbeifahren, Altan Nutag

10–22 Uhr. Gerichte 1000–5000 MNT. **Restaurant Tsakhiur:** im Nordabschnitt der westlichen Hauptstraße, 11–23 Uhr. Gerichte 500–4000 MNT.

Einkaufen
Proviant ▶ Eine **Markthalle** für Lebensmittel befindet sich an der zentralen Kreuzung gegenüber dem ›Busbahnhof‹. Ein Kaufhaus liegt auf der Nordseite des Zentrums am Ende der westlichen Hauptstraße.

Von Tsetserleg zum Terkhiyn Tsagaan Nuur

Ab Tsetserleg ist die Straße nach Westen landschaftlich ausgesprochen schön. Sie windet sich durch Schluchten, folgt Hochgebirgstälern und führt an malerischen Seen vorbei. Das nächste Fernziel sind Tariat und der Nationalpark Khorgo Terkhiyn Tsagaan Nuur, 165 km und eine Tagesetappe von Tsetserleg entfernt.

Taikhar Chuluu ▶ L 6
Kurz vor Ikh Tamir hat der einsam am Flussufer des Tamir Gol stehende, 16 m hohe Felsen **Taikhar Chuluu** (Тайхар чулуу, N 47° 35,359' O 101°15,784') schon seit Langem die Fantasie der Menschen angeregt. Nach der Sage sollen früher nur Ringkämpfer, die den Felsen anheben konnten, zum Naadam zugelassen worden sein. Etwas bescheidener ist die Variante der Geschichte, die besagt, nur ein einziges Mal habe ein Ringer den Stein heben können. Etwa 150 alte Inschriften künden von seiner Bedeutung.

Die geologische Entstehung dieser Felsblöcke ist nicht ganz geklärt. Es könnte sich um einen ›harten‹ vulkanischen Schlot oder Gang handeln, der der Flusserosion widerstanden hat und mit dem Untergrund verbunden ist.

liegt einsam im breiten Wiesental, Tel. 70 18 11 08, 99 74 83 88, 98 18 39 39. Frau Otgon spricht deutsch und englisch. Ab 40 000 MNT. **Khavtgai Mod:** einige Kilometer westlich des Stadtzentrums, Tel. 99 11 82 62. Für eine Kurzübernachtung geeignet. Ab 3500 MNT.

Essen & Trinken
Mongolische Küche ▶ **Restaurant Cactus Bar:** in der Mitte der westlichen Hauptstraße,

Jargalantiyn Am ▶ K 5
Nach 67 km überquert man auf der Hauptstraße in Richtung Terkhiyn Tsagaan Nuur auf einer neuen Betonbrücke den Fluss Hanuy.

Khangai

Fährt man von hier das Hanuy-Tal ca. 30 km flussabwärts, so gelangt man nach **Jargalantiyn Am,** einem seit 2009 rekonstruierten Hirschsteinfeld aus der Bronzezeit (7./8. Jh. v. Chr.). Es gehört zu den größten Feldern dieser Art in der Mongolei und wurde mit internationaler Hilfe rekonstruiert. Der Erhaltungszustand der Hirschsteine ist erstaunlich gut und der Abstecher lohnt sich.

Chuluut Gol und der Baum mit 100 Zweigen ▶ K 5

Auf der weiteren Strecke nach Westen führt die Straße am Ufer des **Chuluut** (›der Steinige‹, Чулуут) vorbei. Nach 415 km und 2000 m Gefälle ergießt er sich später in den Ider. Im Oberlauf kennzeichnen ihn die von Gletschern geschaffenen Moränen mit kleinen Seen, die vom Hauptstrom abgeschnitten sind. Im mittleren Abschnitt, an dem die Straße entlangführt, fließt er durch einen bis zu 200 m tiefen Basaltcanyon. Die Felsen stürzen zum Teil fast senkrecht aus der Ebene in das Flussbett. Vor einigen Jahren führte die Straße noch so nahe an einer Abbruchstelle vorbei, dass immer wieder Fahrzeuge vom Weg abkamen und in die Tiefe stürzten.

Hier trifft man auf eine der heiligsten Stätten des Weges, den **Baum mit 100 Zweigen** (N 48°8,073' O 100°16,291'), eine sibirische Lärche, die zahlreich verästelt ist. Ihre angeblich neun Stämme symbolisieren der Sage nach jeweils Gold, Silber, Bronze, Lapislazuli, Messing, Kupfer, Perle, Koralle und Türkis. Auffallend ist, dass die meisten der umstehenden Lärchen zumindest aus Doppelstämmen bestehen. Die vielen Gebetsfahnen künden von der religiösen Bedeutung des Orts. Den Baum zu besuchen, ohne eine Gabe zu hinterlassen, hat nach Ansicht vieler Mongolen katastrophale Folgen. Menschen hätten verkrüppelte Arme bekommen, seien mit dem Auto verunglückt oder eine seltsame Krankheit habe sie erfasst – so erzählt man sich.

Übernachten

Ger Camps ▶ **Taikhar und Ekhbaigal:** in direkter Nachbarschaft zum Felsen, Tel. 011 31 10 08, 99 19 85 12, 99 11 40 60. Ab 40 000 MNT. **Chuluut Tour:** direkt an der Chuluut-Schlucht gelegen nahe der heiligen Lärche. Ab 35 000 MNT.

Zusammenfluss von Sumyn Gol und Chuluutyn Gol ▶ K 5

Verlässt man direkt hinter der Lärche die Hauptstraße und folgt auf schlechter Piste dem Lauf des nach Nordosten fließenden Chuluut, so erreicht man nach ca. 18 km über das Basaltlavafeld die landschaftlich sehr reizvolle Stelle, an der sich Chuluut und Sumyn Gol vereinigen (N 48°13.,779' O 100° 26,102'). Unmittelbar am Zusammenfluss hat man einen schönen Einblick in den Aufbau der mächtigen **Basaltlavadecken.**

Auf den weiten Erosionsterrassen der beiden Flüsse befinden sich **historische Grabanlagen,** die an verschiedenen Stellen im Khangai entdeckt wurden. Sie weisen eine rechteckige Steinsetzung um die zentrale Grabkammer auf.

Auch der Sumyn Gol windet sich entlang senkrechter Wände durch die flache Basalttafel und bildet einen, wenn auch nicht besonders tiefen, Canyon. Der Fluss hat im Lauf der letzten 7000 Jahre die Basaltlavadecke des Khorgo-Vulkans auf der südlichen Seite durchsägt und regelt so bis heute den Wasserstand im Terkhiyn Tsagaan Nuur.

3 Nationalpark Khorgo Terkhiyn Tsagaan Nuur

Der Nationalpark ist eines von fünf Schutzgebieten im Khangai-Bergland, die allerdings untereinander keine Verbindung haben. Im Einzelnen sind dies die Schutzgebiete Otgon Tenger Uul (95 510 ha), Tarvagatayn Nuruu (525 440 ha), Khorgo Terkhiyn Tsagaan Nuur (77 267 ha), Noyon Khangai (65 529 ha) und Khangai Nuruu (888 500 ha). Der Khorgo-Terkhiyn-Tsagaan-Nuur-Nationalpark weist im Wesentlichen zwei landschaftliche Attraktionen auf: den See Terkhiyn Tsagaan Nuur und den Khorgo-Vulkan. Beide sind mit nur ca. 7200 Jahren geologisch relativ jung.

Nationalpark Khorgo Terkhiyn Tsagaan Nuur

Tief hat sich der Chuluut-Fluss in die Basaltlava eingegraben

Ausgangspunkt für einen Besuch des Parks ist der am Ostrand gelegene Ort Tariat.

Terkhiyn Tsagaan Nuur ▶ J/K 5

Der See gilt als einer der schönsten der Mongolei. Besonders Angler schwärmten noch bis in die erste Hälfte der 1990er-Jahre von der reichen Ausbeute an Hechten, die sich hier an Land ziehen lassen. Heute hat der Fischbestand wie vielerorts in der Mongolei durch die vielen Angler erheblich nachgelassen.

Auch wer nur wenig Zeit hat, sollte versuchen, diese relativ leicht zugängliche Region zu besuchen. Von **Tariat Sum** empfiehlt es sich, einen kleinen Abstecher auf der Nationalparkpiste über den Sumyn Gol zunächst nach Norden bis zum Khorgo-Vulkan und von dort dann nach Westen an den Terkhiyn Tsagaan Nuur zu machen. Der See bedeckt eine Fläche von 55 km², von Ost nach West erstreckt er sich über 16 km bei einer maximalen Breite von 5 km. Mitte Mai ist seine Eisdecke meist noch geschlossen, was angesichts einer Höhenlage von 2020 m nicht verwunderlich ist. Während am Nordufer die Berge dicht an den See herantreten, schließt sich dem Südufer und den beiden Schmalseiten eine flache Ebene an.

Folgt man der natürlichen Verlängerung des Sees nach Westen, so führt die Straße über sumpfige und oft überflutete Strecken. Der kleinere Gefährte des Terkhiyn Tsagaan Nuur, der westlich gelegene **Khuduu Nuur** (11,3 km², 5,4 km lang, 3,5 km breit) war früher mit dem Hauptsee verbunden und hat keinen natürlichen Abfluss. Er wird im Frühjahr und Herbst gerne von vielen Zugvögeln als Rastplatz genutzt.

Khorgo-Vulkan ▶ L 4

Steigt man von der **Fußzone des Khorgo-Vulkans** (Хоргын того, N 48°11,18' O 99°51,423') an der **Westseite** auf den Vulkankegel, so beeindruckt auf den ersten Blick zunächst der regelmäßige, fast schon symmetrische Vulkanaufbau mit nach allen Seiten gleichmäßig steil abfallenden, nur auf der Nordseite bewaldeten Hängen.

Khangai

aktiv unterwegs

Khorgo-Vulkanwanderung

Tour-Infos
Start: Parkplatz unterhalb des Vulkankegels
Länge: 5 km
Dauer: ca. 2 Std.
Wichtige Hinweise: leichte Wanderung querfeldein, die auch ohne Führer auf eigene Faust unternommen werden kann

Die Umrundung des oberen Kraterrandes des Khorgo-Vulkans im Schutzgebiet Terkhiyn Tsagaan Nuur ist ein Wandererlebnis der besonderen Art. Gerade wegen der vergleichsweise bescheidenen und dadurch übersichtlichen Dimensionen des Kraters ist hier ein guter Überblick möglich.

Überquert man das junge, mit einem lichten Lärchenwald bestandene Lavafeld des Khorgo-Vulkans vom Parkplatz aus in südwestlicher Richtung, so erhält man einen grandiosen Einblick in die vulkanischen Geschehnisse zur Zeit des Ausbruchs.

Die **Oberfläche des Lavafeldes** ist von zahllosen, schildkrötenpanzerartigen, aufgeplatzten Rücken durchzogen. Die tief in diese Rücken hineingreifenden Risse und Spalten weisen darauf hin, dass die Oberfläche des Lavastroms unmittelbar nach dem Ausbruch schon deutlich kühler war als das noch zähflüssige Innere. Die Spalten und Risse lassen sich also als Abkühlungs- bzw. thermische Kontraktionsphänomene deuten.

Auf dem Gang über das Lavafeld fallen dem Wanderer mehrere **Lavatunnel** bzw. **-höhlen** auf. Sie geben Hinweis darauf, dass unter der bereits starren und unbeweglichen Oberflächenhaut noch ein Lavafluss fortbestanden haben muss. Nachdem sich die Lava von oben nach unten vollständig abgekühlt hatte, brachen die Decken dieser Tunnel ein, wenn sie relativ dicht unter der Oberfläche lagen. Mit der Geschichte der »Höhle des Gelben Hundes« (nach dem Filmtitel) haben diese Rohrsysteme absolut nichts zu tun, wie man bisweilen immer wieder hören kann.

Ein weiteres vulkanisches Phänomen, das auf dieser vulkanologischen Wanderung ausgemacht werden kann, sind bis zu 40 m tiefe, **kesselartige Vertiefungen.** Sie sind nicht mehr allseitig geschlossen und messen bis zu 500 m im Durchmesser. Die Wandeinfassungen sind dabei teilweise gestuft, teilweise auch steil abfallend. Vermutlich entstanden diese Kessel, als Magmenkammern in einer größeren Tiefe unterhalb des Lavastroms einbrachen. Sollte das zutreffen, so würde man diese Form mit dem spanischen Wort *caldera* bezeichnen, abgeleitet von der Caldera de Taburiente *(locus typicus)* auf der Insel Gran Canaria.

Ein abschnittsweise mit Treppen befestigter Fußweg erreicht an der tiefsten Stelle des oberen Vulkanrandes den Vulkankrater. Beim Aufstieg, etwa auf halbem Weg, liegt rechts noch ein kleiner Krater, von dem unbekannt ist, ob er in direktem Zusammenhang mit dem Hauptkrater steht. Oft ist er noch mit Wasser gefüllt, was darauf schließen lässt, dass der Boden gut gegen eine Versickerung abgedichtet ist. Es handelt sich dabei eher um Regenwasser und nicht um frisches Grundwasser.

Der Hauptkrater ist gerade wegen seiner relativ kleinen Dimensionen mit einem oberen Durchmesser von ca. 800 m und einer Tiefe von ca. 50 m recht übersichtlich, wenn auch charakteristisch ausgebildet. Der Kammlinienverlauf des Kraterrandes steigt nach Osten zu seiner höchsten Stelle an. Als Krater wird immer die obere, trichterförmige Öffnung des Förderschlots bezeichnet, aus dem einst Lava, Aschen (feine Staub- und Sandpartikel) und Bomben (größere Gesteinsbrocken) gefördert wurden.

Der gesamte Krater ist aus gasreicher Lava aufgebaut, die an der Oberfläche heute meist in bis zu kopfgroße Brocken zerbrochen ist. In der feinen, bläschenartigen Struktur der Einzelblöcke und kleinerer Steine erkennt man schnell die Gasblasen. Umrundet man den Krater so fallen sogenannte Schweißschlacken auf: Diese glühend ausgeworfenen, zähflüssigen Lavafetzen haben sich beim Auftreffen auf den Untergrund entweder wegen ihrer noch vorhandenen Viskosität kuhfladenbreit mit dem Untergrund verbunden oder sich übereinandergetürmt.

Gegen Ende der Eruption wurden wahrscheinlich verstärkt Lavaaschen aus dem Schlot gefördert, die heute noch neben der Straße zu den Touristencamps am Ostfuß des Khorgo-Vulkans zu beobachten sind. Auffallend ist im Krater ferner, das sich in der nördlichen Kraterinnenseite ein kleines Lärchenwäldchen gebildet hat, was als Ausdruck der stets nordexponierten Gebirgswaldsteppe zu erklären ist. Dieses Phänomen der nordexponierten Wälder tritt in den Gebirgsketten der Umgebung des Terkhiyn Tsagaan Nuur immer wieder auf (s. auch S. 25).

Übernachten:

Bescheiden ▶ **Tariat Hotel:** im Ort Tariat am Ostrand des Nationalparks. Ab 11 000 MNT.
Ger Camps ▶ **Khorgo Ger Camp No I:** nordöstlich des Terkhiyn Tsagaan Nuur, Buchungen über Tsolmon Travel Company, Tel. 011 32 28 70, 99 11 49 13. Ab 30 000 MNT.
Khorgo Ger Camp No 2: südwestlich des Sees. Ab 30 000 MNT. **Tsagaan Nuur:** direkt am Ostufer des Sees gelegen, Tel. 99 81 74 65. Von der Lage mit das schönste Camp der Region. Ab 40 000 MNT. **Khishig Horse:** Nordseite des Sees in einer sehr schönen Bucht gelegen. Ab 45 000 MNT. **Maikhan Tolgoi:** Nordseite des Sees, Tel. 011 32 92 79, 99 11 97 30. Ab 45 000 MNT.

Vulkane und Täler bis Noyon Khangai ▶ J/K 5/6

Ein mehrtägiger Abstecher (1–2 Tage) kann vom Terkhiyn Tsagaan Nuur nach Süden zum **Noyon-Khangai-Schutzgebiet** an der nördlichen Abdachung des Hauptkammes des Khangai-Gebirges führen. Dieser Nationalpark ist eine der jüngsten Gründungen im Khangai und mit seinen rund 65 000 ha verhältnismäßig klein. Der Tourismus hat diesen Park noch nicht entdeckt. Es gibt derzeit auch keine touristische Infrastruktur oder Übernachtungsmöglichkeiten, sodass man auf die eigene Ausrüstung angewiesen ist.

Von **Tariat** aus besucht man zunächst die südlich gelegenen Vulkankegel, die vom Fluss angeschnitten worden sind. Man folgt dann diesem Tal nach Südwesten bis weit ins Gebirge hinein und gelangt zur Ortschaft **Khangai Sum** (N 47°51,35' O 99° 25,446').

Lärchen- und Kiefernwälder sowie Hochgebirgsvegetation prägen den Park, der zugleich Rückzugsgebiet für verschiedene Tierarten wie Argali, Moschus und Maral ist. Mit 3320 m über dem Meeresspiegel ist der **Dashdovog Uul** der höchste Berg im Park. Ca. 11 km südlich von Khangai Sum (Khunt) sprudeln heiße Quellen (N 47°44,607' O 99°24,861') aus dem Boden, die einfach gefasst sind und zum wärmenden Bad einladen. Die Zufahrt erfolgt von Tariat aus eine 48 km lange Piste, die zugleich eine Möglichkeit bietet, den Hauptkamm des Khangai nach Süden hin in das Gebiet des Khukh Nuur – eines schmalen Zungenbecken-Sees – zu überqueren (s. S. 358).

Musterknabe unter den Vulkanen: der Khorgo

Bulnai Fault und Khuvsgul

Bulnai Fault und Khuvsgul-See, die beide auf bequeme Weise miteinander zu verbinden sind, zeigen innerhalb der asiatischen Kontinentalplatten sehr deutlich, wie sich unsere Erdoberfläche ständig bewegt. Beide Phänomene erreichen für die Mongolei Rekordwerte: Der Khuvsgul-See ist mit 265 m der tiefste See und mit 383 km^3 das größte Süßwasserreservoir, der Bulnai Fault mit 850 km die längste aktive Erdbebenlinie der Mongolei.

Von Tariat nach Murun

Tosontsengel ▶ H 4

Nächstes Ziel auf dem Weg vom Nationalpark Khorgo Terkhiyn Tsagaan Nuur (s. S. 236) in den Khuvsgul Aimag ist Tosontsengel, 185 km von Tariat entfernt. Bis auf beinahe 2600 m Höhe führt die Straße nach Westen zunächst auf den **Solongotyn Davaa** (Солонгот даваа). Die gut ausgebaute Straße windet sich durch Hochtäler mit alpinem Charakter entlang zahlreicher kleiner Seen. In dieser Gegend findet man auch die größten Bestände an Yaks. Auf der nördlichen Seite des Passes fährt man in einem mit Lärchen bestandenen Tal bis zum Fluss Ider, der früher für seinen Reichtum an Fischen bekannt war.

Tosontsengel (Тосонцэнгэл, N 48° 44,688' O 98°16,109') ist die zweitgrößte Stadt des Zavkhan Aimag und ein wichtiger Verkehrsknotenpunkt. Sie liegt am Ider Gol, dem mit 880 km längsten Fluss dieser Region. Tosontsengel liegt 28 km östlich einer wichtigen Weggabelung, von der aus es Verbindungen sowohl zur Westroute als auch zur Südroute gibt. Fährt man an dieser Kreuzung geradeaus, gelangt man nach Westen in den Khovd, Uvs und Bayan Ulgii Aimag (s. S. 328). Will man in Richtung Süden, gelangt man nach Uliastai und zum Otgon-Tenger-Gebiet (s. S. 355).

Bulnai Fault ▶ H–K 4

Die Nordroute führt über den **Pass Khalzan Sogootyn**. So gelangt man auf die Straße nach Murun (275 km) und zum Khuvsgul-See. Unmittelbar nach **Sogoo Bag** (bei N 49°9,392' O 97°59,173') nördlich des Passes kreuzt man eine ca. 3 m breite Erdspalte, die sich über eine Strecke von 850 km von West nach Ost verfolgen lässt. Dabei handelt es sich um den **Bulnai Fault,** eine tektonisch äußerst aktive Linie, die sich in der Landschaft gut erkennbar durch wie an einer Perlenkette aufgereihte, kleine Seen abzeichet. Hier ereignete sich 1905 ein Erdbeben von erheblicher Stärke.

Murun ▶ K 3

Cityplan: S. 244

Die Region um den Khuvsgul-See ist für Touristen heute nicht mehr schwer zugänglich. Ausgangspunkt für alle Touren in dieses Gebiet ist **Murun** (Мөрөн, N 49°38,432' O 100°9,5'), das Aimagzentrum in der Mitte des Regierungsbezirks. Hier leben 36 100 Einwohner. Die Pisten nach Murun sind im Sommer gut befahrbar, allerdings kann es bei anhaltendem und starkem Regen durchaus zu Schwierigkeiten kommen, weil Flüsse unpassierbar werden oder die Piste im Schlamm versinkt.

Murun

aktiv unterwegs

Zum Bust Nuur und Sangiyn Dalai Nuur ▶ H/J 4

Tour-Infos
Start: Nordseite des Telmen Nuur (26 km westlich der ›großen‹ Kreuzung Uliastai–Murun und Tosontsengel–Numrug; Startpunkt: N 48°53,211' O 97°25,493'
Länge: 165 km
Dauer: 2 Tage mit Zeltübernachtung
Wichtige Hinweise: Reiseunternehmen haben beide Seen nicht im Programm, man muss sie auf eigene Faust erkunden

Die zwei landschaftlich sehr schön gelegenen Süßwasserseen befinden sich in unmittelbarer Nähe zur Erdbebenspalte des Bulnai Fault – vergleichbar mit der großen Saint-Andreas-Verwerfung im westlichen Amerika, an der auch San Franzsico liegt. Allerdings sind sie nicht durch ein Erdbeben entstanden, sondern durch die langsamen Verschiebungen der Erdoberfläche nördlich und südlich des Bulnai Fault.

Ihre Faszination besteht in der Abgeschiedenheit fernab von jeglichen Touristenbahnen, aber auch in einer einmaligen Kombination von Wasser und Wald sowie der Erkundung erlebter Geologie. Sie liegen in einer parkartigen Waldsteppenlandschaft, die ein Landschaftsgärtner nicht hätte besser gestalten können.

Den **Bust Nuur** (Буст нyyp, N 49°8,385' O 97°27,491', 2040 m) erreicht man am besten von Süden kommend vom Ausgangspunkt am Telmen-Nuur-Nordufer. Eine Piste führt über einen kleinen Pass nach 27 km zum Bust Nuur. Der See wies in seiner jüngsten Vergangenheit kurzzeitige Seespiegelschwankungen auf, die von Wissenschaftlern in den Zusammenhang mit tektonischen Bewegungen des Bulnai Fault auf der See-Nordseite gebracht werden und nichts mit der allgemeinen Klimaerwärmung zu tun haben. Die Bulnai-Störung zieht nur ca. 1 km nördlich des Bust Nuur über die Fußfläche des nördlich angrenzenden Gebirgszugs. In seiner Mitte liegt eine Insel, die vom Seewasser wie ein Gürtel umschlossen wird – so erhielt der See seinen Namen.

Zur Weiterfahrt vom Bust Nuur startet man auf dessen Nordseite und folgt der Erdbebenspalte direkt nach Osten. Die Piste kreuzt dann die Straße nach Murun, der man von **Sogoo Bag** aus für etwa 23 km nach Nordosten folgen sollte, um dann wieder direkt nach Osten abzubiegen. Zum **Sangiyn Dalai Nuur** (Сангийн далай нyyp, N 14,909' O 99° 2,377') sind es dann noch 43 km durch eine parkartige Waldsteppenregion. An seinem Westufer reicht der Wald bis ans Wasser heran. Hier lassen sich herrliche Plätze zum Zelten finden.

Der See hat in den vergangenen vier Jahren eine Wasserspiegelsenkung von 1,9 m erfahren, was dazu führte, dass weite Teile der schon immer flachen Nordbucht trockengefallen sind und so eine Insel zu Festland wurde.

Die Weiterfahrt nach Murun beginnt man auf der Ostseite des Sangiyn Dalai Nuur. Die Straße von Uliastai nach Murun erreicht man nach 48 km. Von hier aus sind es dann weitere 36 km bis Murun.

Das **Denkmal** 1 auf dem zentralen Platz von Murun erinnert an Davaadorj, Teilnehmer der Schlacht am Khalkhyn Gol 1939. Zu diesem Zeitpunkt muss er noch ein Kind gewesen sein, denn er starb 1948 unter mysteriösen Umständen im Alter von nur 22 Jahren.

Das **Museum** 2 der Stadt trägt mit vielen ausgestopften Tieren dem Wildreichtum der Region Rechnung. Beeindruckend sind die Fotos von den Rentierzüchtern, den *tsaatan*, im Norden des Aimag. Besucht werden sollte das Museum aber wegen einer anderen Ab-

teilung: Ein BBC-Team entdeckte 1991 vor den Toren von Murun ein Massengrab. Tausende von Lamas waren in den 1930er-Jahren im Auftrag der Regierung regelrecht abgeschlachtet worden. Nun erinnern die sterblichen Überreste der Mönche an das dunkle Kapitel der mongolischen Geschichte. Zahlreiche Schädel mit Einschusslöchern werden ausgestellt (Mo–Fr 9–18 Uhr, 2500 MNT).

Das **Danzandarjaa-Kloster** 3 in Murun ist nach seiner restlosen Zerstörung in den 1930er-Jahren ab 1990 wieder aufgebaut worden und hat lokale Bedeutung. Es liegt benachbart zum **Naadam-Platz** auf der Westseite der Stadt.

Infos

Touristeninformation: Zentrumsstraße östlich des Hauptplatzes, Tel. 99 38 70 09, hovs gul_info@yahoo.com, Mo–Fr 9–18 Uhr.
Grenzpolizeibehörde: an der Straße nach Khatgal, Tel. 01382 241 39, 01382 246 62, Mo–Fr 9–18 Uhr.
Internetcafé und **Hauptpost:** südlich des Hauptplatzes, 9–23 Uhr.

Übernachten

Werbewirksam ▶ **Hotel und Ger Camp 50° 100°** 1: an der Flughafenstraße westlich der Stadt, nahe Nadaam-Platz und Kloster, Tel. 01382 222 06, 01382 235 81. Die geografischen Koordinaten sind für das Hotel nicht korrekt, denn der Schnittpunkt von N 50° und O 100° findet sich ca. 42 km nördlich von Murun. Richtig ist hingegen, dass es bei der mathematisch geografischen Aufteilung der Erde in geografische Koordinaten weltweit nur vier Stellen mit dieser Koordinatenkonstellation gibt. Im Restaurant listet die Speisekarte ca. 12 Gerichte, allerdings sollte man vorher fragen, was die Küche bietet. Ab 25 000 MNT.

Marktplatznähe ▶ **Hotel White House** 2: an der Straße zum Markt. Ab 20 000 MNT.
Nur ein Schlafplatz ▶ **Hotel Gobi** 3: Tel. 01382 246 49, 99 38 23 74. Ab 20 000 MNT.
Einziges Hotel im Winter ▶ **Dul Hotel** (50°, 100°) 4: zentrale Hauptkreuzung, Tel. 01382 222 06. Fragen Sie trotz Speisekarte, was es zu essen gibt. Die Frühstückszusammenstellung sollte man besser selbst übernehmen. Ab 12 000 MNT.
Gästehäuser ▶ **Gan Oyu** 5: neben dem Dul Hotel in der Nähe der zentralen Hauptkreuzung, Tel. 01382 223 49, 96 38 18 88. Ab 10 000 MNT. **Bataa** 6: nördlich vom Schwarzmarkt gelegen, Tel. 01382 212 99. Ab 7000 MNT.

Murun

Sehenswert
1. Denkmal
2. Museum
3. Danzandarjaa-Kloster

Übernachten
1. Hotel und Ger Camp 50°100°
2. Hotel White House
3. Hotel Gobi
4. Dul Hotel
5. Gan Oyu
6. Bataa

Essen & Trinken
1. Chingghis Restaurant
2. Restaurant Jargalan

Einkaufen
1. Schwarzmarkt
2. Supermärkte
3. Technikmarkt

Essen & Trinken

Essen (fast) wie in China ▶ Chingghis Restaurant 1: auf der östlichen Seite des Hauptplatzes, Tel. 01382 226 10, 10–24 Uhr. 1000–4000 MNT.

Mongolische Küche ▶ Restaurant Jargalan 2: an der Straße zum Kloster (Friedensstraße) nahe Aimag-Verwaltungsgebäude, Tel. 01382 244 09, Mo–Sa 9–20 Uhr. 500–4000 MNT.

Einkaufen

Schwarzmarkt ▶ 1 Hier kann man sich mit Reiseproviant eindecken.

Supermärkte ▶ 2 Mehrere gut sortierte Supermärkte an der Kreuzung vom Dul Hotel.

Technikmarkt ▶ 3 Neben dem Schwarzmarkt; **Autoreparaturen** sowie **Ersatzteile**, 10–19 Uhr.

Verkehr

Von Murun bis zum Khuvsgul sind es 120 km, für die heute selbst ein langsameres Geländefahrzeug nur etwa 4 Std. benötigt.

Flüge: Der Flugplatz befindet sich 5 km westlich der Stadt. Er wird im Sommer fast täglich von den nationalen Fluggesellschaften (Aero Mongolia, Eznis und MIAT) angeflogen.

Minibusse: Da jedoch alles fußläufig erreichbar ist, kann man auf die Benutzung der meist überfüllten Busse verzichten. Achtung: Klaugefahr!

4 Nationalpark Khuvsgul Nuur ▶ K 1/2

Der **Khuvsgul-See** ist noch nicht das Ende der Welt, doch man kann es von hier bereits sehen. Für die Unbilden der Natur und die lange Reise werden die Besucher aber durch eine unvergleichlich schöne und unberührte Landschaft entschädigt, die nicht selten mit Bezeichnungen wie blaue Perle der Mongolei oder Schweiz der Mongolei etikettiert wird.

Die Gebirgszüge erinnern in der Tat an die Alpen oder an die norwegische Fjordlandschaft: So erreicht das Hochgebirgsmassiv Mönch Saridag mit kleinen Hängegletschern und Firnfeldern nördlich des Sees an der russischen Grenze eine Höhe von 3491 m. Die Hänge fallen steil in den See ab. Doch die Lebensfeindlichkeit des Klimas und die Einsamkeit verbieten solche einfachen Vergleiche.

Tipp: Uushigiyn Uvur ▶ K 3

Uushigiyn Uvur (Уушигийн өвөр, N 49° 39,16' O 99°54,608') ist eine Hirschsteinstätte ca. 20 km westlich von Murun. Die Hirschsteine sind erstaunlich gut erhalten und werden von der Nicht-Regierungsorganisation NGO betreut. Der Zugang zu dem freien Gelände kostet daher 1000 MNT Eintritt, doch das Geld wird zum Erhalt der Hirschsteine verwendet.

Die in die Bronze- bis frühe Eisenzeit datierten Steine tragen Gravuren mit liegenden und springenden Hirschen, gelegentlich auch Darstellungen von Schmuck, Gürteln und Werkzeugen. In der Archäologie werden die Steine als frühskytische Grabsteine von hochrangigen Persönlichkeiten angesehen, die vermutlich etwa 1000 v. Chr. geschaffen wurden.

Bulnai Fault und Khuvsgul

Probate Fortbewegung im Winter: mit dem Pferdeschlitten über den Khuvsgul-See

Khuvsgul-See

Der **Khuvsgul-See** (Ховсгел нуур) prägt die gesamte Region, ein 135 km langes, 39,5 km breites und durchschnittlich 139 m tiefes Becken, dessen tiefster Punkt bei 265 m liegt. Die Ufer des Khuvsgul liegen 1645 m über dem Meeresspiegel. Der See wird oft mit dem Baikalsee verglichen, weil er geologisch-tektonisch im gleichen System liegt. Die Verbindung, allerdings auf russischem Gebiet, ist der Tungaa-Graben. Dies brachte ihm den Beinamen Kleiner Baikal ein.

Auf der Westseite ragen steilere und höhere Gebirgszüge über der Seefläche auf, die überwiegend aus kristallinen Gesteinen (Metamorphite und Magmatite) aufgebaut sind. Sie gehören in die geologisch ältesten Gebirgseinheiten der Mongolei (s. S. 20) und

Nationalpark Khuvsgul Nuur

Gemessen an seinen Süßwasservorräten ist der Khuvsgul mit 383,3 km³ sogar der größte, seiner Fläche nach mit 2760 km² der zweitgrößte See der ganzen Mongolei, in dem über 14 Fischarten beheimatet sind. Forstwirtschaft, Tourismus und Fischfang sowie die Beerenernte zählen zu den Haupteinnahmequellen der Region. So kann man in der Hauptstadt Ulaanbaatar Fischkonserven und beste Beerenmarmeladen aus der Khuvsgul-Region kaufen. Früher wurde an den Berghängen am See auch Phosphat abgebaut.

Khatgal

Die 13 000 Einwohner von **Khatgal** (Катгал, N 50°26,922' O 100°9,872') leben in einem Ort, der höchstens für drei Monate im Jahr das Interesse von Touristen auf sich zieht, obgleich die Umgebung mit zu den einzigartigsten Landschaften der Mongolei zählt. 1727 waren es Mandschu-Soldaten, die Khatgal als Verteidigungslager gegen die Russen gründeten. Das erste Dampfschiff, die Sukhbaatar, wurde 1911 auf dem Khuvsgul-See in den Dienst gestellt und könnte diesen Dienst theoretisch immer noch leisten. Es kann 1800 t transportieren und fährt mit einer Geschwindigkeit von 20 bis 22 km/h. Das Schiff ist 41 m lang, 8,5 m breit und 11 m hoch. Der Ort wurde durch die Schiffsanbindung zu einem wichtigen russischen Handelsort während der sowjetischen Zeit.

Bis zum Beginn der 1990er-Jahre blieb Khatgal von Juni bis September weiterhin ein wichtiger Hafen für den Fährbetrieb mit Khankh (gelegentlich als Turt in Karten eingezeichnet) an der Nordspitze des Sees und damit nach Russland. Wegen der wirtschaftlichen Situation ruht der Betrieb in den letzten Jahren, und es finden nur noch gelegentlich Charterfahrten statt. Vom Glanz alter Tage zeugt aber noch das Hafengelände nördlich des Stadtzentrums, wo die Sukhbaatar vor Anker liegt.

Ein **Museum** und eine **Naturschutzstation** geben Informationen zum Naturschutzgebiet Khuvsgul. 1992 wurden der See und seine Umgebung mit 70 000 km² Größe als Nationalpark ausgewiesen. Wegen seiner

sind ca. 650 Mio. Jahre alt. Das flachere Ostufer ist hingegen durch jüngere vulkanische Komplexe geprägt, die sich an der Khuvsgul-Verwerfung hauptsächlich im Tertiär (2,5–65 Mio. Jahre) bilden konnten. Bis heute findet man rund um den See – außer an den Südhängen, die die Sonne häufiger bescheint – immer wieder auch im Hochsommer gefrorene Bodenpartien.

Bulnai Fault und Khuvsgul

Reisen im Winter

Drei Viertel des Jahres herrscht in der Mongolei Väterchen Frost. Authentischer als im Winter lässt sich das Land nicht erleben. Der unendlich blaue Himmel der Mongolei spannt sich kristallklar über einer meist dünnen Schneedecke. Ist schon im Sommer eine expeditionsmäßige Ausrüstung ratsam, so ist sie im Winter überlebensnotwendig. Wichtigstes Gepäckstück ist der dicke Schlafsack für Notfälle, ohne den man die Stadtgrenzen nie verlassen sollte.

Es herrscht lähmende Stille, beeindruckend, ja beängstigend. Wenigstens ein Ast sollte knacken oder ein Stein bersten angesichts der 30 °C unter Null, die trotz der Mittagssonne herrschen. Kein Wild, das die relativ dünne Schneedecke freischarrt, um an die spärlichen Reste der Grasnarbe zu kommen, kein Vogel, der sich in den wie an fast jedem Wintertag türkisblauen Himmel hebt, den die Mongolen als heilig verehren. Absolut kein Geräusch. Solch einen Ort gibt es in unserer Zivilisation sonst nicht. Endlos scheint die Sicht in der klaren Höhenluft zu reichen.

Wir sind seit ein paar Tagen mit dem Geländewagen unterwegs. Das Fahren im Winter ist angenehm, zügiger als im Sommer. Flüsse können meist gefahrlos überquert werden. Gelegentlich benutzen wir die Eisdecke auch als Autobahn. Wir können Winterpisten befahren, die meist in gerader Luftlinie zum Ziel führen, im Sommer aber oft direkt im nächsten Sumpf enden. Zu Beginn des Winters hatten wir die Tragfähigkeit des Eises noch überschätzt und waren eingebrochen, heilfroh, dass der Fluss an der entsprechenden Stelle relativ flach war.

Im Auto liegt bei jeder Tour jenseits der Stadtgrenzen ein besonders dicker Mumienschlafsack, unsere Lebensversicherung, denn mit bangen Blicken verfolgen wir jedes Mal die Drehung des Zündschlüssels bei der Rückkehr zum Wagen. Springt er noch an? Nachts bauen wir die Autobatterie aus und nehmen sie mit in die Unterkunft, doch oft genug haben wir unter dem Tank ein kleines Feuer gemacht, damit das Diesel-Benzin-Gemisch wieder flüssig wird.

Besonders kritisch ist das Campen im eigenen Zelt. Anfangs hatten wir die Lederstiefel nicht mit in den Schlafsack genommen. Zu Stein gefroren, wehren sie sich am nächsten Morgen gegen jeden Versuch, einen Fuß hineinzulassen. Jetzt ruht auch die Zahnpasta in Körpernähe, ebenso die Taschenlampe.

In der Jurte mischen sich die Ausdünstungen von Menschen und oft auch Tieren mit dem Rauch aus dem qualmenden Ofen und dem immer gegenwärtigen Geruch nach Hammelfett, nicht jedermanns Sache – doch erstunken ist noch niemand und wer möchte sich schon im Eiswasser waschen. Fest steht: Eine Winterreise in der Mongolei ist etwas für Hartgesottene. Für die Strapazen entschädigen eine einzigartige Landschaft und die unendliche Gastfreundschaft ihrer Bewohner.

Besonders Geduldige können sich am Eisfischen erfreuen. Die Russen brachten diese Freizeitbeschäftigung in die Mongolei, doch es blieb ein Vergnügen für Ausländer – für Mongolen ist Angeln kein Freizeitvergnügen. Wir sind mit einem riesigen Handbohrer ausgestattet und bohren ein Loch von etwa 15 cm Durchmesser in die bald 1 m dicke Eis-

Im Winter unterwegs

Thema

schicht. Und dann beobachten wir – geschützt durch ein Zelt und äußerlich von einem Kanonenofen und innerlich von ein paar Wodka gewärmt – stundenlang das Geschehen in der Tiefe.

Kann es in den Sommermonaten auch tagelang regnen, so ist der Winter in der Regel trocken und die Schneefälle halten sich meist in Grenzen. Das Vieh, das sich auch im Winter die Nahrung selbst suchen muss, würde bei einer höheren Schneedecke verenden. Alle paar Jahre ereilt die Viehzüchter solch ein Schicksalsschlag. Das Mongolische kennt ein eigenes Wort für diese katastrophale Wetterlage, *zuud*, den weißen Tod. Millionen von Tieren erliegen dem *zuud* in solchen Jahren, doch die Natur bringt damit das fragile Gleichgewicht, das durch Überweidung gefährdet ist, wieder in Balance.

Höhepunkt des Winters ist *Tagaan-sar*, das Neujahrsfest (s. S. 88), das sich nach dem Mondkalender richtet und meist in den Februar fällt. Die Hoffnung richtet sich dann schon auf das Frühjahr, auch wenn wir darauf ernsthaft erst Ende Mai setzen dürfen. Nein, man reist nicht in die Mongolei, um im Winter hier Urlaub zu machen. Doch wer zufällig im Winter nach Ulaanbaatar kommt, der sollte die oft tagelang von beißendem Hausbrand verpestete Hauptstadt unbedingt verlassen und sich einen Wagen mit einem kundigen Fahrer für eine Überlandtour mieten. Und bitte den Arktisschlafsack nicht vergessen!

Extrem: der Winter in der Darkhad-Hochebene bei Renchinlhumbe

Bulnai Fault und Khuvsgul

aktiv unterwegs

Östlich des Khuvsgul-Sees

Tour-Infos
Start: Khatgal
Länge: 55 km
Dauer: 2–3 Tage mit Geländefahrzeug
Wichtige Hinweise: besonders nach Regenfällen bisweilen schwierige Pistenverhältnisse; eigene Ausrüstung (Zelt etc.) erforderlich

---

Die Ostseite des Sees entschädigt bereits wenige Kilometer, nachdem man die Brücke über den Egiin Gol passiert hat, mit ursprünglicher Wildnis und Abgeschiedenheit für die Strapazen der Anreise.

Nachdem man einen **niedrigen Pass** (N 50°28,133' O 100°15,881') überwunden hat, empfangen die Reisenden einsame Buchten mit Sandstränden und Lärchenwäldern, die bis unmittelbar an den See heranreichen. Den aufmerksamen Beobachtern dürfte nicht entgehen, dass vereinzelt Bäume und abgesägte Baumstümpfe bis zu 30 cm tief im Wasser stehen – ein Zeichen dafür, dass der Seespiegel in den letzten 20 bis 30 Jahren im Gegensatz zu anderen Seen in der Mongolei gestiegen ist.

Strandseen mit einem reichen Vogelleben – u. a. Möwen, Seeschwalben, Limikolen und Reiher – finden sich fast in jeder Bucht. In den umliegenden Wäldern hat Birk- und Auerwild seinen Lebensraum gefunden.

Beim Besuch der östlich vom See liegenden Landschaft bis zur russischen Grenze sind die Reisenden zwar auf die eigene Ausrüstung angewiesen und müssen sich auf wirklich schlechte Pistenverhältnisse einstellen, werden aber mit unvergleichlichen Eindrücken einer unberührten Wildnis entschädigt.

Für die Fahrt von der Piste nach **Khankh** an der Nordspitze des Khuvsgul zweigt man bei km 30, von der Egiin-Gol-Brücke an gerechnet, in Richtung Chandmani-Undur ab. Allerdings muss man sich nach 24 km, wenn man ein größeres Tal erreicht hat, wieder nach Norden wenden. Das von diesem Abzweig 25 km entfernt liegende Etappenziel sind die heißen Quellen von **Bulnai Rashaan** (Булнайн рашаан, N 50°46,773' O 100°48,115'), die zur Rast einladen (Badbenutzung 5000 MNT). Ausländische Touristen verirren sich selten in diese Gegend, dafür wird von den Einheimischen die heilenden Wirkung des Wassers genutzt. Aufs eigene Zelt ist man allerdings angewiesen.

Von Bulnai Rashaan führt dann die Piste zurück nach **Chandmani-Ondur** (Чандмань-Өндөр, N 50°28,293' N 100°55,817') mit ei-

abwechslungsreichen Vegetationsformationen mit zusammenhängenden Taigawäldern und Steppenarealen ist der Park ein Rückzugsgebiet für Maralhirsch, sibirischen Rehbock, Schneeleoparden, Moschus, Bär, Schneehuhn und Schwarzstorch am südlichen Ortsrand an der Straße von und nach Murun nahe dem MS Guesthouse, tgl. 9–20 Uhr, 2000 MNT).

Infos
Post: im Zentrum, Tel. 01382 265 13, tgl. 8–23 Uhr.

Übernachten

In der Hauptstraße ▶ **Hotel Blue Pearl:** Ab 25 000 MNT.
In der Hafenstraße ▶ **Ider:** Tel. 99 38 70 75, 99 71 73 77, tumruu@chinggi.com. Übernachtung ab 12 000 MNT.
Nahe dem Gerviertel ▶ **Sunway:** am nordöstlichen Rand des Gerviertels, Tel. 99 75 38 24, horsetrek_khuvsgul@yahoo.com. Ab 12 000 MNT.
Südlicher Ortsrand ▶ **Khuvsgul Inn:** südlich der Touristeninformation am südlichen Ortsrand, Tel. 99 11 59 29, 98 38 96 87, klm@

Nationalpark Khuvsgul Nuur

nem kleinen Museum (Eintritt 500 MNT) von nur lokaler Bedeutung. Von hier aus folgt man dem Hauptfluss für 47 km bis **Tsagaan-Uur** (Цагаан-Үүр, N 50°32,521' O 101°30,848'), wo man sich durch eine Furt gen Süden nach **Erdenebulgan** am Egiin Gol wendet (64 km). Die großartige Taigalandschaft wird stark durch den Flusslauf des Egiin Gol geprägt. Hier befindet sich eines der gut betreuten Rückzugsgebiete des Taimen *(Hucho taimen)*, einem Lachsverwandten. Huchen gab es früher auch in Europa in der Donau. Sie galten über Jahrzehnte in Europa als ausgestorben, sind aber jetzt Dank intensiver Bemühungen wieder in der Donau und seinen Nebenflüssen anzutreffen. Von hier aus sind es dann noch 76 km bis **Tarialan**, wo man auf die Hauptpiste von Murun nach Bulgan trifft.

Lieblich und ursprünglich zugleich: die Landschaft um den Khuvsgul-See

boojum.com. Ein Ger kostet pro Nacht ab 10 000 MNT.

Südlich des Zentrums ▶ Guesthouse MS: südlich des Zentrums gegenüber der Touristeninformation, Tel. 992 28 23, 99 79 60 30, lake_hovsgol@yahoo.com. Ab 5000 MNT.

Richtung Hafen ▶ Garage 24: nördlich des Zentrums, linker Hand Richtung Hafen, Tel. 99 11 86 52, www.4thworldadventure.com. Ab 5000 MNT.

Ger Camps ▶ Ashihai: 6 km nördlich von Khatgal am See, Tel. 011 31 54 59, 99 68 51 85, www.ashihai.mn. Ab 55 000 MNT. **Khangarid:** nahebei am See, Tel. 011 31 13 33. Ab 50 000 MNT. Auf der **Westseite des Sees** liegen die Camps **Khuvsgul Dalai:** Tel. 011 35 01 45, www.huvsguldalai.mn. Ab 60 000 MNT. **Toilogt Camp:** Tel. 011 46 03 67, www.hovsgoltravel.com. Eines der schönsten Camps am See. Ab 50 000 MNT. **Nature's Door:** Tel. 11 34 19 42. Ab 50 000 MNT. **Dalai Tour:** Tel. 011 36 56 88. Ab 50 000 MNT. **Blue Pearl:** Tel. 99 11 78 08. Ab 30 000 MNT.

Zeltplätze ▶ Die Plätze werden von der **Nationalparkverwaltung** ausgewiesen und zumeist von einheimischen Touristen frequen-

Bulnai Fault und Khuvsgul

tiert. Die Nächte im Zelt können kalt und klamm sein, und über eine dünne Eisschicht auf dem Wasser in der Thermoskanne sollte man sich auch im Hochsommer nicht wundern.

Essen & Trinken
Mongolische Küche ▶ **Orgil Restaurant:** an der Hauptstraße direkt neben den zwei Einkaufsläden. Gerichte 500–3000 MNT.

Einkaufen
Lebensmittel ▶ An der **Hauptstraße** gibt es mehrere Einkaufsmöglichkeiten.
Souvenirs ▶ Handgefertigte Rentierfellstiefel, die hier typischerweise hergestellt werden, kann man in relativ guter Qualität besser in **Ulaanbaatar** erstehen.

Aktiv
Angeln ▶ **Angelerlaubnisscheine** kann man bei der Nationalparkverwaltung, im Bürgermeisteramt oder im MS Guesthouse zum Preis von 11 000 MNT pro Tageskarte erwerben. Zwischen 15. April und 15. Juni ist das Angeln verboten.

Termine
Eisfestival: Alljährlich im Febr. Auf dem gefrorenen und für den Autoverkehr freigegebenen Khuvsgul-See finden drei Tage lang Pferdeschlittenrennen, Eisschnelllaufwettbewerbe und Aufführungen, aber auch schamanistische und musikalische Veranstaltungen statt.

Verkehr
Wetter und Straßenverhältnisse: Im Sommer ist die Regenwahrscheinlichkeit größer als in den übrigen Landesteilen der Mongolei. Oft ziehen Gewitterfronten von Westen nach Osten am späten Nachmittag durch, die dann den Himmel in einem malerischen Gemisch aus Wolken und Sonne erscheinen lassen. Straßen oder Wege sind im Sommer insbesondere auf der Ostseite des Sees, oder wenn man auch nur Khatgal in eine andere Richtung verlässt, nur schwierig und mit entsprechender Bergausrüstung passierbar. Gebirgsbäche, steile Passstrecken und vermoorte Wegstellen müssen oft passiert werden. Bisweilen sind die Pisten durch das Befahren mit zumeist russischen Gelände-Lkw stark ausgefahren, sodass ›normale‹ Geländewagen Schwierigkeiten mit der Bodenfreiheit bekommen. Zu jeder Jahreszeit kann es schneidend kalt werden. Ohne reichlich warme Kleidung zu reisen, wäre leichtsinnig.
Flüge: Khatgal hat zwar eine Landepiste, aber die wird aufgrund der unsicheren Witterungsverhältnisse nicht regelmäßig angeflogen.
Reise nach Khank: Heute ist der mongolisch-russische Grenzübergang nur nach mit einer langwierig vorher in Moskau eingeholten Genehmigung für Ausländer zu passieren. Mongolische und russische Staatsangehörige können ohne Probleme ein- und ausreisen. Für das Betreten der Grenznähe ist vorher ein Grenzzonenschein einzuholen. Ger Camps können dabei behilflich sein.

Westliche Seeseite
Ebenfalls von Murun oder Khatgal aus kann man die **Westseite** des Khuvsgul-Sees auf einer 3-Tages-Tour erkunden. Sie ist über eine Passstrecke noch relativ zuverlässig erreichbar. Dazu verlässt man Khatgal in nordnordwestlicher Richtung, fährt ein Flusstal aufwärts, um dann nach ca. 14 km die Passstrecke nach Nordosten zu überwinden. Vom Pass aus sind es dann nur noch ca. 4 km bergab zum Seeufer. Hier reihen sich bis zu 40 Touristencamps perlschnurartig am Seeufer auf (Auswahl s. S. 251).

Fährt man auf der Westseite die Uferstraße weiter nach Norden, so gelangt man auch zu den **Mineralquellen** (N 50°56,132' O 100° 14,835'), die hier ungefasst aus dem Boden sprudeln und einen Hinweis auf die tektonische Aktivität des Gebiets geben. Im Sommer ist diese Gegend ein beliebtes Ausflugsgebiet (keine Gastronomie).

Ein Einschnitt in den Bergen, etwa auf halber Höhe des Khuvsgul-Sees, gestattet den Zugang zum Darkhad-Becken. Eine andere, leichter zu befahrende Piste führt von Süden aus über **Bayanzurkh** und **Ulaan-Uul** in das Darkhad-Becken.

Renchinlhumbe und Tsagaan Nuur ▶ J/K 1/2

In **Renchinlhumbe** (Рэнчинлхумбэ, N 51° 6,401' O 99°40,404') haben Blockhäuser mit bunten Fensterläden die Jurten verdrängt – man spürt, Sibirien ist nicht weit. Schlanke Birken neigen sich über die Holzhäuser, wie in Russland fehlen auch nicht die Geranientöpfe hinter den Fenstern. Man setzt hier – wie in der gesamten Region – auf den Tourismus als neue Wirtschaftsgrundlage. Bei Reisen in dieses Gebiet und auch in die tiefere Taiga des Darkhad-Beckens ist auf jeden Fall zu berücksichtigen, dass die gesamte Infrastruktur der Gegend noch in den Kinderschuhen steckt.

Renchinlhumbe und Umgebung ist Heimat der Darkhaden, eines kleinen mongolischen Volksstammes, der etwa 17 000 Menschen zählt. Wie bei den ebenfalls in dieser Region siedelnden Tsaatan (s. S. 256) hat sich bei ihnen der Schamanismus über die Jahrhunderte hinweg nicht nur erhalten, sondern ist besonders tief verwurzelt. Nie wurde er erfolgreich vom Lamaismus verdrängt oder gar vom Kommunismus unterdrückt, auch wenn das Praktizieren des Schamanentums strengstens verboten war.

Neben Renchinlhumbe ist **Tsagaan Nuur** (Цагаа нуур, Weißer See, N 51°21,279' O 99°20,87') der zweite Ort in der Darkhad-Depression. Man muss Tsagaan Nuur Sum passieren, um weiter zum Abfluss des Sees zu kommen.

Infos

Tsaatan Informationszentrum in **Tsagaan Nuur:** www.visittaiga.org, tgl. 9–18 Uhr. Hier werden Touren und auch Übernachtungen im eigenen Gästehaus organisiert.

Übernachten

Ger Camp Renchinlhumbe ▶ **Saridag Inn:** nordöstlich des Orts. Ab 4000 MNT.

Ger Camp Tsagaan Nuur ▶ Am Abfluss des Sees befinden sich Ger Camps zum Übernachten. **Tsatga Khairkhan:** direkt an Abfluss des Shishged Gol. Ab 20 000 MNT. Tengis, **Khuvsgul Lodge** und **Khangai:** ca. 15 bis 18 km flussabwärts des Shishged Gol. 20 000–30 000 MNT.

Darkhad-Becken ▶ J/K 1/2

Sind die Temperaturen in der Mongolei schon selten einladend, so zeichnet sich das westliche **Khuvsguler Bergland** durch besonders lange Winter und hohe Schneefälle aus. Noch Ende Juni muss mit Frost und Schnee gerechnet werden und im Winter werden hier Minusgrade jenseits –50 °C gemessen.

Aus der Luft bietet sich ein hinreißender Blick auf das von hohen Gebirgszügen eingerahmte **Darkhad-Becken** (Дархадын хотгор) in alle Himmelsrichtungen. Überfliegt man die Gebirgskette im Süden der Ebene auf dem Weg nach Murun, wird die Abgeschiedenheit noch deutlicher. Fast bis auf 3000 m erheben sich die von ewigem Schnee bedeckten schroffen Gipfel und riegeln die Senke hermetisch ab. Bei einer Autofahrt werden die unzähligen Bäche und Flüsse, die frei durch die Taigalandschaft mit ihren Mooren und Birkenwäldern zwischen den über 200 Seen mäandrieren, manchmal zu unüberwindlichen Hindernissen. Aus den Bergen rings um die Ebene ergießen sich wilde Bergbäche und Flüsse. Der einzige Abfluss der Senke ist der **Shishged,** der nach Westen in den **Kleinen Jenissei** mündet. An den Stromschnellen verlocken die zum Laichen flussaufwärts ziehenden Fische zum Angeln. Schneebedeckte Berge stehen am Horizont. Urtümlicher kann eine Landschaft kaum sein.

Aktiv

Auf den witterungsbedingt bisweilen schwierigen 200 Pistenkilometern ins Gebirge hinein sind zwei geländetaugliche Fahrzeuge dringend zu empfehlen. Man ist auf einen Führer und eigene Ausrüstung angewiesen. Führer werden in Tsagaan Nuur Sum vom Touristeninformationszenrum vermittelt (s. l.). Für die Anreise nach Renchinlhumbe bzw. Tsagaan Nuur Sum ist ein Führer nicht unbedingt erforderlich.

Vor allem im Winter ein tägliches Ritual: die Zubereitung von Milchtee – wenig Schwarztee, viel heiße Milch und ordentlich Salz

Bulnai Fault und Khuvsgul

Tsaatan – die Rentierzüchter

Die Erbarmungslosigkeit des Klimas bestimmt das Leben der Tsaatan, hat ihre Gesichter vielleicht noch stärker zerfurcht als die der meisten mongolischen Hirten in den Steppen. Als Nomaden leben sie von und mit ihren Rentieren in einer lebensfeindlichen Umwelt im nordwestlichen Zipfel der Mongolei.

Sie zählen nur gut 500 Stammesmitglieder, von denen die Hälfte in der Mongolei siedelt, genießen aber zunehmende Aufmerksamkeit bei Wissenschaftlern und Touristen sowie in den Medien. Die Tsaatan in der Khuvsgul-Region zählen in der weitgehend ethnisch homogenen Mongolei zur kleinsten der ca. 30 Minderheiten. Die Volksgruppe geriet regelmäßig zwischen die Mühlsteine der großen Politik. Die chinesische Qing-Dynastie ordnete 1757 ihr nördliches Grenzgebiet zum expandierenden Russland neu und schuf den Uriyankhai-Banner mit der Region Tuwa, zu der auch das Gebiet der Tsaatan gehörte.

Als Russland Tuwa 1944 annektierte, flohen viele Einwohner nach Süden, darunter auch die Tsataan. Willkommen waren sie in der Mongolei nicht. Eine Zeit lang wollte die mongolische Regierung die Tsataan nach Russland zurückschicken, danach gab es Versuche, sie sesshaft zu machen. Erst 1956 änderte sich die Politik und die Tsaatan erhielten die mongolische Staatsbürgerschaft mit einem Siedlungsgebiet am Tsagaan Nuur.

International werden sie als *dukha* bezeichnet, doch das mongolische Wort *tsaa* (Rentier) bezeichnet ihre Lebensform treffender. Die Tsaatan nutzen das Rentier nicht nur für die Zucht und die Milchproduktion, sondern auch als Fortbewegungsmittel. Dabei zockeln die Rentiere im langsamen Trott von Ochsen über die Wiesen. Im Gebirge erst werden ihre Qualitäten deutlich, kein Gletscher, kein noch so felsiges Gelände verwirrt die Tiere. Mensch und Tier leben am Rand des Existenzminimums. »Milch und Käse gegen den Schutz vor Wölfen« könnte der Deal lauten, den die Tsaatan und ihre Tiere miteinander geschlossen haben. Der von den Tsaatan praktizierte Schamanismus scheint in diese urtümliche Gemeinschaft zu passen.

Nur in der Taiga, wo im Winter das Thermometer auf Temperaturen zwischen 30 und 50 °C unter Null fällt, kann das Rentier leben und so ziehen die Tsaatan mit ihren Herden durch die nassen Wälder und über die Moore der Taiga. Der Dauerfrostboden hat die Landschaft aufgeworfen, ein Moor scheint an den nächsten Sumpf zu grenzen. Moose und Flechten leuchten von den mit lichtem Wald bestandenen Hängen. Im Norden Norwegens oder Schwedens gibt es vergleichbare Landschaften zu sehen: Rentierland.

Doch nirgendwo auf der Welt wird das Ren so weit südlich gezüchtet. In der Mongolei bieten gerade die extremen klimatischen Bedingungen in Kombination mit dem Tundraboden die Grundlage für eine erfolgreiche Rentierzucht. In den Höhenlagen der Berge, jenseits der Grenze von 2500 m, weicht der grüne Wiesenteppich aus Gräsern und Kräutern einem spärlichen Bewuchs aus Moosen, die mühsam die grauen Felsen bedecken. Eigentlich ist das Klima dieser Region für die Rentiere schon zu warm, sodass sie – im Vergleich zu ihren nördlichen Nachbarn – ein wenig klein und schwächlich wirken. Im Winter bleiben die Viehzüchter in der Waldzone, im Frühjahr zie-

Rentierzüchter

Thema

hen sie mit ihren Tieren bis in die Ebenen, wo die Kühe kalben. Schon im Juli geht es, auf der Flucht vor Myriaden von Fliegen und Mücken, wieder in die Berge, jenseits der Baumgrenze.

Fünf bis zehn Mal pro Jahr wechseln die Tsaatan ihr Quartier, schlagen ihre Spitzzelte, die indianischen Tipis ähneln, neu auf. Die steil zusammengestellten Zeltstangen wurden traditionell mit Fellen und Baumborke belegt. Heute kommen mehr und mehr moderne Zeltplanen zum Einsatz. In mehreren Beuteln werden Jagdutensilien, Haushaltsgeräte und insbesondere auf der Ehrenseite der ›Beutel der Ekstase‹ mit den heiligen Gegenständen für schamanistische Rituale aufbewahrt. Die Rentiere, geschätzte Milchlieferanten, sind den Tsaatan so wertvoll, dass sie in erster Linie von der Jagd auf Murmeltiere oder Hirsche leben und nur selten Rentierfleisch essen.

Während der Tierbestand vor zehn Jahren durch Zeckenfieber und Inzucht äußerst gefährdet war – weshalb über den Einsatz von Genen wild lebender Karibus nachgedacht wurde –, sollen jetzt wieder etwa 1000 Rentiere in den Herden der Tsaatan leben.

Der Dokumentationsjournalismus hat in den Tsaatan ein neues, exotisches Objekt gefunden, das sich in pseudo-wissenschaftlicher Fürsorge vermarkten lässt. Als zusätzliche Finanzquelle haben die Tsaatan so den Tourismus entdeckt und kommen auch im Sommer zu den Ger Camps am Khuvgul-See. Anfangs nahmen die Reiseveranstalter ihren Kunden für einen Trip zu den Tsaatan horrende Summen ab, ohne dass die Rentierzüchter mehr als nur einen Cent sahen.

In der Gemeinde Tsagaannuur gibt es heute ein Tsaatan Informationszentrum (s. S. 253), dessen Einnahmen der Genossenschaft zugute kommen. Die jetzt verlangten Geldbeträge für Fotos und Reitgelegenheiten geben gelegentlich Anlass für Kritik, doch nur so können sich die letzten Tsaatan zum Beispiel Medikamente für sich und ihre Tiere leisten und eine Kultur fortsetzen, deren Wurzeln mehrere Tausend Jahre zurückreichen.

Die Rentiere garantieren nicht nur das Einkommen, sondern auch die Fortbewegung

Selenge-Orkhon-Bergland und West-Khentii

Der Weg auf der Hauptpiste von Murun nach Ulaanbaatar führt durch die fruchtbarste Gegend der Mongolei, die mit gutem Boden und ausreichend Niederschlag gesegnet ist. Vulkanische Komplexe mit Basalttafeln sowie ältere Granit- und wieder aufgeschmolzene Gebirgspartien bilden die geologische Grundlage. Wiesensteppen werden zur Heuproduktion genutzt und in den Mittel- und Hochlagen der Gebirge wachsen ausgedehnte Lärchen und Kiefernwälder.

Von Murun nach Bulgan

Östlich von Murun schließt sich das Selenge-Orkhon-Bergland an. Lokale Zentren sind Bulgan im Bulgan Aimag, Erdenet und Darkhan, die jeweils beide eigene Aimagzentren bilden, sowie Sukhbaatar im Selenge Aimag. Die Landschaft ist im Süden dem Khangai-Gebirge vergleichbar, im Norden wird sie sibirisch.

Baibalyk ▶ M 4

Historisch bedeutend im weiteren Verlauf der Hauptstraße von Murun nach Bulgan sind die Relikte der **Uigurenstadt Baibalyk** (auch Baibalug), die südöstlich von Murun am nördlichen Ufer der Selenge im **Khutag Undur Sum** (Хутаг-Өндөр сум, N 49°23,259' O 102°41,667') liegen. Die Ruine, von den Einheimischen auch als Biibulag bezeichnet, befindet sich 14 km westlich des Sumzentrums. Eine erhaltene Stele trägt die Inschrift: »Der Uigurenkaiser gab den Befehl, diese Stadt 757 zu bauen«. 840 wurde sie von Kirgisen aus Yenisei zerstört. Noch heute lassen sich im Umkreis der Siedlung Spuren früher Bewässerungssysteme erkennen.

Die Stadt Baibalyk war damals ein aufblühendes Handelszentrum in Zentralasien. Dort lebten Kaufleute aus der – heute verschwundenen – iranischen Ethnie der Sogd, die auch die Zentren Samarkand und Bukhara an der Seidenstraße errichteten. Sogdische Lehrer verbreiteten die buddhistische Lehre unter den Einwohnern und die buddhistischen Sutras wurden ins Uigurische übersetzt.

Baibalyk wurde von zwei großen Mauern geschützt, die aus gestampftem Lehm bestanden. Zurzeit ist nur ein kleinerer Teil der nördlichen Mauer zu sehen, der 4 m hoch und 2 m dick ist. Durch die vielen Löcher in der Mauer soll man damals die Außenwelt betrachtet haben. Im Norden der Stadt stand einst ein großer Sakralbau und zwei – männlich und weiblich dargestellte – Steinlöwen.

Uran Uul ▶ M 4

Etwa 70 km nordwestlich von Bulgan unmittelbar an der Hauptpiste nach Bulgan befinden sich mehrere erloschene Vulkane. Sie sind mehr oder weniger gleichzeitig während des jüngsten Abschnitts des Eiszeitalters aktiv gewesen. Davon ist der **Uran Uul** (Уран уул, N 48°59,81' O 102°44,145') einer der größten Vulkankegel der Mongolei. Für eine Besteigung sollte man sich 1 Std. Zeit nehmen. Nur 8 km südlich davon liegen die Vulkankegel **Tulga, Togoo** und **Jalavch Uul** (Тулга, Тогоо, Жалавч уул, N 48°55,758' O 102°45,22').

Alle Vulkane überragen ihre Umgebung und liegen markant in einer großen Ebene, die wahrscheinlich auch vulkanisch geschaffen wurde. Die letzten Aktivitäten dürften in die Eiszeit zurückzudatieren sein. Der Aufbau der Vulkankegel könnte aus einem Bilderbuch oder von einer Kinderzeichnung stammen.

Übernachten

Ger Camp ▶ Am Fuß des Uran Uul. Von dem Camp aus können Reittouren organisiert werden. Ab 20 000 MNT.

Zelten ▶ In der Umgebung der Vulkane findet man viele herrliche Stellplätze für das eigene Zelt.

Bulgan ▶ M 4

Das Aimagzentrum **Bulgan** (Булган, N 48° 48,694' O 103°32,75') mit etwa 13 000 Einwohnern bietet neben einem wieder neu aufgebauten **Kloster** (1992), das wie viele andere an die Stelle eines 1937 zerstörten trat, ein gutes Versorgungszentrum mit einem Markt. Auffallend ist, dass die Jurten im Laufe der Jahre durch viele Blockhäuser ersetzt worden sind, sodass – wie bereits in Renchinlhumbe (s. S. 253) – die Nähe zu Sibirien deutlich wird.

Das örtliche **Denkmal** stellt den Russen Shyetinkin dar, der 1921 bei der Revolution mitgewirkt haben soll. Hier wurde auch der Baron von Ungern-Sternberg, der Führer der weißrussischen Kräfte in der Mongolei, gefangen genommen (s. auch Thema S. 67).

Das hiesige **Aimagmuseum** präsentiert Exponate zur Stadtgeschichte und zur lokalen Kultur, z. B. Erinnerungen an den ersten Astronauten der Mongolei, J. Gürragchaa (Hauptstraße, tgl. 10–16 Uhr, 1000 MNT).

Im **Ethnografischen Museum** findet man viele Ausstellungsstücke zum nomadischen Alltagsleben, darunter beispielsweise Gegenstände zur Milchbearbeitung sowie Sättel (Hauptstraße, Tel. 01342 225 89, tgl. 10–16 Uhr, 1000 MNT).

Infos

Post: Hauptstraße, tgl. 9–18 Uhr.
Internet und **Telecom:** Hauptstraße, Tel. 01342 241 17, tgl. 0–24 Uhr.

Übernachten

Mit Restaurant ▶ **Hotel Venera:** im nördlichen Abschnitt der Hauptstraße, Tel. 99 08 09 44. Dem Hotel ist ein Restaurant angeschlossen. Ab 15 000 MNT.

Empfehlenswert ▶ **Hotel Khantai:** an der südöstlichen Hauptstraße nordwestlich der Polizeistation, Tel. 01342 229 64, 96 05 47 80. Ab 15 000 MNT.

Ruhig ▶ **Hotel Bulgan:** auf der Südseite des Parks, Tel. 01342 22 11. Ab 8000 MNT.

Ger Camps ▶ **Anag Tur:** 14 km nordwestlich von Bulgan, Anfahrt von der Straße nach Murun abzweigend. Ab 25 000 MNT. **Khangai Discovery:** 10 km nördlich von Bulgan, Tel. 99 79 88 10. Ab 20 000 MNT.

Einkaufen

Markt ▶ Hier kann man sich mit Lebensmitteln versorgen; ab Ende Juli gibt es **frische Walderdbeeren** und **Johannisbeeren**.

Orkhon- und Selenge-Tal
▶ N–P 3–5

An den Ufern des Orkhon, der auch das historische Zentrum um Kharkhorin (s. S. 302) bestimmt, finden sich noch andere geschichtlich interessante Orte. Der Fluss bildet das Bindeglied beider Berglandschaften. Namensgebend ist ferner die Selenge, der größte Fluss in dieser Region und der wichtigste Zufluss des russischen Baikalsees. Hier herrscht sibirische Taiga.

Die Landschaft am Mittellauf des Orkhon ist geprägt durch tertiären Basaltvulkanismus, was bedeutet, dass sich der Flusslauf streckenweise tief in die Basalttafeln eingegraben hat. Es war eine von der erdgeschichtlichen Warte aus betrachtet ›unruhige‹ Gegend, die sich zwischen den zwei Gebirgsblöcken des Khentii im Osten und des Khangai im Westen befindet.

Im Orkhon-Gebiet und in weiten Teilen des dazu zählenden Bulgan Aimag dienen die ertragreichen Wiesensteppen der Heuproduktion. Die wurden bereits zu sozialistischer Zeit für den Getreideanbau intensiv genutzt.

Tipp: Von Ulaanbaatar ins Orkhon-Tal

Es gibt zwei Strecken, die man von Ulaanbaatar aus in das Selenge-Orkhon-Bergland wählen kann. Will man in den **nördlichen Bereich**, empfiehlt sich eine Anfahrt über die Teerstraße, die Ulaanbaatar mit Sukhbaatar an der russischen Grenze verbindet. Kurz vor Darkhan biegt man auf die Asphaltpiste nach Westen Richtung Erdenet ab, von wo aus man Bulgan in ca. 1 Std. anfahren kann.

Die zweite Möglichkeit ist, Ulaanbaatar in **Richtung Westen** zu verlassen und die Brücke über den Orkhon zu benutzen. Obwohl die Region nordwestlich der Hauptstadt liegt, ist es durchaus sinnvoll, die ersten 100 km auf der Teerstraße Richtung Arvaikheer zurückzulegen. Bevor die Straße nach Südwesten abknickt, verlässt man sie nach 112 km bei dem Staatsgut Atar und folgt der Sandpiste nach Bulgan. Es lohnt sich, nach 217 km einen kleinen Abstecher zu unternehmen und nach links zum Fluss Tuul (s. S. 219) abzubiegen.

Oberhalb und unterhalb der Tuul-Brücke hat sich der **Goldbergbau** etabliert. Das Gold wird aus dem Sand und Kies der Tuul als Grundlage für die Goldwaschungen abgebaut. Dieses Gebiet wird als **Zaamar** (▶ A 5) bezeichnet.

Erdenet ▶ N 4

Cityplan: S. 262

Fährt man auf der Piste, die Bulgan mit Darkhan verbindet, 70 km weiter nach Nordosten, so erreicht man die Bergarbeiterstadt **Erdenet** (Эрдэнэт, N 49°1,843' O 104°3,18'), die das verwaltungsmäßige Zentrum des innerhalb des Bulgan Aimag selbstständigen Orkhon Aimag ist. Die derzeit zweitgrößte Stadt der Mongolei (75 000 Einwohner) wurde erst im Jahr 1974 zur Unterstützung der Infrastruktur für eine der weltgrößten Kupferminen gegründet. Plattenbauten von sozialistischer Architektur und Einkaufszentren prägen heute noch das Stadtbild. Ger-Siedlungen befinden sich an den Hängen besonders im Norden und Westen der Stadt. Die Kupfermine liegt im Osten, ebenso die Teppichfabrik Erdenet Carpet.

Erdenet erwirtschaftet mit den Erträgen aus der **Molybdän-Kupferlagermine** 1, die je zur Hälfte mongolisches und russisches Staatseigentum ist, seit 1978 einen großen Anteil der staatlichen Deviseneinnahmen. Der Abbau erfolgt im Tagebau. Das Erz wird in Erdenet aufbereitet, wo Kupfer- und Molybdän-Konzentrate für den Export hergestellt werden. Die Verhüttung und Elektrolyse, bei der Kupfer und Molybdän als Metall gewonnen werden, erfolgen im Ausland. Beim Besuch des **Bergwerksmuseums** 2 im 2. Stock des Kulturpalasts erhält man einen guten Überblick über den Produktionsablauf (Tel. 99 35 08 88, Mi– So 10–18 Uhr, 1000 MNT). Die **Besichtigung der Kupfermine** kann über die Hauptverwaltung organisiert werden (Tel. 01352 735 01).

Die **Teppichfabrik Erdenet Carpet** 3 produziert mit ihren 900 Mitarbeitern seit 1981 maschinell hergestellte Teppiche aus Wolle.

Das **Orkhon-Aimagmuseum** 4 informiert über den Bergbau, aber man findet auch Exponate des ›modernen‹ Nomadenlebens in einem voll ausgestatteten Ger (am östlichen Innenstadtrand an der Hauptstraße, tgl. 9–13, 14–18 Uhr, 1000 MNT).

Infos

Internet/Post/Telecom: an der Hauptkreuzung im Stadtzentrum, tgl. 9–18 Uhr.
Kulturpalast: an der Nordseite der westlichen Hauptstraßenhälfte, Sukhbaatar Gudamj.

Das Selenge-Orkhon-Tal zählt zu den geologisch unruhigsten Gegenden dieser Welt

Übernachten

Gegenüber vom Einkaufszentrum ▶ **White House** 1: Hauptstraße. Ab 36 000 MNT.

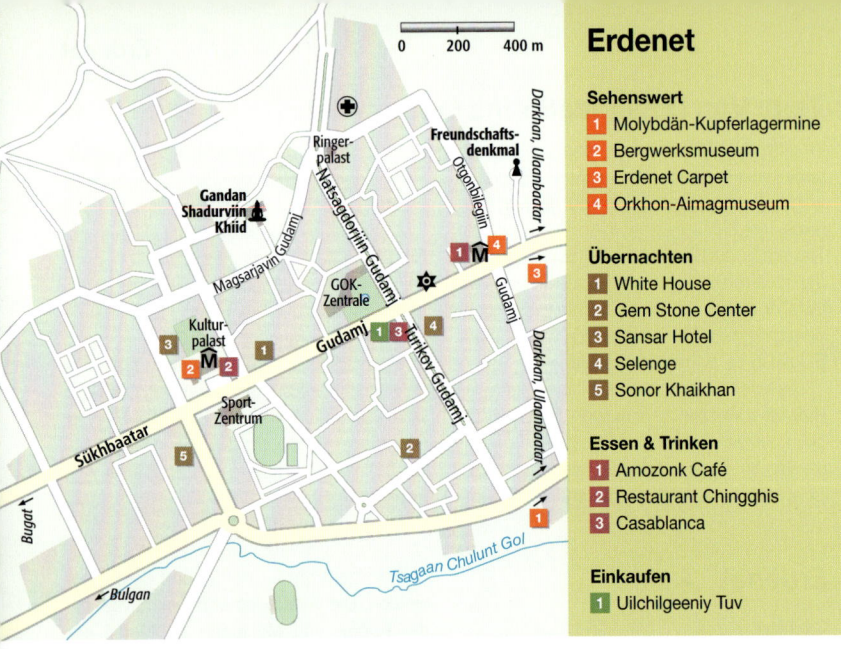

Erdenet

Sehenswert
1. Molybdän-Kupferlagermine
2. Bergwerksmuseum
3. Erdenet Carpet
4. Orkhon-Aimagmuseum

Übernachten
1. White House
2. Gem Stone Center
3. Sansar Hotel
4. Selenge
5. Sonor Khaikhan

Essen & Trinken
1. Amozonk Café
2. Restaurant Chingghis
3. Casablanca

Einkaufen
1. Uilchilgeeniy Tuv

Mit Restaurant ▶ Gem Stone Center 2: südlich der Post, Tel. 99 35 86 36. Auch Restaurant mit asiatischer und europäischer Küche. Ab 30 000 MNT.

Neu ▶ Sansar Hotel 3: nordwestlich der Hauptstraße, Tel. 01352 279 27. Sauber. Ab 30 000 MNT.

An der Hauptstraße ▶ Selenge 4: Tel. 01352 273 59, selenge@ersen.mn. Im sowjetischen Stil. Ab 20 000 MNT.

Sauber ▶ Sonor Khairkhan Hotel 5: südlich des Westabschnitts der Hauptstraße, in der Nähe des Marktes, Tel. 01352 281 20. Ab 13 000 MNT.

Essen & Trinken

Europäische und mongolische Küche ▶ Amozonk Café 1: im östlichen Abschnitt der Hauptstraße, Tel. 01352 236 82, tgl. 10–24 Uhr. Gerichte zwischen 1000 und 7000 MNT. **Restaurant Chingghis 2:** an der Hauptstraße nahe dem Kulturpalast, Tel. 01352 274 00, tgl. 10–22 Uhr. Gerichte zwischen 1000 und 6000 MNT.

Russische und chinesische Küche ▶ Casablanca 3: im Einkaufszentrum, Tel. 01352 285 46, tgl. 10–24 Uhr. Neben dem Restaurant gibt es auch eine Bar. Gerichte zwischen 1000 und 6000 MNT.

Einkaufen

Markthallenartig ▶ Uilchilgeeniy Tuv 1: Das Gebäude mit vielen kleineren **Geschäften** befindet sich in der Stadtmitte, tgl. 9–18 Uhr.

Verkehr

Züge: Erdenet ist an das Eisbahnnetz der Mongolei angeschlossen und in 11 Std. (!) von Ulaanbaatar aus zu erreichen. Mit dem knapp 180 km östlich liegenden Darkhan ist Erdenet seit 1977 durch eine Stichstrecke der Transmongolischen Eisenbahn und eine der besten Asphaltstraßen der Mongolei verbunden (Fahrt 6000 MNT). Hingegen braucht ein Pkw auf der durchgängigen Asphaltstraße ca. 5 Std.

Linienbus: Fahrzeit nach Ulaanbaatar 7 Std., 8000 MNT. Die Minibusse in verschiedene Richtungen (nach Ulaanbaatar, Murun, Bulgan, Tsetserleg und Uliastai), sind aus Sicherheitsgründen nicht wirklich zu empfehlen. Abfahrtsort der Busse ist direkt am Marktplatz.

5 Amarbayasgalant
▶ O 4

Karte: rechts

Hat man dann Erdenet auf der Asphaltstraße verlassen und möchte zum nächsten Etappenziel, zum Kloster Amarbayasgalant, so sollte man bei Km 63 oder beim Ort Baruunburen von der Straße abfahren und der Piste nach Norden und Osten auf 24 km bis zum Kloster folgen. Die Weiterfahrt kann dann vom Kloster aus direkt nach Süden zum Ort Sant Sum (35 km) und von dort zur Orkhon-Brücke erfolgen.

Von Ulaanbaatar aus biegt man 50 m nördlich der Brücke über den Orkhon nach links ab und folgt dem nördlichen Flussufer auf sandiger Piste 8 km stromabwärts, biegt sodann beim Ort Sant Sum im rechten Winkel nach Nordosten ab und folgt für ca. 30 km dem landschaftlich herausragenden Flusslauf aufwärts bis zur Klosteranlage. Nur einige Hirtenfamilien nutzen mit ihren Herden die fruchtbaren Weiden. Der Weg ist stellenweise nur im Schritttempo zu bewältigen. Am oberen Talende schließlich liegt die Klosteranlage, die die Steppenlandschaft überschaut.

Das Kloster **Amarbayasgalant** (Амарбая сгалант, Glückliche Ruhe, N 49°28,732' O 105°5,048') ist eine der eindrucksvollsten Klosteranlagen der Mongolei. Einen großartigen Überblick erlangt man von dem Berg hinter dem Kloster. Die von einer roten Mauer (207 x 175 m) umgebenen Gebäude liegen an einem Berghang in 2000 m Höhe.

Geschichte

Die mandschurische Staatspolitik verfolgte mit der Gründung des Klosters den Plan, den Lamaismus unter den Mongolen zu verbreiten. Den Platz wählte der erste Bogd Khan noch selbst aus, doch mit dem Bau wurde erst nach dem Tod Zanabazars (gest. 1723) im Jahr 1727 begonnen, der Schlussstein 1735 gelegt. 1789 überführte man den mumifizierten Leichnam Zanabazars aus Peking nach Amarbayasgalant.

Das Kloster besaß zunächst zehn lamaistische Bildungstempel, in denen die Gottesdienste stattfanden. In seiner Blütezeit gab es über 50 Tempel, in denen über 6000 Mönche und Lamas beteten. Um das Jahr 1900 lebten mehr als 8000 Menschen im und um das Kloster. Östlich und westlich standen große Jurtensiedlungen.

Nach der Zerstörung 1937 waren es nur noch 900 Mönche. 27 Gebäude, die seit 1977 Schritt für Schritt mithilfe der UNESCO restauriert werden, überdauerten die Zerstörungen. Die Klosteranlage wurde auf die Liste des Weltkulturerbes gesetzt. Kunstschätze von unermesslichem Wert gingen jedoch verloren.

Architektur und Gestaltung

Der Bauplan des Klosters ist sowohl in Anlage, statischer Ausführung und Ausgestaltung der Fassaden chinesisch, weist aber auch zahlreiche mongolische Elemente auf. Die Gebäude folgen einer Nord-Süd-Achse und stehen alle auf einem Ziegelfundament. Über dem Erdgeschoss schwingen sich Pagodendächer in die Höhe.

Im Zentrum des Klosterkomplexes steht der zweigeschossige **Haupttempel Tsogchin Dugan** mit seiner großen Halle, deren

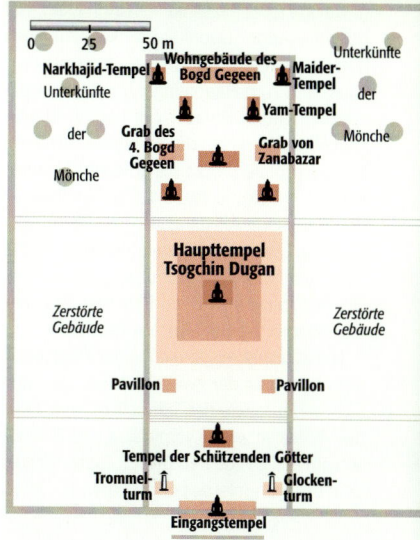

Selenge-Orkhon-Bergland und West-Khentii

gewaltige rote Holzsäulen beeindrucken. Tief überhängende Dachkanten kennzeichnen alle vier Seiten. Ein nur eingeschossiger Portikus führt zum Haupteingang mit einem darüberliegenden Balkon. Auf beiden Etagen läuft eine Galerie um das Gebäude. Im Innern ist die Kassettendecke mit goldenen Drachen auf grünem Grund verziert, Blumenmotive in den Ecken vervollständigen die Deckengestaltung. Die Säulen, Türen und Rahmen des Haupttempels waren rot oder grün lackiert. Die Stützbalken sind mit Drachen, Blumen- und geometrischen Mustern verziert.

Hervorzuheben ist ein kleiner **Pavillon** in der Mitte über der zweiten Etage, über den Licht in das Innere des Tempels gelangt. Über die Malereien wurde vermutlich eine Schutzschicht aus Öl und Fett gelegt. Diese Technik ist in der Mongolei seit dem späten 16. Jh. (s. Erdene Zuu S. 306) bis zum frühen 20. Jh. (Bogd-Khan-Palast S. 185 und Choijin-Lama-Kloster S. 181) nachweisbar und bot Schutz für Malereien, die dem Wetter in besonders hohem Maße ausgesetzt waren. Diese Malereien, die dem europäischen Auge oft zu bunt scheinen, sind fester Bestandteil architektonischer Ausgestaltung – ein traditionelles, mongolisches Gebäude wäre ohne sie undenkbar (www.amarbayasgalant.org, 3000 MNT, Foto 5000 MNT).

Übernachten

Hotelartig ▶ **Hotel Amarbayasgalant:** kein Telefon und kann nicht vorher gebucht werden. 4000 MNT.

Ger Camps ▶ **Selenge:** 3,5 km südlich des Klosters, Tel. 011 45 17 43, www.nomadic-empiretour.mn. Ab 46 000 MNT. **Amarba-**

Amarbayasgalant: Vom oberen Talende blickt man in die endlose Weite der Steppenlandschaft

yasgalant: 10 km südlich des Klosters. Ab 30 000 MNT.

Darkhan und Umgebung
▶ O/P 3/4

Cityplan: S. 266
Die mit 74 000 Einwohnern zurzeit drittgrößte Stadt der Mongolei (Дархан, N 49°29,26' O 105°55,981') hat sich neben Ulaanbaatar zum wichtigsten Handels- und Industriestandort insbesondere für russische Kontakte entwickelt und genießt den Status eines eigenen Aimags innerhalb des Selenge Aimag. Die Lage an der Transmongolischen Eisenbahn und die Nähe der Kohlegrube Sharyn Gol (s. S. 267) waren 1961 ausschlaggebend für die Gründung. Die Stadt hatte zweifellos ihre Blütezeit vor 1990. Durch die politische Wende verloren hier viele ihren Arbeitsplatz. Noch immer ist der Anteil russischer Bevölkerung hoch. Fährt man von Ulaanbaatar nach Darkhan werden die auf den Westhängen liegenden, großen landwirtschaftlichen Betriebe mit ihren kilometerlangen Feldern aufgefallen sein. Für sie wurden viele Hänge abgeholzt. Erosionsschäden sind die Folge.

Zentrum
Darkhan ist in zwei Teilstädte gegliedert: die alte Stadt in der Nähe des Bahnhofs und die südlich davon gelegene ›Neustadt‹. Allerdings sollte niemand in der Altstadt beschauliche Bauten erwarten. Sie entstand nur ein Jahr vor der Neustadt. Die Architektur spiegelt den ehemaligen sowjetischen Einfluss wieder: Plattenbauten und mongolische Gersiedlungen an der Peripherie.

Das **Volksmuseum Darkhan-Uul** 1 stellt Exponate zur Vor- und Frühgeschichte, traditionelle Kleidung und religiöse Kultgegenstände aus. Wichtigstes Stück ist das Originalgemälde des legendären Treffens zwischen Lenin und Sukhbaatar, das der mongolische Maler B. Tsultem 1953 anfertigte (im 2. Stock des Kulturpalasts, Tel. 01372 279 10, tgl. 9–13, 14–19 Uhr, 1000 MNT). Das **Kloster Kharaagyn** 2 liegt in der Altstadt an der Hauptstraße (Mo–Sa 10–14 Uhr, Eintritt frei).

Infos
Telecom: in der Neustadt, Tel. 01372 232 75, tgl. 0–24 Uhr.
Internet: im Kulturpalast/Neustadt, Tel. 01372 232 05, 99 40 98 12, Mo–Fr 10–20, Sa/So 10–18 Uhr.

Übernachten
Hotels in Neu-Darkhan ▶ **Kharaa** 1: auf der Südseite von Neu-Darkhan, Tel. 01372 200 19, 99 37 99 85. Ab 35 000 MNT. **Hotel Kiwi** 2: am Nordrand, Tel. 01372 22 83 01, mondar_kiwi@yahoo.com. Restaurant und Bar mit internationaler und mongolischer Küche. Ab 25 000 MNT. **Darkhan** 3: am Nordrand von Neu-Darkhan, Tel. 99 40 67 42. Ab 25 000 MNT. **Woods Hotel** 4: auf der Süd-

Darkhan

Sehenswert
1. Volksmuseum Darkhan-Uul
2. Kloster Kharaagyn

Übernachten
1. Kharaa
2. Hotel Kiwi
3. Darkhan
4. Woods Hotel
5. Nomin Hotel
6. MBM Hotel
7. Jasper
8. Crystal

Essen & Trinken
1. Mongolian Barbecue
2. Modern Nomads
3. Texas Pub
4. Chinese Café
5. Tuvshin Café
6. Chingghis Restaurant

Einkaufen
1. Markt
2. Nomin-Kette
3. Schwarzmarkt

seite des Parks in der Neustadt, Tel. 01372 23 35 34. Ab 23 000 MNT. **Nomin Hotel** 5: auf der Ostseite des Parks, Tel. 01372 38 45 01. Ab 9000 MNT.

Hotel zwischen Neu- und Alt-Darkhan ▶ **MBM Hotel** 6: an der Hauptstraße, Tel. 70 37 65 65. Das neueste und teuerste Hotel im Ort. Ab 50 000 MNT.

Hotels in Alt-Darkhan ▶ **Jasper** 7: am Südrand, Tel. 01372 364 78. Ab 25 000 MNT. **Crystal** 8: am Südrand. Ab 20 000 MNT.

Essen & Trinken

All you can eat ▶ **Mongolian Barbecue** 1: an der Hauptstraße zwischen Alt- und Neu-Darkhan. Essen so viel man will. 15 000 MNT.

Mongolisches Traditionsessen ▶ **Modern Nomads** 2: in Alt-Darkhan Richtung Bahnhof. Auch internationale Küche, z. B. Cowboy Steak für 14 000 MNT.

Asiatisch ▶ **Texas Pub** 3: im Zentrum der Neustadt, Tel. 01372 279 61, tgl. 11–24 Uhr. 1000–8000 MNT.

Gute chinesische Küche ▶ **Chinese Café** 4: Alt-Darkhan, gegenüber vom Schwarzmarkt, Tel. 99 37 94 96, tgl. 12–24 Uhr. 1000–7000 MNT.

Mongolisch-chinesisch ▶ **Tuvshin Café** 5: in Neu-Darkhan, tgl. 10–20 Uhr. Mittagstisch mit englischem Menü. 1000–6000 MNT.

Asiatisches Fast-Food ▶ **Supermarkt Nomin** 2: in der Neustadt. 500–4000 MNT.

Biergarten im Sommer ▶ **Chingghis Restaurant** 6: im Zentrum von Neu-Darkhan.

Einkaufen

Markt ▶ 1 östlich der Hauptstraße in der Altstadt.

Supermarkt ▶ **Nomin-Kette** 2: Neustadt.

Schwarzmarkt ▶ 3 Immer spannend, obwohl es das Übliche zu kaufen gibt.

Verkehr
Züge: nach Ulaanbaatar (6000 MNT) sowie Ulan Ude und Irkutsk in Russland; Züge nach Erdenet halten in Darkhan. Ticketbüro: Tel. 01 372 423 01, tgl. 7.30–9.30, 2.30–18.30, 22.30–4.30 Uhr (gemäß der Zugabfahrtszeiten).
Linienbus: nach Ulaanbaatar, Abfahrt am Urtuuchin Hotel, pro Fahrt 5000 MNT.
Minibusse sind aus Sicherheitsgründen weniger zu empfehlen. Die asphaltierte Strecke Richtung Hauptstadt verleitet die Fahrer zu Wettrennen mit ihren überbesetzten Bussen.

Sharyn Gol
In **Sharyn Gol** (Шарын гол, N 49°14,186' O 106°26,013') gut 50 km südöstlich von Darkhan wird in mehreren Gruben Braunkohle abgebaut. Im Tagebau gewinnt man hier den Brennstoff für die Zentralheiz- und Kraftwerke von Ulaanbaatar und Darkhan.

Von Darkhan nach Norden

Selenge-Bergland ▶ N/O 3/4
Kurz vor Sukhbaatar überspannt eine Brücke zunächst den Orkhon und ungefähr 20 km weiter eine zweite die Selenge. Ein landschaftlich sehr reizvoller Abstecher führt den Reisenden in das **Selenge-Bergland.**

Die Selenge fließt noch auf mongolischem Gebiet in nordöstlicher Richtung zwischen zwei Gebirgszügen – dem nördlichen Buteeliyn Nuruu und dem südlichen Burengiyn Nuruu. Im Norden des Flusses zieht sich eine nur selten befahrene Piste via Khutag bis Murun. Die Berghänge mit ihren bis weit in die Täler reichenden Wäldern erinnern an Szenen aus dem Schweizer Jura. Wer Zeit hat, sollte zumindest ein Stück auf dieser Piste fahren und sich dieses etwas andere Bild der Mongolei nicht entgehen lassen.

Sukhbaatar ▶ P 3
Bis zur Grenzstadt **Sukhbaatar** (Сухбаатар, N 50°13,879' O 106°12,601'), deren Name an den jungen Revolutionshelden erinnern, sind es von Darkhan aus 90 km. Ein großes Sägewerk ist das wichtigste Unternehmen in Sukhbaatar. Hier ist der Eisenbahnübergang nach Russland.

Infos
Post: am nördlichen Ende der Hauptstraße, tgl. 8–18 Uhr.
Internet und **Telecom:** am nördlichen Ende der Hauptstraße, tgl. 0–24 Uhr.

Übernachten
Nähe Hauptplatz ▶ **Kharaa Hotel:** Tel. 01362 238 76, südlich vom Hauptplatz gelegen. Ab 10 000 MNT.
Stadtrand ▶ **Voyage Hotel:** Tel. 01362 238 39, 99 49 53 57, am südlichen Rand der Stadt. Ab 25 000 MNT.
Reisepraktisch ▶ **Bahnhofshotel:** Tel. 01362 403 71. Ab 5000 MNT.

Verkehr
Züge: Der Bahnhof liegt im Mittelabschnitt der Hauptstraße, Tel. 01362 401 24, tgl. 8–12, 13–17 und 20–22 Uhr. Züge verkehren nach Russland (Ulan Ude, Irkutsk) und nach Darkhan sowie Ulaanbaatar. Preise: Einfache Fahrt nach Ulan Ude 18 000 MNT, nach Irkutsk 34 000 MNT und nach Moskau 125 000 MNT (bei der Einreise nach Russland ist ein Visum erforderlich), nach Ulaanbaatar 8500 MNT.

Altanbulag und russische Grenze ▶ P 3
Autofahrer müssen in das 25 km östlich gelegene **Altanbulag** (Алтанбулаг, Goldene Quelle, N 50°18,666' O 106°29,378') fahren, um die Grenze zu überqueren. Dort, wo noch vor 15 Jahren die Friedensbekundung »Mir« über dem Grenzübergang in einem eigenwilligen Kontrast zu den Gruben und Spiegeln stand, mit denen die wenigen Fahrzeuge, die zwischen der Mongolei und Russland verkehrten, kontrolliert wurden, ist ein geschäftiger Grenzübergang entstanden. Trotz Computerscannern im Zollhaus sollte man jedoch reichlich Geduld mitbringen, um den mehr-

Selenge-Orkhon-Bergland und West-Khentii

aktiv unterwegs

West-Khentii-Gebirge

Tour-Infos
Start: Yeroo-Brücke an der Straße Darkhan–Sukhbaatar
Ziel: Zuunkhara
Länge: 198 km
Dauer: 2 Tage ohne Aufenthalt (mit Geländefahrzeug)
Wichtige Hinweise: teilweise schwierige Wegstrecke über verfallende Brücken und ausgefahrene Pistenabschnitte; nur Zeltmöglichkeiten mit eigener Ausrüstung

---

Wer so weit in den Norden des Landes vorgedrungen ist, sollte eine Tour ins nördliche Khentii-Gebirge in Erwägung ziehen. Die Asphaltstraße von Sukhbaatar nach Darkhan noch unter den Rädern des Geländewagens erreicht man die Yeroo-Brücke nach 45 km. Hier überquert man den wichtigsten Fluss des West-Khentii den Yeroo (auch Eroo). Die landschaftlich schöne Strecke führt durch sibirische Taiga, und der Fluss mit seinen zahlreichen Stromschnellen ist für manches Fotomotiv gut. Der zunächst fruchtbaren Talaue folgt man zum Ort Yeroo (36 km).

Ab hier verändert sich dann allmählich die Vegetation. Die Landschaft wird zunächst hügeliger und letztlich auch gebirgig. Die Waldinseln nehmen in ihrer Anzahl zu und vereinen sich dann zu Wäldern. Kurz vor dem Ort Bugant muss ein kleiner Pass überwunden werden. Goldbergbau hat die nähere Umgebung der Talaue bei **Bugant** (nach 106 km, Бугант, N 49°29,353' O 107°12,214') stark zerstört.

Eine Weiterfahrt durch die südsibirischen Taigawälder ist ein Erlebnis unter expeditiven Bedingungen. Die Straße führt in die Wälder des westlichen Khentii dem Flusslauf des Yeroo aufwärts bis nach **Khonin Nuga** (Хонин нуга, N 49°5,318' O 107°17,185'). Hier befindet sich ein Forschungscamp der Universität Göttingen und der Nationaluniversität der Mongolei, das sich seit Ende der 1990er-Jahre mit der Erforschung ökosystemarer Zusammenhänge von Flora und Fauna in der südsibirischen Taiga beschäftigt. Im Sommer ist das Camp immer mit jungen Wissenschaftlern besetzt, die gern über ihre Arbeit berichten.

Allerdings ist dieses Paradies durch Goldbergbau und Holzeinschlag stark gefährdet. Die Entwicklung einer Forstverwaltung im deutschen Sinne steckt generell in der Mongolei noch in den Kinderschuhen, wird aber durch die Einführung eines Forstgesetzes seit 2007 stark vorangetrieben. Bislang herrscht

stündigen Stempelmarathon zu bewältigen. Doch als Europäer haben wir die Erfahrung gemacht, gegenüber der einheimischen Bevölkerung, deren Kleinhandel die Grenzbeamten bisweilen penibel filzten, eher bevorzugt behandelt worden zu sein. Über diesen wichtigen Grenzübergang können ausländische Touristen auch mit dem eigenem Pkw einreisen.

Die Ortschaft Altanbulag selbst hat vom zunehmenden Grenzverkehr profitiert, wie die zahlreichen Wechselstuben, Imbisse und Tankstellen belegen, auch wenn die inmitten der Steppe aufragenden Plattenbauten weiterhin recht düster wirken. Als Maimaachin hatte die Ortschaft unter chinesischer Herrschaft eine größere Vergangenheit als Stützpunkt am Karawanenweg von Russland nach Peking.

Jenseits der Grenze weist die Ruine einer russisch-orthodoxen Kirche auf die jahrhundertealte Besiedlung der Grenzstadt **Khiagt** in Südsibirien hin. Khiagt mit seinen baumbestandenen Alleen und seinen alten Holzhäusern erinnert schlagartig an Europa, Fingerzeig dafür, dass politische und ethnische

Von Darkhan nach Norden

aber in den meisten Waldgebieten noch eine relativ ungeplante Holzentnahme, die nicht unter den Gesichtspunkten der Nachhaltigkeit betrieben wird.

Der hier aus dem Zusammenfluss von Sharlan und Yesty sich bildende Yeroo durchfließt einen der noch unberührtesten Teile der südsibirischen Taiga. Ausgedehnte Waldwanderungen sind hier möglich (**Achtung:** Zeckengefahr, die Borreliose auslösen können).

Die Rückfahrt erfolgt über **Zuunkhara**, einem für seine Holzindustrie bekannten Ort.

Das West-Khentii wartet mit einer artenreichen Flora auf, darunter *Iris sibirica*

Grenze hier übereinstimmen, auch wenn sich die Burjaten auf russischer Seite zu den mongolischen Völkern zählen. In Khiagt wurde im März 1921 die Mongolische Volkspartei gegründet, und von hier begann im selben Monat auch die Eroberung der Mongolei durch Revolutionstruppen. Als erste Siedlung fiel Amgalanbaatar, das heutige Altanbulag, in die Hände der Truppen Sukhbaatars.

Gun Nuur ▶ P 3

Von Altanbulag sind es nur noch rund 8 km zu dem südsüdöstlich gelegenen **Gun Nuur** (Гүн нуур, N 50°15,021' O 106°31,864'), einem romantisch gelegenen See in einer Dünenlandschaft, unter der bis heute Dauerfrostboden liegt, der gegenwärtig allerdings schnell abtaut.

Um den See verteilt liegen verschiedene Touristencamps und Erholungsheime, die jedoch wie so häufig stetigen Veränderungen in puncto Qualität und Eigentumsverhältnissen unterworfen sind. Reisende sollten ihren Übernachtungsort daher am besten persönlich begutachten und erst vor Ort eine Wahl treffen.

Selenge-Orkhon-Bergland und West-Khentii

Mit dem Jeep durch Sumpf und Steppe

Nichts macht mehr Spaß, als unabhängig von einer Gruppe zu reisen, doch nur bei guter Vorbereitung bleiben die Risiken einer privaten Auto- oder Motorradtour durch die Mongolei kalkulierbar. Touren über Land waren und sind ein echtes Abenteuer mit tatsächlichem Risiko. Mit etwas Pech kann man tagelang festhängen.

Qualmwolken steigen plötzlich am Wagenfenster auf, unser Jeep brennt. Mit den letzten Trinkwasservorräten und sogar ein paar Dosen Bier wird der Motorraum gelöscht, die Batterie ist ruckzuck abgeklemmt, damit sich kein Kurzschluss bildet. Wir haben noch einmal Glück gehabt und das Entstehen des Feuers sofort bemerkt. Unter der Karosserie verklemmte sich bei der Fahrt durch die ostmongolische Menengiyn-Steppe trockenes Gras und der heiße Motor hatte es schließlich entzündet. Eine Minute später und wir hätten uns auf den 250 km langen Marsch zur nächsten Siedlung mit Telefon begeben müssen.

Ein anderer Tag, ein anderes Szenario, dieses Mal in den sumpfigen Tälern des Khentii-Gebirges: Ein kurzer, scharfer Pfiff, wie ein Peitschenhieb schlägt das Drahtseil gegen die Karosserie – das Abschleppseil ist gerissen. Seit vier Stunden sitzen wir bis über die Trittbretter im Schlamm, haben geschaufelt, als wollten wir uns um einen Job im Bergbau bemühen, mit dem Wagenheber wieder und wieder versucht, den Wagen so hoch zu heben, dass die Sandbleche unter die Reifen gelegt werden können – und beobachtet, wie unser Jackall-Universalheber erst nach mehr als einem halben Meter auf Widerstand stieß.

Es ist heute bereits das zweite Mal, dass wir im Schlamm festsitzen, am Vormittag kamen wir nach zwei Stunden aus eigener Kraft heraus, zum Glück, denn auf den nächsten 20 km sahen wir keine Jurte, und der nächste Traktor stand 50 km entfernt. Auch diesmal hatten wir Glück im Unglück: Eine Farm war nur wenige Kilometer entfernt und die Traktorfahrer waren bereit, uns herauszuziehen. Allerdings mussten sie erst einen ihrer Kollegen flottmachen, der gleichfalls in der schmatzenden Masse steckte.

Wir hatten die Zeichen gesehen, aber nicht verstanden: Die Piste führte direkt auf einen kleinen Tümpel zu – und auf der anderen Seite kam sie ebenso schnurgerade aus dem Wasser heraus. Wenn das Wasser zugefroren ist, kann man hier wie auf einer Schnellstraße fahren, im Sommer fährt man direkt in den Sumpf.

Sandpassagen, schlüpfrige Schlammstrecken, Wasserdurchfahrten und außergewöhnlich raue Pistenabschnitte im Gebirge sind die größten Herausforderungen. Bei einsetzendem Regen ist die Gefahr extrem. Die Pisten werden zur »Schlitterstrecke«. Wer jetzt schneller als 40 km/h fährt, erhöht das Risiko, unkontrollierbar ins Schlingern zu kommen und sich zu überschlagen.

Diese Überlegungen helfen uns jetzt aber nicht. Wir stecken immer noch im Sumpf. Unterdessen ist es Nacht geworden, selbst die Mücken, die in der Dämmerung über uns hergefallen waren, haben sich schon wieder zurückgezogen. Der einzelne Traktor, der vergeblich versucht hatte, uns herauszuziehen, ist wieder zu seiner Brigade gefahren, angeblich will er mit einem Freund zurückkommen. Gegen Mitternacht flimmernde Lichter am Horizont, drei Traktoren suchen sich tatsächlich den Weg durch den Sumpf.

Ein Reisebericht

Thema

Zwei voreinandergespannt schaffen es schließlich, den Geländewagen mit Schwung herauszuziehen, das Spezialfaserabschleppseil hält, die Karosserie erstaunlicherweise auch. Voll Freude schenken wir unseren Rettern ein paar Flaschen Wodka.

Der Vier-Tage-Trip aus Ulaanbaatar war von Anfang an eine Tour mit Hindernissen. Mehrfach verfehlen wir die richtige Piste und verfahren uns um Kilometer, was in der Mongolei einen Verlust von Stunden bedeutet. Zum Glück gibt es heute das Satellitennavigationsgerät GPS, das unschätzbare Dienste leistet. Das Waschbrett der Piste rüttelt so stark an den Aufhängungen unserer sechs Reservekanister, dass an einer Stelle ein Riss im Karosserieblech entsteht und später in Ulaanbaatar viele Schweißnähte nachgezogen werden müssen.

Kurz vor dem Ziel des Ausflugs erfahren wir, dass die Fähre, mit der wir über den Fluss Onon setzen wollen, wegen Niedrigwasser nicht einsatzbereit ist. Eine Tagesreise weiter soll es eine Furt geben, doch hier ist das Wasser noch über 1 m tief, und der Fluss ist beachtliche 100 m breit. Wir bewundern Einheimische, die mit ihren Pferden durch die Strömung reiten, das Wasser reicht bis zur Satteldecke. Die Erfahrung sagt, dass man einen Fluss nicht mit dem Geländewagen passieren sollte, wenn einem Pferd das Wasser bis zum Bauch reicht. Nach weiteren 30 km eine andere Fähre, doch der Fährmann wohnt am jenseitigen Ufer und hört wegen des starken Windes unsere Hupe nicht. Unser Fahrer hangelt sich am Führungsseil der Fähre über das Wasser. Das Nass ist erst seit einer Woche eisfrei, zu schwimmen wäre kaum empfehlenswert.

Ein anderes Erlebnis widerfährt uns im Zavkhan-Fluss in der Westmongolei. Mitten in dem 1 km breiten Flussbett sind wir trotz Führer in eine schlammige Vertiefung geraten, gestern sei die Strecke noch einwandfrei gewesen. Jetzt lassen uns Sand und Schlamm nicht mehr los und die Strömung treibt immer neuen Sand heran und beginnt den Wagen einzugraben. Im Fahrerraum steht das Wasser bis zur Windschutzscheibe. Doch auch hier haben wir Glück, nach einigen Stunden wird die unermüdliche Arbeit mit Sandblechen und Wagenhebern belohnt. Mit lautem Schmatzen gibt uns der Untergrund frei, der Motor springt sogar an, wir erreichen das rettende Ufer.

Vielleicht halten Sie unsere Beschreibungen über die Pisten und die Schwierigkeiten einer individuellen Tour durch die Mongolei für übertrieben, Sie waren schließlich schon in Afrika und andernorts. Lassen Sie sich versichern, wir auch. Auch in Erfahrungsberichten im Internet stößt man immer wieder auf Beschreibungen wie »die ›Straßen‹ bestanden meistens aus fünf oder sechs Wagenspuren nebeneinander«, »auf den Pisten konnten wir unsere Fähigkeit, uns festzuklammern und blaue Flecke zu ertragen, ausgezeichnet vervollkommnen« oder »die Anforderungen an die Federn übertrafen alles, was die moderne Reklame dem Käufer zu versprechen wagt. Nebenbei bemerkt hatten wir das Gefühl, dass der Wagen überhaupt jeder Feder entbehrte.«

Für uns wäre all dies nicht ohne unseren Fahrer und Automechaniker Amarbajar gegangen: wie viele ein moderner Cowboy des Landes, ein kleines Genie, wenn es um Öl und Schrauben geht. Ein Mann, dem es nichts ausmachte, im kältesten Winter Treibstoffleitungen auszublasen und in der Hitze der Gobi eine Kupplungsscheibe zu wechseln – und der dabei immer noch bis über beide Ohren zu lachen wusste: »Keine Angst – kriegen wir wieder hin!« (Tipps zur unverzichtbaren Ausrüstung für eine Jeeptour s. S. 141 und 158).

Rares Gut in der Wüste Gobi: eine Wasserstelle

Kapitel 3
Süden und Ost-Khangai

Sommerliche Hitze, eiskalte Winter, Sandstürme, kaum Wasser und das Fehlen nahezu jeglicher Infrastruktur haben die Nomaden nicht davon abgehalten, die kärgliche Gegend mit ihren Herden zu bewirtschaften. Die Gobi ist weder leer noch eintönig: Vielmehr bestimmen grandiose Sanddünen, Canyons, in ihrem eigenen Schutt versinkende Gebirge und sogar Seen das Landschaftsbild. Archäologen fördern immer wieder neue Sensationen aus fernen Dinosaurierzeiten ans Licht.

In dieser größten Wüste Asiens klettern die Temperaturen im Sommer locker auf 50 °C, um im Winter auf – 40 °C zu fallen. Einige der seltensten und gefährdetsten Tiere haben hier eine Nische für ihren Lebensraum gefunden: das Przewalski-Pferd, der Gobibär und der Schneeleopard. Die Klimaveränderung hinterlässt in Tal und Senke der Gobi-Seen dramatische Veränderungen. Immer mehr Gewässer verflachen oder trocknen aus. Wer diese Landschaften noch hautnah erleben möchte, sollte sich beeilen.

Ohne Expeditionsausrüstung werden die Reisenden vernünftigerweise nur am Rand der grandiosen Gobi-Landschaft kratzen, erlangen aber doch einen bleibenden Eindruck. Mit wenig Zeit zur Verfügung wählt man für die Anreise optimalerweise eine Flugverbindung von Ulaanbaatar nach Dalanzadgad. Wer hingegen ein größeres Zeitbudget sowie ausreichend Geld und Ausrüstung hat, sollte unbedingt versuchen, weiter in die Gobi vorzudringen.

Sucht man noch für einige Tage ein Kontrastprogramm zur Gobi, ist eine Tour am Orkhon empfehlenswert. Die historischen Zentren wurden ihrerzeit bewusst in dieser besonders fruchtbaren Region angelegt. Die Spuren der Geschichte lassen sich hier wunderbar mit der Entdeckung geologischer Phänomene verbinden. Die im Sommer meist sattgrünen Talauen sind nach der Trockenheit der Wüste ein Genuss fürs Auge.

Auf einen Blick
Süden und Ost-Khangai

Sehenswert

6 Bayanzag: Hier wurden spektakuläre Dinosaurierfossilien entdeckt. Die Abendsonne gab der Sandsteinformation ihren Namen – ›Rote Kliffs‹ (s. S. 281).

7 Yolyn Am: In dieser Klamm hält sich der Schnee selbst im heißen Sommer. Lämmergeier kreisen durch die Lüfte (s. S. 286).

8 Khongoryn Els: Der durch abrutschende Sandkörner hervorgerufene Ton hat diesen Wanderdünen den Namen ›Singende Dünen‹ verpasst (s. S. 287).

9 Kharkhorin und Erdene Zuu: Von der alten Mongolenhauptstadt finden sich nur noch archäologisch gesicherte Grundmauern. Später versuchten mongolische Fürsten an die geschichtliche Bedeutung anzuknüpfen und errichteten mit Erdene Zuu eines der bedeutendsten Klöster des Landes (s. S. 302).

Schöne Routen

Von Dalanzadgad nach Nomgon: Von Dalanzadgad aus zieht sich eine schnurgerade Piste über gut 100 km ins südöstlich gelegene Nomgon. Auf der gesamten Strecke hat man den etwas über 2000 m hohen Gobi-Altai im Blickfeld (s. S. 281).

Von Saikhan-Ovoo ins Obere Orkhon-Tal: Nach und nach wird die karge Gobi von immer üppiger werdenden Steppen abgelöst. Sobald man die Asphaltstraße von Arvaikheer nach Ulaanbaatar gequert hat, tauchen die ersten bewaldeten Berge des Khangai am Horizont auf (s. S. 302).

Unsere Tipps

Nomgon: Dieses fast vergessene Kloster ist ein Erlebnis der speziellen Sorte, schon allein deshalb, weil es kaum ein Reiseveranstalter im Programm hat (s. S. 281).

Nemegt Uul: Eine mehrtägige Wanderung und Besteigung dieses Wüstengebirges der Gobi verspricht jedem Abenteuerwilligen eine sehr ursprüngliche Erfahrung (s. S. 288).

Naturschutzgebiet Naiman Nuur: In die wunderbare Natur der Acht-Seen-Platte auf ca. 2200 m Höhe geht es besser mit einem erfahrenen Reiseleiter (s. S. 313).

aktiv unterwegs

Zagiyn Us: Die abwechslungsreiche Wüsten- und Halbwüstenlandschaft ist Schutzgebiet der Kropf- und der Mongolischen Gazelle im südöstlichsten Zipfel des Dundgov Aimag (s. S. 278).

Auf den Spuren der Gobibären: Im Großen Gobi-Nationalpark A folgt man auf einsamen Pisten den nicht enden wollenden Längstalungen des Gobi-Altai. Am Fuß dieser Berge tritt Grundwasser zutage – eine Wasserstelle für die seltenen Gobibären – und plötzlich entfaltet sich üppiges Grün (s. S. 292).

Wandern im Ikh Bogd Uul: Hautnah bekommt man bei dieser Gebirgswanderung die Lebensfeindlichkeit der Gobi zu spüren. Auf dem Weg zum Hauptgipfel gewinnt man herrliche Ausblicke in die Wüste und auf das Orog Nuur (s. S. 299).

Dalanzadgad und Gurvan Saikhan

Faszinierende Gebirgslandschaften, Vorgebirge mit tiefen Schluchten, Oasen mit saftig grünen Wiesen, Sanddünenfelder bei untergehender Sonne – eine Reise in die Gobi hinterlässt unvergessliche Eindrücke. Hier ist die Wiege der Saurierforschung und in den einsameren Gobi-Gebieten leben die letzten Exemplare des Gobibären. Im Gobi-Altai-Bergland gibt es das Kloster Nomgon sowie die neuesten bergbaulichen Aktivitäten in der Mongolei, die Kupfererz- und Goldlagerstätte Oyu Tolgoi, zu entdecken.

Anreise nach Dalanzadgad

Von Ulaanbaatar wählt man in der Regel das Flugzeug nach Dalanzadgad und erreicht das Aimagzentrum des Umnogobi Aimag in etwa zwei Stunden Flugzeit. Nimmt man den Landweg, so führt er über **Delgertsogt** und **Mandalgobi** (Aimagzentrum des Dundgobi Aimag) über 647 km durch die weiten Steppen der **Nordgobi.** Zwischenübernachtungen in **Baga Gazaryn Chuluu** oder **Ikh Gazaryn Chuluu** sind empfehlenswert (Eej Khad, Ulaan Khairkhan Uul, s. S. 216). So kann man die Anreise nach Dalanzadgad abwechslungsreicher gestalten. Oder man wählt die Anfahrt auf einer weiter westlich gelegenen Route über **Saikhan-Ovoo.**

Im **Mittelgobi-Aimag** (Dundgobi) stößt man bereits auf Halbwüsten bzw. Trockensteppenvegetation. Um welche der beiden Vegetationsformen es sich handelt, entscheidet die Vegetationsdichte pro Flächeneinheit und die Artenzusammensetzung der einzelnen Pflanzen. Ausschlaggebend für die Verbreitung der Vegetation ist die Summe der Jahresniederschläge, wobei die Zeit der Hauptniederschläge stets in die Vegetationsperiode (= Summe der Tage mit einem Tagestemperaturdurchschnitt von mehr als 10 °C) fällt.

Sträucher und Gräser dominieren in der **Trockensteppe,** vor allem ist es der gelb blühende Kamelstrauch *(caragana),* der oft weite Areale besiedelt. Wenn die Vegetation sich mehr in den Tiefenlinien zusammenzieht – hier spricht man von kontrahierter Vegetation – und weite, höher liegende Reliefpartien vegetationsfrei bleiben sowie von einem Steinpflaster bedeckt sind, hat man die **Halbwüste** erreicht.

In beiden Formationen trifft man als charakteristische Bewohner die Krötenkopfagame an. In den Trockensteppen sind im Spätsommer sehr große Ansammlungen des Gobi-Flughuhns zu beobachten. Die Gruppe der Kleinsäuger, oft durch die Wüstenspringmaus vertreten, bildet die Nahrungsgrundlage für Greifvögel wie Bussarde, Milane oder Adler.

Mandalgobi ▶ P 8

Mit 13 820 Einwohnern zählt Mandalgobi (Мандалговь, N 45°45,857' O 106°16,441') eher zu den kleineren Aimagzentren. Es ist ein zentraler Versorgungsort bar jeder Atmosphäre, der nur für die Unterwegsversorgung von touristischem Interesse ist.

Das **Aimagmuseum** zeigt Exponate zur Naturgeschichte und hat eine ethnografisch-historische Abteilung (nördlich des Parks

Anreise nach Dalanzadgad

Tsagaan Suvarga: Von Weitem muten die Sedimentgesteine wie Häuser an

an der Hauptstraße, Tel. 01592 236 90, tgl. 9–18 Uhr, aber nur wenn jemand da ist, 1000 MNT).

Infos

Ger-to-Ger Initiative: im zweiten Stock des Gandalai-Supermarkts, Tel. 99 69 74 56, zaa naa_999@chingiss.com, tgl. 9–18 Uhr. Vermittelt Unterkünfte und hält aktuelle Touristeninformationen bereit.

Internet und **Mobiltelefon**: in einem Gebäude südlich der Parkmitte an der Hauptstraße, Tel. 01592 212 12, tgl. 0–24 Uhr.

Übernachten

Mit Restaurant ▶ **Hotel Mandal:** nördlich des Parks auf der Ostseite, Tel. 01592 221 00. Ab 10 000 MNT. Mongolische Küche 700–5000 MNT.

Südlich des Zentrums ▶ **Hotel Temujin:** Tel. 01592 239 73. Ab 10 000 MNT.

Außerhalb ▶ **Gästehaus Anar:** Ostseite der Stadt, Tel. 99 63 97 67. Ab 5000 MNT.

Einkaufen

Supermarkt & Kaufhaus ▶ In der Umgebung des Zentrums an der Parkanlage gibt es Supermärkte (u. a. **Gandalai**) und südlich davon ein Kaufhaus (tgl. 9–20 Uhr).

Verkehr

Mandalgobi liegt an der **Hauptdurchgangspiste** von Ulaanbaatar nach Dalanzadgad; in beide Richtungen verkehren **Linien- und Mi-**

Dalanzadgad und Gurvan Saikhan

aktiv unterwegs

Zagiyn Us ▶ Q 9

Tour-Infos
Start: Tsagaan Suvarga
Länge: 170 km über Manlay Sum
Dauer: Anfahrt 1 Tag
Wichtige Hinweise: Ger Camp Oosh bietet Übernachtungsmöglichkeiten

Von Tsagaan Suvarga ca. 100 km nach Osten, von Suikhent 120 km nordnordwestlich liegt das Naturschutzgebiet **Zagiyn Us** (Загийн ус, N 44°40,414' O 107°5,507'), das mit seinen Wüstensteppen, Dünen und Feuchtbiotopen zum Schutz der Kropfgazellen und Mongoleigazellen eingerichtet wurde. Man sollte Zeit mitbringen und sich in Geduld fassen können, denn die Herden sind recht mobil und bewegen sich im gesamten Schutzgebiet.

Hinweise auf die aktuellen Standorte der Gazellen geben die Schutzgebietsranger und sind im Ger Camp zu erfragen. Hier kann man auch eine Führung (1 Tag Dauer) zu einem zu vereinbarenden Preis organisieren. Der Eintrittspreis ist der übliche Festpreis für Schutzgebiete (s. S. 123).

nibusse mehrfach täglich, allerdings ohne festen Fahrplan. Die Busse starten nahe dem Kaufhaus südlich des Parks.

Tsagaan und Ulaan Suvarga ▶ O/P 8

Fährt man 120 km auf der Hauptpiste von Mandalgobi weiter nach Süden in Richtung Dalanzadgad, so erreicht man einen Abzweig, auf dem man nach ca. 33 km gen Osten eine Gegend erreicht, in der in Sedimentgesteinsserien Schichtstufen angelegt sind. Die durch Regen und abfließendes Wasser geformten Erosionsreste tragen u. a. die Namen Weiße und Rote Stupa – **Tsagaan Suvarga** (Цагаан суварга, N 44°34,42' O 105°48,548') und **Ulaan Suvarga** (Улаан Суварга, N 44° 37,059' O 105°24,422'). Isoliert stehen diese Erosionsreste von der eigentlichen Stufenwand im Abstand von bis zu 800 m und bilden kegelartige Formen.

Im Volksmund wurden um diese eigenwilligen Formen Geschichten von Drachen erfunden. Während die Erosionsreste auf der östlichen Seite von Weitem wie Häuser, Städte oder Ruinen aussehen, bemerkt man kaum, das Ziel erreicht zu haben. Die Piste zum Ort führt von der Westseite her über eine ebene Steppe. Diese Steilstufe ist 60 m hoch und setzt sich über 400 m fort.

Übernachten

Ger Camp ▶ **Tsagaan Suvarga:** N 44° 34,405' O 105°48,542', Tel. 99 29 81 55. Ab 30 000 MNT.

Hevtee Bosoogiin Agui ▶ O 9

Von hier aus sind es noch ca. 200 km bis Dalanzadgad. Nördlich des Camps Tsagaan Suvarga lädt die Höhle **Hevtee Bosoogiin Agui** (Хэвтээ Босоогийн агуй, Höhle des Liegenden und Stehenden, N 44°35,704' O 105° 53,015') zum Besuch ein. Mit einer Ganglänge von 102 m und 204 m² zählt sie zu den größten Höhlen der Mongolei. Zwei Eingänge führen ins Innere. Wenn man den nördlichen nimmt, muss man hockend weitergehen. Dann kommt man in einen größeren Raum, wo man wieder aufrecht stehen kann.

Dalanzadgad ▶ N 11

Cityplan: S. 280

Dalanzadgad ist mit 13 900 Einwohnern das Zentrum des Südgobi Aimag (Даланзадгад, N 43°56,929' O 104°42,658'). Alle Hotels, die Aimagverwaltung und das -museum befinden sich an der zentralen Hauptstraße, während die Geschäfte und der Markt an einer südöstlich gelegenen Parallelstraße liegen.

Der Ort ist allenfalls der logistische Stützpunkt der Region. Von hier aus starten besonders nach Westen und Südwesten die klassischen Gobi-Touren. Oft wird das Zentrum selbst gar nicht von Touristen besucht, die direkt vom westlich gelegenen Flugplatz in die ebenfalls westlich gelegenen Ger Camps gebracht werden.

Im **Heimatmuseum** 1 findet man Exponate zur Flora und Fauna und die geologischen Stätten dieser Gegend. Der Schwerpunkt liegt auf der Saurierforschung (an der Hauptstraße gegenüber dem Theater, Tel. 01532 238 71, Mo–Fr 9–18 Uhr, 2000 MNT, Foto 5000 MNT, Video 10 000 MNT).

Infos

Büro der Schutzgebietsverwaltung: im Südwesten der Stadt, Tel. 01532 239 73, Mo–Fr 9–18 Uhr. Infos über die Schutzgebiete des Ömnögow-Aimag.

Internet und **Telecom:** in einem Gebäude auf der nordwestlichen Seite der Parkallee, Tel. 01532 241 10, tgl. 0–24 Uhr.

Übernachten

... in Dalanzadgad:

Bekanntestes Hotel ▶ **Dalanzadgad** 1: Flughafenstraße, Tel. 01532 244 55. Ab 40 000 MNT. Mit Restaurant (Preise 800–6000 MNT).

Mit Restaurant ▶ **Hotel Gobi-Gurvansaikhan** 2: an der Flughafenstraße, Tel. 01532 238 30. Hotel und Restaurant. Ab 30 000 MNT. Restaurantpreise 1000–7000 MNT.

Im Ort ▶ **Hotel Tushin** 3: im Gebäude der Khaan Bank, Tel. 01532 222 40. Ab 5000 MNT.

Ger Camp ▶ **Oasis** 4: am nordöstlichen Ortsrand, Tel. 96 60 47 87. Komfortabel eingerichtetes Camp mit guter Küche. Ab 40 000 MNT. Restaurantpreise 1000–8000 MNT.

... außerhalb:

In den letzten Jahren sind auch in Dalanzadgad etliche Ger Camps errichtet worden und bieten eine erholsame Unterkunft. Im Folgenden finden Sie eine Auswahl von Camps westlich der Stadt in Richtung Nationalpark Gurvan Saikhan.

Ger Camps ▶ **Three Camel Lodge:** nahe Eingang zum Nationalpark, Tel. 011 31 33 96, mongolia@nomadicexpeditions.com, www.threecamels.com. Ab 120 000 MNT. **Juulchin Gobi:** ca. 35 km westlich von Dalanzadgad, Tel. 011 34 59 59, 99 11 73 99. Ab 50 000 MNT. **Gobi Mirage:** nahe Nationalparkeingang, gobimirage@mol.mn. Ab 50 000 MNT. **Khavtsgait:** nahe dem Nationalparkeingang zur Yolyn Am, 40 km westlich Dalanzadgad, Tel. 011 31 15 21. Ab 46 000 MNT. **Tuvshin:** 42 km westlich von Dalanzadgad, Tel. 011 32 64 19, 99 114 81. Ab 40 000 MNT.

Essen & Trinken

Europäische und mongolische Küche ▶ **Gobi Restaurant** 1: in der Ortsmitte nahe dem Bayan-Uul-Zentrum, tgl. 10–20 Uhr. Preise pro Gericht 800–6000 MNT. **Namuun Café** 2: im Zentrum nahe der Stadthalle, tgl. 10–19 Uhr. 700–4500 MNT.

Einkaufen

Nahrungsmittel und mehr ▶ Im Stadtzentrum gibt es zahlreiche **Supermärkte** 1, ein **Kaufhaus** 2 und außerdem einen kleinen **Markt** 3 für Gemüse, Obst und Fleisch. Tgl. 10–20 Uhr.

Termine

Kamelfest: um das Neujahrfest Tsagaan Sar zwischen Mitte Januar und Ende Februar. Während des Festes finden ein Kamelpolowettbewerb und eine Kamelparade statt. Zusätzlich wird ein Kamelrennen über 15 km Länge veranstaltet. Die zweijährigen Kamele gehen über eine Distanz von 7 km.

Verkehr

Flughafen: im Westen von Dalanzadgad. Der Flughafen wird regelmäßig von den nationalen Airlinies angeflogen und ist der zweitgrößte Flughafen des Landes. Die Flugdaten (Zeiten und Preise) sind in den Büros von EZNIS oder MIAT in Ulaanbaatar (s. S. 204) zu erfahren.

Linienbus: Es verkehrt tgl. ein Linienbus, der vom Marktplatz in Dalanzadgad abfährt und für die 553 km nach Ulaanbaatar 12 Std. Fahrtzeit benötigt (Preis: 15 000 MNT).

Von Dalanzadgad nach Osten ▶ N–P 11

Setzt man von Nomgon (s. S. 281) aus seinen Weg Richtung Sainshand nach Nordosten fort, erreicht man nach ca. 150 km die wohl hoffungsvollste Kupfer- und Goldlagerstätte der Mongolei, – **Oyu Tolgoi** (Оюу толгой, N 43° 2,071' O 106°55,383'). Hier sollen in den nächsten Jahren für 30 000 Menschen Arbeitsplätze geschaffen werden und eine ganze Stadt aus dem Nichts entstehen.

Im Vorfeld der Auskundschaftung der Lagerstätte durch Ivanhoe Mines gab es auf politischer Ebene im Zusammenhang mit der Vergabe der Lizenzen viel Wirbel, da die mongolische Beteiligung an der Ausbeutung der Lagerstätte nicht eindeutig geklärt war. Den Streit konnte man im Oktober 2009 aber beilegen. Schon jetzt ist im nächstgelegenen Sumzentrum Khanbogd der wirtschaftliche

Dalanzadgad

Sehenswert
1 Heimatmuseum

Übernachten
1 Dalanzadgad
2 Gobi-Gurvansaikhan

3 Tushin
4 Oasis

Essen & Trinken
1 Gobi Restaurant
2 Namuun Café

Einkaufen
1 Supermärkte
2 Kaufhaus
3 Markt

Boom zu bemerken. Die Lagerstätte selbst besteht aus einem fast runden Granitkomplex mit einem durchschnittlichen Durchmesser von 35 km. Die Ergiebigkeit der Rohstoffe wird höher eingeschätzt als die der ›Traditionslagerstätte‹ für Kupfer bei Erdenet im Norden der Mongolei.

6 Bayanzag ▶ M/N 10

Die Gegend um Dalanzadgad ist ein Mekka für Paläontologen. Eines der Fundgebiete von Dinosauriern liegt ca. 80 km nordwestlich der Stadt in Richtung des Ulaan Nuur und kann in einer Tagestour bequem erreicht werden – **Bayanzag** (Баян Заг, N 44° 79,75' O 103°44,781'). Aus geologischer Perspektive bildet sich in diesem Gebiet aktuell eine neue Schichtstufe aus relativ weichem Sedimentgestein mit harten Zwischenbänken. Starke Regenfälle und die unterschiedliche Beschaffenheit tragen die zum großen Teil horizontal liegenden Gesteinsbänke rückschreitend ab, sodass die Stufenkante immer weiter zurückverlegt wird und Jahr für Jahr neue Fossilien zutage gefördert werden.

Ulaan Ereg

Mit der wissenschaftlichen Erkundung dieses Gebiets ist der Name des amerikanischen, 1884 in Wisconsin geborenen Paläontologen Roy Chapman Andrews verbunden. Er schrieb 1935: »Ich bin geboren, um Forscher zu werden. Da ich nichts anderes als forschen kann, muss ich keine andere Entscheidung treffen. Nichts anderes macht mich glücklich als forschen.« Sein Berufsziel war es, am Naturhistorischen Museum von Amerika arbeiten zu dürfen, was ihm 1906 auch gelang – als Reinigungskraft. Zwischen 1922 und 1930 leitete er im Auftrag des American Museum of Natural History schließlich fünf verschiedene Expeditionen in die Wüsten Zentralasiens. Er gab den Sandsteinstufen bei Bayanzag den Namen »Rote Klippen«, da die untergehende Abendsonne sie gelegentlich in flammendes Rot taucht.

Tipp: Nomgon – ein fast vergessenes Kloster ▶ O 11

Von Dalanzadgad aus liegt **Nomgon** (Номгон, N 42°50,586' O 105°8366') ca. 100 km südöstlich. Organisierte Touren werden in diese Gegend kaum unternommen, jedoch sollten Sie sich allein die Fahrt in diese Einsamkeit als Ziel gönnen – ein für Mitteleuropäer eigenes, bisweilen beängstigendes Erlebnis. Hier trifft man kaum auf Touristen und wird bestenfalls Argali-Wildschafe in den östlichsten Ausläufern des Gobi-Altai oder Gazellenherden in den tieferen Beckenlagen des Gebirgszugs beobachten können. Das Kloster duckt sich zwischen die östlichsten Ausläufern des Gobi-Altai-Gebirges. Ursprünglich im Mandschu-Stil errichtet, wurde es aber im Zuge der Repression der 1930er-Jahre zerstört.

Südlich von Nomgon beginnt das **Kleine Gobi Schutzgebiet A** mit der Borzongiyn Wüste (Борзонгийн говь). Diese Region liegt im Grenzgebiet und darf nur mit einem Grenzzonenschein betreten werden (s. S. 194). Hier leben noch Wildeselherden, die allerdings nur mit Glück und einem ortskundigen Führer (z. B. mit einem Schutzgebietsranger) beobacht werden können.

Dalanzadgad und Gurvan Saikhan

Der lokale Name lautet **Ulaan Ereg** (Улаан эрэг, Rotes Ufer). Hier entdeckte Andrews, dessen Auftrag es eigentlich gewesen war, nach den Spuren der ersten Menschen zu suchen, 1922 die Überreste von nahezu 100 Sauriern und stieß auf die spektakulären Gelege der Urweltechsen, vollständige Eiernester und Sauriereierschalenreste aus der Kreidezeit: Fossilien, die 65 bis 100 Mio. Jahre in der Erde gelagert hatten!

Eine seiner wesentlichen neuen Erkenntnisse damaliger Zeit war, dass die Dinosaurier keinen lebenden Jungen gebaren, sondern Eier legten. Auf der nachfolgenden Expedition 1923 wurde drei neue Arten von Dinosauriern entdeckt – Oviraptor, Velociraptor und Saurornifoides. Heute ist die Fundstätte weitgehend erschöpft.

Vom allgemein besuchten **Parkplatz** und zugleich **Übersichtspunkt Bayanzag** sollte man sich am besten zu Fuß auf Fotopirsch begeben. Dabei bietet sich zunächst besonders bei Abendlicht der Weg für ca. 2 km am Rand der Stufe nach Westen an, von wo man herrliche Ausblicke auf die gegenüberliegende Felswand und auf das tiefer gelegene Niveau hat. Von hier aus sieht man dann besonders schön bei untergehender Sonne hi-

In der Abendsonne scheinen die Felsen zu ›brennen‹, doch auch der Anblick von Bayanzag frühmorgens kann sich sehen lassen

nauf zu den Kanten des höheren Niveaus. In der Fußzone im unteren Teil des Hangs finden sich immer wieder eierförmige Kalkverfestigungen, die auf den ersten Blick und in der allgemeinen Jagdstimmung für Sauriereier gehalten werden können.

Das Wort ›Sauriereier‹ sollte man aber nicht ganz so wörtlich nehmen, denn die kugeligen Gebilde sind abgerundete, kalkige Steinverwachsungen, die nichts mit vor Jahrmillionen gelegten Sauereiereiern zu tun haben. Wer aufmerksam die Gesteinsformation betrachtet, wird leicht feststellen, dass sie aus den horizontal lagernden, weißgrauen Kalksteinschichten stammen, die die roten Sedimentgesteine durchziehen.

Sauxalwald

Bayanzag ist auch wegen seiner umfangreichen **Saxaulbestände** *(Haloxylon articulatum)* bekannt, die sich nördlich der Schichtstufen befinden. Nur an wenigen anderen Stellen der Gobi entwickelte sich ein ganzer Trockenwald dieser kleinen, wie Bonsai wirkenden Wüstenpflanzen, die nur in Zentralasien vorkommen. Das harte, gedrehte Holz ist äußerst widerstandskräftig gegen Winde. Der bis zu 4 m hoch wachsende Baum bzw. baumförmige Strauch bildet gleichzeitig sehr tiefe wie auch horizontale Wurzeln aus und kann mehrere Hundert Jahre alt werden. Wegen seiner kleinen, schmalen Blätter wirkt er von Weitem zunächst unbelaubt. Seine Rinde speichert das für das Überleben in diesen Trockenräumen so wichtige Wasser. Trotz Verbots wird das Holz aufgrund des hohen Brennwerts abgeholzt, was den Bestand ernsthaft gefährdet. Zum Vergleich: 100 kg Sauxaulholz haben den gleichen Kalorienwärmewert wie 80 kg Steinkohle.

Übernachten

Ger Camps ▶ mit gutem Serviceangebot, beide nahe der Flaming Cliffs: **Bayanzag:** Tel. 99 53 99 88, 50 53 10 05, info@mongoliagobi.com. Ab 50 000 MNT. **Mongol Gobi:** Tel. 99 09 23 02. Ab 50 000 MNT.

Nationalpark Gurvan Saikhan

Westlich von Dalanzadgad erhebt sich der **Gurvan Saikhan** (Гурван Сайхан), Der Gebirgszug der Drei Schönen. Die Berge dieses südöstlichsten Ausläufers des Gobi-Altai erreichen eine Höhe von bis zu 2825 m. Die Anreise von Dalanzadgad aus führt über die eintönigen und trotzdem typischen Fußflächen, die zum Gebirge hin an Steigung zunehmen. Kurz bevor man den Kontrollpunkt des Nationalparkeingangs erreicht, führt die Piste durch eine von Trockenflüssen (die nur

Dinosaurier – Faszination Urzeit

Die Mongolei gilt heute als die Region mit den besten Dinosaurierfundstellen weltweit. Seit 1922 eine amerikanische Expedition die ersten Dinosaurierfossilien in der mongolischen Kreide entdeckte, wuchs die Liste auf 76 Arten und nimmt fast im Jahresrhythmus um weitere sensationelle Funde zu. Von allen Regionen der Welt wurde die Gobi im Verlauf der Erdgeschichte am längsten nicht mehr von Wasser überflutet und bietet daher ideale Konservierungsbedingungen.

Der Kampf fand vor 80 Mio. Jahren statt. Ein nicht ganz mannsgroßer, auf zwei Füßen laufender Velociraptor überfiel den pflanzenfressenden Protoceratops, ein Tier von der Größe eines Kalbs, dessen Nackenpartie durch einen Knochenkragen geschützt war. Mit seiner sichelförmigen Kralle schlitzte Velociraptor den Bauch seiner Beute auf, doch in ihrem Abwehrkampf riss diese das Raubtier mit in den Tod. Dieses Schauspiel ereignete sich gegen Ende der Kreidezeit, während einer erdgeschichtlichen Epoche, in der die blühenden Pflanzen und ihre Begleiter, die modernen Insekten, entstanden. Ein Sandsturm muss die Tiere bedeckt haben, sodass aufgrund für die Forschung glücklicher Umstände die beiden Dinosaurier im Todeskampf als Versteinerung bewahrt wurden und heute Prunkstücke des Naturkundlichen Museums in Ulaanbaatar sind (s. S. 193).

Die sensationelle Entdeckung gelang einem polnisch-mongolischen Forscherteam 1971 in der Wüste Gobi. Es war nicht der erste bedeutende Fund, den Paläontologen im Gestein der Gobi entdeckten. 1965 hatte gleichfalls ein polnisch-mongolisches Team die Schultern, oberen Gliedmaßen, Pranken und Fragmente der Rippen eines gigantischen Dinosauriers entdeckt. Allein die oberen Extremitäten waren bis zu 3 m lang, mit bis zu 60 cm langen Krallen, sodass das Tier *Deinocheirus mirificus,* die ›schreckliche Hand‹, getauft wurde.

Der Aufbau der Pranken lässt vermuten, dass sie dazu geeignet waren, sehr große Opfer zu zerreißen. Vielleicht war er an die 9 m hoch und 15 m lang. Doch noch fehlt ein vollständiger Skelettfund, um dem *Tyrannosaurus Rex,* einem 6 t schweren Raubdinosaurier, den ersten Rang abzulaufen.

Berühmt wurde die Mongolei in der Paläontologie durch die Funde von Dinosauriereiern. Die amerikanische Expedition unter der Leitung von Roy Chapman-Andrews, ein wegen marodierender Banditen und aufgrund des extremen Klimas riskantes Unternehmen, entdeckte 1923 in der Gobi in den Flaming Cliffs mehrere Nester mit versteinerten Dinosauriereiern, deren Alter auf 95 Mio. Jahre geschätzt wurde. Die Funde waren eine Sensation, bewiesen sie doch, dass Saurier Eier legten. Erst später erkannte man, dass schon 1896 in Südfrankreich gefundene Eier nicht wie vermutet von Vögeln, sondern ebenfalls von den Riesenechsen stammten.

Die Einordnung der in der Gobi gefundenen Eier als Dinosauriereier wurde den Forschern hingegen leicht gemacht: Nicht nur, dass die Struktur der Schalen zu keiner anderen bekannten Tierart passte, vielmehr fanden sich Teile zweier Embryoskelette darin. Allerdings war lange Zeit unbekannt, welcher Gattung sie zuzuschreiben waren. Forscher unterscheiden bislang 12 bis 15 Eiertypen (z. B. kugelige und elipsenförmige Eier etc.),

Dinosaurier – Helden der Urzeit

die meist etwa 20 cm lang und außen noch von der ursprünglichen Kalkschale umgeben sind, ohne sie alle zwingend Dinosauriern zuordnen zu können. Denn aus dem Mesozoikum können auch Vogelgelege stammen. Auch ist keineswegs sicher, dass alle Dinosaurier Eier legten. Einige höchst umstrittene Theorien gehen für die Großsaurier sogar von lebend gebärenden Arten aus. Die Forscher glaubten, dass das Muttertier die Eier in ausgescharrten Gruben deponierte und anschließend mit Erde bedeckte. Ausgehend von der Größe der Eier und der Häufigkeit der Gelege wurden sie zumeist dem kleinen Protoceratops zugeordnet, der uns bereits aus dem eingangs geschilderten Kampf bekannt ist. In dieses Bild fügten sich Funde von acht bis zehn Baby-Protoceratops ein, deren 12 bis 14 cm großen Skelette – erstmals in der Geschichte der Paläontologie – in der Mongolei entdeckt wurden.

Doch Ergebnisse einer amerikanisch-mongolischen Expedition aus dem Jahr 1994 legen nahe, die Eier einem brütenden Oviraptor zuzuschreiben. Er galt bislang als Eierräuber, so auch sein Name, könnte aber im Gegenteil Brutpflege betrieben haben.

Expeditionen in die Gobi reißen nicht mehr ab. Als Schatzkammer der Paläontologie erweist sich – sowohl auf mongolischer wie auf chinesischer Seite – diese Wüste, die während der Kreidezeit, also vor 140 bis 70 Mio. Jahren, von einem weiten Seensystem mit reicher Vegetation bedeckt war und ein feuchtwarmes Klima aufwies. Im Gegensatz zu weiten Teilen Europas wurde die Gobi seit schätzungsweise 100 Mio. Jahren nicht mehr vom Meer überflutet und bildet damit zu den am längsten trockenen Gebieten der Welt. Auch war sie zu keiner Zeit von den Gletschern der Eiszeiten bedeckt.

Die Artenfülle und die Vielzahl der Fundplätze sind bemerkenswert. Ab 1990 öffnete sich die Mongolei wieder internationalen Forschern aus allen Ländern, darunter auch deutschen Wissenschaftlern. Die Gesteinsschichten, in welchen die Gelege vorkommen, sind Teile der sogenannten Djadochta-Formation, einer Hunderte von Metern dicken Schichtenfolge feinkörniger Sand- und Silsteine. Sie ist in der oberen Kreide einzustufen, wobei es sich um festländische Ablagerungen handelt, die im ostasiatischen Raum in mehreren, voneinander durch Hochgebiete isolierten, kreidezeitlichen Becken auftreten. Ihre Rot- und Brauntöne sind an vielen Stellen der Gobi anzutreffen. Jedes Jahr gibt es neue, spektakuläre Funde.

Erst 2009 beschrieben mongolische Forscher einen neuen Dinosaurier, dessen Fossilien sie in der Gobi ausgegraben hatten: *Ceratonykos oculatus*. Es handelt sich um einen kleinen, eher vogelähnlichen Dinosaurier, halb Gecko und halb Vogel. So klein dieser Dino ist, so gewaltig ist der bei seinem Tod nur fünf Jahre alte Tarbosaurus, ein Verwandter des berüchtigten Tyrannosaurus Rex, den japanische Wissenschaftler nur ein Jahr zuvor in der Gobi ausgruben. Praktisch wird Jahr für Jahr eine neue Dinosauriergattung dem Gobi-Sand entrissen. Einige Spezialveranstalter (s. S. 137) bieten auch für Laien »Ausgrabungstouren« in die Gobi an.

Touristen werden in Ulaanbaatar gelegentlich angebliche »Dino-Eier« angeboten. Vom Kauf sei abgeraten. Erstens handelt es sich meist nur um Kristallstrukturen, die zufällig wie Eier aussehen, zweitens sind selbst die Schwarzmarktpreise überteuert, und schließlich werden die mongolischen Zöllner die zwar hübschen, aber meist wertlosen Steine am Flughafen ersatzlos beschlagnahmen.

Dalanzadgad und Gurvan Saikhan

Khongoryn Els: vor den Singenden Dünen weiden Viehherden

sporadisch Wasser führen) durchschnittene Gebirgsfußfläche. Der Park hat eine Größe von 26 947 km² und wurde 1993 gegründet. Besonders gen Westen und Nordwesten haben sich in Richtung Flughafen und darüber hinaus zahlreiche Ger Camps angesiedelt und auf den Tourismus eingestellt (Adressen s. S. 288).

Interessant ist die artenreiche Tierwelt: Steinböcke, Argali, Adler und Geier finden hier im Gurvan Saikhan noch ein Rückzugsgebiet vor und wurde daher unter Naturschutz gestellt. Am Eingang zum Nationalpark, wo man auch den Eintritt entrichtet, bietet ein kleines **Museum** (unregelmäßige Öffnungszeiten, 2000 MNT) einen ersten Überblick über die Gegend.

7 Yolyn Am ▶ N 11

Etwa 45 km westlich von Dalanzadgad liegt die **Yolyn-Am-Schlucht** (Ёлын Ам, Geierschlucht, N 43°29,332' O 104°04,000') zwischen den Gipfeln des Gebirgszugs Gurvan Saikhan. In 2100 m Höhe rauscht ein kleiner Bach durch eine enge Klamm und baut über den Winter eine viele Meter hohe Schneeschicht auf, die sich durch Schneetreiben in der Schlucht auftürmt. Meist hält sich der

Nationalpark Gurvan Saikhan

nach Süden wählen und noch innerhalb des Parks über einen Pass und eine ebenfalls sehr enge Schlucht – **Dungeneegiyn Am** (▶ N 11, Дунгэнээгийн Ам, N 43°29,521' O 103°51,586') – auf die südliche Fußfläche des Gurvan Saikhan gelangen. An der Ausfahrt der Schlucht ist eine kleine Ruine eines **Klosters,** das wie so viele andere dem Schicksal der Zerstörung in den 1930er-Jahren nicht entkam.

8 Khongoryn Els ▶ L/M 10/11

Zwischen Sevrei Uul und Gurvan Saikhan Nuruu liegt ein spektakuläres Band aktiver Wanderdünen. Die **Khongoryn Els** (Хонгорын Элс), denen die Einheimischen wegen der ständigen Windbewegung den poetischen Namen *Duut Mankhan* (Дуут Манхан, Singende Dünen) gegeben haben, erheben sich unvermittelt mehrere hundert Meter zwischen den Gebirgszügen.

Allerdings wird das singende Geräusch nicht durch den Wind, sondern durch die Bewegung der Sandkörner verursacht – zumeist beim Abrutschen auf der windabgewandten Seite der Düne. Der Wind bläst größtenteils konstant aus Nordwesten und wird noch dadurch verstärkt, dass sich auch die Gebirgszüge parallel zur Hauptwindrichtung erheben. Das etwa 180 km lange und nur wenige Kilometer breite Feld der Bogendünen wandert allmählich von West nach Ost.

Immer wieder fragt man sich in der Gobi, wenn man vor so großen Dünen steht, woher der Sand überhaupt kommt? Die in der Mongolei als *Els* bezeichneten Dünenfelder sind entweder an trockengefallene ehemalige Seen oder an Flussläufe gebunden, aus denen der meiste Sand ausgeweht wird. Die Felder befinden sich auf der Ostseite der Liefergebiete des Sandes. Durch die Berge oder Bergketten wird die Windstärke erhöht und teilweise auch die Windrichtung abgelenkt, sodass nicht nur mehr Sand, sondern auch grobkörnigerer Sand transportiert werden kann.

Spektakulär sind die weißen Sandberge vor allem für Fotografen: Auf ihrer Nordflanke reicht ein schmales, grünes Band sumpfiger

Schnee trotz der sommerlichen Hitze bis zum Beginn des nächsten Winters und wird dann bei längerer Dauer zu Firneis.

Die Anlage der Schlucht lässt vermuten, dass sie schon während der letzten Eiszeit durch viel Schmelzwasser entstanden ist, das womöglich von einer kleinen Vergletscherung des Gurvan Saikhan stammt.

Mit großer Zuverlässigkeit bekommt man beim Durchwandern der Schlucht den Lämmergeier (mong. *yol*) und seinen Verwandten, den Mönchsgeier (mong. *tas*) zu Gesicht.

Verlässt man die Yolyn Am mit Fahrtziel Khongoryn Els, so sollte man die Piste direkt

Dalanzadgad und Gurvan Saikhan

Tipp: Wandern und Bergsteigen im Nemegt Uul

Beim **Nemegt Uul** handelt es sich um einen teils vulkanisch, teils plutonisch entstandenen, ca. 320 Mio. Jahre alten Gebirgsrücken. Die abgelagerten Gesteine im südlichen Vorland des Gebirgsrückens mit seinen tiefen, sehenswerten Schluchten sind mit nur 50 Mio. Jahren hingegen wesentlich jünger.

Hier werden aktuell noch **Saurierfunde** gemacht. Es lohnt sich den Nemegt Uul zusammen mit einem ortskundigen Führer zu besteigen, um die überwältigende Aussicht auf die Wüste Gobi zu genießen.

Wer solch eine Ausgrabungsstätte besuchen will, sollte sich einem der internationalen (meist amerikanischen) Spezialreiseveranstalter anvertrauen, der Ausgrabungsreisen zu paläontologischen Grabungsstätten organisiert (s. S. 137). Sonst hilft nur, sich in der Szene umzuhören und auf gut Glück und gut gerüstet einer Expedition nachzufahren. Wer die ausgetretenen Pfade verlassen möchte, braucht viel Zeit, Geld und erstklassige Ausrüstung, dann ist in der Mongolei einiges möglich.

Mühsam: die Suche nach Fossilien in der Gobi-Wüste

Wiesen direkt an den Fuß der Dünen, das durch den hohen Grundwasserstand am Dünenfuß entstanden ist. Jurten und Viehherden bieten einen zusätzlichen Blickfang.

Übernachten

Im westlichen Teil des Dünenzugs befinden sich einige Ger Camps, von denen man einen schönen Ausblick auf die südlich gelegenen Dünen hat.

Ger Camps ▶ **Tuvshin 2:** Tel. 99 11 48 11. Ab 50 000 MNT. **Juulchin Gobi 2:** Tel. 99 11 73 99, 99 09 45 88. Ab 50 000 MNT. **Gobi Discovery:** Tel. 011 31 27 69, www.gobidiscovery.mn. Ab 50 000 MNT. **Duut Mankhan:** Tel. 011 32 11 50. Ab 50 000 MNT.

Nationalpark Gurvan Saikhan

Noyon Uul und Nemegt Uul
▶ K 10

Für viele Reisende ist hier, an den Singenden Dünen, der südwestlichste Punkt der Gobi-Reise erreicht und man wendet sich nach Norden (s. S. 297). Allerdings kann man auch noch weiter nach Süden und Westen vordringen und eine faszinierende Wüstenlandschaft erleben.

Die eigene Logistik mit Ausrüstung und mehreren geländegängigen Fahrzeugen ist dabei selbstverständlich. An ausreichende Wasser- und Treibstoffvorräte ist unbedingt zu denken, denn der einzige Ort mit guter Infrastruktur ist **Gurvantes** (Гурвантэс, N 43° 14,215' O 101°2,959'), eine aufstrebende Bergbausiedlung mit Supermärkten und Tankstellen. Wie fast alle anderen Orte hat auch dieser keine feste Infrastruktur und keine Straßennamen. Man kann einkaufen, tanken, Reifen flicken lassen und dann schnell weiterfahren.

Wenn man direkt von Dalanzadgad aus die Piste über **Noyon** wählt, so passiert man den faszinierenden **Noyon Uul** (Ноён Уул), einen imposanten Schichtstufenkomplex, der genau wie der weiter nordwestlich gelegene **Nemegt Uul** (Нэмэгт Уул) zum Wandern einlädt. Ausgewaschene, rote Canyons, die die Flaming Cliffs weit in den Schatten stellen, liegen bei **Nemegt** (Нэмэгт, N 43° 27,519' O 101°6,065') ca. 24 km nördlich von Gurvantes. Aus der flachen Steppe fallen plötzlich die bis zu 30 m tiefen Schluchten herab. Hier liegen die aktuellen Saurierfundstätten der Paläontologen. Das Wasser wäscht immer neue Versteinerungen der Urzeittiere frei. Allerdings klettert die Quecksilbersäule im Sommer weit über 40 °C, sodass die Kiesel an der Oberfläche von sogenannten schwarzem ›Wüstenlack‹, einer Lasur aus einer Mangan-Eisen-Verbindung, überzogen sind, die durch aufsteigendes Kristallwasser entsteht.

Naran Daats Bulag und Khermentiyn Tsav ▶ J/K 10

Die einzige größere Quelle in der Nähe ist **Naran Daats Bulag** (Нарандаац, N 43°27,661' O 100°27,011'), wo auf einer kleinen Anhöhe kristallklares Wasser aus der Erde sprudelt. Die kleine, grüne Insel inmitten der roten und ockerfarbenen Sandschichten wird von Viehzüchtern als Weidegrund genutzt. Die letzten besiedelten Stellen liegen noch rund weitere 100 km westlich, danach beginnt die Extrem-Gobi, deren Besuch ohne professionelle Vorbereitung Lebensgefahr bedeutet.

Von Naran Daats Bulag aus 45 km nach Westnordwest liegen die trostlosen Schluchten von **Khermentiyn Tsav** (Хэрмэнтийн Цав, N 43°28,423' O 99°50,053'), wo man einen Eindruck von der Lebensfeindlichkeit der Wüste gewinnt. Diese zwischen 100 und 200 m hohen Schluchten liegen nordwestlich vom Gurvantes Sum im Umnugobi Aimag und sind über 10 km zu verfolgen. Khermen Tsav umfasst eine Fläche von 250 km².

Auch hier machten die Paläontologen Dinosaurierfunde, allerdings ruht zurzeit die Arbeit, obwohl man man hier weitere Fundstätten vermutet. Im Gegensatz zu den Nemegt-Schluchten ist Khermentiyn Tsav stärker erodiert und im Juli und August kann man es vor Hitze kaum aushalten: Mitunter werden Temperaturen bis zu 60 °C erreicht. Man freut sich auf den Sonnenuntergang, der leichte Abkühlung verspricht.

Übernachten

Ger Camp ▶ **Juulchin Gobi 3:** 25 km nordöstlich von Naran Daats Bulag, Tel. 99 11 73 99, 99 09 45 88. Ab 50 000 MNT.

Zulganai ▶ J 10

Wie im Lehrbuch für Geografie schließen sich nur 20 km weiter im Nordosten von Khermen Tsav die Oasen von **Zulganai** (Зулганай, N 43°36,396' O 99°57,973') an. Kleine Dünenfelder umgeben schilfbestandene Teiche, aus denen sich ein Bach für etliche Kilometer durch die Wüste schlängelt, bevor er wieder im Nichts verschwindet. Dies ist ein vielfach beobachtetes Phänomen, denn die Oasen liegen zumeist direkt am Fuß der auch hier in West-Ost-Richtung verlaufenden Gebirgsrücken. Dort, wo die Gebirge in die Fußflächen übergehen, tritt das Wasser in diesen Oasen zutage.

Großer Gobi-Nationalpark und Steppe der Gobi-Seen

Die beiden Teile des Gobi-Nationalparks gehören zu den fünf größten Biosphärenreservaten der Erde. Zählt man die in China liegenden Flächen hinzu, rangieren sie sogar an Platz drei. Beide Gebiete wurden zum Schutz des Wildesels, des Wildkamels und des Gobibären angelegt, wobei im westlichen Teil B auch Wildpferde ausgewildert wurden. Besucher gelangen nur auf eigene Faust in diese entlegenen Regionen – ordentliche Expeditionsausrüstung ist überlebenswichtig!

Großer Gobi-Nationalpark

Der **Große Gobi-Nationalpark** – eines der weitläufigsten, heute noch weitgehend intakten Ökosysteme unserer Erde – erstreckt sich auch über die Grenzen ins südliche China, unter anderem in das Kalameili-Reservat in der Dzungar und nach Westen in das Tabargatai-Wildreservat in Kasachstan. Die gesamte seit 1975 unter Schutz stehende Fläche ist 1991 von der UNESCO als Weltnaturerbe anerkannt worden. Nach dem Nord-Ost-Grönland-Nationalpark und dem Tassili-Nationalpark in Algerien ist sie mit 5 300 000 ha derzeit das drittgrößte Biosphärenreservat der Erde.

Leider ist das Gebiet nicht zusammenhängend, sondern in zwei Teile getrennt, die ca. 240 km auseinanderliegen. Der Große Gobi-Nationalpark wird in einen Teil A, **Trans-Altai-Gobi** (▶ F–J 9–11) mit 4,4 Mio. ha, und einen Teil B, **Dzungarische Gobi** (▶ C/D 7/8) mit 881 000 ha, geteilt und wurde 1975 unter Schutz gestellt. Gemäß dem mongolischen Naturschutzgesetz handelt es sich um ein »streng geschütztes Gebiet«.

Beide Parkteile umfassen nordwest streichende, mitunter parallel zueinander verlaufende Gebirgsrücken, die von Gebirgsfußflächen und weit gespannten Becken unterbrochen werden. Eine Art Infrastruktur mit Ger Camps oder Versorgungsmöglichkeiten gibt es nicht. Der Park wird von Touristen normalerweise nur selten besucht, weil er sehr weit abseits der üblichen Routen liegt. Für Reisende, die auf eigene Faust unterwegs sind, gibt es in den recht einfach gehaltenen Informations- und Besucherzentren Ansprechpartner, die auch Touren organisieren können. Die üblichen Besucherpreise müssen dort entrichtet werden.

Das Klima im östlichen Teil, dem Trans-Altai-Gobi-Park (Großer Gobi-Nationalpark A), ist milder als im westlichen Park, der Dzungarischen Gobi (Großer Gobi-Nationalpark B), sodass sich eine unterschiedliche Flora und Fauna in beiden Teile findet.

Der Trans-Altai-Gobi-Park ist das mit 4 419 000 ha größere, aber trockenere Gebiet und erstreckt sich von der Grenze zu China bis zum Edrengiyn-Gebirge weit nach Westen. Es bietet Wildkamelen und dem seltenen Gobibären ein letztes Refugium. Seit 1992 lebt hier auch wieder eine Herde von Przewalski-Pferden (mong. *takhi*).

In beiden Parkteilen leben darüber hinaus der Altai-Maralhirsch, das Argali, die Kropf- oder Schwarzwedelgazelle und der Schneeleopard.

Eine Besonderheit in der Dzungarischen Gobi sind die Wildesel. Die Tiere ähneln einem zierlichen Maultier, haben fahlgelbes Fell am Rücken und einen weißen Bauch. Ihre Mähne ist dunkelbraun. In einem mongo-

Großer Gobi-Nationalpark

lisch-deutschen Gemeinschaftsprojekt zusammen mit der Universität Halle wurden in den letzten Jahren die Wildeselbestände gezählt und festgestellt, dass ihre Anzahl durch Wilderei stark rückläufig ist. Des Weiteren wird auch der Lebensraum der Khulan durch die Erhöhung des Weidedrucks von nomadischen Haustieren – insbesondere der Ziege – immer kleiner.

Der Nationalpark bietet spektakuläre Landschaften – mit Gebirgen von über 3000 m Höhe und Oasen, deren größte 15 km² groß ist und durch schmale, immer fließende Bäche gespeist wird. Die endlosen Flächen werden auch von Menschen genutzt. Nomadenfamilien weiden ihre Herden, wenn auch in weiten Abständen voneinander, und das Militär unterhält hier Pferde- und Kamelstationen, insbesondere in den Oasen an der Grenze zu China. Doch die Gobi-Halbwüsten oder Wüstensteppen sind extrem empfindlich. Forscher berichten bereits von einer Überweidung der Region und Wissenschaftler des WWF mussten entsetzt feststellen, dass für die riesige Region bislang nur eine Handvoll, zudem auch noch schlecht ausgerüsteter Ranger zur Verfügung steht.

Ekhiyn Gol ▶ J 11

Diese bedeutende Oase (Эхийн Гол, N 43° 15,181' O 99°0,13') liegt im Süden des Bayankhongor Aimag, auf dem Gebiet des Großen Gobi-A-Nationalparks. Eine kleine Siedlung ist abseits der Wasserstelle entstanden, und es werden Obst und Gemüse in Gärten angebaut. Eine dicke Lehmschicht auf Kiesuntergrund bildet einen guten Nährboden für mehrere Meter hohes Schilf und mächtige Pappeln. Das Wasser der Oase lockt viele Wildtiere an und Dinosaurierausgrabungsstellen in der Nähe machen einen Besuch reizvoll. In zwei großen, künstlich angelegten Wasserrückhaltebecken wird der ständig sprudelnde Wasservorrat gesammelt und in den Gärten verteilt. Hier kann man auch ein erfrischendes Bad nehmen.

Mitten in der Gobi liegt die Oase Ekhiyn Gol

Großer Gobi-Nationalpark und Steppe der Gobi-Seen

aktiv unterwegs

Auf den Spuren der Gobibären

Tour-Infos
Start: Oase Ekhiyn Gol
Ziel: Oase Bayantooroi
Länge: 320 km
Dauer: 2 Fahrtage
Wichtige Hinweise: Diese Fahrt sollte NUR mit mindestens zwei geländegängigen Allrad-Fahrzeugen, ausreichenden Kraftstoff-, Wasserreserven und Lebensmitteln, mit denen man auch eine mehrtägige Pannensituation überstehen kann, durchgeführt werden. Eine eigene, gepflegte und erprobte Expeditionsausrüstung (Sandbleche, High-Lift, Pumpe, Flickzeug, wichtige Ersatzteile, Kraftstoff für mind. 700 km Allradbetrieb, Wasservorrat pro Person für ca. 1 Woche, d. h. mind. 70 l) ist selbstverständlich. Man sollte mit Navigation im Gelände vertraut sein.

Sich bei so einem Abenteuer auf die Versprechen Dritter zu verlassen, ist lebensgefährlicher Leichtsinn – man muss sich unter allen Umständen selbst bestens ausrüsten und vorbereiten! Sowohl am Startpunkt wie auch am Ziel gibt es keine Versorgungsmöglichkeiten. Einen Führer wird man kaum für diese Fahrt bekommen, da Start und Ziel nicht identisch sind.

Die Oasen **Shar Khulsny Bulag** (▶ G 10, Шар хулсны булаг, N 43°18,096' O 97°46,763') und **Tsagaan Burgasny Bulag** (▶ G 11, Цагаан бургасны булаг, N 43° 14,904' O 97°56,471') liegen direkt am Gebirgsrand und das Wasser aus diesen relativ kräftigen Quellen versickert in der angrenzenden Fußfläche schon nach wenigen Kilometern. Die Bäume und das meterhohe Schilf bilden einen kleinen, undurchdringlichen Dschungel in den Tälern. An diesen Süßwasseraustritten sind bisweilen die Gobibären *(Ursus arctos gobiensis)* gesichtet worden und werden teilweise mit automatischen Überwachungskameras gefilmt bzw. fotografiert.

Die vorgeschlagene Tour kann in eine Gobi-Expedition eingebaut werden.

Karge Heimat: Gobibären leben unter außergewöhnlich unwirtlichen Bedingungen

Großer Gobi-Nationalpark

Ekhiyn Gol war in den 1950er- und 1960er-Jahren Ziel wissenschaftlicher mongolisch-russischer Expeditionen, die die ariden Klimabedingungen und Ökosysteme dieser Landschaft erkundet haben. Aus jener Zeit sind heute noch feste Häuser in der Oase zu sehen. Die Umweltbehörde hat eine Naturschutzstation eingerichtet, die als Stützpunkt für die Erforschung des Gobibären (mong. *mazaalai*) dient.

Im Rahmen des Schutzprogramms für den Gobibären werden von Naturschutzrangern besonders nach dem Winterschlaf der Bären Futterstellen eingerichtet, die mittlerweile fast ganzjährig bedient werden müssen, weil die Nahrungsgrundlage des Bären durch die zunehmende Anzahl an extremen Dürrejahren immer schlechter wird. Auf der Suche nach Nahrung sind die Bären inzwischen gezwungen mitunter tagelang kräftezehrend herumzuziehen, was auch ihre Existenz durchaus bedrohen kann.

Die Internationale Bärenforschungsgesellschaft, das Biologische Institut der Mongolischen Akademie der Wissenschaften, die Verwaltung des Ikh-Gobi-Naturschutzgebiets und die Forscher des Projekts »Schutz des Ikh-Gobi-Ökosystems« haben in zehn Naturschutzgebieten, darunter in Shar Khulsny Nuruu, Segs Tsagaan Bogd, Atas und Inges Berg mehrere automatische Kameras mit Bewegungssensor stationiert. Die Forscher ermittelten einen Bestand weniger Dutzend Tiere.

Zwischen den Parks – Bayantooroi und Eej Khairkhan Uul ▶ F–H 9–11

Eine Weiterfahrt durch den Großen-Gobi-A-Nationalpark führt noch durch weitere Oasen wie z. B. **Zuun Shargyn Bulag** und **Baruun Shargyn Bulag,** um dann nach Norden den Park in Richtung **Bayantooroi** (Баянтоорой, N 44°54,313' O 96°44,701') zu verlassen.

Dieses Sumzentrum ist ebenfalls eine Oase mit fruchtbaren Gärten und Äckern, wo heute Sanddorn und Gemüse angebaut werden. Mit viel Glück bekommt man hier Benzin oder Diesel und kann vielleicht auch ein Brot kaufen. Verlassen sollte man sich darauf allerdings auf gar keinen Fall – Vorsorgen heißt die Devise!

Nur 40 km westlich von Bayantooroi befindet sich das Naturreservat **Eej Khairkhan Uul** (Ээж Хайрхан Уул, N 44°55,69' O 96° 12,3'), ein Sandsteinkomplex, der bis zu 2275 m über dem Meeresspiegel liegt und bereits von Weitem mit seinem Doppelgipfel ins Auge fällt. Die Sandsteinverwitterungen bilden zum Teil fantasievolle ›Skulpturen‹. Hier kann man herrlich entlang von Wasserkaskaden wandern oder den vielen Höhlen einen Besuch abstatten.

An der Fußzone dieses Massivs gibt es gut erhaltene Felszeichnungen zu entdecken. Eine weitere attraktive Stelle ist ein kleines, schmales Tal, in dem sich durch Auskolkungen neun kleine, badewannenartige ›Töpfe‹ mit einem grünen Algensaum gebildet haben, die terrassenförmig angeordnet sind. Bei wenig zur Verfügung stehender Zeit sollte man einen der umliegend wohnenden Nomaden bitten, sich als Führer zur Verfügung zu stellen.

Das Schutzgebiet umfasst eine Fläche von 24 ha. 1992 stellte die mongolische Regierung diesen Ort unter Naturschutz, in dem noch Ibex, Leoparden, Luchse und Wölfe eine Heimat finden, aber von Laien kaum gesichtet werden können.

Takhi Tal ▶ D 8

Fährt man von Bayantooroi bzw. vom Naturreservat Eej Khairkhan Uul aus weiter nach Westen und hält sich dabei etwas nach Süden, so gelangt man nach ca. 175 km nach **Altai Sum** (▶ F 9, nicht zu verwechseln mit dem gleichnamigen Aimagzentrum, N 44° 36,88' O 94°55,383'). Von hier aus sind es dann weitere 136 km bis in den Großen-Gobi-Parkteil-B. Auf der gesamten Strecke gibt es keine Übernachtungsmöglichkeiten, außer man sucht sich mit seinem Zelt und den Fahrzeugen ein schönes Plätzchen. Eine Versorgung mit Benzin/Diesel ist in Altai Sum möglich.

Takhi Tal im **Großen Gobi Reservat B** ist zur neuen Heimat der *Thakhi* (Przewalski-Pferde) geworden und liegt 270 km von Bay-

Großer Gobi-Nationalpark und Steppe der Gobi-Seen

Das Projekt Przewalski-Pferd

Die ponygroßen Tiere gelten als Urahnen aller heute bekannten Pferderassen. In der mongolischen Gobi-Wüste befand sich das letzte Rückzugsgebiet dieser Wildpferde, die ab den 1960er-Jahren – zumindest in freier Wildbahn – als ausgerottet galten. Heute nehmen sie die Heimat ihrer Vorfahren wieder in Besitz.

1992 setzte sich ein deutscher Unternehmer, Christian Oswald, dickköpfig durch und flog die ersten *takhi,* wie das *Equus ferus przewalskii* auf mongolisch heißt, in ein Auswilderungsgebiet im Takhiin Tal, in einem entlegenen, dürregeprägten Zipfel im Südwesten der Gobi. Erworben hatte er die Tiere im Askania-Nova-Biosphärenreservat in der Ukraine. So war das kleine Wildpferd endlich in seine Heimat zurückgekehrt.

Heute ist die Herde auf über 100 Tiere angewachsen, unterdessen genetisch optimiert durch Kooperation mit dem zweiten Auswilderungsgebiet, das die holländische Züchterfamilie Bouman ebenfalls 1992 in Hustain Nuruu in einem Gehege mit üppiger Weide gründete. Inge und Jan Bouman hatten es 1977 geschafft, Zoos und Privatbesitzer auf ein gemeinsames Zuchtprogramm einzuschwören, um die immer mehr von Inzucht gefährdeten Tiere gezielt miteinander auszutauschen. Zwölf Jahre nach diesen beiden Pioniergruppen begann mithilfe des WWF 2004 in der Khomiin-Tal-Steppe am Khar-Us-Nuur-Nationalpark ein drittes Projekt.

Für Touristen ist das Auswilderungsgebiet im Hustain-Nuruu-Nationalpark am einfachsten zu erreichen. Es liegt etwa 150 km westlich von Ulaanbaatar. Mit einem eigenen Fahrer eignet sich der Ausflug für einen Zweitagestrip. Übernachtungsgelegenheiten gibt es in mehreren Jurtencamps (s. S. 217).

Die beigefarbenen Wildpferde von etwa 1,40 m Schulterhöhe zeichnen sich durch ihr wie mit Mehl gepudertes Maul und die meist schwarzbraun gestiefelten Beine aus, zu ihren Kennzeichen gehören zudem die kurze Bürstenmähne sowie der dunkle Aalstrich entlang der Wirbelsäule. Von den domestizierten Pferden mit ihren 64 Chromosomen unterscheiden sie sich auch durch zwei zusätzliche Chromosomen.

Auf einer Forschungsreise in die Mongolei anno 1878 erhielt der russische General und Forschungsreisende Oberst Nikolai Pržewalskij den Schädel und das Fell eines Pferdes geschenkt, das einem Kameljäger in der Gobi unverhofft vor die Büchse gelaufen war. Die Belegstücke brachte er an den Zarenhof, wo der Zoologe J. S. Poliakow die Trophäe einer eigenen Spezies von Wildpferden zuordnete und zu Ehren seines Entdeckers *Equus ferus przewalskii* benannte.

Gegen Ende der letzten Eiszeit lebten diese Urpferde im gesamten Steppengürtel Europas und Asiens, der damals von der Iberischen Halbinsel bis nach Ostasien reichte. Klimatische und ökologische Umstellungen brachten sie an den Rand des Aussterbens und lediglich durch die Übernahme als Haustiere erlebten sie weltweite Ausbreitung. Doch die eigentlichen Wildpferde verloren an Lebensraum. Die Wüsten der Mongolei waren die letzten Gebiete, in die sie sich aufgrund des zunehmenden Weidedrucks und der menschlichen Besiedlung zurückzogen.

Doch auch hier wurde das Przewalski-Pferd schließlich ausgerottet. Als Nahrungs-

Przewalski-Pferd

konkurrent zu den weiter vordringenden Nomaden und ihren Herden wurde das Przewalski-Pferd gejagt und erbarmungslos verfolgt, zumal die agressiveren Wildpferdehengste ihren domestizierten Artgenossen – und den Züchtern – die Stuten entführten.

Das Überleben der Art ist dem Hamburger Tierhändler Carl Hagenbeck und dem Grafen Falz-Fein zu verdanken. Der deutschstämmige Adelige hatte Ende des 19. Jh. in der Ukraine in der Nähe der deutschen Siedlung Askania Nova ein Naturreservat als Privatzoo errichtet, das heute als Biosphärenreservat die letzte intakte europäische Steppenlandschaft schützt und zur neuen Heimat der Urpferde werden sollte. Allerdings überlebte die erste Gruppe nicht die Wirren der sozialistischen Revolution, Hungersnöte und zwei Weltkriege, sodass erst ein späterer, zweiter Besatz sich so erfolgreich vermehren sollte, dass Tiere aus dieser Region zurück in die Mongolei kamen.

Hagenbecks Tierfänger brachten von Expeditionen 1901 und 1902 insgesamt 39 Wildpferde nach Europa, die meist als Fohlen gefangen und mithilfe von mongolischen Ponystuten aufgezogen wurden. Doch hing die Nachkriegszucht von nur zwölf bis 15 Tieren in den Zoos von München und Prag ab. Sie sind die Stammeltern aller heute noch lebenden Przewalski-Pferde.

2008 wurde das *takhi* auf der Roten Liste gefährdeter Tierarten von »in freier Wildbahn ausgerottet« auf »kritisch gefährdet« zurückgestuft, ein Beleg für den Erfolg der Auswilderungsprojekte. Doch obwohl heute etwa 300 Tiere in der Mongolei und weitere 1500 in Zoos weltweit leben, ist das Überleben der Urpferde wegen ihres kleinen Genpools keineswegs gesichert.

Dank seiner zähen Natur zählt das Przewalski-Pferd zu den Überlebenskünstlern

Großer Gobi-Nationalpark und Steppe der Gobi-Seen

antooroi aus nach Westen. Die Auswilderung der Tiere in dieser extremen Naturregion war äußerst umstritten. Einerseits entdeckte man hier in den 1950er-Jahren eines dieser wilden Tiere – aus Sicht des Projektförderers, des deutschen Geschäftsmanns Oswald, ein Argument für die Auswahl dieser Region. Andererseits galt es als fragwürdig, ausgerechnet unter diesen extremen Rahmenbedingungen den Auswilderungsversuch zu beginnen. Der Erfolg hat Christian Oswald letztendlich Recht gegeben.

Zentrale Oase dieses Gebiets ist **Khonin Us** (▶ D 8, Хонин Ус, N 45° 20,489' O 93° 10,741'). Eine Versorgungsmöglichkeit gibt es hier nicht. Wenn man bei der Parkverwaltung nachfragt, so wird man als Individualreisender eine Möglichkeit finden, mit einem ortskundigen Führer auch die Pferde und vielleicht andere Wildtiere zu sehen. Allerdings ist die Möglichkeit Wildpferde auf eigene Faust zu beobachten im nahe Ulaanbaatar gelegenen Hustain-Nationalpark (s. S. 217) viel größer.

Steppe der Gobi-Seen

Nördlich des Großen-Gobi-A-Schutzgebiets erstreckt sich von West nach Ost verlaufend zwischen dem Boon Tsagaan Nuur und dem Orog Nuur die **Steppe der Gobi-Seen** (auch oft als Tal bezeichnet). Ein Schutzgebietsstatus ist für das gesamte Gebiet noch nicht eingerichtet worden. Dieser lang gestreckte Vorgebirgssaum nördlich des Gobi-Altai ist landschaftlich wegen der Seen, Dünenfelder (auch mit Einzeldünen) und der südlich angrenzenden Gebirgszüge abwechslungsreich.

Eine einmalige Kombination: Gebirge, Dünenfelder und davor glitzern die Gobi-Seen

Steppe der Gobi-Seen

Will man nicht so weit nach Süden in die Gobi vordringen, so stellt die Gobi-Seen-Steppe eine relativ leicht erreichbare Gegend dar. Von Ulaanbaatar aus können die Seen in 14 Std. anstrengender Jeepfahrt über Arweyheer und Bayankhongor erreicht werden.

Nähert man sich von Süden aus der Gobi kommend so fährt man aus der Gegend von Gurvantes bzw. dem Nemegt Uul ca. 190 km nach Norden nach Shinejinst Som (Tankmöglichkeit), um dann zum Boon Tsagaan Nuur zu gelangen (150 km).

Das Tal der Gobi-Seen erstreckt sich unter geografischen Gesichtspunkten vom Boon Tsagaan Nuur im Nordwesten bis zum Ulaan Nuur im Osten. Dabei wird der östliche Teil mit dem Boon Tsagaan Nuur (Бөөн Цагаан нуур), Adgiyn Tsagaan Nuur (Адгийн Цагаан нуур), Orog Nuur (Орог нуур) und Ulaan Nuur (Улаан нуур) als Tal der Gobi-Seen und die westlicher gelegenen Seen im Zavkhan, Khovd und Uvs Aimag als die Senke der Großen Seen bezeichnet. Beide geografischen Regionen zusammen werden im Süden und Westen von den Gebirgsketten des Altai und im Norden von dem Gebirgskörper des Khangai und seiner westlichen Ausläufer eingefasst bzw. in verschiedene Seebecken untergliedert.

Die Fließrichtung der meisten Flüsse ist ins Lamdesinnere gerichtet, sodass sie keinen Abfluss zu einem Weltmeer (Atlantik bzw. Pazifik) besitzen. Der Wasserstand der Seen ist ausschließlich an den Niederschlag im Altai und Khangai und an das lokale Grundwasser gebunden. Mit der Zunahme der Wassernutzung durch den Menschen und der allgemeinen Erwärmung des Weltklimas, was eine erhöhte Verdunstung bedingt, schwanken ihre Wasserspiegelstände mit stark rückläufiger Tendenz. Weite, ursprünglich von Wasser bedeckte Uferstreifen von mehreren hundert Metern Breite liegen inzwischen frei. Andere flache Seen sind bereits ganz verschwunden oder unterliegen den schwankenden Niederschlägen im Khangai.

Die Flüsse erreichen in trockenen Jahren nicht mehr die südlich am Fuß des Altai liegenden Seebecken. Durch die hohe sommerliche Verdunstung bilden sich überall vermehrt Salzkrusten. Manche Seen speisen sich zusätzlich durch Grundwasser. Diese Süßwasserquellen treten am tiefsten Saum der Fußflächen des Altai in Seenähe zutage.

Der größere Boon Tsagaan Nuur sowie der Adgiyn Tsagaan Nuur, der Orog Nuur und der Ulaan Nuur sind Seen mit charakteristischen Merkmalen. Alle vier liegen südlich von Bayankhongor zu Füßen des Gobi-Altai. Die zahlreichen kleinen Zwischenseen künden davon, dass sie ursprünglich eine einzige Wasserfläche bildeten.

Das Tal der Gobi-Seen liegt im Bereich der Trocken- und Wüstensteppe, wie man sie auch weiter südlich im Großen Gobi-Nationalpark antrifft. Bei den Seen handelt es sich um sogenannte endorheische Seen (abflusslose Endseen), die alle ihr Wasser aus dem nördlich gelegenen Khangai-Bergland be-

Großer Gobi-Nationalpark und Steppe der Gobi-Seen

kommen. Wie vegetationsgeschichtliche Untersuchungen in den schlammigen Seeablagerungen ergaben, war die Gegend vor ca. 5000 Jahren von einer wesentlich üppigeren Vegetation bewachsen und die Seespiegel aller Seen waren um ca. 5 m höher als heute. Erkennen lässt sich das an ehemaligen Uferlinien in Form von kiesigen Strandwällen, auf denen bisweilen auch die Pisten entlanggeführt werden.

Im Tal der Gobi-Seen gibt es Benzin/Diesel und sehr eingeschränkte Versorgungsmöglichkeiten in **Baatsagaan Sum** (N 45° 33,942' O 99°26,205') östlich des Boon Tsagaan Nuur und in **Bogd Sum** (N 45°12,009' O 100°46,85') nördlich des Orog Nuur. Südlich des Ikh Bogd Nuruu (südlich des Orog Nuur) gibt es ein **Ger Camp Goviyn Temee** bei **Bayangobi Sum** (N 45°44,123' O 100° 23,776'). Der Boon Tsagaan Nuur ist in dieser Seenkette der einzige See, dessen Ufer so gestaltet ist, dass man darin baden kann. Dazu gibt es an seinem Ostufer kilometerlange, einsame Sandstrände, die allerdings in den Sommermonaten auch von Stechmücken gerne besucht werden.

Boon Tsagaan Nuur ▶ J 8

Der westlichste See vom östlichen Teil des Tals der Gobi-Seen, der **Boon Tsagaan Nuur** (Бөөн Цагаан нуур, Ostufer N 45°33,101' O 99°15,19') ist mit 240 km² und nur etwa 15 m Tiefe der größte Gobi-See. Er ist 16 km breit, 24 km lang und wird vom Baidrag Gol gespeist. Der Wasserspiegel liegt 1336 m über dem Meer. Der Salzgehalt ist mit 5,7 g Salz pro Liter fast doppelt so hoch wie der von großen Ozeanen.

Kies- und Sandebenen, in denen die Geowissenschaft alte Seeböden und Strandwälle wiedererkannt hat, umgeben die Ufer. Nach Süden steigt zunächst das Gelände in einer Flussfläche an, die dann von den Gebirgsketten des Gobi- und Mongol-Altai abgelöst werden. Auf der Südseite des Sees ist ein Sauxalwald (N 47°55,579' O 106° 53,587') erhalten, in dem bisweilen Gazellen Schutz finden. Die Fußfläche am nördlichen Gebirgsfuß des Gobi-Altai ist über Hunderte von Kilometern von einer Erdbebenlinie durchzogen. Ähnlich wie der Bulnai Fault im Norden der Mongolei (s. S. 242) finden entlang dieser Linie immer wieder Erdbeben mit durchaus hoher Intensität statt.

Adgiyn Tsagaan Nuur ▶ J/K 8

Von dem weiter östlich gelegenen **Adgiyn Tsagaan Nuur** (Адгийн Цагаан нуур, N 45°34,311' O 100°3,478', 22 km², 9 km lang, 4 km breit) kündet oft nur eine Salzpfanne und selbst bei hohem Wasserstand ist das Wasser selten über 1 m tief. Aus dem Weltraum vom Satelliten aus kann man hier ganz besonders deutlich die ehemaligen Strandwälle des Sees erkennen.

Orog Nuur ▶ K 9

Der schmale **Orog Nuur** (Орог нуур, N 45° 4,546' O 100°32,116', 130 km², 28 km lang, 8 km breit, 2–3 m tief), liegt als schmales, hellblaues Band zu Füßen des höchsten Gobi-Berges, des **Ikh Bogd** (3957 m). Sein Wasser kommt über den Tuin-Fluss aus dem Khangai-Gebirge und ist nur schwach salzhaltig, sodass es fischreich ist und auch zahlreiche Wasservögel anlockt. Kleine Dünen treten dicht an die Ufer heran. Besonders fruchtbar ist das Delta am Zufluss, wo das frische Wasser auch zum Schwimmen einlädt. Zugvögel schätzen den See als Rastplatz. Die Fläche am Fuß des Ikh Bogd ist förmlich mit Wasser vollgesogen, das in Süßwasserquellen besonders am Westende des Sees sprudelnd zutage tritt. Die bereits oben erwähnte Erdbebenlinie kann auch auf den Fußflächen des Ikh Bogd deutlich gesehen werden. 1957 forderte hier ein Erdbeben sogar einige Opfer.

Ulaan Nuur ▶ M/N 9

Der östlichste See des Tals der Gobi-Seen, der **Ulaan Nuur** (Улаан нуур, Südufer N 44° 32,712' O 103°38,414'), wird von dem noch vor 20 Jahren zufließenden Ongi Gol nicht mehr erreicht. Vor 30 Jahren hatte er noch eine Fläche von 175 km². Sein Seebecken ist inzwischen vollkommen trockengefallen und liegt auf einer Meereshöhe von 1008 m NN.

Steppe der Gobi-Seen

aktiv unterwegs

Wandern im Ikh Bogd Uul

Tour-Infos
Start: Bayangobi Sum bzw. das nahegelegene Ger Camp Goviyn Temee auf der Südseite des Ikh Bogd Nuruu
Länge: ca. 30 km
Dauer: 10 Std.
Wichtige Hinweise: Man sollte an festes Schuhwerk denken und sich besonders in den Übergangsjahreszeiten auf schnelle Wetterwechsel einstellen.

Eine Besteigung des **Ikh Bogd Uul** (Их Богд уул, N 44°59,569' O 100°13,916') gehört zu den besonderen Erlebnissen einer Mongoleireise. Der Anstieg kann von **Bayangobi Sum** (N 44°44,123' O 100°23,776') von der Südseite des Bergs am einfachsten vorgenommen werden, indem man sich möglichst nahe an den Gebirgsfuß heranfahren lässt. Bei ca. 3500 m erreicht man eine Hochebene, die dann relativ moderat zum Hauptgipfel auf 3957 m ansteigt. Die sommerlich fallenden Niederschläge verschwinden relativ rasch im Gesteinsschutt und ernähren die in den Fußzonen austretenden Quellen auf der Nord- und Südseite des Gebirgsrückens. In der Eiszeit trug der Ikh Bogd noch Gletscher, die weit in die Täler hinabreichten. Heute sind alle Gletscher verschwunden und es sind nur noch Kare (ehemalige trichterförmige Gletscherbecken) und Trogtäler (Täler mit einem U-förmig gestaltetem Querprofil) übrig geblieben.

Übernachtungsmöglichkeiten gibt es nur im eigenen Zelt.

Tal des Ongi Gol ▶ N 9
Im Tal des Ongi-Flusses führt dann die Piste aus der Gobi heraus zum **Ongi-Kloster** (Онгийн хийд, N 45°20,367' O 104°00,306'), das südlich von **Saikhan-Ovoo** (Сайхан-Овоо, N 45°27,494' O 103°37,733') am Ongi-Fluss liegt. Es wird momentan wieder aufgebaut.

Die Anlage besteht aus zwei Klosterkomplexen. **Barlim Khiid** auf der Nordseite des Flusses und **Khutagt Khiid** auf der Südseite. Das vor 1750 Jahren gegründete Khutagt Khiid war auf elf Tempel, vier lamaistische Tempel und ca. 300 Lamas angewachsen. Im Jahr 1937 wurden über 100 Lamas verhaftet und getötet. Im Jahr 2000 hat man zum Andenken an die Ermordeten eine Stupa gebaut. Zurzeit leben 17 Lamas als Novizen in diesem Kloster.

Die Lage in dem hier relativ eng begrenzten, mit satten Wiesen ausgefüllten Flusstal ist äußerst reizvoll und lädt zu Spaziergängen und ornithologischen Erkundungen ein.

Übernachten
Ger Camps ▶ Saikhan Gobi: ca.11 km südlich von Saikhan-Ovoo, Tel. 99 12 87 83. Ab 40 000 MNT. **Tsagaan Ovoo:** in der Nachbarschaft des Ger Camps Saikhan Gobi, Tel. 011 31 81 67. Ab 40 000 MNT. **Secret of Ongi:** nahe dem Kloster gelegen, Tel. 011 32 93 50, 91 91 61 84, www.trip2mongolia.com. Ab 30 000 MNT.

Wasser in der Wüste: Der Boon Tsagaan Nuur ist von Kies- und Sandebenen umgeben

Kharkhorin und Oberes Orkhon-Tal

Seit historischer Zeit steht diese Gegend im Interesse verschiedener Völker. Uiguren, Türken und Mongolen siedelten schon früh in der fruchtbaren Orkhon-Aue unterhalb von Kharkhorin, wo sich zahlreiche historische Stätten finden. Der Oberlauf des Orkhon gräbt sich durch deutlich sichtbare Basaltdecken. Fährt man das Tal hinauf, erreicht man die geschlossenen Lärchenwälder des Gebirges. Bereits am Orkhon-Wasserfall stehen in der Talaue alte Lärchenbestände.

Von Saikhan-Ovoo ins Obere Orkhon-Tal ▶ N 8–M 6

Nach dem Besuch oder auch einer Übernachtung im Ongi-Kloster bzw. im Ongi-Tal (s. S. 299) beginnt ein besonders spannender Reiseabschnitt, denn hinter **Saikhan Ovoo** (Сайхан Овоо) werden die Reisenden von immer üppiger werdenden Steppen begleitet, die mit den allmählich ansteigenden Niederschlägen Richtung Khangai-Bergland zu erklären sind.

Hat man dann die Asphaltstraße von Arvaikheer nach Ulaanbaatar gekreuzt, verläuft die Piste durch die Waldsteppen des Khangai-Vorlands. Die ersten höheren Berge tauchen am Horizont auf. Dass man sich endgültig dem Khangai nähert, merkt man auch schon an den sich plötzlich zur Truppe hinzugesellenden Schaf- und Ziegenherden (s. S. 37). In Shankh stößt man dann auf die Piste von Khujirt nach Kharkhorin, wo man sich entscheiden kann, ob man zuerst in das Obere Orkhon-Tal oder lieber nach Kharkhorin fährt.

Begleitet vom frischen Grün der Steppe und der Wälder gelangt man nach Kharkhorin, dem Tor zum Oberen Orkhon-Tal. Für die Reisenden aus der Gobi endet hier oft die Mongolei-Rundreise. Auch die vorgeschlagene Grüne Route (s. S. 125) führt hier entlang.

9 Kharkhorin und Erdene Zuu ▶ M 6

Kharkhorin und das Kloster Erdene Zuu fehlen in keiner Tour der Reiseveranstalter. Das Deutsche Archäologische Institut sowie das Institut für Vor- und Frühgeschichte der Universität Bonn haben hier zwischen 1998 und 2004 im Rahmen der Mongolisch-Deutschen-Kharkhorin-Expeditionen sehr viele Erkenntnisse über das höfische und städtische Leben vor 800 Jahren zusammengetragen.

Diese Forschungen konnten beweisen, dass auch in den Jahrhunderten bevor die Persönlichkeit von Chingghis Khaan die Weltbühne betrat in dieser Region ein politisches Zentrum weiter Teile Zentralasiens lag. Mit der Ausstellung »Chinggis Khan und seine Erben« in der Bonner Kunst- und Ausstellungshalle konnte sich auch die Öffentlichkeit in Deutschland über diesen Teil der Mongolisch-Deutschen Zusammenarbeit informieren und in ein Stück mongolischer Geschichte eintauchen, auf die die Mongolen bis heute noch sehr stolz sind.

Von Kharkhorin aus wurde kurze Zeit das größte Weltreich regiert, hier versuchten nordmongolische Fürsten mit dem Bau von Erdene Zuu, der größten Klosteranlage der Mongolei, symbolisch an alte Traditionen anzuknüpfen.

Kharkhorin und Erdene Zuu

Steinerne Schildkröte: einer der vier letzten Zeugen des alten Karakorum

Kharkhorin-Dorf

Von der letzten Anhöhe auf der Asphaltpiste von Khogno Khan nach Kharkhorin kommend ist von einem Ovoo aus der Ort im Tal zu sehen. Die unzähligen Kanäle erlaubten früher für die restlichen 15 km eine Anfahrt nur auf Umwegen. Heute führt die Asphaltpiste in 30 Min. bis in die Ortsmitte von **Kharkhorin** (Хархорин, N 47°20,006' O 102° 84,322'). Am besten übernachtet man in dem 8000-Einwohner-Dorf, denn hier befinden sich die historischen Sehenswürdigkeiten. Ger Camps und Hotels haben sich auf den Andrang der Touristen eingestellt und liegen mitunter recht romantisch in den landschaftlich wunderbaren Orkhon-Auen.

Kharkhorin war in sozialistischen Zeiten Zentrum einer großen Farm. Von den Bergen ist heute noch deutlich das 370 km lange Bewässerungssystem zu erkennen, das in seiner heutigen Form in den 1960er-Jahren von Chinesen errichtet wurde. Der Ort Kharkhorin liegt nahe der Orkhon-Schwemmkegelwurzel, das heißt genau an jener Stelle, wo der Orkhon das Khangai-Gebirge verlässt und dabei eine breite Talaue aufgeschüttet hat. Sie erstreckt sich nach Osten bis zum Khugshin Gol bzw. Khugshin Orkhon (alter Orkhon) und wurde schon sehr früh als fruchtbares Ackerland genutzt. Die Kanäle verbinden beide Flüsse und sorgten für die Be- und Entwässerung der Felder.

Infos

Internet und Telecom: auf der Westseite der Hauptstraße, Mo–Fr 8.30–20.30 Uhr.

Kharkorin und Oberes Orkhon-Tal

Übernachten
Im Zentrum ▶ **Hotel Buyan Burd:** Tel. 0132 58 58 23 15. Ab 13 600 MNT.
Ger Camps ▶ **Dream Land:** in der Orkhon-Aue zwischen Bewässerungskanal und Flusslauf, südlich der Orkhon-Brücke, Tel. 91 91 19 31. Das Camp mit der derzeit besten Ausstattung! Ab 50 000 MNT. **Khan Bayan:** in der Aue gelegen, Tel. 011 32 84 77, 99 19 31 85. Ab 40 000 MNT. **Anar:** an der Abzweigstelle des Bewässerungskanals bzw. am Stauwehr des Orkhon, Tel. 011 32 84 77, 99 19 31 85. Eines der ältesten Camps; das Preis-Leistungs-Verhältnis ist zu bemängeln. Ab 40 000 MNT. **Riverside:** westlich der Stadt am Orkhon, Tel. 99 75 39 70, eastline@magicnet.mn. Ab 25 000 MNT. Östlich der Stadt und um die Klosteranlage liegen weitere Ger Camps.

Einkaufen
Proviant ▶ Der kleine *Zakh*-Markt bietet die wichtigste Versorgungsgrundlage. Supermärkte findet man an der Hauptstraße.

Verkehr
Busse: Von Kharkhorin aus verkehren tgl. Linienbusse und Minibusse nach Ulaanbaatar, Arwaikheer, Tsetserleg und Khujirt. Abfahrtsort ist auf der Ostseite des Marktplatzes. Die Abfahrtzeiten müssen vor Ort erfragt werden, da die Busse dann fahren, wenn sie besetzt sind.

Karakorum
Der Grundstein des **alten Karakorum** wurde schon im 8. Jh. während der Uigurenzeit gelegt. Noch während der Herrschaft Chingghis Khaans fiel die Entscheidung, in der Nähe des heutigen Kharkhorin die Hauptstadt Karakorum zu errichten, wobei die Ortschaft nur als Waffenlager genutzt wurde. Karakorum bedeutet »schwarzes Geröll« oder »schwarze Steine«, womit Bezug auf den schwarzen Basalt der Region genommen wird. 1232 errichtete man die Stadtmauer, 1235, unter Chingghis Khaans Sohn und Nachfolger Uguudei, begann der Bau des Palasts Tumen Amgalant (Zehntausendfacher Frieden).

An der Errichtung der Stadt sollen nicht nur mongolische Handwerker, sondern auch solche aus Frankreich, England, Russland, Ungarn, Tibet, Persien, China und Korea mitgewirkt haben. Ausgrabungen ergaben, dass die Stadt mit einer Außenlänge von etwa 2 x 1,5 km rechtwinklig in Längsrichtung von Nord nach Süd am Ufer des Orkhon lag. Ein Erdwall umringte die gesamte Siedlung, vier Tore gewährten Einlass und zwei sich von Süden nach Norden, von Osten nach Westen kreuzende Straßen schnitten die Stadt in vier Teile – ein moslemisches Viertel, ein Viertel

Kharkhorin und Erdene Zuu

mit Handwerkern und chinesischen Händlern, eines mit Palästen der Königsverwandtschaft sowie der staatlichen und militärischen Oberhäupter und Fürsten und ein letztes Viertel mit Moscheen, Kirchen, Tempeln und Botschaften. Das Zentrum bestand aus Straßen mit Ziegelhäusern, hinter denen sich unbebaute, freie Plätze erstreckten. Den Osten begrenzten Äcker und Kanäle.

Vom Leben im alten Karakorum hat vor allem der flämische Franziskanerpater Wilhelm von Rubruk berichtet, der zwei Jahre benötigte (1253–1255), um von Europa in die Mongolei und zurückzureisen. Er erwähnt zwölf buddhistische Tempel, zwei Moscheen und eine christlich-nestorianische Kirche. Außerdem berichtet er von einem im Bau befindlichen Silberbaum – einem Brunnen, der vier verschiedene Flüssigkeiten spenden könne, u. a. Wein, Airag (vergorene Stutenmilch) usw. Für die Fertigstellung des Silberbaums gab Munkh Khan dem berühmten Schmied Wilhelm Boucher aus Paris einen Auftrag, den Wilhelm 1254 abschloss. Wilhelm von Rubruk beschreibt Handwerkerviertel, die nach verschiedenen Branchen aufgeteilt waren.

Erdene Zuu: Vor der Zerstörung lebten hier 10 000 Mönche

Kharkorin und Oberes Orkhon-Tal

Im Zuge eines von Tugs Tumur (reg. 1378–1388) gegen China begonnenen Kriegs zerstörten chinesische Truppen den Ort. Vom alten Karakorum künden heute nur noch vier Schildkröten aus Granit. Eine Schildkröte steht direkt neben den Klostermauern von Erdene Zuu. Auf ihrem Rücken, dort, wohin Besucher heute Opfersteine legen, reckte sich einst eine Stele mit eingravierten Texten himmelwärts. Eine weitere befindet sich auf einem kleinen Hügel nordöstlich am Anfang der Straße nach Khujirt. Bemerkenswert ist auch eine Stele auf einem der Hügel oberhalb von Kharkhorin: Sie stellt einen Phallus dar und wird gerne von jungen Paaren besucht, obwohl sie in den 1960er-Jahren bei dem Versuch, sie zu versetzen, zerbrach.

1998 wurde in einer feierlichen Zeremonie eine neue Epoche der archäologischen Forschung aus der Taufe gehoben. Hatte schon 1949 der russische Archäologe Sergej Kiselev im alten Karakorum Ausgrabungen vorgenommen, so sollte jetzt an zwei Schwerpunkten im Rahmen der Mongolisch-Deutschen Karakorum-Expedition vom Deutschen Archäologischen Institut (DAI) und dem Institut für Vor- und Frühgeschichtliche Archäologie der Universität Bonn Licht ins Dunkel einer der bedeutendsten Städte jener Zeit gebracht werden.

Obwohl die Arbeiten noch immer nicht abgeschlossen sind, kann als Ergebnis der archäologischen Forschung bereits festgehalten werden, dass der von Sergej Kiselev benannte Palast des Uguudei sich als ein monumentaler buddhistischer Tempel erwies. Fachleute vermuten den eigentlichen Palast des Uguudei nunmehr auf dem Gelände des Klosters Erdene Zuu. Die bislang durchgeführten Ausgrabungen an der heutigen Klostermauer von Erdene Zuu belegen, dass unter den Mauerfundamenten ältere Vorgängermauern zu finden sind, die zum eigentlichen Palastbezirk gehört haben könnten. Die Ausgrabungen im ehemaligen Handwerkerviertel der Stadt zeichnen ein lebhaftes Bild vom Handel und Wandel in dieser Metropole. Funde belegen, dass bereits im 13. und 14. Jh. weltweit Handel getrieben wurde.

Erdene Zuu

200 Jahre nach seinem Untergang begann die zweite Blüte von Karakorum als Sitz des **Klosters Erdene Zuu** (Эрдэнэ Зуу). Diese junge Gründung liegt ca. 2 km östlich der heutigen Stadt.

Mit sicherem Gespür für Symbolik begann 1586 der Khalkha-Fürst Avtai, der Tibet bereist und dem der Dritte Dalai Lama den Titel eines Khan verliehen hatte, den Bau des ersten lamaistischen Klosters im Khalkha-Gebiet. Ein buddhistisches Zentrum auf der Ruine des Takhai balgas zu gründen, hatte der Dritte Dalai Lama 1580 beim Besuch von Avtai Khan in Tibet empfohlen. Nach dem bedeutendsten Bild einer Gottheit in diesem Kloster erhielt der Komplex später den Namen Erdene Zuu: Kostbarer Herr.

Im Laufe des nächsten Jahrhunderts wurde die Anlage um weitere Tempel erweitert und gegen Mitte der 1670er-Jahre wurden vier Stupas an vier Ecken der Ruinenmauer aufgestellt, die der Grundstein der heutigen Klostermauer sein sollten. Während der Routinerestaurierung 1796 wurde die heutige Mauer mit 50 Stupas auf dem Fundament der Ruinenmauer gebaut, und 1802 bis 1813 wurden weitere Stupas aufgestellt. Ende des 17. und Anfang des 18. Jh. wurde es bei Auseinandersetzungen mit mandschurischen Invasoren erheblich zerstört, jedoch 1760 bis 1796 und 1806 bis 1814 wiederaufgebaut. Vollendete Tatsachen schufen erst mongolische Truppen im Jahr 1937: Die Anlage wurde fast vollständig dem Erdboden gleichgemacht, die Fotos von den Zerstörungen legen die Vermutung nahe, dass die Bauten überwiegend gesprengt wurden.

Nur mit Mühe vermag man sich das geschäftige Treiben der 10 000 Mönche, die einst hier lebten, vorzustellen. Zwar begann Anfang der 1990er-Jahre wieder ein kleiner Klosterbetrieb, doch bis der alte Glanz wiedererstrahlt, werden wohl noch Jahrzehnte vergehen. Beeindruckend ist die hohe **Mauer**, die den quadratischen Tempelbezirk mit seiner Seitenlänge von 400 m umgibt. In regelmäßigen Abständen sind insgesamt 102 **Stupas** in die Mauer eingefügt. Sie stammen

Oberes Orkhon-Tal

aus dem 17. Jh. und kennzeichnen das Karree von Erdene Zuu unverwechselbar. Jeder trägt den Namen seines Stifters und desjenigen, dem er gewidmet wurde. Vermutlich sollte die Glückszahl von 108 Stupas angestrebt werden, doch sie wurde nie erreicht. Im Inneren der Umwallung sind von den einst 60 Tempeln nur noch wenige erhalten, so die drei Tempel des Stifters Avtai Khan und der inzwischen restaurierte Lavran-Tempel.

Der **Tempel Lavran**, 1780 erbaut, ist das einzige Bauwerk im rein tibetischen Stil mit Flachdächern, trapezförmigen Fenstern und leicht nach innen geneigten massiven Mauern, das in der Mongolei erhalten blieb. Das Gebäude wurde als Sitz des Bogd Khan erbaut. Daneben erhebt sich, ebenfalls tibetisch gestaltet, der 1799 errichtete 10 m hohe **Goldene Stupa.** Der Tempel, der im westlichen Teil der Anlage liegt und im chinesisch-mongolischen Stil gehalten ist, wurde 1675 zu Ehren des Besuchs des Tuschet Khan beim Dalai Lama errichtet. Seither nennt man ihn **Tempel des Dalai Lama.**

An diese kleine Tempelanlage schließen sich die drei **Zuu-Gebäude** des Klosterstifters Avtai Khan und seiner Familie an. Sie bergen heute ein kleines **Museum** und sind die ältesten religiösen Bauwerke der Mongolei. Sie stehen in der zweiten Reihe der Anlage, hinter dem Dalai-Lama-Tempel. Alle drei Gebäude sind einheitlich gestaltet. Die Statik, die notwendig ist, um über dem relativ kleinen Erdgeschoss zwei mächtige, geschwungene Dächer aufzutürmen, die weit über die Grundfläche des Gebäudes hinausreichen, wurde in China entwickelt.

Beachtenswert sind die **Fresken** im sinotibetischen Stil mit ihren mongolischen Eigenheiten: So wurde die Kassettendecke des **zentralen Tempels** (1586) mit Berg- und Waldlandschaften ausgemalt. In den Grotten und Höhlen sitzen Gottheiten. Meterhohe Tonplastiken verschiedener Buddha, so die des Medizin-Buddha und die des Buddha des unermesslichen Lichts, Amitabha, beleben den Innenraum. Vier goldene Skulpturen der Grünen Tara, der Göttin der Gnade, sollen vom ersten Bogd Khan unter dem Künstlernamen Zanabazar persönlich geschaffen worden sein – was manche Wissenschaftler allerdings bezweifeln. Die Fürsten Tsogt und Sungen stifteten diesen Teil der Anlage. Davor liegen die **Gräber** von Avtai Khan und seinem Sohn Gombodorj, während sich die Grabstelle der Frau Avtais außerhalb der Klostermauern befindet.

Der **westliche Tempel** wurde noch auf Veranlassung Avtai Khans selbst erbaut. Im Inneren flankieren links Sankhaa und rechts Maidari, also Maitreya, der zukünftige Buddha – dem in der Mongolei besonders gerne gehuldigt wird – die zentrale Buddha-Statue. Das **östliche Gebäude** errichteten Erkhii Mergen, dessen Sohn und die Mutter des ersten Bogd Khan. Hier begleiten rechts der Reformer des Lamaismus, Zongkhapa, und links der Bodhisattva Avalokitheshvara die Buddha-Figur. Kniehohes Gras verdeckt die übrigen Relikte der riesigen Klosteranlage: Grundmauern, metallene Becken, Porzellan- und Tonscherben etc. (tgl. 9–18 Uhr, Eintritt 5000 MNT, Fotoerlaubnis 10 000, Video 20 000 MNT).

Oberes Orkhon-Tal

Karte: S. 308

Von Kharkhorin aus bieten sich viele Möglichkeiten für Tagesausflüge: Einmal ins Obere Orkhon-Tal zum Orkhon-Wasserfall und vielleicht sogar bis zum Naiman Nuur oder auch zum Ugii Nuur an der östlichen Talaue des Orkhon nahe dem Zusammenfluss mit dem Tamir Gol (s. S. 227).

Im **Orkhon-Tal,** besonders nördlich von Kharkhorin, liegen bedeutende historische Stätten. Es zählt zu den landschaftlich reizvollsten Regionen der Mongolei. Mit 1124 km Länge ist der Orkhon einer der längsten und wichtigsten Flüsse des Landes und der wasserreichste Zufluss der Selenge. Gemeinsam mit Tuul und Selenge entwässert er die Mongolei nach Norden über den Baikasee in das arktische Meer. Im Oberlauf fließt er über weite Strecken durch einen Canyon, im Mittellauf mäandriert er in einer breiten Talaue

Oberes Orkhon-Tal

mit dem reizvollen Ugii Nuur, im Unterlauf begleiten ihn wie im Oberlauf Basaltdecken und ist er während der gesamten eisfreien Zeit zumindest bis zum Zusammenfluss mit dem Eroo (64 km) schiffbar, bei Hochwasser sogar bis zur Mündung des Kharaa (123 km) oder der Tuul (310 km).

Es gibt zwei Möglichkeiten, in das obere Orkhon-Tal zu gelangen. Entweder man benutzt die Talpiste des Orkhon von Kharkhorin aus und kann dabei zwischen der rechten und der linken Talseite wählen oder man befährt die Straße nach Khujirt. Wählt man die orografisch linke Seite des Flusses, so muss

Oberes Orkhon-Tal

unterwegs immer wieder schöne Orte zum Verweilen gibt.

Kloster Shankh ▶ M 7

Auf halber Strecke zwischen Kharkhorin und Khujirt kann man im Shankh Sum Überreste des **Klosters Shankh** 1 (Шанхын хурээ, N 47°2,986' O 102°57,618') sehen, das die Lamas heute mit Spendengeldern allmählich wieder aufbauen. Dieses Kloster, nach seiner Lage am Berghang Shankh benannt, wurde im Jahr 1650 gebaut und ist eines der ältesten Klöster der Mongolei. Es wird auch als das westliche Kloster (Baruun Khuree) bezeichnet und soll von Zanabazar gegründet worden sein.

Der Fürst Vanjildorj von Tusheet Khan gab dem legendären Zanabazar seinen Sohn zum Schüler. Später verlieh der Heilige dem Jungen den Titel Noyon Lama (Fürst Lama) und der Junge wurde als Abt von Baruun Khuree gewürdigt. So wurde dieses Kloster zum Hauptkloster für die Anbetung und Verehrung von Tusheet Khan Khoshuu und von den Nachkommen des Chingghis Khaan verwaltet. Sie richteten einen Standartenpalast namens Khoid Burkhan ein, in dem die weißen und schwarzen Standarten von Chingghis Khaan verehrt wurden.

Das Kloster beherbergte 1921 noch 1500 Mönche. Die Gebäude wurden zwischenzeitlich anders genutzt und werden seit 1990 restauriert.

Khujirt ▶ M 7

Als Kurort in 1748 m Höhe über dem Meeresspiegel, 55 km und 1 Std. von Kharkhorin entfernt (420 km von Ulaanbaatar), lockt **Khujirt** 2 (Хужирт, N 46°53,887' O 102°46,957') zumeist mongolische Gäste in ein kleines Sanatorium mit einigen Mineralquellen, aus denen bis zu 48 °C heißes Wasser sprudelt. Der Sage nach soll ein Hirsch die Quelle entdeckt haben, der dann zum Wappentier der Stadt avancierte.

Das Wasser der Quelle setzt sich aus Hydrogenkarbonat, Natriumsulfat, Schwefelwasserstoff, Kieselsäure und Fluor zusammen und soll Leiden der Gliedmaßen, Blut-

man ca. 8 km hinter Kharkhorin an einer Furt den Orkhon passieren. Bleibt man auf der rechten Seite, führt die Piste abschnittsweise in die Berge auf der südwestlichen Talseite des Orkhon. Für die einfache Strecke bis zum Wasserfall des Ulaan Gol sollte von Kharkhorin aus ein Tag einkalkuliert werden, da es

Kharkorin und Oberes Orkhon-Tal

gefäßentzündungen, Knochenverkrüppelungen und chronische Entzündungen der Muskulatur lindern. Wie bei allen heißen Quellen im Khangai dringt auch hier aufgeheiztes Grundwasser an einer tektonischen Störungslinie bis an die Oberfläche.

Bat-Ulzii und Kloster Tuvkhun
▶ L/M 6/7

Von Khujirt aus sind es bis zur Siedlung **Bat-Ulzii** 3 (Бат- Өлзий, N 46°49,279' O 102°14,671') noch etwa 80 km am Rand der Talaue des Orkhon entlang. Scharfkantige Basalte und mitunter nach Regenfällen durchweichte Pistenabschnitte lassen nur eine vorsichtige Fahrweise zu. Entweder passiert man den Ort direkt oder umfährt ihn auf der nördlichen Talseite über eine Basaltpiste. Von Bat-Ulziii aus kann man auch über den **Tsagaan Suvragijn Davaa** (Цагаан сувра- гын даваа, N 46°43,286' O 102°21,963') auf die Südseite des Gebirgskamms des Khangai gelangen. Wählt man für die Anreise zum Orkhon-Wasserfall die linksseitige Talpiste, so kann man auf der Höhe des Orts Bat-Ulziii eine neue Betonbrücke benutzen, um wieder auf das rechte Ufer zu gelangen. Allerdings sollte man noch weit vor dieser Stelle das Kloster **Tuvkhuniy Khiid** 4 (Төвхөний хийд, N 47°00,772' O 102°15,362') in den Bergen des Khangai besucht haben.

Das Kloster liegt 40 km nordwestlich vom Khujirt Sum und 450 km von Ulaanbaatar. Es befindet sich auf einem Plateau zwischen Felsen, die von Wald umgeben sind. Dieser Ort zeichnet sich durch eine Felsburg aus, an deren Fuß das Kloster steht. Obwohl 1930 zerstört wurde es inzwischen wiederaufgebaut.

Auch mit dieser Örtlichkeit wird Zanabazar, der erste Bogd Geegen, in Verbindung gebracht. Mag diese grenzenlose Zahl an Taten und Werken auch mit Skepsis zu beurteilen sein, so gibt sie aber einen Hinweis auf seine Ausnahmestellung in der mongolischen Geschichte. 1648 soll er mit 14 Jahren an die Stelle des heutigen Klosters gekommen und von der einsamen Lage und der Abgeschiedenheit auf dem Khangai-Kamm so begeistert gewesen sein, dass er immer wieder hierher

zurückkehrte und 1651 ein Haus errichten ließ. Man nannte dieses Haus Dubkhan, Schöpfungshaus, woraus sich im Laufe der Zeit die heutige Ortsbezeichnung Tuvkhun ableitete.

1686 soll Zanabazar in diesem Kloster die Schrift *soyombo* entwickelt und mehrere Skulpturen gefertigt haben. Die umliegenden Höhlen soll er zu unterschiedlichen Zwecken genutzt haben: die **Höhle** in der Nähe, **Uran**

Oberes Orkhon-Tal

Vom Tuvkhun-Kloster bietet sich ein fantastischer Blick

Darkhany agui 5 (▶ M 6), zum Meditieren, die nordwestlich gelegene zum Arbeiten und die Höhle an der südlichen Seite als Bibliothek. Am **Berghang des Shiveet** (▶ M 6) ist heute noch eine Höhle zu besichtigen, in der er der Sage nach geschmiedet haben soll. Wer die unendliche Weite dieser Landschaft empfinden möchte, sollte den Berg erklimmen. Seit dem Krieg von Galdanboshigt 1688 war das Kloster menschenleer und verlassen. Ab 1773 verehrte man Zanabazars Werke in hier abgehaltenen Gottesdiensten.

Das Kloster mit seinen einst 14 Tempeln stellte die mongolische Regierung im Jahr 1992 unter Denkmalschutz und steckte 2001 ein Budget von 68,4 Mio. MNT in den Aufbau und die Renovierung von vier Tempeln, zwei Stupas und dem offenen Tor des Klosters (von

Kharkorin und Oberes Orkhon-Tal

Am Orkhon-Wasserfall stürzt der Ulaan Gol unvermittelt in die Tiefe

Sonnenauf- bis Sonnenuntergang geöffnet, 2000 MNT).

Übernachten

Ger Camp ▶ **Talbiun:** Dort, wo die jüngere Basaltlava ins Orkhon-Tal endet, Tel. 99 08 64 17. Deutschsprachige Leitung. Idealer Standort für für weitere Erkundungen in dieser Gegend. Ab 40 000 MNT.

Orkhon-Wasserfall des Ulaan Gol ▶ L 7

Von Bat-Ulziii aus sind bis zum **Orkhon-** oder auch **Ulaan-Gol-Wasserfall** 6 noch 28 km auf der Basaltpiste zurückzulegen. Der **Ulaan Gol** (Улаан гол, N 46°49,279' O 102° 14, 671'), der Rote Fluss, dessen Bett sich bis zu dieser Stelle kaum in den Basalt eingegraben hat und der gemächlich durch die Wiesen plätschert, stürzt nun auf einer Breite von 10 m in einen 20 m tiefen, geöffneten Kessel, der sich unvermittelt in der Talaue öffnet. Der untere Talabschnitt des Ulaan Gol zieht sich noch ca. 1 km in der Basaltdecke bis zum nahe gelegenen Orkhon, der ebenfalls canyonartig eingetieft ist.

Etwa 100 m unterhalb des Wasserfalls kann man durch die Felsen in die Schlucht

Oberes Orkhon-Tal

Tipp: Naturschutzgebiet Naiman Nuur ▶ L 7

Für die Fahrt vom Orkhon-Wasserfall zum **Naiman Nuur** 7 (Найман нуур, N 46°31,902' O 101°48,803') benötigt man beste Geländeausrüstung oder man sattelt auf Pferde um. Folgt man dem Flusslauf des Ulaan Gol, so gelangt man nach 7 km an eine jüngere Lava-Basaltdecke und nach weiteren 20 km erreicht man die Vulkankegel, die die Ausbruchsstellen der Basaltdecken markieren. Von dort aus sind es noch ca. 11 km bis an das Nordende des Naiman Nuur, der Acht-Seen-Platte.

Die Ufer der größeren Seen sind vollständig mit den Basaltbrocken bedeckt und der Wald reicht bis an sie heran. Den Naiman Nuur kann man auch von Süden aus auf einer besseren Piste erreichen, allerdings sind diese beiden Pisten nicht miteinander verbunden, weil steile Wände am Seeufer eine Verbindung unmöglich machen. Das Gebiet ist heute ein Schutzgebiet von ca. 100 km² Ausdehnung. Man erreicht es am besten von Süden aus, wobei man nach dem Passieren der Naturschutzstation eine steile Passstrecke hinunter zum See fährt, die man später wieder hinauffahren muss, was bei regnerischem Wetter kritisch werden kann.

absteigen und eventuell ein – allerdings kühles – Bad nehmen. Von besonderem Reiz ist der Wasserfall in den Wintermonaten, wenn die Wasserwand gefroren ist. Die harte Basaltdecke wird durch den Wasserfall ständig unterhöhlt und bricht dann an der Wasserfallkante ab und zu mal ab – in Amerika kann man dasselbe Phänomen an den Niagarafällen beobachten. Das Wasser fließt dann in einem Canyon weiter, der im Grunde das Ergebnis dieser rückschreitenden Erosion ist. Die gelegentliche Austrocknung des Wasserfalls war in den vergangenen zehn Jahren nicht auf die zunehmende Trockenheit zurückzuführen, sondern auf Wassernutzungen durch Bergbauaktivitäten im Flusseinzugsgebiet.

Das obere Orkhon-Tal ist eine von mehreren Landschaften in der Mongolei, wo wir relativ jungem Vulkanismus begegnen. Da bislang noch keine genauen physikalischen Datierungen vorgenommen wurden, geht die Wissenschaft davon aus, dass es sich um tertiären bzw. eiszeitlichen Vulkanismus handelt, der ca. 60 Mio. Jahre alt ist. Tatsächlich wirken die Basaltströme, die sich bis zu 100 km ins obere Orkhon-Tal hineinziehen, relativ frisch. Der Orkhon hat nach der Ablagerung der Basaltlava sein Flussbett durch rückschreitende Erosion eingetieft.

Vorbereitung auf die Jagd mit Steinadler

Kapitel 4
Westen und Altai-Gebirge

Hochgebirge und Wüste, Gletscher und Salzseen erwarten den Reisenden im Westen der Mongolei. Diese einsame Region, weniger als ein Einwohner lebt hier pro Quadratkilometer, zeichnet sich zudem durch ihre ethnische Vielfalt aus. Das Tibet der Mongolei bietet im Vergleich zur relativ lieblichen Landschaft des Khentii oder Khangai eine grandiose Abwechslung.

Die Gipfel des Altai-Hochgebirges liegen im Grenzgebiet zu Russland und China. Sie erreichen auf mongolischer Seite mit dem von einer Kappe ewigen Schnees bedeckten Khuiten Uul eine Höhe von 4374 m.

Südöstlich des Hohen Altai erhebt sich der Gobi-Altai ausschließlich auf mongolischem Territorium bis auf 3957 m (Ihk Bogd Uul). Ein Tagesausflug ins Gebirge kann mit einem Abend an einer Sanddüne an einem Salzsee enden. Im Nordwesten ist der Uvs Nuur mehr als fünfmal so groß wie der Bodensee und so salzig wie die Ostsee vor Schleswig-Holstein.

In der westlichen Mongolei leben einige der wenigen Minderheiten des Landes. Die Kasachen im äußersten Westen pflegen bis heute die Tradition der Jagd mit gezähmten Adlern. Bei den Tuwinern finden sich noch schamanistische Traditionen.

Die Winter sind hier lang und kalt, die Sommer zwar kurz, bisweilen aber heiß. Die Reisezeit für das Hochgebirge im Westen ist noch deutlicher als im Rest des Landes auf die beiden Sommermonate Juli und August begrenzt. Wie für jede Hochgebirgstour gilt: Es kann immer kalt werden und schneien.

Echte Bergsteiger fühlen sich im Hohen Altai wohl, Wanderer hingegen dürften an ihre Grenzen stoßen. In einigen Gegenden des Westens, insbesondere rund um Khovd, können Mücken zu einer Plage werden – Mückenspray und Netze daher nicht vergessen. Für die Ost-West-Durchquerung mit dem Auto von Ulaanbaatar bis in den Altai muss man mit mindestens 14 Tagen rechnen.

Auf einen Blick
Westen und Altai-Gebirge

Sehenswert

Chigjid-Schlucht: Wildwasserfreunde sollten sich nicht entgehen lassen, wie sich der Fluss Khovd hier über 8 km durch die Tsambagarav-Berge zwängt (s. S. 333).

10 Nationalpark Altai Tavan Bogd: Berglandschaft pur versprechen die Gipfel des Tavan-Bogd-Uul-Massivs, darunter der Khuiten Uul, mit 4374 m der höchste Berg der Mongolei. Bereits in den unteren Gebirgslagen am Rande des Potanin-Gletschers kann man großartige Hochgebirgsstimmungen erleben (s. S. 340).

11 Otgon Tenger Uul: Der höchste Berg des Khangai-Gebirges gilt den Mongolen als heilig. Er liegt vor den Toren des Aimagzentrums Uliastai in einem streng geschützten Nationalpark. Seine Südflanke bildet die größte Granitwand der Mongolei. Selbst mit dem Jeep kann man bis in die nivale Höhenstufe gelangen (s. S. 356).

Schöne Routen

Von Ulaanbaatar nach Khovd: Der Weg ist das Ziel – immer durchsetzt mit einer Prise Abenteuer. Ein Gefühl für die grandiose Weite des Landes beschert eine Jeeptour südlich des Khangai gen Westen. Die über 1300 km auf z. T. schlechten Pisten lassen sich gut in fünf Tagen bewältigen und bieten Wüste, Gebirge, Klöster und wilde Tiere (s. S. 318).

Von Khovd zum Munkh Khairkhan Uul: Die 180 km zum zweithöchsten Gipfel der Mongolei schafft man bequem an einem Tag. Die Eindrücke auf dieser Tour reichen von Trockensteppen bis in die alpinen Hochlagen des Altai (s. S. 326).

Von Khovd über Ulgii zum Nationalpark Altai Tavan Bogd: Der Lohn eines Ausflugs in den hohen Nordwesten: raue Bergwelt, Gletscher, Ursprünglichkeit. Um bis zum Potanin-Gletscher zu gelangen, sollten drei Tage eingeplant werden (s. S. 333).

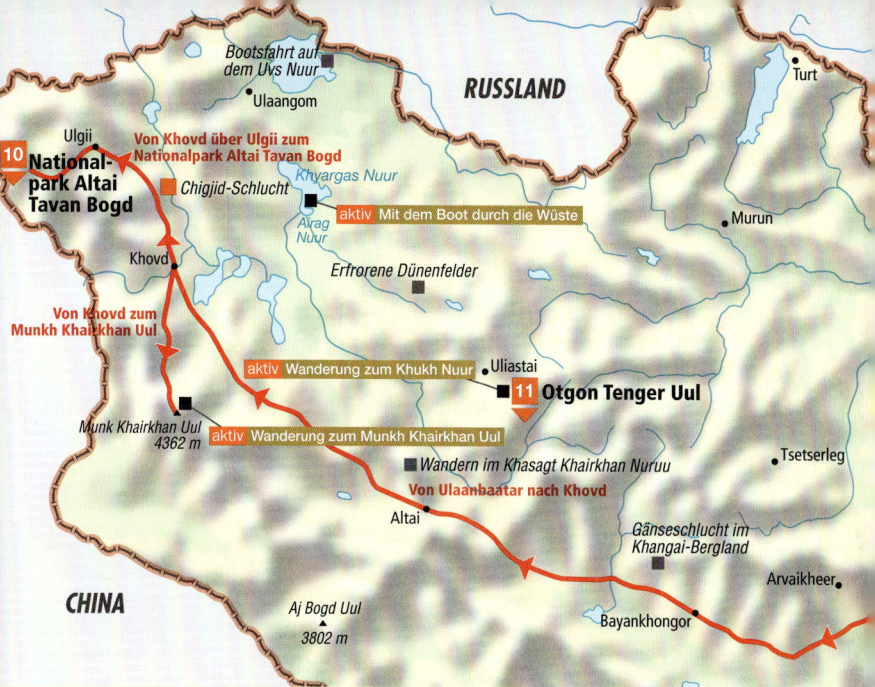

Unsere Tipps

Gänseschlucht im Khangai-Bergland: Ein kristallklarer Wasserstrom tobt in 30 m Tiefe durch eine nur 5 m breite Klamm (s. S. 322).

Wandern im Khasagt Khairkhan Nuruu: Verschiedenste Steppen und Wälder – auf engem Raum findet sich hier eine großartige Vielfalt an Vegetationsformen (s. S. 323).

Bootsfahrt auf dem Uvs Nuur: Die teilweise überfluteten Dünen bilden hier ein ganz außerordentliches Landschaftsbild (s. S. 350).

Erfrorene Dünenfelder: In den Dünentälern staut sich das Wasser auf dem Dauerfrostboden. Eine atemberaubende Szenerie – Seen inmitten der Sandwüste (s. S. 355).

Bergsteigen: Die Mongolei bietet als Paradies für Wanderer vielfältige Möglichkeiten – von der einfachen Tagestour bis zum anspruchsvollen Hochgebirgstrekking (s. S. 357).

aktiv unterwegs

Wanderung zum Munkh Khairkhan Uul: Der zweithöchste Gipfel in der Mongolei lockte schon immer Bergwanderer. Die engen Täler dieser wie zwischen die Backen eines riesigen Schraubstocks gespannten Bergketten erinnern an die Alpen (s. S. 325).

Mit dem Boot durch die Wüste: Von Wüstensteppe sind die beiden Seen Airag Nuur und Khyargas Nuur in der Nordgobi umgeben. Fotografen und Naturfreunde kommen durch das Wechselspiel von Wasser und Wüste voll auf ihre Kosten (s. S. 354).

Wanderung zum Khukh Nuur: Der höchste Berg des Khangai, der Otgon Tenger Uul, wird der Begleiter unserer Wanderung sein. Faszinierende Ausblicke auf den König der Berge sowie herrliche Bergseen in alpiner Umgebung sind der Lohn dieser unvergesslichen Tagestour (s. S. 358).

Von Ulaanbaatar Richtung Westen

Eine Durchquerung des Westens der Mongolei gehört zu den großen Touren, gleich ob man den Khangai im Süden auf wüstenartigen Pisten umfährt oder die Nordroute mit teilweise sibirisch anmutender Landschaft wählt. Wie meist in der Mongolei ist der Weg das Ziel: Ein Picknick an einem frei mäandernden Fluss, ein Zeltlager am Fuße eines Berges bilden die wahren Höhepunkte, nicht die Siedlungen und Kleinstädte, die meist kaum mehr als Versorgungsstopps wert sind.

Die Aimagzentren **Khovd** (s. S. 328), **Ulgii** (s. S. 334), **Ulaangom** (s. S. 346) und **Uliastai** (s. S. 355) können jeweils Start- bzw. Endpunkt für eine Rundreise im Westen der Mongolei sein. Alle Städte werden von Ulaanbaatar aus von den Fluggesellschaften EZNIS, MIAT und Aero Mongolia angeflogen. Auch der Flug nach **Murun** (▶ K 3, Мөрөн, Khuvsgul-Aimag) käme infrage, allerdings wird dadurch die Fahrt ins Uvs-Nuur-Becken recht lang.

Selbstverständlich ist auch eine Anreise von Ulaanbaatar mit dem Auto möglich. Wenn man ohne Zwischenstopps durchfahren kann, braucht man auf der im Folgenden beschriebenen, rund 1320 km langen Strecke **über den südlichen Khangai** bis Khovd mit einem guten und schnellen Geländewagen mindestens drei volle Fahrttage.

Lässt man sich mehr Zeit, so bietet sich schon die erste Übernachtung am **Khogno Khan Uul** (s. S. 227) an. Diese vier oder auch fünf Tage dauernde Anreise ist etwas entspannter und man sitzt dabei nicht den ganzen Tag im Auto. Die Piste ist bis Arvaikheer asphaltiert, gut ausgebaut bis Bayankhongor und wird dann streckenweise zur Überlandpiste. Sie ist ganzjährig befahrbar, auch in relativ feuchten Sommern.

Wählt man die Anreise **über den nördlichen Khangai,** folgt man der ›Grünen Route‹ (s. S. 125) von Ulaanbaatar aus über Khogno Khan, Kharkhorin, Tsetserleg, Tariat und den Terkhiyn Tsagaan Nuur bis Tosontsengel (s. S. 242) im Ider-Tal und fährt dann auf der Piste weiter nach Westen nördlich des Telmen Nuur (ggf. mit einem Abstecher zum Bust Nuur). So kommt man über Numrug Sum, Tudevtei Sum und Songino Sum zum Nordufer des Khyargas Nuur, um dann von dort aus in den nördlichsten Teil der Gobi – das Uvs-Nuur-Becken – zu gelangen. Alternativ kann die nördliche Route auch über Murun ins Uvs-Nuur-Becken führen. Für beide Routen sind von Ulaanbaatar bis Ulaangom jeweils vier bis fünf Tage einzukalkulieren, dabei ist ein Sicherheitspuffer für eventuelle Pannen eingerechnet, aber keine Aufenthalte unterwegs. Fliegt man bis Murun und schickt das Auto vor, spart man fast zwei Tage. Für eine große Rundreise kann man sehr gut Nord- und Südstrecke für Hin- und Rückreise kombinieren.

Jede Anfahrt bietet Besonderes: Auf der südlichen Route, die bei feuchteren Wetterlagen die sicherere Streckenführung ist, hat man weit mehr Wüsten- und Halbwüstenaspekte und kommt den Gebirgsketten des Altai sehr nahe. Die nördliche Route ist wegen einiger Flussüberquerungen per Brücke oder Fähre in bestimmten niederschlagsreichen Jahren gefährdet. Zwar werden die Brückenauffahrten immer seltener vom Hochwasser betroffen, jedoch kann dies auch heute noch geschehen und man wäre unter Umständen zu recht aufwendigen Umwegen gezwungen.

Arvaikheer ▶ M 7

395 km südwestlich von Ulaanbaatar liegt **Arvaikheer** (Арвайхээр, N 46°15,70' O 102° 46,95'), das mit seinen 23 400 Einwohnern das Aimagzentrum des Uvurkhangai Aimag bildet. Die Stadt selbst liegt in einer geologisch alten, abgetragenen und nach Osten geneigten Landschaft mit Felsburgen vor dem nördlichen Stadtrand.

Das **Aimag-** und das **Zanabazarmuseum** informieren in benachbarten Gebäuden über Natur und Kultur der Umgebung. Vom Künstler Zanabazar angefertigte religiöse Kunstgegenstände und Präparate heimischer Tiere sowie Fossilien werden hier ausgestellt (Flughafenstraße südöstlich des Zentrums, Tel. 01322 220 75, Mo–Fr 9–12.30, 14–16.30 Uhr, jeweils 1500 MNT, Fotoerlaubnis jeweils 3500 MNT).

Knapp 1 km nördlich der Stadtmitte ist dieses 1991 wiedereröffnete Kloster gelegen. Es wurde wie die meisten Klöster 1937 zerstört. Heute leben hier wieder etwa 100 Mönche und Lamas. Besucher sind jederzeit willkommen.

An dieser Lokalität in den bereits stark abgetragenen Felsburgen nördlich der Stadt sind **Felszeichnungen** mit Jagdszenen an den Wänden erhalten.

Infos
Post, Internet- und Telecom-Büro: gegenüber des Stadtplatzes an der zentralen Doppelallee.

Übernachten
Beste Wahl ▶ **Hotel und Restaurant Bayan Bulag:** südöstlich des Zentrums an der zentralen Doppelallee, Tel. 01322 233 74. Heiße Dusche ist garantiert und das Restaurant sorgt für gute Speisen. Übernachtung Luxus 20 000 MNT, Standard ohne Dusche 10 000 MNT.

Einfach ▶ **Hotel Kharaa:** in der Nachbarschaft des Bayan Bulag Hotel, Tel. 01322 236 55. Standardmäßig werden nur Dreibettzimmer angeboten. Übernachtung ab 10 000 MNT.

Mit Billardraum ▶ **Hotel und Restaurant Munkh Sunder:** östlich der Flughafenstraße auf der Höhe der beiden Museen. Schlichte, saubere Unterkunft. Im angeschlossenen Restaurant wird gute lokale Küche serviert. Übernachtung ab 8000 MNT.

Essen & Trinken
Das übliche Angebot ▶ Entlang der zentralen, doppelzügigen Hauptstraße finden sich etliche mehr oder weniger gute Restaurants und Bars, u. a. das **Sondor Café** (800–3000 MNT), die **Spider Bar** (1500–5000 MNT) und das Restaurant im **Bayan Bulag Hotel** (3000–7000 MNT).

Einkaufen
Schwarzmarkt ▶ an der Westseite des Zentrums. Hier hat man die letzte Möglichkeit auf der Reise nach Westen oder in die Gobi, die in Ulaanbaatar vergessenen Kleinigkeiten wie Batterien und Filme, Wasserflaschen und andere Verpflegung nachzufassen.

Supermärkte ▶ an der zentralen Doppelallee und in der Umgebung des Schwarzmarkts.

Tankstellen ▶ Die meisten Tankstellen liegen an der südöstlich des Stadtzentrums vorbeiführenden Hauptstraße nach Bayan Khongor.

Verkehr
Auto: Arvaikheer ist von Ulaanbaatar aus über eine der ältesten und inzwischen stark zerfahrenen Teerstraßen an einem Tag zu erreichen.

Flüge: Derzeit keine Flugverbindungen.

Busverbindungen: Es fahren mehrfach täglich Minibusse (Achtung: zumeist überladen) und ein Linienbus. Abfahrtszeiten für den Linienbus erfragt man am besten am Markt, da sich die Zeiten ständig ändern.

Bayankhongor und Umgebung

Bayankhongor ▶ K 7
Die nächste Station auf der Reise nach Westen ist **Bayankhongor** (Баянхонгор, N 46° 11,65' O 100°43,15'), 565 km südwestlich von Ulaanbaatar. Die Hauptstadt des Bayankhongor Aimag liegt in einem flachen Becken im Flusstal des Tuin Gol und weist entlang

Von Ulaanbaatar Richtung Westen

der in Nord-Süd-Richtung verlaufenden zentralen Straße des Friedens wie die meisten Aimagzentren Verwaltungsbauten, Hotels und einige Gebäude für kulturelle Zwecke auf. Viele der 23 800 Einwohner wohnen auch hier in Jurten.

Sehenswert sind die beiden Museen vor Ort. Das **Aimagmuseum** liegt im Naadam-Stadion und ist für seine Sammlung buddhistischer Kultgegenstände bekannt. Darunter befinden sich auch Gegenstände des in den 1930er-Jahren zerstörten Klosters. Weiterhin sind hier vor- und frühgeschichtliche Funde sowie Zeichnungen der »Neun Strafen« der mandschurischen Gesetzgebung ausgestellt (Tel. 223 39, Mo–Fr 9–13, 14–18 Uhr, 1500 MNT, Fotoerlaubnis 5000 MNT).

Das **Naturhistorische Museum** liegt südlich des Stadions neben dem Kino und weist eine Sammlung ausgestopfter Tiere sowie eine paläontologische Abteilung auf, deren Spezialexponat eine kreidezeitliche, versteinerte Schildkröte ist (Mo–Fr 9–13, 14–18 Uhr, 1500 MNT).

Kloster Lamyn Gegeenii Gon Gandan Dedlin ▶ K 7

Das 20 km östlich der Stadt gelegene alte Kloster war vor seiner Zerstörung 1937 mit 10 000 Mönchen und Lamas eines der größ-

Mit knapp 20 000 Einwohnern das Zentrum des Gobi-Altai-Aimag: die Stadt Altai

ten der Mongolei. Seit 1991 wurde mitten in der Stadt in bescheidenerem Ausmaß ein Kloster gleichen Namens neu errichtet, in dem sich heute etwa 60 Mönche aufhalten. Dieses neue Kloster befindet sich direkt an der Hauptstraße etwa 700 m nördlich des Hauptplatzes.

Infos
Post, Internet- und Telecom-Büro: wenige Schritte südlich des Hauptplatzes.

Übernachten
Modern ▶ **Hotel Khongor:** im Mittelabschnitt der Hauptstraße nahe der Aimagverwaltung, Tel. 01442 233 00, 99 44 73 37. Kleine, saubere Unterkunft mit eigenem Restaurant. Übernachtung ab 20 000 MNT, Essen 1000–5000 MNT.

Sowjetischer Stil ▶ **Hotel Negdelchin:** am südlichen Ende der Hauptstraße in Marktnähe, Tel. 01442 222 78, 99 44 91 27. Die renovierten Luxuszimmer verfügen über eigene Bäder. Übernachtung ab 30 000 MNT.

Zentral gelegen ▶ **Seoul Hotel:** im Mittelabschnitt der Hauptstraße nahe dem Telecom-Büro, Tel. 01442 227 54, 99 44 08 84. Übernachtung ab 25 000 MNT.

Bayankhongor und Umgebung

Essen & Trinken
Engagiert ▶ **Seoul Hotel:** s. o. Im Restaurant des neuen Hotels gibt man sich beim Kochen Mühe. So ist sicher für jeden etwas auf der Speisekarte dabei. 3000–8000 MNT.

Reichhaltig ▶ **Restaurant Uran Khairkhan:** wenige Hundert Meter südlich des Hauptplatzes, tgl. 10–19 Uhr, Tel. 01442 220 62, 99 44 89 99. Satt wird man hier auf jeden Fall. 1500–2500 MNT.

Einkaufen
Tankstellen, Supermärkte und ein **Schwarzmarkt** (westlich der Hauptstraße) bieten sich zur Aufbesserung der Vorräte an.

Verkehr
Flüge: Der Flugplatz liegt südlich nahe der Stadt und wird regelmäßig aus Ulaanbaatar von der Gesellschaft EZNIS angeflogen.

Busse: Verbindungen in Richtung Ulaanbaatar sowie weiter nach Westen werden durch Mini- und Linienbusse bedient. Abfahrtszeiten werden ausgerufen und die Preise verhandelt. Der Treffpunkt für den öffentlichen Verkehr ist der Marktplatz.

Shargaljuut Tal ▶ L 7
Einen Abstecher wert ist **Shargaljuut Tal** (Шаргалжуутын тал, N 46°20,16' O 101°13,79'), ein kleines Kurzentrum mit heißen Quellen 50 km nordöstlich von Bayankhongor. Die Thermalquelle Shargaljuut besteht aus 108 Einzelquellen, die zwischen 60° und 93 °C heiß sind. Ihre Heißwasservorräte und

Von Ulaanbaatar Richtung Westen

Tipp: Gänseschlucht im Khangai-Bergland ▶ K 7

Die Schlucht **Galuutyn khavtsal** (Галуутын хавцал, N 46°36,53' O 99 58,58') ist ein selten besuchtes, aber lohnendes Ziel ca. 74 km Luftlinie nordwestlich von Bayankhongor. Bei der Gänseschlucht handelt es sich um eine ca. 30 m tiefe und bisweilen nur 2 m breite und ca. 2 km lange Klamm, in die man nur bei Niedrigwasser vom Unterstrom her einige hundert Meter hineinwandern kann. Ihren Namen hat die Schlucht von den gänseartigen Vögeln – eigentlich Sägern aus der Familie der Lappentaucher – die dort vorzugsweise auf den Kiesbänken brüten.

Man erreicht die Gänseschlucht von Bayankhongor aus nach ca. 2 Std. Fahrt, indem man zunächst nach Galuut fährt und von dort aus 16 km der Piste nach Bumbugur (Бөмбөгөр) folgt. Die Strecke quert den aus dem Olgoi Nuur abfließenden Ulziit Gol oberhalb der Schlucht. Felszeichnungen und Hirschsteine befinden sich in der näheren Umgebung.

Die Geologie dieser Umgebung ist für die Entstehung des Khangai von besonders großer Bedeutung, weil wir uns hier in der südlichen Überschiebungszone mit den ältesten Gesteinen der Mongolei befinden. Sie werden auf ca. 1 Mrd. Jahre datiert und sind mehrfach im Laufe der Erdgeschichte aufgeschmolzen und wieder erstarrt.

ihr Hitzepotenzial sind gewaltig. Es gibt nur ganz wenige Quellen, die ähnlich heiße Temperaturen erreichen. Neben Schwefel und Kohlensäure sind weitere chemische Komponenten im Wasser gelöst, die die Ursache für die farbigen Ablagerungen bilden. Seit 1968 ist Shargaljuut als Kurort zur Behandlung von Gelenkerkrankungen, Hautallergien, Asthma sowie Bauch- und Magenschmerzen anerkannt.

Übernachten

Unterbringung ▶ Einige **Ger Camps** (z. B. Tel. 01442 26 503, 4-Bett-Ger 45 000–60 000 MNT), ein **Hotel** und einige **Gästehäuser** bieten Möglichkeiten zum Übernachten.

Aktiv

Baden ▶ Das **Sanatorium** ist Mo–Sa 9–18 Uhr geöffnet.

Mandal-Kloster ▶ K 7

Fährt man in Richtung Galuut, so erreicht man das landschaftlich hübsch gelegene **Mandal-Kloster** (Мандалын хийд, N 46° 49,89' O 100°3,23'), das die Kulturrevolution der 1930er-Jahre weitgehend unbeschadet überdauerte. Das in Vergessenheit dahindämmernde Gemäuer scheinen die Revolutionäre schlicht übersehen zu haben.

Das Kloster wurde um 1750 gegründet und Wissenschaftler haben zwei der geretteten sieben Tempel anhand der Jahresringe der zum Bau genutzten Lärchenstamme untersucht und das Alter bestimmt: Der Osttempel muss demnach nach dem Sommer 1758 errichtet worden sein und diente viele Jahre als Stall und zur Milchproduktion. Einem zweiten Tempel vor der Umfriedung gaben die Forscher wegen der zwischenzeitlichen Nutzung den Namen »Schule« und datierten ihn auf das Jahr 1867. Etwa 700 Mönche sollen die einst 22 Tempel beherbergt haben. Die größeren, zerstörten Tempel befanden sich außerhalb der Umfassungsmauer am Berghang. Nach 1990 wurden die verbliebenen Gebäude renoviert.

Altai ▶ G 7

Fährt man von Bayankhongor weiter Richtung Westen kreuzt man den Fluss Baidrag, der durch ein Netzwerk von Canyons fließt. Die Piste führt ohne weitere nennenswerte Sehenswürdigkeiten durch die Wüsten- und Halbwüstenlandschaft der Gobi nach **Altai** (Алтай, N 46°22,18' O 96°15,31'), das Aimagzentrum des Gobi-Altai Aimag. Die Stadt mit rund 19 100 Einwohnern bietet sich als

Tankstopp an. Das **Aimagmuseum** stellt Kultgegenstände und religiöse Exponate aus, darunter ein Schamanenkostüm (Tel. 01482 242 13, Mo–Fr 9–13, 14–18 Uhr, 1500 MNT).

Im **Tsagaan Undur Uul,** dem Gebirgsrücken südlich der Stadt, graben sogenannte Ninjas im Handbetrieb nach Gold. Der Goldrausch wirkt sich hier auch im Kleinbetrieb sehr umweltschädigend aus.

Infos
Post, Internet- und Telecom-Büro: am Hauptplatz südlich der Aimagverwaltung.

Übernachten
Im Süden ▶ **Hotel Tulga Altai:** neben dem Markt, Tel. 01482 237 47. Die Zimmer des zweigeschossigen Hauses verfügen teilweise über Bad oder Dusche. Auch die hauseigene Küche entspricht den Standarderwartungen. Übernachtung ab 35 000 MNT, Essen 800–3500 MNT.

Von Altai Richtung Nordwesten
Sowjetpalast ▶ **Hotel Altai:** östlich des Zentrums, nahe dem Theater, Tel. 01482 241 34. Zimmer mit eigener Toilette, teilweise auch mit Dusche. Übernachtung ab 10 000 MNT.
Ger Camps ▶ **Tsaivar:** 16 km südlich des Ortes, Tel. 99 48 43 33. Sehr einfache Ausstattung. Übernachtung ab 10 000 MNT. **Juulchin Altai:** ca. 4 km nordöstlich von Altai, Tel. 91 91 49 46, juulchin-altai@yahoo.com. 2-Bett-Ger 50 000 MNT.

Essen & Trinken
Karaoke ▶ **Restaurant Sutai:** an der Straße zum Markt, Tel. 01482 235 67, tgl. 8–22 Uhr. Freunde typisch mongolischer Gerichte kommen in diesem sehr einfachen Lokal auf ihre Kosten. Nach dem Essen bietet sich Gelegenheit zu einer Billardpartie. 500–3000 MNT.
Sauber ▶ **Restaurant Gaav:** im Zentrum nahe der Aimagverwaltung, Tel. 01482 230 04, tgl. 10–23 Uhr. Lokale Küche. 400–3000 MNT.

Von den weltweit nurmehr rund 3500 Schneeleoparden leben gut 1000 in der Mongolei, u. a. im Altai-Gebirge

Von Ulaanbaatar Richtung Westen

Tipp: Wandern im Khasagt Khairkhan Nuruu ▶ F 6/7

Nordwestlich von Altai erhebt sich der **Khasagt Khairkhan Nuruu** (Хасагт Хайрхан нуруу, N 46°47,20' O 95°47,87') aus der Steppenregion bis auf eine maximale Höhe von 3 578 m. Eine Wanderung von der Trockensteppe durch Wiesensteppen und Wälder bis hinauf zur Bergsteppe oberhalb der Waldgrenze bietet ein Naturerlebnis der besonderen Art. Die Wälder in mittlerer Höhe finden sich vorwiegend an den Nordhängen.

Einen gut geeigneten Ausgangspunkt für eine Besteigung bildet **Jargalan Sum** (▶ F 6, Жаргалан сум, N 46°58,84' E 95°55,60'), 70 km nördlich von Altai. Am besten man fährt von dort auf der Nordseite dieses abwechselungsreichen Gebirgszuges direkt in Richtung des Hauptgipfels bis an den Gebirgsfuß.

Einkaufen

Tankstellen, Supermärkte und **Schwarzmarkt** (im Süden des Zentrums) sorgen für das Notwendige.

Verkehr

Flüge: Der Flugplatz am westlichen Stadtrand gehört zu den weniger häufig von den regionalen Airlines angeflogenen Landepisten. Der Flugplan variiert stark. Verbindungen nach Ulaanbaatar und Khovd.

Busse: Linien- und Minibusse fahren nahe der Hauptkreuzung ab. Die Abfahrtszeiten werden ausgerufen (auf Mongolisch), die Preise verhandelt.

Von Altai Richtung Nordwesten ▶ G 7–C 5

Die weitere Beschreibung entspricht der Route, die von Altai aus nach Khovd führt. Man kann aber auch in Altai nach Nordosten abzweigen, um das 200 km entfernte Uliastai (s. S. 355) sowie den höchsten Gipfel des Khangai, den Otgon Tenger, aufzusuchen (s. S. 356).

Mankhan und Umgebung

Fährt man von Altai in westlicher Richtung weiter, durchquert man die sehr trockene Sharga-Depression auf schlimmer Wellblechpiste und erreicht über **Darvi** (▶ E 6, Дарви) den Ort **Mankhan** (▶ D 5, Манхан, N 47°25,18' O 92°13,63'). In dieser Gegend kann man mit etwas Glück die selten gewordenen Saiga-Antilopen sehen (s. S. 29). 1994 wurde das **Sharga Mankhan Natural Reservat** (▶ E/F 7 und C/D 5/6) zu ihrem Schutz eingerichtet.

Ein etwa 100 km langer Abstecher führt westlich der Piste über Tonhil Sum nach **Bag Zuil** (▶ E 7, Баг Зуйл, N 46°28,61' O 93° 42,01'), hinter dem sich mit seiner runden Schneekuppe der **Sutai Uul** (▶ E 6, Сутай уул) bis auf 4090 m erhebt. Eine Besteigung dieses Viertausenders ist von hier aus als mehrtägige Trekkingtour mit Zwischenbiwaks möglich.

Zurück auf der Hauptpiste nach Mankhan sollte man den südlich der Strecke gelegenen **Zereg Sum** (▶ D 6, Зэрэг сум) wegen der Moskitos meiden. Südwestlich von Zereg bieten sich ca. 50 km vor Mankhan der **Yargait Uul** (▶ D 6, Яргайт уул, 3102 m) und der **Ekhen Burkhad Uul** (▶ D 6, Эхэн Бурхад уул, 3646 m) für eine Jeeptour an (Dauer ca. 5 Std.), da ihre flachen Nord- und Westhänge bis auf über 3000 m Höhe mit dem Fahrzeug zu erklimmen sind. Schroff fallen hingegen die Osthänge fast unmittelbar in das auf etwa 2000 m Höhe liegende Tal ab. Die Fußzone ist mit riesigen Granitblöcken übersät, die auf einen Bergsturz hinweisen.

Rund 40 km nordöstlich von Mankhan liegt der **Jargalant Khairkhan Uul** (▶ D 5, Жаргалант Хайрхан уул, 3797 m), der zum Naturschutzgebiet Khar Us Nuur gehört (s. S. 331). In der Rashaant-Schlucht dieses Gebirges befinden sich zwei ca. 25 m hohe Wasserfälle, die einen Besuch lohnen. Direkt südöstlich gegenüber erhebt sich der **Bumbat Khairkhan Uul** (▶ D 5/6, Бумбат Хайрхан уул, 3464 m). In diesen beiden Gebir-

aktiv unterwegs

Wanderung zum Munkh Khairkhan Uul ▶ C 6

Tour-Infos
Start/Ziel: Doloon-Nuur-Tal (Tal der Acht Seen)
Länge: 15 km (Gipfel hin und zurück)
Höhenunterschied: ca. 1500 m
Dauer: ca. 10 Std. (ein Zwischenbiwak ist empfehlenswert)
Schwierigkeitsgrad: anspruchsvolle Bergwanderung mit alpinistischen Herausforderungen, jedoch keine Kletterei; gute Kondition erforderlich
Wichtige Hinweise: Ausrüstung für Gletscherwanderung ist erforderlich (Seil, Steigeisen und Pickel)

Das unter Naturschutz stehende Gebiet des **Munkh Khairkhan Uul** (Мөнх Хайрхан уул, N 46°53,38' O 91°28,35'), ist ein beliebtes Wander- und Bergsteigergebiet. Die Höhenangaben des zweithöchsten Bergs der Mongolei, sind recht unterschiedlich: 4112 m, 4204 m und 4362 m findet man auf verschiedenen Karten. Eine ideale Ausgangsbasis für ausgedehnte Tages- und Mehrtagestouren bildet der Ort **Munkh Khairkhan Sum** (Мөнх Хайрхан сум) mit dem Sitz der Schutzgebietsverwaltung (an der Hauptstraße, tgl. geöffnet), bei der man die Eintrittspreise zum Betreten und Befahren des Schutzgebiets entrichten muss. Ein Grenzzonenschein ist nicht erforderlich, da das Gebiet nicht in der 100-km-Zone liegt. Schon allein aus Sicherheitsgründen sollte man hier aber seine Wander- oder Bergbesteigungspläne kundtun. Der Ranger wohnt gleich neben dem Büro und vermietet auch Zimmer.

Die **Gipfelbesteigung** ist für erfahrene Bergwanderer, die Kenntnisse im Abschätzen des Wetterrisikos haben, auch allein zu machen. Es werden aber immer gern Bergführer vermittelt, die allerdings unverschämte Preise verlangen. Ausgangspunkt ist das Tal **Doloon Nuur** (Долоон нуур) auf der Nordseite des Gebirgskamms, dessen Basislager in ca. 2900 m Höhe mit einem guten Geländewagen zu erreichen ist. Von hier aus sollte man für die Besteigung des etwas niedrigeren Nordgipfels möglichst früh aufbrechen und zunächst den südwestlichen Talhang ersteigen, um dann bei Erreichen des Schnee- und Eisfelds auf ca. 3600 m Höhe eine endgültige, vom Wetter abhängige Entscheidung für die Gipfelbesteigung zu treffen. Hier bietet sich auch die Gelegenheit, über Nacht zu biwakieren. Zwischen Nordgipfel und vergletschertem Hauptgipfel liegen nur etwa 3,5 km, die allerdings auf dem ständig verwächteten Grad zurückzulegen sind. Der Abstieg vom Hauptgipfel ist auf gleichem Weg in einem Tag zu schaffen.

Ein weiteres schönes Wandergebiet liegt auf der Ostseite des Bergs im **Shuurkhai-Nuur-Tal** (Шуурхай нуур). Hier reichten während der letzten Eiszeit Gletscher sehr weit talabwärts, heute an der Hintereinanderreihung der Seen zu erkennen, die jeweils durch mehrere hundert Meter hohe Moränenwälle getrennt werden. Routenvorschläge in verschiedenen Schwierigkeitsgraden sind in der Karte verzeichnet. Vom Doloon-Nuur-Tal kann man entlang der Gletscherzungen auch zu Fuß hierher gelangen. Man lässt dann die Ausrüstung am besten mit dem Auto transportieren.

Von Ulaanbaatar Richtung Westen

Die wenigen grünen Oasen im Südwesten beschränken sich auf die Flussläufe – wie hier am Bulgan Gol

gen, die sich isoliert aus der Ebene erheben und das Tal nach Osten abgrenzen, ist der Schneeleopard beheimatet.

Über die Piste zwischen den beiden Bergmassiven gelangt man nach **Chandmani** (▶ D 5, Чандмань), der Heimat der mongolischen Kehlkopfsänger, und zum Durgun Nuur (s. S. 332). Der Wind, der hier durch die Berge bläst, soll die Menschen zum Khöömij, der mongolischen Form des Obertongesangs, inspiriert haben (s. S. 103).

Am Abzweig von Mankhan nach Südwesten sieht man zwei einsam stehende Hügel am Straßenrand. Auf dem Gipfel des einen (N 47°27,99, O 92°13,23) sind zahlreiche, vermutlich **steinzeitliche Tierdarstellungen** in die Schieferplatten gemeißelt.

Ins südliche Altai-Gebirge

Über diese Pistenabzweigung bei Mankhan kann man in die südlich gelegenen Altai-Gebirgsketten vordringen – etwa in das Gebiet

Von Altai Richtung Nordwesten

ein Alter von 15 000 bis 20 000 Jahren datiert. Für heutige Besucher überraschend sind die Darstellungen von Straußen und Mammuts, die in der Altsteinzeit noch in der Mongolei lebten. Die Höhlenmalereien wurden 1952 entdeckt und 1967 von einem mongolisch-sowjetischen Forscherteam erfasst.

Die Höhle selbst hat zwei Gänge mit einer Länge von 130 m bzw. 90 m. Die durchschnittliche Höhe der Gänge liegt bei 3 bis 4 m, wobei man Verbindungsstellen gebückt überwinden muss. Touristisch sind die Drei Blauen Höhlen nicht erschlossen, deshalb sollte man, wenn man sie erkunden möchte, über Höhlenerfahrung verfügen und eine Taschenlampe dabei haben. Leider haben Kulturbanausen in letzter Zeit mit Graffiti einige Zeichnungen zerstört, sodass absehbar ist, dass der unkontrollierte Zugang, der den Besuchern den Eindruck vermittelt, selbst zum Entdecker zu werden, bald nicht mehr möglich sein wird.

Von Mankhan Richtung Süden fahrend, gelangt man auch nach **Must** (▶ D 6, Мост, N 46°53,94' O 93°17,49'), der Region mit den meisten Hirschsteinen und türkischen Stelen. Oberhalb der guten Piste, die sich zeitweise malerisch durch eine enge Schlucht windet, stehen drei Stelen (N 46°57,07' O 92°26,80'). Ein ganzes Tal mit etwa 50 verschiedenen Hirschsteinen ist etwa 10 km südlich des **Baga Ulaan Davaa** (▶ D 6, Бага Улаан даваа, ›Kleiner Roter Pass‹, 2845 m, N 46° 35,36' O 92°16,57') zu bewundern. Must liegt in einem extrem trockenen Kessel, sodass die Viehzüchter auch in den Wintermonaten gezwungen sind, auf den Berghängen zu bleiben.

des **Munkh Khairkhan Uul** (▶C 6, s. Tipp S. 325) und in die **Flussoase Bulgan** (▶ C 7, Булган голын баянбурд).

Auf dem Weg Richtung Munkh Khairkhan Sum bietet sich ein Besuch der Höhle **Gurvan Tsenkher Agui** (▶ C 6, Цэнхэрийн агуй, N 47° 20,81', O 91°57,35') an, wo sich weltweit beachtete Felszeichnungen aus der letzten Eiszeit finden. Die Zeichnungen von Auerochsen, Wildschaf und Ibex (Steinbock), die zum Teil einander überlappen, werden auf

Chingghis-Khaan-Kanal

Zurück auf der Hauptstraße nach Khovd erreicht man 37 km nordwestlich von Mankhan das Südwestufer des Khar Us Nuur (Хар Ус нуур, s. S. 331) In der Nähe des Sees wird ein alter Kanal, der **Chingghis-Khaan-Kanal** (▶ D 5), gekreuzt, von dem heute nur noch leichte Erdaufwerfungen zu erkennen sind. Große Kamelherden weiden hier vor den schneebedeckten Altai-Gipfeln.

Khovd und der Hohe Altai

Grandiose Panoramablicke von den Gipfeln der sich weit über 4000 m erhebenden Bergrücken des Hohen Altai bleiben unvergesslich: kristallklare Luft, hochalpine Landschaft mit mächtigen Gletschern. Fotomotive bieten immer wieder die von Yaks und Kamelen gezogenen Karren, mit denen die Nomaden in kleinen Karawanen ihre Heimstatt in den wüstenartigen Tälern verlegen, während sich im Hintergrund die schneebedeckten Berge erheben. Nirgendwo wirkt die Mongolei so tibetisch wie in diesem westlichen Zipfel.

Khovd ▶ C 5

Cityplan: S. 330

Von Altai aus erreicht man nach vier bis fünf Tagen **Khovd** (Ховд, N 48°0,02' O 91°37,98') das Zentrum des gleichnamigen Aimag. Die Stadt mit rund 31 000 Einwohnern, eine grüne Oase inmitten eines kargen Felskessels, lohnt eine Pause. Die ethnische Vielfalt, die neben Mongolen auch Tuwiner, Kasachen und eine Reihe weiterer kleiner Gruppen umfasst, unterscheidet die Region vom Rest der Mongolei. Auch als Ausgangspunkt für Abenteuertourismus bietet sich Khovd an.

Geschichte

Die alten Platanen an den Straßen des Städtchens geben bereits einen Eindruck von seiner Geschichte. Chinesen unter der Qing-Dynastie bauten das 1731 am Ufer des gleichnamigen Flusses gegründete Khovd als Hauptstadt der West-Mongolei aus. Nach einer Überschwemmungskatastrophe wurde die Siedlung im Jahr 1763 rund 20 km ins Hinterland verlegt.

Im Zuge der einseitigen Unabhängigkeitserklärung wurden die Chinesen 1911 gewaltsam aus Khovd vertrieben, wobei die Stadt fast vollständig zerstört wurde. Bis zum Ende der Mandschu-Herrschaft war Khovd ein kleines Zentrum an der nördlichen Seidenstraße. Hier begann der Handelsweg nach Xinjiang, auch Verbindungsstrecken nach Russland führten hier vorbei.

Gemüseanbau

Aus der chinesischen Epoche hat sich die Tradition des Gemüseanbaus erhalten, sodass im Khovd Aimag dank der Bewässerungstechnik auch Melonen und anderes Obst gedeihen. Der Gartenbau liegt zumeist in den Händen der Kasachen, während die mongolische Kultur traditionell nie Ackerbau gepflegt hat und diese Distanz sich auch in die heutige Generation tradiert hat.

Ein traditionsreiches Gemüse- und Obstanbaugebiet befindet sich im **Buyant Sum** (▶ C 4), unmittelbar nordöstlich von Khovd an der Piste nach Ulaangom. Hier wird der von Gletscherschmelzwässern der Hohen-Altai-Region gespeiste **Buyant Gol** für Bewässerungszwecke genutzt: Kartoffeln, Tomaten und vor allem Melonen wachsen auf den Feldern. Allerdings leidet diese Gegend im Sommer besonders unter den schwarzen Stechmücken. Dies ist der Grund, weshalb der Ort Buyant Sum dann fast vollständig evakuiert wird.

Sangiyn Kherem und Moschee

Am nördlichen Ende des heutigen Orts errichteten die Chinesen das **Fort Sangiyn Kherem** 1 im gleichnamigen Bezirk, das in

Khovd

Denkmal des Helden Ayush am Hauptplatz von Khovd

der Qing-Zeit um 1762 erbaut wurde. Ein ursprünglich etwa 3 m hoher und 2 m breiter Wall, vor dem früher noch ein Graben lag, umgab einen Distrikt von 4 ha. Heute stehen nur noch Reste von Grundmauern und Befestigungswällen, die zusehends weiter verfallen, während sich Jurten zwischen den Mauern breitmachen.

Die **Akhmet-Ali-Mejit-Moschee** 2 liegt an der Nordseite des Orts.

Heimatmuseum 3

Das **Heimatmuseum** liegt im nördlichen Abschnitt der zentralen, in Nord-Süd-Richtung verlaufenden Hauptstraße und stellt neben Nationaltrachten Exponate zur Flora und Fauna sowie Vor- und Frühgeschichte aus. Zu sehen sind u. a. Fotos von Felszeichnungen und die Nachbildung der Höhlenmalereien aus der Gurvan Tsenkher Agui (s. S. 329). Ein beachtenswerter Überblick über die zehn verschiedenen Volksgruppen des Khovd Aimag verdeutlicht dem Besucher, wie wichtig die Volkszugehörigkeit in der Mongolei ist. Sie wird auch im Personalausweis ausdrücklich genannt. Vor dem Museum stehen zwei Hirschsteine und große Kupferschüsseln aus dem ehemaligen Kloster Shar Sum (Tel. 99 43 45 02, Mo–Fr 8–12, 13–17 Uhr, 2000 MNT).

Ayush-Denkmal und Shar Sum

Am Hauptplatz wird mit dem **Ayush-Denkmal** 4 des gleichnamigen, im Aimag gebürtigen Helden (1859–1939) gedacht. Schon 1903 wandte er sich in einer Petition öffentlich gegen die Steuergesetzgebung der herrschenden Mandschu. Nach deren Sturz richtete er sich gegen die mongolischen Feudalherren, wurde verhaftet und gefoltert. 1921 schloss er sich den sozialistischen Revolutionären an und wurde Chef der Verwaltungseinheit Tsetseg Sum im Khovd Aimag. Dem Fürsten Galdan Boshgot ist das zweite Denkmal auf dem Platz gewidmet. Er stellte sich im 17. Jh. mit den Westmongolen gegen die eindringenden Mandschu.

Besuchenswert ist schließlich noch der einige Kilometer nordwestlich gelegene **Shar Sum** 5 (Шар сум, ›Gelber Tempel‹), die Neuerrichtung eines 1770 gegründeten Klosters. Die Anlage thront über der Stadt. In den Wüstenstaub gelegte Markierungen geben einen Eindruck von der Größe der ursprünglichen, in der mongolischen Kulturrevolution zerstörten Bauten (tgl. 9–18 Uhr, 2500 MNT).

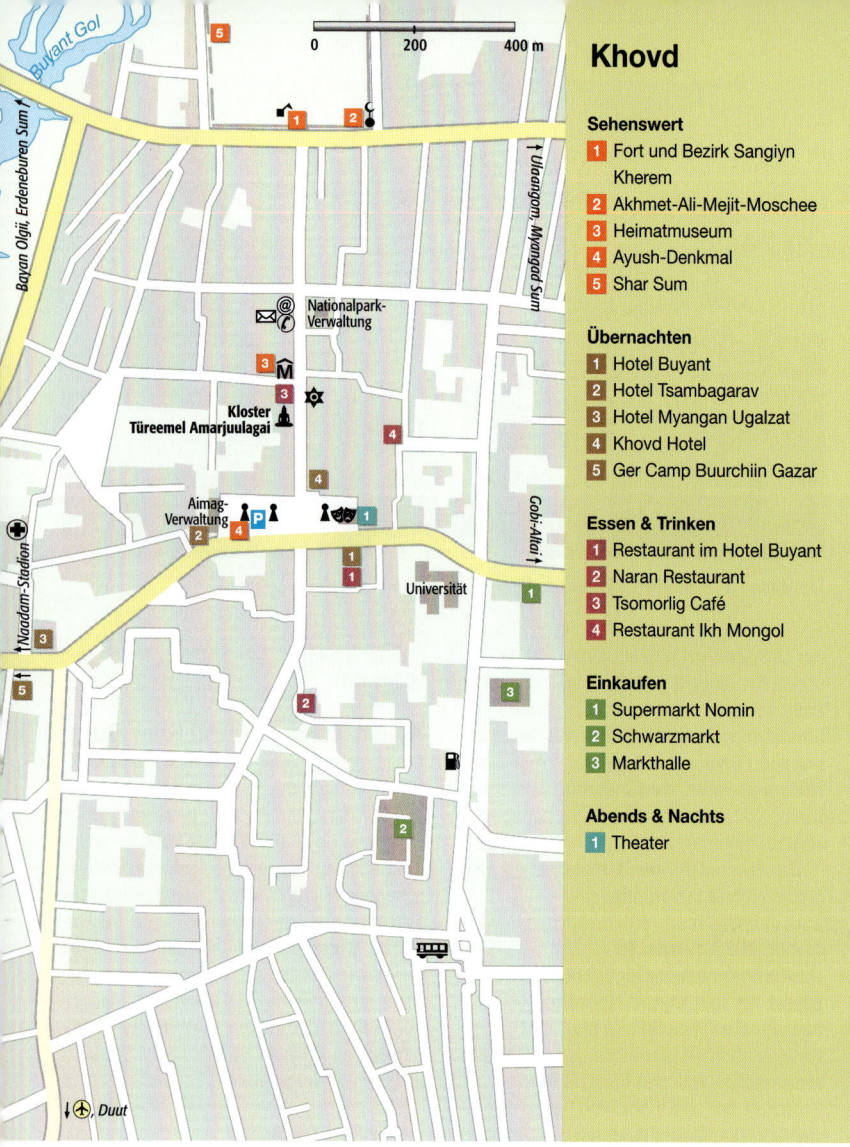

Khovd

Sehenswert
1. Fort und Bezirk Sangiyn Kherem
2. Akhmet-Ali-Mejit-Moschee
3. Heimatmuseum
4. Ayush-Denkmal
5. Shar Sum

Übernachten
1. Hotel Buyant
2. Hotel Tsambagarav
3. Hotel Myangan Ugalzat
4. Khovd Hotel
5. Ger Camp Buurchiin Gazar

Essen & Trinken
1. Restaurant im Hotel Buyant
2. Naran Restaurant
3. Tsomorlig Café
4. Restaurant Ikh Mongol

Einkaufen
1. Supermarkt Nomin
2. Schwarzmarkt
3. Markthalle

Abends & Nachts
1. Theater

Infos

Nationalparkverwaltung: gegenüber der Hauptpost, Tel. 01432 225 39, kharus2006@chinggis.com, Mo–Fr 8–17 Uhr. Informationen und Erlaubnisscheine für die nahe gelegenen Nationalparks. Gegebenenfalls sollte man sich hier auch über notwendige Genehmigungen für Aufenthalte im Grenzgebiet erkundigen.

Post, Internet- und Telecom-Büro: gegenüber der Nationalparkverwaltung.

Übernachten

Beliebt ▶ **Hotel Buyant** 1: gegenüber dem Theater, Tel. 01432 238 60, 99 43 90 43. Populäres Hotel im Stadtzentrum. Übernachtung ab 25 000 MNT.

Komfort ▶ Hotel Tsambagarav 2: im Zentrum, neben dem Rathaus, Tel. 99 43 24 24. Das 2007 erbaute Hotel verfügt auch über ein eigenes Restaurant. Übernachtung ab 45 000 MNT, Essen 1000–8000 MNT.

Warme Dusche ▶ Hotel Myangan Ugalzat 3: am westlichen Stadtrand Richtung Naadam-Stadion, Tel. 01432 220 86, 99 69 53 51. Das saubere, komfortabel eingerichtete Haus bietet ein gutes Preis-Leistungs-Verhältnis. Die Luxus-Zimmer verfügen sogar über heißes Wasser. Übernachtung ab 15 000 MNT.

Nostalgie ▶ Khovd Hotel 4: nördlich des Theaters im Zentrum, Tel. 01432 230 63. Sehr schlicht. Übernachtung ab 15 000 MNT.

Ger Camps ▶ Buurchiin Gazar 5: 7 km südwestlich der Stadtmitte am Ufer des Buyant Gol. Übernachtung ab 20 000 MNT. In der Flussaue liegen **weitere Ger Camps,** die allerdings nur im Sommer geöffnet haben und zuweilen auch ihre Lage wechseln, sodass man sich am besten im Ort erkundigt.

Essen & Trinken

Große Auswahl ▶ Restaurant Buyant 1: im Hotel Buyant (s. o.). Hier findet man selbst Huhn auf der Karte. 1000–5000 MNT.

Beliebt ▶ Naran Restaurant 2: wenige Hundert Meter nördlich des Marktes, Tel. 91 43 55 55, tgl. 9–24 Uhr. Das Lokal erlaubt einen Einblick in die erstaunliche Vielfalt der mongolische Küche. 1000–4000 MNT.

Gut besucht ▶ Tsomorlig Café 3: zwischen Polizeistation und Kloster, Tel. 99 43 97 65, 10–22 Uhr. Regionaltypische Gerichte. 700–4000 MNT.

Bebilderte Speisekarte ▶ Restaurant Ikh Mongol 4: nordöstlich des Theaters, Tel. 01432 223 88, 9–24 Uhr. Mongolisch-chinesische Küche. 500–4500 MNT.

Einkaufen

Khovd ist mit allem ausgestattet, was man für die Weiterreise braucht – **Tankstellen,** Supermärkte, Schwarzmarkt –, u. a. findet sich hier eine Filiale der **Supermarktkette Nomin 1** (östlich des Stadtzentrums an der Straße nach Gobi-Altai). Der **Schwarzmarkt 2** liegt südlich des Rathauses (Fr–Mi 10–18 Uhr).

Naturschutzgebiet Khar Us Nuur

Obst und Gemüse ▶ Markthalle 3: ein Stück nördlich des Markts, tgl. 10–18 Uhr. Im Sommer wird oft einheimisch angebautes Gemüse angeboten. So sind die Melonen von Khovd sehr beliebt.

Abends & Nachts

Obertongesang ▶ Theater 1: östlich des zentralen Platzes, gegenüber vom Buyant Hotel, unregelmäßige Vorstellungen. Spielplan wechselt sehr oft, nähere Informationen im Rathaus (nördlich des Schwarzmarkts).

Verkehr

Flüge: Der Flugplatz, ca. 5 km südlich des Stadtzentrums, wird aus Ulaanbaatar fast täglich von den regionalen Gesellschaften EZNIS, Aero Mongolia und MIAT angeflogen. Oft wird er auch für Zwischenlandungen auf den Strecken nach Murun oder Bayan-Ulgii genutzt.

Busse: Linien- und Minibusse fahren südlich des Marktes ab, Preise sind variabel.

Naturschutzgebiet Khar Us Nuur ▶ D/E 4/5

Prägend für die Umgebung von Khovd ist das **Naturschutzgebiet Khar Us Nuur** (Хар Ус нуур), das 30 km östlich der Stadt beginnt. Seine vier Seen gehören zum südlichen Bereich der Senke der Großen Seen und sind überwiegend in tektonischen Senkungsbecken angelegt, auch das Gebirge Jargalant Khairkhan Uul (s. S. 324) gehört zum Nationalpark (Genehmigungen bei der Nationalparkverwaltung s. S. 330).

Khar Us Nuur

Der **Schwarz-Wasser-See** (N 48°0,91' O 92°12,77') umfasst eine Fläche von 1852 km^2 und liegt 1157 m über dem Meeresspiegel. An seiner weitesten Stelle ist er 26 km breit und 72 km lang. Der durch tektonische Bewegung entstandene See ist mit 10 m Wassertiefe seicht und verfügt über zehn große und kleine Inseln, die größte trägt den Namen **Agbash.**

Khovd und der Hohe Altai

Dieser große Süßwassersee wird vom Fluss Khovd gespeist und bietet einschließlich seines großen Binnendeltas am Nordwestufer einer Vielzahl von Vögeln ein ideales Biotop.

Dalai Nuur und Khar Nuur

Im Nordosten strömt das Seewasser durch einen Kanal über den **Dalai Nuur** (Далай нуур, N 48°18,74' O 92°40,79') weiter in den **Khar Nuur** (Хар нуур, N 48°19,53' O 96° 15,22'), der seinerseits im Süden in den Durgun Nuur mündet. Die Ostseite des Khar Nuur, des Schwarzen Sees, ist leichter von Uliastai (s. S. 355) aus zu erreichen. Von der Südseite werden durch verschiedene Windgassen in der gebirgigen Südeinfassung des Sees Dünen eingeweht. Der 574,8 km² große See ist maximal 36,8 km lang und 23,6 km breit, der Wasserspiegel liegt bei 1132 m über NN.

Verbindungskanal und Durgun Nuur

Besonders der etwa 30 bis 50 m breite **Verbindungskanal** der drei Süßwasserseen, nur leicht mit Schilf bestanden, ist ein beliebtes Angelgewässer. Während die Ufer dicht mit Schilf bestanden sind und aus einer satten grünen Sumpflandschaft in die Wüste übergehen, reichen die Sanddünen unmittelbar an den 24 km langen und 16,8 km breiten Salzwassersee **Durgun Nuur** (Дургун нуур, N 47°39,92' O 93°28,13') heran (maximale Tiefe 27 m, Fläche 305 km²).

Aktiv

Paddeln ▶ Schlauchboottouren auf dem **Durgun Nuur, Khar Nuur** und **Khar Us Nuur** sind ein unvergessliches Erlebnis. Ausgedehnte Bootsfahrten laden auch zur Vogelbeobachtung ein. Allerdings muss man die eigene Ausrüstung mitbringen.

Vogelbeobachtung ▶ Wer nicht aufs Wasser kann, wird auch vom Ufer aus sehr viele Vögel erspähen. Dabei zeichnen sich die Seen – neben dem **Durgun Nuur,** dem **Khar Nuur** und dem **Khar Us Nuur** auch der weiter nördlich liegende **Airag Nuur** und der **Khyargas Nuur** – durch ein reiches Vogelleben aus. Neben Kormoranen und diversen Entenarten kommen Säbelschnäbler und sogar Pelikane vor. Limikolen, Greifvögel und Kraniche runden das Bild ab.

Der Khar Nuur, der ›Schwarze See‹, hat auch andere Farbkomponenten zu bieten …

Schwimmen ▶ So verlockend die Seen auch zum Schwimmen einladen, die Vorfreude wird beim Verlassen des Autos jäh von einem überfallartigen Angriff von Tausenden von **Mücken** erstickt. Wenn dann der Weg zwischen Auto und Wasser zu lang ist, wird man gnadenlos zerstochen. Am **Durgun Nuur** bietet der kilometerlange Sand- und Kiesstrand am Südostufer eigentlich ein wahres Badeparadies.

Mongol Els   ▶ E/F 5/6

Nordöstlich und östlich des Durgun Nuur zieht sich vom Khar Nuur im Westen bis zum Knie des Zavkhan Gol bei Jargalan ein 200 km langer Dünengürtel, der als **Mongol Els** (Монгол элс) bezeichnet wird. So wie dieser Dünenzug sind auch die anderen in der Mongolei vorkommenden Dünen entweder noch aktiv sich bewegende Barchane (Sicheldünen) oder – beim Vorhandensein entsprechender Bodenfeuchte und damit auch Vegetation – festgelegte Dünen, die sich nur partiell bewegen. Eine Querung des Mongol Els mit Geländewagen ist nur mit ortskundigem Führer möglich, da sogar die in den Karten eingezeichneten Pisten oft nicht vorhanden sind oder sich in einem unbefahrbaren Zustand befinden.

Von Khovd nach Ulgii

Die Fortsetzung der Weißen Route (s. S. 131) von Khovd aus in den westlichsten Aimag Bayan-Ulgii führt über einige hohe Passstraßen bis nach Ulgii (1554 km von Ulaanbaatar). Unterwegs ist ein Abstecher zur Chigjid-Schlucht sehr zu empfehlen. Zunächst passiert man dabei **Erdeneburen** (▶ C 4, Эрдэнэбүрэн, N 48°30,66' O 91° 25,81'), auf dessen Bürgersteig ein großer Hirschstein steht.

Nationalpark Tsambagarav
▶ C 4

Im rund 1110 km² großen Tsambagarav-Nationalpark sind die Pistenverhältnisse recht schwierig und man sollte sich an erfahrene ortskundige Führer halten. Mittelpunkt dieses auf der Aimaggrenze zwischen Bayan Ulgii und Khovd Aimag liegenden Parks ist der 4202 m hohe, vergletscherte **Tsast Uul** (Цаст уул, N 48°40,98' O 90°43,42'), der mit seiner westlichen Lage zum großen **Tsambagarav-Gebirgsmassiv** gehört. Dessen östliche Ausläufer hat der Khovd Gol in der **Chigjid-Schlucht** (Чигжидийн ам, N 48° 40,94' O 91°20,42') durchsägt. Wenn sich das Relief hebt und ein Gebirge im Laufe vieler Millionen Jahre entsteht, schneiden sich die Flüsse extrem schnell und oft auch sehr tief ein. Dieses Modell der Entstehung einer Engtalstrecke ist am Khovd Gol auf ca. 8 km wie in einem Lehrbuch zu studieren. Da der Ausläufer des Tsambagarav auch heute noch langsam aufsteigt, setzt sich die Flusseinschneidung weiter fort.

Nur mit einer Genehmigung der Naturschutzbehörde darf der Gipfel des **Tsambagarav Uul** (Цамбагарав уул, 4208 m, N 48° 39,40' O 90°51,13') im Bayannuur Sum bestiegen werden. In **Kharganatyn Khad** (Харганатын хад) finden sich Felszeichnungen, die ein Schlachtfeld samt speerbewaffneter Reiter darstellen. Die Abbildungen werden in die Zeit der Nirun-Dynastie (4.–6. Jh.) datiert. Eine Kopie findet sich im Militärmuseum in Ulaanbaatar.

Aktiv

Rafting ▶ **Chigjid-Schlucht:** Der Khovd-Fluss erreicht an dieser Stelle auf der internationalen Skala die Stufe 4+ (1 bedeutet stehendes Wasser, 6 ist größtenteils unbefahrbar) und verspricht wilde Stromschnellen.

Tolbo Nuur   ▶ B 4

Weiter führt die Piste über den Pass **Buraatyn Davaa** (N 48°45,64', O 90°44,82') mit Blick auf einen weiteren vergletscherten Fast-Viertausender, den **Sairyn Uul** (3984 m). Bevor man im 16 km langen See **Tolbo Nuur** (Толбо нуур, N 48°54,15', O 90°12,31') gelangt, überquert man noch den Pass **Ulaan Khutul** (N 48°25,45' O 90°19,64'). Der auf 2080 m über NN gelegene Tolbo Nuur er-

Khovd und der Hohe Altai

Auch in unmittelbarer Umgebung von Gewässern wie dem Tolbo Nuur sind riesige Weidegründe vonnöten, um den Tierherden eine Nahrungsgrundlage zu garantieren

reicht 21,5 km Länge und 6 km Breite, die tiefste Stelle misst 6,6 m.

Ulgii ▶ B 3

Ulgii (Өлгий, N 48°58,29' O 89°57,77') ist mit seinen 27 800 Einwohnern eine ausschließlich kasachische Stadt mit einem florierenden Kleingewerbe, das den Charakter des Orts deutlich von der Behäbigkeit mongolischer Siedlungen abhebt. 1992 errichteten die Kasachen, sunnitische Muslime, hier wieder eine **Moschee,** und die ersten Bewohner machten sich, finanziert von reichen Ölstaaten, auf zur Hadsch nach Mekka. Der Ort verfügt über ein öffentliches **Bade- und Duschhaus** sowie ein **Theater.** Die Ausstellungen im **Museum** beziehen sich auf die Volksgruppe der Kasachen, ihre Geschichte und Kultur. Ein Besuch lohnt sich schon allein deshalb (Mo–Sa 9–12, 13–17 Uhr, 3500 MNT).

Ulgii ist die Hauptstadt des 1940 gegründeten kasachischen Aimag **Bayan-Ulgii** (Баян-Өлгий) im äußersten Westen der Mongolei. Der Name steht für ›reiches Land‹, doch die Region gehört heute auch wegen ihrer hohen Arbeitslosigkeit zu den ärmsten

Ulgii

längste Gletscher. Die Vegetation ist alpin, allerdings aufgrund der geringen Niederschläge vergleichsweise spärlich.

95 % der der gut 100 000 Einwohner des Aimag sind **kasachischer Volkszugehörigkeit** (s. auch S. 77). Nur ein kleiner chinesischer bzw. russischer Landstreifen verhindert eine direkte mongolisch-kasachische Grenze. Seit 1990, dem Beginn der Loslösung Kasachstans von der UdSSR, zieht es die Kasachen zurück ins Land ihrer Väter und es sind vor allem die dynamischeren, aktiveren Menschen, die dort einen Neuanfang suchen. Deshalb verzeichnet dieser Aimag die höchste Abwanderungsrate aller mongolischen Aimags.

Eine weitere, kleinere ethnische Gruppe stellen die turkstämmigen **Tuwiner**, die aber im Unterschied zu den moslemischen Kasachen Buddhisten sind (s. S. 77).

Infos

Nationalparkverwaltung (Manspaa): südlich des zentralen Platzes, Tel. 01422 221 11, 99 42 96 96, manspaa@mongol.net, Mo–Fr 9–12, 13–17 Uhr. Hier sollte man die Erlaubnisscheine für die Nationalparks in der Region erwerben. Weiterhin ist es erforderlich, Grenzzonenpapiere bei der Grenzpolizei zu beantragen, wobei die Parkverwaltung behilflich sein kann.

Grenzpolizei: im Regierungshaus direkt am zentralen Platz, Tel. 01422 221 95, 99 42 82 83, Mo–Fr 9–12, 13–17 Uhr. Die Grenzpolizei muss in Ulgii ein Einreisebüro unterhalten, weil es Flugverkehr mit Kasachstan gibt. Zum Betreten der Grenzzone werden hier ebenfalls die Erlaubnisscheine ausgegeben.

Post, Telecom-Büro: am südlichen Rand des Stadtzentrums, Tel. 01422 241 17.

Internetbüro: neben der Post, tgl. 9–20 Uhr. Verschiedene **private Reiseveranstalter** organisieren Touren zu den beliebtesten Zielen im Bayan-Ulgii Aimag. Die Preise sind jeweils Verhandlungssache. Die Firmen bemühen sich auch um die Zusammenstellung notwendiger Dokumente und Eintritte für die Nationalparks:

Kazakh Tour: westlich des Hauptplatzes in der nördlichen Hauptstraße, Tel. 99 42 20 06, dosjan@yahoo.com.

des Landes. Im Aimag Bayan-Ulgii werden nur die mittleren Höhenlagen bewirtschaftet, die tieferen Gebiete sind ohne künstliche Bewässerung zu trocken, die Gipfel zum Teil von Schnee und Eis bedeckt. Bäume halten sich angesichts einer mittleren Höhe von über 2500 m nicht mehr. In den Tourismus werden auch hier große Hoffnungen gesetzt.

Die Touristen reizt die grandiose Bergwelt des Altai – die Abwechselung zwischen hohen schnee- und eisbedeckten Gebirgsgipfeln und dann wieder weiten Beckenlandschaften mit Seen. Hier befinden sich die höchsten Berge der Mongolei und der

Khovd und der Hohe Altai

Jedes Frühjahr wird bei den Kaschmirziegen das dichte Unterfell ausgekämmt

Bayan-Auul Tour: Tel. 99 42 99 35, ba-tours@chinggis.com. Kein Büro vor Ort, der Kontakt ist nur per Telefon oder Mail möglich.
Blue Wolf Travel: am südlichen Stadtrand zusammen mit dem Ger Camp, Tel. 50 42 03 03, 42 22 27 72, 96 65 26 37, 99 11 03 03, www.bluewolftravel.com. Eine der besser geführten Agenturen.

Übernachten

Nostalgie ▶ **Tavan Bogd Hotel:** im Zentrum an der südlichen Hauptstraße, gegenüber dem Theater, Tel. 01422 230 46, 99 42 88 77. Altes ehemaliges Regierungshotel mit sowjetischem Charme, mehrfach renoviert. Angeschlossenes Restaurant. Übernachtung ab 10 000 MNT, Essen ab 1500 MNT.
Mit Disco ▶ **Hotel Duman:** am südlichen Rand der Innenstadt, Tel. 01422 216 66, 99 42 81 74. Wer gut bei lauter Musik schlafen kann, ist hier richtig. Relativ zuverlässige Heißwasserversorgung. Übernachtung ab 10 000 MNT.
Gutes Preis-Leistungs-Verhältnis ▶ **Bastau Hotel:** östlich des zentralen Platzes, Tel.

Ulgii

22 13 15, 99 11 03 03. Übernachtung ab 7500 MNT.

Essen & Trinken

Türkisch ▶ **Pamukkale:** östlich des zentralen Platzes, tgl. 10–22 Uhr. Eine Alternative zur mongolischen Küche. Leider ist – wie allerdings in vielen Restaurants – nicht immer alles vorhanden, was auf der Karte steht. 1500–8000 MNT.

Abwechslung ▶ **Blue Wolf:** im Ger Camp (s. links), tgl. 10–22 Uhr. 1500–6000 MNT.

Einfach mongolisch ▶ **Toganai Shaykhana:** im Zentrum, an der südlichen Hauptstraße, tgl. 10–19 Uhr. 1000–4500 MNT.

Salat satt ▶ **Tsengel Khairkhan:** nördlich des Hauptplatzes nahe dem Markt, tgl. 10–20 Uhr. 800–3500 MNT.

Einkaufen

Das meiste, was man für die Weiterfahrt braucht, findet sich auf dem **Markt** östlich des Hauptplatzes. Allerdings sind nicht immer alle ganz konkreten Wünsche zu erfüllen – so wie überall.

Lebensmittel ▶ **Supermarkt Sunkhar:** in der südlichen Hauptstraße.

Souvenirs ▶ **Altai Craft Shop:** nahe dem Marktplatz, Tel. 99 41 81 19, tgl. 13–18 Uhr. Kunsthandwerk aus kasachischer Werkstatt, allerdings liegt die Leitung des Ladens in ausländischen Händen.

Authentisch kasachisch ▶ **Kunsthandwerk Burkit:** an der Durchgangsstraße von Khovd zum Flughafen, Tel. 99 42 99 06, narbek2001 @yahoo.com, tgl. 10–18 Uhr. Auf Adlerzubehör und Silberarbeiten spezialisiert.

Handwerkskunst ▶ **Genossenschaft Otau:** an der Südwestecke des Hauptplatzes, Tel. 99 42 97 87, tgl. 10–20 Uhr. Zusammenschluss kasachischer Künstler.

01422 236 29. Einfache und saubere Zimmer verschiedener Größe und Bettenanzahl. Übernachtung ab 10 000 MNT.

Einfach ▶ **Hotel Altyn Orda:** Tel. 01422 230 46. Hauseigenes Restaurant. Übernachtung 8500 MNT.

Ger Camps ▶ **Blue Wolf:** südlich des Stadtzentrums, nahe der Straße nach Khovd, Tel. 99 11 03 03, 96 65 26 37. Auf Wunsch erhält man hier sogar amerikanisches Frühstück. Übernachtung ab 25 500 MNT. **Canattour:** ca. 30 km westlich des Stadtzentrums, Tel.

Abends & Nachts

Kasachische Bühnenkunst ▶ **Nationaltheater:** südliche Hauptstraße. Aufführungen finden sehr unregelmäßig statt und es gibt kein fest vorgesehenes Programm.

Tanzen ▶ **Disco Duman:** Hotel Duman, s. S. 336.

Khovd und der Hohe Altai

Galsan Tschinag – ein Mongole dichtet auf Deutsch

Er genießt weltweite Anerkennung, heimst Literaturpreise ein, ist scharfzüngiger Schöngeist und unbeugsamer politischer Führer zugleich. Galsan Tschinag, Schriftsteller nomadischer Herkunft, bezeichnet sich selbst als Schamane und nimmt seine Leser mit in eine fremde Welt voller spiritueller Riten und melodiöser Gesänge.

1944 wurde Galsan Tschinag im Hohen Altai geboren. Er stammt aus der turksprachigen Minderheit der Tuwa (s. S. 77) im Nordwesten der Mongolei. Seit seinem Germanistikstudium in Leipzig in den 60er-Jahren des vergangenen Jahrhunderts schreibt er auf Deutsch. Nach seinem Aufenthalt in der DDR lehrte Galsan Tschinag zunächst an der Universität in Ulaanbaatar, wurde aber bald aus politischen Gründen entlassen.

1981 erschien sein erster Roman »Eine tuwinische Geschichte«, doch die großen Publikumserfolge sollten ihm bis zum Ende der kommunistischen Herrschaft verwehrt bleiben. Danach ging es Schlag auf Schlag: 1992 erhielt er den Adelbert-von-Chamisso-Preis, mit dem Autoren nichtdeutscher Sprachherkunft ausgezeichnet werden, die – wie der Namensgeber – auf Deutsch publizieren. 2001 würdigte der Heimito-von-Doderer-Preis die hohe Sprachsensibilität des Mongolen, 2002 erhielt er das Bundesverdienstkreuz, 2008 den Literaturpreis der deutschen Wirtschaft und 2009 wurde ihm in Prag der Europäische TREBBIA-Preis für schöpferisches Wirken zuerkannt.

1993 erschien »Das Ende des Liedes«, ein Jahr später »Der blaue Himmel«. 2010 umfasste sein gesamtes Werk 29 Titel, darunter »Das geraubte Kind« (2004). Darin nimmt Tschinag eine Erzählung des 18. Jh. auf, nicht ohne Bezüge zur Gegenwart: Der Nomadenjunge Hynndynn wird nach China entführt, scheint sich dort dank einer erstklassigen Ausbildung auch zu assimilieren und geht in der höfisch-chinesischen Kultur auf. Doch als er seine Heimat als Abgesandter der Chinesen wiedersieht, beginnt er nach seinen wahren Wurzeln zu suchen. In »Die neun Träume des Dschingis Khan«, das 2007 erschien, versetzt sich Tschinag in den sterbenden Mongolenherrscher und zeichnet ein interessantes Psychogramm, das hilfreich die Diskussion über die historische Einordnung des Feldherrn ergänzt.

Die nomadische Herkunft prägt die Werke Galsan Tschinags, mit denen er den Tuwinern ein bleibendes Denkmal setzt. Seine Sprache – obwohl deutsch – hat immer eine exotische Färbung, die nicht allein der fremden Kultur geschuldet ist. In Passagen glaubt man, einem deutschen Klassiker zu begegnen, so altertümlich wirken Satzbau und Wortwahl. Doch dann folgt ein deftiger, umgangssprachlicher Wutausbruch, wenn eine Romanheldin einem Verehrer »mindestens einen Fußtritt in den Arsch« verspricht.

Weil es – zu Stalins Zeiten – in den Weidegründen unterhalb des Altai-Gebirges immer wieder zu Stammeskriegen zwischen Kasachen und Tuwinern kam, wurde das nur ein paar Tausend Menschen zählende kleine Turkvolk an die chinesische Grenze der Mongolei zwangsumgesiedelt und sollte dort in Lagern sesshaft gemacht werden. 1995 führte Galsan Tschinag als Stammesoberhaupt Teile

Schamane und Literat

Thema

des verstreut lebenden Volks in einer Karawane mit 130 Kamelen und 300 Pferden über fast 2000 km in die alte Heimat zurück. Von den Erlebnissen dieser Reise berichtet er in seinem Buch »Die Karawane« (1997).

Tschinag ist zäh, hartnäckig und unbequem, auch wenn er in seinen Romanen und Gedichten seine Charaktere feingliedrig porträtiert und einfühlsame, wehmütige Landschaftsbeschreibungen verfasst. Als es 2008, 18 Jahre nach der friedlichen Revolution, zu gewaltsamen Massenprotesten wegen angeblicher Wahlfälschungen kam, stand er auf der Seite der Demonstranten und geißelte den westlichen Opportunismus scharf. »Denn dafür kennt man die Kommunisten zu gut. Sie stehen seit nunmehr 87 Jahren mit einer winzigen Unterbrechung nach dem Zusammenbruch des Weltkommunismus an der Macht. Der Westen hat sich schnell dafür entschieden, beide Augen zuzudrücken und die blutverschmierte und tränengetränkte kommunistische Vergangenheit in den Weiten des Ostens ruhen zu lassen«, schrieb er in der Frankfurter Allgemeine Zeitung.

Galsan Tschinag steht auch für das erste deutschsprachige Radioprogramm in der Mongolei, das 2008 auf Sendung ging. Es wird von der Galsan-Tschinag-Stiftung in Zusammenarbeit mit dem Goethe-Institut getragen. Weitere Informationen unter: www.galsan.info.

Reinhold Messner und Galsan Tschinag im »Land der zornigen Winde«

Khovd und der Hohe Altai

Aktiv

Sauna ▶ **Badehaus:** an der Kreuzung der südlichen Hauptstraße mit der Durchgangsstraße Richtung Flughafen, tgl. 9–22 Uhr, 1000 MNT. Hier gibt es heiße Duschen und auch eine Sauna.

Termine

Adlerfest: 1. Oktoberwoche. Seit 2001 feiern die Kasachen in Ulgii ihr Adlerfest (s. S. 34). Neben der Adlerjagd gehören die traditionellen Sportarten Pferderennen und Bogenschießen zum Programm. Die Tradition der Adlerjagd reicht weit zurück, entwickelt sich aber erst seit einigen Jahren zu einer touristischen Attraktion. Leider werden immer öfter besonders von Touristen völlig überzogene Eintrittspreise verlangt, die nirgendwo vereinbart sind, sondern erst ad hoc ausgedacht werden.
Nauriz: 22. März. Beim kasachischen Nationalfest wird der Frühlingsbeginn u. a. mit Reiterspielen gefeiert (s. S. 91).

Verkehr

Flüge: Der Flugplatz liegt unweit nördlich des Stadtzentrums und wird regelmäßig von regionalen mongolischen Gesellschaften von Ulaanbaatar aus angeflogen, Zwischenlandungen möglich in Khovd oder Murun. Zudem besteht eine internationale Flugverbindung mit Kasachstan, die von der Fluggesellschaft SCAT betrieben wird.
Busse: Die Minibusse nach Khovd und Ulaangom fahren am Marktplatz ab. Die Preise müssen verhandelt werden.

Tsengel Sum ▶ B 3

Tsengel Sum (Цэнгэл сум, N 48°56,21' O 89°8,17') ist der westlichste Ort der Mongolei und die letzte Station auf dem Weg durchs Tal des Tsagaan Gol zum **Tavan Bogd**. Eine weitere Piste führt von Tsengel Sum zum **Khoton Nuur** (Хотон нуур, N 48° 36,19' O88°24,63'), einem 22 km langen See auf 2100 m Höhe, der ein ehemaliges Gletscherzungenbecken ausfüllt. Seine Nordwestspitze ist nur 6 km von der chinesischen Grenze entfernt.

10 Nationalpark Altai Tavan Bogd ▶ A 3/4

Karte: rechts

Über 6360 km² Nationalpark warten darauf, von engagierten Wanderern, Bergsteigern und Naturfreunden erkundet zu werden. Selten begegnen sich Kultur und Natur in der Mongolei so eng benachbart und verschmelzen in einer so wunderbaren Harmonie: einerseits die hohen vergletscherten Bergketten an der mongolisch-chinesischen Grenze, dazwischen die Seen in den weit gespannten Becken, andererseits die Völkervielfalt aus Kasachen, Mongolen und Tuwinern mit ihren unterschiedlichen Traditionen.

Für den eiligen Touristen bildet der **Tavan Bogd 1** (›Fünf Heilige‹, Таван Богд, N 49° 8,63' O 87°48,92') das Hauptziel der Reise. Hier verläuft gleichzeitig die Grenze zwischen China, Russland und der Mongolei. Kasachstan ist nur 50 km entfernt. Mehrere große Gletscher – darunter der Potanin-Gletscher mit ca. 20 km Länge und einer Breite von ca. 5 km – ziehen sich in den Trogtälern bis in eine Höhe von 3500 m hinab. Das Massiv erstreckt sich entlang der gesamten Westgrenze der Mongolei und gestaltet als Gobi-Altai auch weite Teile des Südens. Der Altai Tavan Bogd hat sechs mit ewigem Schnee bedeckte Gipfel: Khuiten (›Der Kalte Berg‹), Nairamdal (›Der Friedensberg‹), Malchin (›Berg der Viehzüchter‹), Burged (›Der Adlerberg‹), Naran (›Der Sonnenberg‹) und Tsagaan Suvarga (›Die weiße Stupa‹). Im Gegensatz zu den meisten anderen Gipfeln der Mongolei, die auch ohne bergsteigerische Kenntnisse erklommen werden können, ist der steile **Khuiten Uul 2** (Хүйтэн уул, N 49° 8,75' O 87°27,36', 4374 m), der höchste Gipfel der Mongolei, mit seinen Gletschern anspruchsvoll und bei Bergsteigern beliebt. Nur Profis sollten einen Gipfelsturm in Angriff nehmen. Der günstigste Termin liegt zwischen Mitte Juli und September. Erst 1956 wurde der Gipfel zum ersten Mal bezwungen. Eine Piste führt bis zu 15 km an den ersten Gletscher heran. Polizeiposten kontrollieren, ob die entsprechenden Sondergeneh-

Nationalpark Altai Tavan Bogd

migungen erworben wurden. Weitere 25 km geht es übers Eis.

Nur wenige Kilometer vom Endpunkt der Piste und dem Ausgangspunkt der Wanderung liegt der **Shiveet Khairkhan Uul** 3 (Шивээт Хайрхан уул, N 49°6,34' O 88°13,65') – ein heiliger Berg mit zahlreichen Felszeichnungen von Maralhirschen und anderen wild lebenden Tieren. Sie sind in die Gletscherschrammen geritzt worden, die der Potanin-Gletscher an der Bergflanke bei einem tieferen Gletscherstand hinterließ. Das Queren des Tsagaan Gol kann mitunter schwierig werden und ist sowohl für Fahrzeuge als auch Wanderer nicht ganz ungefährlich.

Reisende mit mehr Zeit werden vielleicht noch weiter nach Südwesten und Süden fahren zum **Khoton Nuur** (Хотон нуур, N 48°36,19' O 88°24,63'), zum **Khokh Sayn Uul** (Хох Сайн уул, N 48°22,62' O 90°33,03', 3981 m) oder zum **Tsengel Khairkhan Uul** (Цэнгэл Хайрхан уул, N 48°38,82' O 89°9,60', 3943 m) – alle ▶ A 4. Letzterer ist ebenfalls vergletschert und liegt im Ulaankhus Sum. Vom Sumzentrum aus wandert man das Bett des Charganat hinauf. Hier kann man mit etwas Glück noch Schneeleoparden, große Argali-Wildschafe, Ibexe (Steinböcke), Wölfe, Luchse und die legendären Adler beobachten.

Übernachten

Camping ▶ Mangels Berghütten ist man wie üblich in der Mongolei auf ein Zelt angewiesen. Das eigene Zelt oder die Zelte organisierter Touren kann man am **Endpunkt der Piste** oder ca. 15 km Tsagaan-Gol-aufwärts auf einem nördlich des Talhangs befindlichen **Plateau** mit Blick auf den Potanin-Gletscher und den Tavan Bogd aufstellen.

Aktiv

Bergsteigen/Wandern ▶ Mehrtägige Trekkingtouren, Tageswanderungen und alpines Bergsteigen verbunden mit einem außergewöhnlichen Naturerleben sind die Aktivitäten in dieser Gegend.

Von den meisten Besuchern wird eine Mehrtagestour zum **Potanin-Gletscher** 4 unter der Gipfelregion des Tavan Bogd unternommen. Das Tal des Tsagaan Gol – die Abflussbahn der Gletscherschmelzwässer des Potanin-Gletschers – ist dabei bis zum Ende der Piste als Anfahrt zu benutzen. Wanderer und Bergsteiger können von hier aus das Tsagaan-Gol-Tal aufwärts gehen und erreichen nach ca. 14 km das untere Ende des Potanin-Gletschers. Man hält sich dann auf der nordöstlichen Seite des Gletschers und kann auch als Wanderer diesen noch ca. 15 km aufwärts wandern. Bergsteiger betreten mit der entsprechenden Ausrüstung das

Paddlers Traum: unterwegs im Faltboot auf dem Gletscherfluss Tsaagan Gol

Khovd und der Hohe Altai

Eis auf einer Höhe von etwa 3300 m und steigen nach einem möglichen Zwischenbiwak auf den Gipfel des **Khuiten Uul.**

Von Ulgii nach Ulaangom

Wendet man sich von Ulgii nach Norden in Richtung Grenze, so schlängelt sich die offizielle Piste entlang zumeist ausgetrockneter Flussläufe und über einen kleinen Pass, den **Shine Davaa** (▶ B 3, Шинэ даваа, Neuer Pass, N 49°31,17' O 89°81,16'). Die Vegetation, zumeist gelbes Steppengras, ist karg.

Tsagaannuur ▶ B 3
Nach etwa 70 km gelangt man nach **Tsagaannuur** (Цагаан нуур, N 49°31,57' O 45°

Sechs mit ewigem Schnee bedeckte Berge zählt der Nationalpark Altai Tavan Bogd

Von Ulgii nach Ulaangom

97,00'), einem Örtchen, das seinen Namen von drei kleinen Seen in der näheren Umgebung ableitet. Wirtschaftlich bedeutend sind hier ein Öllager und eine Großhandelsgesellschaft, die als Umschlagplatz für den Handel mit Russland und den westlichen Aimags dient. Insgesamt gibt es in dieser Region drei Grenzübergänge nach Russland und zwei Grenzübergänge nach China. Für Ausländer, selbst mit gültigem Visum, ist nur die mongolisch-russische Grenzstation 30 km nordwestlich von Tsagaannuur passierbar, 5 km hinter dem Übergang markiert ein Bogen die Grenze. Die russische Siedlung **Ta-shanta** (▶ B 2) liegt weitere 20 km entfernt.

Nationalpark Siilkhem Nuruu
▶ A/B 2–4

Der direkt an der russischen Grenze gelegene **Nationalpark Siilkhem Nuruu** (Сийлхэмийн нуруу) zerfällt in zwei Teile – westlich von Tsagaannuur liegt Teil A und nordöstlich davon Teil B. Der erst seit dem Jahr 2000 bestehende Park soll die Bestände des Argali-Wildschafs sichern (s. S. 29). Im B-Teil liegt ca. 30 km nördlich von Tsagaannuur noch einer der weniger bekannten Viertausender – der **Ikh Turgen Uul** (Их Тургэн уул, N 49°48,13' O 89°45,55', 4029 m), dessen Hauptgipfel nur 6 km von der russischen Grenze entfernt liegt und den man nicht mit dem Turgen Uul im Uvs Aimag südwestlich von Ulaangom verwechseln sollte. Ein Grenzzonenschein ist dringend erforderlich für den Besuch des Parks.

Achit Nuur und Uureg Nuur
▶ C 2/3

Folgt man der Strecke weiter Richtung Osten, sollte man dem nur 21 km südöstlich der Piste liegenden **Achit Nuur** (Ачит нуур, N 49°24,98' O 90°39,80') einen Besuch abstatten. Der See hat bei einer Länge von 30 km und einer Breite von 16 km eine Fläche von 311 km² und liegt 1464 m über dem Meeresspiegel.

Bevor man den Pass **Ulaan Davaa** (Улаан даваа, N 50°10,66' O 91° 27,92') erreicht, befindet sich ein weiterer See zur Linken – der **Uureg Nuur** (Уурэг нуур, N 50°9,66' O 91°0,11'), der abflusslos ist und dessen Wasser deshalb einen etwas höheren Mineralgehalt aufweist. Der See hat einen runden Umriss und einen Durchmesser von 18 km. Nach dem Passieren des Passes fährt man dann in die Uvs-Nuur-Senke und erreicht Ulaangom (s. S. 346) nach weiteren ungefähr 50 km Fahrtstrecke.

Der Nordwesten

Das Becken der großen Seen – insbesondere der größte See der Mongolei, der salzhaltige Uvs Nuur – prägt die Region. Die Seenlandschaft ist Anziehungspunkt für bis zu 200 Vogelarten. Das einzigartige intakte Ökosystem firmiert heute in der Liste des Weltnaturerbes. Wer einen komprimierten Eindruck einer typisch zentralasiatischen Landschaft gewinnen will, ist hier am richtigen Platz.

Ulaangom ▶ D 2

Die Aimagmetropole mit etwa 23 000 Einwohnern, so gesichtslos wie die meisten Siedlungen des Landes, ist ein aktiver Handelsplatz, der sich dafür anbietet, Vorräte aufzustocken. **Ulaangom** (Улаангом, N 49°58,85' O 92°3,95') bedeutet ›Roter Sand‹ und der Name ist Programm. Die Stadt liegt mitten in der Wüste, in der nördlichsten Wüstenregion der Erde, immerhin auf derselben Höhe wie Stuttgart. Geografisch wird diese Region noch zur Gobi gerechnet. Ihre Salzseen sind mit denjenigen des südlichen Khovd Aimag vergleichbar.

Ulaangom ist das Aimagzentrum des **Uvs Aimag** (Увс аймаг), der sich nordöstlich an den Bayan-Ulgii Aimag anschließt. Den 696 000 km² großen Uvs Aimag bewohnen rund 81 000 Einwohner. Er hat ein relativ selbstständiges Wirtschaftsleben mit regem Grenzhandel mit den nahen russischen Provinzen, besonders mit Tuwa. In diesem Aimag gibt es zwei Grenzübergänge nach Russland: Borshoo im Davst Sum und Tes im Tes Sum. Sie dienen allerdings nur dem mongolisch-russischen Grenzverkehr und sind für Ausländer gesperrt.

Denkmäler

Die **Statue auf dem Hauptplatz** des Ortes erinnert an einen mongolischen Leutnant, Givaan, der in einem Grenzdisput mit chinesischen Soldaten der Guomindang 1948 fiel. Die **Bronzefigur vor dem Sitz der Verwaltung** stellt Yumjaagiin Tsedenbal dar, der 1916 in der Gegend von Ulaangom geboren wurde und die Mongolei von 1952 bis 1984 regierte.

Museum

In der Nähe der Stadt wurde ein – heute nicht mehr zu besichtigendes – **Gräberfeld** aus dem 5. bis 3. Jh. v. Chr. entdeckt. Die Toten wurden in quadratischen Holzkammern, in denen bis zur zehn Personen lagen, bestattet. Streitäxte, Messer, Dolche, Schmuck und keramische Gegenstände als Grabbeigaben sind heute im **Aimagmuseum** ausgestellt und vermitteln einen kleinen Eindruck dieser Epoche. Außerdem informiert das Museum über die Natur und Landschaften sowie die Besonderheiten der Kultur im Grenzgebiet zu Tuwa. In einem separaten Bau wird wichtigen Persönlichkeiten des Aimag Raum gegeben, z. B. dem ehemaligen Führer der kommunistischen Partei und Premierminister Tsedenbal (im nordwestlichen Abschnitt der Hauptstraße, neben dem Theater, Tel. 01452 247 20, Mo–Sa 9–17 Uhr, 2000 MNT).

Kloster

Ulaangoms 1757 gegründetes Kloster mit dem Namen **Dechinravjaalin Khiid** wurde 1937 zerstört. In den 1990er Jahren wurde mit dem Wiederaufbau begonnen.

Ulaangom

Etwas Zuversicht ist schon angebracht, um in den alten russischen Bussen ans Ziel zu gelangen

Infos

Touristeninformation Eco-Ger: direkt am Flughafen, geöffnet bei Ankunft eines Flugzeugs oder auf Nachfrage. Hier erhält man Informationen zu allen Aspekten des Tourismus. Zudem werden Touren organisiert und zusammengestellt.

Schutzgebietsverwaltung: am Westende der Hauptstraße, Tel. 01452 222 71, delhiinov uvsnuur_mn@yahoo.com, Mo–Fr 9–17 Uhr. Hier sollte man sich melden, wenn man sich längere Zeit in den umliegenden Biosphärenreservaten und Naturschutzgebieten aufhalten will.

Grenzbehörde: nordöstlich des Zentralplatzes, Mo–Fr 9–17 Uhr. Will man die 100-km-Zone des Grenzgebiets bereisen, so muss man hier einen Grenzzonenschein erwerben.

Post, Internetbüro (8–17Uhr) und **Telecom-Büro** (24 Stunden geöffnet) befinden sich an der Nordseite des Zentralplatzes.

Übernachten

Sternverdächtig ▶ **Hotel Bayalag Od:** südlich des zentralen Platzes, Tel. 01452 224 45, 99 84 32 61. Das Haus will seinem Namen (*od* = Stern) alle Ehre machen. Zimmer der Luxus-Kategorie verfügen über ein eigenes Bad. Das zugehörige Restaurant serviert tgl. 7–23 Uhr mongolische Küche. Übernachtung ab 25 000 MNT, Essen 1500–4000 MNT.

Minimalausstattung ▶ **Tsogtsolbor Hotel:** direkt im Zentrum gegenüber des Zentralplatzes, Tel. 01452 246 14. Einfaches, sauberes Hotel mit Fernsehern auf den Zimmern der Luxuskategorie. Angeschlossen ist eine Bierbar. Übernachtung ab 25 000 MNT.

Einfach ▶ **Tavan Od Hotel:** am nördlichen Stadtrand, Tel. 01452 234 09, 99 45 94 18. Schlichte Unterkunft mit internationaler Küche (8–22 Uhr). Sauna und regelmäßige Heißwasserversorgung. Übernachtung ab 25 000 MNT, Essen 1500–5000 MNT.

Der Nordwesten

Schlicht ▶ **Hotel Uvs Nuur:** Stadtmitte, Tel. 01452 246 14. Zimmer der Kategorien ›einfach‹ bis ›Luxus‹. Restaurant mit internationaler Küche. Übernachtung ab 20 000 MNT, Essen 2000–5000 MNT.

Ganz passabel ▶ **Hotel Kharkhiraa:** an der Hauptstraße im Zentrum, Tel. 99 45 78 01. Einfaches Hotel mit auch etwas komfortableren Zimmern. Restaurant im Haus. Übernachtung ab 12 000 MNT.

Schöne Lage ▶ **Kharkhiraa Erholungsheim:** ca. 25 km südwestlich von Ulaangom, Tel. 01452 239 82, 01452 242 86. Erinnert an eine Jugendherberge, ist aber aufgrund seiner Umgebung durchaus zu empfehlen. Übernachtung ab 8000 MNT.

Essen & Trinken

Stadtbeste Küche ▶ **Restaurant Ikh Mongol:** an der Hauptstraße gegenüber dem Theater, Tel. 99 83 92 92, tgl. 8–22 Uhr. Man serviert mongolische und chinesische Gerichte. 2500–12 000 MNT.

teakhouse ▶ **Restaurant Chinggis:** südwestliche Seite des Zentralplatzes, nahe dem Kaufhaus, Tel. 99 45 26 88, tgl. 10–20 Uhr. Mongolische Küche. Die Qualität des Fleisches lässt vermuten, dass die Rinder hier ein langes Leben hatten. 2000–7000 MNT.

Basic ▶ **Restaurant Tsagaan Sarnai:** nordöstlich vom Zentralplatz, Tel. 99 45 38 48, tgl. 9–20 Uhr. Typisch mongolisches Essen. 800–3500 MNT.

Einkaufen

Mehrere **Tankstellen** und **Supermärkte** sowie ein **Schwarzmarkt** für Lebensmittel und Konsumgüter (nordöstlich des Zentrums) decken komplett den Bedarf fürs Reisen ab.

Verkehr

Flüge: Der Flughafen liegt recht ortsnah südöstlich des Zentrums und wird regelmäßig von den regionalen Fluggesellschaften (EZNIS und Aero Mongolia) angeflogen, Verbindungen mit Ulaanbaatar, Murun und Khovd.
Busse: Minibusse nach Khovd, Murun, Ulgii und Ulaanbaatar fahren in der Nähe des Marktplatzes ab; Preise werden verhandelt.

Uvs Nuur ▶ D/E 2

Namensgebend für den Uvs Aimag ist der **Uvs Nuur** (Увс нуур), mit 84 km Durchmesser und 3350 km² Fläche der größte See der Mongolei, 5,4 mal größer als der Bodensee. Seine Salzkonzentration beträgt 19 ‰ (Meerwasser hat im Durchschnitt 35 ‰) und entspricht damit einem Binnenmeer wie der Ostsee vor der deutschen Küste. An manchen Stellen kann man Hunderte von Metern in den See hinausgehen und immer noch stehen. Selbst an seiner tiefsten Stelle weist er nur eine maximale Wassertiefe von 26 m auf, die Höhe des Wasserspiegels liegt bei 759 m ü. NN. Der Uvs Nuur gehört zu den kältesten Orten im Lande mit Extremen von bis zu –57 °C, sodass trotz des Salzgehalts das Wasser gefriert.

Die Umgebung des Sees wurde 1994 unter Naturschutz gestellt, 1997 wurde sie zum UNESCO-Biosphärenreservat erklärt, das seit 2003 auf der UNESCO-Liste des Welterbes steht. Die Einmaligkeit des Naturreservats wird damit unterstrichen, wegen der biologischen Vielfalt an Pflanzen und Tieren und der verschiedenen Geotope verdient es besonderen

Uvs Nuur

Schutz. Für Zugvögel stellt der See einen beliebten Aufenthalts- und Nistplatz dar. Die Ufer sind besonders im Herbst Rastplatz Hunderter Vögel, darunter Limikolen, Enten, Gänse, Reiher, Möwen und Seeschwalben.

Der See liegt in einem tektonischen Becken, das sich vor ca. 3 Mio. Jahren absenkte. Damit wurde er von allen Zugängen abgeschnitten und hat sich seit dieser Zeit selbstständig entwickelt. So konnte sich im See eine eigene, endemische Fischart der Gattung Altai-Osman entwickeln: *Oreoleuciscus potanini* – eine räuberische Karpfenart, die sich an die speziellen Wasserverhältnisse im See angepasst hat.

Südufer

Folgt man der Piste am Südufer des Uvs Nuur, so bekommt man einen guten Eindruck von der Ausdehnung des Sees. Ganz am Horizont im Norden sieht man noch die Gebirgsketten des russischen Tannu-Olaa-Gebirges. Der hohe **Strandwall**, auf dem die Piste verläuft und auf dem auch Jurten aneinander gereiht stehen, wurde vor 8000 bzw. 5000 Jahren gebildet. Die besonders am Südufer des Uvs Nuur gut sichtbaren Strandwälle unterhalb des hohen Pistenwalls sind relativ jung (ca. 2000 bis 3000 Jahre alt).

Obgleich der See eine recht hohe Salzkonzentration aufweist, befindet sich streckenweise ein **Schilfgürtel** an seinem Ufer. Das Schilfwachstum wird auf das austretenden Süßwasser zurückgeführt, das durch die mächtigen und weit gespannten Fußflächen der umgebenden Gebirge sickert.

Ostufer und Buurug Deliyn Els

Setzt man die Fahrt auf der Südseite des Sees nach Nordosten fort (auf der Piste Richtung Tes Sum), so gelangt man in den westlichen und dem See zugewandten Teil des Dünengebiets **Buurug Deliyn Els** (▶ E/F 2/3, Бөөрөг Дэлийн элс), das sich über 180 km nach Osten in der Uvs-Senke fortsetzt. Am Ufer des Sees kann man sehr schön sehen, dass durch den Anstieg des Seespiegels die Dünen überflutet werden.

Übernachten

Camping ▶ **Ostufer:** Die Ostbucht des Uvs Nuur (N 50°13,39' O 93°16,11'), in die der Na-

Was wie ein riesiges Trinkwasserreservoir aussieht, hat fast so viel Salzgehalt wie das Meer: der Uvs Nuur

Der Nordwesten

Tipp: Bootsfahrt auf dem Uvs Nuur

Auf der Ostseite des **Uvs Nuur** kann man ein besonderes Abenteuer erleben. Bei geeignetem ›Seegang‹ bietet eine Fahrt mit einem motorisierten Schlauchboot ein großartiges Schauspiel: Die nur noch mit den oberen Teilen über der Wasseroberfläche sichtbaren Dünenrücken des **Buurug Deliyn Els** bilden zusammen mit den vollständig überfluteten Dünen ein ganz selten zu beobachtendes Landschaftsbild. Zudem begegnet man, besonders nach den frühherbstlichen Stürmen, schwimmenden **Inseln aus Schilf,** die einmal quer über den See getrieben wurden. Sie sind so tragfähig, dass mehrere Personen darauf Platz finden. Die entsprechende Ausrüstung für diese Tour muss man allerdings mitbringen bzw. der Reiseunternehmer hat sie dabei.

---

riin Gol mündet, bietet eine sehr malerische **Zeltmöglichkeit** auf einer seeufernahen Wiese (Mückenschutz nicht vergessen!).

Aktiv
Baden ▶ **Südufer:** An dieser Lido- und Lagunenküste lassen sich immer Stellen finden, um ein erfrischendes Bad im Uvs Nuur zu nehmen. Allerdings führt der Weg zum Ufer immer durch eine feuchte Niederung, deshalb ist es erst nach einiger Suche möglich, an den **Sandstrand** zu gelangen.
Vogelbeobachtung ▶ Vogelfreunde kommen am gesamten **Ost- und Südufer** des Uvs Nuur voll auf ihre Kosten. Die Zeit sollte man allerdings großzügig bemessen.

Naturschutzgebiet Turgen Kharkhiraa ▶ C 2/3

Der höchste Berg des Uvs Aimag ist der vergletscherte **Kharkhiraa Uul** (Хархираа уул, N 49°34,16' O 91°22,94') mit einer Höhe von 4037 m, während sein direkter Nachbar, der **Turgen Uul** (Тургэн уул, N 49°42,41' O 91° 19,08'), 3965 m hoch ist. Die Zugangsstrecke geht von Ulaangom zunächst nach Süden, eine Piste biegt dann in westlicher Richtung ab und führt über **Tarialan** zur Kohlemine **Khartaravgatv** (N 49°32,89' O 91°41,00'). Von hier aus folgt man der Route weiter nach Westen und erreicht nach ca. 10 km eine Art Hochplateau auf fast 3000 m, das zwischen den beiden Gipfeln liegt. Das Gebirgsmassiv weist mehrere Wasserfälle auf, die im Baga-Turgen-Gebirge ca. 36 m tief ins Tal stürzen.

Ein weiterer beliebter Ausflugspunkt ist der Gebirgssee **Khukh Nuur** (Хөх нyyр, N 49°50,41' O 91°41,14'), der 15 km von Tarialan enfernt ist. Er liegt versteckt, westlich hinter der ersten, das Uvs-Nuur-Becken begrenzenden Bergkette, und sollte nicht mit dem Khukh Nuur im Otgon-Tenger-Gebiet verwechselt werden (s. S. 356).

Für Bergwanderungen, die sich eher auf die Turgen-Nordseite konzentrieren, sollte man von Norden her über den See Ureg Nuur und den Ort Delgermurun in das Turgen-Gol-Tal fahren und dort von einem Basislager aus die umliegenden Gipfel besteigen und die fantastischen Panoramablicke auf die Bergwelt genießen. Man betritt historischen Boden, denn 1910 lenkte bereits der britische Geograf Douglas Carruthers seine Karawane in dieses Tal und fotografierte und kartografierte die Gletscher.

Aktiv
Wandern, Bergsteigen ▶ Für eine Besteigung ist bergsteigerisches Können und eine gute Kondition gefragt sowie außerdem eine gute Verbindung zum Wettergott. Für rasche Wetterumbrüche sind beide Berge wohlbekannt. Vom Basislager auf 3000 m Höhe aus sind verschiedene Touren in die Bergwelt des **Kharkhiraa** nach Süden und in die Region des **Turgen Uul** und des **Tsagaan Uul** (Цагаан уул, N 49°42,40' O 91°19,16', 3978 m) nach Norden möglich. Allerdings ist für die unter alpinen Bedingungen durchzuführende Besteigung ein Bergführer anzuraten. Aber auch schon das Erwandern der Gletscherregion des **Kharkhiraa-** oder **Turgen-Gletschers** lohnt die Mühe.

Bayan Nuur ▶ E 3

10 km nordöstlich von **Zuungobi** (▶ E 3, Зуунговь) erscheint am Horizont wie eine Fata Morgana das blaue, 16 km lang gezogene Band des **Bayan Nuur** (Баян нуур, N 49°59,30' O 93° 57,11') inmitten einer kargen Vegetation ohne Baum weit und breit. Die Strecke zum Süßwassersee ist wegen der sandigen Piste bisweilen schwer befahrbar. Man wird entschädigt durch unvergleichliche Eindrücke und das Wechselspiel von hohen Sanddünen und Wasser. Der 32 m tiefe See liegt auf einer tektonischen Störungslinie. Die Gegend ist sogar eine mehrtägige Erholung wert, weil man zu Fuß oder mit kurzen Autotouren auch das östliche Ufer erkunden kann. Übernachtet man auf der Westseite des Sees, so genießt man am Abend bei untergehender Sonne ein dramatisches Farbenspiel auf den Dünen der Ostseite.

Auch ein Ausflug in das Dünengebiet des **Buurug Deliyn Els** (▶ E/F 2/3, Бөөрөг Дэлийн элс) auf der Ostseite des Bayan Nuur und zum dort verlaufenden Quellfluss des Sees – dem **Khusuu Tuin Gol** (▶ E 3) – ist zu empfehlen. Hier haben Untersuchungen von deutschen und mongolischen Wissenschaftlern in den 1990er-Jahren ergeben, dass die Dünen des Buurug Deliyn Els mindestens 150 000 Jahre alt sind und sich besonders während der letzten Eiszeit teilweise neugebildet haben und umgestaltet wurden.

Aktiv
Baden ▶ Im See inmitten der Wüste lässt sich der Staub der Nordgobi wegspülen.

Vom Bayan Nuur nach Osten ▶ E 3–K 4

Folgt man der Piste entlang des Buurug Deliyn Els über **Baruunturuun** (▶ F 3, Барууntуруун, N 49 39,34' O 94°24,22') nach Osten, so bemerkt man, dass allmählich der Lärchenwald das Dünenfeld ablöst. Dies liegt daran, dass die Höhe und damit der Niederschlag nach Osten langsam ansteigen.

Nationalpark Khyargas Nuur

Die Fahrt kann über **Tes Sum** (▶ G 3, Тэс сум), **Bayantes** (▶ G 3, Баянтэс) und **Tsetserleg** (▶ H 3, Цэцэрлэг) fortgesetzt werden. In der Nähe des Ortes **Tsagaan Uul** (▶ J 3, Цагаан уул) endet diese Piste, dort kann man entweder in östlicher Richtung nach **Murun** (Мөрөн) weiterreisen, ins Zentrum des Khuvsgul Aimag, oder man biegt nach Südwesten ab in Richtung **Uliastai** (Улиастай, s. S. 355). Die 150 km lange Fahrtstrecke von **Tosontsengel** (▶ H 4, Тосонцэнгэл) gen Süden führt zunächst durch ein weites Tal mit Trockensteppenvegetation, um dann allmählich in die Berge anzusteigen und nach dem **Fischpass** (Zagastajin Davaa, Загастайн даваа, N 48°4,35' O 97°9,91') spektakulär entlang eines wilden Flussbetts auf Uliastai zuzuführen.

Allerdings kann man von Baruunturuun kommend auch eine weiter südlich verlaufende Strecke nach Osten auswählen und über einen der Pässe des **Khan Khukhiyn Nuruu** (▶ E/F 3/4, Хан Хөхийн нуруу) nach **Undurkhangai** (Өндөрхангай, N 49°16,25' O 94°51,00') und **Zuunkhangai** (Зуунхангай, N 49°18,36' O 95°26,77') fahren. Weiter südlich erreicht man dann die Piste, die aus Westen vom Khyargas Nuur her kommt. Im Khan Khukhiyn Nuruu trifft man auf die Bulnai-Erdbebenspalte (s. S. 242), die sich über 800 km weiter nach Osten fortsetzt.

Nationalpark Khyargas Nuur ▶ D–F 3/4

Südlich der Uvs-Senke, abgetrennt durch den relativ schmalen Gebirgsstreifen des Khan Khukhiyn Nuruu, liegt die Khyargas-Senke mit dem B-Teil des **Nationalparks Khan Khukhiy Khyargas Nuur**. Der **Khyargas Nuur** (▶ D/E 3/4, Хяргас нуур) hat eine Fläche von 1407 km² und sein Seespiegel liegt bei 1028 m über NN. Der Salzsee ist 75 km lang und 31 km breit und weist die größte Tiefe bei 80 m auf. Wie auch schon der Uvs Nuur befindet er sich in einem tektonischen Becken, das zur Senke der großen Gobi-Seen gehört. Trotz zahlreicher wasserreicher Flüsse, insbe-

Auf einem Motorrad lässt sich vieles transportieren

Der Nordwesten

aktiv unterwegs

Mit dem Boot durch die Wüste

Tour-Infos

Start/Ziel: das nördliche Westufer des Airag Nuur bzw. der südliche Beginn des gewundenen ›Verbindungskanals‹ zwischen Airag Nuur und Khyargas Nuur (▶ E 4)
Verlauf: zum östlichen Ufer des Khyargas Nuur sowie zu den Vogelfelsen am Südufer des Khyargas Nuur und wieder zurück
Länge: 15 km (Hin- und Rückfahrt)
Dauer: 2 Std.
Schwierigkeitsgrad: leicht
Hinweis: Ein motorisiertes Schlauchboot ist vom Reiseveranstalter mitzunehmen oder man organisiert es sich selbst.

Von Wüstensteppe sind die beiden Seen **Airag Nuur** und **Khyargas Nuur** in der Nordgobi umgeben. Die bis über 100 m höher liegenden Strandwälle zeugen von einem riesigen Paläosee aus geologischer Vergangenheit. Was heute noch beide Seen verbindet, ist eine etwa 8 km lange, bis zu 20 m tief eingeschnittene, flussartige Verbindung, die zu einem Erlebnis besonderer Art werden kann. Hat man in Ulaanbaatar seine Ausrüstung gut organisiert, so kann man hier mit dem Schlauchboot durch die Wüste fahren. Die Wassertiefe des Talverlaufs ist recht unterschiedlich. So wechseln sehr seichte, subaquatische Schwellen mit bis zu 16 m tiefen Löchern im Längsverlauf des Flusslaufs ab.

Wenn man die Südbucht des sehr großen Khyargas Nuur erreicht hat, so sind es 35 km bis zum gegenüberliegenden Nordufer. Man sollte sich also am südlichen Ufer des Khyargas Nuur direkt nach Osten halten und dort die lang gezogenen Strandwälle und Seeterrassen genießen, um bis zum **Khetsuu-Khad-Felsen** mit seinen Kormoranen zu gelangen.

Erfahrenen Anglern kann es hier gelingen, den legendären **Altai-Osman** zu fangen. Allerdings kommen auch Fotografen und Naturfreunde durch das Wechselspiel von Wasser und Wüste voll auf ihre Kosten.

sondere des **Khovd** (▶ C 3/4) und des **Zavkhan Gol** (▶ E 4/5), trifft man auch hier auf eine Wüstenlandschaft, in der kaum mehr als 100 mm Niederschlag im Jahr fallen.

Der **Airag Nuur** (▶ E 4, Айраг нуур) südöstlich des Khyargas Nuur nimmt die Wasser des Zavkhan Gol auf, die allerdings durch den Bau einer Wasserkraftanlage in seinem Mittellauf immer spärlicher fließen. Trotz der heftigen Proteste des WWF und der Hinweise auf die Schädigungen des am Fluss liegenden Ökosystems, wird an dem Betrieb festgehalten. Der Seespiegel des Airag Nuur ist im Vergleich zu 2003 stark gefallen und die Fischfauna bereits extrem geschädigt. Der auf 1030 m liegende Airag Nuur ist 143,3 km² groß, 9 m tief, 16 km lang und hat eine durchschnittliche Breite von 8,9 km (maximale Breite 13 km).

Übernachten

Ger Camp ▶ **Khetsuu Khad:** nahe dem Verbindungskanal zwischen Khyargas Nuur und Airag Nuur südöstlich des Khyargas-Sees (N 49°1,97' O 93°28,78'), Tel. 99 19 69 66. In diesem Touristencamp können auch Reisende ohne eigenes Zelt übernachten. Übernachtung ab 15 000 MNT.

Bayan Nuur und Khar Nuur ▶ F 4–G 5

Der Weg vom Khyargas Nuur nach Südosten führt durch die Wüstensteppen des südlichen Uvs Aimag und des Zavkhan Aimag zu einem weiteren See: dem **Bayan Nuur** (▶ F 4). Dieser 50 m tiefe Süßwassersee wird durch den Dünenzug des **Bor Khyaryn Els** (▶ F 4/5, Бор

Хярын элс) aufgestaut. Sein Wasser sickert durch diesen im Süden des Sees liegenden Sandkörper und tritt in zahlreichen Quelltöpfen an der Südseite bei Zavkhanmandal wieder zutage. Das Bor Khyaryn Els setzt sich nach Osten in das **Mongol Els** (▶ F/G 5, Монгол элс, s. S. 333) fort.

Nur 60 km sind es per Luftlinie zum **Khar Nuur** (▶ G 5, Хар нуур, N 48°19.53' O 96°15.22') im Zavkhan Aimag, allerdings ist man wegen der unpassierbaren Dünenfelder gezwungen, einen Umweg über Norden zu machen. Die Ostseite des Khar Nuur ist leichter von Uliastai (s. u.) aus zu erreichen. Der See ist 36,8 km lang, 23,6 km breit, 574,8 km² groß und der Seespiegel liegt bei 1132 m über NN. Der von Dünenzügen gekreuzte und umgebene See ist ein Geheimtipp. Von seiner Südseite werden durch verschiedene Windgassen in der gebirgigen Südeinfassung des Sees Dünen eingeweht. Etwa in der Mitte des Südufers wandert so ein ca. 1,5 km breiter Dünenzug aus Brachanen in den See hinein.

Vom Khar Nuur nach Uliastai, dem Zentrum des Zavkhan Aimag, sind es ca. 80 km.

Aktiv
Bootstour ▶ **Khar Nuur:** Schlauchboottouren zu den ›wasserwandernden‹ **Dünen** im See vermitteln ein unvergessliches Erlebnis. Ausrüstung ist mitzubringen.

Uliastai ▶ G 5

Der Ort **Uliastai** (Улиастай, N 47°74,52', O 96°85,66'), das Verwaltungszentrum des Zavkhan Aimag mit 19 100 Einwohnern, liegt auf 1750 m Höhe. Auch im Hochsommer ist ein Schneesturm hier nicht ungewöhnlich. Jenseits der Stadt, 57 km Luftlinie entfernt, liegt der höchste Berg des Khangai, der **Otgon Tenger Uul** (s. S. 356). Auch das Hinterland von Uliastai lohnt einen Besuch. Dicht bewaldet, gekrönt von Bergen mit schneebedeckten Spitzen und mit zahlreichen reißenden Bächen durchsetzt, steht die Region in scharfem Kontrast zur Sandwüste, die wenige Kilometer westlich der Stadt beginnt.

Tipp: Erfrorene Dünenfelder

Auf der Ostseite des **Bayan Nuur** (▶ F 4, Баян нуур, N 48°29,41' O 95°4,65') bietet sich im Einmündungsgebiet eines Flusses eine atemberaubende Szenerie. Der in den Niederungen vorhandene Dauerfrostboden staut so stark das Wasser auf, dass durch den Volumenverlust im Boden die oberen Bodenschichten nachsacken und sich in kleinen ›Kesseln‹ Wasserflächen auf dem Dauerfrost bilden. Zudem bietet der See einen großartigen Vordergrund vor dem mächtigen Dünenzug des Bor Khyaryn Els.

Frost und Dünen spielen auch bei der Seenbildung in einem Dünengebiet 15 km nordöstlich des Ostendes des **Khar Nuur** (▶ G 5, Хар нуур, N 48°19,53' O 96°15,22') eine Rolle. Innerhalb des Dünenfeldes befinden sich kleine, den Basisumrissen der Dünentäler angepasste Seen, deren Wasser auf dem Dauerfrostboden nicht versickern kann.

Geschichte
Uliastai, 1733 gegründet, ist eine der ältesten Siedlungen in der Mongolei. Noch vor Urga und Khovd war sie während der mandschurischen **Qing-Dynastie** das wichtigste chinesische Verwaltungszentrum des Landes. Sie taucht in den mongolischen Geschichtsbüchern mehrfach als Ausgangspunkt von Befreiungsbestrebungen auf: 1755 führte der Fürst **Chinguunjav** Rebellen gegen die mandschurische Oberherrschaft an, 1880 versuchte sein Urenkel **Onoltur** erneut den Freiheitskampf aufzunehmen, und 1900 gab es Aufstände gegen die chinesische Besatzungsarmee. Erst 1911 gelang die Befreiung von der chinesischen Herrschaft, Ausgangspunkt war wiederum Uliastai.

Sehenswürdigkeiten
Von der Geschichte Uliastais künden vor allem die Reste einer chinesischen Stadtumfriedung. Die **Ruinen** liegen in der Nähe des alten Flughafens, rund 10 km östlich des Stadtzentrums. Hier sind auch noch die

Der Nordwesten

von den chinesischen Besatzern angelegten **Obstplantagen** zu finden.

Im **Aimagmuseum** sind Exponate zur Natur- und Kulturgeschichte ausgestellt. Alte Fotos von Uliastai vermitteln ein Bild aus früheren Zeiten. Das **Museum der Honoratioren der Stadt** erinnert daran, dass der erste demokratisch gewählte Präsident der Mongolei, P. Ochirbat, sowie auch der Präsident N. Bagbandi von hier stammen (Eintritt für beide Museen 2000 MNT, tgl. 9–18 Uhr).

Auf dem **Javkhlant Tolgoi**, einem Hügel 300 m nördlich des Zentrums, von dem man die Aussicht auf die Stadt genießen kann, befinden sich neun Stupas und Skulpturen von Elch, Ibex und Argali. Das örtliche **Kloster Togs Buyant Javkhlant** liegt 3 km nördlich des Zentrums am Rande des Ger-Viertels. Es kann ständig besichtigt werden.

Infos

Nationalparkverwaltung: in einer südlichen Nebenstraße des Hauptplatzes, Tel. 01462 223 61, 99 46 94 77, Mo–Fr 9–13, 14–17 Uhr. Für das Betreten und Befahren des Otgon-Tenger-Schutzgebiets sollten hier die entsprechenden Genehmigungen eingeholt werden.
Telecom-, Post- und **Internetbüro** befinden sich westlich der Aimagverwaltung im Westabschnitt der nördlichen Zentralstraße.

Übernachten

Derzeit ist es schwiwrig, Hotels in Uliastai zu empfehlen. Es werden entweder überzogene Preise verlangt oder die Ausstattung und der Service entsprechen nicht einmal untersten Standards. Trotzdem seien für Notfälle hier einige Unterkünfte aufgeführt:
Am Stadtrand ▶ Bayanzurkh Apartment Hotel: südöstlich des Zentrums, an der Ausfallstraße zum Otgontenger, Tel. 99 46 91 98, 99 20 39 88. Übernachtung pro Person um 11 000 MNT.
Groß ▶ Hotel Uliastai: am Westende der nördlichen Zentralstraße, Tel. 01462 224 14, 91 91 91 98. Übernachtung ab 10 000 MNT.
Standard ▶ Uran Baigal Hotel: im Zentrum, nördlich der Polizeistation, Tel. 99 14 06 03. Übernachtung ab 10 000 MNT.

Essen & Trinken

Aus dem Wok ▶ Restaurant Chigistei: im Zentrum südlich der nördlichen Hauptstraße, Tel. 99 46 05 06, 9–24 Uhr. Mongolische und koreanische Küche. 700–3000 MNT.
Lokale Küche ▶ Naran Café: in der Mitte der nördlichen Hauptstraße, Tel. 99 67 54 85, 99 84 27 21, 10–24 Uhr. 500–2500 MNT.

Einkaufen

Uliastai ist mit **Tankstellen** und **Supermärkten** (z. B. Tesiyn Gol Supermarkt am südlichen Kreisverkehr) ausgestattet. Neben dem **Schwarzmarkt** liegt ein **Technikmarkt,** auf dem auch Autoersatzteile gehandelt werden.

Verkehr

Flüge: Der Flughafen wurde in den Westen der Stadt verlegt, da das alte Flugfeld weiter im Osten in einem engen Tal lag, was Landungen und Starts erheblich erschwerte. Regelmäßig fliegen die regionalen Airlines (EZNIS und Aero Mongolia) Uliastai von Ulaanbaatar aus an.
Busse: Die Minibusse nach Ulaanbaatar starten am Marktplatz. Preise sind zu verhandeln.

11 Otgon Tenger Uul ▶ H 6

Der runde Gipfel des **Otgon Tenger Uul** (Отгон Тэнгэр уул, N 47°36,41' O 97°33,52', 4021 m) erinnert an eine Jurte, weithin leuchtet seine weiße Firnkappe, kleine Hängegletscher ziehen steil zu Tal. Die Mongolen nennen den Berg auch Bogd Ochirvaani Khairkhan und verehren ihn als den Jüngsten Sohn des Himmels. Seit 1828 steht er unter Naturschutz, für alle Aktivitäten im Schutzgebiet ist die **Nationalparkverwaltung** (s. l.) zu unterrichten. Um den Berg liegen acht Seen, die als acht Symbole gelten. Jedes Jahr wird auf seiner Südseite eine Opferzeremonie organisiert. Am südlichen Berghang befindet sich auch ein Fels, der wie eine riesige Schildkröte aussieht. Nach der Legende bewacht diese Schildkröte den Otgon Tenger.

Zu seinen Füßen liegt ein kleiner Moränensee, der **Khukh Nuur** (s. S. 358). Hier wird die

Tipp: Bergsteigen

Die Mongolei als Eldorado für Wanderer- und Bergsteiger muss erst noch entdeckt werden. Dabei bieten sich – neben Tagestouren, die für durchschnittlich trainierte Wanderer schöne Aspekte der mongolischen Landschaft erschließen – auch viele Gelegenheiten für mehrtägige Trekkingtrips, die man bei Bedarf zu echten Hochgebirgstouren ausbauen kann.

Erlebnisreiche Tagestouren kann man z. B. am **Khogno Khan Uul** (s. S. 225), **Eij Khairkhan Uul** (▶ F 9) oder im Oberen **Orkhon-Tal** (s. S. 307) unternehmen. Beim alpinen Bergsteigen, das sich in der Mongolei steigender Beliebtheit erfreut, ist es vor allem der Westen, der mit den Viertausendern des Altai lockt. Beliebt für eine Besteigung mit ausgedehnten Gletscherüberquerungen sind dabei der **Khuiten Uul** (s. S. 340) im Tavan-Bogd-Massiv an der mongolischen Westgrenze, der **Tsambagarav** (s. S. 333) südöstlich von Ulgii, das **Turgen-Kharkhiraa-Massiv** (s. S. 350) südwestlich des Uvs Nuur und der **Munkh Khairkhan Uul** (s. S. 325) südlich von Khovd. Eigene alpine Ausrüstung und vor allem auch Erfahrung im Eisgehen und Klettern sind dabei absolute Voraussetzungen. Einheimische Bergführer bieten für mehr oder weniger angemessenen Lohn ihre Dienste an. Mehrtägige Trekkingtouren lassen sich aber auch in Zusammenarbeit mit lokalen Führern organisieren, wobei die Miete von Packpferden die größte Erleichterung bietet. Zudem haben sich schon einige Reiseanbieter mit Sitz in Ulaanbaatar auf den Trend eingestellt (z. B. Nomads Tours and Expeditions, Karakorum Expeditions, s. S. 136). Neben der Bergwelt des **Altai** kommen hier auch die mittleren Gebirgslagen des **Khangai-Berglandes** und **Khan-Khentii-Gebirges** in Frage.

Genehmigungen der örtlichen Nationalparkverwaltungen sind vorher einzuholen, was aber auch die einheimischen Führer oder Tour Operator erledigen. Hält man sich im grenznahen Bereich auf, ist zusätzlich ein Grenzzonenschein zu besorgen, am besten schon in Ulaanbaatar bei der Grenzbehörde (s. S. 194). Bergsteigerischen Aktivitäten frönt auch der bis 2011 amtierende deutsche Botschafter Pius Fischer, der als erster Diplomat während seiner Amtszeit seit 2007 alle mongolischen Berggipfel über 4000 m bestiegen hat.

Nur für erfahrene Bergsteiger: der 4374 m hohe Gipfel des Khuiten Uul

Der Nordwesten

aktiv unterwegs

Wanderung zum Khukh Nuur ▶ H 6

Tour-Infos
Start/Ziel: Pistenabzweig an der Talgabel unterhalb des Erholungsheims Otgony Amralt
Länge: 20 km (Rundweg)
Höhenunterschied: 150 m
Dauer mit Pausen: ca. 8 Std.
Schwierigkeitsgrad: mittel

Der Ausgangspunkt der moderaten, aber unvergesslichen Bergwanderung liegt ca. 35 km südöstlich von Uliastai. Ziel ist der See **Khukh Nuur** (Хөх нуур, N 47°36,01' O 97°20,49'), der sich relativ isoliert oberhalb der Waldgrenze im Bergsteppenbereich befindet. Der höchste Gipfel des Khangai – der **Otgon Tenger Uul** – wird unser ständiger Begleiter sein. Faszinierende Ausblicke auf den König der Berge sowie herrliche Bergseen in alpiner Umgebung bilden den Reiz dieser Tagestour.

Dort, wo die Piste zum Erholungsheim **Otgony Amralt** nach Norden dem Haupttal folgt, sollte man die Wanderung beginnen, den Fluss auf einer Brücke überqueren und das Haupttal etwa 4 km weiter nach Osten entlanggehen. Für die nächsten ca. 4,5 km folgt man dann dem weiter nach Osten sich erstreckenden Nebental und erreicht so den Bacheinschnitt des Abflusses des Khukh Nuur, an dem entlang man nach Südosten aufwärts wandert, bis man schließlich zum See gelangt.

Vom westlich des Sees gelegenen »Heiligen Berg«, dem **Bayan Uul** (2908 m, N 47° 35,83' O 97°17,97'), hat man eine grandiose Aussicht auf den Otgon Tenger Uul. Der schönste Blick bietet sich aber vom zweigipfligen Bergrücken, dem **Dayan Uul** (N 47° 37,91' O 97°26,51', 2980 m), der 6 km östlich des Khukh Nuur liegt.

nivale Höhenstufe erreicht, in der sich die Vegetation auf Flechten und Moose beschränkt.

Otgony Amralt ▶ H 5

Um in den kleinen Kurort **Otgony Amralt** (Отгоны амралт, N 47°48,19' O 97°33,23') zu gelangen, verlässt man das Aimagzentrum Uliastai Richtung Osten und fährt ein breites Tal aufwärts, das sich nach ca. 35 km gabelt. Man folgt dem Haupttal noch weitere 40 km auf der Piste, bis man in einer Höhe von 2510 m den Ort Otgony Amralt mit seinen heißen Quellen und einem Erholungsheim erreicht. Ein schriftlicher Beleg aus dem Tang-Staat erwähnt, dass die Turkvölker aus der Region des Orkhon diese Mineralquellen bereits im 8. Jh. als Heilbad benutzten. Die Mongolen bezeichnen diese Quelle als Das Heilige Wasser von Bogd Ochirvaani (Verehrungsname des Berges Otgon Tenger) oder Das heilige Wasser von Bogda.

Übernachten

Kuraufenthalt ▶ **Erholungsheim Otgony Amralt:** am Ende des Haupttals des Rashaan Gol gelegene Unterkunft. Übernachtung ab 40 000 MNT.

Aktiv

Baden ▶ **Erholungsheim Otgony Amralt:** s. l. An 31 Stellen sprudeln hier die 40 bis 55 °C heißen Mineralquellen mit Hydrokarbonat und Sulfat zutage. Das Quellwasser soll gegen neurologische und gynäkologische Erkrankungen sowie gegen Allergien helfen.

Wandern ▶ Seit 2002 ist offiziell das Bergsteigen in der Gipfelregion des Otgon Tenger nicht mehr erlaubt. Als eine Besteigung noch gestattet war, diente der **Ikh Tailgyn Ovoo** (Их Тайлгын Овоо, N 47° 34,11' O 97 39,18', 2499 m) als Ausgangspunkt. Eine Fahrt dorthin führt in die nivale Stufe, auf der auch im Sommer oft Schnee liegt. Abends muss man die Gipfelregion wegen der Naturschutzbestimmungen wieder verlassen haben.

Ausgangspunkt für eine Wanderung auf den **Kleinen Otgon Tenger** (Baga Bogd Uul, Бага Богд уул, N 47°38,30' O 97°35,90') ist das Erholungsheim Otgony Amralt. Der Aufstieg auf eine Höhe von 3643 m bietet eine hervorragende Rundsicht mit einem guten Ausblick auf den Hauptgipfel.

Mit 4021 m einer der höchsten Berge des Changai-Gebirges: der Otgon Tenger Uul

Dem Osten gebührt – vermutlich – die Ehre, Heimat von Chingghis Khaan zu sein, wovon zahlreiche Denkmäler wie hier in Dadal zeugen

Kapitel 5
Osten und Steppen-Aimags

Grasland, wilde Tiere und die Vermutung, dass Chingghis Khaan hier geboren wurde, sind die Hauptattraktionen des mongolischen Ostens. Die langen Steppenfahrten bieten oft nicht gerade Aufregendes – man muss weite Strecken zwischen den einzelnen landschaftlichen Highlights zurücklegen. Doch die endlose Weite eines wogenden, oft hüfthohen Grasmeeres, ohne dass eine Jurte auf menschliche Besiedlung hinweisen würde, hat für Besucher aus dem dicht besiedelten Europa einen ganz besonderen Reiz, vor allem da hier Gazellen in Herden von vielen Tausend Stück auch weiterhin eine der letzten großen Wildtierwanderungen der Erde vollziehen.

Das Gebiet um Dariganga mit dem Vulkan Shiliyn Bogd Uul nahe der mongolischen Südgrenze verdient genauso Beachtung wie das Schutzgebiet Numrug weiter im Osten und die historisch bedeutsamen Stätten am Khalkhyn Gol. An dieser östlichen Landesgrenze schlugen sowjetische und mongolische Truppen unter General Schukow, dem späteren Eroberer von Berlin, die aus der Mandschurei eindringenden Japaner entscheidend.

Bei der Beschäftigung mit der älteren Geschichte stößt man im Osten der Mongolei auf Spuren aus Chingghis Khaans frühen Jahren. In Dadal und dem Onon-Balj-Nationalpark sowie rund um den Khukh Nuur werden die Stätten seiner Geburt und Kindheit vermutet. Die letztgenannten Gegenden liegen in der Randzone des Khan-Khentii-Schutzgebiets und bieten von Mungunmorit, Binder oder Batshireet aus hervorragende Möglichkeiten zum Wandern und Reiten in unberührter Wildnis.

Als Reisezeit sowohl für das Khentii-Gebirge als auch für die Steppen im Osten kommen nur die Sommermonate in Betracht. Wer nur wenig Zeit für die Mongolei hat, sollte wegen der großen Entfernungen eher anderen Regionen den Vorzug geben, zumal die Straßenverhältnisse im Osten noch schlechter sind als im übrigen Land.

Auf einen Blick
Osten und Steppen-Aimags

Sehenswert

12 Kloster Baldan Bereeven: Ehemals ein Zentrum der lamaistischen Missionierung des Ostens, heute eine Ruine (s. S. 369).

Onon-Balj-Nationalpark: Ein Landschaftsarchitekt hätte es sich kaum malerischer ausdenken können (s. S. 372).

13 Shiliyn Bogd Uul: Wer diesen heiligen Vulkanberg besteigt, soll mit neuer Energie belohnt werden (s. S. 383).

14 Dornod Mongolyn Tal: In der Steppenlandschaft weit im Osten kann man Herden von vielen Tausend Gazellen beobachten. Es handelt sich um eine der größten Tierwanderungen des Kontinents (s. S. 385).

15 Khalkhgol: Schlachtstätte, auf der Japan von sowjetisch-mongolischen Truppen geschlagen wurde. Flacher geht's nicht – die Steppe berührt den Himmel (s. S. 393).

Schöne Routen

Von Ulaanbaatar nach Dadal: Die weiche Mittelgebirgslandschaft des Khentii-Gebirges im nordöstlichen, an Russland angrenzenden Teil des Landes ist lieblich, auch wenn die Gipfel Höhen von über 2000 m erreichen. Einen guten Einblick gibt die Strecke von Ulaanbaatar über die Klosterruine Baldan Bereeven und Binder nach Dadal, Chingghis Khaans vermeintlichem Geburtsort. Die Tour vermittelt in drei Tagen schon einen Hauch von Sibirien und der Taiga, wo die Burjaten ihre Blockhäuser bauen (s. S. 364).

Von Choibalsan an den Buir Nuur: Zwischen Choibalsan und dem 250 km entfernten Buir Nuur, dem größten See im Osten der Mongolei, erstreckt sich die faszinierende Menengiyn-Steppe, die im Sommer an die Serengeti in Afrika erinnert (s. S. 391).

Unsere Tipps

Wandern im Delger Khan Uul: In den trocken gefallenen Tälern findet man Ulmenauen, die lichten Schatten spenden (s. S. 376).

Dariganga und Umgebung: Vulkane, Dünen, Seen sowie eine ethnische Minderheit, die Dariganga, bieten eine spannende Mischung für ein Reiseerlebnis 650 km südöstlich von Ulaanbaatar (s. S. 382).

Numrug-Nationalpark: Dieses streng geschützte Bergland im äußersten Osten ist ein Rückzugsort des Ussuri-Elchs. Hier kommt man nur zu Fuß oder per Pferd weiter und trifft so auf einzigartige Flora und Fauna (s. S. 393).

Ikh Nart: In den Nationalpark südlich von Choir gelangt man von der Hauptstadt aus recht schnell. Er lockt mit Wildtierbeständen – u. a. Argali und Ibex – sowie Möglichkeiten zur Geierbeobachtung. Ein Ger Camp steht für Übernachtungen zur Verfügung (s. S. 394).

aktiv unterwegs

Reitexkursionen im nördlichen Khentii-Gebirge: Ein Erlebnis der besonderen Art – auf der Spur des großen Khaan taucht man zu Pferde in die Wildnis der Wälder rund um Mungunmorit ein (s. S. 368).

Khentii-Gebirge

Der Geburtsort Chingghis Khaans und nach der mongolischen Sage auch der Ort seines Grabs sollen im nordöstlich von Ulaanbaatar gelegenen Khentii-Gebirge zu finden sein. Von hier aus eroberten die Mongolen ihr Weltreich. Gebirgstaiga sowie satte, kräuterbestandene Wiesen und eine reiche Fauna kennzeichnen die Region, zu der das Naturschutzgebiet Khan Khentii Nuruu gehört.

Das gesamte Khentii-Gebirge stellt den südlichsten Ausläufer der weit gespannten sibirischen Taiga mit Birken, Lärchen und in den höheren Lagen Kiefernwälder dar. Jenseits der oberen Baumgrenze wachsen ab etwa 2200 m nur noch Gräser, Flechten und Moose. Hier ist unberührte Bergsteppe. Nur in den Tälern stehen stellenweise Fichten, die an auch im Sommer feuchte und kühle Standorte gebunden sind. An die untere Waldgrenze bei ca. 1800 m schließt sich die Waldsteppe mit ihren nordexponierten Wäldern an. Die Gegenden mit Steppenvegetation sind dabei sehr artenreich besiedelt und bescheren besonders im Juni ein beeindruckendes Blütenbild. Das Khentii bietet u. a. Braunbären, Wölfen, Hirschen, Elchen und Rehen eine Heimat.

Man unterscheidet das **Kleine Khentii** (▶ P 5–Q 4, Baga Khentii, Бага Хэнтий) nordöstlich von Ulaanbaatar und das **Große Khentii** (▶ Q/R 4/5, Ikh Khentii, Их Хэнтий) noch weiter im Osten (Näheres zur Geologie s. S. 20). Die höchsten Berge liegen im Kleinen Khentii, wo der **Asralt Khairkhan Uul** (s. S. 212), dessen Gipfel 1951 erstmals bestiegen wurde, eine Höhe von 2800 m erreicht. Die drei großen Flüsse, die mit Chingghis Khaan in Verbindung gebracht werden, entspringen im Großen Khentii-Gebirge: die **Tuul** (▶ P 6, Туул, 704 km), der **Onon** (▶ R 4, Онон, 808 km) und der **Kherlen** (▶ Q/R 5, Хэрлэн). An den Ufern des Onon soll Chingghis Khaan seine Kindheit verbracht haben. Am Kherlen erfolgte seine Krönung zum Großkhaan.

Der an der Ostseite des Khentii-Gebirges entspringende Kherlen ist mit 1254 km (davon 1090 km in der Mongolei) der längste Strom des Landes. Der Hauptwassersammler des Gebirges fließt gemächlich bis in den Dalai-Nuur-See in China und – bei besonders starkem Zufluss – über ein Trockental in den Argun und weiter über den Amur in den Pazifik. Im Flusstal liegen zahlreiche historische Orte, u. a. die Ruinen von Aurug (s. S. 376).

Abseits der wenigen Pisten ist der Kleine Khentii einer wirtschaftlichen Nutzung noch nicht zugänglich. Der größte Teil steht unter Naturschutz als **Nationalpark Gorkhi-Terelj** (▶ P/Q 5/6) und als streng geschütztes Gebiet **Khan Khentii Nuruu** (▶ P–R 4/5). Letzteres ist schwieriger zu besuchen, weil nur die Randzonen durch Wege erschlossen ist. Besser sieht es im Gorkhi-Terelj-Nationalpark aus, dem Ausflugsziel der Bürger Ulaanbaatars (weitere Informationen s. S. 207).

Im 20 Jh. hat der mongolische Wissenschaftler K. Perlee versucht, die Orte zu lokalisieren, die in der »Geheimen Geschichte« erwähnt werden, einer Biografie **Chingghis Khaans** aus dem 13. Jh. (s. S. 61). Er kam zu dem Ergebnis, dass die meisten im Khentii Aimag nördlich des Flusses Kherlen liegen, größtenteils auf der Ebene, die sich über eine Fläche von 20 x 30 km westlich des Kherlen

Khan Khentii Nuruu

Der Kherlen mäandert vor den Ausläufern des Khentii-Gebirges

Toono Uul und südlich des 1300 m hohen Kherlen Bayan Uul erstreckt. 1990 wurde hier das Denkmal zur Erinnerung an die »Geheime Geschichte« errichtet (s. S. 375). Die im Folgenden beschriebene Rundroute auf den Spuren Chingghis Khaans erlaubt, unterwegs einige Sehenswürdigkeiten zu besichtigen.

Khan Khentii Nuruu
▶ P–R 4/5

Zunächst führt die Reise von Ulaanbaatar über die Asphaltstraße nach Osten in Richtung Undurkhaan (▶ S 6, Өндөрхаан). Bei **Baganuur** (▶ Q 6, Багануур) verlässt man die Piste und folgt dem Kherlen-Tal ca. 60 km nach Norden bis **Mungunmorit** (▶ Q 5, Мөнгөнморьт, N 48°12,35' O 108°28,54'). Der Ort bietet sich als Stützpunkt an, um von hier aus die sehr lohnende, südöstliche Randzone des streng geschützten Gebiets **Khan Khentii Nuruu** zu erkunden.

Fast jedem Berggipfel der Region wird ein Bezug zu Chingghis Khaan angedichtet – auch wenn es keine Belege gibt. Schon im Laufe des 17. Jh. wurde auch Chingghis Khaan in das buddhistische Pantheon aufgenommen und die mit ihm in Verbindung gebrachten Stätten bekamen einen Pilgerstättencharakter. Dazu gehört der **Erdene Uul** (▶ Q/R 5, Эрдэнэ уул, 2303 m), wo der Mongolenführer sich in jungen Jahren, nachdem seine Frau Börte entführt worden war, vor seinen Verfolgern versteckt haben soll. Insbesondere wird der **Khentii Khan Uul** (▶ R 4, Хэнтий Хан уул, N 48°48,01' O 109° 10,25', 2362 m) verehrt, der auch als **Burkhan Khaldun** bezeichnet wird. Hier soll der Khaan in seiner Jugend Zuflucht gefunden haben und es heißt, er habe ihn vor Schlachten zum Gebet aufgesucht. Noch immer treffen am Burkhan Khaldun seine Urahnen zusammen und der Berg wird als Quellgebiet der drei Großen Flüsse Kherlen, Onon und Tuul respektvoll verehrt. Im Jahr 2006 wurden hier zur 800-

Khentii-Gebirge

Chingghis Khaan – Mythos, verfemt und glorifiziert

Darf man einen massenmordenden Tyrann einen ›Großen‹ nennen? Für die Mongolen ist die Antwort klar: Chingghis Khaan war ein grandioser Feldherr, der mit unbeirrbarer Sicherheit eine Mission erfüllte. Er veränderte in der Spanne eines einzigen Lebens den Zeitlauf der Völker vom Pazifik bis in die Mitte Europas. Die Russen hingegen versuchten jede Erinnerung an ihn zu tilgen. Ein idealer Nährboden für Mythen jeder Art.

Bei der Geburt soll Chingghis Khaan einen Klumpen geronnenen Bluts in der Faust gehalten und ein Schamane soll prophezeit haben, er werde ein gewaltiger Krieger. Entsprechend von Mythen umrankt ist sein gesamtes Leben. Als Hauptquelle dient die »Geheime Geschichte«, die etwa zehn Jahre nach seinem Tod verfasst wurde (s. S. 61). Geschrieben für den mongolischen Adel, handelt es sich bei ihr mehr um eine historische Novelle als um ernst zu nehmende Geschichtsschreibung. Was wir sonst heute über Chingghis Khaan und seine Krieger wissen, stammt meist aus der Feder der Besiegten, und die wussten nur wenig Schmeichelhaftes über die Fremden aus der Tiefe Asiens zu berichten.

Auch Chingghis Khaans Tod bietet Stoff für Legenden: Wie es sich für einen kriegerischen Helden gehört, seien die Folgen eines auf der Jagd erlittenen Reitunfalls ursächlich für den Tod im Jahr 1227 gewesen, behauptet die mongolische Sage. Doch nach einer anderen Version soll der Begründer des mongolischen Großreichs nach dem Sieg über die Tanguten die Frau des Tangutenkönigs für sich als Nebenfrau begehrt haben. Seinem Wunsch verlieh er dadurch Ausdruck, dass er ihren Gemahl einen Kopf kürzer machen ließ. Man benötigt nicht viel Fantasie, um sich die Begeisterung der Umworbenen vorzustellen, und so soll – wie einige Chroniken vorsichtig bemerken – Chingghis Khaan, als sie miteinander schliefen, ein Leid geschehen sein, das schließlich zu seinem Tode führte. Deutlicher schildert es eine andere Chronik, die der österreichische Mongolist Walther Heissig zitiert: »Die fürstliche Gemahlin Körbeldschin-goo-a presste ein Zänglein in ihr Geschlechtsteil, und nachdem sie das Geschlechtsteil ihres Herrschers verletzt hatte, ergriff sie die Flucht, stürzte sich in den Hoangho und starb.«

Aus sowjetischer Sicht war der Eroberer der russischen Steppen, Zerstörer von Moskau und Kiew, mit Hitler gleichzusetzen. Sein Name wurde aus allen mongolischen Geschichtsbüchern getilgt. Noch 1985 fehlte auch in einer mongolischen Enzyklopädie jeder Hinweis auf Chingghis Khaan.

Anders jetzt: Das Bild des Mannes mit dem weißen Bart prangt auf Flaschenetiketten, die für mongolischen Wodka werben. Es gibt das Chingghis Khaan Hotel in der Hauptstadt und natürlich heißt auch der Flughafen nach dem Gewaltherrscher. Schon wenige Jahre nach der Loslösung vom sowjetischen System hatte er Lenin als Namensgeber der Hauptstraße verdrängt und in vielen Wohnstuben blickt sein Konterfei von der Wand, genau von der Stelle, von der bislang der Revolutionsheld Sukhbaatar grüßte. Nur Feingeister mag stören, dass neben ihm das Bild des friedfertigen Dalai Lama auf dem Hausaltar steht.

Monumentalfilme heroisieren den großen Feldherrn, im Zirkus und Theater garantiert

Massenmörder oder Nationalheld

Thema

eine Darstellung Chingghis Khaans Erfolg und Applaus. Die Bedeutung des »größten Mongolen aller Zeiten« für den kleinen Steppenstaat wurde unterstrichen, als 2005 die im Stil des Moskauer Lenin-Mausoleums auf dem Sukhbaatar-Platz errichtete Gedenkstätte für den Revolutionsführer Sukhbaatar und den Diktator Choibalsan zugunsten eines Chingghis-Khaan-Zentrums geschleift wurde (s. S. 178). So fokussieren sich die Mongolen auf der Suche, wie das neu erwachte Nationalbewusstsein gefüllt werden kann, auf die Figur Chingghis Khaans. Für eine wissenschaftlich ausgewogene Betrachtung, die auch den Massenmörder diskutiert, bleibt auch 20 Jahre nach seinem Revival noch kein Raum.

Russische Historiker sehen auch heute noch den blutrünstigen Eroberer im Vordergrund. Für die chinesische Geschichtsschreibung wurde Chingghis Khaan zum Helden einer nationalen Minderheit, sein Enkel Kublai Khaan, der den Pekinger Drachenthron eroberte, komplett sinisiert. Mit der Entfernung versachlicht sich die historische Einordnung. Westliche Geschichtsbetrachtung räumt dem Zeitgeist einen höheren Stellenwert ein und relativiert die Gräuel. Schließlich erwiesen sich die lateinischen Kreuzfahrer auch als wenig barmherzig als sie 1204 Konstantinopel einnahmen. Unvorstellbare Grausamkeiten waren dem Europa des 13. Jh. nicht fremd.

Über den wahren Charakter des Mongolenherrschers ist wenig bekannt. Selbst das ›offizielle‹ Porträt Chingghis Khaans, das einen sehr chinesischen Herrscher zeigt, dürfte der Fantasie entsprungen sein, wurde es doch mehr als ein Jahrzehnt nach seinem Tod von einem chinesischen Maler erstellt. Das Original hängt in Taipehs Palastmuseum und diente mongolischen Künstlern schon oft als Vorbild.

Vom Pferd auf die Opernbühne in Ulaanbaatar: der Nationalheld Chingghis Khaan

Khentii-Gebirge

aktiv unterwegs

Reitexkursionen im nördlichen Khentii-Gebirge

Tour-Infos
Start: Mungunmorit (s. S. 365)
Länge: Hiydiyn Saridag Uul 100 km; Khentii Khan Uul 190 km, ggf. 50 km mehr zur heißen Quelle von Khalun Us Rashant (jeweils hin und zurück)
Dauer: Hiydiyn Saridag Uul 3–4 Tage; Khentii Khan Uul 5–7 Tage, ggf. 2 Tage mehr für Abstecher nach Khalun Us Rashant (jeweils hin und zurück)
Wichtige Hinweise: Die Touren sind nur individuell zu organisieren und erfordern ein hohes Maß an Fertigkeit beim Reiten und Wandern. Mücken können ein Problem werden.

Man bewegt sich auf historischem Grund, Chingghis Khaan soll sich in diesen Wäldern versteckt gehalten haben. Startpunkt beider Touren ist Mungunmorit, nach ca. 55 km gelangt man zum Fuß des **Khentii Khan Uul** (2362 m, s. S. 365). Hat man den Rücken des auch Burkhan Kaldun genannten Bergs überquert, sind es noch etwa 25 km nordwärts bis zu den heißen Quellen von **Khalun Us Rashant** (s. rechts). Will man nicht auf gleichem Weg zurück, kann man auf dem Pferderücken auch Batshireet erreichen (ca. 100 km).

Eine Exkursion zum zweithöchsten Khentii-Gipfel, dem **Hiydiyn Saridag Uul** (2665 m) ist etwas kürzer, von Mungunmorit beläuft sich eine Strecke auf rund 50 km.

Einen Führer mit entsprechenden Pferden kann man in Mungunmorit organisieren. Die Preise müssen verhandelt werden. Allerdings muss für die eigene Ausrüstung und Verpflegung selbst gesorgt werden, denn man wird unterwegs auf keine Menschenseele treffen.

Jahr-Feier des Großmongolischen Reichs viele Gedenktafeln und Ovoos errichtet.

Infos
Für das Betreten des Schutzgebiets ist eine **Genehmigung** erforderlich, die vom Reiseveranstalter eingeholt wird oder bei den Naturschutzverwaltungen in Mungunmorit, Binder oder Dadal zu bekommen ist.

Übernachten
Ger Camp ▶ **Drezden:** östlich von Mungunmorit, Tel. 011 45 04 89, 99 18 40 00. Übernachtung ab 40 000 MNT.

Aktiv
Baden ▶ **Khalun Us Rashant:** ca. 100 km westlich von Batshireet (s. S. 370). Diese heißen Quellen liegen in der völligen Wildnis und weisen keinerlei Infrastruktur auf. Normalerweise sind sie nur zu Fuß oder per Pferd (s. links) zu erreichen, nur im Winter gelangt man auf dem gefrorenen Boden mit dem Fahrzeug bis hierhin.

Über Binder nach Dadal

Khukh Nuur ▶ R 5
Um von Mungunmorit zum Khukh Nuur zu gelangen, muss man zunächst wieder auf die Asphaltstraße bei Baganuur zurückkehren und sich dann nach Osten wenden. Nach etwa 40 km biegt man von der Straße nach Norden auf die Piste ab und gelangt so nach weiteren ca. 30 km zum **Khukh Nuur** (Хөх нуур, N 48°8,28' O 109°22,88'), der etwas abseits der Straße liegt und durch Schilder gekennzeichnet ist. Reiseveranstalter behaupten, an diesem Ort sei Chingghis Khaan gekrönt worden, belegbar ist allerdings nicht, dass genau hier die Zeremonie stattfand.

Übernachten
Ger Camp ▶ **Khukh Nuur:** direkt neben dem See, Tel. 99 11 28 25. Übernachtung ab 40 000 MNT.
Camping ▶ **Khukh Nuur:** Zelten im eigenen Zelt ist in der Umgebung kein Problem.

12 Kloster Baldan Bereeven
▶ R 5

Zurück auf der Hauptpiste nach Nordosten gelangt man nach weiteren 37 km an den Abzweig zum **Kloster Baldan Bereeven** (Балдан Бэрээвэн хийд, N 48°12,07' O 109°26,00'), von wo es dann noch 15 km zum Kloster selbst sind. Das Wort *bereevin* heißt auf Sanskrit *drevun* und bedeutet ›brodelnder Reisbrei‹. Die Klostergründung geht zurück sowohl auf missionarische wie auch auf staatspolitische Überlegungen des ersten Bogd Geegen Zanabazar (s. S. 65) Anfang des 18. Jh. Neben dem Kloster Amarbayasgalant im Westen wollte er auch Richtung Osten einen Stützpunkt errichten. Die Umsetzung der Pläne Zanabazars begann allerdings erst Jahrzehnte später. Zumindest die ersten festen Gebäude entstanden erst um das Jahr 1770.

Die Ortswahl erfolgte aufgrund der günstigen geografischen Lage, aber auch, weil die umliegenden Felsformationen als gutes Omen gedeutet wurden. In den Landschafts- und Felsformen sollen ein Löwe, ein Tiger und vor allem der Göttervogel Garuda zu erkennen sein. Das Kloster wurde eines der größten Klöster der Mongolei mit in seiner Blütezeit mehreren tausend Lamas, vier Schulen und 20 Tempeln, in denen täglich Gottesdienste abgehalten wurden.

1813 wurde der Haupttempel gebaut. Dieser 30 x 30 m breite und 12 m hohe Tempel war damals eines der größten Gebäude der Mongolei. In den Felsen um die Klosteranlage sind Buddha, die Götter Jamsran, die grüne und weiße Tara, Manzushir sowie weitere Götter eingemeißelt. Hinter dem Kloster gibt es einen Felsen mit dem Namen Gebärmutter. Das Durchschreiten dieses Felsentors symbolisiert die Wiedergeburt.

Die mongolische Kulturrevolution des Jahres 1937 machte auch vor diesem Kloster nicht halt. Es wurde fast vollständig zerstört. Die Götterskulpturen wurden eingeschmolzen und für die Waffenherstellung verwendet. 1991 begann der vorsichtige Wiederaufbau, zum Teil mit ausländischer Unterstützung. In einem der restaurierten Nebentempel sieht

Khentii-Gebirge

man eine kleine, auf dem Kopf stehende Statue, deren Füße mit einem Stein beschwert sind. Der ›teuflische Riese‹, der in der Region als böser Geist leben soll, wird so symbolisch daran gehindert, wieder aufzustehen und Unglück zu bringen (tgl. 9–18 Uhr, 5000 MNT).

Übernachten

Ger Camp ▶ **Bayangol:** 15 km westl. des Klosters Baldan Bereeven, Tel. 011 450 16, 99 18 30 67. Übernachtung ab 30 000 MNT.

Aktiv

Wandern ▶ Nordwestlich vom Kloster Baldan Bereeven erreicht man nach rund 15 km den nördlichen **Delger Khan Uul** (▶ R 5, Дэлгэр Хаан уул, 2111 m), den höchsten Gipfel der Bergkette des Delgerkhaaniy Nuruu. Von dort aus führt einen der Rückweg zum Khangal Nuur. Ein einheimischer Führer und Pferde erleichtern diese Tour, die dann auch gut in zwei Tagen zu schaffen ist.

Wall von Uglugch ▶ S 5

Ein Abstecher vom Weg nach Binder führt zum **Wall von Uglugch** (Өглөгч, N 48°24,44' O 110°11,81'), der 35 km südwestlich von Binder liegt. Er besteht aus einer über 1000 m langen ovalen Mauer, in die man die etwa 10 m hohen, natürlichen Felsen der Region integriert hat. Der Wall ist 2,5 bis 3 m hoch und 2,5 m breit. An der Vorderseite gibt es Überreste von zwei großen Toren. Im Hof der Mauer sind auch Überreste eines Damms zu sehen. Zwischen der beeindruckenden Felskulisse wachsen auf Bergwiesen Edelweiß, dazwischen wilde Zwiebeln mit hellvioletten Blüten. Dieser Wall, auf dessen Südseite vermutlich eine Siedlung lag, stammt von den Kitan (10.–12. Jh., s. S. 57).

Rashaan Khad ▶ S 5

Ein weiterer Abstecher empfiehlt sich zu den Felszeichnungen und Hirschsteinen von **Rashaan Khad** (Рашаан хад, N 48°22,77' O 110°17,95'), was für ›Felsen mit einer Mineralwasserquelle‹ steht. In der Mongolei finden sich Petroglyphen, in Stein geschnitzte Felsbilder, aus unterschiedlichsten Epochen. In der Zeit zwischen 20 000 v. Chr. und dem 16. Jh. n. Chr. wurden die 5 bis 8 m hohen Felsen am Berg Binder, etwa 20 km westlich des gleichnamigen Dorfs, über und über mit Tierbildern, symbolischen Zeichen und Inschriften versehen. Die Darstellungen datieren von der Altsteinzeit bis zur Zeit der mandschurischen Herrschaft. Die Inschriften sind in alttürkischer, chinesischer, mongolischer, tibetischer und arabischer Schrift ausgeführt. Die schwarzen und roten Felsbilder stellen Menschen, Vögel, Elche, Steinböcke und andere Tiere dar. Die einzelnen Felsen bilden zum Teil kleine Terrassen, auf denen jeweils Ovoos stehen.

Batshireet und Umgebung
▶ S 5

Wählt man den Umweg über **Batshireet,** kann man 17 km nordwestlich davon im Tal des Egiin Gol vier Menschensteine besichtigen. In die **Jivheestei** (Живхээстэй, N 48°44,17' O 109°58,22') genannten Basaltblöcke sind nur menschliche Gesichter ohne Körper und Kleidung eingemeißelt.

Binder und Umgebung ▶ S 5

130 km nordöstlich von Baldan Bereeven und ca. 35 km südöstlich von Batshireet erreicht man das Sumzentrum **Binder** (Биндэр, N 48°37,34' O 110°36,48'). 2 km östlich des Orts befindet sich ein Chinggis-Khaan-Denkmal. Die Umgebung von Binder ist reich an historischen Monumenten aus der Hunnenzeit.

In der Umgebung der **Quelle Bor** (N 48° 28,61' O 110°48,01'), 21 km südöstlich von Binder, liegt die **Grabanlage Bor Bulag,** deren Ursprung auf die Hunnen- und Turkvölkerzeit zurückgeht. Hier wurden insgesamt 125 Steingräber – davon 104 Hunnengrabsteine – mit unterschiedlichen Formen und Größen registriert. Das größte der durchschnittlich 8 bis 10 m langen Steingräber ist 29,2 m lang und 27,2 m breit. Aussehen, Aufbau, Form und Größe der unversehrten Grä-

Tänzerin in der Tracht des Khentii Aimag beim Naadam-Festival

Khentii-Gebirge

ber weisen die für die Hunnenzeit typische Gestalt auf.

Wenn man südlich des Onon Gol weiter nach Osten fährt, erreicht man 37 km südöstlich von Binder **Bayan Adarga Sum** (N 48°30,50' O 111°5,00'). Hier sollte man den als **Duurlig Nars** bekannten Kiefernwald 1 km südlich des Orts besuchen. Im Jahr 1992 haben Archäologen hier über 200 **Grabsteine** ebenfalls aus der Hunnenzeit gefunden. Diese Gräber sind in ihrem Grundriss quadratisch oder oval und weisen einen Durchmesser zwischen 20 und 30 m auf, wobei es einige auch auf 40 x 40 m bringen. Die Struktur dieser bis heute unversehrten Gräber, die möglicherweise Fürstengräber sind, zeigt Ähnlichkeit mit den Steingräbern von Kharaagiyn Noyon Uul, Takhiltyn Khotgor, Khovd und Binderiyn Bor Bulag.

Übernachten
Ger Camp ▶ **Chingghisiyn Toonot Tourist Camp:** im Ort Binder Sum, Tel. 011 32 20 79, 99 08 63 48, 99 79 01 91. Übernachtung ab 30 000 MNT.

Aktiv
Reiten ▶ **Chingghisiyn Toonot Tourist Camp:** s. o. Hier kann man Pferde mieten, es werden auch Reitexkursionen vermittelt.

Verkehr
Fähre: Südlich von Binder kann man den **Khukh Gol** überqueren. Nordöstlich von Bayan Adraga muss man über den **Onon** setzen, um auf der anderen Seite der Hauptpiste nach Nordosten Richtung Dadal zu folgen.

Dadal und Umgebung
▶ T 4

Von Binder aus sind es weitere 100 km nach Nordosten bis man **Dadal** (Дадал, N 49° 0,71' O 111°37,37') erreicht. Auch wenn es keinerlei Beweismaterial für die historische Bedeutung Dadals gibt, so ist der Ort doch das Zentrum der Chingghis-Khaan-Legenden und gehört zum Pflichtprogramm bei Touren auf den Spuren des großen Mongolen. Am Horizont ist der Gebirgszug **Bayan Khan** zu sehen, den man kurzerhand mit dem **Burkhan Khaldun,** dem sagenhaften Ort des Grabs von Chingghis Khaan gleichsetzt. Die Suche nach dem Grab des Feldherrn beschäftigt Archäologen seit Jahrzehnten (s. Thema S. 373).

Dadal bildet gemeinsam mit den Nachbardörfern Binder und Norovlin einen der drei burjatischen Kreise im Khentii Aimag. Anders als die große Mehrheit der Khalkha-Mongolen, leben die **Burjaten** (s. S. 77) nicht in Jurten, sondern bauen Blockhäuser, legen Gärten und Äcker an und sind sesshaft. Die bunten Fensterläden unterstreichen den Charakter einer Spielzeuglandschaft.

Onon-Balj-Nationalpark
Auch wenn die Sage nicht mit der historischen Wahrheit in Übereinstimmung steht, die Landschaft um Dadal gehört zu den reizvollsten der Mongolei. Rings um den Onon beginnt die **Taiga.** Die Steppe, oft eintönig, weicht binnen weniger Kilometer. Kiefern- und Birkenwälder stehen in kleinen Gruppen auf einer sanften Hügellandschaft, durch die sich Bäche mäandrierend ihren Weg suchen. Saftig grüne Matten erinnern an die bayerische Voralpenlandschaft.

Der **Onon-Balj-Nationalpark** umfasst rund 4157 km^2 und gehört zu den grenzüberschreitenden Schutzgebieten (hier nach Russland hin). Der Park selbst ist gekennzeichnet durch seine unwegsamen Wälder und Flusslandschaften, die noch eine reichhaltige Fauna aufweisen.

Gurvan Nuur
Ursprünglich gab es bei Dadal drei Seen, die **Gurvan Nuur,** deren Wasser Heilkraft zugeschrieben wurde. Heute ist praktisch nur noch der zentrale übrig geblieben, vom östlichen kündet immerhin noch ein Sumpf. Im mittleren soll einst eine Insel gelegen haben, auf der Chingghis Khaan geboren wurde: Aufgrund der Fülle der Opfergaben, so die Sage, versank sie im Wasser. Nicht weit entfernt befindet sich eine Quelle, in der er drei Tage nach der Geburt gewaschen worden

Letzte Ruhestätte

Suche nach dem Grab des großen Khaan

Thema

Niemand weiß, wo Chingghis Khaan begraben wurde. Auf ungefähr 120 Expeditionen wird die Zahl der Grabforschungprojekte im 20. Jh. geschätzt. Chinesen, Russen, Kasachen und Mongolen meldeten die Entdeckung des Grabs jeweils auf ihren Territorien. Wer die Ikone nüchtern erforschen will, stößt auf Widerstände. Die Bevölkerung sieht in der Grabsuche einen Tabubruch.

Jedes Lebewesen, das auch nur zufällig dem Leichenzug begegnete, sei getötet worden. 50 Soldaten hätten die Sklaven, die die Grabanlage errichteten, ermordet und sich anschließend selbst entleibt. Die Geheimhaltung steht in der Tradition zentralasiatischer Nomadenherrscher. Schändung der Herrschergräber war Teil der Kriegstaktik.

Als Chingghis Khaan im Jahr 1227 Krieg gegen Tangad führte, verstarb er in der Provinz Gansu, Chin Syanii Shijiyand, im Gebiet des heutigen China. Ob sein Leichnam oder lediglich die Urne mit seiner Asche je bis in seine Heimatregion zurückgebracht wurden, bleibt verborgen. Es gibt keine Belege für eine Beisetzung auf dem Gebiet des heutigen China, auch wenn aus politischen Gründen 1954 bis 1956 in der Inneren Mongolei von der Volksrepublik ein Mausoleum einschließlich eines leeren Sarkophags errichtet wurde. Im Jahr 2000 verkündeten chinesische Forscher sogar den Fund des Grabs.

Andererseits erscheint ein Transport über Tausende von Kilometern bis ins Khentii im August 1227 nur bedingt möglich, zumal die Mongolen keine Einbalsamierungstechniken beherrschten. Auch in Kasachstan möchte man sich mit dem Feldherrn schmücken und erklärte ihn zu einem Landsmann, der nichts mit den Mongolen gemeinsam gehabt habe.

Mit modernster Satellitentechnologie kamen vor 20 Jahren japanische Forscher. Sie suchten – wie bereits der Leipziger Professor Johannes Schubert – im Khentii-Gebirge. Dort legten sie Grundmauern von Palastanlagen frei und vermuteten auch die Grabanlage in der Nähe, gaben aber schon 1993 auf, als sich die Suche als äußerst unpopulär herausstellte. Nach mongolischer Tradition wird durch die – archäologische – Zerstörung der Grabanlage auch die Seele der dort Bestatteten zerstört.

Amerikanische Forscher stießen 2001 etwa 300 km nordöstlich von Ulaanbaatar im Kreis Batshireet auf eine heiße Spur, etwa 60 gemauerte Grabanlagen. Doch der Präsident der Mongolischen Akademie der Wissenschaften, Bastard Chadraa, wehrte alle Fragen ab: »Gerüchte, nichts als Gerüchte.« Der ehemalige Premierminister Dashiin Byambasuren brachte die Meinung der Volksseele auf den populistischen Punkt: »Ich kann ja auch nicht als Privatmann das Grab von König Richard in England oder von Napoleon in Frankreich öffnen.« Ein nationales Referendum sei abzuhalten. Die Professoren aus Chicago brachen ihr Projekt nach dreijähriger Suche ab.

Der Politiker schürt auch die Angst der Mongolen, die Archäologen, die immer in binationalen Teams mit mongolischen Forschern arbeiten, seien in Wirklichkeit Schatzräuber. In der Tat stellen sich Wissenschaftler die Frage, wo die Wagenladungen geplünderter Güter, auf denen das Herrschaftssystem Chingghis Khaans beruhte, geblieben sind.

Khentii-Gebirge

sein soll. Die Stätte ist umzäunt und das frische Wasser ist auch heute noch bei den Anwohnern und Besuchern, die es in Milchkannen nach Hause tragen, beliebt.

Am Ufer des Gurvan Nuur steht ein **Denkmal zu Ehren Chingghis Khaans.** Politische Gründe führten zu seinem Bau, politische Ursachen waren auch dafür verantwortlich, dass es an diesem entfernten Zipfel der Mongolei fast in Vergessenheit geriet: China bereitete 1962 umfangreiche Feiern aus Anlass des 800. Geburtstags von Chingghis Khaan vor. Die Mongolei wollte nicht zurückstehen und plante u. a. die Enthüllung dieses Denkmals zur Erinnerung an den berühmten Mongolen.

Doch Zeit für Feierlichkeiten blieb kaum. Aus Moskau kam Widerspruch. Der Eroberer der russischen Steppen und Zerstörer Kiews war in den Zeiten der sowjetischen Vorherrschaft in Ulaanbaatar nicht wohlgelitten. Alle Veranstaltungen wurden abgesagt, eine bereits gedruckte Serie von Sondermarken musste eingestampft werden. Allein das Denkmal stand schon; der ausführende Künstler Makhval wurde nie für seine Arbeit bezahlt und blieb für ein Jahrzehnt ohne jede Beschäftigung. Heute findet sich das Monument, ein gewaltiger, mehrzackiger Koloss aus weiß gestrichenem Beton mit einer fast 8 m großen Zeichnung von Chingghis Khaan, auf dem Gelände eines Erholungsheims. Die altmongolische Inschrift auf der Rückseite besagt: »Dem Gründer der mongolischen Macht, Chingghis Khaan Temujin, wurde dieses Denkmal anlässlich des 800. Geburtstags errichtet.«

Deluun Boldog

Auf dem Hügel **Deluun Boldog,** wenige Hundert Meter vom Gurvan Nuur entfernt, liegt eine weitere Gedenkstätte, angeblich der exakte Geburtsort des späteren Herrschers,. (Ein Pedant, wer hier Zweifel anmeldet angesichts der ebenso vehement vertretenen Geburtsstätte auf der oben geschilderten Insel!) »Deluun Boldog – Chingghis Khaan – im Jahr des Wasserpferdes – 1162, am 16. Mai geboren bei Vollmond« steht in Altmongolisch auf dem von Opfergaben umgebenen Stein, über dem buddhistische Gebetsfahnen im Wind flattern. Da die »Geheime Geschichte« einen Ort dieses Namens als Geburtsstätte nennt, die Stelle mit dem Ovoo sich zwischen dem Onon und dem Balj, der gleichfalls in der »Geheimen Geschichte« genannt wird, befindet, fiel von mehreren Orten mit dem Namen Deluun die Wahl auf diese Stelle.

Infos

Eintrittskarten für den Onon-Balj-Nationalpark bekommt man im **Verwaltungshaus der lokalen Behörden** in Dadal.

Übernachten

Ger Camps ▶ **Khongor:** in Dadal. Übernachtung ab 5000 MNT. **Gurvan Nuur:** am Ufer des Gurvan Nuur (N 49°02,01' O 111°39,27'). Übernachtung ab 12 000 MNT.

Von Dadal nach Undurkhaan ▶ T 4–S 6

Etwa 20 km südlich von Dadal überquert man den Onon auf einer Brücke um nach **Norovlin** (▶ T 4, Норовлин, N 48°40,38' O 111°58,21') weiterzureisen. Von Norovlin geht eine gut ausgebaute, staubige Piste nach Südwesten über die Bergarbeitersiedlung **Berkh** (▶ S 6, Бэрх, N 47°46,64' O 111°8,821') mit ihren Fluoritgruben nach **Undurkhaan** (s. S. 380). Die Piste verläuft schnurgerade bis zum Horizont. Die Landschaft erinnert an Arizona in den USA oder das südafrikanische Bushveld.

Auf historischem Boden befindet sich der **Wall des Chingghis** (▶ T 4/5, Чингисийн Хэрэм, s. auch S. 390), der sich aus China über den nordöstlichsten Winkel der Mongolei bis ins Große Khentii zieht. Der mehrfach unterbrochene Wall erstreckt sich auf einer Länge von 500 bis 600 km, wobei rund 300 km auf dem Gebiet der Mongolei liegen. Mit Chingghis Khaan hat das Bauwerk allerdings nichts zu tun, sondern ist vermutlich den Herrschern der Kitanzeit (10.–12. Jh.) zuzuschreiben.

Es handelt sich um einen etwa 1 m hohen, künstlichen Erdwall, dessen genaue Funktion

Delgerkhaan und das Knie des Kherlen

Selbst bei Sonnenschein halten sich die Eisreste im Delger Khan Uul

bisher nicht geklärt ist. Auf der Vorderseite des Walls befinden sich mehrere kleine quadratische Wälle mit einer durchschnittlichen Größe von 40 x 50 m, die als Anlagen für das Wachpersonal gedacht waren. Der Abstand zwischen diesen Anlagen beträgt zwischen 8 und 12 km. Im **Sum Norovlin** sowie im **Sum Bayan Adarga** sind deutliche Reste des Walls zu sehen.

Delgerkhaan und das Knie des Kherlen ▶ R 6

Zu einer Chingghis-Khaan-Tour gehört auch der Besuch des südlichen Khentii Aimag mit seiner weiten Steppenlandschaft, die sich deutlich vom gebirgigen und teilweise sibirisch anmutenden Nordteil des Regierungsbezirks unterscheidet. Rund 115 km westlich von Undurkhan erreicht man mit dem Ort **Delgerkhaan** (Дэлгэрхаан, N 47°10,02' O 109°11,71') eine fruchtbare Region, die als Zufluchtsort den Tieren selbst bei schlimmsten Schneestürmen noch Nahrung bietet.

Avarga Toson
Nur 2 km westlich des Orts befinden sich drei Seen, **Avarga Toson**, die anscheinend von einem Dauerfrostboden unterlagert werden, sodass sich das Niederschlagswasser im Boden staut und an den Uferrändern zutage tritt.

Chingghis-Khaan-Obelisk
1991 errichtete die mongolische Regierung einen etwa 6 m hohen **Obelisken** zur Erinnerung an den 750. Jahrestag der Niederschrift der »Geheimen Geschichte« (s. S. 61). Inmit-

Khentii-Gebirge

Tipp: Wandern im Delger Khan Uul ▶ R 6

Ein Abstecher ins Gebirge des südlichen **Delger Khan Uul** (Дэлгэр Хаан уул, N 47°27,33' O 108° 54,58') führt in eine malerische Landschaft: In den flimmernden Sommerhitze muten die Gebirgstäler mit ihren alten Ulmenbeständen inmitten der sonst recht kargen Steppenlandschaft wie kühlende Oasen an. Das Gebirgsmassiv liegt mit seinem 2042 m hohen Hauptgipfel 38 km nordwestlich von Delgerkhaan Sum. Der Berg selbst ist auf seiner Nordseite bewaldet. Wege gibt es nicht in dieser Gegend und schon gar keine gekennzeichneten Wanderwege, was aber auch nicht notwendig ist. Als Ausgangspunkt für eine leichte Tagestour bietet sich ein beliebiges der nach Südosten auf eine breite Ebene ausmündenden Täler an (z. B. GPS N 47°22,74' O 109°6,05'). Vom Gipfel genießt man eine großartige Aussicht bis in das Kherlen-Tal. Am Abend kann man sich dann bei einem Bad in den Avarga-Toson-Seen abkühlen.

ten der endlosen, flachen Steppe bei Delgerkhaan erhebt sich die Obeliskplattform auf einer Bodenerhebung an der Stelle, wo Chingghis Khaan Zehntausende von Berittenen versammelt haben soll. In das Monument ist eine Darstellung des Khaan eingraviert sowie Inschriften in altmongolischer Schrift.

Ruinen von Aurug

Nur wenige Hundert Meter entfernt, fanden Forscher auch Ruinen einer Stadt, die die **Hauptstadt Chingghis Khaans** gewesen sein könnte. Ein Ovoo, der eine Mineralquelle überwölbt, kann als Landmarke dienen. Jenseits auf den Hügeln wurden erste Grabungsfunde gemacht. Bereits in den 1960er-Jahren entdeckte der mongolische Archäologe K. Perlee Überreste der alten Siedlung. Doch lange Zeit hielt sich in der Wissenschaft und der Öffentlichkeit die Ansicht, dass später errichtete Karakorum sei die einzige feste Siedlung der Mongolen gewesen. Chingghis Khaan gehörte in eine Jurte, nicht in einen Palast. Auch erzählt nur eine einzige Quelle von einer Stadt mit dem Namen **Aurug** und nur ein chinesischer Bericht behauptet, Chingghis Khaan habe am Ufer des Kherlen gesiedelt, immerhin fast 600 km von Karakorum entfernt.

Erst japanische Forscher, auf der Suche nach dem Grab des Feldherrn, griffen diese These wieder auf, sehr gegen den Widerstand mongolischer Fachkollegen, die weiter im Norden suchen wollten. Ausgegraben wurden Grundmauern einer Stadt von 1,3 km Länge und 500 m Breite. Münzfunde deuten auf eine Besiedlung im 12. Jh. hin. Jetzt gehen zahlreiche Wissenschaftler davon aus, dass hier im Jahr 1206 Temujin als Chingghis Khaan zum Oberhaupt aller Mongolen ernannt wurde.

Übernachten

Ger Camp ▶ **Chingghisiyn Khuduu Aral:** 7 km westlich von Delgerkhaan, Tel. 99 15 86 98. Übernachtung ab 15 000 MNT.

Erholungsheim ▶ **Avarga Resort:** 2 km westlich von Delgerkhaan am mittleren Avarga-Toson-See. Einfache Unterkunft mit Kureinrichtung. Übernachtung ab 5000 MNT.

Aktiv

Kuren ▶ **Avarga Resort:** s. o. In der Badeeinrichtung werden Schlammbäder gegen Haut-, Gelenk-, Blutdruck-, Stress- und Diabeteserkrankungen verabreicht. Ständig geöffnet, Preise werden verhandelt.

Baden ▶ **Avarga Toson:** Die Seen eignen sich gut für ein erfrischendes Bad.

Zurück nach Ulaanbaatar
▶ P–R 6

Der Weg zurück nach Ulaanbaatar führt über **Kherlen Bayan Ulaan** zum **Ostufer des Kherlen,** dem man durch landschaftlich reizvolle Gebiete nach Norden folgt, bis man wieder auf die Asphaltpiste stößt, um hier bei **Baganuur** (▶ Q 6, Баганyyp, N 47°41,52' O 108°28,37') den Kherlen zu überqueren. Während das Westufer des Kherlen flach ist, zwingen die Gebirgsrücken am Ostufer den

Zurück nach Ulaanbaatar

Ulmen bestimmen die Vegetation in den Auwäldern am Fuße des Delger Khan Uul

Fluss weiter nach Süden, bis er dann schließlich nach Osten abbiegt, um so das **Knie des Kherlen** zu bilden. **Kherlen Bayan Ulaan Uul** ist der südliche Ausläufer des Khentii-Gebirges. Die höchsten Gipfel des **Delger Khan Uul** (s. S. 376) liegen bei 2042 m, des **Bumbat Uul** bei 1895 m und des **Dulaan Uul** bei 1680 m. Während der 1992 und 1993 durchgeführten archäologischen Ausgrabungen einer mongolisch-japanischen Expedition wurden hier Lagerplätze aus der Steinzeit, mehrere Funde aus der Bronze- und Eisenzeit und weitere wertvolle Funde aus der Hunnenzeit gemacht, die jedoch nicht besichtigt werden können.

Eine andere Rückreisemöglichkeit nutzt eine **Brücke über den Kherlen** (N 46° 59,84' O 108°50,43') etwa auf der Höhe von Delgerkhaan, sodass man auf das Westufer des Flusses gelangen kann. Auf dieser Strecke nimmt man dann die schnellere Asphaltpiste zwischen Choir und Ulaanbaatar.

Die weiten Steppen des Ostens

Der Osten der Mongolei gehört mit seiner einzigartigen Kombination von ausgedehnten Trockensteppen und großen Feuchtgebieten zu den biologisch und ökologisch bedeutendsten Gebieten des Landes. Westliche Besucher wird die Weite der bereits deutlich mandschurisch geprägten Landschaft in ihrer Eintönigkeit beeindrucken. Auf Hunderten von Kilometern durchfährt man grünes Grasland, ohne dass eine Jurte auf menschliche Besiedlung hinweist.

Während der nördliche Teil bewaldet ist und an Sibirien erinnert, ist der Rest der Ost-Mongolei zum Teil noch unberührte Steppe. So muss der amerikanische mittlere Westen ausgesehen haben, bevor er landwirtschaftlich erschlossen wurde. Die Artenvielfalt der Region umfasst Antilopen, Wölfe, Steppenfüchse, Dachse, Murmeltiere, Jungfernkraniche, Steppenadler, Trappen und viele andere Tiere.

Von Ulaanbaatar führt eine Teerpiste rund 330 km weit bis Undurkhaan. Nach etwa 140 km bildet eine Brücke, die bei **Baganuur** (▶ Q 6, Багануур, N 47°41,52' O 108° 28,37') über den Kherlen führt, das Tor in den weniger bekannten Osten der Mongolei.

Zuun Kherem ▶ S 6

Ca. 20 km vor Undurkhaan liegen nahe dem Dorf **Murun Sum** Reste einer ehemaligen Kitanstadt: **Zuun Kherem** (Зүүн хэрэм, N 47°18,99' O 110° 26,12'). Die Stadtruine misst auf der Südseite 420 m, auf der Westseite 502 m und auf der Ostseite 507 m. Im Westen und Süden hatte die Stadtmauer je ein Tor, im Osten und Norden je zwei. Sie war mit einem Wassergraben umgeben und mit Wachtürmen bestanden. Ihre jetzige Höhe beträgt 1,5 bis 2 m, die Breite 4 bis 6 m. Im Inneren der Stadtanlage gab es zwei Straßenkreuzungen und auf der Südseite wurden Fundamente von Häusern und einiger Öfen gefunden, die auf 1 bis 1,5 m hohen Podesten gebaut waren.

Archäologische Funde belegen für Zuun Kherem einige Handwerksbetriebe, die auf Töpferei, die Herstellung von Eisenwaren und Baumaterialien hinweisen. Da mehr Knochenreste von Schafen und Rindern als von Pferden und Kamelen gefunden wurden, geht man davon aus, dass Viehzucht und Ackerbau die Hauptgrundlage des städtischen Lebens bildeten. Weitere wichtige Funde waren Reste von Handmühlen, Gefäße und Mörser für Getreide sowie Pflugschare. Es wird vermutet, dass in der Stadt neben sesshaften Bewohnern zeitweise auch Nomaden lebten.

Eine zwischen 1020 und 1031 gegossene Münze war ein wertvolles Fundstück für die Datierung der Stadt. In historischen Quellen ist belegt, dass einige Kherlen-aufwärts lebende Volksstämme sich gegen die Herrschaft des Kitanstaats aufgelehnt haben und der Kitanfürst Yelui Shilyan diese Proteste blutig niederschlug. Die Aufständischen wurden von ihm in zwei Orte zwangsumgesiedelt. War dies der Grund, warum sich die Bevölkerung der Stadt aus Nomaden, Fürsten

Auch Gazellen lassen sich zähmen

Die weiten Steppen des Ostens

und Militärs sowie gefangenen Handwerkern zusammensetzte?

Die zweite Siedlung aus dieser Zeit liegt direkt benachbart westlich von Zuun Kherem.

Undurkhaan ▶ S 6

Undurkhaan (Өндөрхаан, N 47° 19,41' O 110°39,37') ist das Zentrum des Khentii Aimag und liegt auf einer Meereshöhe von 1057 m am Ufer des Kherlen. Es ist das zweitkälteste Aimagzentrum in der Mongolei. Durch seine Lage auf einer Ebene beträgt die Temperatur an windigen Wintertagen bis zu –40 °C. Die Stadt und ihre 15 200 Einwohner leben in erster Linie von der Landwirtschaft – vor allem dem Getreideanbau, zudem gibt es einen Kohletagebau. Seine Entstehung verdankt der Ort dem Zweiten Weltkrieg, als sowjetische Soldaten hier stationiert waren. Neben dem Aimagmuseum, einem Blockhaus im russischen Stil hinter dem Dieselkraftwerk im Industriegebiet, erinnern an dieses Erbe noch die ansonsten in der Mongolei ungewöhnlichen Chausseebäume, die einige Straßen säumen.

Museen

Die Ausstellung des **Ethnografischen Museums** beinhaltet traditionelle Kleidung und religiöse Gegenstände. Auf dem Gelände befinden sich u. a. eine Repräsentationsjurte, die man sich aufschließen lassen kann (südlich des Zentralplatzes, Tel. 01562 221 87, tgl. 9–13, 14–18 Uhr, 1000 MNT, Foto 1000 MNT).

Vor dem Museum befindet sich eine Bronzestatue von Chinggis Khaan auf einem Pferd. Sie wurde 2006 anlässlich der 800-Jahr-Feier des mongolischen Großreichs eingeweiht.

Das **Aimagmuseum** zeigt Exponate zur Geologie und Natur. Neben den paläontologischen Exponaten und ausgestopften Tieren der Region sind hier noch Waffen zu sehen, die angeblich aus der Chingghis-Khaan-Zeit stammen (neben dem Theater an der nördlichen Hauptstraße, Tel. 01562 238 34 Di-Sa 9–13, 14–18 Uhr, 1000 MNT).

Weitere Sehenswürdigkeiten

Das **Kloster Shadavdarjaaliin** aus dem Jahr 1660 befindet sich westlich der Stadtmitte nahe dem Sportpalast. Es war Sitz der ersten buddhistischen Philosophenschule und wurde 1938 ausgelöscht. Das Kloster wurde 1990 wieder neu auf dem alten Klostergelände gegründet. Eine Besichtigung ist jederzeit möglich.

Richtung Flughafen befindet sich eine ca. 1,7 m hohe Steinfigur aus türkischer Zeit: Ihr Name **Gelenkhuu** (Гэлэнхүү) bedeutet kleiner Novize.

In einem **Felsen im Kherlental** ca. 40 km nordöstlich von Undurkhaan wurde eine Inschrift gefunden aus der Zeit, als Chingghis Khaan das Großmongolische Reich begründete.

Infos

Telecom-Büro und **Internetcafé** (tgl. 9–22 Uhr) befinden sich am Ostende der Hauptstraße.

Übernachten

Bestes Haus am Platz ▶ **Hotel Khuvchiyn Jonon:** an der Straße nach Choibalsan, Tel. 01562 238 45, 99 56 22 22. Das neu gebaute Haus liegt etwas außerhalb des Zentrums. Übernachtung ab 12 000 MNT.

Sozialistischer Baustil ▶ **Hotel Erdes:** südlich des Zentralplatzes, Tel. 01562 224 16, 99 56 90 90. Übernachtung ab 10 000 MNT.

Essen & Trinken

Beste Küche der Stadt ▶ **Nature Pub:** im Ostabschnitt der südlichen Hauptstraße, Tel. 99 09 37 01, 12–24 Uhr. Auch hier kommt typisch Mongolisches auf den Tisch. 700–4000 MNT.

Typisch mongolisch ▶ **Nunga Café:** an der südlichen Hauptstraße östlich des Zentralplatzes, Tel. 99 05 35 05, Mo–Sa 9–19 Uhr. 700–4000 MNT.

Grünes Haus ▶ **Tiger Café:** in der Mitte der südlichen Hauptstraße, Tel. 99 56 91 91, 9–18 Uhr. Das Lokal mit mongolischer Küche zählt zu den besseren Restaurants der Stadt. 700–4000 MNT.

Einkaufen

Supermärkte und **Tankstellen** erlauben die Aufbesserung der Vorräte. Eine **Markthalle** (tgl. 9–18 Uhr) liegt am Westende der südlichen Hauptstraße.

Verkehr

Flüge: Derzeit gibt es keine Flugverbindungen mit Undurkhaan.
Busse: Linienbusse und Minibusse verkehren nach Ulaanbaatar (12 000 MNT), Choibalsan (12 000 MNT) und Baruun-Urt (8000 MNT). Der Abfahrtsplatz liegt 450 m westlich des Parks.

Von Undurkhaan nach Baruun-Urt ▶ S 6–U 7

Möchte man von Undurkhaan aus in den **Sukhbaatar Aimag**, so muss man die Kherlen-Brücke überqueren und Richtung Südosten weiterreisen. Der Sukhbaatar Aimag wurde nach dem Revolutionär **Damdiny Sukhbaatar** (s. S. 68) benannt, dessen Familie aus dieser Gegend stammt. Neben den Khalkha-Mongolen siedelt hier im **Dariganga Sum** der gleichnamige Stamm der Dariganga (s. S. 76).

Die Piste führt durch weitläufige, wenig genutzte Trockensteppe ins 180 km entfernte Baruun-Urt. Für die Fahrt muss man etwa fünf Stunden veranschlagen. Scharfe Basaltklippen und einige Vulkankegel deuten auf die ›bewegte‹ Vergangenheit der Region im Quartär hin. In dem welligen Steppengelände findet man nur noch spärlichen Grasbewuchs, weite Sandflächen und Salzpfannen deuten auf die Nähe der Wüste hin.

Baruun-Urt ▶ U 7

Baruun-Urt (Баруун Урт, N 46°40,94' O 113°16,70'), das Aimagzentrum des Sukhbaatar Aimag mit rund 11 500 Einwohnern, liegt in einer Entfernung von 556 km von Ulaanbaatar. Finden Sie den Sukhbaatar Aimag einsam, vielleicht auch trostlos, so wird auch dieser Marktflecken sie nicht aufheitern.

Das **Aimagmuseum** stellt traditionelle Kleidung und Kunstgegenstände der Volksgruppe der Dariganga aus. Diese ist weithin für ihre Schmiedekünstler bekannt, die auch mit Silber arbeiteten. Kleidung und Kultgegenstände der Volksgruppe der Khalkha (die Mehrheit der Mongolen) und der Uzemchin (eine Minderheit im Dornod und Sukhbaatar Aimag) werden ebenso ausgestellt (südlich des Platzes, nahe dem Theater, tgl. 8.30–16.30 Uhr, Tel. 01562 214 86, 500 MNT).

Das Kloster **Erdenemandal Khiid** wurde 1830 gegründet und beherbergte einst bis zu 1000 Mönche. Auch diese Anlage, die sich ursprünglich ca. 20 km außerhalb des Orts befand, wurde 1938 zerstört. Die heutigen Gebäude etwa 400 m westlich des Zentralplatzes sind von 108 Stupas umgeben.

Infos

Polizeistation: im Regierungshaus am Zentralplatz, Mo–Fr 9–17 Uhr. Hier kann man den für die Bereisung des Dariganga-Gebiets erforderlichen Grenzzonenschein erwerben.
Internet-Büro (tgl. 8–21 Uhr), **Post** und **Telecom-Büro** liegen südlich des Zentralplatzes.

Übernachten

Empfehlenswert ▶ Tansag Hotel: auf der östlichen Seite des Zentralplatzes, Tel. 01512 224 44. Im Vergleich die beste Möglichkeit, in der Stadt unterzukommen. Das Restaurant serviert mongolische Küche. Übernachtung ab 15 000 MNT, Essen 500–4500 MNT.
Aus sozialistischer Zeit ▶ Sharga Hotel: an der Hauptstraße östlich des Zentralplatzes, Tel. 01512 211 01. Altes Hotel mit hauseigenem Restaurant. Übernachtung ab 15 000 MNT, Essen 500–4500 MNT.

Essen & Trinken

Hammel satt ▶ Restaurant Kharkhorin: nördlich des Zentralplatzes, 9–23 Uhr. 500–4000 MNT.

Einkaufen

Supermärkte und ein **Schwarzmarkt** (nördlich des Zentrums) sorgen für den Reisepro-

Die weiten Steppen des Ostens

Wo der Himmel die Steppe berührt ...

viant. Ein **Kaufhaus** liegt östlich des Zentralplatzes.

Verkehr

Flüge: Der Flugplatz, 2 km südlich der Stadtmitte, wird regelmäßig von Ulaanbaatar aus angeflogen. Das Büro der nationalen Fluggesellschaft Eznis befindet sich im Flughafengebäude (Tel. 01512 214 21).

Busse: Für ca. 18 000 MNT kann man mit dem Minibus nach Ulaanbaatar fahren, Abfahrt vom Marktplatz. Hinter dem Kaufhaus findet man Mitfahrgelegenheiten nach Dariganga (7000 MNT), Choibalsan (9000 MNT) und Undurkhaan (7000 MNT).

Dariganga und Umgebung

Dariganga ▶ V 8

In unmittelbarer Nachbarschaft des Sumzentrums **Dariganga** (Дарьганга, N 45°18,22' O 113°50,78') liegt der **Altan Ovoo** (Goldener Ovoo) – ein ehemaliger Vulkankegel, dessen Spitze seit 1820 von einem Ovoo geziert wird, der aktuelle Ovoo wurde 1990 begonnen. Die Besteigung des Altan Ovoo ist Männern vorbehalten. An seinem Fuß auf der Nordseite des Sumzentrums befinden sich drei Steinfiguren. Zudem gibt es im Ort ein relativ unbedeutendes Kloster: **Ovoon Khiid.** Von der Schmiedekunst des Dariganga-

Dariganga und Umgebung

Stamms (s. S. 101) ist hier heute nichts mehr zu sehen. Exponate dieser Kunstform sind im Aimagmuseum in Baruun-Urt sowie in Ulaanbaatar im Nationalmuseum ausgestellt.

Östlich von Dariganga ziehen sich verfestigte Dünen in Grenznähe dahin, ein letztes Zeichen der nahen Gobi. Aber das Siedlungsgebiet des Stamms der Dariganga entlang der Grenze weist überwiegend üppige Weideflächen auf, ehemals Anlass für die mandschurischen Herrscher in Peking, die Region für die eigene Pferdezucht zu nutzen und unter kaiserlichen Schutz zu stellen. Auch wurden besonders talentierte Viehzüchter hier angesiedelt. Heute allerdings klagen viele der Bewohner, dass ihnen die Privilegien der Vergangenheit unter sozialistischer Herrschaft zum Nachteil gereicht hätten. Die Region wurde vernachlässigt und hofft jetzt, wieder an die ehemals guten Beziehungen zum südlichen Nachbarn anknüpfen zu können.

Naturschutzgebiet Ganga Nuur ▶ V 8

Etwa 12 km südöstlich des Orts Dariganga liegt das kleine **Naturschutzgebiet Ganga Nuur** (Ганга нуур, N 45°16,07' O 113° 59,16') mit dem Dünengebiet **Moltsog Els**, das besonders im Herbst Sammelplatz für Zugvögel Richtung Süden ist. Es trägt deshalb auch den Beinamen ›Versammlung der 1000 Schwäne‹. Der See Ganga ist 4 km² groß. Nur 50 m vom nordöstlichen Seeufer entfernt tritt das kalte, klare Wasser der artesischen Quelle **Dagshin Orshikhyn Bulag** aus. Diese Quelle versorgt zusammen mit 21 weiteren großen und kleinen das Ganga-Nuur-Gebiet mit Wasser. Ganga bedeutet ›kein Ende findendes entspringendes Wasser‹. Das seit 1993 bestehende Naturschutzgebiet umfasst samt der am Rande liegenden Seen **Kholboo** und **Sumt Nuur** eine Fläche von insgesamt rund 328 km².

Menschensteine ▶ U 8

Nahe dem Sumzentrum **Ongon** (Онгон), ca. 40 km westlich von Dariganga, finden sich an der Grenzstraße drei Menschensteine: Shartyn Khad, Tavan tolgoi und Shiveet.

13 Shiliyn Bogd Uul ▶ V 8

Ein Ausflug empfiehlt sich zum knapp 50 km östlich von Dariganga liegenden **Shiliyn Bogd Uul** (Шилийн Богд уул, N 45°28,44' O 114°35,24'). Die beschwerliche Fahrt über selten benutzte Wege lohnt sich. Sattes Grün überzieht den Vulkankessel. Hier erinnert die Landschaft an die Eingangsszenen des Films »Urga« von Nikita Michalkow, auch wenn der Film in der Inneren Mongolei gedreht wurde.

Der 1778 m hohe, erloschene Vulkan Shiliyn Bogd Uul spielt in der mongolischen

Die weiten Steppen des Ostens

Sage eine besondere Rolle. Ehrbare Männer sollen sich dort geschworen haben, die Reichen zugunsten der Armen zu berauben, eine mongolische Variante von Robin Hood. Einer der Kämpfer für das Recht der Armen während der Zeit der Mandschu-Herrschaft war **Toroi Bandi**. Ihm zu Ehren wurde 1999 zwischen Dariganga und Shiliyn Bogd, ca. 8 km nach Passieren des Ganga Nuur, eine **Statue** (N 45°17,31' O 114°04,45') errichtet.

Im Gegensatz zum Altan Ovoo (s. S. 382) ist auf dem Shiliyn Bogd heute auch Frauen der Zutritt gestattet. Wer den Gipfel des Shiliyn Bogd Uul nach einem 15-minütigen Fußmarsch erreicht, kann nicht nur mit einem fantastischen Blick rechnen, er soll zudem mit neuer Energie belohnt werden. Die Öffnung des Kraters beträgt 2 km und ist etwa 300 m tief. Die Lava ist auf der westlichen Seite ausgeströmt. Vom Kraterrand sieht man auf ca. 200 erloschene Vulkane in der Nachbarschaft. Sie sind nach ihrem Aussehen benannt, z. B. Truhe, Amboss usw. Die Vulkankegel sind meist noch sehr gut erhalten und setzen sich über die Grenze in die Innere Mongolei fort. Die Berge sollen noch vor wenigen tausend Jahren aktiv gewesen sein. In jedem Fall handelt es sich um Beispiele des jüngsten Vulkanismus in der Mongolei.

Vom Shiliyn Bogd aus ist in der Ferne die chinesische Grenze zu erkennen. Ein schmales Band dunklerer Vegetation deutet noch an, dass dort bis vor wenigen Jahren alljährlich der Grenzstreifen gepflügt wurde. Da die Grenzregion kaum zur Viehwirtschaft genutzt wird, steht das Gras gegen Ende des Sommers gut einen Meter hoch in sattem Grün.

Talyn Agui ▶ V 8

Nur 14 km nördlich des Shiliyn Bogd Uul kann man in eine der vielen Lavahöhlen der Gegend klettern: In der **Talyn Agui** (Талын агуй, N 45°35,40' O 114°30,05'), der ›Steppenhöhle‹, ist auch mitten im Sommer der Boden mit Eis bedeckt und von der Decke hängen Eiszapfen. Sie gehört zu den attraktivsten und größten Lavahöhlen der Mongolei. Die eigentliche Ganglänge beträgt 200 m, der Gang ist 10 m hoch und 2 m breit. Nach 30 m Ganglänge betritt man einen 40 x 50 m großen und 30 m hohen Innenraum.

Khorgyn Khundii ▶ V 8

30 km nordöstlich von Dariganga liegt das **Khorgyn Khundii** genannte Tal (Хоргын хөндий, N 45°31,33' O 114°9,42'). Hier sollen früher mehr als 40 Steinfiguren aus dem 13./14. Jh. gestanden haben, von denen heute allerdings nur noch drei zu sehen sind.

In den fernen Osten ▶ V 8–W 6

Will man von Dariganga über **Erdenetsagaan** (▶ W 7, Эрдэнэцагаан, N 45°54,26' O 115°21,86') weiter nach **Matad** (▶ W 6, Матад, N 46° 57,05' O 115°17,70') fahren, muss man sich auf Pisten von Feldwegcharakter einstellen, die unter meterhohem Steppengras fast unsichtbar sind, sodass weder Schlaglöcher noch auf der Piste liegende Felsbrocken erkennbar sind.

Wer den extremen Osten der Mongolei besuchen möchte, sollte lieber von Undurkhaan aus die Route über Choibalsan und die Menengiyn-Steppe wählen (s. S. 385 und 391).

Infos

Zur Bereisung des grenznahen Dariganga-Gebiets ist es erforderlich, sich in Ulaanbaatar, Dariganga oder Erdenetsagaan einen **Grenzzonenschein** zu besorgen (s. S. 381).

Übernachten

Ger Camp ▶ **Drei Camps** bieten ca. 1,5 km südlich von Dariganga ein Nachtlager an, allerdings ohne Verpflegung. Übernachtung ab 5000 MNT.

Termine

Jedes Jahr Ende Juli wird auf dem **Altan Ovoo** direkt bei Dariganga gefeiert.

Lkhachinvandad Uul ▶ W 8

Etwa 130 km nordöstlich von Dariganga beginnt das Naturreservat **Lkhachinvandad Uul** (Лхачинвандад уул, N 45°32,87' O 115°31,71'). Das 585 km² große Gebiet im

Grenzgebirge zu China wurde – so wie das Numrug-Reservat (s. S. 393) ganz im Osten des Landes – zum Schutz des **Ussuri-Elchs** (s. S. 30) eingerichtet. Ebenso leben dort natürlich zahlreiche Gazellen, die man in allen Schutzgebieten der Ost-Mongolei antrifft.

 Dornod Mongolyn Tal
▶ X/Y 6/7

Nach Nordosten entlang der Grenze zu China befindet sich ein weiteres großes Schutzgebiet: **Dornod Mongolyn Tal** (Дорнод Монголын Тал). Dieser 5704 km² große Nationalpark wurde hauptsächlich zum Schutz der **Kropfantilopen** und **Mongolischen Gazellen** (s. Thema S. 386) eingerichtet, von denen Herden mit Tausenden von Tieren beobachtet werden können. 2007 sichtete ein amerikanisches Biologenteam eine Herde mit schätzungsweise 250 000 Gazellen. Allein, um dieses Naturspektakel zu sehen, lohnt eine Reise in die Steppenlandschaft des Ostens, auch wenn es keine Garantie gibt, dass man in dem weitläufigen Grasmeer auf die sensationellen Tieransammlungen trifft.

Infos
Zum Besuch der Schutzgebiete wird dringend ein **Grenzzonenschein** benötigt, diesen kann man in Ulaanbaatar, Dariganga oder Erdenetsagaan erwerben (s. S. 381).

Von Undurkhaan nach Choibalsan ▶ S 6–V 5

Die Strecke von Undurkhaan bis ins 360 km entfernte Choibalsan verläuft entlang dem Kherlen mit seiner weitläufigen, ausgeprägten Flussaue. Weiden und Pappeln begleiten die Fahrt. Die Piste ist zumeist sandig und glatt und daher gut zu befahren. In acht Stunden kann man Choibalsan erreichen – erst hier führt wieder eine Brücke über den Fluss.

Ab Undurkhaan wird die Landschaft offener. Erste Kropfantilopen (s. S. 29) sind zu beobachten, Vorboten der großen Herden, auf die man etwa 500 km weiter östlich trifft. Die Tiere ziehen besonders im Mai und September auf der Suche nach geeigneten Weiden und Wasser durch das fruchtbare Kherlen-Tal. Vereinzelt sind Fischadler zu sehen und – besonders im Herbst in größeren Ansammlungen – Jungfernkraniche.

Kherlen Bars Khot
Eine der größten in der Mongolei erhaltenen Ruinen aus der Kitanzeit (10.–12. Jh., s. S. 57) befindet sich im Dornod Aimag an der Piste am Ufer des Kherlen nordwestlich des Baruun Duruu Nuur, nur 83 km westlich von Choibalsan: **Kherlen Bars Khot** (Хэрлэн Барс хот, N 48°03,21' O 113°21,86'). Besonders markant ist ein Ziegelturm. Die Bauwerke wurden auch in den folgenden Jahrhunderten genutzt, zuletzt als buddhistische religiöse Stätte.

Im Jahr 1953 legten Archäologen zwei Umfassungsmauern frei, die Teile der alten Stadtruine Bars Khot bilden. Die große Mauer von Bars Khot ist 1600 bis 1800 m lang, 4 m breit und 1,5 bis 2 m hoch. Bei weiteren Ausgrabungen in den Jahren 1953 bis 1955 wurden Fundamente und ein Ofen zur Kalkverbrennung freigelegt. Es wurden Ziegelvasen, gemusterte und normale Ziegel in allen Größen, Skulpturen aus Lehm, Götterskulpturen, Schmuck, Tierplastiken, pyramidenförmige Tonfiguren für Kultzwecke, Holzschnitzereien, Knochen und Metallgegenstände gefunden. Innerhalb der Mauern standen früher zwei Stupas. Deren Wände waren mit Götterfiguren bemalt, die aber die antibuddhistischen Kulturschändungen nicht überstanden. Der fünfgeschössige Stupa wurde in den 1940er-Jahren niedergerissen, während der andere bis heute erhalten geblieben ist.

Choibalsan ▶ V 5

Choibalsan (Чойбалсан, N 48°3,79' O 114° 29,83') mit seinen knapp 40 000 Einwohnern zieht sich ohne Charme an einer einzigen, kilometerlangen Straße entlang. Von Ulaanbaatar aus ist die Stadt 656 km entfernt. Mit 700 m

Die weiten Steppen des Ostens

Die Mongolische Gazelle

Ihre Herden zählen Tausende von Tieren, der Gesamtbestand soll zwischen 800 000 und 1 Mio. Exemplare betragen. Die Mongolische Gazelle gilt immer noch als das am häufigsten vorkommende Steppentier Asiens, obwohl ihr natürlicher Lebensraum in den letzten 50 Jahren um 75 % schrumpfte.

Etwa 450 km östlich von Ulaanbaatar trifft man das erste Mal auf diese Antilopenart, die in zyklischen Wanderungen die weiten Steppengebiete durchstreifen. Im September 2007 sichtete ein amerikanisches Biologenteam die größte jemals auf der Erde beobachtete Herde von etwa einer Viertel Million Tieren. »Hunderttausende standen bis zum Horizont. Das Bild hat sich für immer in meine Erinnerung eingebrannt,« wird der Wissenschaftler Kirk Olson vom Sender BBC zitiert. Gute Nachrichten seien das. Selbst in einem trockenen Sommer scheine die Steppe noch intakt zu sein. Doch eine Garantie für das Überleben der großen Herden ist das nicht. Straßen, Eisenbahneinzäunungen, geplante Ölexplorationen und Grenzzäune haben das einst etwa 1,5 Mio. km^2 große Wanderungsgebiet der Gazelle, das in die Mandschurei und nach Russland reichte, auf 250 000 km^2 in der Ost-Mongolei schrumpfen lassen.

Noch in den 1960er-Jahren erstreckte sich das Verbreitungsgebiet der Mongolischen Gazelle (*Procapra gutturosa*, mong.: *tsagaan zeer*) von der Senke des Uws Nuur bis nach Nordost-China. Der Bau der Eisenbahnlinie von Irkutsk über Ulaanbaatar nach Peking durchschnitt den Bestand. Die Tiere, die westlich dieser eingezäunten Trasse lebten, wurden von wichtigen Weidegründen abgetrennt und überstanden diesen Einschnitt nicht. Heute finden sich westlich der Eisenbahnlinie keine nennenswerten Populationen mehr.

So beeindruckend also die Gazellenherden im Osten immer noch wirken, so lebensnotwendig sind die großen Zahlen, um Faktoren zu überleben, die immer wieder zum Tod tausender Tiere führen. Steppenbrände, die Millionen von Hektar innerhalb weniger Tage zu Asche verwandeln, stellen zwar natürliche Katastrophen dar, doch anders als in der Vergangenheit können die überlebenden Tiere nur noch begrenzt durch ausgedehnte Wanderungen in neue Weidegebiete ausweichen.

Neben der Mongolischen Gazelle sind auch Kropfantilopen (*Gazella subgutturosa*) und Mongolische Saiga-Antilopen (*Saiga tatarica mongolica*) in der Steppe anzutreffen. Der Zusammenbruch der Bestände der Saiga-Antilope in den zentralasiatischen Steppen innerhalb weniger Jahre ist ein Warnsignal. Doch anders als für die Saiga-Antilopen waren die letzten zehn Jahre eine gute Zeit für die Mongolische Gazelle, die noch 1996 als »nahezu gefährdet« galt. Auch wenn sich ihr Bestand seit dem erfreulich stabilisiert hat, bedeutet jeder Eingriff in das fragile Ökosystem eine potenzielle Gefahr. Noch sind die Antilopenherden in der Ost-Mongolei jedenfalls ein Highlight, das man nicht verpassen sollte.

Bei der Mongolischen Gazelle tragen nur die Böcke Hörner, während die Ricken hornlos sind. Die Hörner sind 25 bis 30 cm lang, die Schulterhöhe liegt bei ca. 75 cm und das Gewicht bei rund 40 kg. Das Fell ist an der

Flüchtige Bewohner

Oberseite und an den Flanken gelblich grau bis braun und am Bauch weiß.

Während der Brunft zwischen Dezember und Januar schwillt der Kehlkopf der Böcke an. Weit kann man ihre bellend-gutturalen Rufe hören. Für die ausgedehnten Herbst- und Wintermigrationen schließen sich die Tiere zu riesigen Herden zusammen und ziehen dann in die nördlichen Federgrassteppen sowie in östlicher Richtung bis zum Dalai Nuur in China. Die Rückwanderung im Frühjahr erfolgt dagegen vergleichsweise unauffällig. Im Juni und Juli werden die Jungen, meist nur ein Kitz pro Muttertier, geboren. Hierzu suchen die Ricken die dichteren Federgrassteppen auf, sodass sich in den Sommermonaten männliche und weibliche Tiere in getrennten Herden bewegen.

Diese zyklischen Wanderungen stellen für Wissenschaftler ein noch weitgehend unerforschtes Phänomen dar. Aber auch außerhalb der Frühjahrs- und Herbstwanderungen legen die Tier pro Tag bis zu 20 km grasend zurück. Anders als Weidevieh schonen sie durch die konstante Vorwärtsbewegung die empfindliche Steppenvegatation.

Denn was von Ferne wie ein endloses Grasland aussieht, ist aus der Nähe betrachtet keinesfalls ein Grasteppich, sondern ein Nebeneinander einzelner Halme. Für diese zentralasiatischen Federgrassteppen und Pfriemengras-Halbwüsten ist die Mongolische Gazelle, die sowohl aride Regionen als auch ausgesprochene Feuchtgebiete meidet, wie gemacht. Sie ernährt sich von wenigen Pflanzenarten und deckt ihren Wasserbedarf weitgehend durch den Feuchtigkeitsgehalt des aufgenommenen Grüns. Schneesturmgebieten weicht sie im Winter aus und kann dabei bis zu 200 oder 300 km pro Tag zurücklegen. Die Tiere erreichen auf der Flucht Geschwindigkeiten von bis zu 65 km/h, die sie über eine Strecke von bis zu 12 km beibehalten können und gehören damit zu den schnellsten und ausdauerndsten Antilopen überhaupt.

Gazellen können Strecken von bis zu 300 km am Tag zurücklegen

Die weiten Steppen des Ostens

liegt sie im Vergleich zu den meisten Orten der Mongolei relativ niedrig. Namensgeber der Stadt, die bis 1941 Bayantumen hieß und auf religiöse Wurzeln zurückgeht, war Staatschef General Choibalsan (s. S. 68).

Ursprünglich lag die Siedlung an einem der ostmongolischen **Verkehrsknotenpunkte** und lebte vom Handel. Dann wurde sie wichtig für die sowjetische Armee und besaß einen der größten **Schlachthöfe** des Landes, der lange Zeit Fleisch direkt in die Sowjetunion exportierte, ein Handel, der weitgehend zusammengebrochen ist. Die kleine Teppichfabrik arbeitet sporadisch.

Wo früher **russische Truppen** stationiert waren, verfällt alles. Man könnte glauben, Teile der Stadt seien einem Erdbeben zum Opfer gefallen. Die vielen leeren Kasernen, verwahrlosten. Exerzierplätze und die Berge von Schrott geben noch heute einen Eindruck von der ehemals massiven Präsenz der Sowjettruppen. Einsam steht ein gepanzertes Fahrzeug als Denkmal auf einem Betonsockel im Freundschaftspark und eine monströse Leninfigur blickt über die Ruinen der ehemaligen sowjetischen Siedlung. Auch die während des Zweiten Weltkriegs errichtete Schmalspurbahn nach Osten wurde inzwischen weitgehend demontiert.

Neustadt

Neben der Altstadt weist Choibalsan heute eine Neustadt auf, in der sich weitgehend das Leben abspielt. Hier, nördlich der Stadtmitte, liegt auch das 1840 gebaute **Danrig-Danjaalin-Kloster.** Einst lebten dort 800 Mönche, die 1937 den Massenmorden an Buddhistien zum Opfer fielen. 1990 begann der Wiederaufbau des Klosters. Heute beherbergt es 35 Mönche und besteht aus zwei kleinen Tempeln, die man besichtigen kann.

Museen

Das **Aimagmuseum** mit Galerie zeigt im ehemaligen Regierungshaus in der Altstadt neben alten Fotos eine riesige Schüssel, in der man angeblich für 500 Personen Hammel kochen kann (Tel. 01582 214 90, Mo–Fr 10–17 Uhr, 1000 MNT). Der Vollständigkeit halber soll

auch das **Naturhistorische Museum** mit Exponaten zur Flora, Fauna und Geologie der Ost-Mongolei erwähnt werden (im Westen der Stadt, tgl. 10–17 Uhr, 1000 MNT). Gefallener mongolischer Soldaten gedenkt ein großer Bogen. Die **Statue von Choibalsan** befindet sich im Westteil der Stadt und zeigt einen berittenen Soldaten, der die Feinde angreift.

Infos

Zentrales Büro für Naturschutz: nahe dem To Van Hotel, Tel. 01582 233 73, 99 86 38 88, Mo–Fr 9–17 Uhr. Hier können für die Schutzgebiete im Dornod und Sukhbaatar Aimag Eintrittserlaubnisse erworben werden.
Büro der Grenzpolizei: im Westen der Neustadt, Mo–Fr 9–17 Uhr.
Telecom-Büro (24 Std. geöffnet) und **Post** direkt an der Hauptstraße im Zentrum.
Internetbüro: neben der Telecom, Tel. 01582 215 30, Mo–Fr 8–22, Sa/So 10–18 Uhr.

Übernachten

Zentral gelegen ▶ **Hotel Khadanguud:** nördlich des Zentrums, Tel. 01582 223 55. Sauberes, neues Hotel, allerdings recht laut. Mit Kabel-TV (BBC), Internet und Restaurant.

Choibalsan

In Choibalsan kontrastieren ›Moderne‹ und Tradition

Übernachtung ab 17 000 MNT, Essen 600–5000 MNT.

Im Osten ▶ **Hotel To Van:** östlicher Abschnitt der Hauptstraße, Tel. 01582 215 67, 215 51. Hotel mit Restaurant. Übernachtung ab 14 000 MNT; Essen 600–5000 MNT.

Ordentlich ▶ **Hotel Enkh Ursgal:** etwas nördlich der Hauptstraße, Tel. 01582 216 66. Unterkunft neueren Datums. Übernachtung ab 10 000 MNT.

Renovierte Zimmer ▶ **Hotel Kherlen:** mitten im Zentrum an der Hauptstraße, Tel. 01582 230 60, 01582 212 50, 99 58 21 21. Sauna und Restaurant im Haus. Übernachtung ab 8000 MNT, Essen 600–4500 MNT.

Essen & Trinken

Beliebt ▶ **Nice Café:** im Westabschnitt der Hauptstraße, Tel. 99 58 76 77, Mo–Sa 10–24 Uhr. Schmackhafte mongolische Küche. 500–4000 MNT.

Chinesisch ▶ **Venera:** neben dem Nice Café, Tel. 99 51 93 09, tgl. 10–24 Uhr. Auch mongolische Küche. 500–4500 MNT.

Annehmbar ▶ **Orgil:** nördlich des Zentrums, Tel. 01582 211 99, tgl. 10–22 Uhr. Chinesisches Restaurant. 500–5000 MNT.

Einkaufen

Supermärkte (u. a. Khishig Supermarkt neben der Post), **Tankstellen** und ein **Schwarzmarkt** (ca. 1,5 km östlich des Hauptplatzes, Richtung Flughafen) bieten alle Möglichkeiten, sich mit Reiseproviant einzudecken. In der Nähe des Hotel Kherlen befinden sich viele Läden.

Verkehr

Flüge: Der Flughafen, ca. 8 km östlich der Stadt, wird 2 x wöchentlich von Ulaanbaatar aus angeflogen. Der Flugplan ist bei den regionalen Fluglinien Aero Mongolia (im Hotel Kherlen, Tel. 99 58 87 35) und Eznis (im Gebäude der Trade and Development Bank, Tel. 01582 211 77, 99 04 99 34) zu erfragen.

Bahn: Die Station (Tel. 01582 215 02) liegt 7 km nordöstlich des Zentrums. Für Ausländer ist die Fahrt nur bis zum Grenzort Chuluunkhoroot möglich, da für sie die russisch-mongolische Grenze in diesem Abschnitt nicht passierbar ist. Preise und Abfahrtzeiten sind am Bahnhof zu erfragen. Die 7-stündige Fahrt wurde bislang 2 x wöchentlich durchgeführt.

Busse: Abfahrt der Linienbusse nach Ulaanbaatar (13 Std., ca. 15 800 MNT) am Markt-

Die weiten Steppen des Ostens

platz. Minibusse nach Ulaanbaatar (20 000 MNT) starten am Ostende der Stadt. Ferner hat man Verbindung nach Undurkhaan (10 000 MNT) und Baruun-Urt (10 000 MNT). Weitere Reiseziele werden in einem dem Reisenden chaotisch anmutenden, lautstarken Ausrufen über Lautsprecher – auf mongolisch natürlich – bekannt gegeben. Mit viel Glück findet dann der Individualreisende jemanden, der Russisch oder Englisch spricht und bei der Wahl des richtigen Busses behilflich sein kann.

Der Norden des Dornod Aimag

Der Norden des Dornod Aimag weist eine für die Mongolei einzigartige Landschaft auf. Die **Daurischen Bergsteppen** sind die vielleicht artenreichsten Steppen überhaupt. Hier wachsen durchschnittlich mehr Pflanzenarten auf einem Quadratmeter als irgendwo anders in der Mongolei und im Sommer sind die Daurischen Bergwiesen ein einziges Blütenmeer.

Mardai ▶ V 4

Eine **Breitspur-Bahnstrecke** führt seit 1939 von Choibalsan nach Norden in die russische Region Transbaikalien (ehemals Chitinskaya Oblastj), bietet aber keine Verbindung zur Transsibirischen Eisenbahn und spielt auch für die aktuelle wirtschaftliche Entwicklung des Landes keine Rolle mehr. Eine für mongolische Verhältnisse exzellente, unterschotterte Sandpiste führt parallel zur Bahnlinie nach Norden zur russischen Grenze durch die auf keiner Karte verzeichneten Uranabbaugebiete mit der Bergarbeiterstadt **Mardai** (Мардай, N 49°05,52' O 114°11,79'). Heute ist der Bergbau nicht mehr wirtschaftlich und daher praktisch zum Erliegen gekommen, doch in der Vergangenheit waren die Vorkommen den Kremlherrschern so wichtig, dass sie sich praktisch die Hoheitsrechte über die Region abtreten ließen und selbst Mongolen keinen Zutritt hatten. Nach dem Abzug der Russen versuchten die Einwohner, denen jede wirtschaftliche Basis genommen war, alles, einschließlich der Infrastruktur der Siedlung, zu Geld zu machen, sodass Mardai heute eine Ruinen- und Geisterstadt ist.

Yahi Nuur ▶ V 4

Der etwa 50 km nördlich von Choibalsan liegende **Yahi Nuur** (Яхь нуур, N 48°38,12' O 114°24,40') ein in reiner Salzsee, und die in vielen Karten ausgewiesene Wasserfläche ist inzwischen zugunsten von Salzsümpfen und trockenen Salzböden zurückgegangen. In der Zugzeit dient der See als Rastplatz z. B. für Kraniche, Gänse und Störche aus Sibirien auf ihrem Weg nach Südostasien.

Wall des Chingghis ▶ V 4

Wie bereits durch den nördlichen Khentii Aimag (s. S. 374) zieht sich nördlich des Yahi Nuur über viele Kilometer der **Wall des Chingghis** (Чингисийн Хэрэм, N 49°9,60' O 115°26,36'). Die Zugänglichkeit des Walls ist überall gegeben, da die Steppe frei befahrbar ist. Es gibt zahlreiche Stellen, die man besuchen kann. Der oben mit Koordinaten genannte Punkt ist nur ein Beispiel.

Khukh Nuur und Dashbalbar ▶ V/W 3

Am **Khukh Nuur** (Хөх нуур, N 49° 31,28' O 115°34,81') liegt mit 569 m der tiefste Punkt der Mongolei. Wendet man sich nach Westen, so geht es den Ulz-Fluss entlang in Richtung des Sumzentrums **Dashbalbar** (Дашбалбар, N 49° 32,66' O 114°24,11') durch eine eindrucksvolle Flusslandschaft, die besonders wegen der hier brütenden Weißnackenkraniche zum Teil unter Naturschutz steht. Durch ein schilfreiches Tal windet sich das Wasser in engen Mäanderlinien. Auf den Feldern in der näheren Umgebung ist regelmäßig ein weiterer seltener Kranich zu beobachten, der Mönchskranich. Die Region ist Heimat von **burjatischen Mongolen** (s. S. 77). Wie im nördlichen Khentii zeugen die Blockhäuser, die hier die Jurten verdrängen, von der langen, sesshaften Kultur der Burjaten.

Mongol Daguur ▶ V 2/3

In der Nähe der russischen Grenze liegt ein System von Süßwasserseen und Feuchtge-

Von Choibalsan nach Osten

Der Wall des Chingghis – nur nach dem Eroberer benannt, aber in Wirklichkeit Teil der chinesischen Mauer

bieten, das 1992 zum 1030 km² großen Naturschutzgebiet **Mongol Daguur** A und B (Монгол Дагуур дархан цаазат газар) zusammengeschlossen wurde. Das in Zentralasien einmalige Feuchtgebiet setzt sich im benachbarten Russland als Naturschutzgebiet Daurskij (etwa 500 km²) fort. Besondere Bedeutung hat diese Region neben ihrer Funktion als Rastplatz für jährlich Hunderttausende Zugvögel auch als eines der letzten Rückzugsgebiete für die in Zentralasien endemische Reliktmöwe und den Weißnackenkranich. Das Gebiet steht auf der Liste der internationalen Organisation für Kranichschutz und unterliegt als Gebiet der Ramsar-Konvention.

Von Choibalsan nach Osten

Menengiyn-Steppe ▶ X/Y 5

Östlich von Choibalsan erstreckt sich bis zum Buir Nuur, flach wie ein Teller, die 600 m tief liegende **Menengiyn-Steppe** (Мэнэнгийн тал) eine der letzten großflächig intakten Hochsteppen der Erde. Weltweit gilt die Steppe, deren Durchmesser über 200 km beträgt, auch als größte Ebene mit unberührter Natur, Weidenpflanzen und seltenen Tierarten. Hier fehlt jede Vertikalstruktur. Wer einmal sehen möchte, dass auch ausgedehntes Grasland so einsam wie ein Ozean sein kann, ist in den scheinbar endlosen Federgrasmeeren von Menengiyn richtig.

Die Pisten kämpfen sich nur mit Mühe durch Gras, Büsche und sumpfige Abschnitte. Über einem Streifen grünen Graslandes erstreckt sich ein scheinbar unendlicher, blauer Himmel. Himmel und Erde werden eins. Steppenbrände, denen kein Hindernis Halt gebietet, sind eine Dauergefahr, sodass die Ebene fast menschenleer ist. Gegen gemütliches Verweilen sprechen auch die Heerscharen von Moskitos, die sich dank der vielen sumpfigen Stellen prächtig vermehren und sich die seltenne Besucher ungern entgehen lassen.

Die natürliche **Fauna** ist reich und noch fast unberührt. Steppenadler und Hochland-

Die weiten Steppen des Ostens

bussarde, Sakerfalken und Uhus, angezogen vom Nahrungsreichtum, brüten ganz gegen ihre Gewohnheit auf dem flachen Boden. Hier ist eines der Verbreitungszentren der **Mongolischen Gazelle** (s. S. 386), die besonders im Winter in diese Region kommen. Der ständige Wind hält die Weiden schneefrei.

Eine Gefahr für das Ökosystem stellt die mithilfe ausländischer Investoren durchgeführte Erschließung vorhandener Ölvorkommen dar. Bohrtürme markieren die Stellen, an denen die Ölförderung bereits begonnen hat.

Buir Nuur ▶ X/Y 5

Östlich der Menengiyn-Steppe liegt der **Buir Nuur** (Буйр нуур, Südostufer N 47°43,19' O 117°47,35'), ein flacher, fischreicher Steppensee auf der Grenze zu China, zu dem das nordwestliche Ufer mit einem schmalen Wasserstreifen gehört. Von dort aus wird er auch intensiv zum Fischfang genutzt – sehr zum Ärger der Mongolen, die sich über die Chinesen, die sich nicht um den ungewöhnlichen Grenzverlauf kümmern, heftig beklagen. Der See ist 11 m tief und mit seinen 40 km Länge und 21 km Breite (615 km² Fläche) so groß, dass das gegenüberliegende Ufer mit dem bloßen Auge nicht zu erkennen ist.

Das **Delta des Khalkhyn Gol** ist ein nährstoffreiches, mit Rohrdickichten bedecktes Schwemmland, das Tausende von Reihern, Enten, Seeschwalben, Möwen, Kormoranen und Schwanengänsen beleben. Ein kleines Fischerdorf, ungewöhnlich bei den Fisch meist ablehnenden Mongolen, liegt in der Nähe des Zuflusses. Fang, meist Rapfen, Karpfen, Gründlinge, Welse und Hechte, der nicht frisch verkauft werden kann, wird eingesalzen oder getrocknet. Zum Überwintern erscheint auch der sibirische Lachs im See.

Das Westufer kennzeichnet gutes Weideland, das zahlreiche Viehzüchter nutzen, während das Südufer sandiger ist. Hier liegt der kleine **Bayan Nuur**, ein 10 km² großer Salzsee, der wie zahlreiche andere kleinere Wasseransammlungen vom Hauptsee abgetrennt ist.

Ikh Burkhant ▶ Y 5

Ganz in der Nähe des Kalkhyn Gol, etwa auf halber Strecke zwischen dem Buir Nuur und Khalkhgol, findet sich eine religiöse Gedenkstätte, **Ikh Burkhant** (Их Бурхант, N 48°

Unerwartet: Edelweißpracht in der mongolischen Bergsteppe

Von Choibalsan nach Osten

03,29' O 113°21,86'), mit einem gigantischen, liegenden Bodhisattva. Sie wurde 1859–64 auf Initiative des Fürsten Togtokhtur, auch bekannt als To-Van (1797–1868), errichtet und ist dem in der Mongolei besonders verehrten Bodhisattva des Mitgefühls, Janraisig (Sanskrit: Avalokiteshvara, tibet.: Chenrezi), geweiht. Das bekannte Mantra *Om Mani Bad Me Hom* ist ihm gewidmet und der Dalai Lama gilt als eine seiner Inkarnationen. Im Gandan Kloster in Ulaanbaatar kann man einer riesigen, goldenen Statue Janraisigs begegnen und auf die dortigen Ausführungen zur Symbolik sei hier verwiesen (s. S. 189).

Der Sage nach wurde dieser Komplex als Symbol für den Schutz der östlichen Grenze der Mongolei gebaut. Die Figur ist 30 m groß und liegt auf einem der Sonne zugewandten Hang mit 35° Neigung innerhalb von zwei Umfassungsmauern. Auf der Innenseite der äußeren Mauer, die 220 x 97 m misst, sind auf der Erde 20 Laṅtsa-Buchstaben (altindische Schrift) in einer Größe von ca. 165 x 110 cm mit Steinen ausgelegt. Innerhalb des kleinen Kreises stehen zwölf Stupas mit einer Größe von ca. 200 x 110 cm und Janraisig wird von weiteren 20, um ihn herum aufgereihten Gottheiten, umrahmt. Ende des 19. und Anfang des 20. Jh. wurde die Gedenkstätte durch Unruhen zerstört. Von 1995 bis 1997 fand der Wiederaufbau statt und im Herbst 1997 wurde die Stätte in einer feierlichen Zeremonie wieder dem Bodhisattva Janraisig geweiht.

15 Khalkhgol ▶ Y 5

Das mit 30 m höchste und monumentalste Kriegsdenkmal der Mongolei steht im Sumzentrum **Khalkhgol** (Халхгол, N 47° 36,70' O 118°36,64') und erinnert an die Schlacht am Khalkhyn Gol am Vorabend des Zweiten Weltkriegs (s. S. 69).

Immer noch künden umfangreiche Befestigungsanlagen von dem Kriegsschauplatz inmitten der mongolischen Steppe. Wer will, kann hier durch Schützengräben kriechen und hinterlassenes Kriegsgerät bestaunen. Die trockene, noch nicht verschmutzte Luft, hat die Überreste der kriegerischen Auseinandersetzung unverändert bewahrt.

Ohrenbetäubender Lärm kündet von Hunderten von Vögeln, die eine ehemalige Apfelbaumplantage und einen künstlich angelegten Pappelhain als seltene Nistgelegenheit in der flachen und baumlosen Steppe nutzen.

Numrug-Nationalpark ▶ Z 5/6

Im äußersten Ostzipfel der Mongolei befindet sich der **Numrug-Nationalpark** (Нөмрөг байгалийн цогцолбор газар), ein gebirgiges Gebiet mit 3110 km². Da es keinerlei Pisten gibt, kann man durch diesen Park nicht fahren. Man bewegt sich zu Fuß oder per Pferd fort. **Numrug Sum** (Нөмрөг, N 46°59,06' O 119°22,39') am Numrug Gol ist weit und breit die einzige Siedlung in dieser einsamen Gegend. Mit Ausnahme der Grenzposten und vereinzelter Jurten in den Tälern der Berg-Steppen-Übergangsregion ist die Landschaft ansonsten unbesiedelt. Hier tritt das von Norden nach Süden verlaufende Khyangan-Gebirge an die Grenze heran und überschreitet sie mit seinem Vorgebirge. Die Hänge sind meist flach, teilweise bewaldet und bilden stellenweise Hochmoore. Die Pflanzenwelt besitzt zum Teil bereits wieder alpinen Charakter.

Das Gebiet wurde im Jahr 1992 unter Naturschutz gestellt und bekam 1995 den Status eines Nationalparks. Mandschurische, d. h. ostasiatische Tier- und Pflanzenarten, prägen die Region, dazu gehört eine Unterart des Elchs, der Ussuri-Elch (s. S. 30). Die 2 m lange, ungiftige Amurnatter kommt ebenso wie zahlreiche Kleinvögel und Pflanzen an keiner anderen Stelle der Mongolei außer in diesem Nationalpark vor. Der Park ist das Brutgebiet einiger in der Mongolei seltener Vögel, z. B. Brauenrohrsänger, Grünkopfschafstelze, Jangtse-Papageienmeise und Mandarinente kann man hier entdecken.

Infos

Der Park ist wegen seiner Grenzlage zu China nur mit **Grenzzonenschein** zu bereisen, den man in Ulaanbaatar besorgen sollte (s. S. 194).

An der **Rangerstation** in Numrug Sum werden auch Wander- und Reittouren für Touristen organisiert. Preise sind zu verhandeln.

Der Südosten

Die meisten Reisenden werden diese Region vermutlich nur aus dem Fenster der Eisenbahn – der Stichstrecke, die von Peking über Ulaanbaatar zur Transsibirischen Eisenbahn führt – wahrnehmen. Auch die Straßenverbindung nach China führt hier entlang. Es ist klassisches Gobi-Land – flach, trocken, abweisend mit harschen Lebensbedingungen für die wenigen Menschen, die hier siedeln.

Choir und Umgebung

Choir ▶ Q 7
Der schnellste Weg von Ulaanbaatar in den Südosten des Landes führt über die bis Choir asphaltierte Hauptstraße. **Choir** (Чойр, N 46°21,24' O 108°19,08') selbst war in sozialistischer Zeit ein wichtiger Stützpunkt der Roten Armee mit einem großen unterirdischen Flughafen für Kampfjets. 1991 wurden die Orte Sumber und Dornogobi Sum, Shiveegobi und Bayantal Khoroo, verwaltungsmäßig zusammengefasst und daraus die Verwaltungseinheit Choir geschaffen. Choir, das Aimagzentrum des Gobi-Sumber Aimag, liegt 194 km südöstlich von Ulaanbaatar.

Ikh Nart ▶ Q/R 8
Nur ca. 60 km südlich von Choir, ca. 1 Stunde Pistenfahrt, liegt das 1996 unter Schutz gestellte Naturreservat **Ikh Nart** (Их Нарт, N 45°50,10' O 108°36,27'). Das rund 670 km² große Gebiet wird von einem international zusammengesetzten Team von Biologen betreut, die eng mit der Mongolischen Akademie der Wissenschaften zusammenarbeiten. Das Schutzgebiet ist bekannt für seine Argali-, Ibex- und Gazellenpopulationen. Auch Wildesel werden im Südabschnitt gelegentlich ausgemacht. Kleinraubtiere wie Fuchs und Luchs sowie Nagetiere kommen regelmäßig vor. Es wurden über 100 Vogelarten gezählt, u. a. Geier lassen sich hier gut beobachten. Attraktiv ist Ikh Nart für Touristen, weil man es relativ bequem von Ulaanbaatar aus in etwa 5 Std. erreichen kann.

Übernachten
Ger Camp ▶ **Borjigon Urguu:** südlich von Choir, nur wenige Kilometer von der nördlichen Ecke der Ikh-Nart-Parkgrenze entfernt. Übernachtung ab 20 000 MNT.

Sainshand und Umgebung

Sainshand ▶ S 9
Folgt man der Piste Richtung China weiter, so kommt man nach **Sainshand** (Сайншанд, N 44°53,79' O 110°8,06'), ins Aimagzentrum des Dornogobi Aimag. Die Stadt Sainshand wurde im Jahr 1931 gegründet, ist von Ulaanbaatar aus 456 km entfernt (von Choir aus 220 km) und mit dem Eisenbahnverkehr verbunden. Dank der guten Verkehrsanbindung und dem relativ nahen Grenzübergang zu China sind der Ort und seine 19 500 Einwohner im Vergleich zu anderen Flecken in der Gobi gut versorgt. Ein **Aimagmuseum** informiert über die Natur und Geologie sowie die Paläontologie des Steppenaimag (gegenüber der Parkanlage im Zentrum, Tel. 01522 226 57, tgl. 9–13, 14–18 Uhr, 1000 MNT, Fotoerlaubnis 5000 MNT).

Das **Danzanravjaa-Museum** erinnert an den buddhistischen Würdenträger Danzan-

Sainshand und Umgebung

Ein nicht abreißender Pilgerstrom weist den Weg durch die Wüste zum Shambala-Energiezentrum beim Kloster Khamaryn Khiid

ravjaa (1803–1856). Danzanravjaa, 100 km südwestlich von Sainshand geboren, stammte aus ärmlichen Verhältnissen. Die Mutter war früh verstorben und sein Vater war gezwungen, den erst Sechsjährigen ins Kloster zu geben. Dort fielen seine außerordentlichen intellektuellen Fähigkeiten auf und er wurde als fünfte Wiedergeburt des Gobi Dogshin Noyon Khutagt, des ›Zornigen Heiligen der Gobi‹, erkannt. Danzanravjaa, der sich für die Rotmützenrichtung des lamaistischen Buddhismus entschied, soll als großer religiöser Funktionär, Aufklärer, Dichter, Komponist, Lehrer, Philosoph, Theaterregisseur, Maler, Pharmazeut und Arzt gewirkt haben. Außer dem Khamaryn-Kloster (s. S. 397) errichtete er acht weitere Klosteranlagen in der Gobi.

Im Museum werden neben seinen **Gemälden** Geschenke ausgestellt, die er von hohen religiösen Würdenträgern überreicht bekam. Des Weiteren ist ein Statue von Danzanravjaa, dem Erleuchteten, zu sehen. Seine sterblichen Überreste befinden sich am Fuße der Statue (Tel. 01522 232 21, www.dazanravjaa.org, tgl. 9–13, 14–18 Uhr, 1000 MNT, Fotoerlaubnis 5000 MNT).

Auch das neue **Kloster Dechinchoinkhorlin Khiid** kann besichtigt werden. Interessanter ist allerdings der Ausblick auf Kloster und Stadt von der Anhöhe hinter dem Kloster.

Infos

Telecom-Büro und **Internetcafé** (beide 24 Std. geöffnet) liegen südlich des Zentralparks. Im gleichen Gebäude befindet sich auch die **Post.**

Übernachten

Mit Sauna ▶ **Shand Plaza Hotel:** im Zentrum, westlich der Parkanlage, Tel. 01522 235 09, 99 14 83 52. Diese Unterkunft glänzt durch einen Billardtisch und Disco. Die Küche des Hotelrestaurants bietet mongoli-

Der Südosten

schen Standard. Übernachtung ab 20 000 MNT, Essen 600–6000 MNT.
Zentral gelegen ▶ **Od Hotel:** im Westflügel der Aimagverwaltung, Tel. 01522 232 45. Übernachtung ab 5000 MNT.
Ger Camps ▶ **Gobi Sunrise Tavan Dokhio:** 20 km südlich von Sainshand, Tel. 99 11 38 20, 99 09 01 51, gobisunrise@yahoo.com. In diesen Jurten im Sand nächtigt man auf authentische Weise. Übernachtung ab 40 000 MNT. **Shand:** nahe Ger Camp Gobi Sunrise, Tel. 99 25 78 83. Übernachtung ab 40 000 MNT.

Essen & Trinken
Üppig ▶ **Restaurant Altan Urag:** östlich der Parkanlage, 9–23 Uhr. Hier kommt zur Abwechslung chinesische Küche auf den Tisch. 1000–5000 MNT.
Bestens ▶ **Best Restaurant:** an der Hauptstraße östlich des Zentralparks, Tel. 99 25 55 79, 10–23 Uhr. Wie der Name, so das Essen: typisch mongolische Gerichte, schmackhaft zubereitet. 1000–5000 MNT.

Einkaufen
Westlich der Hauptkreuzung liegt der **Markt**. Weiterhin gibt es **Supermärkte** und **Tankstellen** an der Hauptdurchgangsstraße.

Abends & Nachts
Unterhaltung ▶ **Saran Khookhoo Theater:** direkt im Zentrum, Tel. 01522 22796. Keine regelmäßigen Aufführungen.

Auf Sand erbaut: die Klosteranlage des Khamaryn Khiid

Sainshand und Umgebung

Verkehr
Züge: Der Bahnhof, Tel. 01522 523 07, liegt 3 km nordöstlich des Stadtzentrums. Verbindungen mit Ulaanbaatar (1 x tgl., ca. 10 Std., 285 km, 6200/9500 MNT) und Zamyn Uud (276 km).

Khamaryn Khiid ▶ S 9
Etwa 40 km südlich von Sainshand befindet sich die Klosteranlage von **Khamaryn Khiid** (Хамарын Хийд, N 44°36,04' O 110°16,65') Sie wurde 1820 von Danzanravjaa (s. S. 394), einem lokal besonders verehrten Mönch der Rotmützen, gegründet. Nach der Zerstörung in den 1930er-Jahren wurde das Kloster teilweise wieder errichtet. Der Ort wird auch als ›Energiezentrum‹ und Pilgerstätte verehrt und knüpft an die Meditationstradition der Mönche an. Das Kloster kann jederzeit besucht werden.

Während der Blütezeit hatte die Klosteranlage 80 kleine und große Tempel und 500 Lamas praktizierten hier die Rotmützenlehre. Die zum Kloster gehörende Schule, die auch Mädchen aufnahm, hat Danzanravjaa den Ruf eingebracht, als einer der Ersten in der Mongolei für die Gleichberechtigung der Geschlechter eingetreten zu sein.

Das **Shambala-Energiezentrum** ist etwa 3 km vom Kloster entfernt. Hier wurden ein Glockenturm und ein Areal mit 108 Stupas (heilige Zahl im Buddhismus) erbaut. Meditationshöhlen befinden sich in der nahen Umgebung. Dabei handelt es sich um Ergebnisse des Schattenverwitterung (Tafoni) im anstehenden Granit.

Bayanzurkh Uul ▶ S 9
Ca. 23 km nordwestlich von hier liegt der Berg **Bayanzurkh Uul** (Баянзурх уул, N 44° 41,64' O 110°02,71', 1060 m), dessen Spitze wie üblich mit einem Ovoo bestanden ist. Die Bergspitze ist für Frauen tabu, die nur bis zu einem Tempel auf halber Höhe mit hinaufsteigen dürfen.

Dalay Els ▶ S/T 9/10
Das **Dalay Els** (Далай элс), etwa 80 km südöstlich von Sainshand nahe dem Sumzentrum Erdene, ist ein Sanddünenkomplex mit Grundwasseraustritten. Zu diesen gehört die landschaftlich sehr reizvoll gelegene **Quelle Burdene Bulag**.

Übernachten
Ger Camp ▶ **Burdene Els:** ca. 30 km westlich der Bahnstation Erdene gelegen. Übernachtung ab 30 000 MNT.

Aktiv
Ausflüge ▶ Von hier aus bieten sich Ausflüge zu den Schutzgebieten weiter im Süden des Dorno-Gobi Aimag an: zum Naturschutzgebiet **Kleine Gobi – B** (▶ Q/R 11/12), zum Naturreservat **Ergeliyn Zoo** (▶ R 11) und zum Naturdenkmal **Suikhent** (▶ O 10/11).

Wüste Gobi, Khongoryn Els: Leben in der Jurte

Register

Abatai Khan 65
Achit Nuur 345
Adgiyn Tsagaan Nuur 298
Aimag 206
Airag Nuur 317, 351, **354**
Alkohol und Drogen 150
Altai **322,** 357
Altai Sum 293
Altai, Gebirge 54, 297, 315, **326**
Altai Tavan Bogd, Nationalpark 316, **340**
Altanbulag 267
Altan Khan 65, 72, 83
Altan Ovoo 382, 384
Amarbayasgalant 85, 126, 222, **263**
Amarbayasgalant, Kloster 222, **263,** 369
Andrews, Roy Chapman 109, 281
Apotheken 159
Arvaikheer 319
Ärztliche Versorgung 159
Asralt Khairkhan Uul 170, **212,** 364
Aurag 364
Aurug, Ruinen 376
Ausrüstung 158
Avarga Toson 375
Avtai Khan 306, 307
Ayush 329

Baatsagaan Sum 298
Baden 146
Bag Zuil 324
Baga Gazaryn Chuluu 126, 169, 170, 216, 276
Baga Khentii 364
Baga Ulaan Davaa 327
Baganuur 207, 365, 379
Baibalyk (Baibulag), Ruine 56, **258**
Baldan Bereeven, Kloster 362, **369**

Bars Kot, Ruine 57, 385
Baruunturuun 351
Baruun-Urt 136, **381**
Bat-Ulzii 310
Batbold, Sukhbaatar 74
Batshireet 361, **370**
Battsengel Sum 231
Baum mit 100 Zweigen 236
Bayan Nuur 133, 135, **351,** 354, 392
Bayan Ulgii Aimag 242
Bayan Uul 358
Bayantes 351
Bayantooroi 131, **293**
Bayangobi Sum 298, 299
Bayankhongor **319,** 322
Bayanzag 129, 274, **281**
Bayanzurkh Uul 397
Benedikt von Polen 108
Bergsteigen und Klettern 146, 317, 325, 341, 350, 357
Berkh 374
Bettler und Straßenkinder 150
Bilge Khan 228
Binder 361, 369, **370**
Bogd Gegeen 85
Bogd Khan 68, 74, 99, 173, 186
Bogd Sum 298
Bogd Uul, Gebirge 73, 169, 171, 172, **213,** 215
Boon Tsagaan Nuur 131, 296, **298**
Boorig Deliin Els 133
Bor Bulag, Grabanlage 370
Bor Khyaryn Els 354
Bor, Quelle 370
Borzongiyn-Wüste 281
Boshigt, Galdan 216
Bosshard, Walter 109
Buddhismus 82

Bugant 269, 273
Buir Nuur 136, 362, **392**
Bulgan 126, 133, 258, **259,** 327
Bulnai Fault 242
Bulnai Rashaan 250
Bumbat Khairkhan Uul 324
Burjat-Mongolen 76, 390
Burjaten 15, 66, 77, 362, 372
Burkhan Khaldun 372
Bust Nuur 126, 223, **243**
Buurug Deliyn Els **349,** 351
Buyant Sum 328

Carpini, Giovanni Plano de 108
Chaclan Solootyn Davaa 126
Chandmani 326
Chandmani-Ondur 250
Chigjid-Schlucht 316, 333
Chingghis Khaan (Temudschijn) 14, 57, 58, 72, 106, 136, 302, 309, 361, 364, **366,** 368, 372, **373,** 374, 376
Chingghis-Khaan-Kanal 327
Chingghis-Khaan-Obelisk 375
Chingghis-Khaan-Statue 207
Chinguunjav, Fürst 355
Choibalsan 68, 74, 76, 136, 178, 362, 384, **385,** 391
Choir 394
Chuluut Gol 236

Dadal 369, **372**
Dagshin Orshikhyn Bulag 383
Dalai Lama 65, 81, 83, 84, 85

Der Haupteintrag ist **fett** hervorgehoben.

Dalai Nuur 332
Dalanzadgad 127, 131, 274, 276, **279**
Dalay Els 397
Danzanravjaa 394, 397
Dariganga 76, 94, 136, 361, 363, 381, **382**
Darkhad-Becken 126, 252, 253
Darkhad-Senke 221
Darkhan 76, 126, 258, **265**
Dashbalbar 390
Dashdovog Uul 239
Dashinchilen 230
Davaa, Byambasuren 107, 120
Dayan Uul 358
Delger Khan Uul 363, 370, **376,** 377
Delgerkhaan 54, **375**
Delgertsogt 276
Deluun Boldog 374
Doloon-Nuur-Tal 325
Dornod Aimag 390
Dornod Mongolyn Tal 362, **385**
Dschasrai, Puntsagiin 71
Dschurdschen 57, 72
Dulaan Uul 377
Dundgobi Aimag 217
Dungeneegiyn Am 287
Durgun Nuur 332
Duurlig Nars 372
Dzungarischen Gobi s. Großer Gobi-Nationalpark B
Dzuud 18

Eej Khad 170, **216**
Eej Khairkhan Uul 293
Egiin Gol 251
Eij Khairkhan Uul 357
Ekhen Burkhad Uul 324
Ekhiyn Gol 291
Elbegdorj, Ts. 75

Elektrizität 150
Erdene Khamb, Kloster 225
Erdene Uul 365
Erdene Zuu, Kloster 65, 95, 109, 129, 264, 274, 302, **306**
Erdenebulgan 251
Erdeneburen 333
Erdenet 76, 126, 258, **261**
Erdenetsagaan 384

Falz-Fein, Graf 294
Fischpass s. Zagastajin Davaa
Fort Sangiyn Kherem 328
Fotografieren 150
Frauen allein unterwegs 151

Gachuurt 206
Gänseschlucht s. Galuutyn khavtsal
Galdan Boshgot 329
Galuutyn khavtsal (Gänseschlucht) 317, **322**
Gandan-Kloster s. Ulaanbaatar
Ganga Nuur, Naturschutzgebiet 383
Geierschlucht s. Yolyn Am
Gelassenheit 151
Geldtausch 156
Geschenke 151
Gobi-Altai 274, 275, 276, 297, 298, 315
Gobibären 292
Gobi-Seen-Steppe 296
Gobi, Wüste 123, 126, 276, 279, 284, 288, 289
Göktürken 56, 72
Gol Mod 231
Golf 146
Gombodorj, Großfürst 173

Gorkhi-Terelj-Nationalpark 169, 206, **207**, 364
Große Khentii s. Ikh Khentii
Großer Gobi-Nationalpark A (Trans-Altai-Gobi) 275, **290,** 296
Großer Gobi-Nationalpark B (Dzungarischen Gobi) **290,** 293
Gun Nuur 269
Gunjiyn Sum (Prinzessinnengrab) 210
Gürragchaa, J. 259
Gurvan Nuur 372
Gurvan Saikhan, Nationalpark 283
Gurvan Tsenkher Agui 54, 327, 329
Gurvantes 131, 289
Gyaltsen, Jampei Namdron Choye 85

Haenisch, Erich 109
Hagenbeck, Carl 294
Han-Dynastie 72
Hansen, Rene Bo 107, 121
Hedin, Sven 109
Hevtee Bosoogiin Agui 279
Hirschsteine 55
Hiydiyn Saridag Uul 368
Hunui-Tal 231
Hustain Nuruu, Nationalpark 130, 169, **217**, 294
Hustain-Nationalpark s. Hustain Nuruu
Hutag Ondor 126
Huyten Uul 131, 133

Ider 242
Ider-Tal 126, 221
Ikh Bogd 298
Ikh Bogd Nuruu 298, 299
Ikh Bogd Uul 275, **299,** 315

Register

Ikh Burkhant 392
Ikh Gazaryn Chuluu 170, 216, 276
Ikh Khentii 364
Ikh Nart 363, **394**
Ikh Tenger 215
Ikh Turgen Uul 345
Impfungen 159
Internetcafés 162

Jadrinzev, N. M. 228
Jagen und Angeln 146
Jalavch Uul, Vulkan 258
Jalta-Konferenz 69
Jargalan Sum 323
Jargalant Khairkhan Uul 324
Jargalantiyn Am 235
Jivheestei 370

Kajaking/Wasserwandern 146
Kalmücken 15, 77
Karakorum, s. Kharkhorin
Kasachen 15, 77, 335
Kentii-Gebirge 172, 206
Khagiyn Khar Nuur 210, **212**
Khairkhan 126
Khairkhan Sum 133, 232
Khalkh, Fluss 69
Khalkha-Mongolen 15, 64, 76, 381
Khalkhgol 362, **393**
Khalkhyn Gol 69, 74, 361, 392
Khalzan-Sogootyn-Pass 242
Khamaryn Khiid 397
Khan Khoriyn Nuruu, Gebirge 135
Khan-Khentii-Gebirge 170, 221, 233, 357
Khan-Khentii-Nuruu-Schutzgebiet 361, 364, **365**

Khan Khukhiyn Nuruu 351
Khangai Sum 239
Khangai, Gebirge 123, 221, **224,** 258, 297, 298, 317, 322, 357
Khank 252
Khar Balgas, Ruinen 56, 95, **227**
Khar Bukhyn Balgas 57, **230**
Kharkhiraa 350
Khar Nuur 135, **332, 354**
Khar Us Nuur, Naturschutzgebiet 324, **331**
Kharganatyn Khad 333
Kharkhorin (Karakorum) 54, 62, 72, 95, 125, 129, 227, 274, **302,** 304
Khartaravgatv 350
Khasagt Khairkhan Nuruu 317, **324**
Khashaat 228
Khatgal **247,** 250
Khavtsgaityn Davaa 231
Khentii Khan Uul 368
Khentii-Gebirge 169, 361, 362, 363, **364**
Kherlen Bars Khot **385**
Kherlen Bayan Ulaan 376
Kherlen-Knie **375,** 377
Kherlen-Tal 136, 376, 377, 379, 380
Khermentiyn Tsav 289
Khetsuu-Khad-Felsen 354
Khirgas Nuur 135
Khogno Khan, Gebirge **225,** 226, 227, 318, 357
Khogno Khan, Naturreservat 125, 130, 225
Khokh Sayn Uul 341
Khongoryn Els, Dünenfeld 127, 274, **287**
Khonin Nuga 269
Khonin Us 296

Khorgo Terkhiyn Tsagaan Nuur, Nationalpark 125, 222, 229, 235, **236**
Khorgo, Vulkan 126, 223, 236, **237,** 238
Khorgyn Khundii 384
Khoshoo Tsaidam 130, **228**
Khoshuu, Tusheet Khan 309
Khoton Nuur 340, 341
Khotonen 77
Khovd 131, 242, 316, 319, **328,** 333
Khublai Khan 14, 72, 109
Khuduu Nuur 237
Khuiten Uul 340, 344, 357
Khujirt 309
Khukh Burd, Kloster 216
Khukh Nuur 239, 317, 350, 356, **358,** 361, 369, **390**
Khusuu Tuin Gol 351
Khuvsgul Nuur, Nationalpark 222, **245**
Khuvsgul-Bergland 94, 123
Khuvsgul-See 221, 223, 242, 245, **246,** 250
Khyargas Nuur 354
Khyargas Nuur, Nationalpark 317, 332, **351**
Kirgisen 56, 72
Kiselev, Sergej 306
Kitan 57, 72
Kleidung 157
Kleine Khentii s. Baga Khentii
Kleiner Otgon Tenger 359
Kleines Gobi Schutzgebiet A 281
Klima 157
Krankenhäuser und Sanitätsstationen 160
Kreditkarten 156
Krönungsplatz Zanabazars 226

Kul-Tegin 228
Kuyuk 62, 72, 108

Lamaismus 65, 74, 81, 109, 263
Lamyn Gegeenii Gon Gandan Dedlin, Kloster 320
Lattimore, Owen 109
Leder, Hans 109
Liao-Dynastie 57
Ligdan Khan 64
Lkhachinvandad Uul 384
Lun 126, 217, 219

Maimaachin 173
Mandal, Kloster 322
Mandalgobi **127,** 276
Mandschu 64, 72
Mankhan **323,** 324
Manzushir, Kloster 169, 171, **213,** 215
Mardai 390
Maskentanz 182
Matad 384
Menengiyn-Steppe 384, **391**
Michalkow, Nikita 121
Mittelgobi-Aimag 276
Moltsog Els 383
Möngke 62, 72
Mongol Daguur 390
Mongol Els 223, **226, 333,** 355
Mongolen 54, 76, 302
Monkh Khairkhan 131, 133
Monkh Khairkhan Uul 357
Motorradreisen 146
Mungunmorit 361, 363, 365, 368
Munkh Khairkhan Sum 325
Munkh Khairkhan Uul 316, 317, **325,** 326
Murun 76, 126, **242,** 258, 318, 351
Must 327

Naadam 202
Nachtbars und Diskotheken 149
Naiman Nuur, Naturschutzgebiet 275, **313**
Nalaikh 206
Naran Daats Bulag 289
Natsagdorsh 52, 106
Nemegt Uul 275, **288,** 289
Nomadentum 80
Nomgon, Kloster 274, 275, 276, **281**
Nomrog-Bergland 136
Norovlin 374
Noyon Khangai, Schutzgebiet 236, **239**
Noyon Uul 289
Numrug-Nationalpark 361, 363, **393**

Öffnungszeiten 151
Ögedei 62, 72
Oiraten 76
Olzyt 126
Ondorshireet 219
Ongi-Gol-Tal 129, **299**
Ongi, Kloster 129, 299
Ongon 383
Ongot grave 219
Onoltur 355
Onon Gol 136
Onon-Balj-Nationalpark 361, 362, **372**
Örgöö 65
Orkhon 229, 273
Orkhon-Brücke 229, 263
Orkhon-Selenge-Hügelland, s. auch Selenge-Orkhon-Bergland 221
Orkhon-Tal 54, 95, 129, **259,** 274, 302, **307**
Orkhon-Wasserfall 312
Orog Nuur 296, **298**
Ost-Khangai 23, 126, 273

Otchirbat 71, 74
Otgon Tenger 131, 135, 242
Otgon Tenger Uul 224, 236, 316, 317, 355, **356,** 358
Otgony Amralt 358, **359**
Oyu Tolgoi 276, 280

Personennamen 152
Pest 31
Post 162
Potanin-Gletscher 341
Preisniveau 156
Prinzessinnengrab s. Gunjiyn Sum
Prostitution 152
Przewalski, Nikolai Michailowitsch 109, 173, 294
Przewalski-Pferde 29, 109, 217, 224, 273, 290, 293, **294**
Pu Yi 84, 173

Qin-Dynastie 72
Qing-Dynastie 15, 64, 66, 72, 186, 328, 355
Quan'an, Wang 107

Radfahren 147
Radio und Fernsehen 162
Rashaan Khad 370
Rashaant-Schlucht 324
Reisebeschwerden 159
Reiseproviant 148
Reisezeit 157
Reiten 147
Renchinlhumbe 253
Restaurants 149
Rhashant 126
Rote Stupa s. Ulaan Suvarga
Rouran 56

Register

Rubruk, Wilhelm von 95, 108, 305

Saikhan-Ovoo 274, 276, 299, **302**
Sainshand 394
Sangiyn Dalai Nuur 126, 223, **243**
Sant Sum 222
Sauxalwald (Bayanzag) 283
Sayr Uul 133
Schukow, General **69,** 179, 361
Seidenstraße 63
Selenge-Bergland 267
Selenge-Orkhon-Bergland **258,** 261
Selenge-Orkhon-Tal 261
Selenge, Fluss 126
Service 152
Seuchen 159
Shankh, Kloster 309
Shar Khulsny Bulag, Oase 292
Sharav, B. 102
Sharga Mankhan Natural Reservat 324
Sharga-Depression 131
Shargaljuut Tal 321
Sharyn Gol 267
Shiliyn Bogd Uul, Vulkan 361, **383**
Shine Davaa 344
Shiveet Khairkhan Uul 341
Shuurkhai-Nuur-Tal 325
Sicherheit 160
Siilkhem Nuruu, Nationalpark 345
Skythen 55, 72
Sogoo Bag 242
Solongotyn Davaa 242
Solongt Davaa 126
Songin Sum 135
Souvenirs 148

Sukhbaatar 258, 265, **267**
Sukhbaatar, Damdiny 68, 178, 258, 381
Sumyn Gol 236
Sun Yat-sen 66
Sutai Uul 324

Taikhar Chuluu 235
Takhi Tal **293,** 294
Takhiin Tal s. Takhi Tal
Talyn Agui 384
Tamir Chuluu 125
Tariat 126, 235, 239
Tariat Sum 236
Tarvagatayn Nuruu 236
Tashanta 345
Tavan Bogd 340
Tavan-Bogd-Massiv 131
Telefonieren 162
Telmen Nuur 126, 135, 243
Terelj 94
Terkhiyn Tsagaan Nuur, Nationalpark s. Khorgo
Terkhiyn Tsagaan Nuur
Terkhiyn Tsagaan Nuur, See 237
Tes 135
Tes Sum 351
Theater und Oper 149
Toiletten 152
Tolbo Nuur 333
Tonyukuk-Gedenkstätte 228
Tosontsengel 126, 135, **242,** 351
Trans-Altai-Gobi-Park s. Großer Gobi-Nationalpark A
Transsibirische Eisenbahn 66
Trinkgeld 152
Tsaatan 256
Tsagaan Baishin 65, **230**
Tsagaan Burgasny Bulag, Oase 292

Tsagaan Nuur 253
Tsagaan Suvarga (Weiße Stupa) 127, **278**
Tsagaan Uul 350
Tsagaan-Uur 251
Tsagaannuur 357, **344**
Tsambagarav, Nationalpark 131, 133, **333,** 357
Tschinag, Galsan 77, 106, 120, **338**
Tsedenbal 70, 74
Tsengel Khairkhan Uul 341
Tsengel Sum **340**
Tsenkher 125, 223, 233
Tsetsee Gun 213, 215
Tsetserleg 125, 222, **232,** 235, 351
Tsogt Taij, Mongolenprinz 230
Tsogt Taij, Ruine 65
Tsongkhapa 81
Tsultem, B. 265
Tulga, Vulkan 258
Tumur, Tugs 305
Turgen Kharkhiraa, Naturschutzgebiet 350
Turgen-Kharkhiraa-Massiv 131, 357
Turgen-Gletscher 350
Turgen Uul 350
Türken 54, 302
Tuul 170, 206, 217, 261
Tuul-Tal 169, **219**
Tuvkhun, Kloster 129, **310**
Tuwa 77
Tuwiner 15, 77, 335

Ugii Nuur 129, 223, 227, **229,** 231
Uglugch-Wall 370
Uguudei 304
Uiguren 54, 56, 72, 302
Ulaan Ereg **281,** 282
Ulaan Gol 309, **312**

Der Haupteintrag ist **fett** hervorgehoben.

Ulaan Khairkhan Uul 127, 216
Ulaan Nuur 129, **298**
Ulaan Suvarga 278
Ulaanbaatar (Ulan-Bator) 76, 95, 125, 141, 144, 148, 169, **172,** 261, 318
- Akademie der Wissenschaften 178
- Außenministerium 178
- Blockhaus 193
- Bogd-Khan-Museum und -Palast 185, 264
- Börse 176
- Choibalsan-Denkmal 178
- Choijin-Lama-Kloster 181, 183, 264
- Dashchoilin-Kloster 183, 194
- Dramatiktheater 180
- Eisenbahnmuseum 185
- Enkh Taivan Avenue 179
- Gandan-Kloster 85, 170, 172, 189
- Gerviertel 193
- Gunjiyn Sum 171
- Hauptpost 178
- Hochzeitspalast 185
- Ikh Delguur, Kaufhaus 148, 194
- Intelligenzmuseum 171, 179
- Khiimoryin Ovoo 171, 188
- Merkury, Markthalle 148
- Mongolisches Militärmuseum 179
- Museum für Naturgeschichte 193
- Museum zu Ehren von Marschall Schukow 179
- Nationalmuseum der Mongolei 176
- Nationaluniversität 178
- Naturkundemuseum 170
- Opernhaus 178
- Rathaus 176
- Regierungs- und Parlamentsgebäude 177
- Reiterdenkmal 178
- Sambuu-Denkmal 178
- Schwarzmarkt 148, 179
- Staatsbibliothek 181
- Stadtmuseum 178
- Sukhbaatar-Platz 175
- Theatermuseum 178
- Zaisan 171, 188
- Zanabazar-Museum der Schönen Künste 192
- Zirkus 194
- Zorig-Statue 178
Ulaangom 133, 318, **346**
Ulaan Suvarga (Rote Stupa) 127
Ulan-Bator, s. Ulaanbaatar
Ulgii 133, 318, 333, **334,** 344
Uliastai 135, 242, 318, 351, **355**
Umnugobi 94
Undurkhaan 136, 374, **380,** 385
Undurkhangai 351
Ungern-Sternberg, Roman Feodorovich, Baron von 67, 68, 74
Uran Darkhany agui 311
Uran Togoo Uul, Vulkan 126
Uran Uul 258
Urga (später Ulaanbaatar) 95, 169, 173
Uureg Nuur 133, 345
Uushigiyn Uvur 223, **245**
Uvgun Khiid, Kloster 225
Uvs Nuur 133, 317, 346, **348**
Uvs-Nuur-Becken 133, 318

Verhaltensregeln 152
Vogelbeobachtung 147, 226, 332, 350

Währung 156
Wall des Chingghis 374, **390**
Wandern 147
Weiße Stupa s. Tsagaan Suvarga
West-Khentii-Gebirge 222, 223, **269**
Westmongolen 76

Xiongnu 55, 72

Yahi Nuur 390
Yargait Uul 324
Yeroo-Tal 222
Yolyn Am-Schlucht (Geierschlucht) 127, 274, **286**
Yuan-Dynastie 15, 63, 72

Zaamar 261
Zagastajin Davaa (Fischpass) 351
Zagiyn Us, Naturschutzgebiet 275, **278**
Zahuy, Oase 131
Zaisan 172
Zanabazar (Bogd Khan) 65 99, 226, 227, 263, 309, 310, 369
Zeitungen 163
Zereg Sum 324
Zulganai 289
Zuungobi 350
Zuun Kherem 379
Zuunkhangai 135, 351
Zuunkhara 269
Zuunmod 214

Über die Autoren:

Peter Woeste ist seit 20 Jahren mit der Mongolei verbunden, verfolgt eng die politische und wirtschaftliche Entwicklung. Als einer der ersten Ausländer durfte der Diplomat die Mongolei Anfang der 1990er-Jahre frei bereisen, verfasste nach seinen Jahren in Ulaanbaatar den ersten deutschprachigen Reiseführer für DuMont. Sein Lieblingsort in der Mongolei: »Auf einem Berg oberhalb des Klosters Amarbayasgalant zu campen – Licht und Weite, kein Zaun so weit das Auge reicht, man fühlt sich den ersten europäischen Entdeckern nahe.«

Michael Walther ist seit 1994 in der Mongolei als Geo- und Biowissenschaftler tätig, seit 2001 mit ständigem Wohnsitz. Seine Expeditionen führten ihn in alle Landesteile und er erlebt bis heute die ökonomischen, kulturellen und landschaftlichen Veränderungen im Spannungsfeld eines aufwärts strebenden demokratischen Staates. Für ihn ist die Mongolei ein »Festival der Sinne«: Familiensinn und Naturbegeisterung, der Duft der blühenden Steppe gepaart mit unberührter Natur und unendlicher Weite der Landschaft.

Das Klima im Blick

Reisen verbindet Menschen und Kulturen. Wer reist, erzeugt auch CO_2. Der Flugverkehr trägt mit bis zu 10 % zur globalen Erwärmung bei. Wer das Klima schützen will, sollte sich – wenn möglich – für eine schonendere Reiseform entscheiden. Oder die Projekte von *atmosfair* unterstützen: Flugpassagiere spenden einen kilometerabhängigen Beitrag für die von ihnen verursachten Emissionen und finanzieren damit Projekte zur Verringerung des CO_2-Ausstoßes in Entwicklungsländern *(www.atmosfair.de)*. Auch der DuMont Reiseverlag fliegt mit *atmosfair*!

nachdenken • klimabewusst reisen

atmosfair